Elsbeth Bösl

Politiken der Normalisierung

DISABILITY STUDIES • KÖRPER – MACHT – DIFFERENZ • BAND 4

Editorial

Die wissenschaftliche Buchreihe **Disability Studies: Körper – Macht – Differenz** untersucht »Behinderung« als historische, soziale und kulturelle Konstruktion; sie befasst sich mit dem Wechselspiel zwischen Machtverhältnissen und symbolischen Bedeutungen. Die Reihe will neue Perspektiven eröffnen, die den medizinischen, pädagogischen und rehabilitationswissenschaftlichen Umgang mit »Behinderung« korrigieren und erweitern. Sie geht aus von Phänomenen verkörperter Differenz. Fundamentale Ordnungskonzepte, wie sie sich in Begriffen von Normalität und Abweichung, Gesundheit und Krankheit, körperlicher Unversehrtheit und subjektiver Identität manifestieren, werden dabei kritisch reflektiert.

Im Horizont gesellschaftlicher Entwicklungen will die Buchreihe **Disability Studies** zur Erforschung zentraler Themen der Moderne beitragen: Vernunft, Menschenwürde, Gleichheit, Autonomie und Solidarität.

Die Reihe wird herausgegeben von Anne Waldschmidt (Internationale Forschungsstelle Disability Studies, Universität Köln), Thomas Macho (Institut für Kultur- und Kunstwissenschaften, Humboldt-Universität Berlin), Werner Schneider (Philosophisch-Sozialwissenschaftliche Fakultät, Universität Augsburg) und Heike Zirden (Berlin).

Elsbeth Bösl (Dr. phil.) ist Historikerin am Münchener Zentrum für Wissenschafts- und Technikgeschichte. Ihre Forschungsschwerpunkte sind Dis/ability History, Geschichte der Sozialpolitik und Technikgeschichte.

Elsbeth Bösl

Politiken der Normalisierung

Zur Geschichte der Behindertenpolitik
in der Bundesrepublik Deutschland

[transcript] DISABILITY STUDIES

Für Andreas

Gefördert von der Hans-Böckler-Stiftung

Hans **Böckler**
Stiftung

Fakten für eine faire Arbeitswelt

Gedruckt mit freundlicher Unterstützung der Aktion Mensch

Bibliografische Information der Deutschen Nationalbibliothek
Die Deutsche Nationalbibliothek verzeichnet diese Publikation in der Deutschen Nationalbibliografie; detaillierte bibliografische Daten sind im Internet über http://dnb.d-nb.de abrufbar.

Zugl. Dissertation, Ludwig-Maximilians-Universität München, Fakultät für Geschichts- und Kunstwissenschaften, Historisches Seminar, 2008

Umschlaggestaltung: Kordula Röckenhaus, Bielefeld
Umschlagabbildung: Alexandra Horn, Häuser gelb, 2007, 60x100 Acryl und Ölkreide auf Sperrholz (Ausschnitt), Diakonie Verbund Eisenach gemGmbH, Kunstwerkstatt. Mit freundlicher Unterstützung der Online-Galerie für Insider Art »Kunst kennt keine Behinderung«,

Lektorat: Annette Macho
Satz: Alexander Masch, Bielefeld
Druck: Majuskel Medienproduktion GmbH, Wetzlar
ISBN 978-3-8376-1267-7

Gedruckt auf alterungsbeständigem Papier mit chlorfrei gebleichtem Zellstoff.

Besuchen Sie uns im Internet: *http://www.transcript-verlag.de*

Bitte fordern Sie unser Gesamtverzeichnis und andere Broschüren an unter: *info@transcript-verlag.de*

Inhalt

Dank

Dieses Buch ist die gekürzte und überarbeitete Fassung meiner im Juli 2008 von der Philosophischen Fakultät für Geschichts- und Kunstwissenschaften der Ludwig-Maximilians-Universität angenommenen Dissertation. Mein Dank gilt an erster Stelle meinem Doktorvater Professor Dr. Hans Günter Hockerts. Er hat mich nicht nur ermutigend auf meinem Weg zur Promotion begleitet, sondern mir auch stets seinen konstruktiven Rat und sein treffendes Urteil zuteil werden lassen. Meine Arbeit profitierte besonders von dem großen Bewegungsspielraum, den er mir ließ, und von dem Interesse, das er ihr entgegenbrachte. Professor Dr. Martin H. Geyer bin ich zu großem Dank für die Übernahme des Korreferats und die Begleitung der Überarbeitung verpflichtet. Professor Dr. Martin Baumeister danke ich für das Drittgutachten. Dr. Wilfried Rudloff, einem herausragenden Kenner der Geschichte der bundesdeutschen Behindertenpolitik, verdanke ich manchen inspirierenden Hinweis.

Diese Dissertation entstand im Kontext des von der Hans-Böckler-Stiftung geförderten Promotionskollegs »Arbeit – Gender – Technik. Koordinaten postindustrieller Modernisierung«. Frau Professor Dr. Karin Zachmann und Professor Dr. Ulrich Wengenroth vom Zentralinstitut für Geschichte der Technik der TU München haben mich mit Anregungen, konstruktiver Kritik und aufmunternden Worten gefördert. Ihnen gilt mein herzlicher Dank. Dieser gebührt ebenso meinen Kolleginnen und Kollegen, insbesondere Dr. Ursula Stöger, Dr. Angela Poppitz und Dr. Michael Bolte, die mein Projekt aus sozialwissenschaftlicher Perspektive kommentierten. Mit großer Sorgfalt und Geduld lasen außerdem Dr. Veronika Bise, Dr. Sarah Hadry, Dr. Nicole Kramer, Dr. Reinhild Kreis, Stefanie Linsinger und Dr. Sabine Schalm mein Manuskript in den unterschiedlichsten Stadien der Fertigstellung. Sie sorgten auch dafür, dass es noch ein Leben neben »der Diss« gab.

Die Reihen der Archivarinnen und Archivare, die meine Recherchen in staatlichen, privaten und firmeneigenen Archiven und Registraturen mit größter Kompetenz unterstützt haben, sind beinahe unüberschaubar. Deshalb danke ich stellvertretend Frau Dr. Elke Hauschildt vom Bundesarchiv in Koblenz, Anton Löffelmeier vom Stadtarchiv München sowie Klaus Mertsching und Wolfgang Stärcke vom Archiv der sozialen Demokratie der Friedrich-Ebert-Stiftung.

Frau Prof. Dr. Anne Waldschmidt, Prof. Dr. Werner Schneider, Prof. Dr. Thomas Macho, Dr. Ulrich Kamp und Heike Zirden danke ich herzlich für die Aufnahme meines Buches in die Reihe »Disability Studies. Körper – Macht – Differenz«. Annette Wunschel gilt mein besonderer Dank für das kompetente Lektorat und wertvolle Anregungen.

Die Aktion Mensch e.V. und die Hans-Böckler-Stiftung haben die Drucklegung großzügig gefördert, wofür ihnen mein bester Dank sicher ist.

Ohne den Rückhalt meiner Eltern und meiner Schwester Angela Bösl wäre dieses Buch nicht zustande gekommen. Sie wissen, wie viel ich Ihnen verdanke. Martin Ciarán wurde während der Arbeit an dieser Dissertation geboren und macht seither jeden Tag besonders. Andreas Wübert gibt mir liebevolle Unterstützung, Sicherheit und feste Erdung. Ihm widme ich dieses Buch.

Einleitung

Behinderung oder Normalität sind keine individuellen Eigenschaften, sondern soziokulturelle Konstruktionen. Deshalb erschließen sich anhand der bisher von der historischen Forschung kaum beachteten Differenzkategorie Behinderung neue Einblicke in komplexe soziale und kulturelle Zusammenhänge.[1] Dies geschieht hier unter der Leitfrage, wie in der Bundesrepublik Deutschland von ihrer Gründung bis in die Mitte der 1970er Jahre in wissenschaftlichen und politischen Diskursen Behinderung konstituiert wurde.[2]

Am Beispiel der Behindertenpolitik wird daraufhin dargelegt, wie sich auf diesen diskursiven Grundlagen ein sozialpolitisches Feld formierte. Behinderung war ultimative Andersheit und wurde vor allem als funktionales Defizit im Bezug auf die Erwerbsfähigkeit und Produktivität einer Person verstanden. So wurde Behinderung als soziales Problem gefasst, das mit sozialstaatlichen Mitteln gelöst werden sollte. Hauptanliegen der Behindertenpolitik war folglich die funktionale Normalisierung von Menschen mit Behinderungen. Medizinische und berufliche Rehabilitationsmaßnahmen sollten sie zur produktiven Erwerbsarbeit befähigen und in den Arbeitsmarkt eingliedern. Mit technischen Mitteln – hier vor allem mithilfe der Prothesentechnik – sollten die als abweichend und defizitär klassifizierten Körper den funktionalen Normalitätserwartungen ihrer Umwelt angepasst werden.

Im Lauf der 1970er Jahre verbreiterte sich dieses Normalisierungsparadigma. Neben die Eingliederung in das Erwerbsleben trat als behindertenpolitisches Ziel die Teilhabe am Leben der Gesellschaft in seiner Fülle. Re-

---

1 | Zu Stand und Defiziten der Forschung vgl. Paul K. Longmore/Lauri Umansky: »Disability History: From the Margins to the Mainstream«, in: Longmore, Paul K./Umansky, Lauri (Hg.): The New Disability History: American Perspectives, New York/London 2001, S. 1-29; Elsbeth Bösl: »Dis/ability History: Grundlagen und Forschungstand«, in: H-Soz-u-Kult, 7.7.2009, http://hsozkult.geschichte.hu-berlin.de/forum/2009-07-001.

2 | Vgl. zum Diskursbegriff Reiner Keller: Wissenssoziologische Diskursanalyse. Grundlegung eines Forschungsprogramms, 2. Aufl. Wiesbaden 2008, S. 208, 234-235.

habilitationskonzepte wurden erweitert, und technische Normalisierungsversuche setzten nicht mehr ausschließlich am Individuum an, sondern, wie die Bemühungen um den Abbau von Alltagsbarrieren zeigten, allmählich auch an den Bedingungen von gebauter Umwelt und Gesellschaft.

Die Dis/ability History erschließt als Teildisziplin der Dis/ability Studies einen neuen Zugang zu Behinderung, indem sie Behinderung als kontingente soziokulturelle Konstruktion begreift und historisiert. Aus der Sicht einer kulturalistisch orientierten Dis/ability History werden Menschen aufgrund von tatsächlichen oder angenommenen individuellen Andersheiten in komplexen Deutungsprozessen der Kategorie ›behindert‹ zugeordnet. In der Regel ist der menschliche Körper Träger der für diese Wahrnehmungs- und Konstitutionsvorgänge nötigen Informationen. Verkörperte Andersheiten lassen sich somit ebenso als Faktoren im historischen Prozess untersuchen wie die Konstitutionsprozesse, die von Andersheit zu Behinderung führen. Wie die Kategorisierung jeweils verläuft und welche Folgen sie für den Einzelnen und die Gesellschaft hat, hängt vom historischen Kontext ab. Als Differenzierungskategorie der gesellschaftlichen Ordnung rührt Behinderung aus diskursiven und sozialen Kräfteverhältnissen her und wirkt auf diese zurück. Materielle Tatbestände, Kräfte und Barrieren haben zweifellos Anteil an der Konstitution von Behinderung, jedoch stehen hinter jeder Form von Materialität stets wissenschaftliche und gesellschaftliche Diskurse, Normen und Erwartungen.

Der Dis/ability History geht es vor allem darum, diskursive und materielle Konstruktionen von Behinderung in historischer Tiefe zu erforschen und den Blick auf den Umgang mit Unterschieden in Gesellschaften zu schärfen. Ein Fernziel ist es, Behinderung als allgemeines Analysewerkzeug der Historiografie zu etablieren, das ebenso selbstverständlich eingesetzt wird wie Klasse, Ethnizität oder Geschlecht. Analog zu *gender* im Sinne Joan Scotts müsste Behinderung als konstituierender Faktor der historischen Analyse und als Substruktur jeder Geschichte anerkannt werden.[3] In ihrer Einleitung zum ersten englischsprachigen Sammelband der Dis/ability History formulierten die US-amerikanischen Forscher Paul K. Longmore und Lauri Umansky 2001: »Like gender, like race, disability must become a standard analytical tool in the historian's tool chest. That is the goal of the new disability history: to join the social-constructionist insights and interdisciplinarity of cultural studies with solid empirical research as we analyze disability's past.«[4]

3 | Vgl. Joan W. Scott: »Gender: A Useful Category of Historical Analysis«, in: Scott, Joan W. (Hg.): Gender and the Politics of History, New York 1988, S. 28-50, hier S. 42-43.

4 | P. K. Longmore/L. Umansky: Disability (2001), S. 15; Catherine Kudlick: »Disability History: Why We Need Another ›Other‹«, in: American Historical Review 108 (2003), H. 3, S. 763-793, hier S. 746-745; Susan Burch/Ian Sutherland: »›Who's Not Yet There?‹ American Disability History«, in: Radical History Review 33 (2006), H. 94, S. 127-147, hier S. 137-138.

Zunächst geht es der Dis/ability History aber auch darum, neue Geschichten von Behinderung zu schreiben. Differenzierte Bilder von Behinderung sollen die traditionellen Erfolgsgeschichten des wohltätigen Erfindungsreichtums der Medizin und des Sozialstaats ablösen, die vor allem im Umkreis von Professions- und Klientelverbänden, sozialen Einrichtungen und in der Medizin- und Pädagogikgeschichte entstanden sind. Auch der rein biografische Zugang erscheint überholt. Dasselbe gilt für die Meistererzählung von der allgegenwärtigen Ausgrenzung und Benachteiligung von Menschen mit Behinderung. Menschen, die mit Behinderungen lebten, wurden gerade in historischen Studien häufig zu passiven Opfern oder Leistungsempfängern degradiert und somit besondert.[5] Forscherinnen und Forscher hingegen, die sich der Dis/ability History zuordnen, betrachten Menschen mit Behinderungen als handelnde Subjekte, nicht nur als Behandelte. Dis/ability History untersucht, wie gesellschaftliche Hierarchien konstruiert und legitimiert werden, anstatt nur zu erforschen, was Menschen mit Behinderungen widerfuhr.[6]

Ziel dieser Studie ist es, Behinderung als Untersuchungsgegenstand in der bundesrepublikanischen Zeitgeschichte zu stärken und damit indirekt auch für Behinderung als allgemeine Differenzierungskategorie der Geschichtswissenschaft zu werben. Als kulturalistisch informierte Untersuchung über Behindertenpolitik muss sie nach historischen Prozessen der Konstruktion von Andersheit und Normalität im Kontext gesellschaftlicher und kultureller Rahmungen fragen. Deshalb behandelt der erste von vier thematischen Blöcken die diskursiven Konstruktionen von Behinderung. Sprachregelungen und Argumentationsmuster, typische Inhalte und Wertungen des wissenschaftlichen und politischen Behinderungsdiskurses werden analysiert. Ziel ist es darzustellen, wie aus verkörperten Andersheiten

---

5 | Vgl. zu diesen älteren Zugängen Elsbeth Bösl: »Dis/ability History: Grundlagen und Forschungstand«, in: H-Soz-u-Kult, 7.7.2009, http://hsozkult.geschichte.hu-berlin.de/forum/2009-07-001; Albert Haaser: Entwicklungslinien und gesellschaftliche Bedingungen der Behindertenpolitik in Deutschland. Zur Sozialgeschichte und Soziologie der Rehabilitation, Univ. Diss. Konstanz 1975; Wolfgang Jantzen: Sozialgeschichte des Behindertenbetreuungswesens, München 1982; Ders.: Sozialisation und Behinderung. Studien zu sozialwissenschaftlichen Grundfragen der Behindertenpädagogik, Gießen 1974; Walter Fandrey: Krüppel, Idioten, Irre. Zur Sozialgeschichte behinderter Menschen in Deutschland, Stuttgart 1990; Ulrike Schildmann: Zur politischen und ökonomischen Funktion der beruflichen Rehabilitation Behinderter in der BRD und West-Berlin, Rheinstetten-Neu 1977; Dies.: Lebensbedingungen behinderter Frauen. Aspekte ihrer gesellschaftlichen Unterdrückung, Gießen 1983.

6 | Vgl. dazu z.B. Carol Poore: Disability in Twentieth-Century German Culture, Ann Arbor 2007; C. Kudlick: History (2003), S. 764; Petra Fuchs: ›Körperbehinderte‹ zwischen Selbstaufgabe und Emanzipation: Selbsthilfe – Integration – Aussonderung, Neuwied/Berlin 2001; Malin Büttner: ›Nicht minderwertig, sondern mindersinnig …‹ Der Bann G für Gehörgeschädigte in der Hitler-Jugend, Frankfurt a.M. 2005.

in einem komplexen Benennungsprozess wissenschaftliche und politische Behinderungsbegriffe entstanden und mit welchen Qualitäten und Urteilen sie belegt wurden. Wie ist diese historische Kategoriebildung in die Rahmenbedingungen deutscher Wohlfahrtsstaatlichkeit einzuordnen? Wie wurden subjektive und kollektive Identitäten – etwa die des ›armen, aber heroischen Kriegsbeschädigten‹, des ›unschuldig-hilflosen Conterganskindes‹ oder des ›treuen Schwerbeschädigten‹ – diskursiv hergestellt? Wie und wieso wurde Behinderung als soziales Problem gefasst? Untersucht wird außerdem, wie Behinderung sich als sozialpolitisches Problem formierte und welche Lösungsstrategien der Diskurs vorgab. So wird die diskursive Entstehung eines distinkten sozialpolitischen Feldes sichtbar.

Im zweiten Kapitel, das sowohl dem Formationskontext des Diskurses als auch seinen Konkretisierungen gewidmet ist, werden die Aushandlungsprozesse innerhalb des komplexen behindertenpolitischen Akteursnetzwerks ebenso diskutiert wie die dort anzutreffenden Thematisierungsmechanismen und -konjunkturen.[7] Dabei lassen sich Formationskontext und Konkretisierungen nicht strikt voneinander trennen. Im Gegenteil waren beispielsweise das System der Behindertenpolitik, das relevante Sozialleistungsrecht und die konkreten Hilfs- oder Rehabilitationsleistungen sowohl Kontext und Bedingung des Diskurses als auch Teile seiner Konkretisierung. Dargestellt wird Behindertenpolitik als Abfolge von Thematisierungen in einem Politiknetzwerk und komplexen dezentralen System. Schlaglichtartig kann das Sozialleistungsrecht behandelt werden, denn hier stehen bereits die wichtigen Arbeiten von Wilfried Rudloff zur Verfügung.[8] Die Untersuchung verzichtet

7 | Vgl. zum Begriff des Akteurs- und Politiknetzwerks in der Behindertenpolitik Wilfried Rudloff: »Rehabilitation und Hilfen für Behinderte«, in: Bundesministerium für Arbeit und Sozialordnung/Bundesarchiv (Hg.): Geschichte der Sozialpolitik in Deutschland seit 1945. Bd. 5: 1966-1974 Bundesrepublik Deutschland. Eine Zeit vielfältigen Aufbruchs. Bandhg.: Hockerts, Hans Günter, Baden-Baden 2006, S. 557-591, hier S. 569.

8 | Vgl. neben den bereits zitierten Beiträgen Wilfried Rudloff: »Rehabilitation und Hilfen für Behinderte«, in: Bundesministerium für Arbeit und Sozialordnung/Bundesarchiv (Hg.): Geschichte der Sozialpolitik in Deutschland seit 1945. Bd. 4: 1957-1966 Bundesrepublik Deutschland. Sozialpolitik im Zeichen des erreichten Wohlstandes. Bandhg.: Ruck, Michael/Boldorf, Marcel, Baden-Baden 2007, S. 463-502; Ders.: »Im Schatten des Wirtschaftswunders. Soziale Probleme, Randgruppen und Subkulturen 1949 bis 1973«, in: Schlemmer, Thomas/Woller, Hans (Hg.): Bayern im Bund. Bd. 2: Gesellschaft im Wandel 1949 bis 1973, München 2002, S. 347-467; Ders.: »Sozialstaat, Randgruppen und bundesrepublikanische Gesellschaft. Umbrüche und Entwicklungen in den sechziger und frühen siebziger Jahren«, in: Kersting, Franz-Werner (Hg.): Psychiatriereform als Gesellschaftsreform. Die Hypothek des Nationalsozialismus und der Aufbruch der sechziger Jahre, Paderborn 2003, S. 181-219; Ders.: »Im Souterrain des Sozialstaates: Neuere Forschungen zur Geschichte von Fürsorge und Wohlfahrtspflege im 20. Jahrhundert«, in: Archiv für Sozialgeschichte 42 (2002), S. 474-520.

bewusst auch auf die Zusammenschau mit den Entwicklungen, die die Behindertenpolitik in der Deutschen Demokratischen Republik (DDR) nahm, und verweist diesbezüglich auf die anregende Untersuchung von Marcel Boldorf.[9] Stattdessen werden die ambivalenten Konsequenzen der sozialstaatlichen Rahmenbedingungen der Behindertenpolitik diskutiert sowie jene Strategien untersucht, die von den behindertenpolitischen Akteuren entwickelt wurden, um das System funktionsfähig zu erhalten. Im zweiten Teil des Kapitels wird an ausgewählten Beispielen, darunter der Contergankomplex, demonstriert, welche Faktoren den Ausschlag für behindertenpolitische Thematisierungskonjunkturen bzw. Nicht-Thematisierungen gaben. Punktuell kann hier gezeigt werden, was passierte, wenn die Kategorie Behinderung auf andere soziostrukturelle Kategorien traf, die die sozialen Zugangs- und Geltungschancen von Subjekten bestimmten.

Der dritte Themenblock ist der Rehabilitation als Kernstrategie im Umgang mit Behinderung gewidmet. Das folgende Kapitel 4 thematisiert Prothetik und den Abbau von baulichen und technischen Alltagsbarrieren und damit zwei Spielarten der technischen Konstruktion und Beantwortung von Behinderung. Während Prothesentechnik mit Normalisierungserwartungen am Körper des Individuums ansetzt, geht es bei der Gestaltung der gebauten Umwelt um die Normalisierung von Umweltbedingungen mit technischen Mitteln. Die Untersuchung mündet in eine kritische Bilanz der Behindertenpolitik in der Reformära der Bundesrepublik.

Theoretische Grundlage der Untersuchung ist ein kulturalistisches Modell von Behinderung aus den Dis/ability Studies. Diese transdisziplinär verbundene Forschungsrichtung ging von den eman+zipatorischen Behindertenbewegungen aus, die seit den späten 1960er Jahren in Großbritannien und den USA entstanden.[10] Die Mitglieder der neuen Forschungscommu-

9 | Marcel Boldorf: »Rehabilitation und Hilfen für Behinderte«, in: Bundesministerium für Arbeit und Sozialordnung/Bundesarchiv (Hg.): Geschichte der Sozialpolitik in Deutschland seit 1945. Bd. 8: 1949-1961 Deutsche Demokratische Republik. Im Zeichen des Aufbaus des Sozialismus. Bandverantwortliche: Hoffmann, Dierk/Schwartz, Michael, Baden-Baden 2004, S. 453-474.

10 | Vgl. Anne Waldschmidt: »›Behinderung‹ neu denken: Kulturwissenschaftliche Perspektiven der Disability Studies«, in: Waldschmidt, Anne (Hg.): Kulturwissenschaftliche Perspektiven der Disability Studies. Tagungsdokumentation, Kassel 2003, S. 11-22, hier S. 14; Mark Priestley: »Worum geht es bei den Disability Studies? Eine britische Sichtweise«, in: Waldschmidt, Anne (Hg.): Kulturwissenschaftliche Perspektiven der Disability Studies. Tagungsdokumentation, Kassel 2003, S. 23-35, S. 23; Judith Hollenweger: »Behindert, arm und ausgeschlossen. Bilder und Denkfiguren im internationalen Diskurs zur Lage behinderter Menschen«, in: Cloerkes, Günther (Hg.): Wie man behindert wird. Texte zur Konstruktion einer sozialen Rolle und zur Lebenssituation betroffener Menschen, Heidelberg 2003, S. 141-164, hier S. 143-144; Cornelia Renggli: »Disability Studies – ein historischer Überblick«, in: Weisser, Jan/Renggli, Cornelia (Hg.): Disability Studies. Ein Lesebuch, Luzern 2004, S. 15-26, hier S. 15.

nity begegneten traditionellen Denkweisen über Behinderungen mit neuen wissenschaftlich fundierten Modellen und regten die etablierten Sozial-, Kultur- und Geisteswissenschaften zu Studien über Behinderung an, um ein Gegengewicht zu den herkömmlichen Zugängen der Medizin, Rehabilitationswissenschaften und Pädagogik zu schaffen.[11] Neue wissenschaftliche Perspektiven sollten das emanzipatorische Projekt der Bewegung fördern. Im Lauf der 1980er und 1990er Jahre wurden die Dis/ability Studies in den angloamerikanischen Ländern, später auch im deutschsprachigen Raum in Forschung und Lehre institutionalisiert.

Die Dis/ability Studies distanzieren sich vom sogenannten *medical model*, dem medizinischen oder traditionellen Erklärungsmodell von Behinderung. In diesem im medizinischen Fachdiskurs westlich-bürgerlicher Gesellschaften seit dem 19. Jahrhundert entstandenen Modell wurde Behinderung als individuelles körperliches Defizit, primär als Erwerbs- und Vertragsunfähigkeit gefasst. In essentialistischer Weise wurden individuelle körperliche, geistige oder seelische Andersheiten als Schädigung verstanden und diese wiederum mit Behinderung identifiziert. Behinderung wurde biologistisch und kultur- und gesellschaftsunabhängig definiert. Im Vordergrund des medizinischen Modells standen die als Defekte oder Störungen gefassten Andersheiten und ihre Therapien. Dies implizierte die Anpassung der als abweichend wahrgenommenen Menschen an die jeweiligen funktionalen Erwartungen und Normsetzungen ihrer Umwelt. In Verbindung mit Behinderung beobachtete Phänomene wie Isolation, Deprivation oder das Scheitern an bestimmten Umweltbedingungen wurden einem jeweiligen individuellen medizinischen Problem zugeschrieben.[12] Das im Folgenden untersuchte Beispiel der bundesrepublikanischen Behindertenpolitik zeigt, wie dieses medizinische Modell reproduziert wurde und wirkte. Ebenso werden aber die Anfänge alternativer Erklärungsmodelle um 1970 deutlich. Im Kontext internationaler Paradigmenwechsel begannen auch deutsche Forscherinnen und Forscher Behinderung als sozial hervorgebracht zu betrachten.

Wie dieser Konstitutionsvorgang jedoch abläuft, wurde und wird kontrovers diskutiert. In Großbritannien entstand zunächst das sogenannte *social model*.[13] Bereits 1976 formulierte die britische Emanzipationsbewegung Un-

11 | Vgl. M. Priestley: Disability (2003), S. 31.

12 | Vgl. zum *medical model* und zur Kritik aus der Sicht der Disability Studies M. Priestley: Disability (2003), S. 25; A. Waldschmidt: Behinderung (2003), S. 15-17; Gudrun Hopf: »Berührungsängste mit Behinderung? Konstruktionen des Andersseins als Forschungsthema«, in: Historische Anthropologie 10 (2002), H. 1, S. 107-114, hier S. 109; Theresia Degener: »Behinderung als rechtliche Konstruktion«, in: Lutz, Petra/Macho, Thomas/Staupe, Gisela/Zirden, Heike (Hg. für die Aktion Mensch und die Stiftung Deutsches Hygiene-Museum): Der [im-]perfekte Mensch. Metamorphosen von Normalität und Abweichung, Köln 2003, S. 448-466, hier S. 457.

13 | Vgl. Colin Barnes/Geof Mercer/Tom Shakespeare: Exploring Disability. A Sociological Introduction, Cambridge 1999, S. 20-31.

ion of the Physically Impaired against Segregation den Kern des Modells: »[Disability is] the disadvantage or restriction of activity caused by a contemporary social organisation which takes no or little account of people who have physical impairments and thus excludes them from the mainstream of social activities. Physical disability is therefore a particular form of social oppression.«[14]

Hier nahm eine materialistische Sicht ihren Ausgang, die prominent der Soziologe Michael Oliver in seinem Schlüsseltext der britischen Dis/ability Studies »The Politics of Disablement« vertrat. Kapitalistische Produktionsverhältnisse schufen, so Oliver, vielfältige wirtschaftliche, politische und gesellschaftliche Hindernisse; sie schlossen Menschen mit Funktionsdefiziten von der Teilhabe an gesellschaftlichen Aktivitäten aus. So gerieten sie ins soziale Abseits und avancierten zum sozialen Problem, dessen Lösung Staat und Gesellschaft in Medikalisierung, Institutionalisierung und Rehabilitation suchten.[15]

In seinem Entstehungskontext der 1970er und 1980er Jahre war dieses Modell in seiner Radikalität befreiend, brachte es doch erstmals ein gesellschaftliches Moment in die Erklärung von Behinderung ein. Die Vorstellung von Behinderung als zeitlos-ubiquitäres und natürliches Phänomen geriet

14 | Zitiert nach Michael Oliver: Understanding Disability. From Theory to Practice, London 1996, S. 22; Vgl. zum *social model* Tom Shakespeare: »Betrachtungen zu den britischen Disability Studies«, in: Lutz, Petra/Macho, Thomas/Staupe, Gisela/Zirden, Heike (Hg. für die Aktion Mensch und die Stiftung Deutsches Hygiene-Museum): Der [im-]perfekte Mensch. Metamorphosen von Normalität und Abweichung, Köln 2003, S. 427-433, hier S. 428; vgl. zu UPIAS v.a. M. Priestley: Disability (2003), S. 26-27.

15 | Vgl. Michael Oliver: The Politics of Disablement. A Sociological Approach, New York 1990, v.a. das Kapitel »Disability and the Rise of Capitalism« und S. 69-70; Michael Oliver: »A Sociology of Disability or a Disabilist Sociology?«, in: Barton, Len (Hg.): Disability and Society: Emerging Issues and Insights, London 1996, S. 18-42, hier S. 33; Paul Abberley: »Work, Utopia and Impairment«, in: Barton, Len (Hg.): Disability and Society: Emerging Issues and Insights, London 1996, S. 61-79, hier S. 63, 76; vgl. auch Vic Finkelstein: Attitudes and Disabled People, New York 1980; P. Abberley: Work (1996), S. 61-79; Brendan J. Gleeson: »Disability Studies: A Historical Materialist View«, in: Disability and Society 12 (1997), H. 2, S. 179-202, hier 194-19. Zu materialistischen Erklärungen innerhalb der bundesdeutschen Forschung der 1970er Jahre vgl. W. Jantzen: Sozialisation (1974), S. 38; A. Haaser: Entwicklungslinien (1975), v.a. S. 56-58; Ders.: »Behindertenproblematik und Randgruppentheorie. Sozialwissenschaftliche Ansätze zur Erklärung der gesellschaftlichen Benachteiligung von Behinderten«, in: Die Rehabilitation 14 (1975), H. 4, S. 215-221. Für eine kritische Reflektion des *social model* vgl. C. Barnes/G. Mercer/T. Shakespeare: Exploring (1999), S. 30 sowie Carol Thomas: »Theorien der Behinderung. Schlüsselkonzepte, Themen und Personen«, in: Weisser, Jan/Renggli, Cornelia (Hg.): Disability Studies. Ein Lesebuch, Luzern 2004, S. 31-55, hier S. 33-34 und T. Shakespeare: Betrachtungen (2003), S. 430 sowie C. Renggli: Disability (2004), S. 17.

ins Wanken. Gegenwärtig stellt es als Analyseinstrument jedoch nicht mehr zufrieden, denn es fokussiert unter anderem wie schon das traditionelle medizinische Modell zu einseitig auf die Sphäre der Erwerbsarbeit. Problematisch ist auch, dass das Körperliche als weitgehend unhinterfragte Basis von sozialen Verfahrensweisen angenommen, aber nicht eigens untersucht wurde. Inzwischen gelten aber aus sozialkonstruktivistischer Perspektive sowohl das Körperliche als auch Behinderung als diskursiv konstituierte und damit soziale Kategorien und jeder unterstellte biologische, scheinbar vor- oder außerkulturelle Tatbestand selbst als Konstrukt der Moderne.[16] Das Körperliche gänzlich auszuklammern und Behinderung auf das Soziale zu reduzieren, birgt, wie Kritiker des *social model* außerdem vorbringen, das Risiko, das *medical model* letztlich unter neuen Vorzeichen zu reproduzieren und Körper zu ahistorischen Objekten zu degradieren.[17] Angesichts aktueller Bioethikdebatten scheint es auch in politischer Hinsicht nicht klug, wenn die Dis/ability Studies durch eine strikte Trennung von Körperlichem und Sozialem ihre eigene Argumentationsbasis schwächen würden.

Das kulturalistische Erklärungsmodell von Behinderung findet hingegen gegenwärtig mehr und mehr Zuspruch. Es entstand vor allem in den USA, wo sich früh auch die Kulturwissenschaften am Theoriebildungsprozess beteiligten. Diesem Ansatz zufolge werden Behinderungen von kulturellen Ideen und diskursiven Praktiken durchzogen und hervorgebracht. Materielle Barrieren und ökonomische Strukturen beispielsweise wirken in Verknüpfung mit kulturellen Prozessen und Diskursen an der Konstitution von Behinderung mit. Materielle und strukturelle Barrieren spielen ebenso wie die Produktionsfaktoren in diesem Konstitutionsprozess durchaus eine Rolle, doch stehen hinter Behinderung immer Ideen, Ideologien und Diskurse, Normen und Definitionen.[18] Somit lässt sich die der materialistischen

16 | Vgl. Janet Price/Margrit Shildrick: »Uncertain Thoughts on the Dis/abled Body«, in: Shildrick, Margrit/Price, Janet (Hg.): Vital Signs: Feminist Reconfigurations of the Bio/logical Body, Edinburgh 1998, S. 224-249, hier S. 234.

17 | Kritisch dazu P. Abberley: Work (1996), S. 61; M. Priestley: Disability (2003), S. 25; R. Gugutzer/W. Schneider: Körper (2007), S. 35; B. Hughes/K. Paterson: Social Model (1997), S. 329; T. Shakespeare: Betrachtungen (2003), S. 431; C. Renggli: Disability (2004), S. 17; Markus Dederich: »Behinderung, Körper und die kulturelle Produktion von Wissen – Impulse der amerikanischen Disability Studies für die Soziologie der Behinderten«, in: Forster, Rudolf (Hg.): Soziologie im Kontext von Behinderung. Theoriebildung, Theorieansätze und singuläre Phänomene, Bad Heilbrunn 2004, S. 175-196, hier S. 190-191; J. Price/M. Shildrick: Uncertain Thoughts (1998), S. 224-249, hier vor allem S. 234.

18 | Vgl. C. Thomas: Theorien (2004), S. 45-46; Elizabeth C. Hamilton: »From Social Welfare to Civil Rights. The Representation of Disability in Twentieth-Century German Literature«, in: Mitchell, David T./Snyder, Sharon L. (Hg.): The Body and Physical Difference. Discourses of Disability, Ann Arbor 1997, S. 223-239. Einführend auch Rosemarie Garland Thomson: »Andere Geschichten«, in: Lutz, Petra/Macho, Thomas/Staupe, Gisela/Zirden, Heike (Hg. für die Aktion Mensch und die

Perspektive häufig innewohnende Dualistik von Biologie und Gesellschaft, Körper und Geist, Wirtschaft und Kultur überwinden.[19] Der Begriff der verkörperten Andersheit oder *embodied difference* findet dabei Verwendung, um Körper als visuell-taktile Gestalt und Behinderung zusammenzuführen und als Faktoren im historischen Prozess zu untersuchen, ohne sie dabei gleichzusetzen. Essentialistische Dichotomien wie ›behindert/nicht behindert‹ oder ›normal/anders‹ lassen sich so als diskursive Projekte der Moderne behandeln. Verkörperte Andersheit bedeutet zunächst nur, dass körperliche Merkmale als auffällig oder anders wahrgenommen werden können. Aus dieser Wahrnehmung wiederum kann in einem komplexen Benennungs- und Bewertungsprozess, das heißt im Zuge einer Verobjektivierung, die Zuordnung Behinderung entstehen.[20]

Konzipiert ist diese Untersuchung als Problemgeschichte, die die Behindertenpolitik der Bundesrepublik bis 1974 als Modernisierungsprojekt mit unintendierten Nebenfolgen versteht. Untersucht werden wissenschaftliche und politische Konstruktionen von Behinderung und der behindertenpolitische Prozess, wie sie aus der gedruckten und ungedruckten Überlieferung vor allem der (sozial-)staatlichen, politischen, bürokratischen und wissenschaftlichen Akteure hervorgehen. Menschen mit Behinderungen treten dabei selten in Erscheinung, denn sie erreichten erst spät Sprecherpositionen im Diskurs und waren auch an den Aushandlungsprozessen von Behindertenpolitik – sieht man von den Kriegsbeschädigtenorganisationen ab – erst seit Beginn der 1970er Jahre in nennenswertem Umfang beteiligt.

Stiftung Deutsches Hygiene-Museum): Der [im-]perfekte Mensch. Metamorphosen von Normalität und Abweichung, Köln 2003, S. 418-424.

19 | Vgl. Mark Priestley: »Constructions and Creations: Idealism, Materialism and Disability Theory«, in: Disability and Society 13 (1998), H. 1, S. 75-95, hier S. 86-87.

20 | Vgl. Robert Gugutzer/Werner Schneider: »Der ›behinderte‹ Körper in den Disability Studies. Eine körpersoziologische Grundlegung«, in: Waldschmidt, Anne/Schneider, Werner (Hg.): Disability Studies, Kultursoziologie und Soziologie der Behinderung. Erkundungen in einem neuen Forschungsfeld, Bielefeld 2007, S. 31-53; Bill Hughes/Kevin Paterson: »The Social Model of Disability and the Disappearing Body: Towards a Sociology of Impairment«, in: Disability & Society 12 (1997), H. 3, S. 325-340, hier S. 333, 337-338; Anne Waldschmidt: »Soziales Problem oder kulturelle Differenz? Zur Geschichte von ›Behinderung‹ aus der Sicht der ›Disability Studies‹«, in: Traverse 13 (2006), H. 3, S. 31-46, hier S. 32; Claudia Franziska Bruner: KörperSpuren. Zur Dekonstruktion von Körper und Behinderung in biographischen Erzählungen von Frauen, Bielefeld 2005, S. 27; Anja Tervooren: »Phantasmen der (Un-)Verletzlichkeit. Körper und Behinderung«, in: Lutz, Petra/Macho, Thomas/Staupe, Gisela/Zirden, Heike (Hg. für die Aktion Mensch und die Stiftung Deutsches Hygiene-Museum): Der [im-]perfekte Mensch. Metamorphosen von Normalität und Abweichung, Köln 2003, S. 280-292, hier S. 281-282; Dieter Neubert/Günther Cloerkes: Behinderung und Behinderte in verschiedenen Kulturen. Eine vergleichende Analyse ethnologischer Studien, 2. Aufl. Heidelberg 1994, S. 33.

Der besseren Lesbarkeit wegen wurden Rechtschreibung und Grammatik der zitierten Quellen sanft angeglichen.[21]

Zeitlich erstreckt sich die Studie von der Gründungs- bis zur Reformphase der Bundesrepublik. Das Jahr 1974/75 markiert den Endpunkt der behindertenpolitischen Reformgesetzgebung der sozialliberalen Koalition und zugleich den Höhepunkt eines Expansions- und Umgestaltungsprozesses, der um die Mitte der 1960er Jahre begonnen hatte. Die untersuchte Phase bildet einen Ausschnitt jenes längeren Zeitraums, in dem sich die modernen Konstruktionen von Behinderung und behindertenpolitischen Paradigmen – Defizitmodell, Normalisierungsprimat und Rehabilitationsstrategien – entwickelten. Bereits zwischen den 1880er und den 1920er Jahren entstand in Deutschland ein moderner Behinderungsdiskurs. Auch die wesentlichen ideellen, institutionellen und sozialrechtlichen Pfade, die die Behindertenpolitik bis weit in die zweite Hälfte des 20. Jahrhunderts prägten und zu einem nicht geringen Teil noch immer prägen, nahmen hier ihren Anfang.

Behindertenpolitik generierte sich explizit als Sozialleistungspolitik. Die Problemlösungsstrategien des Staats und der privaten Wohltätigkeit setzten daran an, das körperliche, kognitive oder seelische ›Funktionieren‹ einer Person mittels sozialstaatlicher und arbeitsmarktpolitischer Leistungen den jeweiligen funktionalen Normalitätserwartungen anzunähern. Diese Entwicklung wurde von der Verbrechensgeschichte des Nationalsozialismus und der Kulmination der rassenideologisch motivierten Verfolgung von Menschen mit Behinderungen nur teilweise durchbrochen.[22] Vielmehr verzahnte gerade das nationalsozialistische Regime in einer selektierenden Dialektik Politiken der Vernichtung und der funktionalen Normalisierung. Das Utilitätsdenken in der Behindertenpolitik nahm ebenso zu wie die Bedeutung der Erwerbsfähigkeit.[23] Der demokratische Neubeginn nach 1945 brachte ebenfalls keinen Bruch mit diesen Traditionslinien. Ungeachtet zwischenzeitlicher Neubestimmungsversuche der Alliierten in der Besatzungs-

21 | Weitgehend verzichtet wurde auf eine geschlechtssensible Schreibweise. Dies geschieht, um zu verdeutlichen, dass es sich bei den genannten Akteuren mit Ausnahme der Menschen mit Behinderungen selbst nahezu ausschließlich um Männer handelte.

22 | Johannes Zischka: Die NS-Rassenideologie. Machttaktisches Instrument oder handlungsbestimmendes Ideal?, Frankfurt a.M. 1986, S. 24-29; Hans-Walter Schmuhl: »Rassismus unter den Bedingungen charismatischer Herrschaft. Zum Übergang von der Verfolgung zur Vernichtung gesellschaftlicher Minderheiten im Dritten Reich«, in: Bracher, Karl/Funke, Manfred/Jacobson, Hans-Adolf (Hg.): Deutschland 1933-1945. Neue Studien zur nationalsozialistischen Herrschaft, 2., erweiterte Aufl. Bonn 1993, S. 182-197, hier S. 193.

23 | Hans-Walter Schmuhl: Arbeitsmarktpolitik und Arbeitsverwaltung in Deutschland 1871-2002. Zwischen Fürsorge, Hoheit und Markt, Nürnberg 2003, S. 260-261; Dieter Mattner: Behinderte Menschen in der Gesellschaft. Zwischen Ausgrenzung und Integration, Stuttgart/Berlin/Köln 2000, S. 54-55, 70-72; P. Fuchs: Körperbehinderte (2001), S. 232-234; M. Büttner: Minderwertig (2005), S. 118.

zeit, knüpfte die Behindertenpolitik der Bundesrepublik Deutschland, nun unter demokratischen und rechtstaatlichen Vorzeichen, weitgehend an den seit den 1880er Jahren tradierten Prägungen an. Erst am Ende der 1960er Jahre wurden Diskurs und Praxis von einem Wandel erfasst, den es zu untersuchen gilt.

In erster Linie veränderten sich die Vorstellungen von Normalität und Behinderung, von Normalisierung und Rehabilitation. Der im Folgenden verwendete Analysebegriff Normalisierung bedarf deshalb einer Präzisierung. Als Quellenwort begegnet er erst seit den 1970er Jahren. Für die weiter zurückliegenden Zeitschichten bezeichnet er einen Vorgang, in dem Individuen einer gesetzten Norm angepasst wurden, deren Einhaltung kontrolliert und sanktioniert wurde. Aus dem zeitgenössischen individuellen und defizitorientierten Behinderungsbegriff folgte eine sozialstaatliche Problemlösungsstrategie, derzufolge Menschen primär den funktionalen Normerwartungen im Bereich Erwerbsarbeit und Produktivität angepasst werden sollten. Um die Mitte der 1970er Jahre zeigten sich jedoch Anzeichen eines erweiterten Normalisierungsverständnisses. Noch immer bedeutete Normalisierung, dass Menschen mit Behinderungen sich gesetzten sozialen Normen anpassen sollten, doch vergrößerten sich allmählich die Bandbreiten des als normal Betrachteten.[24] Im Zuge dieses gesamtgesellschaftlichen Wandels setzten die Normalisierungsstrategien der Behindertenpolitik nicht mehr ausschließlich am Individuum, sondern zugleich an Umwelt und Gesellschaft an. Verschiedenheit begann bis zu einem gewissen Grad als normal empfunden zu werden. Auf diesen Prozess nahm der ehemalige Bundespräsident Richard von Weizsäcker – durchaus imperativisch – Bezug, als er 1993 eine Tagung der Bundesarbeitsgemeinschaft Hilfe für Behinderte e.V. mit den Worten eröffnete: »Es ist normal, verschieden zu sein. Es gibt keine Norm für das Menschsein.«[25]

Wie der Analysebegriff der Normalisierung wurde auch der Begriff Behindertenpolitik aus der Retrospektive gebildet, denn in der Sprache der

---

24 | Theoretiker der reflexiven Modernisierung beschrieben dies als Sowohl-als-auch-Thematik, vgl. Ulrich Beck/Wolfgang Bonß/Christoph Lau: »Theorie reflexiver Modernisierung – Fragestellungen, Hypothesen, Forschungsprogramme«, in: Beck, Ulrich/Bonß, Wolfgang (Hg.): Die Modernisierung der Moderne, Frankfurt a.M. 2001, S. 11-81. Mit einer Diskussion des Normalitätsbegriff nach Jürgen Link vgl. Anne Waldschmidt: »Behinderte Menschen zwischen Normierung und Normalisierung«, in: Waldschmidt, Anne (Hg.): Kulturwissenschaftliche Perspektiven der Disability Studies. Tagungsdokumentation, Kassel 2003, S. 129-137, hier S. 130-131; Dies.: »Normalität – ein Grundbegriff in der Soziologie der Behinderung«, in: Forster, Rudolf (Hg.): Soziologie im Kontext von Behinderung. Theoriebildung, Theorieansätze und singuläre Phänomene, Bad Heilbrunn 2004, S. 142-157, hier S. 143-144.

25 | Ansprache v. Bundespräsident a.D. Richard v. Weizsäcker bei der Eröffnungsveranstaltung der Tagung der Bundesarbeitsgemeinschaft Hilfe für Behinderte e.V. (BAGH), 1.7.1993, Gustav-Heinemann-Haus in Bonn, www.bundespraesident.de/dokumente/-,2.650868/Rede/dokument.htm v. 18.5.2009.

Quellen erschien er erst ab Mitte der 1970er Jahre.[26] Er bezeichnet ein höchst komplexes Gebilde von Politikverläufen und -zusammenhängen, Ideen und Interessen, das sich aufgrund der Rahmenbedingungen der deutscher Sozialstaatlichkeit nie als einheitliches Feld präsentierte.[27]

Der Begriff der Behinderung selbst markiert, wie bereits dargelegt wurde, aus der Sicht der kulturalistisch orientierten Dis/ability History einen soziokulturellen Zuschreibungsprozess. Um dem gerecht zu werden, ist in der folgenden Analyse von Menschen mit Behinderungen oder Menschen, die mit Behinderungen leben, die Rede.[28] Hingegen dominieren in den ausgewerteten Quellen die Wendungen »behinderte Menschen« oder »die Behinderten«. Damit wurde ein einzelnes und als unabänderlich betrachtetes Merkmal auf den ganzen Menschen übertragen.[29] Seit Anfang der 1970er Jahre hielt allerdings die Emanzipationsbewegung dieser Praxis den Slogan entgegen, dass Menschen nicht behindert sind, sondern von der Gesellschaft behindert werden. Ein Teil der Aktivisten wählte zudem für sich den kämpferischen Begriff des »Krüppels«. Dies war als Provokation gedacht, denn aus dem wissenschaftlichen und politischen Sprachgebrauch war der Begriff seit den 1950er Jahren bewusst entfernt worden, weil er als abwertend galt.[30] Später folgten Alternativen wie ›Menschen mit besonderen Fähig-

---

26 | Vgl. z.B. Hans-Günther Ritz: »Die Hauptfürsorgestellen in der Rehabilitationspolitik«, in: Runde, Peter/Heinze, Rolf B. (Hg.): Chancengleichheit für Behinderte. Sozialwissenschaftliche Analysen für die Praxis, Neuwied/Darmstadt 1979, S. 141-167, hier S. 164; Kurt-Alphons Jochheim/Ferdinand Schliehe/Helfried Teichmann: »Rehabilitation und Hilfen für Behinderte«, in: Bundesministerium für Arbeit und Sozialordnung/Bundesarchiv (Hg.): Geschichte der Sozialpolitik in Deutschland seit 1945. Bd. 2/1: 1945-1949. Die Zeit der Besatzungszonen Sozialpolitik zwischen Kriegsende und der Gründung zweier deutscher Staaten. Bandverantwortlicher: Wengst, Udo, Baden-Baden 2001, S. 561-585, hier S. 561; A. Haaser: Entwicklungslinien (1975).

27 | Dies geschieht nach dem Vorbild des ebenfalls retrospektiv gebildeten Begriffs Armutspolitik. Vgl. Petra Buhr/Lutz Leisering/Monika Ludwig/Michael Zwick: »Armutspolitik und Sozialhilfe in vier Jahrzehnten«, in: Blanke, Bernhard/Wollmann, Hellmut (Hg.): Die alte Bundesrepublik. Kontinuität und Wandel, Opladen 1991, S. 502-546, hier S. 503.

28 | Vgl. Hans Eberwein, Hans: »Sonder- und Rehabilitationspädagogik – eine Pädagogik für ›Behinderte‹ oder gegen Behinderungen? Sind Sonderschulen verfassungswidrig?«, in: Eberwein, Hans/Sasse, Ada (Hg.): Behindert sein oder behindert werden? Interdisziplinäre Analysen zum Behinderungsbegriff, Neuwied 1998, S. 66-93, hier S. 80.

29 | Vgl. E. C. Hamilton: Welfare (1997), S. 238; Kai Felkendorff: »Ausweitung der Behinderungszone: Neuere Behinderungsbegriffe und ihre Folgen«, in: Cloerkes, Günther (Hg.): Wie man behindert wird. Texte zur Konstruktion einer sozialen Rolle und zur Lebenssituation betroffener Menschen, Heidelberg 2003, S. 25-52, hier S. 26, 29; A. Waldschmidt: Menschen (2003), S. 129.

30 | Zur Geschichte des Krüppelbegriffs Klaus-Dieter Thomann: »Der ›Krüp-

keiten‹, die sich an angelsächsischen Vorbildern orientierten. Statt jedoch den Bereich des Normalen zu erweitern, zementierten sie eher die Grenzen zwischen dem als ›normal‹ bzw. ›anders‹ Empfundenen.[31] Derlei Quellenbegriffe erscheinen in Anführungszeichen, mit Ausnahme der Wendungen Schwer- und Kriegsbeschädigte, Schwerbehinderte, Behindertenbewegung und -politik. Wo nicht auf den problematischen[32] Begriff der Schädigung verzichtet werden kann, wird er unter dem Vorbehalt verwendet, dass Andersheit, Schädigung, Beeinträchtigung und Behinderung nicht identisch sind und auch nicht zwangsläufig miteinander einhergehen müssen.[33]

Was in einer Gesellschaft in Abgrenzung zur Normalität als Behinderung definiert wird, unterliegt dem historischen Wandel. Nach Rosemarie Garland Thomson fasst der Begriff der Menschen mit Behinderungen eine heterogene Gruppe von Personen zusammen, die »möglicherweise nicht mehr gemeinsam haben als die stigmatisierende Bezeichnung der Anormalität«.[34] Statt also aufgrund einer unzutreffenden Homogenitätsannahme eine Untersuchungsgruppe zu umgrenzen – etwa der »Körperbehinderten«, der »Kriegsbeschädigten« usw. –, wird im Folgenden analysiert, wie derartige Kollektivsubjekte gebildet wurden.

Wenn im Folgenden vor allem von körperlichen Andersheiten die Rede ist, ist dies nicht einer Analyseauswahl geschuldet, sondern spiegelt einen Untersuchungsbefund. Die bundesdeutsche Behindertenpolitik konzent-

---

pel‹. Entstehen und Verschwinden eines Kampfbegriffes«, in: Medizinhistorisches Journal 27 (1991), H. 3/4, S. 221-270, hier S. 223, 226; zur Macht der Sprache vgl. Irving Kenneth Zola: »Selbst, Identität und die Frage der Benennung. Überlegungen zu Sprache und Behinderung«, in: Weisser, Jan/Renggli, Cornelia (Hg.): Disability Studies. Ein Lesebuch, Luzern 2004, S. 57-66, hier S. 58.

31 | Das englische Vorbild war hier ›*differently abled*‹. Vgl. C. F. Bruner: KörperSpuren (2005), S. 91; I. K. Zola: Selbst (2004), S. 64.

32 | Vgl. M. Oliver: Understanding (1996), S. 37-41; kritisch zur Trennung von Schädigung und Behinderung C. Thomas: Theorien (2004), S. 47; Michael Maschke: »Behinderung als Ungleichheitsphänomen – Herausforderung an Forschung und politische Praxis«, in: Waldschmidt, Anne/Schneider, Werner (Hg.): Disability Studies, Kultursoziologie und Soziologie der Behinderung. Erkundungen in einem neuen Forschungsfeld, Bielefeld 2007, S. 299-320, hier S. 300.

33 | An sich verbietet der soziokulturelle Behinderungsbegriff, der Behinderung nicht im Individuum, sondern in der Gesellschaft verortet, die Unterscheidung nach körperlichen, geistigen oder psychischen Behinderungen. Lediglich Andersheiten lassen sich so unterscheiden. Doch zeichnet sich keine überzeugende sprachliche Lösung ab, die dem Rechnung trägt.

34 | Zitat bei R. Garland Thomson: Geschichten (2003), S. 421; vgl. zu dieser Problematik auch David T. Mitchell/Sharon L. Snyder: »Introduction. Disability Studies and the Double Bind of Representation«, in: Mitchell, David T./Snyder, Sharon L. (Hg.): The Body and Physical Difference. Discourses of Disability, Ann Arbor 1997, S. 1-31, hier S. 7; P. K. Longmore/L. Umansky: Disability (2001), S. 4; C. F. Bruner: KörperSpuren (2005), S. 293-295; D. Mattner: Menschen (2000), S. 10.

rierte sich auf körperliche Behinderungen, nahm dabei jedoch weitere Binnenhierarchisierungen vor. Diese beruhten, wie zu zeigen ist, einesteils auf der Art und Ursache der Andersheit, andernteils auf dem Geschlecht, Alter und der sozialrechtlichen Position der Person.

An welche Ursachen von körperlichen Andersheiten ist hier zu denken? An erster Stelle standen Krankheiten unterschiedlichster Art, Krieg und Kriegsfolgen, physische und psychische Gewalteinwirkung und Unfälle bei der Erwerbsarbeit, im Straßenverkehr, im Haushalt oder bei Freizeitaktivitäten. Hinzu kamen Schwangerschafts- und Geburtskomplikationen und genetische Gründe, außerdem eine unzureichende oder falsche gesundheitliche oder hygienische Aufklärung, der Konsum schädigender Substanzen und der Kontakt mit gefährlichen Stoffen. Unter sich wandelnden gesellschaftlichen und wirtschaftlichen Rahmenbedingungen traten manche dieser Ursachen quantitativ zurück, andere nahmen zu.

Armut und Mangelerscheinungen im Kindesalter beispielsweise verloren in den 1950er Jahren an Gewicht.[35] Vor allem die in der Notsituation der ersten Nachkriegsjahre noch allgegenwärtige Stoffwechselstörung Rachitis ging durch verbesserte Lebensmittelversorgung und Vitamin-D-Prophylaxe bei Säuglingen und Kleinkindern zurück.[36] Ebenso nahm die in der frühen Nachkriegszeit noch hohe Zahl von Unfällen mit Sprengstoff und Munition, insbesondere im Kindesalter, ab.[37]

Nach 1945 stand zunächst die Kriegsbeschädigung, insbesondere die Amputation von Gliedmaßen, im Zentrum der öffentlichen und politischen Aufmerksamkeit.[38] 1950 kamen auf eine Gesamtbevölkerung von etwa 48

35 | Emil E. Kobi: »Stabilität und Wandel in der Geschichte des Behindertenwesens«, in: Heilpädagogische Forschung 16 (1990), H. 3, S. 112-117, hier S. 115; hinsichtlich der Skoliosen vgl. z.B. Katherine Ott: »The Sum of its Parts. An Introduction to Modern History of Prosthetics«, in: Ott, Katherine/Serlin, David/Mihm, Stephen (Hg.): Artificial Parts, Practical Lives. Modern Histories of Prosthetics, New York/London 2002, S. 1-42, hier S. 29 mit weiteren Nachweisen.

36 | Vgl. Philipp Osten: Die Modellanstalt. Über den Aufbau einer »modernen Krüppelfürsorge« 1905 bis 1933, Frankfurt a.M. 2004, S. 148-151; Kerstin Dyckerhoff: »Die Fürsorge in der Nachkriegszeit«, in: Landwehr, Rolf/Baron, Rüdeger (Hg.): Geschichte der Sozialen Arbeit. Hauptlinien ihrer Entwicklung im 19. und 20. Jahrhundert, 3., korrigierte Aufl. Weinheim/Basel 1995, S. 219-249, hier S. 226.

37 | Vgl. »Hilfe für kriegsversehrte Kinder«, in: Stuttgarter Zeitung v. 27.10.1955; Dieter Renelt: »Bericht«, in: Bayerisches Staatsministerium für Arbeit und Sozialordnung, Familie, Frauen und Gesundheit (Hg.): 50 Jahre Kriegsopferversorgung in Bayern 1945-1995, München 1995, S. 48-51; Philipp Leve: »Praktische Erfahrungen bei der Arbeitsvermittlung Schwerbehinderter«, in: Jahrbuch der DeVg (1963), S. 61-66, hier S. 63.

38 | Unter den Kriegsbeschädigten war ein hoher Anteil von Menschen mit Amputationen, da sich Verwundungen angesichts der schlechten Transportverhältnisse gerade an den östlichen Kriegsschauplätzen rasch entzündeten und putritive Infektionen die Regel waren. Vgl. Ernst Goetz: »Über Verwundungen und Krank-

Millionen rund 1,5 Millionen überwiegend männliche Kriegsbeschädigte, darunter 820.000 Schwerkriegsbeschädigte. Kriegsbeschädigte beider Weltkriege machten demnach etwa drei Prozent der bundesrepublikanischen Bevölkerung aus.[39] Sie bildeten auch die erste behindertenpolitische Idealklientel der Bundesrepublik. Der soziokulturelle Archetyp des Menschen mit Behinderung war in den 1950er Jahren ebenfalls männlich, erwachsen und nutzte eine Prothese oder Krücken, weil er eine Amputation erlebt hatte oder durch Kriegsbeschädigung anderweitig schwer beim Gehen beeinträchtigt war. Dieser Archetyp blickte von Plakaten mit Spendenaufrufen herab und humpelte auf zahlreichen Fotografien und Montagen durch die deutschen Nachkriegsstädte. Er war so sehr Emblem, dass er gleichsam zur Requisite kultureller Darstellungen über den Nachkrieg wurde.[40] Gliedmaßenamputationen regten die in beiden deutschen Nachkriegszeiten typischen technischen Wiederherstellungs- und Normalisierungsfantasien besonders an. Überhaupt war der erwachsene Mann, der mit einer auf Kriegseinwirkung zurückzuführenden Amputation lebte, bereits seit dem Ersten Weltkrieg der Inbegriff des Menschen mit Behinderung und des zerstörten Körpers schlechthin, wenngleich es sich quantitativ nicht um häufigste Form der Behinderung handelte.[41] Die zweite deutsche Nachkriegszeit knüpfte hier

---

heiten im Zweiten Weltkrieg«, in: Statistische Berichte des Landesversorgungsamts Bayern 5 (1955), H. 2, S. 3; H. Meyeringh/H. Stefani: Der Oberschenkelamputierte, sein Gewicht, sein Blutdruck und sein Herz. Eine statistische Studie an Oberschenkelamputierten, 1962, S. 31, Bundesarchiv (BArch) B 149 7151.

39 | Vgl. »Die Körperbehinderten im Bundesgebiet. Ergebnisse der Volkszählung am 13.9.1950«, in: Statistische Berichte v. 13.3.1953, S. 2-15; Die Zahl der Schwerbeschädigten im Bundesgebiet am 31.3.1951, NRWHStA NW 42 1353; Übersicht: Die Zahl der Schwerbeschädigten am 31.3.1951 in Verhältniszahlen, ebd.; H. Meyeringh/H. Stefani: Der Oberschenkelamputierte, sein Gewicht, sein Blutdruck und sein Herz. Eine statistische Studie an Oberschenkelamputierten, 1962, S. 26, BArch B 149 7151; Fischinger, Konrad: Die Körperbehinderten in Bayern 1950, in: Zeitschrift des bayerischen statistischen Landesamts 86 (1954), H. 1/2, S. 44, 48; Norbert Stegmüller: »Die zahlenmäßige Entwicklung der Kriegsopferversorgung nach dem 2. Weltkrieg. Teil 1«, in: Bundesversorgungsblatt (BVersbl) 6 (1955), H. 5, S. 76-83, hier S. 81; Bericht der Bundesregierung über die Situation der Frauen in Beruf, Familie und Gesellschaft, Bundestagsdrucksache (BTDrs) V/909 v. 14.9.1966, S. 140; Wilfried Rudloff: »Überlegungen zur Geschichte der bundesdeutschen Behindertenpolitik«, in: Zeitschrift für Sozialreform 49 (2003), H. 6, S. 863-886, hier S. 866.

40 | Dies gilt für einige bis in die Gegenwart laufend reproduzierte Fotografien ebenso wie für Filme wie »Die Mörder sind unter uns« von 1946 oder »Die Sünderin« von 1951. In diesem Film beispielsweise kämpft sich ein kriegsbeschädigter Mann mit Beinamputation durch einen von kriegerischer Gewalt verwüsteten Straßenzug. Vgl. auch C. Poore: Disability (2007), S. 160-161.

41 | Vgl. als markante Quelle Wilhelm v. Baumer: Bürgerliche Kriegsinvalidenfürsorge, München 1916, S. 33.

an ein älteres kulturelles Muster an. Behinderung wurde mit Kriegsbeschädigung und diese überwiegend mit dem Verlust von Gliedmaßen und Gehfähigkeit gleichgesetzt. Kriegsbeschädigte nahmen eine Spitzenposition in der Werthierarchie der Menschen mit Behinderungen ein. Noch am Ende der 1960er Jahre identifizierten die Bundesdeutschen Behinderung außerdem meist mit Gehbehinderung.[42]

Nicht zuletzt aus demografischen Gründen trat jedoch die Kriegsbeschädigung in den 1970er Jahren sowohl quantitativ als auch kulturell in den Hintergrund. Bereits seit den 1960er Jahren begann sich auch ein neuer Idealtyp in der Behindertenpolitik auszubilden: der ebenfalls männliche Erwachsene oder ältere Jugendliche, der einen Rollstuhl nutzte, da er seit Verkehrs-, Sport oder Arbeitsunfall mit einer Querschnittslähmung lebte.[43] Mit quantitativen Entwicklungen allein ist die Bildung solcher sozialpolitischer Idealklienten oder kultureller Archetypen jedoch nicht zu erklären. Beachtenswert ist in diesem Zusammenhang beispielsweise, dass die rund 4.000 »Contergankinder«, sosehr sie heute als »Ikonen fragmentierter Körperlichkeit«[44] erscheinen, im untersuchten Zeitraum nicht in der Abfolge der Idealtypen von Behinderung erschienen. Die hier wirkenden Thematisierungsfaktoren werden in den Kapiteln 2.2 und 2.3 diskutiert.

Quantitativ gewannen seit den 1950er Jahren funktionell relevante Krankheiten und Unfälle an Bedeutung.[45] Etwa 70.000 durch Arbeitsunfälle schwerbeschädigte Menschen lebten beispielsweise 1950 in der Bundesrepublik. Ein Unfallverhütungsbericht der Bundesregierung registrierte für das Berichtsjahr 1966 2,8 Millionen Arbeitsunfälle. Nicht erfasst wurde allerdings, wie viele dieser Unfälle zu Behinderungen führten.[46]

---

42 | Vgl. Einen Hinweis bietet auch hier die Studie von Gerd W. Jansen: Die Einstellung der Gesellschaft zu Körperbehinderten. Eine psychologische Analyse zwischenmenschlicher Beziehungen aufgrund empirischer Untersuchungen, 2. Aufl. Neuburgweier 1974, S. 84; zum Ersten Weltkrieg Michael Hagner: »Verwundete Gesichter, verletzte Gehirne. Zur Deformation des Kopfes im Ersten Weltkrieg«, in: Schmölders, Claudia/Gilman, Sander L. (Hg.): Gesichter der Weimarer Republik. Eine physiognomische Kulturgeschichte, Köln 2000, S. 78-95, hier S. 79-80.

43 | Vgl. Helmut v. Bracken: Vorurteile gegen behinderte Kinder, ihre Familien und Schulen, Berlin 1976, S. 334; ›Nicht laufen, nicht sprechen, nicht hören‹. Spiegel-Report über sozial benachteiligte Gruppen in der Bundesrepublik (V): Behinderte, in: Der Spiegel v. 22.3.1971.

44 | W. Rudloff: Überlegungen (2003), S. 870.

45 | Vgl. Manfred Hofrichter: »Die Bedeutung der öffentlichen Arbeitsvermittlung«, in: Arbeit, Beruf und Arbeitslosenhilfe – Das Arbeitsamt 12 (1961), H. 7, S. 145-149, hier S. 148; »Tabelle Körperbehinderte nach Ursache der Behinderung«, in: Bericht der Bundesregierung über die Situation der Frauen in Beruf, Familie und Gesellschaft, BTDrs V/909, 14.9.1966, S. 600; Wolfgang Heipertz/Klaus-Dieter Thomann: »Die Rehabilitation Körperbehinderter – Rehabilitation des berufstätigen orthopädisch Kranken«, in: Die Rehabilitation 24 (1985), H. 2, S. 136-138, hier S. 137.

46 | Die Zahl der Schwerbeschädigten im Bundesgebiet am 31.3.1951, NRWH-

Aufgrund mangelnder statistischer Grundlagen[47] ist die Bedeutung von Haushaltsunfällen als Ursache von Behinderungen nicht quantifizierbar. Im Verlauf der 1950er Jahre wurde jedoch ein Anstieg von Unfällen im Straßenverkehr registriert. Die Verkehrssicherheit ließ zu wünschen übrig, sowohl was den Zustand des Straßennetzes als auch was die individuelle Sicherung im Kraftfahrzeug anging. Gab es 1950 rund 520.000 Personenkraftwagen, waren es 1960 bereits rund vier Millionen, im Jahr 1970 sogar fast 14 Millionen.[48] 1953 ereigneten sich 252.000 Straßenverkehrsunfälle mit Personenschaden, von denen 11.000 tödlich endeten. 1969 starben etwa 14.000 Menschen bei 350.000 Unfällen mit Personenschäden.[49] Zwischen 1955 und 1959 kamen etwa 90.000 Kinder bei Verkehrsunfällen zu Schaden, 10.000 trugen dabei Verletzungen davon, die zu Behinderungen führten. Allein im Jahr 1970 verletzten sich 70.000 Kinder im Straßenverkehr, von denen ein erheblicher Anteil mit dauerhaften gesundheitlichen Problemen lebte.[50] Die Zahl der tödlichen, schweren und schwersten Verletzungen durch Verkehrsunfälle stieg weiter rasant an, bis 1976 die Gurtpflicht zunächst auf Vordersitzen und 1984 auch auf Rücksitzen eingeführt wurde.[51] Besonders

---

StA NW 42 1353; Presse- und Informationsamt der Bundesregierung (Hg.): Jahresbericht der Bundesregierung 1967, Bonn 1968, S. 233; Hans Muthesius: »Prävention und Rehabilitation«, in: Bundesarbeitsblatt (BArbl.) 11 (1960), H. 22, S. 718-720, hier S. 719; Eugen Glombig: »Die berufliche und soziale Rehabilitation in der Bundesrepublik«, in: Die Praxis 17 (1964), Sonderdruck, S. 19; Presse- und Informationsamt der Bundesregierung (Hg.): Jahresbericht der Bundesregierung 1969, Bonn 1970, S. 344; E. Gögler: »Der schwere Unfall in der modernen Industriegesellschaft«, in: Langenbecks Archiv für Chirurgie [keine Jahrgangszählung] (1971), H. 329, S. 922-965, hier S. 933; »Die berufliche Rehabilitation durch die Unfallversicherung«, in: NDV 43 (1963), H. 9, S. 419-425, hier S. 423.

47 | Vgl. zum Fehlen statistischer Grundlagen europaweit in den 1960er Jahren Engelina v. Burg: »Unfälle im Haushalt – ein weltweites Problem«, in: Zeitschrift für Präventivmedizin 13 (1968), H. 1, S. 277-283, hier S. 277.

48 | Vgl. Bundesanstalt für Straßenwesen: Infokarte Verkehrs- und Unfalldaten. Kurzzusammenstellung der Entwicklung in Deutschland, Stand September 2007, Bergisch-Gladbach 2007; Axel Schildt: Die Sozialgeschichte der Bundesrepublik Deutschland bis 1989/90, München 2007, S. 25.

49 | Vgl. Gögler: Unfall (1971), S. 924.

50 | Die Zahlen aus Hans Rettig: »Rehabilitationsmaßnahmen nach kindlichen Unfällen«, in: Die Rehabilitation 10 (1971), H. 3, S. 146-150, hier S. 146; Wilhelm Bläsig: »Zur Rehabilitation der Kinder mit Schädel-Hirn-Trauma. Bericht«, in: Die Rehabilitation 14 (1975), H. 2, S. 117-119, hier S. 117; A. Meinel/E. Gögler/P. Kühnl/K. H. Jungbluth u.a.: »Der schwere Unfall im Kindesalter«, in: Langenbecks Archiv für Chirurgie [keine Jahrgangszählung] (1972), H. 332, S. 894-895, hier S. 895; Ulrich-Echter v. d. Leyen: »Über die Häufigkeit kindlicher Unfälle«, in: Zeitschrift für Kinderheilkunde 83 (1960) [ohne Heftzählung], S. 319-331, hier S. 324-325.

51 | Vgl. K. Luff/Fritz-Ulrich Lutz/Helmut Brömme: »Ergebnisse einer Untersuchung tödlicher Unfälle von Kraftfahrzeuginsassen unter Berücksichtigung medi-

auffällig war dabei der starke Anstieg von Hirnverletzungen und Rückenmarkstraumata. Wenngleich die voranschreitende Automobilisierung in Politik und Gesellschaft als nachgeholter Modernisierungsschub und Säule der Konsumgesellschaft empfunden wurde, wurden diese Nebenfolgen kritisch wahrgenommen.[52]

Krankheiten, insbesondere Herz-/Kreislauf- und Krebserkrankungen, spielten in den 1960er Jahren eine immer größere Rolle. Nicht nur die Neuerkrankungen nahmen zu. Vielmehr stieg aufgrund neuer Therapiemöglichkeiten wie der Chemotherapie auch die durchschnittliche Lebenserwartung. Am Beginn der 1950er Jahre war beispielsweise die Tuberkulose noch eine Volkskrankheit und Hauptthema der Gesundheits- und Behindertenpolitik.[53] Zwar war die Mortalität bereits gesunken, die Morbidität aber hatte seit 1940 zugenommen.[54] In der Bundesrepublik lebten 1953 über 500.000 Menschen mit aktiver Tuberkulose und Leistungsansprüchen an die gesetzliche Rentenversicherung.[55]

Poliomyelitis (Kinderlähmung) trat seit Beginn des 20. Jahrhunderts epidemisch auf. Vor allem Kinder im Alter von drei bis acht Jahren erkrankten.[56] Der Befall von muskelsteuernden Nervenzellen des Rückenmarks durch Polioviren führte in etwa einem Drittel der Fälle zu bleibenden Lähmungserscheinungen, bei einem Fünftel zu schweren Behinderungen.[57] Ihre Höhepunkte erreichte die Poliomyelitis 1952 mit 9.500 Neuerkrankungen, 1956 mit knapp 4.000 und 1961 mit 4.700 Neuerkrankungen. Ab 1962 ging die Zahl der Neuerkrankungen rapide zurück, da die in den USA entwickelte

---

zinischer und technischer Aspekte«, in: Zeitschrift für Rechtsmedizin 75 (1974), H. 2, S. 121-126, hier S. 122-125. Vgl. zu den Fußgängerunfällen K.-S. Saternus: »Tödliche Unfälle von Fußgängern im Straßenverkehr«, in: Zeitschrift für Rechtsmedizin 73 (1973), H. 4, S. 279-289.

52 | Vgl. E. Gögler: Unfall (1971), S. 962; A. Schildt: Sozialgeschichte (2007), S. 26.

53 | Vgl. K.-A. Jochheim/F. Schliehe/H. Teichmann: Rehabilitation (2001), S. 573-574.

54 | Vgl. K. Dyckerhoff: Fürsorge (1995), S. 226; Blasius, Dirk: »Tuberkulose: Signalkrankheit deutscher Geschichte«, in: Geschichte in Wissenschaft und Unterricht 47 (1996), H. 5/6, S. 320-332, hier S. 330-332; Volkert, Gertrud: Von der Krüppelfürsorge zur Sozialhilfe für Körperbehinderte, dargestellt am sozialmedizinischen Wirken des Orthopäden Hohmann (1880-1970), Med. Univ. Diss. München 1977, S. 31; Ph. Osten: Modellanstalt (2004), S. 258-267.

55 | Bundesministerium für Arbeit (BMA) Abteilung (Abt.) Ic, Denkschrift: Rehabilitation als soziale Leistung. Stand und Aufgaben der Rehabilitation in der BRD, 1953, BArch B 149 1294.

56 | Vgl. David M. Oshinsky: Polio. An American Story, Oxford/New York 2005, S. 10-12. In den Quellen finden sich die Bezeichnungen (spinale) Kinderlähmung, atrophische Kinderlähmung oder Heine-Medin-Krankheit.

57 | Vgl. »Die Eingliederung der Kindergelähmten und Querschnittsgelähmten«, in: NDV 37 (1957), H. 11/12, S. 343-345, hier S. 344.

Polioschutzimpfung in der Bundesrepublik forciert wurde.[58] Nun feierten die deutschen Medien als Sieg des medizinisch-technischen Fortschritts, was sie wenige Jahre zuvor noch abgelehnt hatten. Die Polioimpfung hatte aufgrund des sogenannten Cutter-Unglücks 1955 in den USA und eines Zwischenfalls mit Versuchstieren der Bering-Werke in Deutschland zunächst einen Vertrauensverlust erlitten.[59] Indessen hatte aber die Poliotherapie wesentliche Fortschritte gemacht: Eiserne Lungen machten Atemlähmungen erstmals behandelbar.[60]

Dieses Beispiel verdeutlicht den Zusammenhang zwischen medizinisch-technischen Innovationen und der quantitativen Entwicklung bestimmter Ursachen von verkörperter Andersheit. Auch die Zahl der Menschen mit Cerebralparesen und bestimmten kognitiven Beeinträchtigungen wuchs nicht zuletzt, weil Neuerungen in der Perinatalmedizin dazu führten, dass immer mehr und immer kleinere Frühgeborene sowie Kinder mit angeborenen oder während der Geburt erlittenen Hirnschädigungen überlebten. Ähnlich verhielt es sich mit dem sogenannten Down-Syndrom, das meist auf einer Trisomie 21 beruht. Im Lauf des 20. Jahrhunderts stieg die durchschnittliche Lebenserwartung von neun auf 60 Jahre. Dies war einerseits auf die verbesserten technischen Möglichkeiten der Kinderchirurgie zurückzuführen, die sich zunehmend der beim Down-Syndrom häufigen schweren Fehlbildungen innerer Organe annehmen konnte. Operative Eingriffe, Frühtherapie und pädagogische Förderung waren andererseits nur deshalb möglich, weil sich in Westeuropa seit dem Ende des Zweiten Weltkriegs Allianzen zwischen Eltern und Fachleuten bildeten, die solche Hilfen für die Kinder durchsetzten, und weil – vor allem seit Inkrafttreten des Bun-

58 | Vgl. »Fürsorge bei Kinderlähmung und deren Folgeerscheinungen«, in: NDV 33 (1953), H. 5, S. 147-150, hier S. 147; »Kinderlähmung: Später Sieg«, in: Der Spiegel v. 10.2.1964; Kurt Lindemann: »Die Schwerstbehinderten und ihre Unterbringung in der heutigen Situation«, in: BArbl. 17 (1966), H. 2, S. 46-49, hier S. 47.

59 | In den USA waren Kinder an Polio erkrankt, nachdem sie mit einer Charge der Firma Cutter geimpft worden waren, die noch nicht vollständig inaktivierte Krankheitserreger enthalten hatte. Vgl. D. M. Oshinsky: Polio (2005), S. 221-232. Versuchstiere, die mit dem Impfstoff der Beringwerke geimpft worden waren, erkrankten aus ungeklärten Gründen. Der Impfstoff wurde 1955 für die BRD wieder gesperrt. Vgl. zur Vertrauens- und Lieferkrise das Interview mit dem Leiter der Abt. öffentliches Gesundheitswesen im Hessischen Innenministerium, Regierungsdirektor Ludwig v. Manger-Koenig in »Kinderlähmung – Impfen oder nicht?«, in: Der Spiegel v. 24.4.1957; »Kinderlähmung: Später Sieg«, in: Der Spiegel v. 10.2.1964; »Polio-Impfung einer voller Erfolg«, in: Bild v. 30.8.1962; »Kinderlähmung und andere übertragbare Krankheiten«, in: Rheinisches Ärzteblatt 19 (1965), H. 13, S. 653; »Neuer Erfolg in Polio-Bekämpfung«, in: Münchner Merkur v. 26.7.1967.

60 | Vgl. »Fürsorge bei Kinderlähmung und deren Folgeerscheinungen«, in: NDV 33 (1953), H. 5, S. 147.

dessozialhilfegesetzes 1961 – die sozialstaatlichen Mittel bereitstanden, um dies zu finanzieren.[61]

Durch medizinisch-technische Innovationen erhöhten sich auch die Überlebenschancen von Menschen, die durch Unfall oder Gewalteinwirkung schwere Verletzungen erlitten hatten. Waren es im 19. Jahrhundert Antiseptika und Narkotika und im Ersten Weltkrieg die Weichteilplastik gewesen, halfen seit den 1940er Jahren vor allem Antibiotika und Sulfonamide. Ebenso verfeinerte die Mikro-, Gefäß- und Nervenchirurgie ihre Techniken.[62] Dies hatte beispielsweise zur Folge, dass deutlich mehr Menschen Rückenmarkstraumata mit Querschnittslähmungen überlebten.[63]

Während sich diese Verschiebungen zumindest als relative Trends darstellen lassen, gelingt keine absolute Quantifizierung der Gruppe der in der Bundesrepublik lebenden Menschen mit Behinderungen. Dies ist in erster Linie auf die Fluidität und Historizität des Behinderungsbegriffs zurückzuführen. Die kulturellen und sozialrechtlichen Definitionen von Behinderung wandelten sich mehrfach.[64] Manche Behinderungen, etwa die sogenannte Lernbehinderung, wurden überhaupt erst entdeckt. Das verfügbare statistische Material beruht entweder auf Erhebungen, die die Sozialleistungsträger unter ihrer jeweiligen Sozialklientel durchführten, oder auf Zahlen, die Mikrozensuserhebungen und die Volkszählung von 1950 lieferten. Hier galt jedoch das Prinzip der Selbstauskunft.[65] Hinzu kam, dass der Mikrozensus verschiedene Bevölkerungsgruppen wie Hausfrauen, Kinder und Ältere nicht ausreichend erfasste.[66] Die Erhebung von 1974 ergab beispielsweise,

---

61 | Unter Cerebralparesen werden Bewegungsstörungen verstanden, deren Ursache in einer frühkindlichen oder vorgeburtlichen Hirnschädigung liegt. Es kommt zu Störungen des Nerven- und Muskelsystems im Bereich der willkürlichen Bewegungskoordination. Häufig sind auch Sprachprobleme. Als Down-Syndrom wird eine Genommutation beim Menschen, die Trisomie des 21. Chromosoms oder von Teilen davon, bezeichnet. Zum Syndrom gehören häufig Seh- und Hörprobleme, Fehlbildungen innerer Organe sowie kognitive Beeinträchtigungen.

62 | Zu diesen Entwicklungen kursorisch K. Ott: Sum (2002), S. 14-15.

63 | Vgl. Bundesministerium des Innern (BMI) Abt. V7, Schreiben an Bundesministerium für Arbeit und Sozialordnung (BMA), 12.11.1962, BArch B 149 6177; Dieter Bruns: »Klinische Erfahrungen in der Rehabilitation Querschnittsgelähmter«, in: Archiv für orthopädische und Unfallchirurgie 53 (1961), H. 1, S. 29-44, hier S. 29-30; Rudolf Lotze: Von der ›Krüppelfürsorge‹ zur Rehabilitation von Menschen mit Behinderungen. 90 Jahre Deutsche Vereinigung für die Rehabilitation Behinderter e.V., Heidelberg 1999, S. 26.

64 | Zur Problematik des fluiden Behinderungsbegriffs für die Statistik vgl. A. Bintig: »Die deutschen Behindertenstatistiken von 1906 bis 1979«, in: Die Rehabilitation 20 (1982), H. 3, S. 147-158.

65 | Vgl. Fischinger, Konrad: Die Körperbehinderten in Bayern 1950, in: Zeitschrift des bayerischen statistischen Landesamts 86 (1954), H. 1/2, S. 44.

66 | Vgl. Hans Achinger/Walter Bogs/Helmut Meinhold/Ludwig Neundörfer u.a.: Sozialenquête: Soziale Sicherung in der Bundesrepublik Deutschland. Bericht

dass 358.000 Kinder mit körperlichen, geistigen oder seelischen Behinderungen in der Bundesrepublik lebten – dabei besuchte zu diesem Zeitpunkt bereits eine deutlich größere Zahl von schulpflichtigen, als »behindert« eingestuften Kindern die öffentlichen Sonderschulen.[67]

Auch die im Zuge der ministeriellen Sozialplanung amtlich erhobenen Zahlen sind wenig verlässlich. Sie wurden situativ ermittelt und erfassten in der Regel nur die Menschen, auf die bestimmte Planungen abzielten. So ergab beispielsweise 1951 eine Berechnung der Landesregierung in Nordrhein-Westfalen, dass sich im Bundesdurchschnitt unter 1.000 Einwohnern 19 Menschen mit Schwer- und Schwerstbehinderungen befanden, die auf Krieg oder Arbeitsunfälle zurückzuführen waren.[68] Für 1973/74 nannte die Sozialleistungsstatistik rund 1,6 Millionen Frührentner der gesetzlichen Rentenversicherung sowie etwa 800.000 Rentenempfänger der Unfallversicherung, von denen ein nicht bekannter Teil auch an Rehabilitationsmaßnahmen teilnahm. Versorgungsberechtigt nach dem Bundesversorgungsgesetz waren noch etwa 1,2 Millionen Personen. Hilfen zur Eingliederung im Rahmen der Sozialhilfe erhielten etwa 500.000 Menschen.[69] Derlei punktuelle Orientierungsdaten fügen sich nicht zu einem quantitativen Gesamtbild zusammen. Lediglich ein Schätzwert lässt sich nennen: Seit dem Ende des Zweiten Weltkriegs bis in die Gegenwart machten Menschen mit Behinderungen etwa fünf bis zehn Prozent der Wohnbevölkerung aus.[70] Nicht zuletzt aufgrund des demografischen Wandels und der medizinisch-technischen Veränderungen, aber vor allem aufgrund des dynamischen Behinderungsbegriffs, der immer wieder von Neuem diskursiv gefasst und statistisch relevant wird, wird diese Zahl weiter steigen.

---

der Sozialenquête-Kommission, Stuttgart/Berlin/Köln/Mainz 1966, S. 260-261; Walter Thimm: Mit Behinderten leben. Hilfe durch Kommunikation und Partnerschaft, Freiburg i.Br./Basel/Wien 1977, S. 35.

67 | Vgl. W. Thimm: Behinderten (1977), S. 37.

68 | Übersicht: Die Zahl der Schwerbeschädigten am 31.3.1951 in Verhältniszahlen, NRWHStA NW 42 1353.

69 | Vgl. Albert Haaser: »Überlegungen zur Größe des Behindertenpotentials in der Bundesrepublik Deutschland«, in: Die Rehabilitation 11 (1972), H. 1, S. 19-26, hier S. 22.

70 | Vgl. Basisdaten. Zahlen zur sozioökonomischen Entwicklung der Bundesrepublik Deutschland. Bearbeitet v. Ermrich, Roland, Bonn-Bad Godesberg 1974, S. 285; A. Bintig: Behindertenstatistiken (1982), S. 151.

1. Diskursive Grundlagen der Behindertenpolitik

Konstruktionen von Behinderung und die darauf aufbauende Formierung eines sozialpolitischen Feldes lassen sich anhand der Begriffe und Erklärungsmodelle von Behinderung erarbeiten, die wissenschaftliche Experten und politische Akteuren in bestimmten Zeiträumen generierten und verbreiteten. Sprachregelungen und Argumentationsmuster bieten sich der Analyse ebenso an wie typische Inhalte und Wertungen. Dabei zeigt sich, wie aus verkörperten Andersheiten in einem komplexen Benennungsprozess Behinderungen entstanden. Diese wurden als soziales Problem gefasst, dessen Lösung dem Sozialstaat übertragen wurde. Gesellschaftlichen Akteuren, die Sprecherpositionen im Diskurs besetzten und meist auch an dessen Konkretisierung mitwirkten, kam folglich eine erhebliche Definitionsmacht zu.[1]

1.1 Soziokulturelle Konstruktionen von Behinderungen in Wissenschafts- und Expertendiskursen

Wie die Dis/ability Studies nahe legen, wird die Kategorie Behinderung in Abhängigkeit von gesellschaftlichen Normalitätsvorstellungen definiert. Verfügt eine Gesellschaft nicht über Konzeptionen von Andersheit, ist Normalität gar nicht denkbar. Nur in ihrer Wechselbeziehung gewinnen diese Kategorien Erklärungswert. Doch stehen Behinderung und Nicht-Behinderung in einem hierarchischen Verhältnis zueinander. Insbesondere geht die wissenschaftlich erhobene Objektivität des Normalen mit ästhetischen, funktionalen und performativen Normierungsansprüchen einher, die zur gesellschaftlichen Abwertung der als abweichend klassifizierten Personen führen können.[2]

---

1 | Vgl. R. Keller: Diskursanalyse (2008), S. 234-235.

2 | Vgl. Lennard J. Davis: Enforcing Normalcy. Disability, Deafness, and the

Aus ihren Annahmen über individuelle, zumeist medizinisch diagnostizierte Andersheiten bilden Gesellschaften die Kategorie Behinderung, indem sie das Angenommene oder Beobachtete mit ihren Normerwartungen vergleichen. Für diesen Konstitutionsprozess sind sinnlich wahrnehmbare Informationen nötig, deren Träger in der Regel der Körper ist.[3] Die Mehrzahl der für das 20. Jahrhundert ausschlaggebenden Normbildungen entstand in den medizinischen Disziplinen des 19. Jahrhunderts. Innerhalb kurzer Zeit traten am Ende des 18. Jahrhunderts abweichende oder auffällige Körper aus dem Bereich des Religiös-Magischen und Transzendentalen heraus und avancierten zu Gegenständen der naturwissenschaftlich-medizinischen Forschung. Mit dem wissenschaftlichen Blick auf Andersheiten kamen Vermessung, Begutachtung und Katalogisierung. Medizin und Naturwissenschaften produzierten Wissen über Normalität und Abweichung. In streng lokalistischer Manier gliederte die Medizin Körper, Geist und Seele in Einzelfunktionen, die sich überprüfen und Normskalen zuweisen ließen. Insbesondere in den Forschungsdiskursen der noch jungen Disziplinen Orthopädie und Teratologie entstanden die modernen Kollektivbegriffe und Typenbildungen von Behinderungen. Körperliche Andersheiten, zeitgenössisch vor allem als »Missbildungen« gefasst, galten nun als Folge eines gestörten organischen Entstehungsprozesses und somit als natürlich, waren aber zugleich gesellschaftlich unerwünscht.[4]

Body, London/New York 1995, S. 2; M. Dederich: Behinderung (2004), S. 185; A. Tervooren: Phantasmen (2003), S. 283; Johannes Neumann: »Die gesellschaftliche Konstituierung von Begriff und Realität der Behinderung«, in: Neumann, Johannes (Hg.): Behinderung. Von der Vielfalt eines Begriffes und dem Umgang damit, 2. Aufl. Tübingen 1997, S. 21-43, hier S. 25, 34; Karin Hirdina: »Ausgrenzung oder Integration durch ästhetische Normen«, in: Eberwein, Hans/Sasse, Ada (Hg.): Behindert sein oder behindert werden? Interdisziplinäre Analysen zum Behinderungsbegriff, Neuwied 1998, S. 13-26, hier S. 13, 15.

3 | Vgl. M. Dederich: Behinderung (2004), S. 189; D. Neubert/G. Cloerkes: Behinderung (1994), S. 100-102; L. J. Davis: Enforcing (1995), S. 12-13; Maren Möhring: »Kriegsversehrte Körper. Zur Bedeutung der Sichtbarkeit von Behinderung«, in: Waldschmidt, Anne/Schneider, Werner (Hg.): Disability Studies, Kultursoziologie und Soziologie der Behinderung. Erkundungen in einem neuen Forschungsfeld, Bielefeld 2007, S. 175-197, hier S. 182; Vera Moser: »Geschlecht: behindert? Geschlechterdifferenz aus sonderpädagogischer Perspektive«, in: Behindertenpädagogik 36 (1997), H. 2, S. 138-149, hier S. 138; R. Gugutzer/W. Schneider: Körper (2007), S. 34.

4 | Vgl. Barbara Orland: »Wo hören Körper auf und fängt Technik an? Historische Anmerkungen zu posthumanistischen Problemen«, in: Orland, Barbara (Hg.): Artifizielle Körper – lebendige Technik. Technische Modellierungen des Körpers in historischer Perspektive, Zürich 2005, S. 9-42, hier S. 28; Urs Zürcher: Monster oder Laune der Natur. Medizin und die Lehre von den Missbildungen 1780-1914, Frankfurt a.M./New York 2004, S. 70-74; Rosemarie Garland Thomson: »Introduction: From Wonder to Error – A Genealogy of Freak Discourse in Modernity«, in: Garland Thomson, Rosemarie (Hg.): Freakery. Cultural Spectacles of the Extraordinary Body,

Die Visualisierungstechnik der Fotografie begünstigte die wissenschaftliche Objektivierung von Abweichung und Normalität, denn nun waren bildlich fixierte Wissensbestände beliebig reproduzierbar. Das Genre der Fallaufnahme entstand. Diese transportierte Wissen auch aus dem wissenschaftlichen Bereich hinaus und beeinflusste so mentale Bilder der Gesellschaft. Ihre bis weit ins 20. Jahrhundert gültige Bildsprache übertrug das medizinisch-fotografisch konstituierte Merkmal ›behindert‹ auf die ganze Person. Häufig wurden Menschen in Vorher-Nachher-Aufnahmen zunächst nackt oder halbnackt ohne Tätigkeitskontext abgebildet, um ihre Andersheit oder Unvollständigkeit besonders zu betonen. Demgegenüber erschienen dann Fotografien, die sie mit Prothesen, Hilfsmitteln, zumindest aber gekleidet bei Alltags- oder Erwerbstätigkeiten zeigten. Diese Bildfolgen untermauerten die Vorstellung vom defizitären Menschen, der therapeutisch oder technisch normalisiert wurde.[5]

Bis weit in die zweite Hälfte des 20. Jahrhunderts dominierten ärztliche Experten und Expertinnen den wissenschaftlichen Behinderungsdiskurs. Ihre Klassifikationen von Behinderung verbreiteten sie vor allem mithilfe von Periodika oder auf Kongressen ihrer Fach- und Professionsverbände – nicht nur unter Wissenschaftlern, sondern vor allem unter Vertretern der Ministerien, der Sozialbürokratie und der Sozialleistungsträger, die ihrerseits das medizinische Wissen gezielt nachfragten. Im Kontext eines für das gesamte 20. Jahrhundert konstatierten Verwissenschaftlichungsprozesses der Politik bildeten aber auch die bei den Ministerien des Bundes und der Länder angesiedelten, mit Vertreterinnen und Vertretern der Bürokratien, der Sozialleistungsträger, der Expertenschaft und der Praxis besetzten Beratungsgremien und Ausschüsse wesentliche Schnittstellen des Wissenstransfers zwischen Wissenschaft, Politik und Praxis.[6] Darunter war seit 1951 beispielsweise der

New York/London 1996, S. 1-19, hier S. 3, 13; Volker Hess: »Messen und Zählen. Die Herstellung des Menschen als Maß der Gesundheit«, in: Berichte zur Wissenschaftsgeschichte 22 (1999), H. 4, S. 266-280, hier S. 266-272, 273-276; D. Mattner: Menschen (2000), S. 24-25; Philipp Sarasin/Jakob Tanner: »Physiologie und industrielle Gesellschaft. Bemerkungen zum Konzept und zu den Beiträgen dieses Sammelbandes«, in: Sarasin, Philipp/Tanner, Jakob (Hg.): Physiologie und industrielle Gesellschaft. Studien zur Verwissenschaftlichung des Körpers im 19. und 20. Jahrhundert, Frankfurt a.M. 1998, S. 12-43, hier S. 36-37.

5 | Das Ergebnis beruht auf einer systematischen Auswertung der »Zeitschrift für Krüppelfürsorge«. Vgl. zudem Walter Leimgruber: »Bilder vom Körper – Bilder vom Menschen. Kultur und Ausgrenzung um 1900 und heute«, in: Zeitschrift für Volkskunde 101 (2005), H. 1, S. 69-91, hier S. 75, 82; für die USA mit ähnlichem Ergebnis David Serlin: »Engineering Masculinity. Veterans and Prosthetics after World War Two«, in: Ott; Katherine/Serlin, David/Mihm, Stephen (Hg.): Artificial Parts, Practical Lives. Modern Histories of Prosthetics, New York/London 2002, S. 45-74, hier S. 61; K. Ott: Sum (2002), S. 11.

6 | Vgl. als Beispiele »Deutscher Fürsorgetag 1967. Ergebnisse der Arbeitsgruppen«, in: NDV 47 (1967), H. 11, S. 348-354; Klaus Reschke (Hg.): Die Fürsorge

Beirat für Orthopädietechnik und Prüfungsausschuss für Neukonstruktionen von Kunstgliedern, orthopädischen und anderen Hilfsmitteln und Arbeitshilfen beim Bundesministerium für Arbeit. Er setzte sich aus Mitgliedern der Deutschen Orthopädischen Gesellschaft, weiteren Ärzten, Ingenieuren, Kriegsbeschädigten, Vertretern des Orthopädiemechanikerhandwerks und Herstellern von Prothesen- und Hilfsmitteltechnik zusammen. Der Beirat sammelte und systematisierte Wissen über Prothetik, veranlasste die Prüfung von Neukonstruktionen und gab diese Kenntnisse an die Praxis weiter, indem er eine entsprechende Loseblatt-Sammlung publizierte und Fortbildungsveranstaltungen etwa für Orthopädietechniker durchführte.[7]

Auch Besichtigungen, Studienfahrten und Erhebungen in den Einrichtungen, in denen Menschen mit Behinderungen behandelt oder betreut wurden, gehörten zur Praxis dieses Wissensaustauschs.[8] In der Periode des euphorischen Planungsdenkens zwischen der Mitte der 1960er und den frühen 1970er Jahre erlebten die wissenschaftliche Politikberatung und Gremienarbeit in verschiedenerlei Ausprägung ihren größten Bedeutungszuwachs. Rationalität, wissenschaftliche Diagnosen und Prognosen wurden überaus positiv bewertet, denn wissenschaftlich generiertes Wissen schien die Steuerungskapazitäten der Politik zu steigern.[9] Die Vergabe von For-

---

im sozialen Rechtsstaat. Standort, Forderungen und Möglichkeiten. Gesamtbericht über den 66. Deutschen Fürsorgetag 1969 in Essen, Köln/Berlin 1970, Inhalts- und Teilnehmerverzeichnis; Kurt-Alphons Jochheim: »Ist Chancengleichheit machbar? Perspektiven des 25. Kongresses. Einführung«, in: Jochheim, Kurt-Alphons/Moleski-Müller, Marlis/Siebrecht, Valentin (Hg.): Wege zur Chancengleichheit der Behinderten. Bericht über den 25. Kongress der DeVg e.V. in Bad Wiessee, 10.-12.10.1973, Heidelberg 1974, S. 2-3 sowie Inhalts- und Teilnehmerverzeichnis.

7 | Vgl. Unterausschuss Bein des Beirats für Orthopädietechnik/Konstruktionsausschuss beim BMA, Schreiben an Leiter der Orth. Versorgungsstelle München, 25.3.1953, BArch B 1949 1748; Fritz Blohmke: »Die technische Orthopädie im Rehabilitationsgeschehen«, in: BArbl. 20 (1969), H. 5, S. 299-302, hier S. 300.

8 | Vgl. Raphael, Lutz: »Die Verwissenschaftlichung des Sozialen als methodische und konzeptionelle Herausforderung für eine Sozialgeschichte des 20. Jahrhunderts«, in: Geschichte und Gesellschaft 22 (1996), H. 2, S. 165-193, hier S. 167-171; Vgl. zeitgenössisch z.B. Deutscher Verein für öffentliche und private Fürsorge (DV) e.V., Bericht über die Sitzung des Ständigen Ausschusses für gemeinsame Fragen der Fürsorge und der Arbeitsverwaltung am 25.5.1961 in Meschede, BArch B 106 10774; Aktion Sonnenschein – Hilfe für das mehrfach behinderte Kind e.V., Jahresrückblick 1973, 15.12.1973, BArch B 189 9448; Valentin Siebrecht/Reinhard Wohlleben: »Wege der Chancengleichheit der Behinderten. Bericht über den Rehabilitationskongress 1973 in Bad Wiessee. Teil 1«, in: Arbeit, Beruf und Arbeitslosenhilfe – Das Arbeitsamt 25 (1974), H. 2, S. 41-44, hier S. 42.

9 | Vgl. Hans Günter Hockerts: »Einführung«, in: Frese, Matthias/Paulus, Julia/Teppe, Karl (Hg.): Demokratisierung und gesellschaftlicher Aufbruch. Die sechziger Jahre als Wendezeit der Bundesrepublik, Paderborn/München/Wien/Zürich 2002, S. 249-257, hier S. 249-250; Metzler, Gabriele: »›Geborgenheit im gesicherten

schungsaufträgen im Kontext von Behinderung und Rehabilitation boomte, immer häufiger wurde der Ruf nach Literatur-, Befund- oder Falldokumentationen sowie nach der Integration von Wissensbeständen aus dem Ausland laut.[10]

Zentrale Bedeutung in diesen Transferprozessen erlangte die 1909 gegründete Deutsche Vereinigung für Krüppelfürsorge (DeVg)[11] als traditionell größter und einflussreichster Fach- und Professionsverband im Feld von Rehabilitation und Behindertenpolitik. Sie verstand sich primär als »Plattform des interdisziplinären Erfahrungsaustausches« und bediente den politischen Raum gezielt mit Expertenwissen, Praxiserfahrungen und Fachautorität. Dabei gingen advokatorische mit professionspolitischen Zielen einher.[12] Die DeVg hatte hervorragenden Zugang zum Diskurs und zur politischen

---

Fortschritt‹. Das Jahrzehnt von Planbarkeit und Machbarkeit«, in: Frese, Matthias/Paulus, Julia/Teppe, Karl (Hg.): Demokratisierung und gesellschaftlicher Aufbruch. Die sechziger Jahre als Wendezeit der Bundesrepublik, Paderborn/München/Wien/Zürich 2002, S. 777-797, hier S. 777-784; Wilfried Rudloff: Does Science Matter? Zur Bedeutung wissenschaftlichen Wissens im politischen Prozess. Am Beispiel der bundesdeutschen Bildungspolitik in den Jahren des ›Bildungsbooms‹, Speyer 2005, S. 7, 9; Marcel Boldorf: »Gesamtbetrachtung«, in: Bundesministerium für Arbeit und Sozialordnung/Bundesarchiv (Hg.): Geschichte der Sozialpolitik in Deutschland seit 1945. Bd. 4: 1957-1966 Bundesrepublik Deutschland. Sozialpolitik im Zeichen des erreichten Wohlstandes. Bandhg.: Ruck, Michael/Boldorf, Marcel, Baden-Baden 2007, S. 841-872, hier S. 857-858.

10 | Vgl. z.B. Bericht: Einrichtungen und Maßnahmen zur beruflichen und sozialen Eingliederung physisch und psychisch Leidender (Rehabilitation) in England, Frankreich, Holland und USA. Forschungsauftrag erteilt v. BMI, durchgeführt v. Institut für Selbsthilfe e.V., Köln durch Rudolf Schröder [1956/57], BArch B 106 10676; Helmut A. Paul: »Chancengleichheit als öffentliche Aufgabe. Einführung«, in: Jochheim, Kurt-Alphons/Moleski-Müller, Marlis/Siebrecht, Valentin (Hg.): Wege zur Chancengleichheit der Behinderten. Bericht über den 25. Kongress der DeVg e.V. in Bad Wiessee, 10.-12.10.1973, Heidelberg 1974, S. 268; BMA Abt. IIa8, Protokoll der 2. Arbeitstagung des Deutschen Ausschusses für die Eingliederung Behinderter in Arbeit, Beruf und Gesellschaft am 13./14.6.1961, Referat v. Ernst Goetz: Dokumentation in der Rehabilitation, BArch B 149 6457; »Probleme und Aufgaben der Rehabilitation«, in: NDV 45 (1965), H. 8, S. 254-256, hier S. 254-255.

11 | 1909 Deutsche Vereinigung für »Krüppelfürsorge« e.V.; 1947: Deutsche Vereinigung für Krüppelfürsorge e.V.; 1954: Deutsche Vereinigung zur Bekämpfung des Krüppeltums e.V.; 1957: Deutsche Vereinigung zur Förderung der Körperbehindertenfürsorge e.V.; 1962: Deutsche Vereinigung für die Rehabilitation Behinderter e.V.; 1995: Deutsche Vereinigung für die Rehabilitation Behinderter e.V.

12 | Vgl. zur Selbsteinschätzung u.a. K.-A. Jochheim: Chancengleichheit (1974), S. 2-3; Wilfried Rudloff: »Rehabilitation und Hilfen für Behinderte«, in: Bundesministerium für Arbeit und Sozialordnung/Bundesarchiv (Hg.): Geschichte der Sozialpolitik in Deutschland seit 1945. Bd. 3: 1949-1957 Bundesrepublik Deutschland. Bewältigung der Kriegsfolgen, Rückkehr zur sozialpolitischen Normalität. Bandver-

Programmformulierung. Die DeVg gab die Stichworte für die thematischen Konjunkturen der bundesrepublikanischen Behindertenpolitik.[13]

Bis weit in die zweite Hälfte des 20. Jahrhunderts genoss die DeVg zudem einen privilegierten Zugang zu Ministerialbürokratien, Parlamenten und Behörden und deren finanzieller Förderung.[14] Bereits in den 1910er Jahren war es der DeVg gelungen, die Orthopädie als Leitdisziplin der sogenannten Krüppelfürsorge, der Rehabilitation und generell der Arbeit mit Menschen mit körperlichen Behinderungen zu etablieren. Dies ging mit einer gleichfalls traditionellen Dominanz der Ärzte, vor allem der Orthopäden, im praktischen Rehabilitationsgeschehen einher. Neben den wissenschaftlich tätigen Ärzten und den Protagonisten der Fachverbände ist dabei die große Zahl jener nicht zu vergessen, die als behandelnde Ärzte, Amtsärzte und Gutachter des Sozialstaats tätig waren. Allein in der Versorgungsverwaltung des Bundesgebiets beispielsweise arbeiteten 1957 1.200 Ärztinnen und Ärzte.[15] Je weiter sich die Aufgaben der Mediziner im 20. Jahrhundert im Zuge der Medikalisierung des Sozialen über die Bearbeitung von Krankheit oder Unfall hinaus auf Rehabilitation, Prävention und Risikomanagement ausdehnten, desto stärker wuchs die Deutungsmacht der Ärzte. Sie bestimmten Diskurs und Praxis, indem sie die politischen Akteure mit Definitionen und empirischem Material versorgten und Methoden vorschlugen, um das mit Behinderung identifizierte Problem zu lösen. Teleologische Nutzenversprechen und Fortschrittsoptimismus gingen bis weit in die 1970er Jahre mit diesem medizinischen Wissenstransfer einher. Dies wiederum führte über Jahrzehnte hinweg zu einer laufenden Reproduktion des medizinisch-individuellen Behinderungsmodells im politischen und ministeriellen Raum.

Verkörperte Andersheiten waren, dies klang bereits an, keineswegs nur Gegenstand der medizinischen Forschung, sondern vor allem auch Objekte

---

antwortlicher: Schulz, Günther, Baden-Baden 2005, S. 515-557, hier S. 525; R. Lotze: Krüppelfürsorge (1999), S. 14.

13 | Dies geht aus einer Sichtung der im Jahrbuch der Fürsorge für Körperbehinderte und der Zeitschrift die Rehabilitation veröffentlichen Tagungsberichte und Einzelbeiträge hervor. Diese wurden mit den thematischen Konjunkturen der Bundesministerien vergleichen.

14 | Vgl. für die Bundesrepublik u.a. Kurt Lindemann: »Die Aufgaben der Rehabilitation in einer Orthopädischen Anstalt. Arbeitstagung des Deutschen Ausschusses für die Eingliederung Behinderter in Arbeit, Beruf und Gesellschaft«, in: BArbl. 13 (1962), H. 7, S. 251-252; H. Achinger/W. Bogs/H. Meinhold/L. Neundörfer: u.a.: Sozialenquête (1966), S. 279; Volkmar Paeslak: »Stellung und Position des Arztes in der Rehabilitation«, in: BArbl. 20 (1969), H. 5, S. 293-297, hier S. 293-294; Josef Franz Scholz/Eckhart Stoephasius: »Teamarbeit in der Praxis«, in: Jochheim, Kurt-Alphons/Moleski-Müller, Marlis/Siebrecht, Valentin (Hg.): Wege zur Chancengleichheit der Behinderten. Bericht über den 25. Kongress der DeVg e.V. in Bad Wiessee, 10.-12.10.1973, Heidelberg 1974, S. 251-256, hier S. 251.

15 | BMA Abt. Vb4, Textvorlagen für die Ausstellung der ISWC 1957 an Abt. Vb1, 7.1.1957, BArch B 149 2325.

der Therapie. Die im Zuge der Aufklärung fixierte bürgerliche Sozialethik gebot dem sich etablierenden Sozialstaat und der privaten Wohltätigkeit seit dem 19. Jahrhundert, funktionale Leistungsbeeinträchtigungen zum Nutzen der Gesellschaft und des Individuums zu überwinden.[16] Mit der Definition des nicht Normalen, vor allem aber des nicht oder nicht mehr Leistungsfähigen, war in der bürgerlichen Gesellschaft der medizinische und sozialpolitische Impetus verknüpft, die betroffenen Menschen zu therapieren und den jeweiligen präskriptiven Normen anzupassen. Andersheiten sollten verhindert, Abweichendes normalisiert und Behinderung ›geheilt‹ werden.

Maßstab der Andersheit waren primär Erwerbs- und Arbeitsfähigkeit einer Person. An Leistung, Produktivität und Normentsprechung waren wiederum Vorstellungen über den sozialen, politischen und wirtschaftlichen Wert des Individuums geknüpft, denn mit dem Bürgertum war die produktive Erwerbsarbeit ins Zentrum der gesellschaftlichen Hierarchien vorgedrungen. Bereits seit der Reformation hatte die Erwerbsarbeit als Dienst an Gott eine ideelle Aufladung erlebt. Die Grundlagen des bürgerlichen Arbeitsethos entstanden.[17] Im Zuge der Aufklärung war Arbeit endgültig zur Bürgertugend und schließlich zu einem zentralen Begriff des liberalen bürgerlichen Denkens aufgestiegen. Georg Wilhelm Friedrich Hegel hatte Erwerbsarbeit zum wichtigsten Strukturprinzip der bürgerlichen Gesellschaft erklärt. Nutzbringende Arbeit schien die wesentliche Daseinsform des Menschen und Ausweis seiner gesellschaftlichen Integrität zu sein. Nicht-Arbeit, wie sie mit verkörperten Andersheiten einhergehen konnte, galt nun als gravierender Sozialisationsmangel.[18] Der unproduktive Mensch – verkörpert etwa in der Figur des Bettlers oder des kriegsbeschädigten

16 | Vgl. J. Neumann: Konstituierung (1997), S. 34; Christian Bradl: Anfänge der Anstaltsfürsorge für Menschen mit geistiger Behinderung (›Idiotenanstaltswesen‹). Ein Beitrag zur Sozial- und Ideengeschichte des Behindertenbetreuungswesens am Beispiel des Rheinlands im 19. Jahrhundert, Frankfurt a.M. 1991, S. 583; W. Jantzen: Sozialgeschichte (1982), S. 27-28.

17 | Vgl. Jürgen Kocka: Mehr Last als Lust. Arbeit und Arbeitsgesellschaft in der europäischen Geschichte, Köln 2006, S. 5-7; Eckart Pankoke: Die Arbeitsfrage. Arbeitsmoral, Beschäftigungskrisen und Wohlfahrtspolitik im Industriezeitalter, Frankfurt a.M. 1990, S. 25-27; Josef Ehmer/Peter Gutschner: »Befreiung und Verkrümmung durch Arbeit«, in: Dülmen, Richard v. (Hg.): Erfindung des Menschen. Schöpfungsträume und Körperbilder 1500 bis 2000, Wien/Köln/Weimar 1998, S. 282-303, hier S. 284; Rudolf Walther: »Arbeit – ein begriffsgeschichtlicher Überblick von Aristoteles bis Ricardo«, in: König, Helmut/v. Greiff, Bodo/Schauer, Helmut (Hg.): Sozialphilosophie der industriellen Arbeit, Opladen 1990, S. 3-25, hier S. 14; Helmut König: »Die Krise der Arbeitsgesellschaft und die Zukunft der Arbeit: Zur Kritik einer aktuellen Debatte«, in: König, Helmut/v. Greiff, Bodo/Schauer, Helmut (Hg.): Sozialphilosophie der industriellen Arbeit, Opladen 1990, S. 322-344, hier S. 323

18 | Vgl. H. König: Krise (1990), S. 323.

Leierkastenmannes – galt als sozialer Versager.[19] Seit der Jahrhundertmitte war Erwerbsarbeit Produktionsfaktor, Selbstverwirklichung und Ausdruck menschlichen Seins zugleich. Leistungsfähigkeit und Produktivität bildeten die entscheidenden sozialen Bewertungskriterien der kapitalistisch verfassten Industriegesellschaft, als in den letzten beiden Jahrzehnten des 19. Jahrhunderts die wesentlichen wissenschaftlichen Kategorisierungen von Behinderung und gleichfalls die ersten systematischen wohlfahrtsstaatlich-fürsorgerischen Zugänge zu Behinderung entstanden.[20] Innerhalb dieses leistungsorientierten Wertesystems bemaß sich der soziale Wert eines Menschen an seiner sozialen Brauchbarkeit.

Doch waren in der bürgerlichen Weltanschauung seit der Aufklärung die Ideale der Produktivität und der Vernunft bzw. Vertragsfähigkeit eng verknüpft. Der Mensch sollte vernünftiges Subjekt und produktiv zugleich sein. Beide Ideale konnten von verkörperter Andersheit durchbrochen sein. Die Anerkennung einer Person als bürgerliches Subjekt war dann gefährdet. Während die medizinischen und sozialstaatlichen Interventionen nachweislich an der Wiederherstellung von Erwerbsfähigkeit ansetzten, zeigt ein Blick auf die Geschichte des Bildbarkeitsdiskurses seit dem 18. Jahrhundert, dass »Vernunftdefizite« nur unter bestimmten Bedingungen als ausgleich- oder behandelbar galten. Am Beginn der Auseinandersetzung um Bildsamkeit bzw. Bildbarkeit war der Bildsamkeitsbegriff immer weiter ausgedehnt worden und erwies sich als sozial folgenreich. So setzte beispielsweise bereits um 1770 die Institutionalisierung der Gehörlosenbildung ein. Ebenso entstanden Ansätze einer Pädagogik für Kinder, denen geistige Behinderungen attestiert wurden. Beschrieben wurden diese Behinderungen in der Sprache der Zeit als »Schwachsinn«, »Kretinismus« oder »Blödsinn«.

In der zweiten Hälfte des 19. Jahrhunderts führte eine zunehmende Pathologisierung des Kindes wieder zu einer Einschränkung der Bildbarkeitsunterstellungen. Bildbarkeit wurde nun nicht mehr universell angenommen, sondern klienteltypisch zu- oder abgesprochen. Es entstanden Klassifikationen über pathologische Bildungshindernisse und lange Kriterienkataloge, mit deren Hilfe Ärzte und Pädagogen entschieden, ob sich eine Bildung noch lohnte oder nicht. Als Ausschlusskriterium wurde häufig das angeblich verminderte oder fehlende »seelische Vermögen« oder mangelnde Empfindungen angeführt. Menschen mit Andersheiten, die heute

19 | Der Drehorgelspieler war allerdings ein Topos, der die Realität des 19. Jahrhunderts kaum abbildete. Vgl. Sabine Kienitz: »Der Krieg der Invaliden. Helden-Bilder und Männlichkeitskonstruktionen nach dem Ersten Weltkrieg«, in: Militärgeschichtliche Zeitschrift 60 (2001), H. 2, S. 367-402, hier S. 388; Jakob Vogel: »Der Undank der Nation: Die Veteranen der Einigungskriege und die Debatte um ihren ›Ehrensold‹ im Kaiserreich«, in: Militärgeschichtliche Zeitschrift 60 (2001), H. 2, S. 343-366, hier S. 353.

20 | Vgl. J. Neumann: Konstituierung (1997), S. 34; Christopher R. Jackson: »Infirmative Action: the Law of the Severely Disabled in Germany«, in: Central European History 26 (1993), H. 4, S. 417-455, hier S. 441-442.

als schwere geistige Behinderungen klassifiziert würden, wurden einer anthropologischen Sonderstufe zugeordnet und zu quasi tierähnlichen Wesen abgewertet. In diesen Fällen schienen nicht Unterricht oder Erziehung, sondern Pflege, Bewahrung und »Abrichten« zu einer Beschäftigung angebracht.[21] Erst im Lauf der 1960er Jahre gelang es einer Interessenallianz aus Experten und Angehörigen von Menschen mit geistigen Behinderungen, diesen Erziehungspessimismus mit entwicklungspsychologischen und pädagogischen Argumenten zu durchbrechen und den Bildbarkeitsbegriff erneut zu erweitern.

An der Wiederherstellung von Erwerbsfähigkeit hingegen setzte vor dem Ersten Weltkrieg, als Behinderungen noch primär als Teil der Arbeiterfrage galten, zuerst die gesetzliche Unfallversicherung an. Sie ließ das Prinzip Rehabilitation bzw. Berufsfürsorge zu Heilfürsorge und Rentenleistungen treten.[22] Auch die zumeist konfessionellen, überwiegend im letzten Drittel des 19. Jahrhunderts entstandenen Häuser der Krüppelfürsorge begannen um 1900, zu ihren traditionellen Kernaufgaben der Seelsorge, Erziehung und Dauerpflege von Kindern und Jugendlichen mit Behinderungen die medizinische Rehabilitation und berufsvorbereitende Maßnahmen hinzuzunehmen. Im Ersten Weltkrieg schließlich hielt das Rehabilitationsparadigma aufgrund des Massenphänomens der Kriegsbeschädigung auch im staatlichen Versorgungswesen Einzug. Zum Credo der Krüppel- und Kriegsbeschädigtenfürsorge wurde, dass produktive Arbeit als »köstlichste[s] Gut des Lebens« auch Menschen mit Behinderung nicht vorenthalten werden dürfe.[23]

21 | Vgl. zum Bildbarkeitsdiskurs im 18. und 19. Jahrhundert und seinen sozialen Wirkungen Ch. Bradl: Anfänge (1991), S. 226, 231, 235; Heinz-Elmar Tenorth: »Bildsamkeit und Behinderung – Anspruch, Wirksamkeit und Selbstdestruktion einer Idee«, in: Raphael, Lutz/Tenorth, Heinz-Elmar (Hg.): Ideen als gesellschaftliche Gestaltungskraft im Europa der Neuzeit. Beiträge für eine erneuerte Geistesgeschichte, München 2006, S. 496-520, hier S. 517.

22 | Unfallversicherungsgesetz v. 6.7.1884, Reichsgesetzblatt (RGBl.) 1884, S. 69; Landesverband Bayern der gewerblichen Berufsgenossenschaften e.V.: Berufsgenossenschaftliche Berufsfürsorge, München [1950], Staatsarchiv München (StAM) Arbeitsämter (AÄ) 697; »Die berufliche Rehabilitation durch die Unfallversicherung«, in: NDV 43 (1963), H. 9, S. 419.

23 | [o.V.] Arends: Der Krüppel als Handwerker, in: Stenografischer Bericht über den III. Deutschen Kongress für Krüppelfürsorge, in: Zeitschrift für Krüppelfürsorge 7 (1914), H. 3, S. 186-202, hier S. 187-188; Konrad Biesalski: Kriegskrüppelfürsorge. Ein Aufklärungswort zum Troste und zur Mahnung, Leipzig/Hamburg 1915, S. 34; »Einrichtung und Grundsätze der Kriegsinvalidenfürsorge in Bayern«, in: Bayerisches Staatsministerium des Innern (Hg.): Bayerische Kriegsinvalidenfürsorge, München 1915, S. 1-18, hier S. 1, 5; Philipp Scholl: Die sozialen Aufgaben der Kriegsinvalidenfürsorge, München 1916, S. 3; W. v. Baumer: Kriegsinvalidenfürsorge (1916), S. 4; Otto Bartning: »Arbeitsnachweis für genesende Soldaten in Berlin«, in:

Von diesem Zeitpunkt an bildeten die (Wieder-)Herstellung von Erwerbsfähigkeit und die Eingliederung in den Arbeitsmarkt den Kern der sozialpolitischen Konkretisierung des Behinderungsdiskurses.[24] Damit war auch das Prinzip Rehabilitation in den drei Teilbereichen des gegliederten Systems deutscher Sozialstaatlichkeit – Fürsorge, Sozialversicherung und Versorgungswesen – zumindest vorgezeichnet. Lediglich in der gesetzlichen Renten- und Krankenversicherung wurde dieser Schritt erst in der zweiten Hälfte des 20. Jahrhunderts vollzogen.

Im Wesentlichen folgte die deutsche Behindertenpolitik jedoch bereits seit dem Ende des Ersten Weltkriegs denselben ideellen und institutionellen Pfaden. Sie generierte sich explizit als Sozialleistungspolitik. Die Problemlösungsstrategien des Staats und der privaten Wohltätigkeit zielten primär darauf, das körperliche, kognitive oder seelische ›Funktionieren‹ einer Person mittels sozialstaatlicher und arbeitsmarktpolitischer Leistungen den jeweiligen funktionalen Normalitätserwartungen anzunähern. Diese Kontinuität wurde von der Verbrechensgeschichte des Nationalsozialismus und der Kulmination der rassenideologisch motivierten Verfolgung und Ausbeutung von Menschen mit Behinderungen nur teilweise durchbrochen. Gerade unter dem NS-Regime waren Politiken der Vernichtung und des Nutzbarmachens eng verzahnt. Die offen selektierende Dialektik von Heilen und Vernichten verstärkte noch das Utilitätsdenken in der Behindertenpolitik und die Orientierung an der Erwerbsfähigkeit im Umgang mit Behinderung. Neben dem Krankenmord und der Zwangssterilisation standen forcierte Bemühungen um die Produktivität der Kriegsbeschädigten beider Weltkriege und der Arbeitsunfallopfer, ja sogar Tendenzen, einzelne Gruppen von Menschen mit angeborenen oder erworbenen Behinderungen über eine Steigerung ihrer Produktivität in die sogenannte Volksgemeinschaft zu integrieren.[25]

Nach dem Ende des Zweiten Weltkriegs und der Besatzungszeit kehrte die bundesrepublikanische Behindertenpolitik für zwei Jahrzehnte in Diskurs

---

Der Arbeitsnachweis in Deutschland 5 (1918), H. 7, S. 151-152, hier S. 152; 152; Ch. R. Jackson: Action (1993), S. 441.

24 | Michael Geyer: »Ein Vorbote des Wohlfahrtsstaates. Die Kriegsopferversorgung in Frankreich, Deutschland und Großbritannien nach dem Ersten Weltkrieg«, in: Geschichte und Gesellschaft 9 (1983), H. 2, S. 230-277, hier S. 245-248; James M. Diehl: »Change and Continuity in the Treatment of German Kriegsopfer«, in: Moeller, Robert G. (Hg.): West Germany under Construction: Politics, Society, and Culture in the Adenauer Era, Ann Arbor 1997, S. 93-108, hier S. 95; Rainer Hudemann: »Kriegsopferpolitik nach den beiden Weltkriegen«, in: Pohl, Hans (Hg.): Staatliche, städtische, betriebliche und kirchliche Sozialpolitik vom Mittelalter bis zur Gegenwart. Referate der 13. Arbeitstagung der Gesellschaft für Sozial- und Wirtschaftsgeschichte vom 28.03.-01.04.1989 in Heidelberg, Stuttgart 1991, S. 269-293, hier S. 275-277.

25 | H.-W. Schmuhl: Arbeitsmarktpolitik (2003), S. 260-261; D. Mattner: Menschen (2000), S. 54-55, 70-72; P. Fuchs: Körperbehinderte (2001), S. 232-234; M. Büttner: Minderwertig (2005), S. 118.

und Praxis ganz zu den vor 1933 geschaffenen Pfaden zurück. Im Zentrum der individuell-medizinisch begründeten Konstruktion von Behinderung stand ein Defizit: die Unfähigkeit eines Menschen zur außerhäuslichen, produktiven Erwerbsfähigkeit, verursacht durch einen »Gesundheitsschaden«, einen »Verlust an Gesundheit«, eine »Funktionsstörung« oder einen »Funktionsverlust«.[26] Diese aus der Sprache der Mediziner übernommenen Defizitbegriffe begegneten besonders häufig in Verlautbarungen und Akten der ärztlichen Abteilung des Bundesarbeitsministeriums, später des Bundesgesundheitsministeriums sowie in der Bundesanstalt für Arbeitsvermittlung und Arbeitslosenversicherung. Noch 1974 war im begrifflich durchaus fortgeschrittenen ersten bayerischen Landesplan für Behinderte, den das bayerische Arbeits- und Sozialministerium federführend erarbeitet hatte, zu lesen, »Behinderte« seien Personen, die aufgrund körperlicher, geistiger oder seelischer Schäden in einem »existenzwichtigen sozialen Beziehungsfeld, insbesondere in den Bereichen Erziehung, Schulbildung, Berufsbildung, Erwerbstätigkeit, Kommunikation, Wohnen und Freizeitgestaltung, durch wesentliche Funktionsausfälle nicht nur vorübergehend erheblich beeinträchtigt sind und deshalb besonderer Hilfe durch die Gesellschaft bedürfen«.[27]

Wo dieser Landesplan schon verschiedene Lebensbereiche im Blick hatte, wurden in den Jahrzehnten zuvor Tätigsein, Leistungsfähigkeit und Funktionserfüllung überwiegend auf das Erwerbsleben bezogen. So auch in einer Definition des Bundesinnenministeriums aus dem Jahr 1958: »Als behindert gilt ein Mensch, der entweder aufgrund angeborener Missbildung bzw. Beschädigung oder durch Verletzung oder Krankheit [...] eine angemessene Tätigkeit nicht ausüben kann. Er ist mehr oder minder leistungsgestört (lebensuntüchtig).«[28] In der Erwerbsgesellschaft, so der Sozialmediziner

26 | Die Zitate in Bayer. Staatsministerium des Innern, Schreiben an Regierungspräsidenten, 21.9.1945, Staatsarchiv Augsburg (StAAu) Gesundheitsamt Wertingen 71; Ch. Morawe: »Bericht über das Internationale Seminar für Arbeitsvermittlung minderleistungsfähiger Personen v. 2.-14.5.1955 in Stockholm-Saltsjöbaden«, in: BArbl. 6 (1955), H. 15, S. 628-631, hier S. 629; Helft Wunden Heilen! Geleitwort des bayer. Ministerpräsidenten Wilhelm Hoegner zur Landesammlung 1955, Staatsarchiv Würzburg (StAWü) Regierung v. Unterfranken 24014; BMA Abt. IIa2, Niederschrift über die 5. Arbeitstagung des Deutschen Ausschusses für die Eingliederung Behinderter in Arbeit, Beruf und Gesellschaft am 23.9.1966 in Frankfurt a.M., Beschluss einer Empfehlung für eine Gesetzesinitiative zur Früherfassung Behinderter, 24.11.1966, BArch B 172 1913; Clemens Dierkes: »Möglichkeiten der Rehabilitation«, in: BArbl. 11 (1960), H. 24, S. 778-779, hier S. 778; Manfred Hofrichter: »Maßnahmen zur beruflichen Eingliederung Behinderter«, in: BArbl. 20 (1969), H. 5, S. 273-279, hier S. 274.

27 | Erster bayerischer Landesplan für Behinderte, München 1974, Bayerisches Hauptstaatsarchiv (BHStA) MArb 3530.

28 | BMI Abt. Va1, Schreiben an Abt. Va2, 12.8.1958, BArch B 106/8414. Zu diesem Behinderungsbegriff auch Rudloff, Rehabilitation, Bd. 3 (2005), S. 518.

Hans Schaefer, der Leiter des Instituts für Sozial- und Arbeitsmedizin der Universität Heidelberg 1967, müsse Behinderung zwangsläufig »Erwerbsbehinderung« bedeuten.[29]

Auch beispielsweise nach der Umsetzungsrichtlinie der Bundesanstalt für Arbeit AReha § 2 vom 2. Juli 1970 und § 1 der Frankfurter Vereinbarung, einem Koordinationspapier der Rehabilitationsleistungsträger vom 2. März 1971, galten Personen nur dann als behindert, wenn ihre Aussichten, beruflich eingegliedert zu werden oder zu bleiben, infolge einer körperlichen, geistigen oder seelischen Behinderung nicht nur vorübergehend wesentlich gemindert waren. So trat der Rehabilitationsfall erst ein, wenn die Behinderung die Wettbewerbsfähigkeit auf dem Arbeitsmarkt in solchem Maße beeinträchtigte oder eine Eingliederung in das Erwerbsleben erschwerte, dass besondere Hilfen nötig wurden.

Diese Hochbewertung der Erwerbsarbeit lässt sich bis um 1890 zurückverfolgen. Auch in der Bundesrepublik wurde von der Erwerbsarbeit erwartet, dass sie in das scheinbar zerrüttete Leben wieder »innere Zufriedenheit«, Erfolgserlebnisse und Glücksgefühle und damit Halt und »vollen Inhalt« bringen würde.[30] In einer vom niedersächsischen Ministerium für Arbeit, Aufbau und Gesundheit herausgegebenen Publikation hieß es 1949, die Amputation von Gliedern bedeute für den Schwerbeschädigten den Verlust der Erwerbsfähigkeit und damit des Lebensinhalts. Rehabilitationsmaßnahmen schienen geeignet, dem Leben Sinn zu verliehen und den Teilnehmern die Entfaltung ihrer Persönlichkeit zu ermöglichen.[31]

---

29 | Hans Schaefer: »Der behinderte Mensch und die Medizin«, in: NDV 47 (1967), H. 10, S. 294-296, hier S. 294.

30 | Präsident des Landesarbeitsamts (LAA) Südbayern, Niederschrift über den Fachlehrgang für die Schwerbeschädigtenvermittler v. 2.-6.11.1954 in Tutzing, 26.7.1955, StAM AÄ 968; BMA Abt. II a8, Protokoll der 2. Arbeitstagung des Deutschen Ausschusses für die Eingliederung Behinderter in Arbeit, Beruf und Gesellschaft am 13./14.6.1961, Referat v. Adalbert Seifriz: Die Rehabilitation als Schlüssel zum Dauerarbeitsplatz, 15.9.1961, BArch B 149 6457; H. Schaefer: Mensch (1967), S. 294; Ernst Bornemann: »The Social Role of the Disabled in the Past, the Present and the Future«, in: Dicke, Werner/Jochheim, Kurt-Alphons/Müller, Marlis/Thom, Harald (Hg. im Auftrag der ISRD): Industrial Society and Rehabilitation – Problems and Solutions. ISRD-Proceedings of the Tenth World Congress Wiesbaden 11.-17.9.1966, Heidelberg 1967, S. 355.

31 | Das Zitat in Schaffende Schwerbeschädigte. Bildbericht über die v. niedersächsischen Ministerium für Arbeit, Aufbau und Gesundheit, dem niedersächsischen LAA und der Hauptfürsorgestelle Hannover v. 16.6.-3.7.1949 veranstaltete Ausstellung »Der Schwerbeschädigte im Leben und im Beruf«. Hg. v. niedersächsischen Ministerium für Arbeit, Aufbau und Gesundheit, Hannover 1949, BArch B 106 10674; auch BMA, Tonbandwiedergabe der 3. Tagung des Deutschen Ausschusses für die Eingliederung Behinderter in Arbeit, Beruf und Gesellschaft am 30.6./1.7.1964, BArch B 149 6459; Leopold v. Wiese: »Der Mensch in der Arbeit«, in: NDV 32 (1952), H. 12, S. 367-369, hier S. 367-369.

Arbeit galt als inneres Bedürfnis, das keinem Menschen verwehrt werden durfte.[32] Der mit einer Behinderung lebende Mensch leide unter dem Gefühl des nicht »Ausgelastetseins«, des »Unnützen« und »Unwertigen«.[33] Dürfe er aber erleben, dass er der Gesellschaft wieder von Nutzen sein konnte, stellten sich Glücks- und Selbstwertgefühle ein.[34] »Arbeiten dürfen ist Lebenskraft« bekräftigte deshalb ein Beamter aus dem bayerischen Statistischen Landesamt in einer Denkschrift zur Schwerbeschädigtenfürsorge. Berufliche Zufriedenheit sei für das Leben wichtiger als »jede Mark« Unterstützung. Innere Zufriedenheit fließe nur »aus der Arbeit und aus der Einordnung des beschädigten Staatsbürgers in einen fest umrissenen Pflichtenkreis«.[35] Eine materielle Entschädigung könne, so auch Manfred Hofrichter, ein Beamter der Bundesanstalt für Arbeitsvermittlung und Arbeitslosenversicherung 1961, auf Dauer den an Leib oder Seele erlittenen Schaden nicht ausgleichen.[36] Durch Erwerbsarbeit aber werde auch ein Schwerbeschädigter über sein schweres Schicksal hinwegkommen, befand 1959 der Bundesarbeitsminister Theodor Blank.[37]

Als »ein[en] Segen und eine Gnade« bezeichnete auch der Direktor des Landesarbeitsamts Baden-Württemberg, Adalbert Seifriz 1962 die Möglich-

32 | Vgl. Präsident des LAA Südbayern, Niederschrift über den Fachlehrgang für die Schwerbeschädigtenvermittler v. 2.-6.11.1954 in Tutzing, 26.7.1955, StAM AÄ 968; Erlass 201/57.1.2.3 Arbeits- und Berufsförderung behinderter Personen, hier: Zusammenarbeit mit den Trägern der Rentenversicherung und der öffentlichen Fürsorge, in: Dienstblatt der Bundesanstalt für Arbeitsvermittlung und Arbeitslosenversicherung (BAVAV), Ausgabe B1, 2.8.1957.

33 | BMA Abt. IIa8, Protokoll der 2. Arbeitstagung des Deutschen Ausschusses für die Eingliederung Behinderter in Arbeit, Beruf und Gesellschaft am 13./14.6.1961, Referat v. Adalbert Seifriz: Die Rehabilitation als Schlüssel zum Dauerarbeitsplatz, 15.9.1961, BArch B 149 6457; Josef Becker: »Die Rechtsvorschriften über die Beschäftigung Schwerbeschädigter im Bundesgebiet«, in: BArbl. 1 (1949/1950), H. 2, S. 48-51, hier S. 51; Rudolf Schoppe: »Die Arbeitsplatzbewertung und ihre betriebssoziologischen und sozialpolitischen Möglichkeiten insbesondere der Einsatz der Unfall- und Kriegsbeschädigten«, in: BArbl. 5 (1954), H. 1, S. 17-18, hier S. 17.

34 | Vgl. Präsident des LAA Südbayern, Niederschrift über den Fachlehrgang für die Schwerbeschädigtenvermittler v. 2.-6.11.1954 in Tutzing, 26.7.1955, StAM AÄ 968; Erlass 201/57.1.2.3 Arbeits- und Berufsförderung behinderter Personen, hier: Zusammenarbeit mit den Trägern der Rentenversicherung und der öffentlichen Fürsorge, in: Dienstblatt der BAVAV, Ausgabe B1, 2.8.1957.

35 | Vgl. Konrad Krieger: Arbeit für den Schwerbeschädigten, 1951, Zentrum Bayern Familie und Soziales, Fotosammlung, Ordner: Manuskripte zur Denkschrift »Drei Jahrzehnte Schwerbeschädigtenfürsorge in Bayern«.

36 | M. Hofrichter: Bedeutung (1961), S. 146.

37 | Vgl. Theodor Blank: »Soziale Neuordnung der Kriegsopferversorgung«, in: Bulletin des Presse- und Informationsamts der Bundesregierung v. 6.2.1959, S. 229-230, hier S. 230.

keit, wieder zu arbeiten.[38] Noch 1979 formulierte eine Vertreterin der medizinischen Rehabilitation in einer Studie über Kinder, die mit Behinderungen geboren wurden, dass »die Behinderten die Arbeit viel stärker als eine besondere Form der Lebenshilfe erleben als eine nüchterne Tätigkeit des beruflichen Daseins. Erst im Beruf sichert der behinderte Mensch auf die Dauer seinen Selbstwert und findet dort einen Ausgleich für das, was als unwiederbringlich verloren gilt.«[39]

Der Erwerbsarbeit wurde also sowohl eine individuelle als auch eine gesellschaftliche Funktion zugesprochen. Menschen, die wegen ihrer Andersheit als abseits der Gesellschaft stehend empfunden wurden, konnten durch Erwerbsarbeit wieder oder erstmals an diese heranrücken. Vor allem, wenn ihre Arbeit qualitativ hochwertige Produkte oder besondere Leistungen hervorbrachte, kompensierte sie, so die Erwartung, die mit der Behinderung verknüpften individuellen und sozialen Defizite.[40] Beim Soziologen Leopold von Wiese las sich der Eingliederungsgedanke 1952 so: Arbeit gewähre den »sichersten Zugang zur Verbundenheit mit der sozialen Gemeinschaft; es verknüpft sich in ihr der persönliche Nutzen mit dem allgemeinen Wohle«.[41] Eine Leistung für die Gemeinschaft zu erbringen, verhelfe Menschen, die ihre Behinderung zu Objekten der Mildtätigkeit degradiere, zu Ansehen und einem Platz in der Gesellschaft, so der Psychiater Friedrich Panse 1960. Ein »Rentnerdasein« vermöge dies nicht.[42] So bringe Erwerbsarbeit wieder Ordnung in die bei Menschen mit Beschädigungen von der Norm abwei-

38 | Adalbert Seifriz: »Die umfassende Rehabilitation als Schlüssel zum Dauerarbeitsplatz. Festansprache bei der Einweihung des Berufsförderungswerks Heidelberg am 2.6.1962«, in: Arbeit, Beruf und Arbeitslosenhilfe – Das Arbeitsamt 13 (1962), H. 11, S. 242-244, hier S. 242. Dr. Adalbert Seifriz (1902-1990), CDU, Jurist, 1957-1963 Leiter des LAA Baden Württemberg, 1960-1963 MdL Baden-Württemberg.

39 | Brigitte Kober-Nagel: Contergankinder, ihre Aussichten in Schule und Beruf, Med. Dent. Univ. Diss. München 1979, S. 68.

40 | Vgl. H. Schaefer: Mensch (1967), S. 295; A. Seifriz: Rehabilitation (1962), S. 242; BMA Abt. IIa3 [o.Dat., 1970], AdsD/DGB-Archiv DGB-Bundesvorstand Abt. Sozialpolitik 24/3736; Hermann Kehrings: »Die Geschichte des Verbandes katholischer Einrichtungen und Dienste für körperbehinderte Menschen«, in: Caritas Behindertenhilfe und Psychiatrie e.V. (Hg.): Am Leben teilhaben. Dokumentation 100 Jahre Gründungsjubiläum VKELG-CBP, Bundesfachverband der katholischen Behindertenhilfe und Psychiatrie 1905 bis 2005. Bd. 2: Die Fachverbände und Bundesarbeitsgemeinschaften in der Behindertenhilfe und Psychiatrie der Caritas von 1945 bis 2005, Freiburg i.Br. 2005, S. 16-28, hier S. 17.

41 | L. v. Wiese: Mensch (1952), S. 369; Prof. Dr. Leopold v. Wiese und Kaiserswaldau (1876-1969), Soziologe und Volkswirtschaftler.

42 | Vgl. BMA Abt. IIa8, Niederschrift über die konstituierende Sitzung des Deutschen Ausschusses für die Eingliederung Behinderter in Arbeit, Beruf und Gesellschaft am 27.5.1960 in Berlin, Referat v. Friedrich Panse: Sozialpsychologische Grundlagen der Eingliederung Behinderter in Arbeit, Beruf und Gesellschaft, 18.7.1960, BArch B 142 1833. Prof. Dr. Friedrich Panse (1899-1973), Psychiater, Neu-

chende »Beziehung zu ihrer Umwelt« und verhindere, dass sie sich selbst und ihrer Umgebung zur Last fielen. Darin liege die »heilende Kraft« der Arbeit, formulierte das nordrhein-westfälische Sozialministerium 1950.[43]

Das auf dem Wege der Erwerbsbefähigung zu erreichende Ziel wurde in den 1950er und 1960er Jahren mit den Begriffen der Eingliederung und Wiedereingliederung umschrieben. Im Lauf der 1970er Jahre kam der Integrationsbegriff hinzu. Das zugehörige Instrument wurde zunächst als Wiederherstellung bezeichnet. Bereits im Lauf der 1950er Jahre etablierte sich jedoch im Zuge kontrovers geführter Debatten auch der Begriff der Rehabilitation.[44] Konnte, so die Skeptiker, der englische Begriff *rehabilitation* in der Bundesrepublik überhaupt eine sinnvolle Verwendung finden?[45] Schließlich verstanden gerade die medizinischen Experten Deutschland als Geburtsland der sogenannten Krüppelfürsorge[46] und des bisher mit Begriffen wie Eingliederung, Wiedereingliederung, Wiederherstellung oder Erwerbsbefähigung besetzten erwerbsorientierten Zugangs zu Behinderung. Passte vielleicht das mit Wiederanpassung übersetzte französische Wort *réadaption* besser, und sollte bei Kindern und Jugendlichen nicht eher von einer Habilitation gesprochen werden?[47] Viele Vertreter der traditionellen Krüppelfürsorge, vor allem Orthopäden und Geistliche, konnten sich mit dem

---

rologe und Rassenhygieniker, nach 1945 Dir. der psychiatrischen Klinik der Univ. Düsseldorf und des Rheinischen Landeskrankenhauses.

43 | Sozialministerium des Landes Nordrhein-Westfalen (NRW), Schreiben an Sozialausschuss des Landtags, Hauptfürsorgestelle Düsseldorf, Münster, Detmold, Verband der Schwerbeschädigtenbetriebe u.a., 2.1.1950, Hauptstaatsarchiv Nordrhein-Westfalen (NRWHStA) NW 42 1383.

44 | Vgl. VdK e.V., Bericht über die 1. Bundeskonferenz für die Querschnittsgelähmten am 29.9.1959 in Bad Homburg, Referat v. Ludwig Guttmann: Probleme der Paraplegiebehandlung und Wiedereingliederung Querschnittsgelähmter, 20.1.1960, BArch B 142 553; Rudloff, Rehabilitation, Bd. 3 (2005), S. 517.

45 | Das Begriffsproblem referiert in Verein Deutscher Ingenieure (VDI), 3. Zwischenbericht über die Tätigkeit auf dem Gebiete der Versehrtentechnik, 20.12.1948, NRWHStA NW 42 1313; Marlis Müller: »Deutscher Fürsorgetag 1955 in Frankfurt a.M.«, in: Jahrbuch der Fürsorge für Körperbehinderte (1956), S. 191-195, hier S. 192.

46 | Zur Vorstellung, die Krüppelfürsorge sei in Deutschland geschaffen worden, vgl. die paradigmatische Aussage Biesalskis: »Deutschland war das Geburtsland der Krüppelfürsorge« in Konrad Biesalski: »Referat«, in: Zeitschrift für Krüppelfürsorge 8 (1915), H. 1, S. 19-21, hier S. 19; BMA Abt. Vb4, Textvorlagen für die Ausstellung der ISWC 1957 an Abt. Vb1, 7.1.1957, BArch B 149 2325; C. Poore: Disability (2007), S. 177.

47 | Vgl. Theodor Scharmann: »Die Probleme der Rehabilitation Behinderter in internationaler Sicht«, in: BArbl. 7 (1956), H. 6, S. 175-180, hier S. 178; C. Dierkes: Möglichkeiten (1960), S. 778; Kurt Lindemann: »Eröffnung des 18. Kongresses«, in: Jahrbuch der Fürsorge für Körperbehinderte (1956), S. 2-3; K.-D. Thomann: Krüppel (1991), S. 268; gegen den Habilitationsbegriff DV e.V., Bericht über die Sitzung des

Rehabilitationsbegriff nicht anfreunden, weil er potentiell eine Gruppe von Personen ansprach, die über die Klientel der Krüppelfürsorge hinausging. Wenn nun andere als die sogenannten Krüppelleiden behandelt wurden, hatten die Orthopäden um ihre hegemoniale Stellung zu fürchten.[48] Nur langsam öffnete sich deshalb der dominierende Fachverband, die DeVg, dem Rehabilitationsbegriff und machte ihn sich unter der Ägide des Orthopäden Kurt Lindemann ab 1956 zu eigen.[49]

Einige Protagonisten des Expertendiskurses versuchten auch, den als angelsächsischen Import abgewerteten Begriff der Rehabilitation einzudeutschen.[50] Sie verwiesen dabei auf das bereits zwischen 1843 und 1846 erschienene Werk »System der gesamten Armenpflege« des badischen Hofrats und Staatsrechtlers Franz Joseph Ritter von Buss. Dieser benutzte den Begriff der Rehabilitation, ohne jedoch die spätere Verengung auf die Erwerbsarbeit vorwegzunehmen. Der Kranke, schrieb von Buss, solle vollkommen rehabilitiert werden; er solle sich zu der Stellung erheben, von der er herabgestiegen war, und ein Gefühl der persönlichen Würde wiedergewinnen und mit ihr ein neues Leben.[51]

Im Gegensatz zu diesem breiten Rehabilitationsbegriff stand in der Bun-

---

Ständigen Ausschusses für gemeinsame Fragen der Fürsorge und der Arbeitsverwaltung am 7.12.1961 in Köln, BArch B 106 10774.

48 | Vgl. BMI, Vermerk über eine Besprechung zum Krüppelfürsorgegesetz, 5.5.1952, BArch B 106 10794; K.-D. Thomann: Krüppel (1991), S. 268.

49 | Aus den Titeln der DeVg-Kongresse und Tagungen verschwand der Begriff der »Krüppelfürsorge« um 1956, vgl. die Beiträge zum Jahrbuch der Fürsorge für Körperbehinderte der Jahrgänge 1951-1972 sowie die dort publizierten Verhandlungen der Kongresse und Tagungen der DeVg; insbesondere O.-S. Bohne: »Rehabilitation der Körperbehinderten«, in: Jahrbuch der Fürsorge für Körperbehinderte (1955), S. 93-101; »Aussprache zum Thema III«, in: Jahrbuch der Fürsorge für Körperbehinderte (1956), S. 78-79; »Aussprache zum Thema IV«, in: Jahrbuch der Fürsorge für Körperbehinderte (1956), S. 98-101.

50 | Vgl. BMA, Ministerialrat Clemens Dierkes, Schreiben an Landesozialgericht Bremen, Harry Rohwer-Kahlmann, mit Manuskript: Rehabilitation in medizinischer Sicht, 16.4.1956, BArch B 142 553.

51 | Franz Joseph Ritter v. Buss wurde immer wieder herangezogen, wenn auch unterschiedlich ausgelegt. Vgl. Peter Josef Briefs: »Die Entwicklung des Gedankens der Ganzheit in der Körperbehindertenfürsorge«, in: Jahrbuch der Fürsorge für Körperbehinderte (1960), S. 19-30, hier S. 25; BMA Abt. IIa8, Protokoll der 2. Arbeitstagung des Deutschen Ausschusses für die Eingliederung Behinderter in Arbeit, Beruf und Gesellschaft am 13./14.6.1961, Referat. v. Wilhelm Tönnies: Forderungen für eine wirksame Rehabilitation nach ärztlichen Erfahrungen, 15.9.1961, BArch B 149 6457; Wolfgang Seyd: »Berufsförderungswerke als Einrichtungen zur beruflichen Rehabilitation erwachsener Behinderter. Sozialrechtliche Grundlagen und institutionelle Innovationen«, in: Runde, Peter/Heinze, Rolf. B. (Hg.): Chancengleichheit für Behinderte. Sozialwissenschaftliche Analysen für die Praxis, Neuwied/Darmstadt 1979, S. 169-193, hier S. 190; Udo Wilken: »Zur Geschichte von Einstellungsde-

desrepublik die Erwerbsarbeit im Zentrum, gleichgültig, ob bereits der Begriff der Rehabilitation oder eine seiner älteren Alternativen verwendet wurde. Gedeutet wurde Rehabilitation von Experten der Medizin und der Ministerialbürokratie in den 1950er Jahren zuerst als Wiederbefähigung und Wiederherstellung von Fähigkeiten und Funktionen. In den 1960er Jahren entwickelte sich das Begriffsverständnis weiter zur Wiedereingliederung bzw. Eingliederung. Graduelle Unterschiede ergaben sich je nach institutioneller Verankerung der Sprecher. So war die Betonung der Erwerbsarbeit beispielsweise in den mit der Rehabilitation beschäftigten Abteilungen des Bundesarbeitsministeriums stärker als im Bundesinnenministerium. Sozialrechtlich wurde der Begriff der Rehabilitation erstmals 1961 in der Novelle zum Schwerbeschädigtengesetz fixiert.[52]

In den 1950er Jahren bedeutete Rehabilitation ausschließlich die Wiederherstellung von Arbeitsfähigkeit als Grundlage der beabsichtigten Eingliederung in das Arbeits- und Berufsleben. Rehabilitation wurde in diesem Sinne primär als Instrument verstanden, Behinderung durch Erwerbstätigkeit und Unabhängigkeit von fremder materieller Unterstützung zu kompensieren.[53] So definierte beispielsweise das Bundesministerium für Arbeit Rehabilitation 1953 als »Zusammenfassung von Maßnahmen zur Wiederherstellung von Arbeits- und Berufsbefähigung von Körperbehinderten zwecks Wiedereingliederung in den Arbeitsprozess« sowie als »Maßnahmen zur bestmöglichen Wiederherstellung der verbliebenen Leistungsfähigkeit nach Krankheit oder Verletzung mit dem Ziel einer optimalen Anpassung an die Lebensumstände durch Umschulung und beruflichen Wiedereinsatz«.[54]

Aus der noch engeren Sicht der ärztlichen Abteilung des Ministeriums war Rehabilitation 1956 sogar nur »die Wiedererlangung der Gesundheit und der Einsatzfähigkeit im Berufsleben bis zum höchsten Grad nach völligem oder teilweisen Verlust der Erwerbsfähigkeit durch Unfall oder Krankheit«.[55]

---

terminanten gegenüber Körperbehinderten«, in: Die Rehabilitation 23 (1984), H. 2, S. 81-83, hier S. 81; K.-D. Thomann: Krüppel (1991), S. 269.

52 | Vgl. Schwerbeschädigtengesetz (SBG) i.d.F. v. 14.8.1961, Bundesgesetzblatt (BGBl.) I 1961, S. 1233; Reimar Schaudienst: »Der Rehabilitationsgedanke im Recht der Sozialhilfe und in der Kriegsopferfürsorge«, in: NDV 44 (1964), H. 4, S. 159-163, hier S. 160.

53 | Vgl. Günter Jentschura: »Die berufliche Rehabilitation aus der Sicht des Arztes«, in: NDV 42 (1962), H. 6, S. 209-213, hier S. 209; Hubertus Stroebel/Georg Gries: »Die Werkstatt für Behinderte (beschützende Werkstatt)«, in: BArbl. 20 (1969), H. 5, S. 302-307, hier S. 302.

54 | BMA Abt. IIb6, Vermerk, 27.10.1953, BArch B 149 1294; BMA Abt. Ic, Denkschrift: Rehabilitation als soziale Leistung. Stand und Aufgaben der Rehabilitation in der BRD, 1953, ebd. Vgl. ebenso BMA Abt. IV1, Grundgedanken zur Gesamtreform der sozialen Leistungen an Staatssekretär im Bundeskanzleramt (BKA), 7.4.1955, BArch B 144 554.

55 | Vgl. BMA, Ministerialrat Clemens Dierkes, Schreiben an Landesozialge-

Auch im medizinischen Diskurs stand die Wiederherstellung im Mittelpunkt. Kurt Lindemann, einer der Protagonisten der Orthopädie der 1950er und frühen 1960er Jahre, sprach von einer möglichst vollständigen Wiederherstellung der sogenannten Versehrten in ihrer gesamten Persönlichkeitsstruktur, die alle seelischen, geistigen und körperlichen Fähigkeiten berücksichtigen müsse.[56] Rehabilitation wurde dabei eindeutig vom erwachsenen Mann her gedacht, der bereits erwerbstätig gewesen war. Durch Unfall, Gewalteinwirkung oder Krankheit hatte dieser Idealklient seine Erwerbsfähigkeit »und den Anschluss an das allgemeine Gesellschafts- und Berufsleben verloren« und sollte nun funktionstüchtig gemacht werden.[57]

Diese Vorstellung von der Rehabilitation als »Wiederherstellung der Funktionsfähigkeit der Behinderten« war auch noch in den 1970er Jahren anzutreffen.[58] Jedoch erwies sich der Rehabilitationsbegriff bereits in den 1960er Jahren entwicklungs- und erweiterungsfähig. Zur Rehabilitation als »Gewinnung bzw. Rückgewinnung gesundheitlicher und beruflicher Leistungsfähigkeit« trat im Verständnis von Experten und Verwaltungen komplementär die breiter verstandene Rehabilitation als Eingliederung oder Wiedereingliederung in die Gesellschaft. Dies galt ansatzweise auch für politische Akteure, wie beispielsweise Eugen Glombig, der als Bundestagsabgeordneter, Reichsbund- und Gewerkschaftsfunktionär und Betroffener sagte: »Unter ›Rehabilitation‹ werden alle Maßnahmen verstanden, die darauf gerichtet sind, körperlich, geistig oder seelisch behinderten Menschen zu helfen, damit sie ihre Fähigkeiten und Kräfte entfalten und einen angemessenen Platz in der Gesellschaft finden können. Dazu gehört vor allem eine möglichst dauerhafte Eingliederung in Arbeit und Beruf.«[59]

Erwerbsarbeit behielt dabei die Aufladung als ideales Kompensations-

---

richt Bremen, Harry Rohwer-Kahlmann, mit Manuskript: Rehabilitation in medizinischer Sicht, 16.4.1956, BArch B 142 553.

56 | Referiert und kommentiert in Günter Jentschura: »Grenzen der Rehabilitation«, in: Jahrbuch der Fürsorge für Körperbehinderte (1962), S. 20-21, hier S. 20. Dr. Kurt Lindemann (1901-1966), Orthopäde und Chirurg, 1954-1966 Vorsitzender der DeVg.

57 | Zitat bei [o.V.] Welzel: »Was verstehen wir unter Rehabilitation?«, in: NDV 38 (1958), H. 12, S. 327-328, hier S. 327. Vgl. auch BMA, Ministerialrat Clemens Dierkes, Schreiben an Landesozialgericht Bremen, Harry Rohwer-Kahlmann, mit Manuskript: Rehabilitation in medizinischer Sicht, 16.4.1956, BArch B 142 553; Präsident des LAA Südbayern, Rundverfügung 4/58 an Direktoren der AÄ, 6.2.1958, StAM AÄ 696; C. Dierkes: Möglichkeiten (1960), S. 778.

58 | Bundesarbeitsgemeinschaft für Rehabilitation (BAR), 5. Mitgliederversammlung der BAR am 4.12.1973, Referat v. Heinz Westphal: Aktuelle Fragen der Rehabilitation Behinderter, BArch B 189 9461.

59 | Eugen Glombig: »Die Bundesregierung hält ihr Versprechen. Angleichung der Leistungen zur Rehabilitation steht bevor«, in: SPD-Pressedienst v. 14.4.1972, S. 1-2, hier S. 1. Vgl. außerdem E. Glombig: Rehabilitation (1964), S. 13; »Rede des Bundestagsabgeordneten Eugen Glombig zum 6. Welttag der Invaliden am 21.3.1965

und Integrationsmittel auch in den 1970er Jahren bei, verlor aber an Ausschließlichkeit.[60] Zwar erklärten noch 1973 zwei hochrangige Referenten der Bundesanstalt für Arbeit, den Soziologen Helmut Schelsky zitierend, Menschen zu »berufstätigen Wesen«, für die folglich eine nicht auf eine Berufstätigkeit angelegte Rehabilitation nutzlos, ja sogar schädlich sein müsse. Die Mehrheit der Vertreter der Arbeitsverwaltung, die am längsten am Primat der Erwerbsarbeit festhielten, gelangten jedoch in den 1970er Jahren zu einem im Detail neuen Verständnis von Behinderung und Rehabilitation.[61] Behindertenpolitik sollte nun nicht mehr mit der Befähigung zur Erwerbsarbeit und der Eingliederung in den Arbeitsmarkt enden.

Nun kritisierten immer mehr Stimmen Behindertenpolitik und Gesellschaft für ihre Leistungsorientierung. Diese mäßen den Wert des Menschen zu sehr an Produktivität und Erfolg und ließen keinen Platz für diejenigen, die weniger leisten könnten.[62] Insbesondere Theologen und Vertreter der konfessionellen Arbeit mit Menschen mit Behinderungen meldeten sich nun immer häufiger gegen die Vorstellung zu Wort, dass sich der soziale Wert der Menschen aus ihrer Leistung ergebe. So rügte der Theologe Theodor Schober, wer im Umgang mit Menschen mit Behinderungen primär volkswirtschaftliche Maßstäbe anlege, folge einem Nützlichkeitsgedanken, unter dem die Ehrfurcht vor dem Leben und die Würde des Menschen Schaden nähmen.[63]

1964 konstatierte der Philosoph und katholische Theologe Hans-Eduard Hengstenberg in seinem Plädoyer für eine an der unzerstörbaren Würde der Person orientierte Heilpädagogik eine utilitaristische Strategie in der Behindertenarbeit. Diese wolle die Gesellschaft von den Menschen mit Behinderungen, die durch ihre »soziale Insuffizienz« störend wirkten, ent-

---

in der Sendereihe des NDR ›Welt der Arbeit‹, in: SPD Pressemitteilungen und Informationen v. 25.3.1965, S. 1.

60 | Walter Arendt: »Ein Platz in der Gesellschaft. Rede zum 6. ordentlichen Bundesverbandstag des VdK e.V. am 23.5.1970 in Saarbrücken«, in: Arendt, Walter: Kennzeichen sozial. Wege und Ziele der sozialen Sicherung, Stuttgart/Berlin/Köln/Mainz 1972, S. 178-181, hier S. 180.

61 | Valentin Siebrecht/Reinhard Wohlleben: »Wege der Chancengleichheit der Behinderten. Bericht über den Rehabilitationskongress 1973 in Bad Wiessee. Teil 2«, in: Arbeit, Beruf und Arbeitslosenhilfe – Das Arbeitsamt 25 (1974), H. 3, S. 79-82, hier S. 79.

62 | Vgl. u.a. Jakob Muth: »Möglichkeiten und Grenzen schulischer Integration behinderter Kinder«, in: Zeitschrift für Heilpädagogik 24 (1973), H. 4, S. 262-272, hier S. 265; Karl Fauteck: »Behinderte Jugendliche und die Arbeitswelt«, in: Arbeit, Beruf und Arbeitslosenhilfe – Das Arbeitsamt 23 (1972), H. 11, S. 358-360, hier S. 358.

63 | Theodor Schober: »Ethische Aspekte der Hilfe für behinderte Menschen«, in: NDV 47 (1967), H. 10, S. 296-299, hier S. 297; Dr. Theodor Schober (1918-1984), Theologe, 1955-1963 Rektor des Diakonissenmutterhauses Neuendettelsau, 1963-1984 Präsident des Diakonischen Werkes der EKD.

lasten, indem die »Unangepassten angepasst« und »nützliche Glieder der Gesellschaft« würden. Hengstenberg hielt dies nicht für illegitim, doch als einzige Motivation sei es humanitätswidrig: »Der Mensch wird rein utilitär angegangen, lediglich in seiner Nutzfunktion für die Gesellschaft, mithin als Sache behandelt. Das widerspricht der Menschenwürde.« Hengstenberg befand zudem, dass es der bundesdeutschen Gesellschaft schwer falle, den unveräußerlichen Wert einer Person ohne Rücksicht auf deren Leistungen, Produktivität oder sozialen »Nutzen« anzuerkennen.[64]

Gerade unter den konfessionellen Akteuren hatte diese Kritik am Leistungsethos Tradition. Vertreter der traditionellen Krüppelfürsorge wie der katholische Theologe und Leiter des Antoniusheims für Jugendliche mit Körperbehinderungen in Hochheim am Main, Peter Josef Briefs, hatten schon früher den Mehrwert der Person jenseits von Beruf, Erwerbsarbeit und Produktivität verteidigt. Briefs allerdings war ganz der Vorstellung verhaftet gewesen, dass die besondere Berufung von Menschen mit Behinderungen darin bestehe, Leid zu erdulden und einen alternativen Lebensentwurf vorzuleben.[65] Doch hatte auch Briefs eingeräumt, dass Erwerbsarbeit für die Einzelnen eine wichtige Rolle spielte. Er wollte, wie er sich 1960 ausdrückte, lediglich Rehabilitation als Hilfe zur ganzheitlichen Lebensverwirklichung verstanden wissen.[66]

Seit etwa 1970 erkannten immer mehr Akteure an, dass Menschen sich auch in zahlreichen anderen Lebensbereichen verwirklichten, beispielsweise in der Freizeit oder in Paar- und Familienbeziehungen. So wuchsen die sozialen Räume und Lebensbereiche, in die Menschen mit Behinderungen eingegliedert werden sollten.[67] Die sozialliberale Regierung trat mit dem

---

64 | Hans-Eduard Hengstenberg: »Zur Anthropologie des geistig und körperlich behinderten Kindes und Jugendlichen«, in: Bundesausschuss für gesundheitliche Volksbelehrung e.V. (Hg.): Hilfe für das behinderte Kind. Kongressbericht über Fragen der behinderten Kinder, 8.-12.6.1964 in Köln, Stuttgart 1966, S. 11-24, hier S. 14, 22, Zitat S. 14; Prof. Dr. Hans-Eduard Hengstenberg (1904-1998), Psychologe, Philosoph und Pädagoge.

65 | Vgl. u.a. LAA NRW, Lehrgang für Berufsberatung körperbehinderter Jugendlicher am 10.7.1957 in Bigge, Referat v. Peter Josef Briefs: Um das Menschenbild im körperbehinderten Mitmenschen, BArch B 119 1965; Peter Josef Briefs (gest. 1960), Theologe, 1939-1960 Leiter des Antoniushauses der Josefsgesellschaft zur beruflichen Bildung körperbehinderter Mädchen in Hochheim.

66 | Vgl. P. J. Briefs: Entwicklung (1960), S. 25, 30.

67 | Vgl. z.B. Harry Meisel: »Die Bedeutung von Beruf und Berufstätigkeit für den Behinderten«, in: Jochheim, Kurt-Alphons/Moleski-Müller, Marlis/Siebrecht, Valentin (Hg.): Wege zur Chancengleichheit der Behinderten. Bericht über den 25. Kongress der DeVg e.V. in Bad Wiessee, 10.-12.10.1973, Heidelberg 1974, S. 146-151, hier S. 146; Lothar Herbig: »Rehabilitation als Auftrag an die Öffentlichkeit aus der täglichen Erfahrung eines Landesarztes für körperlich Behinderte«, in: Jahrbuch der DeVg (1965/66), S. 66-71, hier S. 66; E. Bornemann: Role (1967), S. 355; H. Stroebel/G. Gries: Werkstatt (1969), S. 302; Stiftung Deutsches Hilfswerk, Sitzung des Vorstands

Anspruch an die Behindertenpolitik heran, Menschen mit Behinderungen die gleichberechtigte Teilhabe an allen Lebensbereichen zu ermöglichen. Rehabilitation geriet dabei zur gesamtgesellschaftlichen Aufgabe und zum Teil der Gesellschaftspolitik.

Die behindertenpolitischen Ziele waren hoch gesteckt. Als erster Bundeskanzler sprach Willy Brandt in seiner Regierungserklärung 1969 Menschen mit Behinderungen explizit an: »Wir werden besonders für die Mitbürger sorgen, die trotz Hochkonjunktur und Vollbeschäftigung im Schatten leben müssen. Wir werden um verstärkte Maßnahmen bemüht sein, die den Behinderten in Beruf und Gesellschaft Chancen eröffnen, wo immer dies möglich ist.«[68] Die Schlagworte Demokratisierung und Lebensqualität sollten die Behindertenpolitik in Konzeption und Umsetzung prägen, der Begriff der Chancengleichheit sollte insbesondere ins Sozialleistungsrecht eingehen.[69] Die Lebensqualität, die Erhard Eppler (SPD), damals Bundes-

---

und des Kuratoriums am 6.10.1970, Referat v. Karl Jung: Die Förderung der Eingliederung der Behinderten in Arbeit, Beruf und Gesellschaft, BArch B 172 2936.

68 | Das Zitat in Regierungserklärung des Bundeskanzlers Willy Brandt v. 28.10.1969, in: Stenografische Berichte des Deutschen Bundestags (StenBerBT), 6. Wahlperiode (WP), 5. Sitzung v. 28.10.1969, S. 29D; »Aktionsprogramm der Bundesregierung zur Förderung der Rehabilitation der Behinderten«, in: Sozialpolitische Informationen v. 13.4.1970, S. 1-4; Walter Arendt: »Behinderte sind gleichwertige Bürger. Rede zum 13. Welttag der Behinderten, veranstaltet vom Reichsbund der Kriegs- und Zivilgeschädigten, Sozialrentner und Hinterbliebenen e.V. am 19.3.1972 in Mannheim«, in: Arendt, Walter: Kennzeichen sozial. Wege und Ziele der sozialen Sicherung, Stuttgart/Berlin/Köln/Mainz 1972, S. 164-1973, hier S. 165, S. 165. Die Regierungserklärung vom 18.01.1973 spezifizierte die behindertenpolitischen Absichten der Koalition: »Regierungserklärung des Bundeskanzlers Willy Brandt v. 18.1.1973«, in: Presse- und Informationsamt der Bundesregierung (Hg.): Jahresbericht der Bundesregierung 1972g, Bonn 1973, S. 58; Hans Günter Hockerts: »Rahmenbedingungen: Das Profil der Reformära«, in: Bundesministerium für Arbeit/Bundesarchiv (Hg.): Geschichte der Sozialpolitik in Deutschland seit 1945. Bd. 5: 1966-1974 Bundesrepublik Deutschland. Eine Zeit vielfältigen Aufbruchs. Bandhg.: Hockerts, Hans Günter, Baden-Baden 2006, S. 1-155, hier S. 78-80.

69 | Vgl. »Regierungserklärung des Bundeskanzlers Willy Brandt v. 18.1.1973«, in: Presse- und Informationsamt der Bundesregierung (Hg.): Jahresbericht der Bundesregierung 1972, Bonn 1973, S. 53; Walter Arendt: Was will Sozialpolitik? Rede anlässlich einer wissenschaftlichen Veranstaltung des Instituts für Sozialpolitik und Arbeitsrecht in München am 3.7.1970, in: Arendt, Walter: Kennzeichen sozial. Wege und Ziele der sozialen Sicherung, Stuttgart/Berlin/Köln/Mainz 1972, S. 10-18, hier S. S. 13; Ders.: »Wege zur Chancengleichheit der Behinderten«, in: Wege zur Chancengleichheit der Behinderten. Bericht über den 25. Kongress der DeVg e.V. in Bad Wiessee, 10.-12.10.1973. Hg. v. Jochheim, Kurt-Alphons/Moleski-Müller, Marlis/Siebrecht, Valentin, Heidelberg 1974, S. 11-21, hier S. 20; Eugen Glombig: »Zwei Schwerpunkte der SPD-Sozialpolitik. Rehabilitation und Vorsorge/Früherkennungs-Untersuchungen«, in: SPD-Pressedienst, 15.8.1973, S. 3-4, hier S. 3; Ders.: »Helft die Türen öffnen!

minister für wirtschaftliche Zusammenarbeit, 1972 zum Zentralbegriff der Sozialdemokratie, erhoben hatte,[70] war, was Menschen mit Behinderungen anging, aus der Sicht des sozialdemokratischen Bundesarbeitsministers Walter Arendt[71] ein Spiegel »der Qualität der Gesellschaft«.[72] Finanzielle Unterstützungen und Erwerbsbefähigung allein schienen nicht mehr auszureichen, um Einfluss auf die Lebensqualität von Menschen mit Behinderungen zu nehmen.[73] Um die Chancen auf soziale Teilhabe gerechter zu gestalten, mussten aus Arendts Sicht die höchst unterschiedlichen Start- und Teilhabechancen von Menschen mit Behinderungen erkannt und alle Hilfen und Chancen angeboten werden, die Menschen brauchten, um aus der »Schattenseite der Gesellschaft« herauszutreten.[74] Der im Grundgesetz verbriefte Gleichheitsgrundsatz sicherte nach Arendt die soziale Chancengleichheit nicht hinreichend, sondern sollte durch ein Netz von Rehabilitationsangeboten realisiert werden. Gelang es, Menschen mit Behinderungen ein gleichberechtigtes Leben in der Gemeinschaft zu erschließen, hatte sich die Gesellschaft an ihnen bewiesen: »Die Qualität des Lebens für die Behinderten in unserer Gesellschaft ist ein Spiegel der Qualität der Gesellschaft.«[75]

Zudem erklärte der Bundesarbeitsminister anlässlich des vom Reichsbund veranstalteten 13. Welttags der Behinderten 1972 unter dem Motto »Der Behinderte – gleichwertiger Bürger«:

»Heute betrachte ich das Thema dieses Kongresses vor allem als Mahnung und Forderung, die hohen Ansprüche des Gleichheitsgrundsatzes und des sozialen Rechtsstaats mit der oftmals harten und rauen Wirklichkeit des Behinderten-Alltags in Einklang zu bringen. [...] Die Gleichwertigkeit des Behinderten steht – trotz aller Rechtsansprüche und Deklarationen – solange auf dem Papier, solange Unverständnis, Ablehnung und bauliche Hindernisse als sichtbare oder unsichtbare Barrieren den Behinderten die volle Teilhabe am Leben der Gemeinschaft erschweren oder gar unmöglich machen. Rehabilitation kann nicht durch Gesetze allein erreicht werden; Rehabilitation kann nicht von Amts wegen verordnet, Rehabilitation muss ständig geübt und gelebt werden. Sie muss An-

---

Bauen für Körperbehinderte – ein gesellschaftspolitisches Problem. 3,7 Millionen Menschen in der Bundesrepublik sind betroffen«, in: SPD-Pressedienst, 7.5.1969, S. 4-6, hier S. 6; Presse- und Informationsamt der Bundesregierung (Hg.): Jahresbericht der Bundesregierung 1969, Bonn 1970, S. 329.

70 | Vgl. Erhard Eppler: Maßstäbe für eine humane Gesellschaft: Lebensstandard oder Lebensqualität?, Stuttgart/Berlin/Köln/Mainz 1974, S. 18-31, v.a. 21-22; Dr. Erhard Eppler (1926) SPD, 1968-1974 BM für wirtschaftliche Zusammenarbeit.

71 | Walter Arendt (1925-2005), SPD, Bergmann, Bundesarbeitsminister 1969-1976.

72 | Vgl. W. Arendt: Wege (1974), S. 20.

73 | Vgl. W. Rudloff: Sozialstaat (2003), S. 189.

74 | Vgl. W. Arendt: Sozialpolitik (1972), S. 11; W. Arendt: Wege (1974), S. 16.

75 | Zitat in W. Arendt: Wege (1974), S. 20.

gelegenheit der gesamten Gesellschaft sein. Nur dann wird der Behinderte sich als gleichwertiger Bürger in der Gemeinschaft wohl fühlen.«[76]

Arendt propagierte einen Rehabilitationsbegriff, der nicht mehr ausschließlich am Individuum, sondern auch an der Gemeinschaft ansetzte. Er warnte, dass Eingliederungsstrategien fehlgingen, wenn sie nicht auch die Veränderung der Gesellschaft und ihrer Bedingungen ins Auge fassten.[77] Bemerkenswert war auch die Zielformulierung, dass Menschen sich »wohl fühlen« sollten. Andere Worte für dasselbe ehrgeizige Rehabilitationsziel fand Ende 1971 eine SPD-Pressemitteilung anlässlich der Verabschiedung des Gesetzes zur Errichtung der Stiftung Hilfswerk für das behinderte Kind e.V. Die Politik müsse sich noch viel mehr einfallen lassen, »um neben dem heute noch die Rehabilitation beherrschenden Gedanken nach Wiederherstellung der Erwerbsfähigkeit gleichberechtigt den Anspruch dieser Menschen auf ein höchstmögliches Maß an Lebensglück zu setzen«.[78]

Was die sozialliberale Politik hier als genuinen Reformschritt präsentierte, hatte erste Vorläufer in den 1960er Jahren. Unter Vertreterinnen und Vertretern der öffentlichen Fürsorge hatte sich schon am Ende der 1950er Jahre ein eigener Rehabilitationsbegriff entwickelt. Dieser hob sich deutlich von den Rehabilitationsvorstellungen der medizinischen Experten und der für Behinderung im Kontext von Sozialversicherung und Versorgungswesen zuständigen Regierungsressorts, Behörden und Professionen ab.

Zunächst jedoch, am Anfang der 1950er Jahre, war es auch hier im Zuge der Reform des Fürsorgewesens hinsichtlich der Hilfen bei Behinderung primär um die Wiederherstellung von Arbeitsfähigkeit gegangen. So hatte es sich neben den ministeriellen Akteuren auch der Deutsche Verein für öffentliche und private Fürsorge als der an der Fürsorgereform maßgeblich beteiligte Experten- und Trägerverband 1952 unter dem Kongresstitel »Die Mitverantwortung der Fürsorge gegenüber der menschlichen Arbeitskraft« zur Aufgabe gemacht, die Wiederherstellung menschlicher Arbeitsfähigkeit im Fürsorgewesen voranzutreiben. Dennoch fand die Fürsorge rasch zu einem anders konturierten Rehabilitationsbegriff, der 1961 in die Zielformulierung der Eingliederungshilfen für Behinderte im Bundessozialhilfegesetz (BSHG) einging.[79]

---

76 | W. Arendt: Behinderte (1972), S. 165-166.

77 | Vgl. z.B. W. Arendt: Behinderte (1972), S. 165-166; Ders.: Sozialpolitik (1972), S. 10; W. Rudloff: Sozialstaat (2003), S. 186. Zur wissenschaftlichen Basis dieser Argumentation vgl. Franz Hargasser: »Bildung als soziale Integration. Geschichte und Begriff eines pädagogischen Problems«, in: Pädagogische Rundschau 27 (1973), H. 9, S. 668-679, hier S. 679; J. R. Schultheis: »Integration – erziehungswissenschaftliche und heilpädagogische Aspekte«, in: Zeitschrift für Heilpädagogik 25 (1974), H. 9, S. 563-575, hier S. 564-565.

78 | »Endlich Hilfe für die ›Contergan‹-Opfer«, in: SPD-Pressedienst, 8.11.1971, S. 6.

79 | Vgl. § 39 BSHG.

Stationen dieser Begriffsentwicklung markierten die einschlägigen Sektionen der Deutschen Fürsorgetage der Jahre 1955, 1957 und 1959. So definierte die zuständige Sektion des Frankfurter Fürsorgetags 1955 Rehabilitation als »Eingliederung behinderter Personen in Gesellschaft und Wirtschaft«. Beachtung verdient die hier vorgegebene Reihenfolge der Zielsphären.[80] Auf dem folgenden Fürsorgetag in Essen erklärte 1957 der Psychologe und ehemalige Oberregierungsrat im Bundesministerium für Arbeit, Theodor Scharmann, in der Arbeitsgruppe »Hilfe zum Beruf, zur Rehabilitation und die Arbeitsfürsorge im neuen Fürsorgerecht« ausdrücklich, dass es der Fürsorge im Rehabilitationsgeschehen eben nicht nur um die Wiederherstellung von menschlicher Arbeitskraft gehen könne. Als Grund nannte Scharmann die im Gegensatz zu den übrigen Sozialleistungsträgern grundlegend anders strukturierte Klientel der öffentlichen Fürsorge. Letztere habe vielmehr die Aufgabe, die persönliche Entfaltung zu fördern, die Voraussetzungen für ein sinnerfülltes Leben zu schaffen und Menschen der Gesellschaft zuzuführen.[81]

Vom Rehabilitationsbegriff der Sozialversicherung grenzte sich der Experte der baden-württembergischen Fürsorgeträger Adolf Schell 1958 strikt ab. Die Fürsorge lege das Gewicht immer auf den ganzen Menschen. Sie spreche auch dann von einer Rehabilitation, wenn keine Aussicht auf einen Dauerarbeitsplatz bestehe und »es nur um die Gewinnung oder Wiedergewinnung der inneren Haltung, des Selbstvertrauens und um eine positive Einstellung zum Leben« gehe, oder darum, Menschen durch angemessene Pflege und Bildung das Leben zu erleichtern. Die Fürsorge kenne nicht die Begrenzung der Rehabilitation auf ein wirtschaftliches oder berufliches Ziel, wie sie dem Wesen der Sozialversicherung entspreche. Dies sei auch in den diesbezüglichen Empfehlungen der Westeuropäischen Union niedergelegt.[82] Damit nahm Schell auf ein vielteiliges Empfehlungswerk Bezug, das dank laufender Überarbeitungen und Erweiterungen in den 1950er und 1960er Jahren meist auf dem aktuellen Stand des Behinderungsdiskurses war und in der Bundespolitik breit rezipiert wurde. Über Sanktionsmittel verfügte die Westeuropäische Union freilich nicht.[83]

---

80 | Vgl. »Ergebnisse aus den Arbeitsgruppen des Deutschen Fürsorgetags 1955. IV. Arbeitsgruppe«, in: NDV 35 (1955), H. 10, S. 352-353; W. Troue: »Rehabilitation und wertschaffende Arbeitslosenfürsorge«, in: Das Arbeitsamt 7 (1956), H. 4, S. 92-94, hier S. 92; Adolf Schell: »Die Rehabilitation im Wirkungskreis des Deutschen Vereins«, in: NDV 40 (1960), H. 11, S. 338-340, hier S. 339.

81 | Vgl. Rudloff, Rehabilitation, Bd. 3 (2005), S. 534. Dr. Theodor Scharmann (1907-1986), Psychologe und Germanist, 1951-1957 beim BMA.

82 | Adolf Schell: »Die Entwicklung zum Rehabilitations-Team«, in: NDV 38 (1958), H. 12, S. 324-327, hier S. 325.

83 | Zwischen 1955 und 1969 revidierte oder erweiterte die Westeuropäische Union ihre Empfehlungen 15 weitere Mal. Zusammengefasst bei Th. Scharmann: Probleme (1956), S. 176; Eugen Glombig: »Berufliche Rehabilitation – international gesehen. Ein Vortrag gehalten vor dem Ständigen Ausschuss für Rehabilitation des DV am 11.10.1962 in Bad Pyrmont«, in: Die Praxis 16 (1963), Sonderdruck, S. 243-244;

Schell konnte zu diesem Zeitpunkt noch nicht wissen, dass die Westeuropäische Union im Lauf des Jahres 1958 ihre »Empfehlungen zur Rehabilitation« noch revidieren und ihrerseits das berufliche Rehabilitationsziel relativieren würde. In der Neufassung empfahl die Westeuropäische Union ihren Mitgliedsstaaten, unter Rehabilitation alle sozialstaatlichen Maßnahmen zu summieren, »die geeignet sind, eine behinderte Person geistig und körperlich darauf vorzubereiten, im Rahmen ihrer Fähigkeiten einen normalen Platz in der Gemeinschaft – sei es im Beruf oder in ihrem Heim – einzunehmen oder wieder einzunehmen«.[84] Damit legte die Westeuropäische Union erneut ein Orientierungsmuster für die nationalen Sozialstaaten vor, das auch von der Bundesrepublik wahrgenommen wurde, dessen Beitrag zur Erweiterung des deutschen Rehabilitationsbegriffs aufgrund des gegenwärtigen Forschungsstands aber noch nicht abzuschätzen ist.

Im Bereich der öffentlichen Fürsorge schritt diese Erweiterung währenddessen voran. So brachte der Pastor Werner Dicke, als Vorsteher des Hannoveraner Annastiftes ein prominenter Vertreter der konfessionellen Einrichtungen und Experte aus der Praxis, 1960 in die Diskussion ein, Erwerbsarbeit sei immer nur eine von mehreren Möglichkeiten der Selbstverwirklichung. Manche Menschen mit schweren Behinderungen könnten nie eine Ausbildung abschließen oder einen Beruf ausüben. Die Chance, es zu versuchen, sollten sie trotzdem bekommen. Die berufliche Rehabilitation könne schlichtweg nicht die »Endstation der Behindertenfürsorge« sein: »Denn Arbeit ist nicht das letzte Ziel, der schönste Sinn oder höchste Zweck des Menschenlebens. Man lebt nicht, um zu arbeiten, sondern arbeitet, um zu leben.«[85]

In einer Frühform ging dieser breitere Zugang, der mit dem Rehabilitationsbegriff der Sozialversicherung, der Arbeitsverwaltung und des Versorgungswesens wenig gemein hatte, 1957 in das Körperbehindertengesetz ein. Endgültig fixierte ihn das Bundessozialhilfegesetz von 1961 in den Hilfen für Behinderte. Dabei enthielt das Gesetz trotz des ihm innewohnenden Rehabilitationsgedankens den Rehabilitationsbegriff selbst nicht. Es arbeitete ausschließlich mit dem Begriff der »Hilfen zur Eingliederung«. Ziel dieser Hilfen war es, Behinderungen zu verhüten, zu beseitigen oder ihre Folgen zu mildern und so den Hilfeempfängern die Teilnahme am Leben in der Gemeinschaft zu ermöglichen oder zu erleichtern, sie zumindest aber unabhängig von Pflege werden zu lassen.[86]

Dabei dachte der Bundesgesetzgeber durchaus an die »Ausübung eines

vgl. zum Sachstand 1969 »Empfehlungen des Europarats zur Rehabilitation der Behinderten«, in: NDV 49 (1969), H. 7, S. 190-191.

84 | Westeuropäische Union, Empfehlung Nr. 1 über die Grundsätze zur Rehabilitation der Behinderten, revidierte Fassung v. 1958, BArch B 149 6439.

85 | Werner Dicke: Den Körperbehinderten steht die Welt offen, Göttingen 1960, S. 61; Werner Dicke (1908-1969), Pastor und Vorsteher des Annastifts Hannover, 1966-1967 Vorsitzender der DeVg.

86 | Vgl. § 39 BSHG.

angemessenen Berufs oder einer sonstigen angemessenen Tätigkeit«.[87] Dennoch ging der im Bundesministerium des Innern in Zusammenarbeit mit den Parteien und den Interessenverbänden entwickelte Auftrag des Bundessozialhilfegesetzes deutlich über die Erwerbsbefähigung hinaus. Im Gegensatz zu allen anderen Rehabilitationsmaßnahmen endeten die Hilfen für Behinderte nicht, wenn eine Eingliederung in das Berufs- oder Arbeitsleben nicht oder nicht mehr möglich erschien.[88] Dies kam sprachlich auch darin zum Ausdruck, dass das Bundessozialhilfegesetz nicht mithilfe des Rehabilitationsbegriffs ein Ziel definierte, sondern mit der Wendung Hilfe für Behinderte eine Adressatengruppe bezeichnete: Sie umfasste die »Körperbehinderten, von einer Körperbehinderung bedrohten Personen, Blinden, hochgradig Sehschwachen, Hörgeschädigten, Sprachgeschädigten und Personen, deren geistige Kräfte schwach entwickelt sind«.

Auf die Gesetzgebung der übrigen Sozialleistungsbereiche strahlte dieser breite Eingliederungsbegriff zwar zunächst nicht aus. In der Umsetzungspraxis der Rehabilitation in den anderen Trägersystemen wurde er im Lauf der 1960er Jahre aber zumindest zur Kenntnis genommen. So fand bereits 1962 die für die berufliche Rehabilitation durch die Sozialversicherung und Arbeitsverwaltung zuständige Abteilung des Arbeits- und Sozialministeriums Nordrhein-Westfalens zu folgendem für diesen Bereich noch untypischen Rehabilitationsbegriff:

> »Im Vordergrund aller Maßnahmen zur beruflichen Rehabilitation muss der Gedanke stehen, dass die Behinderten nicht nur in den Arbeitsprozess eingegliedert werden, sondern dass, wie die Begründung zum Körperbehindertengesetz vom 27. Februar 1957 zum Ausdruck bringt, mit der Rehabilitation eine totale soziale Einordnung der Behinderten in die arbeitende Gemeinschaft der Gesunden und mit der physischen und gänzlichen oder teilweisen Wiederherstellung der Behinderten zugleich ihre geistig-seelische Gesundung durch Hebung ihres Selbstbewusstseins, durch Stärkung ihres Selbstvertrauens und durch Achtung ihrer Umwelt vor ihrer mit Aufbietung besonderer Tatkraft erbrachten beruflichen Leistungen erstrebt wird.«[89]

Die während der 1960er Jahre jedoch noch stark divergierenden Eingliederungsziele der unterschiedlichen Sozialleistungsgesetze stellten aus der Sicht der Sozialhilfeträger in der Praxis ein großes Problem dar: »Wenn man gezwungen ist, einmal darüber nachzudenken, was die Worte bedeuten, die man so täglich im Munde führt, dann erschrickt man etwas und ist auch ein bißchen erstaunt darüber, dass man den Mut hatte, mit anderen zu sprechen, wähnend, man meinte mit denselben Begriffen auch dasselbe,

87 | § 39 BSHG.

88 | Vgl. R. Schaudienst: Rehabilitationsgedanke (1964), S. 161.

89 | Arbeits- und Sozialministerium des Landes NRW, Schreiben an BMI, 22.1.1962, BArch B 142 549.

dieselbe Sache«,[90] klagte ein Redner vor dem Deutschen Verein für öffentliche und private Fürsorge im Jahr 1967. Wie sollte man die Begriffe Rehabilitation, Eingliederung und Wiedereingliederung der übrigen Sozialgesetze[91] und die Eingliederungshilfe nach dem Bundessozialhilfegesetz systematisieren, wenn jeder Sozialleistungszweig damit ein anderes Ziel verfolgte? War das Ziel der Rehabilitation nun enger als das der Eingliederungshilfe, oder war Rehabilitation nur ein Oberbegriff, während sich Eingliederungshilfe speziell auf Menschen mit Behinderungen bezog? Und wie sollte man der Klientel die unterschiedlichen Zielformulierungen vermitteln?[92]

Weitaus weniger als in den Rehabilitationszielen differierten die Akteure in den Argumenten, mit denen sie individuelle Rehabilitationsmaßnahmen legitimierten. Ein Glaubenssatz der bundesrepublikanischen Behindertenpolitik lautete, dass Menschen mit Behinderungen bzw. zumindest manche Menschen mit bestimmten Behinderungen bestimmter Ursache ein Anrecht auf ein erfülltes, nutzbringendes und Werte schaffendes Leben als Mitglieder der Gesellschaft hatten. Dies war mit der Auffassung verbunden, dass Menschen, denen ein solcher Platz in der Gesellschaft trotz ihres Defizits eingeräumt wurde, von dieser Zuweisung und den sozialstaatlichen Hilfestellungen auch Gebrauch machen mussten. Sie hatten sich ihrerseits zu bemühen, ein Leben zu führen, das von ihrer Umwelt als sinnvoll und nützlich betrachtet werden konnte.[93]

Im Fall der Kriegsbeschädigten wurde dieses Anrecht hauptsächlich aus der »im Dienste der Allgemeinheit« erlittenen Schädigung abgeleitet.[94] Im

90 | DV e.V., Sitzung des Fachausschuss VIII Hilfen für Behinderte am 8.6.1967 in Frankfurt a.M., Referat v. Klaus Dörrie: Rehabilitation und verwandte Begriffe, BArch B 189 3537.

91 | Vgl. §§ 25-27 Bundesversorgungsgesetz (BVG) i.d.F. 20.12.1950; § 567 Gesetz zur Neuregelung des Rechts der gesetzlichen Unfallversicherung (UVNG); §§ 555 und 558 Reichsversicherungsordnung (RVO); SBG i.d.F. v. 14.8.1961, BGBl. I 1961, S. 1233; § 39 Abs. 3 Gesetz über die Arbeitsvermittlung und Arbeitslosenversicherung (AVAVG) i.d.F. v. 3.4.1957, BGBl. I 1957, S. 322; Georg Schmitt: »Rehabilitation nach der Neuerrichtung der Rentenversicherung der Arbeiter«, in: Das Arbeitsamt 7 (1956), H. 8, S. 203-204; R. Schaudienst: Rehabilitationsgedanke (1964), S. 160.

92 | Vgl. DV e.V., Bericht über die Sitzung des Fachausschusses VIII Hilfen für Behinderte am 8.6.1967 in Frankfurt a.M., BArch B 189 3537.

93 | Vgl. z.B. Josef Kais: »Das Kernproblem der Schwerbeschädigtenfürsorge«, in: Arbeitsamt 2 (1951), H. 1, S. 8-9, hier S. 9; Alois Volk, Ebersberg, Schreiben an Zweigstelle der bayer. Hauptfürsorgestelle bei der Regierung v. Oberbayern, 28.1.1954, StAM LAA Südbayern 5119; Direktor des Arbeitsamts (AA) München an Präsidenten des LAA Südbayern, 15.9.1954, ebd.

94 | Vgl. Schaffende Schwerbeschädigte. Bildbericht über die v. niedersächsischen Ministerium für Arbeit, Aufbau und Gesundheit, dem niedersächsischen LAA und der Hauptfürsorgestelle Hannover v. 16.6.-3.7.1949 veranstaltete Ausstellung »Der Schwerbeschädigte im Leben und im Beruf«. Hg. v. niedersächsischen Ministerium für Arbeit, Aufbau und Gesundheit, Hannover 1949, BArch B 106

Zuge der Expansion des Sonderschulsektors hingegen äußerten Experten und Politiker mitunter das Ansinnen, hier eine historische Schuld an den Menschen mit Behinderungen abzutragen. Angesichts der Verbrechen der Nationalsozialisten habe der Staat für ein beschützendes Sonderschulwesen zu sorgen, war beispielsweise im »Gutachten zur Ordnung des Sonderschulwesens« der Kultusministerkonferenz von 1960 zu lesen, einem zentralen Dokument zur Frage der Sonderschule.[95] Heilpädagogik als »Bewältigung der Vergangenheit« propagierte auch der Philosoph Hans-Eduard Hengstenberg 1964. Indem man Opfer auf sich nehme und sich um »Unschuldige« kümmere, betreibe man Wiedergutmachung der durch das deutsche Volk begangenen Verbrechen.[96] Zu einer kritischen Bearbeitung der NS-Vergangenheit der Behindertenpolitik führten derlei historische Argumente in den 1960er Jahren freilich noch nicht.

Gelegentlich fand sich auch der Verweis auf die im Grundgesetz niedergelegte Würde des Menschen. Indem universale Menschenwürde und der erwerbsarbeits- und defizitorientierte Behinderungsbegriff miteinander verwoben wurden, entstand ein Recht auf Arbeit und berufliche Rehabilitation. Die Wiederbefähigung zur Erwerbsarbeit galt als probates Mittel, die Behinderung zu überwinden und zu einem Leben in Würde zu gelangen.[97]

10674; Denkschrift der Arbeitsgemeinschaft der Deutschen Hauptfürsorgestellen zur Neufassung des Bundesgesetzes über die Beschäftigung Schwerbeschädigter, Juli 1950, NRWHStA NW 50 1073; Otfried Gotzen: »Das Schwerbeschädigtengesetz«, in: Das Arbeitsamt 4 (1953), H. 6, S. 145-148, hier S. 145; M. Möhring: Kriegsversehrte Körper (2007), S. 179.

95 | Vgl. Ständige Konferenz der Kultusminister der Länder in der Bundesrepublik Deutschland: Gutachten zur Ordnung des Sonderschulwesens, Bonn 1960, S. 7.

96 | Vgl. H.-E. Hengstenberg: Anthropologie (1966), S. 11-24, hier S. 24; zum Umgang der Heilpädagogik mit ihrer Vergangenheit vgl. W. Rudloff: Überlegungen (2003), S. 872; Sieglind Ellger-Rüttgardt: »Entwicklung des Sonderschulwesens«, in: Führ, Christoph/Furck, Carl-Ludwig (Hg.): Handbuch der deutschen Bildungsgeschichte. Bd. 6/1: 1945 bis zur Gegenwart, Bundesrepublik Deutschland, München 1998, S. 356-377, hier S. 361-362; Franz-Werner Kersting: »Abschied von der ›totalen‹ Institution? Die westdeutsche Anstaltspsychiatrie zwischen Nationalsozialismus und den Siebzigerjahren«, in: Archiv für Sozialgeschichte 44 (2004), S. 267-292, hier S. 267.

97 | Vgl. z.B. Konrad Krieger: Arbeit für den Schwerbeschädigten, 1951, Zentrum Bayern Familie und Soziales, Fotosammlung, Ordner: Manuskripte zur Denkschrift »Drei Jahrzehnte Schwerbeschädigtenfürsorge in Bayern; O. Gotzen: Schwerbeschädigtengesetz (1953), S. 145; Werner Dicke: »Geschützte Werkstätten als Aufgabe einer modernen Körperbehindertenfürsorge«, in: Jahrbuch der Fürsorge für Körperbehinderte (1960), S. 70-74, hier S. 74; Hanns-Walter Loose: »Das neue Schwerbeschädigtengesetz in der Vermittlungspraxis«, in: BArbl. 4 (1953), H. 21, S. 676-678, hier S. 676; Ch. Morawe: Bericht (1955), S. 628; BMA Abt. IIa8, Protokoll der 2. Arbeitstagung des Deutschen Ausschusses für die Eingliederung Behinderter

Dieser Rückgriff auf den Anspruch auf ein menschenwürdiges Leben ging meist mit einer sprachlichen Besonderung der Person einher. Eine noch aus dem Jahr 1974 stammende Verlautbarung des bayerischen Staatsministeriums für Arbeit und Sozialordnung verdeutlicht dies. »Auch« der Mensch mit Behinderung, hieß es da, habe ein Recht auf ein menschenwürdiges Leben.[98]

Des Weiteren begegnete vor allem in der zweiten Hälfte der 1950er Jahre häufig das Sozialstaatspostulat, wenn es um die Begründung von Rehabilitationsmaßnahmen ging. So bekannte sich 1957 beispielsweise die Bundesanstalt für Arbeitsvermittlung und Arbeitslosenversicherung zu ihrer Rehabilitationsaufgabe mit dem Argument, die Bundesrepublik bejahe als sozialer Rechtsstaat, dass der Staat denjenigen Personen zu Hilfe kommen müsse, die aufgrund einer körperlichen oder geistigen Behinderung nicht, nicht mehr oder nicht ausreichend für sich selbst sorgen und keine eigene Daseinsvorsorge treffen könnten.[99] Diese traditionelle, staatlich-institutionelle Begründung einer sozialstaatlichen Hilfeleistung wurde in der Behindertenpolitik jedoch wie in der Sozialstaatsentwicklung im Allgemeinen zunehmend von der Zusage und Absicherung eines individuellen Anspruchs abgelöst.

Diesen konkretisierte der Bundesgesetzgeber im Lauf der 1950er bis 1970er Jahre gesetzlich, indem er schrittweise in allen relevanten Sozialleistungsgesetzen einen umfassenden individuellen Rechtsanspruch auf Eingliederungsmaßnahmen verankerte. Dies geschah im Kontext von Vereinbarungen auf europäischer und internationaler Ebene, zu denen sich die Bundesrepublik bekannt hatte. Darunter war an erster Stelle die Empfehlung Nr. 99 der International Labour Organization vom Juni 1955. Hinzu kamen die zahlreichen Empfehlungen der Westeuropäischen Union zur Rehabilitation der Behinderten. Die Europäische Sozialcharta vom 18. Januar 1961 wiederum verfügte in Artikel 15, dass jeder Mensch mit Behinderung einen individuellen Rechtsanspruch auf eine berufliche Ausbildung und berufliche und soziale Eingliederung habe, ohne Rücksicht auf Ursprung und Art der Behinderung.[100]

---

in Arbeit, Beruf und Gesellschaft am 13./14.6.1961, Referat v. Adalbert Seifriz: Die Rehabilitation als Schlüssel zum Dauerarbeitsplatz, 15.9.1961, BArch B 149 6457; M. Hofrichter: Maßnahmen (1969), S. 274; Bayer. Staatsministerium für Arbeit und Sozialordnung, Schreiben an Präsident des bayer. Landtags, 25.10.1973, BHStA MArb 3530; U. Schildmann: Funktion (1977), S. 37-38.

98 | »Allgemeiner Überblick«, in: Bayerisches Staatsministerium für Arbeit und Sozialordnung (Hg.): Bayerische Sozialpolitik 1974, München 1974, S. 165-175, hier S. 165.

99 | Vgl. Präsident der BAVAV, Vorlage für die Sitzung des Verwaltungsratsausschusses für allgemeine Fragen am 12.12.1957, 4.12.1957, BArch B 149 6458.

100 | Vgl. ILO, Recommendation 99: Recommendation Concerning Vocational Rehabilitation of the Disabled, adopted by the Conference at its 38th Session, 22.6.1955, BArch B 149 6433; »Empfehlung der Westeuropäischen Union Nr. 1:

Eng verbunden mit der Frage des Rechtsanspruchs war eine Erwartung, die vor allem die politischen Akteure in den Behinderungsdiskurs einbrachten: die Vorstellung, dass von der Eingliederung der Menschen mit Behinderungen in Arbeitsmarkt und Gesellschaft eine soziale Befriedung ausgehen werde. Dies war keineswegs nur Sache der 1950er Jahre, wenngleich in den ersten Jahren der Bundesrepublik die Sorge besonders groß war, dass die Erwerbslosigkeit oder -beschränkung eines Großteils der ca. 1,5 Millionen Kriegsbeschädigten die noch junge Demokratie politisch destabilisieren könnte. Immerhin handelte es sich 1952/1953 um rund drei Prozent der westdeutschen Bevölkerung.[101] Vergleichbare Erfahrungen, die nach dem Ersten Weltkrieg mit der politischen Radikalisierung vieler, wenn auch längst nicht aller Kriegsopfer gemacht worden waren, bildeten einen zentralen Teil des Befriedungsarguments.[102] Unbegründet war diese Destabilisierungsangst nicht, denn die Kriegs- und Zerstörungserfahrung und die zumindest bis zur Verabschiedung des Bundesversorgungsgesetzes 1950 unzureichende soziale Absicherung stellte den Staat in der Tat vor ein schwerwiegendes Organisations- und Legitimationsproblem.[103] Die Kriegsopferversorgung und -fürsorge geriet deshalb neben Ernährungs- und Wohnungspolitik und Wiedergutmachung zu einem der wichtigsten Bestandteile der Kriegsfolgenbewältigung. Hinzu kam, dass die Kriegsbeschädigten über hohes moralisches Kapital verfügten.[104] Die Vorstellung, den Kriegs-

Grundsätze und Richtlinien für die Rehabilitation der Behinderten, angenommen im Mai 1950. Empfehlungen der Westeuropäischen Union zur Rehabilitation der Behinderten«, in: BArbl. 9 (1958), H. 23, S. 477; Th. Scharmann: Probleme (1956), S. 177; Zustimmungsgesetz zur Europäischen Sozialcharta v. 19.9.1964, BGBl. II 1964, S. 1261.

101 | Vgl. Wagner [o.V.]: Vergleichende Darstellung über die Kriegsopferversorgung einiger europäischer Staaten. (Belgien, Finnland, Frankreich, Großbritannien, Italien, Niederlande, Österreich, Deutschland), Bad Godesberg, 1953, BArch B 149 11896.

102 | Vgl. S. Kienitz: Krieg (2001), S. 379; Wilfried Rudloff: Die Wohlfahrtsstadt. Kommunale Ernährungs-, Fürsorge- und Wohnungspolitik am Beispiel Münchens 1910-1933, Göttingen 1998, S. 292; Ch. R. Jackson: Action (1993), S. 419.

103 | Vgl. als Beispiel Bayer. Staatsministerium des Innern Abt. Wohlfahrtswesen, Schreiben an Regierung v. Schwaben, 29.10.1946, StAAu Gesundheitsamt Mindelheim 154; sowie Lutz Wiegand: »Kriegsfolgenbewältigung in der Bundesrepublik Deutschland«, in: Archiv für Sozialgeschichte 35 (1995), S. 71-90, hier S. 71; J. M. Diehl: Change (1997), S. 93-108; Robert G. Moeller: »Heimkehr ins Vaterland: Die Remaskulinisierung Westdeutschlands in den fünfziger Jahren«, in: Militärgeschichtliche Zeitschrift 60 (2001), H. 2, S. 403-436, hier S. 403; Svenja Goltermann: »Verletzte Körper oder ›Building National Bodies‹. Kriegsheimkehrer, ›Krankheit‹ und Psychiatrie in der westdeutschen Nachkriegsgesellschaft, 1945-1955«, in: Werkstatt Geschichte 8 (1999), H. 23, S. 83-98, hier S. 86.

104 | Vgl. »Sie kämpfen für die Kriegsopfer«, in: Süddeutsche Zeitung (SZ) v. 26.10.1956; Albert Haaser: »Zielkonflikte und Interessengegensätze in der Werkstatt

beschädigten etwas schuldig zu sein, weil sie sich für die Gemeinschaft aufgeopfert hatten, war ungebrochen, zumal sie sich zu unschuldigen, vom Nationalsozialismus verführten Opfern kriegerischer Gewalt verklären ließen.[105] Politisches Drohpotential erlangten die neu bzw. wieder gegründeten Interessenverbände der Kriegsbeschädigten, VdK und Reichsbund,[106] vor allem aufgrund ihrer hohen Mitgliederzahlen. Im Reichsbund waren am Ende der 1950er Jahre bei einer Gesamtbevölkerung von etwa 48 Millionen 800.000, im VdK 1,5 Millionen Menschen organisiert – die meisten davon im wahlfähigen Alter. 1952/1953 machten Kriegsbeschädigte rund drei Prozent der westdeutschen Bevölkerung aus. Nahm man die Kriegshinterbliebenen hinzu, waren es bereits neun Prozent. VdK und Reichsbund schlugen zudem bei ihren öffentlichkeitswirksamen Aktionen mitunter aggressive Töne an.[107] Zudem waren sie durch allerlei Personalunionen mit den Partei-

---

für Behinderte. Soziologische Überlegungen zur Funktion der Behindertenbetriebe in der BRD«, in: NDV 53 (1973), H. 5, S. 122-127, hier S. 298.

105 | Vgl. z.B. Konrad Krieger: Arbeit für den Schwerbeschädigten, 1951, Zentrum Bayern Familie und Soziales, Fotosammlung, Ordner: Manuskripte zur Denkschrift »Drei Jahrzehnte Schwerbeschädigtenfürsorge in Bayern«; J. Kais: Kernproblem (1951), S. 9; Helft Wunden Heilen! Geleitwort des bayer. Ministerpräsidenten Wilhelm Hoegner zur Landesammlung 1955, StAWü Regierung v. Unterfranken 24014; Aufrufe des Regierungspräsidenten v. Unterfranken zur Spendensammlung »Helft Wunden heilen!« 1957-1959, StAWü Regierung v. Unterfranken 24014; Aufruf des Vizeregierungspräsidenten von Unterfranken zur Spendensammlung »Helft Wunden heilen!« 1960, ebd.; W. Rudloff: Überlegungen (2003), S. 867; C. Poore: Disability (2007), S. 175; Frank Biess: »Männer des Wiederaufbaus – Wiederaufbau der Männer. Kriegsheimkehrer in Ost- und Westdeutschland, 1945-1955«, in: Hagemann, Karen/Schüler-Springorum, Stefanie (Hg.): Heimat-Front. Militär und Geschlechterverhältnisse im Zeitalter der Weltkriege, Frankfurt a.M./New York 2002, S. 345-365, hier S. 351-353.

106 | Der Reichsbund der Körperbeschädigten, Sozialrentner und Hinterbliebenen e.V. (Reichsbund) war 1917 gegründet und 1933 von den Nationalsozialisten aufgelöst worden. 1945 wurde er in Form von Orts- und Kreisgruppen in der britischen Zone, 1947 als bizonale Arbeitsgemeinschaft der Reichsbundlandesverbände wieder gegründet. Er richtete sich politisch tendenziell an der Sozialdemokratie und den Gewerkschaften aus. Vgl. z.B. Reichsbund e.V., Schreiben an Zentralamt für Arbeit, 3.12.1947 mit Anlage: Das Organisationsgebilde des Reichsbundes. Ein kurz gefasster geschichtlicher Überblick, BArch Z 40 326. Der Verband der Kriegsbeschädigten, Kriegshinterbliebenen und Sozialrentner Deutschlands e.V. (VdK) wurde 1950 aus dem Bund der Kriegs- und Zivilgeschädigten, Sozialrentner und Hinterbliebenen Deutschlands e.V. gegründet und hatte seinen regionalen Schwerpunkt in Bayern und Baden-Württemberg. Er stand dem konservativen Lager näher.

107 | Vgl. Wagner [o.V.]: Vergleichende Darstellung über die Kriegsopferversorgung einiger europäischer Staaten. (Belgien, Finnland, Frankreich, Großbritannien, Italien, Niederlande, Österreich, Deutschland), Bad Godesberg, 1953, BArch B 149 11896; »Sie kämpfen für die Kriegsopfer«, in: SZ v. 26.10.1956; »Demonstrati-

en, Parlamenten und Behörden verbunden. Sie konnten darauf bauen, von Ministerien und Behörden angehört zu werden und scheuten insbesondere in der Ära Adenauer auch den direkten Weg ins Bundeskanzleramt nicht.[108] Was ihr Durchsetzungspotential und ihre Mitgliederzahlen angeht, rangierten die Verbände gleich hinter den Gewerkschaften.

Noch aus der Retrospektive der Reformära, als die bundesdeutsche Demokratie als relativ gesichert gelten durfte, befanden viele politische Akteure, dass von den Kriegsbeschädigten ein Destabilisierungs- und Delegitimierungspotential ausgegangen war, das der frühen Bundesrepublik hätte gefährlich werden können.[109] Diesem Szenario setzten die behindertenpolitischen Akteure die Wiedereingliederung der Kriegsbeschädigten in den Arbeitsmarkt durch geeignete medizinische, prothetische und berufliche Rehabilitationsmaßnahmen entgegen. Den Kriegsbeschädigten wurde das neue zivile Selbst- und Fremdbild des unschuldigen Opfers angeboten, das aus eigener Kraft und mithilfe des Staats wieder zum wertvollen Mitglied der Gesellschaft wurde.

Dieser Lösungsansatz trug großes politisches Potential in sich: Gelang die Eingliederung der Kriegsbeschädigten in Produktionsprozess und Arbeitsmarkt, hatte die Demokratie ihre Funktionsfähigkeit unter Beweis gestellt. Doch geriet die Behindertenpolitik aufgrund dieser Aufladungen auch unter einen hohen Legitimationsdruck, zumal die finanzielle Lage der Bundesrepublik zunächst nicht den hoch gesteckten Rehabilitationszielen entsprach.[110] Es nimmt nicht Wunder, dass die Bundesregierung bemüht

---

on der Not«, in: Rheinische Post v. 20.6.1949; Polizeipräsidium München, Bericht über die Protestkundgebung des VdK am 8.11.1952 im Ausstellungspark, an bayer. Staatsministerium des Innern, Regierung v. Oberbayern und bayer. Landesamt für Verfassungsschutz, 14.11.1952, Stadtarchiv München (StadtAM) Pol Dir 822; »12.000 Kriegsopfer protestieren in der Winterbahn«, in: Münchner Merkur v. 10.11.1952; »VdK zählt 367.574 Mitglieder«, in: Münchner Merkur v. 11.2.1952; VdK e.V., Landesverband Baden-Württemberg, Ortsverein Wertheim an BK Konrad Adenauer, 20.7.1951, BArch B 149 1920; Tagung des Fachausschusses Jugendgesundheit der Arbeitsgemeinschaft Jugendpflege und Jugendfürsorge am 21./22.2.1952 in Bad Orb, Referat v. Gerd Brinkmann: Hilfe für versehrte Jugendliche, BArch B 153 108; C. Poore: Disability (2007), S. 175; David Gerber: »Introduction: Finding Disabled Veterans in History«, in: Gerber, David (Hg.): Disabled Veterans in History, Ann Arbor 2000, S. 1-51, hier S. 13; Wolfgang Kraushaar: Die Protest-Chronik. Eine illustrierte Geschichte von Bewegung, Widerstand und Utopie, Hamburg 1996, S. 2518-2519.

108 | Vgl. BMA, Niederschrift über die Aussprache in Fragen der Kriegsopferversorgung (KOV) mit Vertretern der Kriegsopferverbände bei BMA Anton Storch am 7.10.1952, BArch B 149 1920; Staatssekretär im BKA, Schreiben an BMA, BMI, Bundesministerium für Finanzen (BMF), 15.3.1952, ebd.; W. Rudloff: Überlegungen (2003), S. 868.

109 | Referiert bei: 2. Bundeskongress für Behinderte des VdK am 7.6.1972, Eröffnungsrede v. Herbert Ehrenberg, BArch B 149 6433.

110 | Vgl. Niederschrift über die erste Sitzung des Landesbeirats für Kriegsin-

war, dem Aufopferungstatbestand der Kriegsbeschädigung so rasch wie möglich im Bundesversorgungsgesetz zu entsprechen. Noch in den 1960er Jahren leiteten die Kriegsbeschädigten ihre Ansprüche aus dem Aufopferungstatbestand ab. 1963 hieß es in der VdK-Spitze unter dem Vortragstitel »Ehrenbürger oder Stiefkinder unserer Wohlstandsgesellschaft?«:

»Jede Staatsführung, gleichgültig, welcher politischen Richtung sie angehört, die vom Staatsbürger, von der Jugend soldatische Pflichterfüllung zum Schutze der Heimat und des Lebens der Bürger fordert, ist verpflichtet, im Schadensfall auch daraus die notwendigen Konsequenzen zu ziehen und zu tragen. [...] Wir wären die letzten, die nicht Verständnis für die finanziellen Hypotheken hätten, die der Krieg hinterlassen hat, aber auch für all die Belastungen, die auf uns, auf die Bundesrepublik zukommen. Wir wissen aber auch, dass dies eine Frage des guten Willens und der Moral gegenüber den Staatsbürgern ist, die ihr Bestes, ihr Leben oder ihre Gesundheit geopfert haben.«[111]

Abgeleitet wurde die Verantwortung des Staats und der Gesellschaft daraus, dass der Krieg als soziales Ereignis die Behinderung verursacht hatte. Ganz ähnlich verhielt es sich im Fall der sogenannten Conterganschädigung. Die bundesdeutschen Medien, aber auch die Interessenvertretungen der betroffenen Eltern erklärten, der Staat sei für das Wohl der Kinder und die Unterstützung der Familien verantwortlich, weil er versäumt habe, wirksame Sicherungsmechanismen ins Arzneimittelrecht zu integrieren.[112] So ließ sich die Rehabilitation der betroffenen Kinder als »Visitenkarte und Be-

validenfürsorge am 28.04.1915, BHStA MH 16141; J. Becker: Rechtsvorschriften (1949/50), S. 48-51; Richard Oechsle: »Die Unterbringung der Schwerbeschädigten in Bayern«, in: BArbl. 1 (1949/50), H. 7, S. 247-249, hier S. 247.

111 | 1. Ohnhändertagung des VdK am 9.2.1963 in Düsseldorf, Rede v. Ludwig Hönle, NRWHStA BR 1134 594. Vgl. zur gesetzlichen Entwicklung des staatlichen Versorgungswesens Kapitel 2.1.

112 | Vgl. »Viele Arzneien sind krank«, in: Bild v. 1.12.1961; Dietrich Beyersdorf: »3.000 Babys für immer krank!«, in: Bild v. 11.4.1962; »Sie müssen helfen – Frau Ministerin«, in: Bild v. 22.5.1962; Dietrich Beyersdorf: »Tod auf Rezept«, in: Bild v. 21.6.1962; »Der Staat zahlt keine Rente für Contergan-Kinder«, in: Bild v. 18.7.1962; »Welt-Wirbel um Pillen! Angst-Welle nach dem Contergan-Schock«, in: Bild v. 10.8.1962; Helmut Renke: »Contergan-Werk mitschuldig?«, in: Bild v. 21.8.1962; Dietrich Beyersdorf: »Contergan: Der Staat hat versagt«, in: Bild v. 25.8.1962; »Contergan: Keine Hilfe!«, in: Bild v. 30.8.1962; Gerhard Mauz: »Schuldig ist der Staat nicht – aber er macht es sich doch leicht«, in: Die Welt v. 31.8.1962; Dieter Schröder: »Contergan vor dem Staatsanwalt«, in: SZ v. 1./2.9.1962; »Völlig falsch«, in: Bild v. 2.9.1962; Friedrich Deich: »Arzneimittel-Dämmerung«, in: SZ v. 6.9.1962; »Bonn: Alles getan. Contergan-Opfer wissen es anders«, in: Bild v. 6.9.1962; »Contergan-Babys in der ganzen Welt«, in: Bild v. 12.9.1962; Wolfgang Cyran: »Die Contergan-Tragödie«, in: Frankfurter Allgemeine Zeitung (FAZ) v. 12.9.1962; Joachim Neander: »Ein Mann nahm 1.000 Contergan-Tabletten«, in: Bild v. 18.9.1962; »Welt-Appell der

währungsprobe einer ganzen Nation, die zwangsweise zur Verantwortung gerufen war«, interpretieren.[113] Wenn hingegen, wie etwa bei Kindern mit Cerebralparesen, sowohl das mediale Interesse als auch dieses moralische Kapital fehlten, mussten Eltern und Betroffene Sozialleistungen hart erkämpfen und waren dabei häufig erfolglos. Erst um 1970 rückten infolge von Übertragseffekten des Contergankomplexes auch Kinder mit Behinderungen anderer Art und Ursache in den Blick der Politik und der Medien.[114]

Etwa zeitgleich war im Behinderungsdiskurs häufiger die Aussage anzutreffen, dass Staat und Gesellschaft eine Verantwortung für alle Menschen mit Behinderungen trugen, gleichgültig, worauf diese Behinderungen zurückzuführen waren.[115] Zuvor hatten Ministerialbürokratien und Sozialleistungsträger Rehabilitation und Hilfen für Behinderte vor allem als Gemeinschaftsaufgabe im Sinne des sozialstaatlichen Subsidiaritätsprinzips verstanden.[116] Es war demnach vor allem um die finanzielle Verantwortung der Steuerzahlerinnen und Steuerzahler, um die Mithilfe der pflegenden und betreuenden Angehörigen und um die Bereitschaft der Arbeitgeber gegangen, Menschen mit Behinderungen Arbeitsplätze anzubieten.[117]

Ärzte: Prüft die Arzneien«, in: Bild v. 19.9.1962; »Durch Contergan geschädigt«, in: Der Spiegel v. 26.9.1962; »Es gibt keine Wunderpillen!«, in: Bild v. 26.9.1962.

113 | Astrid Kolter: »Die Behinderung selbst erlebt«, in: Fritz Uwe Niethard/Ernst Marquardt/Jürgen Eltze (Hg.): Contergan – 30 Jahre danach, Stuttgart 1994, S. 5-8, hier S. 6.

114 | Vgl. R. Krais: »Zehn Jahre Elternarbeit in der Rehabilitation spastisch gelähmter Kinder in der Bundesrepublik«, in: Das behinderte Kind 6 (1969), H. 6, S. 224-231, hier S. 228-230.

115 | Vgl. als Beispiele M. Hofrichter: Bedeutung (1961), S. 146; Th. Schober: Aspekte (1967), S. 297; Valentin Siebrecht: »Erste Plenarsitzung. Eröffnung«, in: Jochheim, Kurt-Alphons/Moleski-Müller, Marlis/Siebrecht, Valentin (Hg.): Wege zur Chancengleichheit der Behinderten. Bericht über den 25. Kongress der DeVg e.V. in Bad Wiessee, 10.-12.10.1973, Heidelberg 1974, S. 3-6, hier S. 5.

116 | Vgl. prägnant Denkschrift der Arbeitsgemeinschaft der Deutschen Hauptfürsorgestellen zur Neufassung des SBG, Juli 1950, NRWHStA NW 50 1073; Pressemeldung des bayer. Staatsministeriums für Arbeit und soziale Fürsorge 83/66: Kriegsopferversorgung – ein Auftrag an die Volksgemeinschaft, 23.9.1966, BHStA MArb 2815.

117 | Vgl. z.B. Arbeit statt Almosen. Versehrtenfürsorge des evangelischen Hilfswerks, Hauptbüro Bayern und des Landesvereins für Innere Mission Nürnberg, 1948, Bayerisches Wirtschaftsarchiv (BWA) K1 IHK (Industrie- und Handelskammer) München/Oberbayern XXIII 266, Akt 2; Denkschrift der Arbeitsgemeinschaft der Deutschen Hauptfürsorgestellen zur Neufassung des SBG, Juli 1950, NRWHStA NW 50 1073; Konrad Krieger: Arbeit für den Schwerbeschädigten, 1951, Zentrum Bayern Familie und Soziales, Fotosammlung, Ordner: Manuskripte zur Denkschrift »Drei Jahrzehnte Schwerbeschädigtenfürsorge in Bayern«; Pressemeldung des bayer. Staatsministeriums für Arbeit und soziale Fürsorge 83/66: Kriegsopferversorgung – ein Auftrag an die Volksgemeinschaft, 23.9.1966, BHStA MArb 2815.

In der zweiten Hälfte der 1960er Jahre setzte sich jedoch die Auffassung durch, dass die gesamte Gesellschaft an der Qualität der Hilfen für Menschen mit Behinderungen gemessen werden könne. Vor allem Vertreter der Sozialdemokratie und der Gewerkschaften erhoben die Rehabilitation zu einer kulturellen Leistung.[118] Allmählich verbreitete sich die Vorstellung, dass die rehabilitative Aufgabe der Gesellschaft darin lag, mit Offenheit auf Menschen mit Behinderungen zuzugehen, statt nur finanziell für die Rehabilitationsmaßnahmen aufzukommen. Kompromisslos zur Aufgabe der Gesellschaft erklärte schließlich der seit 1969 amtierende sozialdemokratische Bundesarbeitsminister Walter Arendt die Eingliederung der Menschen mit Behinderungen.[119] Behindertenpolitik sollte nun Gesellschaftspolitik sein und dem gesellschaftlichen Wandel dienen.[120]

Obwohl es zunächst paradox erscheinen mag, erlebten Kosten-Nutzen-Rechnungen, wie sie seit den Anfängen der sogenannten Krüppelfürsorge bekannt waren,[121] in der Amtszeit der sozialliberalen Koalition eine erneute Konjunktur. Die von der weltweiten Ölpreiskrise eingeleitete Rezession 1973/74 und das Sparprogramm der zum Krisenmanagement gezwungenen Regierung Helmut Schmidts engten die soeben noch von Reformeifer und Boomvorstellungen geprägte Behindertenpolitik stark ein. Sozialausgaben wollten gut legitimiert sein.[122]

---

118 | Vgl. »MdB Eugen Glombig zum 3. Welttag der Invaliden«, in: Die Praxis 15 (1962), H. 4, S. 146-155, hier S. 148; E. Glombig: Rehabilitation (1964), S. 18; DBG-Bundesvorstand Abt. berufliche Bildung, Landesbezirk NRW, Siegfried Oliver Lübke: Behinderte – von unserer Gesellschaft vergessen?, November 1974, AdsD/DGB-Archiv DGB-Bundesvorstand Abt. Berufliche Bildung 24/7694.

119 | W. Arendt: Behinderte (1972), S. 165-166.

120 | Vgl. BAR, 5. Mitgliederversammlung der BAR am 4.12.1973, Referat v. Heinz Westphal: Aktuelle Fragen der Rehabilitation Behinderter, BArch B 189 9461; W. Arendt: Sozialpolitik (1972), S. 10; W. Rudloff: Sozialstaat (2003), S. 186.

121 | Vgl. Konrad Biesalski: Grundriss der Krüppelfürsorge, 3. Aufl. Leipzig 1926, S. 110; Konrad Biesalski: »Wie ist die kulturelle Tragweite der Kriegsbeschädigtenfürsorge zu bewerten?«, in: Würtz, Hans: Der Wille siegt! Bd. 1: Lebensschicksale neuertüchtigter Kriegsinvaliden, 3. Aufl. Berlin 1916, S. 49; Gertrud Mertin: Die Berufsberatung in der Krüppelfürsorge und ihre volkswirtschaftliche Bedeutung, Univ. Diss. Freiburg i.Br. 1928, S. 11-12; W. v. Baumer: Kriegsinvalidenfürsorge (1916), S. 5; Maria Schrey: »Die deutsche Industrie und die Kriegsbeschädigtenfürsorge«, in: Zeitschrift für Krüppelfürsorge 9 (1916), H. 6, S. 241-251, hier S. 241; Staatsminister v. Hertling, Entwurf der Eröffnungsrede für die Ausstellung der bayer. Kriegsbeschädigtenfürsorge im Münchener Arbeitermuseum 1915, BHStA MH 16143; Regina Mentner: »›Vom Almosenempfänger zum Steuerzahler‹. Von der Krüppelanstalt zur Rehabilitationseinrichtung. Aus der Geschichte der ersten 50 Jahre der Evangelischen Stiftung Volmarstein«, in: Evangelische Stiftung Volmarstein (Hg.): 100 Jahre Evangelische Stiftung Volmarstein. Entschieden für das Leben, Volmarstein 2004, S. 37-252, hier S. 44.

122 | Dies beobachtete und kommentierte der Soziologe Friedrich Gärtner:

Die Sprachregelungen mochten sich zwischen den 1950er und 1970er Jahren ändern, das Kernargument blieb im Wesentlichen dasselbe: Die Kosten der Rehabilitation belasteten die Volkswirtschaft weniger als dauerhafte Renten- oder Fürsorgezahlungen, die rehabilitierten Personen schufen Werte, statt von öffentlichen Geldern abhängig zu sein. Ihre Produktivität bedeutete einen volkswirtschaftlichen Gewinn.[123] Ausdrücklich hieß dies 1948 »Arbeit statt Almosen« und 1974 »Rehabilitation schafft Werte«. 1951 verlautete aus der bayerischen Versorgungsverwaltung: »Neben dem Recht des Beschädigten an die Allgemeinheit gibt es auch ein Recht der Allgemeinheit an den Beschädigten.«[124] Aus dem für die erste Jahrhunderthälfte charakteristischen Schlagwort »Steuerzahler statt Almosenempfänger« wurde im Kontext der Rentenreform von 1957 das Credo »Rehabilitation vor Rente«.

Diese Logik wird angesichts der Kostenentwicklung des Sozialstaats deutlich: Angesichts der seit den frühen 1950er Jahren rapide steigenden Sozialleistungsquoten im expandierenden Sozialstaat erschien die Rehabilitation im Sinne einer Hilfe zur Selbsthilfe ökonomisch interessant. Ließ sich die Zahl derjenigen, die dauerhaft Renten der Sozialversicherung und Kriegsopferversorgung oder Unterhaltsleistungen der öffentlichen Fürsorge erhielten, langfristig senken, würden Sozialprodukt und Steuer- und Beitragsvolumen wachsen. Somit schien die (Wieder-)Eingliederung von Men-

»Rehabilitationspolitik in der Bundesrepublik Deutschland – ein Überblick«, in: Runde, Peter/Heinze, Rolf B. (Hg.): Chancengleichheit für Behinderte. Sozialwissenschaftliche Analysen für die Praxis, Neuwied/Darmstadt 1979, S. 65-81, hier S. 79.

123 | Vgl. BMA Abt. Ic, Denkschrift: Rehabilitation als soziale Leistung. Stand und Aufgaben der Rehabilitation in der BRD, 1953, BArch B 149 1294; BMA Abt. IIa8, Protokoll der 2. Arbeitstagung des Deutschen Ausschusses für die Eingliederung Behinderter in Arbeit, Beruf und Gesellschaft am 13./14.6.1961, Referat v. Adalbert Seifriz: Die Rehabilitation als Schlüssel zum Dauerarbeitsplatz, 15.9.1961, BArch B 149 6457; M. Hofrichter: Bedeutung (1961), S. 146.

124 | Die drei Zitate in: Arbeit statt Almosen. Versehrtenfürsorge des evangelischen Hilfswerks, Hauptbüro Bayern, und des Landesvereins für Innere Mission Nürnberg, 1948, BWA K1 IHK München/Oberbayern XXIII 266, Akt 2; V. Siebrecht/R. Wohlleben: Wege, Teil 1 (1974), S. 42; Konrad Krieger: Arbeit für den Schwerbeschädigten, 1951, Zentrum Bayern Familie und Soziales, Fotosammlung, Ordner: Manuskripte zur Denkschrift »Drei Jahrzehnte Schwerbeschädigtenfürsorge in Bayern«; außerdem z.B. Vgl. Presse- und Informationsamt der Bundesregierung (Hg.): Jahresbericht der Bundesregierung 1967, Bonn 1968, S. 234; Presse- und Informationsamt der Bundesregierung (Hg.): Jahresbericht der Bundesregierung 1968, Bonn 1969, S. 285; Wolfgang Cyran: »Die Wiedereingliederung Versehrter in den Arbeitsprozess«, in: FAZ v. 5.1.1960; »Auch der Staat hat seine Pflichten«, in: Sozialer Fortschritt 19 (1970), H. 7, S. 149; E. Gögler: Unfall (1971), S. 947-948; Winfried Krause: »Zur ›Arbeits- und Berufsförderung Behinderter‹ – aus der Sicht des Praktikers«, in: Arbeit, Beruf und Arbeitslosenhilfe – Das Arbeitsamt 25 (1974), H. 1, S. 8-9, hier S. 9; A. Rander: »Sozialökonomische Aspekte der Rehabilitation«, in: Die Rehabilitation 14 (1975), H. 1, S. 42-50, hier S. 42, 49.

schen mit Behinderung in den Arbeitsmarkt geeignet, die wirtschaftliche Expansion der Bundesrepublik in ihrer Erholungs- und Aufholphase zu fördern.[125]

Um 1960 führte das als »Wirtschaftswunder« beschriebene enorme Wirtschaftswachstum der Bundesrepublik nicht nur zur sogenannten Vollbeschäftigung, sondern rasch auch zu einem Mangel an Fachkräften. Angesichts des »leergefegten Arbeitsmarkts« hielten es insbesondere Praktiker aus der Arbeitsverwaltung für inakzeptabel, eine »Reserve« von Arbeitskräften brachliegen zu lassen. Vertreter des Bundesarbeitsministeriums, der Bundesanstalt für Arbeit und ihrer Dienststellen, denen der Gesetzgeber bereits 1957 einen Rehabilitationsauftrag auferlegt hatte, interpretierten daher die Rehabilitation als Teil ihrer Arbeitsmarktpolitik.[126]

---

125 | Vgl. BMA Abt. Ic, Denkschrift: Rehabilitation als soziale Leistung. Stand und Aufgaben der Rehabilitation in der BRD, 1953, BArch B 149 1294; W. Rudloff: Rehabilitation, Bd. 4 (2007), S. 466; Werner Abelshauser: »Arbeit, Für- und Vorsorge«, in: Schildt, Axel/Sywottek, Arnold (Hg.): Modernisierung im Wiederaufbau. Die westdeutsche Gesellschaft der 50er Jahre, akt. Ausgabe Bonn 1998, 203-206, hier S. 203; Manfred G. Schmidt: Sozialpolitik in Deutschland. Historische Entwicklung und internationaler Vergleich. 2., überarbeitete und erweiterte Aufl. Opladen 1998, S. 80; Hans Nootbaar: »Sozialarbeit und Sozialpädagogik in der Bundesrepublik 1949-1962«, in: Landwehr, Rolf/Baron, Rüdeger (Hg.): Geschichte der Sozialen Arbeit. Hauptlinien ihrer Entwicklung im 19. und 20. Jahrhundert, 3. korr. Aufl. Weinheim/Basel 1995, S. 251-299, hier S. 260-262; Jens Alber: Der Sozialstaat in der Bundesrepublik 1950-1983, Frankfurt a.M./New York 1989, S. 234-235; H.-W. Schmuhl: Arbeitsmarktpolitik (2003), S. 346, 402; Günther Schmid/Frank Oschmiansky: »Arbeitsmarktpolitik und Arbeitslosenversicherung«, in: Bundesministerium für Arbeit und Sozialordnung/Bundesarchiv (Hg.): Geschichte der Sozialpolitik in Deutschland seit 1945. Bd. 4: 1957-1966 Bundesrepublik Deutschland. Sozialpolitik im Zeichen des erreichten Wohlstandes. Bandhg.: Ruck, Michael/Boldorf, Marcel, Baden-Baden 2007, S. 235-184, hier S. 246-250.

126 | Die Zitate in BMA Abt. IIa8, Protokoll der 2. Arbeitstagung des Deutschen Ausschusses für die Eingliederung Behinderter in Arbeit, Beruf und Gesellschaft am 13./14.6.1961, Referat v. Adalbert Seifriz: Die Rehabilitation als Schlüssel zum Dauerarbeitsplatz, 15.9.1961, BArch B 149 6457 und Walter Löchner: »Erschließung von Leistungsreserven durch das Berufsförderungswerk Heidelberg«, in: Arbeit, Beruf und Arbeitslosenhilfe – Das Arbeitsamt 11 (1960), H. 8, S. 174-175, hier S. 174. Vgl. auch Präsident des LAA Südbayern, Rundverfügung 4/58 an Direktoren der AÄ, 6.2.1958, StAM AÄ 696; LAA Südbayern, Ergebnisniederschrift über die Arbeitskreisbesprechung beim LAA Südbayern zur Durchführung von Rehabilitationsmaßnahmen am 16.9.1957, 18.9.57, StAM LAA Südbayern 5108; Theodor Scharmann: »Die Eingliederung und Wiedereingliederung der Behinderten. Eine vergleichende Betrachtung«, in: BArbl. 8 (1957), H. 19, S. 627-638, hier S. 632, 637; LAA Südbayern, Niederschrift über die Besprechung beim LAA Südbayern zur Durchführung von Rehabilitationsmaßnahmen am 23.9.1957, StAM LAA Südbayern 5108.

So brachte der Direktor des Landesarbeitsamts Baden-Württemberg 1963 vor:

»Wir können es uns einfach nicht leisten, Menschen, sei es für die Dauer oder auch nur zu lange dem Arbeitsmarkt vorzuenthalten. Wir sind gezwungen, jedes Quäntchen Arbeitskraft möglichst rasch wieder dem Arbeits- und Produktionsprozess zuzuführen. Bei den Rehabilitanden handelt es sich nicht um einen kleinen und engen Kreis. Dieser Kreis ist viel größer, als wir überhaupt ahnen. Hier wächst allmählich eine Armee von Menschen heran aus Verkehrsunfällen, aus Betriebsunfällen, aus modernen Krankheiten usw. Können wir diese wachsende Armee dem Arbeitsprozess vorenthalten? Müssen wir nicht um der Wirtschaft willen, um ihrer Funktionsfähigkeit willen jedes Quäntchen Arbeitskraft nützen und aktivieren?«[127]

Kosten-Nutzen-Argumente gingen dabei häufig mit humanitären Begründungen einher. In der Regel demonstrierten Fallbeispiele, dass die Rehabilitation im Sinne einer Erwerbsbefähigung insofern nicht nur ökonomisch richtig, sondern auch menschlich geboten sei. So berichteten insbesondere Experten aus Medizin und Arbeitsverwaltung in Fachpublikationen, aber auch in den Medien, wie sie Menschen – in einem Fall sogar diffamierend als »Sozialmumie« beschrieben – vor einem unproduktiven, unglücklichen Leben im Abseits gerettet hätten.[128]

Den durch die Folgen einer Kinderlähmung an beiden Beinen gelähmten Walter B., so ein entsprechender Beitrag im Jahrbuch der DeVg von 1963, hätten Beamte des Landesarbeitsamts Nordrhein-Westfalen in der Korbmacherei einer Heil- und Pflegeanstalt »buchstäblich ›ausgegraben‹«. Nach einer Ausbildung an der Drehbank sei er in einen Industriebetrieb vermittelt worden, aus der Anstalt ausgezogen und fahre sogar einen PKW:

»Aus einem Menschen, der glaubte, sein Leben in einer Anstalt verbringen zu müssen und deshalb resignierte, ist ein vollwertiges Mitglied der Gesellschaft geworden. [...] Er steht mitten im Leben, kostet den Staat nicht einige Hunderttausend Mark, sondern ernährt sich selbst, zahlt Beiträge zur Sozialversicherung und Steuern. Er ist beruflich, gesellschaftlich und sozial-fürsorgerisch im wahrsten Sinne des Wortes rehabilitiert.«[129]

---

127 | DV e.V., Bericht des Ständigen Ausschusses für gemeinsame Fragen der Arbeitsverwaltung und Fürsorge über die Sitzung am 30./31.5.1963, Referat: Berufliche Rehabilitation unter dem Gesichtspunkt der Arbeitsmarkt- und Wirtschaftspolitik, BArch B 106 10774.

128 | Das Zitat in W. Cyran: Wiedereingliederung (1960); vgl. als Beispiel auch Albert Cremers: »Zur Berufsfürsorge für Schwerbeschädigte«, in: Das Arbeitsamt 6 (1955), H. 4, S. 93-94, hier S. 94.

129 | Ph. Leve: Erfahrungen (1963), S. 63.

Derlei Kosten-Nutzen-Argumente seien nötig, gab der Vorsitzende des Deutschen Vereins für öffentliche und private Fürsorge, Hans Muthesius, 1960 zu verstehen: Experten glaubten vielleicht auch an das Nichtmessbare, außerhalb der informierten Kreise gebe es aber viele, die nur dann die Rehabilitation befürworteten, wenn man ihnen messbare Argumente vorlegte.[130] Vorsichtiger präsentierte ein Ministerialdirektor vom Bundesministerium für Arbeit und Sozialordnung, Jakob Käfferbitz, 1964 sein Kostenargument: Er frage sich, ob es denn richtig sei, den »Gedanken des Ökonomischen« in die Rehabilitation hineinzutragen, selbst wenn die Rehabilitationsrechnung ein »Minus« enthalte? Man wolle doch in erster Linie den Menschen helfen: »Und selbst auf die Gefahr hin, dass es ein Passivgeschäft wird, müssen wir es doch auch tun, oder sehe ich das schief?«[131]

Obwohl auch sie betonten, dass das fiskalische Argument bei der Rehabilitation nicht im Vordergrund stehen dürfe, präsentierten 1973 Valentin Siebrecht, ein Volkswirtschaftler und 1957 bis 1972 Direktor des Landesarbeitsamts Südbayern, und Reinhard Wohlleben von der Bundesanstalt für Arbeit in ihrem Bericht über den Rehabilitationskongress der DeVg eine Rechnung. Im Berufsförderungswerk Heidelberg beliefen sich die Gesamtkosten für die berufliche Rehabilitation einer Person im Jahr 1971 auf etwa 18.000 DM. Verlief die Maßnahme erfolgreich, hatte die öffentliche Hand damit Einsparungen von 166.000 DM zu erwarten. Der Zuwachs des Bruttosozialprodukts bei 20-jähriger Berufstätigkeit wiederum wurde auf 450.000 DM geschätzt: »Sozialpolitisches Handeln – und dies muss festgehalten werden – finanziert sich hier letztlich selbst und schafft überdies volkswirtschaftliche Werte.«[132]

Ob solche Rechnungen langfristig tatsächlich aufgingen, zumal die Beschäftigungsquoten von Menschen mit Behinderungen seit den 1980er Jahren merklich fielen und der Ausbau des Rehabilitationssektors einen großen finanziellen Mehraufwand für Bund, Länder und Kommunen brachte, ist bislang nicht empirisch überprüft worden. Zweifellos nahmen arbeitsmarkt- und finanzpolitische Argumente bedeutsame Rollen im Rehabilitationsdiskurs ein und bildeten so auch wichtige Determinanten für das behindertenpolitische Agieren des Staats. Doch war das Ökonomische nicht die einzige oder auch nur die wichtigste Motivation der Behindertenpolitik.[133]

130 | Vgl. H. Muthesius: Prävention (1960), S. 719.

131 | BMA, Tonbandwiedergabe der 3. Tagung des Deutschen Ausschusses für die Eingliederung Behinderter in Arbeit, Beruf und Gesellschaft am 30.6./1.7.1964, BArch B 149 6459. Ähnlich vorsichtig mit Rentabilitätsberechnungen auch Dieter Schewe: »Unterschiede in der Rehabilitation behinderter Personen«, in: BArbl. 10 (1959), H. 13, S. 416-418, hier S. 418; Dr. Jakob Käfferbitz (1904-1980), 1955-1961 Präsident des LAA NRW, 1961-1969 Abteilungsleiter im BMA.

132 | V. Siebrecht/R. Wohlleben: Wege, Teil 1 (1974), S. 42.

133 | Dies widerspricht der älteren Interpretation von A. Haaser: Entwicklungslinien (1975), S. 209; U. Schildmann: Funktion (1977), S. 30-35; W. Jantzen: Sozialisation (1974), S. 70-75; W. Fandrey: Krüppel (1990), S. 198-199.

Die skizzierten Deutungskonflikte und der Wandel des Rehabilitationsverständnisses standen nicht zuletzt im Kontext einer allgemeinen Werteneuordnung in der Gesellschaft, die von kollektiver Wohlstandserfahrung und wachsender politischer und sozialer Sensibilisierung geprägt war. Im Lauf der 1960er Jahre wurden die traditionellen bürgerlichen Werte Leistung, Aufgabenerfüllung und Produktivität dadurch relativiert, dass neue Aspekte im Wertesystem an Relevanz gewannen: Lebensgenuss, Freiheitlichkeit, Individualisierung, Selbstbestimmung und die Pluralisierung von Lebensentwürfen.[134] Politiker, Experten und Medien, die sich nun immer häufiger die Frage stellten, welchen Platz Menschen mit Behinderungen in der Gesellschaft einnehmen sollten, forderten zunehmend, dass auch Menschen mit Behinderungen an diesen Aspekten teilhaben sollten. Zudem setzte die Prosperitätserfahrung in der Gesellschaft neue Energien frei, sich auch mit den nicht materiellen Benachteiligungen anderer Menschen zu befassen.[135]

Die seit den 1960er Jahren feststellbaren Verschiebungen im Diskurs und die neuen Konflikte um Deutungsmacht sind auch wesentlich darauf zurückzuführen, dass die Sprecherpositionen neu verteilt wurden. Zunächst durchbrachen weitere medizinische Disziplinen die hegemoniale Stellung der Orthopäden. Auch den etablierten, teils sogar akademisch ausgebildeten Experten aus der Theologie, Volkswirtschaft, Sozialpädagogik und Sozialarbeit gegenüber ließ sich die ärztliche Monopolstellung immer schwerer behaupten.[136]

---

134 | Vgl. Ulrich Herbert: »Liberalisierung als Lernprozess. Die Bundesrepublik in der deutschen Geschichte – eine Skizze«, in: Herbert, Ulrich (Hg.): Wandlungsprozesse in Westdeutschland. Belastung, Integration, Liberalisierung 1945-1980, Göttingen 2002, S. 7-49, hier S. 31, 41; Andreas Rödder: Die Bundesrepublik Deutschland 1969-1990, München 2004, S. 29; Detlef Siegfried: Time Is on My Side. Konsum und Politik in der westdeutschen Jugendkultur der 60er Jahre, Göttingen 2006, S. 51-53; 56-58; Hans Günter Hockerts: »Vom Problemlöser zum Problemerzeuger? Der Sozialstaat im 20. Jahrhundert«, in: Archiv für Sozialgeschichte 47 (2007), S. 3-29, hier S. 11; Knut Hickethier: »Protestkultur und alternative Lebensformen«, in: Faulstich, Werner (Hg.): Die Kultur der sechziger Jahre, München 2003, S. 12-30, hier S. 27-29; als Quelle vgl. »Auf dem Weg zur Freizeitgesellschaft?«, in: Noelle-Neumann, Elisabeth/Köcher, Renate (Hg.): Allensbacher Jahrbuch der Demoskopie 1993-1997. Bd. 10, München 1997, S. 122-123; »Auf dem Weg zur hedonistischen Gesellschaft?«, in: Dies. (Hg.): Allensbacher Jahrbuch der Demoskopie 1993-1997. Bd. 10. Hg. v. Noelle-Neumann, Elisabeth/Köcher, Renate, München 1997, S. 124-125.

135 | Vgl. W. Rudloff: Schatten (2002), S. 347.

136 | Vgl. dazu »Einführungsreferate und Ergebnisberichte der Arbeitsgruppen 1-5 der Arbeitstagung der DeVg e.V.«, in: Jahrbuch der Fürsorge für Körperbehinderte (1957), S. 2-43; sowie die Teilnehmerlisten und Programme der DeVg-Kongresse und Tagungen, publiziert im Jahrbuch der Fürsorge für Körperbehinderte, Jahrgänge ab 1962; Thomann, Klaus-Dieter/Jochheim, Kurt-Alphons: »Rehabilitation und Selbstbestimmung von Menschen mit Behinderungen in Deutschland – ge-

Vertreterinnen und Vertreter der sich im Lauf der 1960er Jahre professionalisierenden nichtärztlichen medizinischen Berufe, deren Arbeit bisher als untergeordnete Neben- und Hilfstätigkeiten bewertet worden war, drangen ebenfalls darauf, sich am Fachdiskurs zu beteiligen.[137] Im Zuge der Sozialstaatsexpansion um 1960 wuchs der Rehabilitationsapparat, und seine Beschäftigtenzahlen stiegen. Die Ausdifferenzierung der Rehabilitation schuf neue Berufsfelder. Ein vom bayerischen Staatsministerium für Arbeit und Sozialordnung 1973 zusammengestelltes, wahrscheinlich unvollständiges »Verzeichnis über das Fachpersonal in den verschiedenen Aufgabenbereichen der Rehabilitation und Behindertenhilfe« listete bereits 38 Berufe auf, die ganz oder teilweise der Arbeit mit oder den Hilfen für Menschen mit Behinderungen zugeordnet werden konnten.[138] Beschäftigungs- oder Musiktherapeutinnen und -therapeuten, Gymnastiklehrerinnen und -lehrer, Heilerzieherinnen und -erzieher und Kindergärtnerinnen wollten sich oft nicht mehr nur auf der Umsetzungsebene engagieren. Umgekehrt tendierten auch die Ministerien sowie die mit Behinderung befassten parlamentarischen Ausschüsse und Dienststellen der Sozial- und Arbeitsverwaltung mehr als je zuvor dazu, Praktiker verschiedener Berufe vor Ort zu befragen oder einzuladen, anstatt nur im engeren Sinne wissenschaftlich generierten Sachverstand abzufragen.[139] Ablesen lässt sich dieser neue Zugang beispiel-

---

stern und heute«, in: Deutsche Vereinigung für die Rehabilitation Behinderter e.V. (Hg.): Selbstbestimmung in der Rehabilitation. Chancen und Grenzen. 33. Kongress der Deutsche Vereinigung für die Rehabilitation Behinderter e. V., 13.-15.10.1999 in Berlin, Ulm 2000, S. 27-42, hier S. 42; Orth. Klinik König-Ludwig-Haus, Würzburg, August Rütt, Bericht an Bundesministerium für Gesundheit (BMGes), 8.3.1968, BArch B 189/20890; F. J. Scholz/E. Stoephasius: Teamarbeit (1974), S. 251; V. Paeslak: Stellung (1969), S. 293-294.

137 | Vgl. zur bisherigen Abwertung F. J. Scholz/E. Stoephasius: Teamarbeit (1974), S. 251; V. Paeslak: Stellung (1969), S. 293-294; am historischen Beispiel der Heilgymnastik und des Bandagistenhandwerks vgl. Doris Schwarzmann-Schafhauser: Orthopädie im Wandel. Die Herausbildung von Disziplin und Berufsstand in Bund und Kaiserreich (1815-1914), Stuttgart 2004, S. 203-205, 212-215.

138 | Vgl. Bayer. Staatsministerium für Arbeit und Sozialordnung, Verzeichnis über das Fachpersonal in den verschiedenen Aufgabenbereichen der Rehabilitation und Behindertenhilfe, Stand 1.3.1973, BHStA MArb 3087; Bayerische Sozialpolitik 1974. Hg. v. bayer. Sozialministerium für Arbeit und Sozialordnung, München 1974, S. 171.

139 | Vgl. u.a. BT, 2. WP, 29. Ausschuss, Kurzprotokoll über die Studienreise einer Unterkommission des 29. Ausschusses für Kriegsopfer- und Heimkehrerfragen v. 29.-30.6.1955 nach Bad Pyrmont und Gelsenkirchen, BArch B 106 10674; BT, 3. WP, Kurzprotokoll der gemeinsamen Sitzung des Ausschusses für Kriegsopfer- und Heimkehrerfragen, des Ausschusses für Sozialpolitik und des Ausschusses für Gesundheitswesen, Stenografischer Bericht über die Entgegennahme der Erfahrungsberichte über die Reisen zum Studium der Rehabilitation in den USA, Kanada, England und Süddeutschland, 26.1.1961, BArch N 1219 519; »Berufshilfe für Schwerbeschädigte. Ein Tagungsbericht«, in: Arbeitsamt 1 (1950), H. 11, S. 343-344; Erhard

haft an der Entwicklung der Beschäftigungstherapie. Hier entstand durch internationalen Methodentransfer ein neues Berufsfeld, das mit der als Missbrauch betrachteten Arbeitstherapie der ersten Jahrhunderthälfte nur noch wenig gemeinsam hatte. Innerhalb der Rehabilitation der Bundesrepublik kam es der Beschäftigungstherapie nun zu, Menschen zur Selbsthilfe im täglichen Leben anzuleiten und so die berufliche Rehabilitation vorzubereiten. Ihre Bedeutung in der Rehabilitationspraxis wuchs. Insbesondere im Kontext des Conterganskomplexes begannen Beschäftigungstherapeuten und -therapeutinnen, sich am Rehabilitationsdiskurs zu beteiligen und die wissenschaftlichen Fachjournale für sich zu nutzten.[140]

Im Zuge der gesamtgesellschaftlichen Mobilisierung beteiligte sich um die Wende zu den 1970er Jahren eine Generation von Praktikern am Diskurs über Behinderung, die sich explizit als kritisch verstand. Indem sie sich selbst intensiv hinterfragten, befreiten sich viele Angehörige der Rehabilitationsberufe von traditionellen Bildern der angepassten und anzupassenden Menschen mit Behinderung. Sie wollten Menschen mit Behinderungen Emanzipationsprozesse ermöglichen und die Bevormundung durch die belehrende und betreuende Gruppe der Experten und Rehabilitations-

---

Steininger: »Arbeitsamtsärzte besuchen die Stiftung Rehabilitation in Heidelberg. Ein Bericht«, in: Arbeit, Beruf und Arbeitslosenhilfe – Das Arbeitsamt 24 (1973), H. 9, S. 290-292.

140 | Vgl. DeVg, Arbeitsausschuss Arbeits- und Berufsförderung, Begriffsbestimmung für die berufliche Rehabilitation, 1964, BArch B 149 6432; Landeskrankenanstalt Bad Pyrmont, Verwaltungsdirektor, Bericht über die zur Besichtigung der englischen Rehabilitation Centres durchgeführte Reise durch England [o.D.], BArch B 1949 1726; Gerda Huchthausen: »Der Beschäftigungs- und Arbeitstherapeut«, in: Die Rehabilitation 8 (1969), H. 4, S. 216-220, hier S. 216; Ursula Dietrich: »Erfahrungen einer Kindergärtnerin mit Dysmeliekindern«, in: Die Rehabilitation 7 (1968), H. 4, S. 196-198, hier S. 197; Günter Jentschura: »Gedanken zum Problem der Beschäftigungstherapie und Arbeitstherapie«, in: Die Rehabilitation 8 (1969), H. 4, S. 220-224, hier S. 221-224; V. Siebrecht: Plenarsitzung (1974), S. 5; Ilse Naumann: »Beschäftigungstherapie als medizinisch-psychosoziale Aufgabe. Jahresfortbildung des Verbands der Beschäftigungstherapeuten (Ergotherapeuten) der BRD e.V., 10.-12.3.1975 in Berlin«, in: Die Rehabilitation 14 (1975), H. 3, S. 196-197; Beatrix Hammacher/Gerda Vollradt/Christel Roth: »Das gliedmaßengeschädigte Kind. Krankengymnastische Behandlung und Prothesenversorgung unter Berücksichtigung pädagogischer Gesichtspunkte«, in: Die Rehabilitation 10 (1971), H.1, S. 40-51; Kurt-Alphons Jochheim/Margret Koch: »Zum Problem des Ausbaus von Rehabilitationseinrichtungen im Gegliederten System der gesundheitlichen und sozialen Sicherung«, in: Die Rehabilitation 13 (1974), H. 1, S. 1-8, hier S. 7. Seit 1961 gab der Verband staatlich anerkannter Beschäftigungstherapeuten in der Bundesrepublik e.V. auch eine eigene wissenschaftliche Zeitschrift »Beschäftigungstherapie & Rehabilitation« heraus. Vgl. auch Manfred Marquardt: Die Geschichte der Ergotherapie 1954-2004, Idstein 2004, S. 67-68, 78.

fachkräfte abbauen.[141] Ausgangspunkt ihrer Kritik war oft die herrschaftssoziologische These von der sozialen Disziplinierung und Entmündigung des Menschen durch die ihn betreuenden Eliten, die der soziale Dienstleistungsstaat hervorgebracht hatte.[142] Experten aus der Praxis fragten sich immer häufiger, ob sie das ›Problem Behinderung‹, das sie bearbeiten sollten, nicht selbst geschaffen hatten. Infolgedessen erlebten die Rehabilitationsberufe eine innere Polarisierung und ein Nebeneinander und Gegeneinander radikaler Reformversuche der Basis und subtilerer Reformreaktionen des administrativen Bereichs.[143] Diese Dynamiken warten allerdings ebenso auf eine tiefer gehende historische Untersuchung wie die Wechselwirkungen zwischen den kritischen Fachkräften und der entstehenden Behindertenbewegung. Ideelle Verbindungen zwischen beiden Strömungen und den von Teilen der Studentenbewegung initiierten Kampagnen gegen die geschlossene Jugendfürsorge sowie der Antipsychiatriebewegung deuten sich aber bereits an.[144]

Menschen, die mit Behinderungen lebten, hatten zu diesem Zeitpunkt noch wenig Zugang zu den definitionsmächtigen Sphären, die vorgaben, was Behinderung war und wie Staat und Gesellschaft damit zu verfahren hatten. Partizipatorische Elemente und die Steuerungskompetenzen der Klientel der Behindertenpolitik waren gering. Selten gelang am Quellenmaterial der Nachweis, dass Menschen mit Behinderungen versuchten, die Formierung von Behinderungsbegriffen und die damit einhergehende Kategorisierungen, die für sie selbst zumindest in sozialrechtlicher Hinsicht

141 | Vgl. A. Kolter: Behinderung (1994), S. 5-8; W. Rudloff: Sozialstaat (2003), S. 190, 213; Günter André: SozialAmt: historisch-systematische Einführung in seine Entwicklung, Weinheim/Basel 1994, S. 13; Andrea Buch/Birgit Heinecke u.a: An den Rand gedrängt. Was Behinderte daran hindert, normal zu leben, Hamburg 1980, S. 12.

142 | Vgl. zur herrschaftssoziologischen Herleitung Helmut Schelsky: »Die neuen Formen der Herrschaft: Belehrung, Betreuung, Beplanung«, in: Glaser, Hermann (Hg.): Fluchtpunkt Jahrhundertwende. Ursprünge und Aspekte einer zukünftigen Gesellschaft, Bonn 1979, S. 135-143, hier S. 140. Zur Kapitalismuskritik in der Theorie der sozialen Arbeit in den 1970er Jahren vgl. W. Rudloff: Sozialstaat (2003), S. 213-217; G. André: SozialAmt (1994), S. 136-138.

143 | Vgl. W. Rudloff: Sozialstaat (2003), S. 217.

144 | Vgl. D. Mattner: Menschen (2000), S. 82-83; zur Sozialistischen Aktion von Pädagogen und Sozialarbeitern in der Jugendhilfe vgl. v.a. Markus Köster: »Holt die Kinder aus den Heimen! – Veränderungen im öffentlichen Umgang mit Jugendlichen in den 1960er Jahren am Beispiel der Heimerziehung«, in: Frese, Matthias/Paulus, Julia/Teppe, Karl (Hg.): Demokratisierung und gesellschaftlicher Aufbruch. Die sechziger Jahre als Wendezeit der Bundesrepublik, Paderborn/München/Wien/Zürich 2002, S. 667-681, hier S. 672-681; zum Sozialistischen Patientenkollektiv vgl. Franz-Werner Kersting: »Juvenile Left-Wing Radicalism, Fringe Groups, and Anti-Psychiatry in West Germany«, in: Schildt, Axel/Siegfried, Detlef (Hg.): Between Marx and Coca-Cola. Youth Cultures in Changing European Societies, 1960-1980, New York/Oxford 2006, S. 353-375, hier S. 364-368.

relevant wurden, in ihrem Sinne zu beeinflussen.[145] Im Gegenteil waren sie, da Sozialleistungen an den gutachterlich-amtlich bestätigten Nachweis von Behinderungen gebunden waren, veranlasst, Andersheiten immer wieder so zu beschreiben und inszenieren, dass sie in die Raster passten, die Behinderungsdiskurs und Sozialrecht vorgaben.[146] So setzten beispielsweise Kriegsbeschädigte in individuellen Gutachter- und Bemessungsverfahren der 1950er Jahre zerstörte Körperlichkeit, Opferstatus und Unterstützungsbedarf gezielt in Szene, um ihre sozialrechtliche Position zu behaupten und zu den erwünschten Hilfen und Anerkennungen zu gelangen.[147] Dabei bedienten sie sich, wie zu zeigen sein wird, auch riskanter Legitimationsketten wie »behindert – arm – hilflos«, die ihrem Selbstbild zum Teil klar widersprachen.

Im Lauf des siebten Jahrzehnts erlangten jedoch Gruppierungen Sprecherpositionen, die sich dieser diskursiven Vereinnahmung nicht mehr unterwerfen wollten. Sie wollten als Expertinnen und Experten in eigener Sache sprechen. Erste Einzelpersonen traten bereits vor der Wende zu den 1970er Jahren auf wissenschaftlichen Tagungen der Behindertenpolitik als Experten auf.[148] Träger des folgenden Wandlungsprozesses waren vor allem Selbsthilfeorganisationen. Bereits um die Wende zu den 1960er Jahren waren Eltern aus der Anonymität hervorgetreten und hatten eine neue behindertenpolitische Akteursgruppe formiert, die sich freilich mehr um lokale Selbsthilfe als um den Diskurs bemühte.[149] Die erste Selbsthilfevereinigung von Erwachse-

145 | Günther Waidner: »Berufsorientierung und Berufsberatung behinderter Jugendlicher und ihrer Eltern. Berufsbildungsförderung. Methoden der Berufsfindung bei behinderten Jugendlichen«, in: Jochheim, Kurt-Alphons/Moleski-Müller, Marlis/Siebrecht, Valentin (Hg.): Wege zur Chancengleichheit der Behinderten. Bericht über den 25. Kongress der DeVg e.V. in Bad Wiessee, 10.-12.10.1973, Heidelberg 1974, S. 110-117, hier S. 114.

146 | E. E. Kobi: Stabilität (1990), S. 116.

147 | Vgl. zu den Techniken dieses Opferbeweises u.a. Michael L. Hughes: »›Trough No Fault of Our Own‹: West Germans Remember Their War Losses«, in: German History 18 (2000), H. 2, S. 193-213, hier S. 197; VDI, 3. Zwischenbericht über die Tätigkeit auf dem Gebiete der Versehrtentechnik, 20.12.1948, NRWHStA NW 42 1313; zur Ambivalenz der Inszenierung von Behinderung, Marianne Pieper: ›Seit Geburt körperbehindert...‹ Behinderung als kontinuierliche lebensgeschichtliche Erfahrung aus der Sicht Betroffener und ihrer Familien, Weinheim 1993, S. 326; J. Neumann: Konstituierung (1997), S. 33; M. Dederich (2004): Behinderung, S. 193-194.

148 | Vgl. H. G. Mohr: »Das Problem ›Arbeitseinsatz von Behinderten‹«, in: Die Rehabilitation 3 (1966), H. 2, S. 60-63, hier S. 61; Günter Raschke: »Meine Rehabilitation als Zivilversehrter«, in: Die Rehabilitation 7 (1968), H. 1, S. 29-32; Ulrich Bach: »Wir Behinderten und die Nicht-Behinderten«, in: Die Rehabilitation 13 (1974), H. 1, S. 15-17. Diese Nichtbeachtung beklagte Eugen Glombig: »Die Rehabilitation – Sorge und Aufgabe in aller Welt«, in: SPD-Pressedienst v. 23.9.1966, S. 3-4, hier S. 3.

149 | Vgl. W. Jantzen: Sozialisation (1974), S. 71-72; W. Buschhaus: »Elternberatung von Kindern mit schweren Gliedmaßenfehlbildungen im Bereich des Gesund-

nen gründete sich schon 1955: In der Sozialhilfe-Selbsthilfe Körperbehinderter e.V. versammelten sich überwiegend Menschen mit Poliofolgezuständen und Querschnittslähmungen.[150] Diese und andere Organisationen schlossen sich überregional zu Dachverbänden zusammen, deren einflussreichste, die Bundesarbeitsgemeinschaft Hilfe für Behinderte e.V., 1977 bereits 250.000 Mitglieder in 30 Eltern- und Selbsthilfeverbänden vertrat.

Viele Zusammenschlüsse dieser Art verstanden ihre Arbeit als Emanzipation von den dominierenden Verbandsbürokratien der Kriegsbeschädigten. Um die Wende der 1970er Jahren traf ein Entmündigungsvorwurf auch die Elternvereinigungen. Die Emanzipationsbewegung wurde geboren, als Jugendliche und junge Erwachsene nun im Kontext einer gesamtgesellschaftlich feststellbaren Mobilisierung darauf drängten, Verantwortung für die eigenen Anliegen zu übernehmen. Mit neu gewonnenem Selbstbewusstsein präsentierten sie ihre Sicht von Behinderung und Gesellschaft. Die wesentlichen Impulse kamen aus dem angelsächsischen Ausland.[151]

Den Anfang machten die Clubs Behinderter und ihrer Freunde e.V. Dies waren lokale Aktionskreise, die sich im Oktober 1971 zu einer Bundesarbeitsgemeinschaft zusammenschlossen.[152] Sie wollten Menschen mit Behinderungen anregen, ihr Leben möglichst selbstständig zu führen und die Gesellschaft in Diskurs und Materialität mitzugestalten.[153] Dabei setzten sie auf die Partnerschaft zwischen Menschen mit und ohne Behinderungen, auf

heitsamts Solingen«, in: Die Rehabilitation 2 (1963), H. 3, S. 142; »Zur Geschichte der Emanzipationsbewegung Behinderter Menschen. Interview mit Andreas Jürgens, Kassel«, in: Stiftung Deutsches Hygiene-Museum und der deutschen Behindertenhilfe – Aktion Mensch e.V. (Hg.): Der [im]perfekte Mensch. Vom Recht auf Unvollkommenheit. Begleitbuch zur im Deutschen Hygiene-Museum vom 20.12.2001-12.8.2002, Ostfildern-Ruit 2001, S. 35-41, hier S. 35.

150 | Inzwischen Bundesverband Selbsthilfe Körperbehinderter e.V.

151 | Bemerkbar machte sich dieses zur Sprache Finden z.B. auf dem Kongress der DeVg 1973. Vgl. V. Siebrecht/R. Wohlleben: Wege, Teil 1 (1974), S. 44. Vgl. zur Mobilisierung der Gesellschaft U. Herbert: Liberalisierung (2002), S. 41; Bernd Faulenbach: »Die Siebzigerjahre – ein sozialdemokratisches Jahrzehnt?«, in: Archiv für Sozialgeschichte 44 (2004), S. 1-37, hier S. 6; D. Siegfried: Time, S. 51-53; Karl-Werner Brand/Detlef Büsser/Dieter Rucht (Hg.): Aufbruch in eine andere Gesellschaft. Neue soziale Bewegungen in der Bundesrepublik, Frankfurt a.M. 1983, S. 85-114.

152 | Vgl. Zielsetzung der Bundesarbeitsgemeinschaft der Clubs Behinderter und ihrer Freunde e.V. (BAG cbf), 1972, BArch B 189 9447; C. Poore: Disability (2007), S. 274; Norbert Breeger: »Selbstorganisationsversuche Behinderter am Bespiel des Club 68 – Verein für Behinderte und ihre Freunde e.V. in Hamburg«, in: Runde, Peter/Heinze, Rolf B. (Hg.): Chancengleichheit für Behinderte. Sozialwissenschaftliche Analysen für die Praxis, Neuwied/Darmstadt 1979, S. 237-253, hier S. 238-240; Udo Wilken: »Zur geschichtlichen Entwicklung der Körperbehinderten-Selbsthilfe-Vereinigungen«, in: Die Rehabilitation 22 (1983), H. 1, S. 65-68, hier S. 68.

153 | Vgl. BAG cbf, Tagungskalender 1972, Erläuterungen zum Tagungs- und Freizeitprogramm 1972, 1.3.1972, BArch B 189 9447.

Hilfe zur Selbsthilfe und Politik von unten. Indem sie ein gleichberechtigtes Miteinander vorlebten, versuchten sie das zeitgenössische Anpassungs- und Eingliederungsparadigma umzudrehen: In den Clubs sollten »nichtbehinderte Freunde« als »völlig gleichberechtigte, voll integrierte Partner« in eine »echte Partnerschaft« einbezogen werden.[154]

Stärker als die Clubs Behinderter und ihrer Freunde e.V. setzten die Aktivisten Ernst Klee und Gusti Steiner auf Mittel der Provokation. Sie boten erstmals 1974 in der Volkshochschule Frankfurt a.M. einen Kurs für Menschen mit und ohne Behinderungen mit dem Titel »Bewältigung der Umwelt« an. Der Kurs sollte im verantwortlichen Umgang miteinander schulen und Energien für den Abbau von mentalen und technisch-baulichen Barrieren freisetzen. Der Publizist Ernst Klee, der selbst nicht mit einer Behinderung lebte, verfügte zudem über einen ausgezeichneten Zugang zu den überregional erscheinenden Printmedien. In zahlreichen, oft an prominenter Stelle erschienenen Kritiken legte Klee den Finger in die Wunden der Behindertenpolitik. Steiner und Klee setzten zudem auf öffentlichkeitswirksame Inszenierungen. Mit der Satire »Vertrieb Behinderte zum Fest« beispielsweise nahmen sie Politiker aufs Korn, die allweihnachtlich den Topos des armen, hilflosen Menschen mit Behinderung bemühten, um ihr Image zu pflegen.[155]

Der größere Radikalisierungsschub ging jedoch von den sogenannten Krüppelgruppen aus. Die erste Krüppelgruppe gründete sich 1977 um Horst Frehe und Franz Christoph in Bremen. Ihre Mitglieder empfanden die bisher in der Bewegung geübte Zusammenarbeit von Menschen mit und ohne Behinderung als bevormundend. Frehe und Christoph ging es nicht mehr um Partnerschaft, sondern um Abgrenzung und Widerstand gegen die Normalisierungserwartungen der Gesellschaft.[156] So blieben die Krüppelgruppen Menschen ohne Behinderungen ebenso verschlossen, wie zahlreiche Gruppen der zweiten Frauenbewegung Männern den Zutritt verwehrten.[157] Bewusst fiel die Wahl auf eine kämpferische Selbstbezeichnung: »Krüppel«

154 | Vgl. Zielsetzung der BAG cbf e.V., 1972, BArch B 189 9447.

155 | Zum Frankfurter Kurs vgl. z.B. »Über den Behinderten-Kurs in Frankfurt«, in: Der gute Wille 10 (1974), H. 5, S. 3-4; C. Poore: Disability (2007), S. 274-275; Beispiele der Publikationstätigkeit für Die Zeit: Ernst Klee: »Hoffnung für Behinderte«, in: Die Zeit v. 17.8.1973; Ders.: »Recht im Rollstuhl«, in: Die Zeit v. 28.2.1975; Ders.: »Wenn es mich träfe«, in: Die Zeit v. 21.3.1975; Ders.: »Rent-a-Spasti«, in: Die Zeit v. 19.12.1975; Ernst Klee (1942), Sozialpädagoge und Autor; Gusti Steiner (1938-2004), Autor und Sozialarbeiter, Mitbegründer der Emanzipationsbewegung.

156 | Vgl. Krüppelgruppe Bremen: »Krüppelunterdrückung und Krüppelgegenwehr«, in: Psychologie und Gesellschaftskritik 4 (1980), H. 3, S. 4-8, hier S. 4, 6, 8; Franz Christoph (1953-1996), Mitbegründer der Krüppelbewegung; Horst Frehe (1951), Bündnis 90/Die Grünen, Jurist, 1991-2007 Richter am Landessozialgericht Bremen.

157 | Vgl. Ricarda Strobel: »Die neue Frauenbewegung«, in: Faulstich, Werner (Hg.): Die Kultur der siebziger Jahre, München 2004, S. 259-272, hier S. 267.

markierte jetzt eine offensive Identität.[158] Öffentliche Aufmerksamkeit fanden jedoch nur wenige Einzelaktionen von Mitgliedern wie Franz Christoph, der 1981 bei der Eröffnung der Messe Reha 81 Bundespräsident Karl Carstens mit einer Krücke gegen die Beine schlug.[159]

Die erhoffte breitere Aufmerksamkeit der Medien brachte erst eine Großdemonstration in Frankfurt a.M. am 8. Mai 1980. Menschen mit und ohne Behinderungen protestierten gegen ein Urteil der Zivilkammer des Frankfurter Landgerichts, das einer Urlauberin die Minderung des Reisepreises zugestanden hatte, weil ihr Urlaubsgenuss durch die Anwesenheit von Menschen mit Behinderungen am Urlaubsort beeinträchtigt worden sei. Erstmals erreichte eine Meinungsäußerung der Behindertenbewegung die Tagesschau der ARD.[160] Ein Wendepunkt war auch darin zu erkennen, dass sich erstmals auch Menschen mit geistigen Behinderungen der Bewegung anschließen konnten, die bislang traditionellen »Behindertenhierarchien« gefolgt war.[161] Einen Höhepunkt erreichte die Behindertenbewegung mit ihrem Protest gegen das Rehabilitationssystem,[162] das im United Nations-Jahr der Behinderten 1981 zum Ausdruck kam. Das sogenannte Krüppeltribunal in Dortmund klagte unter anderem Menschenrechtsverletzungen

---

158 | Vgl. Susanne v. Daniels/Theresia Degener/Andreas Jürgens/Frajo Krick u.a. (Hg.): Krüppel-Tribunal. Menschenrechtsverletzungen im Sozialstaat, Köln 1983, S. 10; C. Poore: Disability (2007), S. 290; Astrid Jährling-Marienfeld: »Behinderte«, in: Stötzel, Georg/Eitz, Thorsten (Hg.): Zeitgeschichtliches Wörterbuch der deutschen Gegenwartssprache, 2., erweiterte und aktualisierte Ausgabe Hildesheim/Zürich/New York 2003, S. 45-50, S. 48.

159 | Vgl. Freddy Lang: »Bundespräsident mit Krücke geschlagen«, in: Bild v. 19.6.1981, S. 1; Johann F. Walker: »Ein Krüppel sieht rot«, in: Stern v. 22.10.1981; »Zur Geschichte der Emanzipationsbewegung behinderter Menschen. Interview mit Andreas Jürgens, Kassel«, in: Stiftung Deutsches Hygiene-Museum/Deutsche Behindertenhilfe – Aktion Mensch e.V. (Hg.): Der [im]perfekte Mensch. Vom Recht auf Unvollkommenheit. Begleitbuch zur Ausstellung im Deutschen Hygiene-Museum v. 20.12.2001-12.8.2002. Ostfildern-Ruit 2001, S.35-41, hier S. 37.

160 | Vgl. zur Frankfurter Demonstration W. Fandrey: Krüppel (1990), S. 254-255; zu den Reaktionen der Medien vgl. auch Ernst Klee: Behinderte im Urlaub? Das Frankfurter Urteil. Eine Dokumentation, Frankfurt a.M. 1980, S. 35-36; Krüppelgruppe Bremen: Krüppelunterdrückung, S. 4; C. Poore: Disability (2007), S. 277.

161 | Das Zitat bei: Rolf Breuer: »Selbstorganisierte Behindertenarbeit im Stadtteil«, in: Runde, Peter/Heinze, Rolf B. (Hg.): Chancengleichheit für Behinderte. Sozialwissenschaftliche Analysen für die Praxis, Neuwied/Darmstadt 1979, S. 219-236, hier S. 228; N. Breeger: Selbstorganisationsversuche (1979), S. 242. Aus autobiografischer Sicht Fredi Saal: Leben kann man sich nur selber. Texte 1960-1994. Hg. v. Tarneden, Rudi, Düsseldorf 1994, S. 28-30.

162 | »Man spricht über sie statt mit ihnen«, in: SZ v. 14./15.3.1981; »Behinderte protestieren gegen Hilfs-Auktion«, in: Münchner Merkur v. 4.3.1981; George Deffner: »Schöne Reden bauen keine Hürden ab«, in: SZ v. 25/26.4.1981; W. Rudloff: Überlegungen (2003), S. 875.

in Dauerpflegeeinrichtungen, Strukturen der Aussonderung, Mobilitätsbeschränkungen und sexuelle Gewalt gegen Mädchen und Frauen mit Behinderungen an.[163] Es ist als herausragendes Diskursereignis einzustufen. In seiner Folge differenzierten sich die Anliegen und die Arenen, in denen Mitglieder der Bewegung sich zu Wort meldeten. Viele arbeiteten beispielsweise fortan auf kommunaler Ebene an der Etablierung ambulanter Dienste und am Barriereabbau. Die Selbstbestimmt-Leben-Bewegung nahm ihren Anfang. Andere Aktive setzten sich zunächst unter dem Dach von DIE GRÜNEN, später überparteilich für die Gleichstellungs- und Antidiskriminierungsgesetzgebung ein und beteiligten sich an der Eugenik- und Bioethikdiskussion. In der hier untersuchten Zeitphase bis 1974 war dies zwar nicht absehbar, dennoch machte sich bereits eine Umordnung der Sprecherpositionen im Behinderungsdiskurs bemerkbar.[164]

In der zweiten Hälfte der 1960er Jahre hatten auch die Sozialwissenschaften Behinderung für sich entdeckt. Zahlreiche anthropologische und soziologische Studien waren die Folge. Schritt für Schritt gelangte in den 1970er Jahren ein Moment der gesellschaftlichen Bedingtheit in die Erklärungsmodelle von Behinderung. Erste Versionen des sozialen Modells von Behinderung entstanden in Anlehnung an angelsächsische Vorlagen.[165] Auch empirische Studien der Sozialwissenschaften und Pädagogen erlebten eine Konjunktur. Darin ging es um Lebenslagen, Selbst- und Fremdbilder von Menschen mit Behinderungen und die Einstellungen der Bevölkerung.[166]

163 | Vgl. S. v. Daniels/Th. Degener/A. Jürgens/F. Krick u.a. (Hg.): Krüppel-Tribunal (1983), S. 9, 99-115; Silke Boll/Theresia Degener/Carola Ewinkel/Gisela Hermes u.a.: Geschlecht: behindert, besonderes Merkmal: Frau. Ein Buch von behinderten Frauen, München 1985, S. 89.

164 | Vgl. zu den Anfängen der Interessenvertretung »Selbstbestimmt Leben e.V.« C. Poore: Disability (2007), S. 286. Die Zusammenarbeit der politisch Aktiven mit DIE GRÜNEN litt u.a., weil die Anti-Atomkraftkampagnen auf Bildern von Menschen mit Behinderungen aufbauten, was als demütigend empfunden wurde. Vgl. Udo Sierck: »Behinderte und Grüne – Alles Lüge!?«, in: Die Randschau 2 (1988), H. 2, S. 20-21, hier S. 21; Franz Christoph: »Ökologiebewegung und Tötungsdenken«, in: Herrmann, Georg/Lüpke, Klaus v. (Hg.): Lebensrecht und Menschenwürde. Behinderung, eugenische Indikation und Gentechnologie, Essen 1991, S. 244-253, hier S. 248-252; D. Mattner: Menschen (2000), S. 135-153.

165 | Vgl. z.B. W. Thimm: Behinderten (1977); H. v. Bracken: Vorurteile (1976); U. Schildmann: Funktion (1977); W. Jantzen: Sozialisation (1974); vgl. auch den Forschungsüberblick bei Ursula Haupt: Dysmeliekinder am Ende der Grundschulzeit. Eine exemplarische Untersuchung an körperbehinderten Kindern in Normalschulen, Neuburgweier 1974, S. 11-17; A. Haaser: Entwicklungslinien (1975).

166 | Vgl. Wilhelm Bläsig/Eberhard Schomburg: Das Dysmeliekind, Stuttgart 1966; Dies.: Das zerebralparetische Kind, Stuttgart 1966; Wilhelm Bläsig: Die Rehabilitation der Körperbehinderten, München 1967; Ders.: »Ausbildung dysmeler Jugendlicher«, in: Die Rehabilitation 12 (1973), H. 2, S. 119-121; W. Thimm: Behinderten

Vor dem Deutschen Verein für öffentliche und private Fürsorge äußerte der Soziologe Klaus Dörrie schon 1967 die Vermutung, dass die Probleme von Menschen mit Behinderungen wohl weniger in der Person als in der Gesellschaft liegen könnten.[167] Wie diese Schwierigkeiten entstanden, konnte er jedoch noch nicht erklären. Im Lauf der 1970er Jahre entwickelten Forscherinnen und Forscher Interaktions- oder Stigmaansätze, kommunikative Modelle oder dialektisch-materialistische Theoriebildungen, die zu klären versuchten, wie Behinderungen in der Gesellschaft generiert wurden.[168] In ihren kapitalismuskritischen Studien suchten beispielsweise die

(1977); Ders.: Soziologie der Behinderten, 3. Auf. Neuburgweier 1972; G. W. Jansen: Einstellung (1974); Wolfgang Jantzen: »Zur Geschichte und politischen Ökonomie der Werkstatt für Behinderte (WfB)«, in: Runde, Peter/Heinze, Rolf B. (Hg.): Chancengleichheit für Behinderte. Sozialwissenschaftliche Analysen für die Praxis, Neuwied/Darmstadt 1979, S. 195-207; H. v. Bracken: Vorurteile (1976); Franz Otto Esser: Soziale Einstellungen von Schulkindern zu körperbehinderten Mitschülern. Eine empirische Situationsanalyse und Folgerungen für die Strukturierung »integrativer Gruppen«, Neuburgweier 1975; Manfred Grohnfeldt: Hörgeschädigte im sozialen Umfeld. Empirische Untersuchungen zum Persönlichkeitsbild hörgeschädigter Schüler aus der Sicht der Eltern und Lehrer, Neuburgweier 1975; Helmut Breitkopf/ Friedhart Hegner: Die subjektive Situation behinderter Menschen als Gegenstand kommunaler Behindertenplanung. Eine Darstellung und vergleichende Diskussion empirischer Ereignisse zum Fremdbild und zum Selbstbild Behinderter, Bielefeld 1979; Inge Kaufmann: »Ergebnisse zum Selbstbild und Fremdbild in der Einschätzung von Lernbehinderten«, in: Zeitschrift für Heilpädagogik 21 (1970), H. 10, S. 563-574; Diebert Lipka/Karin Jendsch/Klaus Kalusche/Werner Mader u.a.: »Empirische Untersuchung über Einstellungen, Vorurteile und Meinungen gegenüber Behinderten in der Nähe eines Rehabilitationszentrums für Körperbehinderte und ein semantischer Vergleich der Begriffe ›Anstalt‹ und ›Rehabilitationszentrum‹«, in: Die Rehabilitation 12 (1973), H. 4, S. 212-218; H.-G. Sergl/Friedrich Schmid: »Die soziale Lage der Patienten mit Lippen-Kiefer-Gaumenspalten in Fremd- und Selbsteinschätzung«, in: Die Rehabilitation 11 (1972), H. 3, S. 138-141.

167 | Vgl. DV e.V., Sitzung des Fachausschuss VIII Hilfen für Behinderte am 8.6.1967 in Frankfurt a.M., Referat v. Klaus Dörrie: Rehabilitation und verwandte Begriffe, BArch B 189 3537.

168 | Vgl. als Beispiele solcher konkurrierender Modelle Christian Brinkmann/ Ludwig Gierse: »Zum Bedarf an Berufsbildungswerken für behinderte Jugendliche«, in: Mitteilungen aus der Arbeitsmarkt- und Berufsforschung 7 (1974), H. 2, S. 73-94, hier S. 74; I. Kaufmann: Ergebnisse (1970), S. 563-574; H.-G. Sergl/F. Schmid: Lage (1972), S. 138-141; D. Lipka/K. Jendsch/K. Kalusche/W. Mader u.a.: Untersuchung (1973), S. 212-218; U. Haupt: Dysmeliekinder (1974), S. 11-17 (Forschungsüberblick); Karl Heinz Seifert: »Probleme der sozialen Integration bzw. Reintegration«, in: Bellebaum, Alfred/Braun, Hans (Hg.): Reader Soziale Probleme. Bd. 1: Empirische Befunde, Frankfurt a.M./New York 1974, S. 122-130; F. O. Esser: Einstellungen (1975); U. Schildmann: Funktion (1977); H. Breitkopf/F. Hegner: Situation (1979). Die unterschiedlichen sozialwissenschaftlichen Zugänge diskutiert Klaus Bendel: »Behin-

Sozialwissenschaftler Wolfgang Jantzen und Albert Haaser die Ursache in ökonomisch-materiellen Barrieren der Gesellschaft und kapitalistischen Produktionsverhältnissen. Behinderung verstanden sie als Phänomen der Klassengesellschaft.[169] Einerseits öffnete dies den Blick für die Beteiligung von materiellen Barrieren bei der Entstehung von Behinderungen. Andererseits reproduzierte dieses Modell die aus dem traditionellen Behinderungsbegriff bekannte Reduktion auf die Sphäre der Erwerbsarbeit.

Auch Stigmatisierungs- und Etikettierungsmodelle entstanden in der Bundesrepublik. Dabei rezipierten die deutschen Sozialwissenschaften breit die Arbeiten ihrer angelsächsischen Kolleginnen und Kollegen, besonders Erving Goffmans 1963 erschienenes Werk *Stigma*.[170] Auch ein dreiteiliges Modell, das die Amerikanerin Maya Riviere bereits in den 1950er Jahren für das US-amerikanische Rehabilitation Codes Advisory Committee zu entwickeln begonnen hatte, um das medizinische Defizitmodell zu überwinden, fand Eingang in den wissenschaftlichen Behinderungsdiskurs in der Bundesrepublik. Dort verbreitete es vor allem der Erziehungswissenschaftler Walter Bärsch.[171] Er trennte in Anlehnung an Maya Riviere funktionale Schädigung (impairment), relativ-soziodynamisch gedachte Behinderung (disability) und konsekutiv-psychodynamische Benachteiligung (handicap).[172] Damit war eine begriffliche Trennung vorgedacht, die später in der

derung als zugeschriebenes Kompetenzdefizit von Akteuren. Zur sozialen Konstruktion einer Lebenslage«, in: Zeitschrift für Soziologie 28 (1999), H. 4, S. 301-310, hier S. 302-308.

169 | Dies u.a. bei W. Jantzen: Sozialisation (1974), S. 38; Ders.: Sozialgeschichte (1982), S. 211-217; A. Haaser: Entwicklungslinien (1975), S. 209.

170 | Ervig Goffman: Stigma. Über Techniken der Bewältigung beschädigter Identität, Frankfurt a.M. 1967. Das Original erschien 1963 unter dem Titel Stigma. Notes on the Management of Spoiled Identity. Rezipiert bei A. Haaser: Entwicklungslinien (1975); Ingolf Österwitz: »Kommunale Bürgerinitiativen von Behinderten und Nichtbehinderten als Möglichkeiten emanzipatorischer Freizeitgestaltung«, in: Weiß, Walter/Jochheim, Kurt-Alphons/Moleski-Müller, Marlis (Hg.): Freizeitaspekte bei der gesellschaftlichen Integration Behinderter. Bericht über den 26. Kongress der DeVg e.V. in Wildbad, 22.-24.10.1975, Heidelberg 1976, S. 17-23, hier S. 19; Aiga Seywald: Körperliche Behinderung. Grundfragen einer Soziologie der Benachteiligungen, Frankfurt a.M./New York 1977, S. 38. Zur Rezeption und Weiterentwicklung des Stigma-Ansatzes in den deutschen Sozialwissenschaften vgl. K. Bendel: Behinderung (1999), S. 302.

171 | Prof. Dr. Walter Bärsch (1914-1996), Pädagoge und Psychologe, Lehrer, Sonderschulrektor und Referent für Schulpsychologie der Stadt Hamburg.

172 | Vgl. Walter Bärsch: »Der Behinderte in der Gesellschaft«, in: Behinderte – inmitten oder am Rande der Gesellschaft. Mit Beitr. v. Bärsch, Walter/Heese, Gerhard/Kniel, Adrian/Solarová, Svetluse und einer Einführung v. Muth, Jakob, 2., durchgesehene Aufl. Berlin 1975, S. 7-23, hier S. 7; Maya Riviere: Rehabilitation Codes. Five-Year-Progress Report 1957-1962. Rehabilitation Codes, New York, o.J. Wie Riviere von der Forschung übergangen wird, zeigt sich z.B. bei Barbara M. Altman:

Behinderungsdefinition der World Health Organization »International Classification of Impairments, Disabilities, and Handicaps« (ICIDH) von 1980 weltweit verbreitet wurde.[173]

Walter Bärschs Publikationen sind auch als Beispiele einer neuen Sichtweise anzuführen, nach der Behinderung in Abhängigkeit vom Normalen gebildet wurde.[174] Eine alternative Erklärung lautete in den 1970er Jahren, dass Behinderung durch die mentale Abwehrhaltung der Gesellschaft gegen die Andersheiten von Menschen mit bestimmten negativ klassifizierten Merkmalen entstehe. Ganz vereinzelt war diese Sicht schon vor 1970 aus dem angelsächsischen Ausland in die Bundesrepublik gedrungen, war aber damals noch nicht in den hegemonialen Behinderungsdiskurs eingegangen. So hatte etwa 1959 das Jahrbuch der DeVg seinen Lesern einen Artikel des amerikanischen Aktivisten Henry Viscardi präsentiert. Dieser vertrat einen zu dieser Zeit in der Bundesrepublik noch nicht vernommenen Behinderungsbegriff: »Im Anfang des Atomzeitalters mit seinen bedeutenden technischen Fortschritten, [...] sollte der behinderte Werktätige mehr als früher zur Konkurrenz befähigt sein, vorausgesetzt, dass seine Behinderung nicht eine Folge jener Unkenntnis, Ablehnung oder des Vorurteils gegenüber den Behinderten ist, der man bei uns von früher her noch begegnet.«[175]

Der Soziologe und Pädagoge Walter Thimm hingegen steht für eine

---

»Disability Definitions, Models, Classification Schemes, and Applications«, in: Albrecht, Gary L./Seelman, Katherine D./Bury, Michael (Hg.): Handbook of Disability Studies, Thousand Oaks/London/Neu Delhi 2001, S. 97-122, hier S. 100-111.

173 | World Health Organization: Classification of Impairment, Disabilities, and Handicaps, Genf 1980, S. 183. Auf einen Blick dargestellt bei B. M. Altman: Disability (2001), S. 103. Aus einer Krankheit oder Gesundheitsstörung folgte nach ICIDH eine funktionale Schädigung (*impairment*). Diese führte dazu, dass Menschen ihre Alltagsverrichtungen nicht ausführen konnten (*disability*). Beeinträchtigung (*handicap*) wiederum war der Nachteil, der entstand, wenn sie deshalb eine soziale Rolle nicht erfüllen konnten. ICIDH sollte die biomedizinische Sicht auf Behinderung mithilfe eines mehrteiligen Begriffs überwinden, stellte aber wiederum das biologisch-medizinische Defizit an den Anfang. Selbst das jüngste Modell International Classification of Functioning, Disability and Health (ICF) aus dem Jahr 2001 beschreibt Behinderung noch als negatives Gegenteil von Gesundheit und Funktionsfähigkeit. Vgl. World Health Organization: International Classification of Functioning, Disability and Health, Genf 2001; World Health Organization: International Classification of Impairments, Activities and Participation: A Manual of Dimensions and Functioning, Genf 1999; Hirschberg, Marianne: »Normalität und Behinderung in den Klassifikationen der Weltgesundheitsorganisation«, in: Waldschmidt, Anne (Hg.): Kulturwissenschaftliche Perspektiven der Disability Studies. Tagungsdokumentation, Kassel 2003, S. 117-128, hier S. 118, 120, 126.

174 | W. Bärsch: Behinderte (1975), S. 19.

175 | Henry Viscardi: »Können behinderte Werktätige den Anforderungen der Automation genügen?«, in: Jahrbuch der Fürsorge für Körperbehinderte (1959), S. 225-229, hier S. 229.

wissenschaftliche Strömung der 1970er Jahre, die Behinderung primär auf Normsetzungen und Erfüllungserwartungen der sozialen Umwelt zurückführte. Auch den materiellen Barrieren der »sachlichen Umwelt« räumte Thimm einen Platz ein.[176] An seinem Beispiel lässt sich auch aufzeigen, wie ein Behinderungsmodell aus der Wissenschaft in den politischen Raum gelangte. Eine Pädagogin der Bibliothek für bildungsgeschichtliche Forschung des Deutschen Instituts für internationale pädagogische Forschung machte 1975 Walter Thimms Sicht zur Grundlage ihres Positionspapiers zum Behinderungsbegriff. Mit ihrer Vorlage wiederum munitionierte sich der Bundesvorstand des Deutschen Gewerkschaftsbundes (DGB) im selben Jahr, um den Behinderungsbegriff für den Bereich der beruflichen Bildung abzustecken.[177]

Ähnlich verlief der Wissenstransfer, der die Bildungskommission des Deutschen Bildungsrats[178] zu ihrer Behinderungsdefinition von 1973 führte. In diesem reformpolitischen Gremium, das der im Kulturföderalismus konfliktreichen gemeinsamen Bildungsplanung dienen sollte, nahm pädagogisches und sozialwissenschaftliches Expertenwissen einen wichtigen Rang ein. Aus der Sicht der Kommission galten diejenigen Personen als behindert, die infolge einer Schädigung ihrer körperlichen, seelischen oder geistigen Funktionen so beeinträchtigt waren, dass ihre unmittelbaren Lebensverrichtungen und ihre Teilnahme am sozialen Leben erschwert wurden.[179] Neu an dieser Definition war der Passus der unmittelbaren Lebensverrichtungen und der Teilnahme am Leben in der Gemeinschaft, traditionell hingegen die Betonung von Schädigung und Funktionsverlust. Die Bildungs-

---

176 | W. Thimm: Behinderten (1977), S. 29-30, Zitat S. 30. Henry Viscardi jr. (1903-2004), US-amerikanischer Aktivist, Gründer des Schwerbeschädigtenunternehmens und Rehabilitationszentrums Abilities Inc.

177 | Vgl. Bibliothek für Bildungsgeschichtliche Forschung Berlin, Schreiben an DGB-Bundesvorstand Abt. berufliche Bildung, mit Anlage: Die Abgrenzung des Begriffs Behinderter, 22.8.1975, AdsD/DGB-Archiv DGB-Bundesvorstand Abt. Berufliche Bildung 24/8680.

178 | Durch ein Abkommen der Länderregierungen untereinander und gegenüber der Bundesregierung wurde am 15.7.1965 der Deutsche Bildungsrat gegründet und mit dem Entwurf von Bedarfs- und Entwicklungsplänen für das Bildungswesen beauftragt. Eine Bildungskommission aus Fachleuten traf auf eine Regierungskommission, in der u.a. alle Kultusminister der Länder vertreten waren. Vgl. Oskar Anweiler: »Bildungspolitik«, in: Bundesministerium für Arbeit und Sozialordnung/Bundesarchiv (Hg.): Geschichte der Sozialpolitik in Deutschland seit 1945. Bd. 5: 1966-1974 Bundesrepublik Deutschland. Eine Zeit vielfältigen Aufbruchs. Bandhg.: Hockerts, Hans Günter, Baden-Baden 2006, S. 709-754, hier S. 720-722.

179 | Deutscher Bildungsrat: Empfehlungen der Bildungskommission: Zur pädagogischen Förderung behinderter und von Behinderung bedrohter Kinder und Jugendlicher. Verabschiedet auf der 34. Sitzung der Bildungskommission am 12./13.10.1973 in Bonn, Stuttgart 1974, S. 32-36.

kommission hatte große konzeptionelle Freiheit, aber kaum Chancen, ihre Konzepte umzusetzen.

Die Beispiele zeigen, wie die neuen Kategorisierungen in den ministeriellen und politischen Raum eindrangen. Auch die Fach- und Professionsverbände spielten hier wieder eine große Rolle. Vermehrt bedienten sich die Ministerien auch bei der Vergabe von Gutachten und Forschungsaufträgen der sozialwissenschaftlichen Institute.[180] Bund und Länder erhofften sich neue Handlungsanleitungen und Orientierungshilfen. Die Zahl und thematische Spannweite dieser Auftragsarbeiten wuchs deshalb in den 1960er und 1970er Jahren beständig, wenngleich weiterhin auch viele medizinische Arbeiten darunter waren.[181] Aus der Vielzahl der Beispiele sind die 1968 vom Bundesministerium für Gesundheitswesen in Auftrag gegebenen Gutachten »Pubertätsprobleme und sexuelle Aufklärung der Dysmeliekinder, sonstiger Körperbehinderter und geistig behinderter Kinder«, »Behindertenprobleme während der Schulausbildung und ihre Lösung«, oder »Sollen bzw. dürfen Körperbehinderte bzw. geistig Behinderte heiraten?« hervorzuheben. Gerade diese drei Gutachten stehen für das Bemühen, sich sozialwissenschaftlich und pädagogisch erhobene Anhaltspunkte für die politische Antwort auf Fragen zu verschaffen, die das Ministerium in höchstem Maße irritierten.[182]

Eine Erhebung der Bundesarbeitsgemeinschaft für Rehabilitation über Forschungen auf dem Gebiet der Rehabilitation erbrachte 1971 ein 68 Seiten starkes Dokument. Etwa die Hälfte der Projekte war auf den ersten Blick als Forschungsauftrag der öffentlichen Hand zu erkennen.[183] Darunter fiel beispielsweise die Studie »Erfolgskontrolle der beruflichen Rehabilitation«, die das Institut für Arbeitsmarkt- und Berufsforschung für das Bundesmi-

---

180 | Vgl. zur Integration der Sozialwissenschaften in die Verwissenschaftlichungsprozesse der Politik G. Metzler: Geborgenheit (2002), S. 782; Martin H. Geyer: »Die Gegenwart der Vergangenheit. Die Sozialstaatsdebatten der 1970er-Jahre und die umstrittenen Entwürfe der Moderne«, in: Archiv für Sozialgeschichte 47 (2007), S. 47-93, hier S. 57. Die Rehabilitationswissenschaft als Disziplin mit politischem Gestaltungsanspruch entstand hingegen erst in den 1980er Jahren.

181 | Vgl. Presse- und Informationsamt der Bundesregierung (Hg.): Jahresbericht der Bundesregierung 1968, Bonn 1969, S. 604; Presse- und Informationsamt der Bundesregierung (Hg.): Jahresbericht der Bundesregierung 1969, Bonn 1970, S. 418; Presse- und Informationsamt der Bundesregierung (Hg.): Jahresbericht der Bundesregierung 1971, Bonn 1972, S. 665-666.

182 | Vgl. BMGes Abt. Ia5, Vermerk, März 1968, BArch B 189 20887; Hans Günter Hockerts/Winfried Süß: »Gesamtbetrachtung: Die sozialpolitische Bilanz der Reformära«, in: Bundesministerium für Arbeit und Sozialordnung/Bundesarchiv (Hg.): Geschichte der Sozialpolitik in Deutschland seit 1945. Bd. 5: 1966-1974 Bundesrepublik Deutschland. Eine Zeit vielfältigen Aufbruchs. Bandhg.: Hockerts, Hans Günter, Baden-Baden 2006, S. 943-962, hier S. 954-955.

183 | BAR, Forschung auf dem Gebiet der Rehabilitation: Zusammenstellung der auf das Rundschreiben der BAR v. 15.9.1969 eingegangenen Antworten, Stand: Juli 1971, BArch B 172 1771.

nisterium für Arbeit und Sozialordnung und die Bundesanstalt für Arbeit durchführte. 1970 bis 1972 bearbeitete hingegen das Institut für Sozialrecht der Ruhr-Universität Bochum einen Forschungsauftrag des Bundesministeriums für Arbeit und Sozialordnung über Werkstätten für Behinderte und die sozialrechtliche Situation ihrer Beschäftigten.[184] 1973 vergab das bayerische Staatsministerium für Arbeit und Sozialordnung eine Vorstudie »Situation der Behinderten in Bayern – Analyse und Maßnahmeplanung« an das Institut für empirische Sozialforschung in Köln in Auftrag.[185]

Derlei Beispiele zeigen die thematische Bandbreite der Auftragsforschung und die Größe und disziplinäre Vielfalt des Expertenkreises, der mittels solcher Studien Wissen in den politischen Raum einbrachte. Wissenschafterlinnen und Wissenschaftler konnten sich nun auf einem regelrechten Markt für Forschungen über Behinderung positionieren. Den Bundesministerien verlangte die neue Vielfalt ein Mehr an Forschungskoordination ab.[186]

Auf diesen Wegen wandelte sich in den späten 1960er und 1970er Jahren allmählich das wissenschaftliche und politische Denken und Sprechen über Behinderung von einem individuell-medizinischen hin zu einem sozialen oder zumindest mehrteiligen Erklärungsmodell mit sozialem Moment.

1.2 Bewertungen und Besonderungen

Andersheit wurde als Defekt interpretiert. Kaum eine Vokabel drückte diese Defektvorstellung klarer aus, als der Ende der 1940er Jahre im politischen Raum geläufige Begriff der »Anbrüchigen«.[187] Leid und Last schwangen darin mit. Ihren Ausdruck fand diese Vorstellung zwischen 1950 und 1970 in Politik und Professionen häufig in der Diktion der »Leidensgenossen«.[188]

184 | Die Ergebnisse referiert in BAR, Niederschrift über die 8. Sitzung des Vorstands am 31.10.1972, Referat v. [o.V.] Wertenbach: Werkstätten für Behinderte, BArch B 189 9459.

185 | Vgl. Bayerische Sozialpolitik 1974. Hg. v. bayer. Staatsministerium für Arbeit und Sozialordnung, München 1974, S. 171. Zur Vorgeschichte des Auftrags vgl. Bayer. Staatsministerium für Arbeit und Sozialordnung, Vermerk mit Anlage: Forschungsvorhaben Analyse und Prognose der Behinderten in Bayern nach Zahl und Bedürfnissen, 22.9.1972, BHStA MArb 3087; Bayer. Staatsministerium für Arbeit und Sozialordnung, Schreiben an Mitglieder des Landesausschusses für Rehabilitation, 16.10.1972, ebd.

186 | Vgl. Presse- und Informationsamt der Bundesregierung (Hg.): Jahresbericht der Bundesregierung 1971, Bonn 1972, S. 666; Bundesministerium für Jugend, Familie und Gesundheit (BMJFG) Abt. S6, Niederschrift über die 2. Sitzung des gemeinsamen Arbeitsausschusses v. BMA und BMJFG am 2.2.1971, 23.3.1971, BArch B 189 9453.

187 | Zentralamt für Arbeit in der britischen Zone: Das Arbeitspotential in der britischen Zone, Oktober 1947, S. 38, BArch Z 40 308.

188 | Das Zitat in: »Probleme von jugendlichen Schwerbeschädigten«, in:

Das Leidvolle wurde hierbei ausschließlich in der körperlichen Andersheit lokalisiert, nicht in Verhaltensweisen oder materiellen Barrieren der Umwelt.

So konnte der Münsteraner Landesarzt Lothar Herbig 1964 formulieren:

»Eine Behinderung ist eine Last. Diese Last ist unwiderruflich. [...] Der eine Mensch muss sich von Geburt an mit der Last abquälen. Er gewöhnt sich zum Teil an das Tragenmüssen, muss aber auch sein Leben lang mit all den kleinen und großen Enttäuschungen im Leben fertig werden. Der andere Mensch erleidet die Behinderung aus voller Gesundheit heraus, oft plötzlich durch einen Unfall, oft langsam schleichend durch eine der immer noch vielen nicht heilbaren Erkrankungen. Er muss sein Leben umstellen und muss den besonderen Schlag des Schicksals aushalten lernen.«[189]

Von »leidenden Stiefkindern der Natur« und den armen »Krüppelchen« schrieb hingegen 1966 der Arzt Thomas Regau in *Die Zeit*. Er meinte damit die vorgeburtlich durch Thalidomid geschädigten Kinder.[190]

Behinderung wurde damit auch als Defizit an Lebensfreude und Lebensglück gefasst. Diese Vorannahme sprach ein 1950 in der Zeitung *Die Welt* veröffentlichter Artikel offen an. Der Autor berichtete, es sei ihm beim Besuch eines handwerklichen Lehrgangs für Jugendliche mit Körperbehinderungen unwohl gewesen, denn er habe nicht auszuhaltendes Leid erwartet. Doch es sei unverhofft fröhlich zugegangen, er habe aufatmen können.[191] Fröhlichsein war im Zusammenhang mit Behinderung für den Autor kaum vorstellbar, zu eng waren Behinderung und Leid gedanklich miteinander verknüpft. Dies äußerte sich sprachlich wiederholt auch in der Feststellung, dass Lebensfreude »trotz« der leidvollen Behinderung sichtbar werde.

Die Vorstellung, dass Menschen an ihrer Behinderung litten, begegnete auch noch in der Sprache des Aktionsprogramms der Bundesregierung zur Förderung der Rehabilitation der Behinderten von 1970, dem zentralen behindertenpolitischen Reformprogramm der sozialliberalen Koalition. Je-

Münchener Medizinische Wochenschrift v. 10.12.1954, S. 1497. Ebenso vgl. Arbeit statt Almosen. Versehrtenfürsorge des evangelischen Hilfswerks, Hauptbüro Bayern und des Landesvereins für Innere Mission Nürnberg, 1948, BWA K1 IHK München/Oberbayern XXIII 266 Akt 2; Joachim Langhagel: »Die Rehabilitation in Lichtenau«, in: BArbl. 16 (1965), H. 7, S. 265-267, hier S. 266; 2. Bundeskongress für Behinderte des VdK am 7.6.1972, Referat v. Ludwig Hönle, transkript, BArch B 172 1834; G. W. Jansen: Einstellung (1974), S. 62, 91.

189 | L. Herbig: Rehabilitation (1965/66), S. 67; Dr. Lothar Herbig (1911-1971), Orthopäde.

190 | Thomas Regau: »Wider den Übereifer der Medizinal-Bürokraten«, in: Die Zeit v. 1.4.1966; Thomas Regau, d.i. Dr. K. H. Stauder (1905-1969), Neurologe und Autor.

191 | »Es ist keine Spielerei«, in: Die Welt v. 17.10.1950.

doch verbarg sich darin bereits die Einsicht, dass dieses Leid von äußeren Umständen beeinflusst sein könnte. Dort heißt es: Die »Behinderten dürfen im täglichen Leben nicht Umweltbedingungen vorfinden, die sie ständig und schmerzlich an die Tatsache ihrer Behinderung erinnern.«[192] Noch deutlicher wurde 1973 der Pastor Ulrich Bach in einer Ansprache an die Besucher eines Festes in den Volmarsteiner Anstalten. Er sprach einerseits als Mensch, der mit einer Behinderung lebte, andererseits als Praktiker der Rehabilitation:

»Und wenn Sie nachher wieder im Bus oder im Auto sitzen, dann sagen Sie bitte nicht: ›Ach nein, dieses ganze Elend in Volmarstein.‹ Wirklich, Sie sehen hier heute kein Elend. Sie sehen Menschen. Menschen, die zum Teil sehr schwer behindert sind. Unsere Behinderung ist nicht immer leicht für uns. Aber wenn wir spüren, dass unsere Mitmenschen uns unter dem Stichwort ›dieses ganze Elend‹ abbuchen, dann wird dadurch unsere Behinderung etwas, das kaum noch zu ertragen ist.«[193]

An dieser Stelle ist ein neuer und charakteristischer Quellentypus der 1970er Jahre einzuführen: die nach sozialwissenschaftlicher Methodik durchgeführte Repräsentativerhebung, deren Erkenntnisinteresse sich auf die Einstellung der Bevölkerung zu Menschen mit Behinderungen richtete. So entstand beispielsweise zwischen 1967 und 1970 im Auftrag der Forschungsgemeinschaft ›Das behinderte Kind‹ die Studie *Die Einstellung der Gesellschaft zu Körperbehinderten*. Das Forscherteam um den Psychologen Gerd W. Jansen orientierte sich intensiv an theoretischen und empirischen Vorlagen aus dem angelsächsischen Raum.[194] Rasch nach ihrer Veröffentlichung geriet diese Erhebung zu dem am häufigsten zitierten Text über die Denkweisen der bundesdeutschen Öffentlichkeit über Behinderungen. Den großen Einfluss dieser Studie belegen die zahlreichen wissenschaftlichen Publikationen, die sie zitierten oder ihre Ergebnisse nachprüften, diverse Bezugnahmen in den Medien sowie Äußerungen der Politik und Sozialbürokratie.[195] Eine ähnliche Bedeutung erlangte die Studie von Helmut von

---

192 | »Aktionsprogramm der Bundesregierung zur Förderung der Rehabilitation der Behinderten«, in: Sozialpolitische Informationen v. 13.4.1970, S. 1-4, hier S. 4.

193 | U. Bach: Behinderten (1974), S. 17; Dr. h.c. Ulrich Bach (1931), Pastor und Dozent in der Evangelischen Stiftung Volmarstein in Wetter an der Ruhr.

194 | G. W. Jansen: Einstellung (1974), vgl. besonders die Einführung in Theorie und Empirie mit einer Diskussion der zeitgenössischen angelsächsischen Forschungsansätze ebd., S. 25-37.

195 | Vgl. Hajo Riesser: »Fragen des Wohnungsbaus für Körperbehinderte unter Berücksichtigung sozialmedizinischer und ethologischer Fragen«, in: Die Rehabilitation 10 (1971), H. 3, S. 151-159; »Der Bundespräsident wirbt um Verständnis für die Behinderten«, in: BArbl. 22 (1971), H. 2, S. 133; »Nicht laufen, nicht sprechen, nicht hören«. Spiegel-Report über sozial benachteiligte Gruppen in der Bundesrepublik (V): Behinderte, in: Der Spiegel v. 22.3.1971; Fredi Saal: »Einsam, aber nicht

Bracken *Vorurteile gegen behinderte Kinder.* Sie beruhte auf einer 1970/1971 unternommenen Repräsentativerhebung.[196]

Menschen, die nicht mit Behinderungen lebten, erschien, wie diese Erhebungen zeigten, ein Leben mit schwerer Behinderung noch immer oft so leidvoll und nutzlos, dass sie seinen »Lebenswert« in Abrede stellten. Auf die Frage, ob es für ein Kind mit geistiger Behinderung besser sei, früh zu sterben, antworteten in der Untersuchung von Helmut von Bracken nahezu drei Viertel der Befragten mit »Ja« oder »Ja, wenn...«.[197] Auch das Forscherteam um Gerd W. Jansen fragte, ob das Leben eines Kindes mit schweren körperlichen Behinderungen mit allen Mitteln erhalten werden sollte. Fast zwei Drittel der Befragten verneinten. Nur etwa ein Drittel erklärte, das Leben des Kindes müsse unbedingt gerettet werden, alles andere sei Mord. Insbesondere für Befragte, die den Vorkriegsgenerationen angehörten, kam zusätzlich eine Abtreibung in Betracht, falls zu erwarten war, dass ein Kind mit körperlichen Behinderungen zur Welt kam. Häufig nahmen sie Bezug zum Nationalsozialismus, indem sie den Mord an Kranken und Menschen mit Behinderungen als »Aufräumen« in den Heimen oder als humanitäre Hilfeleistung angesichts des scheinbar unerträglichen Leids darstellten. »Erlösungsmetaphern« begegneten den Forscherinnen und Forschern in diesem Zusammenhang ebenso häufig wie die Überzeugung, dass es »lebensunwertes Leben« gebe.[198]

Besonders deutlich zeigte sich die Beharrkraft der Vorstellung vom »lebensunwerten« Leben anlässlich des in Kapitel 2.3. näher beleuchteten Contergankomplexes. Ausgewertet wurden Briefe an die Redaktionen, in denen Leserinnen und Leser auf die Berichterstattung aus der Zeit des größten öffentlichen Interesses, also etwa ein dreiviertel Jahr nach Bekanntwerden der fruchtschädigenden Wirkung von Thalidomid, reagierten.[199] Anlass zu Le-

allein«, in: Das behinderte Kind 9 (1972), H. 4, S. 230-233, hier S. 230; Ernst Buck/ Michael Klemm: »Möglichkeiten der sozialen Integration Körperbehinderter. 1. Teil«, in: Die Rehabilitation 11 (1972), H. 4, S. 234-241, hier S. 235; Dies.: »Möglichkeiten der sozialen Integration Körperbehinderter. 2. Teil«, in: Die Rehabilitation 12 (1973), H. 1, S. 34-42, hier S. 40-41; D. Lipka/K. Jendsch/K. Kalusche/W. Mader u.a.: Untersuchung (1973), S. 212-218; W. Arendt: Wege (1974), S. 14; U. Bach: Behinderten (1974), S. 15-17; Maria Török/Helmut A. Paul: »Bewertungsmuster verschiedener Erkrankungs- und Behinderungsarten«, in: Die Rehabilitation 13 (1974), H. 4, S. 197-206; I. Österwitz: Bürgerinitiativen (1976), S. 19; W. Thimm: Behinderten (1977); H. Breitkopf/F. Hegner: Situation (1979).

196 | Vgl. zur Methode: H. v. Bracken: Vorurteile (1976), S. 50-58. Zur öffentlichen und politischen Rezeption der Studie vgl. W. Arendt: Wege (1974), S. 14; Ernst Klee: Behinderten-Report, 10., überarbeitete Aufl. Frankfurt a.M. 1981, S. 11; Dr. Helmut v. Bracken (1899-1984), Arzt und Psychologe, 1963-1969 Direktor des Instituts für Sonderschulpädagogik in Marburg.

197 | Vgl. H. v. Bracken: Vorurteile (1976), S. 77-79.

198 | Vgl. G. W. Jansen: Einstellung (1974), S. 94, 101, S. 118, Zitate S. 118-119.

199 | Sicherlich lässt sich hieraus nicht auf das Denken der Mehrheitsgesell-

serreaktionen gaben unter anderem die Berichte über die US-Amerikanerin Sherri Finkbine. Sie ließ 1962 in einer dänischen Klinik eine Spätabtreibung vornehmen, weil sie befürchtete, dass ihr Kind eine Thalidomidschädigung haben könnte. Sherri Finkbine inszenierte um sich selbst eine Medienkampagne, in die bundesdeutsche Presseorgane wie das Magazin *Quick* und die auflagenstärkste bundesweit erscheinende Tageszeitung *Bild* bereitwillig einstiegen.[200] Beide brandmarkten die Abtreibung als ethisch fragwürdig, forderten aber Verständnis für Sherri Finkbines Ängste. Die Mehrheit der abgedruckten Leserbriefe wiederum verteidigte die Abtreibung: Das Strafrecht sei barbarisch, wenn es Frauen zwinge, »solche Kinder« zur Welt zu bringen.[201] Während Frau Finkbine nur das Beste für ihr Kind gewollt habe, sei doch das eigentliche Verbrechen, solchen Kindern ein Leben zuzumuten.[202] Unter *Bild*- und *Quick*-Lesern, aber auch in der *Frankfurter Allgemeinen Zeitung*, entspann sich in der Folge eine Debatte um Abtreibung und »lebensunwertes« Leben.[203]

Stoff dazu bot auch der Prozess gegen die Belgierin Suzanne Vandeput, die ihre neugeborene Tochter getötet hatte, weil sie ohne Arme und vermutlich mit inneren Organschädigungen zur Welt gekommen war. Vandeput wurde von einem Lütticher Gericht freigesprochen. *Quick* betonte im November 1962, dass es doch Alternativen gebe sowie Hilfen »für die unglücklichen Kinder, dass auch sie den Weg ins Leben finden können«.[204] *Bild* reagierte mit einem Bericht über eine britische Mutter, die sich gegen die zeitgleich im britischen Unterhaus kursierenden Forderungen nach einer Le-

---

schaft zu schließen, zumal die Vorauswahl der Redaktionen zu bedenken ist, doch gestatten diese Leserbriefe wichtige Einsichten.

200 | Vgl. »Stockholm ist meine letzte Rettung. Bild-Interview mit der Contergan-Mutter«, in: Bild v. 6.8.1962; »Mit Unglück hausiert man nicht«, in: Quick v. 19.8.1962.

201 | Zitate aus Leserbrief v. M. R. zum Artikel »Mit Unglück hausiert man nicht«, in: Quick v. 19.8.1962; Leserbrief v. J. F. zum Artikel von Dietrich Beyersdorf: »Verbrechen oder Mutterliebe«, in: Bild v. 27.8.1962. Außerdem mit gleicher Aussage Leserbriefe von A. B. und W. H. zum Artikel »Mit Unglück hausiert man nicht«, in: Quick v. 19.8.1962.

202 | Vgl. Leserbrief v. E. B. zum Artikel von Dietrich Beyersdorf: »Verbrechen oder Mutterliebe«, in: Bild v. 27.8.1962.

203 | Vgl. Leserbrief v. H. W. zu Artikeln der FAZ über Abtreibung bei Conterganschädigung, in: FAZ v. 5.9.1962; Leserbrief v. H. K. zum Leserbrief v. Karl Th, in: FAZ v. 13.9.1962; Leserbrief v. G. M. zum Leserbrief v. Karl Th, in: FAZ v. 13.9.1962; Leserbrief v. H.-J. F. zu Leserbriefen in der FAZ v. 5.9.1962, in: FAZ v. 13.9.1962; Leserbrief v. H. R, in: FAZ v. 13.9.1962; Leserbrief v. F. v. H. zum Leserbrief v. H. R, in: FAZ v. 21.9.1962; Leserbrief v. I. K. zum Leserbrief v. H. R, in: FAZ v. 21.9.1962; Leserbrief v. C. W. R. zum Artikel »Die Contergan-Tragödie«, in: FAZ v. 21.9.1962.

204 | Vgl. »Ist meine Frau wirklich eine Mörderin«, in: Quick v. 21.10.1962; »The Thalidomide Disaster«, in: Time v. 10.8.1962; »So lernen sie leben«, in: Quick v. 25.11.1962, S. 9.

galisierung von Spätabtreibung und Kindstötung bei Conterganschädigung zur Wehr setzte. Der Leserschaft präsentierte *Bild* eine liebende Mutter, die ihr Kind annahm und es gegen die ihm übel wollende Umwelt verteidigte. Spätere *Bild*-Artikel reproduzierten das hier begründete Idealbild heldenhafter Mütter, die jedes Leid auf sich nahmen, um ihren Kindern zu helfen.[205]

Im Gegensatz dazu äußerten die Leserbriefe überwiegend Sympathien für Mütter, die kein Kind mit einer Behinderung großziehen wollten. Suzanne Vandeput wurde für den Mut gelobt, ihrem Kind »ein qualvolles Leben als Krüppel« erspart zu haben. Wiederholt wurde der Vorstellung Ausdruck verliehen, das Leben der von Contergan geschädigten Kinder könne nur körperliche und seelische »Qual« sein.[206] In der *Frankfurter Allgemeinen Zeitung* argumentierte ein Arzt, derart »missgestaltete Kinder«, »derartig geflickte Halb- oder Viertelgeschöpfe« kosteten die Gesellschaft nur Geld und sollten deshalb nicht leben.[207] Kreaturen dieser Art seien nicht von Gott gewollt, war in *Bild*-Leserbriefen zu lesen.[208] Ein anderer Leser schrieb der *Frankfurter Allgemeinen Zeitung*, es sei unmenschlich, eine Frau ein Kind austragen zu lassen, das »nur als Fragment eines Menschen zur Welt« komme, schließlich sei eine »gesunde, glückliche Familie« mehr wert als »die Erhaltung eines Krüppels, der sich selbst und seiner Umgebung zur Last wird«.[209] Implizit warfen die Briefschreiber die Frage auf, ob es sinnvoll sei, die Kinder jetzt »zu retten«, wenn sie dies ihrer Umgebung doch später unweigerlich zum Vorwurf machen würden.[210]

Ob die Kinder wohl für das Leben dankbar sein würden, das man ihnen schenke, fragten auch die Verfasser und Verfasserinnen von Leserbriefen,

---

205 | Vgl. zur Wiedergabe der britischen Legalisierungsdebatte z.B. »Trostlose Zukunft für die Geschädigten. Gnadentod für britische Contergan-Kinder?«, in: Bonner Generalanzeiger v. 20.7.1962; »Mein Kind soll weiterleben. Gnadentod für Contergan-Babys?«, in: Bild v. 23.7.1962. Weitere Artikel über Eltern in »Bild«: D. Beyersdorf: Mutterliebe (1962); »Das Leid kann uns keiner abnehmen«, in: Bild v. 4.9.1962; »Er muss allein fertig werden!«, in: Bild v. 6.9.1962; »Das hat die Mutter nicht verdient«, in: Bild v. 8.9.1962; »Mittelalterliche Zustände in Oberbayern«, in: Bild v. 11.9.1962; »Contergan-Zwillinge«, in: Bild v. 19.9.1962; »Sie wollen nicht betteln«, in: Bild v. 1.10.1962. Vgl. international »The Thalidomide Disaster«, in: Time v. 10.8.1962.

206 | Leserbriefe v. H. St., E. V., M. D., E. L. und H. B. zum Artikel »Ist meine Frau wirklich eine Mörderin«, in: Quick v. 18.11.1962; Leserbrief v. M. Ph. zum Artikel »Nicht Hüte, sondern Hilfe«, in: Bild v. 25.8.1962.

207 | Vgl. Leserbrief v. H. R, in: FAZ v. 13.9.1962.

208 | Vgl. Leserbriefe v. K. H. Th. und H. V. zum Artikel von Dietrich Beyersdorf: »Verbrechen oder Mutterliebe«, in: Bild v. 27.8.1962.

209 | Vgl. Leserbrief v. H. W. zu Artikeln der FAZ über Abtreibung bei Conterganschädigung, in: FAZ v. 5.9.1962.

210 | Leserbrief v. H. W. zum Artikel »Ist meine Frau wirklich eine Mörderin«, in: Quick v. 18.11.1962; Leserbriefe v. E. E. und E. B. zum Artikel von Dietrich Beyersdorf: »Verbrechen oder Mutterliebe«, in: Bild v. 27.8.1962.

die auf die im Sommer und Herbst 1962 zahlreich erscheinenden Artikel über die medizinischen und technischen Hilfen für »Contergan-Kinder« reagierten. Die Presse warb in diesem Zusammenhang mit Fotografien fröhlicher Kleinkinder in der Obhut sachkundiger Ärzte. Obgleich arme Opfer eines grausamen Schicksals, könnten die Kinder sicher ihren »Weg ins Leben« finden, so *Quick* und *Bild*.[211] Eine Leserin war dennoch von »Mitleid« und »Entsetzen« gepackt, weil die »ahnungslosen Geschöpfe eines Tags als Erwachsene das Leben meistern« müssten. Eine weitere Leserin schrieb, wäre sie selbst ohne Arme geboren worden, würde sie ihr »Leben jeden Tag verfluchen, auch dann, wenn ich so wunderbare Prothesen hätte«.[212] Aus allen Reaktionen geht hervor, dass Behinderung als Qual, Leid und Belastung gedeutet wurde. Ein befriedigendes Leben schien ausgeschlossen.

Doch ist der Leserschaft der zitierten Presse zugute zu halten, dass einzelne Stimmen solchen Zuschriften widersprachen. Mehrheitlich argumentierten diese mit dem unantastbaren Recht auf Leben, der Würde des Menschen und der Verbrechensgeschichte des Nationalsozialismus.[213] Eine Hebamme schrieb der *Quick*: »Würde das Recht, ein Kind zu töten auch nur den Eltern verliehen, wäre das Ergebnis ungeheuerlich. Zuerst wären es nur die hilflosen Kinder, dann aber könnte es recht erscheinen, die hilfslosen Alten umzubringen; und endlich würde das Gewissen so abgestumpft werden, dass jedes Vorurteil das Recht zu töten gäbe.«[214] Der *Frankfurter Allgemeinen Zeitung* schrieb ein Leser: »Das Erlösen der Missgeburten von allem kommenden Übel – ja sind denn die tausend Jahre noch nicht vorbei?« Ein anderer erklärte, hier werde unverhohlen zum Mord aufgerufen.[215] Ein Autor relativierte, Sherri Finkbine und Suzanne Vandeput seien nur Einzelfälle; die meisten Eltern sähen in ihren Kindern keine »Missgeburten«, sondern ganz normale Menschen, für die sie alles tun wollten.[216] Gefragt wurde auch, warum eine Familie mit gesunden Kindern denn mehr wert oder glücklicher sein sollte, und warum die Conterganschädigung überhaupt als

211 | Vgl. »So lernen sie leben«, in: Quick v. 25.11.1962, S. 9. Ähnlich bereits D. Beyersdorf: 3.000 Babys (1962); »Sie müssen helfen – Frau Ministerin«, in: Bild v. 22.5.1962.

212 | Leserbrief v. R. K. zum Artikel »So lernen sie leben«, in: Quick v. 23.12.1962; Leserbrief v. E. H. und U. B. zum Artikel »So lernen sie leben«, in: Quick v. 16.12.1962.

213 | Leserbrief v. S. W. zum Artikel »Ist meine Frau wirklich eine Mörderin«, in: Quick v. 18.11.1962; Leserbrief v. G. M. zum Leserbrief v. K. Th, in: FAZ v. 13.9.1962; Leserbrief v. H.-J. F. zu Leserbriefen in der FAZ v. 5.9.1962, in: FAZ v. 13.9.1962.

214 | Leserbrief v. R. L. zum Artikel »So lernen sie leben«, in: Quick v. 23.12.1962.

215 | Das Zitat in Leserbrief v. F. v. H. zum Leserbrief von H. R, in: FAZ v. 21.9.1962. Außerdem Leserbrief von I. K. zum Leserbrief v. H. R, in: FAZ v. 21.9.1962.

216 | Vgl. Leserbrief v. C. W. R. zum Artikel »Die Contergan-Tragödie«, in: FAZ v. 21.9.1962.

grausame Härte gelte. Die Grausamkeit komme doch aus der Gesellschaft, die nicht angemessen auf die Behinderung reagiere.[217]

Seit Herbst 1962 konzentrierte sich die Presse auf die Frage, ob der Staat genug Hilfen für die Kinder bereit stelle. *Bild* verlegte sich zudem darauf, diskriminierende Verhaltensweisen der Bevölkerung zu skandalisieren.[218] Auch in den folgenden Jahren thematisierten die Medien, wie erfolgreich die Kinder an das Leben in der Gesellschaft angepasst werden konnten, wenn die Gesellschaft sie dabei unterstützte.[219] Im Zentrum standen nun sprachliche Bilder der Hilfsbedürftigkeit·

Die hier zutage tretenden Muster der mitleids- und hilfsbedürftigen Menschen waren seit langem Bestandteil des Behinderungsdiskurses. Die Rede war beispielsweise von Not leidenden, »unglücklichen Menschenkindern«, die mit »glücklichem Lächeln« jede Zuwendung dankten.[220] Sie nähmen, so hieß es vor allem in den 1950er Jahren, gern alle Hilfen an, die sie erreichten, und seien stets empfänglich für Zuwendung und Mitleid. Die hier zum Ausdruck kommende Forderung, Menschen mit Behinderungen zu helfen, stand in keinem Widerspruch zu ihrer gesellschaftlichen Geringschätzung.[221]

Der befürsorgende und bemitleidende Zugang zu Behinderung hatte eine lange Tradition. Seit der Aufklärung war in der bürgerlichen Gesellschaft die Aufforderung verankert, wohltätig zu helfen. Fürsorge ging dabei mit Anpassungs- und Unterordnungserwartungen ebenso einher wie mit dem Ziel, Menschen produktiv und nutzbar zu machen. Nicht nur die öffentliche Krüppelfürsorge, sondern gerade die private Wohltätigkeit war untrennbar mit dem Erwerbsarbeitsparadigma verbunden. Hilfen für Menschen mit Behinderungen wurden seither als Rettungsleistung an Menschen beschrieben, deren Dankbarkeit und Unterordnung vorausgesetzt wurde.[222]

Behindertenpolitik und Rehabilitation waren im subsidiär verfassten

217 | Vgl. Leserbrief v. H. K. zum Leserbrief v. K. Th, in: FAZ v. 13.9.1962.

218 | Vgl. »Mittelalterliche Zustände in Oberbayern, in: Bild v. 11.9.1962; Carl B. Spöttel: »Contergan-Dorf ist beleidigt «, in: Bild v. 13.9.1962.

219 | Vgl. »Chiffre K 17«, in: Der Spiegel v. 3.6.1968; »Nicht laufen, nicht sprechen, nicht hören«. Spiegel-Report über sozial benachteiligte Gruppen in der Bundesrepublik (V): Behinderte, in: Der Spiegel v. 22.3.1971; Elly Waltz: »Engagierte Ärzte im Kinderzentrum Lebenshilfe«, in: Münchner Merkur v. 21.6.1968.

220 | Zitate bei J. Kais: Kernproblem (1951), S. 8; ebenso Otto Benesch: »Maßnahmen zur Früherkennung und Früherfassung Rehabilitationsbedürftiger«, in: BArbl. 16 (1965), H. 7, S. 255-259, hier S. 256; Th. Scharmann: Eingliederung (1957), S. 627; I. Österwitz: Bürgerinitiativen (1976), S. 20.

221 | Vgl. W. Bärsch: Behinderte (1975), S. 9.

222 | Vgl. R. Garland Thomson: Geschichten (2003), S. 421; J. Neumann: Konstituierung (1997), S. 28; Ch. Bradl: Anfänge (1991), S. 583; Annemieke van Drenth: »Doctors, Philanthropists and Teachers as ›True‹ Ventriloquists? Introduction to a Special Issue on the History of Special Education«, in: History of Education 34 (2005), H. 2, S. 107-117, hier S. 109.

Sozialstaat deutscher Prägung nicht ohne die private Wohltätigkeit denkbar. Die Verbände der Freien Wohlfahrtspflege, hier vor allem die katholische Josefsgesellschaft, die Innere Mission, das Deutsche Rote Kreuz und die Arbeiterwohlfahrt, unterhielten als Einrichtungsträger die nötige Infrastruktur. Spendengelder aus der Bevölkerung ermöglichten einen Großteil ihres Engagements. Bis in die 1960er Jahre dominierten die Verbände der freien Wohlfahrtspflege den Spendenmarkt in der Bundesrepublik. Der auf sie angewiesene Staat ließ ihnen dabei gesetzlich weitgehend freie Hand. Seit der Staat sich jedoch als Lenkungsinstanz zurückzog und neue Organisationen wie die auf Spenden angewiesenen Eltern- und Selbsthilfeverbände auf Sammlungsgenehmigungen drängten, verschärften sich die Konkurrenzen, und der Spendenmarkt pluralisierte sich.[223] Die Spendenziele, aber auch die Sammlungsmethoden variierten immer mehr. Zu den herkömmlichen Haus- und Straßensammlungen kamen Spendenbriefe, gezielte Medienarbeit, Wohltätigkeitsshows und der Verkauf von Waren, dessen Erlös ganz oder teilweise dem Spendenzweck zugeführt wurde. Markantes Beispiel war das »Wum-und-Wendelin«-Merchandising der Aktion Sorgenkind e.V. ab 1974. Groß angelegte, emotional vermittelte Spendensammlungen ließen die Auflagen der Printmedien in die Höhe schnellen. Spendeten Wirtschaftsunternehmen, durften sie sich nun positive Effekte für ihr Markenimage erhoffen. Wie sich Wohltätigkeit und mediale Eigenwerbung verbinden ließen, verdeutlicht eine in der Münchener Presse inszenierte Spende eines Margarineproduzenten aus dem Jahr 1969. Das Unternehmen schenkte den Kindern des Montessori-Kindergartens der Münchener Aktion Sonnenschein – Hilfe für das mehrfach behinderte Kind e.V. einen Kaufladen, mit dem sie das selbstständige Einkaufen und den Umgang mit Geld einüben sollten. Imagegewinn ließ sich hier mit Konsumerziehung und positivem Presseecho verbinden.[224]

Ein wesentlicher Entwicklungsschub ging vom Contergankomplex aus,

223 | Vgl. Gabriele Lingelbach: »Die Entwicklung des Spendenmarktes in der Bundesrepublik Deutschland. Von der staatlichen Regulierung zur medialen Lenkung«, in: Geschichte und Gesellschaft 33 (2007), H. 1, S. 127-157, hier S. 142-145, 152-152; Dies.: »Das Bild des Bedürftigen und die Darstellung von Wohltätigkeit in den Werbemaßnahmen bundesrepublikanischer Wohltätigkeitsorganisationen«, in: Archiv für Kulturgeschichte 88 (2007), H. 2, S. 345-365, hier S. 264; Entscheidungen des Bundesverfassungsgerichts 20, 150 v. 3.5.1966; BMJFG Abt. Ia5, Schreiben an Abt. Ib1, 24.2.1970, BArch B 189 751; Bundespräsidialamt (BPrA), Schreiben an BMGes, 13.6.1967, BArch B 122 5261; BMGes, Schreiben an BPrA, 25.8.1967, ebd. Vgl. als Beispiele der neuen Spendenkampagnen Stiftung Pfennigparade: Broschüre: Taten gegen Kinderlähmung [o.Dat., ca. 1958]; Stiftung Pfennigparade: Broschüre »Ein schwerer Weg« [o.Dat., 1960er Jahre]; Stiftung Pfennigparade: Broschüre »Wir freuen uns auf unser Haus« [1960er Jahre], alle in StadtAM ZS 427/1.

224 | Vgl. z.B. Christiane Dahlmann: »Kaufladen für behinderte Kinder«, in: Münchner Merkur v. 26.6.1969. Die 1968 gegründete Aktion Sonnenschein – Hilfe für das mehrfach behinderte Kind e.V., Einrichtungen der Früherkennung und -be-

denn dieser erfüllte wesentliche Voraussetzungen für ein substantielles Spendenaufkommen: Der Spendenzweck ließ sich klar umgrenzen, das moralische Kapital der Spendenempfänger war hoch und das mediale Interesse groß. Die Folge war eine Vielzahl von Spendensammlungen und Stiftungsinitiativen in privater Hand. Deren Ziele variierten zwischen der finanziellen Einzelfallhilfe und der Förderung von Großforschungsprojekten. Expertenverbände wie die DeVg oder das Grüne Kreuz e.V. wurden hier ebenso aktiv wie die Elternvereinigung Bundesverband der Eltern körpergeschädigter Kinder e.V. – Contergankinder-Hilfswerk.[225] Geworben wurde mit Bildern und Geschichten liebenswerter, aber hilfsloser Kinder, die der Hilfe der Öffentlichkeit bedurften und diese auch verdienten.

Bereits im Herbst 1962 bemächtigte sich auch *Bild* dieser Kinder und rief die Aktion »Baby-Pfennig« ins Leben. Diese traf den Nerv der Leser, die mit sorgenvoll aufgemachten Berichten über die mangelnden öffentlichen Hilfen für die Kinder auf ihre Spenderrolle vorbereitet wurden. Zwischen die Spendenaufrufe streute *Bild* nun einerseits Artikel von ärztlichen Experten, die versprachen, dass den Kindern geholfen werden konnte, wenn nur genügend Mittel für ihre medizinisch-technische Behandlung zur Verfügung standen. Andererseits erschienen zahlreiche kleine Erzählungen von Kindern, die ihre Defizite heroisch überwanden, in Kombination mit stets ähnlich inszenierten Fotografien glücklicher Kinder und liebevoller Eltern. Mithilfe eines Mediums, in dem wenige Monate zuvor noch über Abtreibung, Kindstötung und den Wert des Lebens debattiert worden war, durften sich Leserinnen und Leser nun in die Helferrolle einfinden. Einnahmen in Höhe von 106.000 DM waren das Ergebnis dieser Aktion.[226]

Den kommerziell größten Erfolg hatte jedoch die Aktion Sorgenkind e.V., eine Gründung des ZDF, der Spitzenverbände der freien Wohlfahrtspflege und der Arbeitsgemeinschaft der Elternverbände für behinderte Kinder e.V. Seit 1964 strahlte das ZDF die Fernsehlotterie Aktion Sorgenkind in Verbindung mit der Rateshow »Vergissmeinnicht« aus, seit 1969 die Show »3mal9« und ab 1974 »Der große Preis«. Die Shows erfreuten sich größter Beliebtheit. Im Anschluss lief jeweils das Informationsformat »Aktion Sorgenkind«, das über die Lebenssituation von Menschen mit Behinderungen aufklären sollte. Der wirtschaftliche Erfolg war fulminant: Bereits im ersten Halbjahr spielte die Lotterie 7,2 Millionen DM ein, dazu kamen Einzelspenden in Höhe von 1,6 Millionen DM. Bis 1970 gingen insgesamt fast 35 Millionen DM ein. Bis

handlung betrieb, finanzierte sich in den Anfangsjahren ausschließlich aus Spenden.

225 | Vgl. zu diesen Initiativen BPrA, Vermerk, 28.9.1962, BArch B 122 5251; BPrA, Schreiben an Kurt Lindemann, DeVg e.V., 20.9.1962, ebd.; DeVg e.V., Kurt Lindemann, Schreiben an BPrA, 3.12.1962, ebd.; BMGes, Staatssekretär Walter Bargatzky an BPrA, Staatssekretär Hans Berger, 27.8.1965, B 189 9458.

226 | Vgl. »Der Baby-Pfennig: Bild-Aktion: Helft Contergan-Kindern!«, in: Bild v. 31.8.1962; »Baby-Pfennig rollt schon«, in: Bild v. 1.9.1962; »Zehn Millionen Pfennige für die Opfer«, in: Bild v. 1.10.1962.

1989 waren es mehr als 1,5 Milliarden DM. Die erwirtschafteten Spenden gingen zu einem Viertel an die Elternverbände und zu drei Vierteln an die Freie Wohlfahrtspflege. Wenngleich überwiegend mit dem »Schicksal« der »Contergankinder« geworben wurde, kamen die Einnahmen Kindern mit unterschiedlichen Formen von Behinderungen unterschiedlicher Ursache zugute.[227] Sie wurden an Tagesstätten, Kindergärten, Werkstätten, Sonderschulen und Freizeiteinrichtungen verteilt oder zum Aufbau ambulanter Dienste eingesetzt. Das erste, mit 200.000 DM geförderte Projekt war der Neubau eines Kurheims für Kinder mit geistigen Behinderungen der Bundesvereinigung Lebenshilfe e.V. in Marburg.[228]

Topoi der Hilflosigkeit und des Defizits von »Sorgenkindern« standen im Mittelpunkt der Aussagen, die die Aktion Sorgenkind e.V. vermittelte. Wie Gabriele Lingelbach beschreibt, wurden Kindlichkeit und Unschuld besonders betont, da dies einen Wettbewerbsvorteil auf dem pluralisierten Spendenmarkt brachte. Die Informationssendungen verbreiteten zudem Erfolgsgeschichten der Rehabilitation, die mit dem realen Leben wenig gemeinsam hatten. Hier stand der Dank an die Spender im Zentrum, die erfahren sollten, welche Effekte ihre Unterstützung zeigte.[229] Menschen, die mit Behinderungen lebten, wurden zwar gezeigt, kamen aber bis in die 1980er Jahre selbst kaum zu Wort. Fehlinformationen gingen also mit der Reproduktion der traditionellen Stereotype von armen, bemitleidenswerten und vom Schicksal hart getroffenen Geschöpfen einher, die ihre individuellen Defizite heroisch durch Leistung überwinden mussten und dafür die finanzielle Unterstützung der Gesellschaft benötigten.

Aufgrund ihrer Beliebtheit trugen diese Sendungen stark zur medialen Konstruktion von Behinderung bei. Dies wog umso schwerer, als das Fernsehen einerseits zu einem zentralen Informations- und Unterhaltungsmedium der Deutschen geworden war, und es andererseits bis Anfang der 1970er Jahre kaum andere Fernsehbeiträge gab, die Behinderung sachlich

227 | Seit 1964 betrieb das ZDF die Fernsehlotterie Aktion Sorgenkind, im Dezember 1966 wurde der zugehörige Verein gegründet. Vgl. BPrA, Aufzeichnung für das Gespräch des Bundespräsidenten mit Theodor Schober, Präsident der Inneren Mission und Vorsitzender der Bundesarbeitsgemeinschaft der Freien Wohlfahrtspflege (BAGFW) am 2.2.1966, BArch B 122 5261; Bettina Kreusel: »Das Fernsehen als Spendengenerator. Eine Bestandsaufnahme der Sendungsangebote«, in: Wilke, Jürgen (Hg.): Massenmedien und Spendenkampagnen. Vom 17. Jahrhundert bis in die Gegenwart, Köln/Weimar/Berlin 2008, S. 234-335, hier S. 304-305.

228 | Vgl. zu den Einnahmen BPrA, Aufzeichnung für das Gespräch des Bundespräsidenten mit Theodor Schober, Präsident der Inneren Mission und Vorsitzender der BAGFW am 2.2.1966, BArch B 122 5261; zur Mittelvergabe vgl. Aktion Sorgenkind e.V., Geschäftsstelle Bonn, Richtlinien für die Vergabe von Mitteln aus der Aktion Sorgenkind [o.Dat.], BArch B 122 5261; Aktion Sorgenkind e.V., Richtlinien für die Vergabe von Mitteln aus der Aktion Sorgenkind [o.Dat.], BArch B 189 750.

229 | Vgl. zur Betonung der Unschuld G. Lingelbach: Bild (2007), S. 356; zum Spenderdank auch B. Kreusel: Fernsehen (2008), S. 306.

thematisierten und in der Lage gewesen wären, ein Gegenbild zu vermitteln. Kritische Reportagen entstanden erst ab 1970.[230] Auch im Unterhaltungsbereich blieb Behinderung, wenn sie überhaupt angesprochen wurde, bis in die 1970er Jahre Metapher für etwas Negatives oder Stoff für Rührseligkeiten.[231]

Menschen mit Behinderungen gelang es bis in die 1970er Jahre kaum, sich gegen diese Fremdzuschreibungen zu wehren. Gelegentlich finden sich Hinweis auf Versuche der Kriegsbeschädigtenorganisationen, sich von dem sprachlichen Bild des armen, an sich leidenden und auf die Wohltaten seiner Umwelt angewiesenen Menschen abzugrenzen. Sie verknüpften ihre Behinderung mit einem heroischen Aufopferungstopos, der sich kaum mit dauerhafter Hilflosigkeit und Abhängigkeit in Einklang bringen ließ. Viele litten unter der Unterstellung, ihr Leben sei eigentlich nicht »lebenswert« oder genussreich, und versuchten, sich solchen Zuschreibungen zu verweigern. Die sogenannten Ohnhänder seien keine »armseligen Kreaturen«, die am Leben verzweifelten, versuchte ein Redner des VdK im Jahr 1963 klarzustellen. Sein Leben sei auf jeden Fall lebenswert, und mit der Behinderung könne man sich durchaus aussöhnen.[232]

Obwohl es sich bei den Kriegsbeschädigten um eine vergleichsweise stimmkräftige und lobbystarke Gruppe handelte, gelang es ihnen nicht wesentlich, ihre Sicht auf das Leben mit Behinderung in den politischen Behinderungsdiskurs einzuspeisen. Erschwert wurde dies nicht zuletzt dadurch, dass sie selbst Hilfsbedürftigkeit einklagen mussten, um Ansprüche vor den Sozialleistungsträgern geltend zu machen. Gerade im Kontext von Antrags- und Gutachtenverfahren identifizierten sie sich als Objekte der Sozialleistungspolitik, obwohl dies ihrem Selbstverständnis widersprach.

Natürlich gab es auch unter den Praktikern der Rehabilitation Einzelne, die Menschen mit Behinderungen als eigenverantwortliche Subjekte betrachteten, anstatt sie auf Abhängigkeit und Hilflosigkeit zu reduzieren.

230 | Vgl. z.B. Land des Schweigens und der Dunkelheit, Dokumentation, BRD 1970/71; Behinderte Zukunft – Zur Situation der Körperbehinderten in der Bundesrepublik Deutschland, Dokumentation, BRD 1970/71; Ausgesperrt? Behinderte Kinder am Rande der Gesellschaft – dargestellt an drei Beispielen, Dokumentation, BRD 1972; Schleichende Euthanasie. Zur Situation von behinderten Kindern in unserer Gesellschaft, Dokumentation, BRD 1972; Rehabilitation bildungsfähiger Vorschul- und Schulkinder mit zerebralen Bewegungsstörungen, Dokumentation, BRD 1978.

231 | Vgl. Wohnzimmer zum Jenseits, Krimi, BRD 1963; Die Stärkere, Drama, BRD 1953; Der schweigende Engel, Drama, BRD 1954; Das letzte Konzert, Drama, BRD 1958; Der Damm, Drama, BRD 1964. Neuere mediale Bearbeitungen des Themas Behinderung: Unser Walter, Serie, BRD 1974; Vorstadtkrokodile, Jugendfilm, BRD 1977; David T. Mitchell/Sharon L. Snyder: Narrative Prosthesis. Disability and the Dependencies of Discourse, Ann Arbor, 2000, S. 17-30; C. Poore: Disability (2007), S. 195.

232 | Vgl. 1. Ohnhändertagung des VdK am 9.2.1963 in Düsseldorf, Rede v. Ludwig Hönle, NRWHStA BR 1134 594.

Für sie stand dabei das Rehabilitationsziel im Vordergrund. Der Erfolg aller Maßnahmen schien gefährdet, wenn der Klientel laufend signalisiert wurde, wie hilflos sie sei. So hielt ein Vertreter der Arbeitsverwaltung 1952 in einem Fachartikel fest, es handle sich bei der Mehrheit der Schwerbeschädigten um selbstbewusste Menschen, die ihr Schicksal zu meistern wüssten und »die nicht wollen, dass man ihnen immer wieder zum Bewusstsein bringt, wie schwer sie doch eigentlich getroffen sind«.[233] 1972 wandte sich ein Vertreter des Rehabilitationszentrums Lippoldsberg gegen die in der Praxis üblichen Bezeichnungen wie »Hilfe- und Ratsuchender« oder »Pflegebefohlener«. Das herabwürdigende Vokabular sei nicht dazu angetan, eine »gleichberechtigte Partnerschaft« zu schaffen. Er selbst bevorzuge Anleihen aus der Sportsprache wie »Formkrise«, »Trainingsrückstand«, »Konditionsschwäche«, »noch nicht überwundene Verletzungs- und Krankheitsfolgen« sowie »Spezial- und Aufbautraining«.[234] Ähnlich drückte sich 1973 der Präsident der Bundesanstalt für Arbeit, Josef Stingl, aus. An Mitgefühl fehle es nicht, wohl aber an sachlichem Verständnis.[235] Zweierlei neue Sichtweisen kamen hier zum Ausdruck. Einerseits wurden nun Widersprüche zwischen dem Rehabilitationsziel und den abwertenden Sprachregelungen erkannt. Andererseits galt es als verkehrt, wenn allein Mitleid oder Wohltätigkeit die Rehabilitation motivierten, denn diese galt nun als rational begründete Aufgabe der Gemeinschaft an Menschen.

Nicht der Rehabilitationserfolg, sondern der Widerspruch zum eigenen Selbstbild motivierte die Mitglieder der anwachsenden Emanzipationsbewegung, die ihrerseits seit Beginn der 1970er Jahre Kritik an den verzerrenden Bildern von hilflosen, dankbaren und unterwürfigen Hilfsempfängern übten. Zu den wortmächtigsten Kritikern gehörte der bereits weiter oben erwähnte Publizist Ernst Klee, der selbst nicht mit einer Behinderung lebte. Klee entlarvte in Satiren wie »Rent-a-Spasti« jene öffentlichen Bekundungen des Interesses für Menschen mit Behinderungen, die vorrangig der Imagepflege vermeintlicher Wohltäter dienten. Er skandalisierte, wie »Reklamekrüppel« von Politikern, Vereinen und Firmen medienwirksam als abhängige Hilfsempfänger inszeniert wurden:

»Zugunsten ›unserer Sorgenkinder‹ hüpfen Ballettschulen, posaunen Blasorchester, sammelt die Feuerwehr, trällern und orgeln Minister, in bester Absicht,

233 | Hans Volmer: »Aufgabenabgrenzung und Zusammenarbeit zwischen der Arbeitsverwaltung und Fürsorge im Lebensalter der Arbeitsfähigkeit – in der Fürsorge für Schwerbeschädigte. B. Aus dem Blickfeld der Arbeitsverwaltung«, in: NDV 32 (1952), H. 12, S. 388-389, hier S. 388.

234 | »Editorial«, in: Der gute Wille 8 (1972), H. 5, S. 1.

235 | Vgl. Josef Stingl: »Erste Plenarsitzung. Grußwort«, in: Jochheim, Kurt-Alphons/Moleski-Müller, Marlis/Siebrecht, Valentin (Hg.): Wege zur Chancengleichheit der Behinderten. Bericht über den 25. Kongress der DeVg e.V. in Bad Wiessee, 10.-12.10.1973, Heidelberg 1974, S. 6-7, hier S. 7; Joseph Stingl (1919-2004), CDU, Politologe, 1952-1968 MdB, 1968-1984 Präs. der BA.

des Sammelerfolges und des Renommees wegen (warum auch nicht). Der gute Zweck heiligt die Mittel, und unzählige Millionen sind auch eingegangen und in Heime und Sonderschulen investiert worden. [...] Die Erkenntnis, als lebendiger Spendentopf zu dienen, an dem andere ihre Wohltaten üben dürfen, ist auch in den Schwachen mächtig. [...] Zu Weihnachten blüht das Ablass-Geschäft. Einmal im Jahr werden die Einsamen hervorgekramt, zu Weihnachtsfeiern gefahren, an die große Tafel platziert und mit Kaffee und Kuchen und Spenden bedacht. Den Rest des Jahres bleiben Einsame einsam, Alte gebrechlich, Behinderte Krüppel und Heimkinder.«[236]

Aus der Sicht der Emanzipationsbewegung vereinigte gerade die Aktion Sorgenkind e.V. all die Vorurteile und Bevormundungen, gegen die ihre Mitglieder antraten: Die Fernsehsendungen vermittelten defizitorientierte und abwertende Bilder, Funktionäre verteilten Almosen, und die Gesellschaft versuchte, sich durch Wohltätigkeit von der Verantwortung frei zu kaufen, Menschen mit Behinderungen gleichberechtigt zu begegnen. Schon die Bezeichnung »Aktion Sorgenkind« rief Gegenwehr hervor. Zudem hielten die Spendenmittel jene Strukturen der Behindertenhilfe finanziell am Leben, die die Mitglieder der Bewegung als verkrustet und diskriminierend erlebten.[237]

Rückendeckung erhielten sie aus den Sozialwissenschaften. Die Soziologin Aiga Seywald und Walter Thimm beobachteten eine Spendenmentalität der Bundesdeutschen und sprachen von einem Mitleidsgefälle, das den Aufbau gleichberechtigter Beziehungen verhindere. Sie brandmarkten die Verknüpfung von privater Wohltätigkeit und abwertenden Visualisierungen. Thimm stellte fest, dass es für Menschen mit Behinderungen emotional einen Unterschied machte, ob sie eine erhaltene Leistung einem Rechtsanspruch verdankten oder einer Spendenaktion, die hauptsächlich dem Lustgewinn der Spendenden diente. Der Rummel der Spendenshows bedeute im Grunde, dass das Publikum durch die Show »ausgetrickst werden muss, damit es nicht merkt, dass es etwas für Behinderte tut«.[238]

In der Öffentlichkeit stieß derlei Kritik, soweit sich dies rekonstruieren lässt, auf Unverständnis. Als das Allensbacher Institut im Jahr 1980 Bürgerinnen und Bürger befragte, ob sie die von der Aktion Sorgenkind e.V. praktizierte Kombination von Lotterie, TV-Show und Aufklärung gut fänden, stimmten 90 Prozent zu. Konfrontiert mit der Kritik, dies schade aber

236 | E. Klee: Rent-a-Spasti (1975). Vgl. außerdem Ders.: Behindert. Über die Enteignung von Körper und Bewusstsein. Ein kritisches Handbuch, 2., überarbeitete Aufl. Frankfurt a.M. 1987, S. 100-102. Der Originaltext stammte vom Anfang der 1970er Jahre. Frühe Kritik z.B. auch in »Rede des Bundestagsabgeordneten Eugen Glombig zum 6. Welttag der Invaliden am 21.3.1965 in der Sendereihe des NDR ›Welt der Arbeit‹«, in: SPD Pressemitteilungen und Informationen v. 25.3.1965, S. 2.

237 | Vgl. S. v. Daniels/Th. Degener/A. Jürgens/F. Krick u.a. (Hg.): Krüppel-Tribunal (1983), S. 75; C. Poore: Disability (2007), S. 183.

238 | W. Thimm: Behinderten (1977), v.a. S. 90, Zitat S. 92; A. Seywald: Behinderung (1977), S. 68; ähnlich auch I. Österwitz: Bürgerinitiativen (1976), S. 20.

Menschen mit Behinderungen, weil sie ausschließlich als hilfsbedürftige Problemfälle wahrgenommen würden, hielten die meisten Befragten dennoch an ihrer Zustimmung fest. Lediglich jüngere Menschen nahmen dieses Argument tendenziell ernst. Die Autorinnen der Umfrage schlossen daraus wiederum, dass sich nur wenige Menschen »verunsichern« ließen, während die Mehrheit uneingeschränkt positiv zur Aktion Sorgenkind e.V. stehe. Sinn und Nutzen des TV-Formats schienen bestätigt.[239]

Auch der oben zitierte *Zeit*-Artikel Ernst Klees stieß auf Unverständnis, wie die abgedruckten Leserreaktionen zeigten. Gefährlicher als der Spendenrummel sei für Menschen mit Behinderungen doch wohl, wenn sich die Gesellschaft von ihnen abwende, weil ihr Zynismus und Heuchelei vorgeworfen oder ihr vermittelt werde, dass Spenden unerwünscht seien.[240]

Ob sie nun des Mitleids bedurften oder nicht, aus der Sicht der bundesdeutschen Öffentlichkeit waren Menschen mit Behinderungen, soweit sich dies rekonstruieren lässt, ultimativ anders. Auch im wissenschaftlichen und politischen Diskurs lässt sich diese Besonderung feststellen. Zu der Vorstellung, Behinderung markiere das ultimativ Besondere, gehörte zunächst die Konstruktion einer »Sonderseele«. Bis in die 1960er Jahre lässt sich unter Medizinern, Psychologen und Pädagogen die Vorstellung nachweisen, dass körperliche Behinderungen mit einer psychischen Störung oder charakterlichen Sonderlichkeit einhergehen müssten.[241]

Das Konstrukt der »Sonderseele« ging auf die mit der traditionellen Krüppelfürsorge verbundene sogenannte Krüppelseelenkunde zurück. Dort war in den ersten Jahrzehnten des 20. Jahrhunderts eine mechanistische Theorie über den Zusammenhang von körperlicher Behinderung, seelischen Störungen und charakterlichen Auffälligkeiten entstanden.[242] Strittig war, ob dem erzieherisch entgegenzuwirken sei. Alfred Adler, ein Schüler Sigmund Freuds und Begründer der Individualpsychologie, hatte 1907 in seiner *Studie über die Minderwertigkeit von Organen* psychische Krankheiten auf eine »Organminderwertigkeit« zurückgeführt: Aus Ad-

239 | Archiv des Instituts für Demoskopie Allensbach: Untersuchung: Behinderung. Die Aufgeschlossenheit der Bevölkerung für dieses Thema, Mai 1980, S. 19-21.

240 | Vgl. Leserbriefe v. Ch. R., K. W., I. H., D. H. und G. W. zum Artikel »Rent-a-Spasti«, in: Die Zeit v. 16.1.1975.

241 | Vgl. BMA Abt. IIa8, Niederschrift über die konstituierende Sitzung des Deutschen Ausschusses für die Eingliederung Behinderter in Arbeit, Beruf und Gesellschaft am 27.5.1960 in Berlin, Referat v. Friedrich Panse: Sozialpsychologische Grundlagen der Eingliederung Behinderter in Arbeit, Beruf und Gesellschaft, 18.7.1960, BArch B 142 1833; Tagung des Fachausschusses Jugendgesundheit der Arbeitsgemeinschaft Jugendpflege und Jugendfürsorge am 21./22.2.1952 in Bad Orb, Referat v. Gerd Brinkmann: Hilfe für versehrte Jugendliche, BArch B 153 108; W. Bläsig: Rehabilitation (1975), S. 91-93.

242 | Vgl. K. Biesalski: Grundriss (1926), S. 14; Klaus-Dieter Thomann: »Das behinderte Kind. ›Krüppelfürsorge‹ und Orthopädie in Deutschland 1886-1920«, Stuttgart/Jena/New York 1995, S. 208-210.

lers Sicht entwickelten »Organminderwertige« Minderwertigkeitspsychosen und einen Hang zur Überkompensation. Sie verhielten sich deshalb zwangsläufig anders und unberechenbar und standen, so Adler, der Gemeinschaft fern.[243]

Ohne auf Adler zurückzugreifen, war der Pädagoge Hans Würtz zu einem ähnlichen Modell gelangt und hatte den Begriff der »Krüppelseele« erfunden.[244] Er nahm an, dass körperliches und seelisches »Mindervermögen« miteinander einhergingen und »Krüppel« daher naturgemäß »gemeinschaftskrank« seien.[245] Würtz gilt als Begründer der sogenannten Krüppelpädagogik, die bis in die 1960er Jahre eine wesentliche Grundlage der Sondererziehung von Kindern mit Körperbehinderungen bildete.[246] Würtz' Theorien hatten Anklang in der Krüppelfürsorge und sogar Eingang in das Preußische Krüppelfürsorgegesetz vom 6. Mai 1920 gefunden.[247]

Diese Theorien hatten sich derartig verfestigt, dass sie, auch wenn dies seit den 1950er Jahren kaum mehr explizit gemacht wurde, noch bis in die 1970er Jahre zahlreichen sonder- und berufspädagogischen Veröffentlichungen zugrunde lagen.[248] Doch wuchs auch die Zahl ihrer Kritiker. Den Anfang machte bereits in den 1920er und verstärkt in den 1950er Jahren der bereits erwähnte Theologe Peter Josef Briefs von der katholischen Josefsgesellschaft. Er akzeptierte das von Hans Würtz propagierte Menschenbild nicht: Ein Mensch, wie Würtz ihn sich denke, sei jeden Wertes bar und unfähig, in einer Gemeinschaft zu leben. Seine praktischen Erfahrungen hätten jedoch gezeigt, schrieb Briefs, dass sich das Leben der Menschen mit Körperbehinderung überhaupt nicht wesentlich vom Leben der übrigen unterscheide: »Der Körperbehinderte ist nicht [...] das Spiel unholder, dämonischer Kräfte.

243 | Vgl. Alfred Adler: Studie über die Minderwertigkeit von Organen, München 1927, S. 61-72; Dr. Alfred Adler (1887-1937), Arzt, 1934 Emigration.

244 | Vgl. Hans Würtz: Das Seelenleben des Krüppels, Leipzig 1921, v.a. S. 6; Ph. Osten: Modellanstalt (2004), S. 152; Hans Würtz, d. i. Johannes Würtz (1875-1958), 1911-1933 an der Krüppel-Heil- und Erziehungsanstalt für Berlin-Brandenburg/Oskar-Helene-Heim, 1935 Emigration, 1949 Kurator des Oskar-Helene-Heims.

245 | Vgl. Hans Würtz: »Ein Beitrag zur Begründung der Krüppelpsychologie«, in: Zeitschrift für Krüppelfürsorge 7 (1914), H. 1, S. 16-42.

246 | Vgl. P. Fuchs: Körperbehinderte (2001), S. 52, 58; Ph. Osten: Modellanstalt (2004), S. 151-152.

247 | Zu diesem Verfestigungsprozess P. Fuchs: Körperbehinderte (2001), S. 60-61.

248 | Als Beispiele Peter R. Wellhöfer: »Der behinderte Mensch: psychologische Erklärungsmodelle als Grundlage rehabilitativer Maßnahmen«, in: Die Rehabilitation 13 (1974), H. 3, S. 1963-171, hier S. 165-166; Ernst Giggel: »Berufsberatung, Berufsfindung/Berufsvorbereitung und berufliche Eingliederung behinderter Jugendlicher«, in: Arbeit, Beruf und Arbeitslosenhilfe – Das Arbeitsamt 21 (1970), H. 11, S. 343-346, hier S. 345.

[...] Es ist höchste Zeit, dass die Unbehinderten lernen, dass auch der Behinderte selbstverständlich ein Mensch ist, wie alle andern auch.«[249]

Kritik am Konstrukt der »Sonderseele« übten auch wieder die Interessenverbände der Kriegsbeschädigten. So betonte 1963 beispielsweise ein VdK-Redner, der damalige Vize-Präsident des Verbandes, Ludwig Hönle, vor einer »Ohnhänder«-Tagung, Kriegsbeschädigte hätten Schwächen und Vorzüge wie alle Menschen. Manche seien verbittert, andere überschlügen sich geradezu vor Energie.[250]

Die bundesdeutschen Medien nahmen die Vorstellung von der »Sonderseele« noch in den 1960er Jahren bereitwillig auf. So unterstellte 1963 beispielsweise ein Autor in *Die Zeit* pauschal allen, die mit Körperbehinderungen geboren wurden oder seit ihrer Kindheit damit lebten, »Hass- und Zwangsneurosen«. Damit begründete er seine Forderung, die vorgeburtlich von Thalidomid geschädigten Kinder fernab von ihren Familien und Gleichaltrigen zu betreuen und erziehen, bis sie fähig seien, in der Gemeinschaft zu leben.[251] Die Jansen-Umfrage *Die Einstellung der Gesellschaft zu Körperbehinderten* wiederum ergab, dass am Ende der 1960er Jahre noch zwei Drittel der Befragten ganz oder teilweise der Aussage zustimmten, Menschen mit Körperbehinderungen müssten zwangsläufig charakterliche oder seelische Störungen haben.[252]

In der Fachwelt machte sich zu diesem Zeitpunkt jedoch ein Denkwandel bemerkbar. Weniger die körperlichen Behinderungen selbst, als vielmehr Hospitalismusschäden oder negative Umwelterfahrungen kamen nun als Ursachen von psychischen Problemen in Betracht.[253] In den folgenden Dekaden mündete dieser Denkwandel in die Auffassung, dass Menschen

---

249 | LAA NRW, Lehrgang für Berufsberatung körperbehinderter Jugendlicher am 10.7.1957 in Bigge, Referat v. Peter Josef Briefs: Um das Menschenbild im körperbehinderten Mitmenschen, BArch B 119 1965. Vgl. zu Briefs Menschenbild auch P. J. Briefs: Entwicklung (1960), S. 30; DeVg e.V., Schreiben an BMI, Abdruck der Referate der Arbeitstagung der DeVg am 24.5.1956 in Bad Kreuznach, Referat v. Peter Josef Briefs: Der Körperbehinderte und die Öffentlichkeit, BArch B 106 10810; Ders.: »Die Bedeutung der Familie für die Lösung des Gebrechlichenproblems«, in: Caritas 52 (1951), H. 7/8, S. 153-166, hier S. 155-156, 159; Ders.: Körperbehindertenfürsorge im Geiste der Caritas, Paderborn 1955.

250 | Vgl. 1. Ohnhändertagung des VdK am 9.2.1963 in Düsseldorf, Rede v. Ludwig Hönle, NRWHStA BR 1134 594.

251 | Vgl. Thomas Regau: »Handeln – nicht heucheln«, in: Die Zeit v. 1.2.1963.

252 | Vgl. G. W. Jansen: Einstellung (1974), S. 90, 99.

253 | Vgl. z.B. Gottfried Motzheim: »Grundeinstellung zur Wertung des Behinderten in Familie und Öffentlichkeit«, in: Die Rehabilitation 10 (1971), H. 2, S. 65-73, hier S. 66-68; BAR, Ergebnisniederschrift über die 3. Sitzung des Ausschusses für Aus- und Fortbildung von Fachkräften am 19.6.1973 mit Besichtigung des Berufsbildungswerks (BBW) Husum des Diakonischen Werks, Referat v. J. Hofmann, Leiter des Theodor-Schäfer-BBW: Allgemeine Probleme des Rehabilitationspersonals im Berufsbildungswerk, BArch B 172 1772.

mit einer Behinderung wie alle anderen Menschen an einer psychischen Krankheit erkranken konnten, aber nicht zwangsläufig mussten.

In der Bevölkerung hingegen beobachteten Sozialwissenschaftler in empirischen Studien um 1970, dass Menschen mit Behinderungen als anders, gleichsam als Sonderwesen angesehen wurden. Viele empfanden sie als kriminell, aggressiv, gefährlich, böse, rücksichtslos oder besonders egoistisch.[254] Sie lehnten es ab, dass Menschen mit Behinderungen inmitten der Gesellschaft leben sollten. 44 Prozent der beispielsweise von Helmut von Bracken befragten Personen plädierten dafür, alle Kinder mit geistigen Behinderungen in Anstalten in völliger ländlicher Abgeschiedenheit unterzubringen.[255]

Bereits im Zuge des Contergan-Skandals waren in den bundesdeutschen Medien verschiedene Vorschläge aufgetaucht, die betroffenen Kinder in speziellen »Contergandörfern« oder einer »Kleinen Stadt für Conterganarkinder« unterzubringen, wo niemand ihrer Andersheit gewahr werden würde. Die Urheber solcher Vorschläge führten unter anderem das Projekt Het Dorp im niederländischen Arnheim als Referenz an. Sie bewarben dies auch mit dem Argument, die Kinder könnten in der Abgeschiedenheit besser vor der Grausamkeit anderer Menschen geschützt werden.[256] Der Arzt Thomas Regau erklärte in *Die Zeit*, ein gewisser Verlust an Nestwärme in einer »Kleinen Stadt« müsse in Kauf genommen werden, da er weniger schädlich sei als eine Jugend voller Demütigungen.[257]

Gegner dieser Separationsprojekte enttarnten die Rede von der geschützten Umgebung und den besseren Entfaltungsmöglichkeiten jedoch als Vorwand, um dem der Bevölkerung attestierten Verlangen zu entsprechen,

254 | Vgl. G. W. Jansen: Einstellung (1974), S. 62, 67, 90; H. v. Bracken: Vorurteile (1976), S. 65; H.-G. Sergl/F. Schmid: Lage (1972), S. 138-139; Martin Jaeckel/Stefan Wieser: Das Bild des Geisteskranken in der Öffentlichkeit, Stuttgart 1970, S. 18-23, 74; W. Jantzen: Sozialisation (1974), S. 115-116, 119; Dieter Janz: »Social Prejudice against Epileptics«, in: Dicke, Werner/Jochheim, Kurt-Alphons/Müller, Marlis/Thom, Harald (Hg. im Auftrag der ISRD): Industrial Society and Rehabilitation – Problems and Solutions. ISRD-Proceedings of the Tenth World Congress Wiesbaden 11.-17.9.1966, Heidelberg 1967, S. 35-36, hier S. 35; »Um die Einstellung eines psychisch Behinderten im öffentlichen Dienst«, in: Der gute Wille 9 (1973), H. 6, S. 6-7; J. Neumann: Konstituierung (1997), S. 21; H. Harbauer: »Social Prejudice against the Mentally Disabled«, in: Dicke, Werner/Jochheim, Kurt-Alphons/Müller, Marlis/Thom, Harald (Hg. im Auftrag der ISRD): Industrial Society and Rehabilitation – Problems and Solutions. ISRD-Proceedings of the Tenth World Congress Wiesbaden 11.-17.9.1966, Heidelberg 1967, S. 34-35; U. Wilken: Geschichte (1984), S. 81; Hans-Jörg Uther: Behinderte in populären Erzählungen. Studien zur historischen und vergleichenden Erzählforschung, Berlin/New York 1981, S. 8. 59-63.

255 | H. v. Bracken: Vorurteile (1976), S. 80.

256 | Vgl. Die Positionen der Isolationsbefürworter sind referiert in BMGes Abt. Ia5, Sachverständigenbericht über die Rehabilitation von Kindern mit schweren Missbildungen, 19.2.1964, BArch B 142 1829.

257 | Vgl. Th. Regau: Handeln (1963).

Menschen mit Behinderungen möglichst nicht zu begegnen.[258] Gerade die Abschiebung der vorgeburtlich durch Contergan geschädigten Kinder stieß in der Ärzteschaft, bei den Eltern und im Bundesgesundheitsministerium auf vehemente Ablehnung.[259]

Ein Ereignis des Jahres 1969 geriet zum wichtigsten Bezugspunkt in der Debatte um Separation, Sonderverhältnisse und Abwehrhaltungen der Gesellschaft: der sogenannte Fall Aumühle, keineswegs das einzige,[260] aber das in der medialen Öffentlichkeit prominenteste Beispiel von Ausgrenzung und Diskriminierung. Bewohner des niederbayerischen Dorfes Fürsteneck verhinderten den Umbau der Aumühle zu einer Einrichtung, in der Kinder mit geistigen Behinderungen wohnen sollten. Sie schreckten dabei weder vor physischer Gewalt gegen den Heimleiter noch vor Brandstiftung zurück.[261] Teils argumentierten sie damit, die Einrichtung beeinträchtige den Fremdenverkehr, teils führten sie Gefahren für Natur, Wald und Landschaft an. Gezielt schürten die Fürstenecker die Angst vor Kriminalität, indem sie vor Übergriffen der Kinder und Jugendlichen auf die weibliche Ortsbevölkerung warnten.[262]

Angesichts dieses Falles entspannen sich einerseits mediale und politische Debatten darüber, wo der »richtige« Ort für Menschen mit geistigen Behinderungen sei und ob die räumliche Inklusion der traditionellen Separation vorzuziehen sei.[263] Andererseits nahmen Kritiker des »Falles Aumühle« das Verhalten der Fürstenecker zum Anlass, das bestehende Rehabilitations- und Heimsystem generell anzugreifen. Der *Spiegel*-Autor Kai Hermann argumentierte zum Beispiel, nicht nur die Fürstenecker seien zu verurteilen, sondern auch die Sozialämter, die »Geistesschwache, Geisteskranke und schwererziehbare Jugendliche ohne Unterschied in den Bayerischen Wald loswerden« wollten, »wohl wissend, dass dort keine Möglichkeit für Ausbildung und Eingliederung bestand«.[264] Der Aufruhr verweist somit

258 | Vgl. W. Thimm: Behinderten (1977), S. 97; K. H. Seifert: Probleme (1974), S. 125.

259 | Vgl. BMGes Abt. Ia5, Sachverständigenbericht über die Rehabilitation von Kindern mit schweren Missbildungen, 19.2.1964, BArch B 142 1829; BMGes Abt. Ia5, Schreiben an Hilda J., 9.2.1965, BArch B 142 1833; Köchling, Jürgen/Nedelmann, Hedwig: »Beschäftigungstherapie bei angeborenen Missbildungen der Extremitäten«, in: Beschäftigungstherapie (1963), Sonderdruck, BArch B 142 1829.

260 | Vgl. zu weiteren Übergriffen gegen Menschen mit Behinderungen in den 1960er und 1970er Jahren die Zusammenstellungen in E. Klee: Behinderten-Report (1981), S. 10-11; E. Buck/M. Klemm: Möglichkeiten, 1. Teil (1972), S. 235; W. Fandrey: Krüppel (1990), S. 254.

261 | Vgl. W. Rudloff: Sozialstaat (2003), S. 181.

262 | Vgl. W. Rudloff: Schatten (2002), S. 413.

263 | Vgl. mit weiteren Hinweise zur Debatte E. Ernst: Behinderten-Report.

264 | Kai Hermann: »Was nützt uns ein soziales Gewissen?«, in: *Der Spiegel* v. 27.10.1969; Kai Herrmann (1938), Historiker und Autor, 1967-1969 Redakteur bei *Die Zeit*, 1969-1972 *Der Spiegel*.

auch auf eine neue mediale Kontrolle des Umgangs mit Menschen mit Behinderungen, zumindest aber auf neue Regeln des Sagbaren.

In wissenschaftlichen Studien diente der »Fall Aumühle« als Beleg für die Zählebigkeit diskriminierender Stereotypen und Verhaltensweisen.[265] Auf der Ebene der Bundesministerien und der Politik wurde er hingegen vor allem seit Amtsantritt der sozialliberalen Koalition im Herbst 1969 zum Anlass genommen, zu einem Denkwandel und gleichberechtigten Umgang miteinander aufzurufen. So verstärkte ein Negativbeispiel zwei wesentliche Inhalte dieses neuen politischen Zugangs zu Behinderung und diente dazu, die wachsenden Investitionen der Bundesregierung in die Rehabilitation und Behindertenpolitik zu legitimieren. Angesichts dieses Beispiels bedurfte es umso mehr der politischen Anstrengungen, um, in der Sprache von Bundespräsident Gustav Heinemann und Bundesarbeitsminister Walter Arendt, Menschen mit Behinderungen aus dem Schatten der Gesellschaft treten zu lassen.[266]

Ob der »Fall Aumühle« eher ein Einzelfall war und ob die Urteile, die in wissenschaftlichen Studien über die öffentliche Meinung zu Behinderung gefällt wurden, tatsächlich zutrafen, ist insofern von geringer Bedeutung, als beides Teil des Behinderungsdiskurses wurde und erkennbar die Behindertenpolitik antrieb. Diskriminierung und Separation widersprachen um die Wende zu den 1970er Jahren zunehmend den behindertenpolitischen Zielsetzungen. Anders als in den vorangegangenen Jahrzehnten schien das Eingliederungsparadigma schwerlich erfüllbar, wenn Weg und Ziel voneinander abwichen. Rehabilitation sollte nun nach Möglichkeit innerhalb der Gesellschaft stattfinden. Vertreterinnen und Vertreter von Ministerialbürokratie, Politik und Wissenschaft befanden, dass individuelle Andersheit nicht unbedingt auch nach Sonderverhältnissen und räumlicher Separation verlangte.

Sollten Menschen mit Behinderungen erfolgreich rehabilitiert und in die Gesellschaft als Ganzes eingegliedert werden, bedurfte es räumlicher Berührungspunkte und bewusst gestalteter Kontaktmöglichkeiten, befand beispielsweise der Staatssekretär im Bundesministerium für Jugend, Familie und Gesundheit 1973.[267] Das Landesarbeitsamt Südbayern wies seine Arbeitsämter an, die neue bundespolitische Maxime umzusetzen; sollten neue Werkstätten für Behinderte gegründet und öffentlich gefördert werden, durften sie »nicht auf der grünen Wiese entstehen, sondern [waren]

265 | Vgl. vor allem W. Jantzen: Sozialisation (1974), S. 150.

266 | Vgl. »Weihnachtsansprache des Bundespräsidenten. Appell an Solidarität und Bügermut«, in: Bulletin des Presse- und Informationsamts der Bundesregierung v. 28.12.1971, S. 2090; »Der Bundespräsident wirbt um Verständnis für die Behinderten«, in: BArbl. 22 (1971), H. 2, S. 133; W. Arendt: Wege (1974), S. 14; Dr. Dr. Gustav Heinemann (1899-1976), CDU/GVP/SPD, 1969-1974 Bundespräsident.

267 | Vgl. BAR, 5. Mitgliederversammlung der BAR am 4.12.1973, Referat v. Heinz Westphal: Aktuelle Fragen der Rehabilitation Behinderter, BArch B 189 9461.

möglichst in die örtlichen Industriegebiete einzubinden«.[268] Damit wurde ein bisheriges Credo der Behindertenpolitik umgekehrt. Da für »besondere« Menschen Sonderverhältnisse nötig erschienen waren, waren separierte Formen des Lebens, Wohnens, Arbeitens und Lernens entwickelt worden, differenziert nach Art und Schweregrad der Behinderungen.[269] Bei der Standortwahl waren viele Einrichtungsträger über Jahrzehnte hinweg der Strategie gefolgt, Menschen mit Behinderungen in der räumlichen Peripherie anzusiedeln, wo sie für die Gesellschaft gleichsam unsichtbar waren. Ein Großteil der Heime der sogenannten Krüppelfürsorge des 19. Jahrhunderts, aber auch Neugründungen nach 1945, waren in ländlicher Abgeschiedenheit entstanden.[270] Die 1949 gegründete Einrichtung der Inneren Mission in Hessisch-Lichtenau beispielsweise wurde 1953 als »klinisches Dorf« am Waldrand beschrieben. Noch in den 1970er Jahren entstand außerhalb des kleinen Orts Neckargmünd bei Heidelberg ein riesiges Rehabilitationszentrum in relativer Isolation.[271]

Ebenso wie diese Standortwahl stand um 1970 die schulische Segregation von Kindern mit Behinderungen in differenzierten Sonderschulen zur Debatte. Kontroverse Debatten über den Platz von Menschen mit Behinderungen in der Gesellschaft lösten den bisherigen Grundkonsens ab, dass Andersheiten quasi selbstverständlich nach Sonderverhältnissen und besonderer Behandlung verlangten. In der Praxis der 1960er und 1970er Jahre dominierte freilich noch das segregierende Sonderschulwesen, das sogar massiv erweitert und ausdifferenziert wurde.

Das Netz von Sonderschulen, denen Kinder je nach Art ihrer Behinderungen zugewiesen wurden, war nach dem Zweiten Weltkrieg allmählich wieder aufgebaut worden. Grundlage war zunächst das Gesetz über die Schulpflicht von 1938, das Schulpflicht und Sonderschulzwang für Kinder mit Körper-, Sinnes- und bestimmten intellektuellen Behinderungen vorsah, Kinder mit geistigen Behinderungen jedoch von der Beschulung ausschloss.[272] Ansätze der Westalliierten, während der Besatzungszeit das ge-

268 | Präsident des LAA Südbayern, Rundverfügung 228/73 v. 3.8.1973 an AÄ, mit Anlage: Aufgabenstellung, Grundkonzeption, Netzplanung und Förderungsgrundsätze für Rehabilitationseinrichtungen im Aufgabenbereich der Bundesanstalt für Arbeit (BA), 21.8.1973, StAM AÄ 1077.

269 | Vgl. C. Poore: Disability (2007), S. 179; Irmgard Schnell: Geschichte schulischer Integration. Gemeinsames Lernen von SchülerInnen mit und ohne Behinderung in der BRD seit 1970, Weinheim/München 2003, S. 41.

270 | Vgl. R. Mentner: Almosenempfänger (2004), S. 52-57; United Nations International Childrens Emergency Fund (UNICEF), Harold Balme: Bericht über einen Besuch in Deutschland im Auftrag der UNICEF, 7.-18.5.1951, 23.5.1951; BArch B 153 109; W. Thimm: Behinderten (1977), S. 97.

271 | Das Zitat in »Die orthopädische Heil- und Lehranstalt der Inneren Mission in Hessisch-Lichtenau«, in: NDV 33 (1953), H. 8, S. 245-247, hier S. 246.

272 | Vgl. K.-A. Jochheim/F. Schliehe/H. Teichmann: Rehabilitation (2001), S. 574; Otto Speck: »Sonderschulen«, in: Liedtke, Max (Hg.): Handbuch der Ge-

meinsame Lernen als Wesenselement der Demokratisierung zu etablieren, waren gescheitert.[273] Seit den 1960er Jahren, vor allem aber seit der Mitte des Jahrzehnts mehrten sich die Warnungen von Experten und Politikern, dass die verfügbaren Sonderschulplätze dem Bedarf bei Weitem nicht entsprächen. Viele Kinder, die als schulfähig eingestuft worden waren, könnten deshalb gar keine Schule besuchen oder würden in Regelschulen ohne besondere pädagogische Zuwendung mit unterrichtet.[274]

Ärzteschaft und Pädagogen stuften dies als Versagen des Staats und als Vergehen am Wohl der Kinder ein. Die Befürworter der Sondererziehung nahmen an, dass Sonderschulen den unterschiedlichen Bedürfnissen der Kinder besser entsprachen, da sie ihre Lehrpläne den attestierten Defiziten und Besonderheiten anpassen und ihre Lehrkräfte entsprechend spezialisieren konnten. Die Leistungsfähigkeit der Regelschulen wiederum schien zu wachsen, wenn Kinder mit Behinderungen systematisch ausgegliedert wurden.[275]

Im Zuge des Conterganskomplexes fiel ab etwa 1963 die Betonung auf die

---

schichte des bayerischen Bildungswesens. Bd. 3: Geschichte der Schule in Bayern von 1918 bis 1990, Bad Heilbrunn 1997, S. 914-924, hier S. 916-917; Justin J. Powell: »Behinderung in der Schule, behindert durch Schule? Die Institutionalisierung der ›schulischen Behinderung‹«, in: Waldschmidt, Anne/Schneider, Werner (Hg.): Disability Studies, Kultursoziologie und Soziologie der Behinderung. Erkundungen in einem neuen Forschungsfeld, Bielefeld 2007, S. 321-343, hier S. 325; Petra Fuchs: »Sonderpädagogik in der Zeit des Nationalsozialismus. ›Nicht allen das Gleiche, sondern jedem das Seine‹«, in: Hamm, Margret (Hg.): Lebensunwert zerstörte Leben. Zwangssterilisation und ›Euthanasie‹, Frankfurt a.M. 2005, S. 120-132, hier S. 129, 131; Sieglind Ellger-Rüttgardt: »Historische Aspekte der gemeinsamen Bildung behinderter und nichtbehinderter Kinder und Jugendlicher«, in: Die Sonderschule 40 (1995), H. 6, S. 421-435, hier S. 422; Ingeborg Thümmel: Sozial- und Ideengeschichte der Schule für Geistigbehinderte im 20. Jahrhundert. Zentrale Entwicklungslinien zwischen Ausgrenzung und Partizipation, Weinheim/Basel/Berlin 2003, S. 140.

273 | I. Schnell: Geschichte (2003), S. 21; D. Mattner: Menschen (2000), S. 78-79.

274 | Vgl. Bundesministerium für Familie und Jugend (BMFJ), Jugendbericht 1965, Kurzfassung, BArch B 153 1475; UNICEF, Harold Balme: Bericht über einen Besuch in Deutschland im Auftrag der UNICEF, 7.-18.5.1951, 23.5.1951, BArch B 153 109; »Krankenhaus bzw. Bettschulunterricht für behinderte Kinder«, in: NDV 45 (1965), H. 11, S. 388; Orth. Klinik König-Ludwig-Haus, Vorstand, Schreiben an Regierung v. Unterfranken, Regierungsschulrat, 27.11.1950, StAWü Regierung v. Unterfranken 23986; Bezirksverband Unterfranken, Schreiben an orth. Klinik des König-Ludwig-Hauses, Würzburg, Februar 1951, ebd.; Regierung v. Unterfranken, Vermerk, 11.4.1957, ebd.; W. Rudloff: Rehabilitation, Bd. 4 (2007), S. 486; O. Speck: Sonderschulen (1997), S. 915. Vgl. aus autobiografischer Sicht Luise Habel: Herrgott, schaff die Treppen ab! Mit einem Vorwort v. Zink, Jörg, München 1994, S. 17-20, 22-24, 30-33.

275 | Die Argumente der Befürworter referiert bei Th. Scharmann: Probleme (1956), S. 180; außerdem »Probleme von jugendlichen Schwerbeschädigten«, in: Münchener Medizinische Wochenschrift v. 10.12.1954, S. 1497; U. Schildmann:

moralische Verpflichtung der Gesellschaft, denn die Medien wachten aufmerksam darüber, ob die existierenden Sonderschulen für die »Contergankinder« in quantitativer und qualitativer Hinsicht genügten.[276] Infolgedessen mischte sich sogar das Bundesministerium für Gesundheit, das formal keine bildungspolitischen Kompetenzen besaß, in die Schulfrage ein. Ministerin Elisabeth Schwarzhaupt (CDU) forderte die Kultusministerkonferenz auf, sich des Problems anzunehmen, und zeigte sich beunruhigt, als diese nicht unmittelbar für einen Ausbau des Sonderschulwesens plädierte.[277]

Die Klagen über die »Sonderschulnot« nahmen nun insbesondere in den Medien mitunter hysterische Züge an. Aber auch aus den Reihen der Expertinnen und Experten wurden immer häufiger Forderungen nach einem Ausbau des Sonderschulsektors laut.[278] 1972 rief beispielsweise auch der

---

Funktion (1977), S. 56; I. Thümmel: Sozialgeschichte (2003), S. 140-141; W. Rudloff: Rehabilitation, Bd. 4 (2007), S. 487; Ders.: Überlegungen (2003), S. 872.

276 | Vgl. z.B. Gerhard Mauz: »Das Problem des erlaubten Risikos«, in: Der Spiegel v. 20.3.1967; BMI, Niederschrift über die Besprechung mit den Vertreten der obersten Landessozialbehörden und der obersten Landesgesundheitsbehörden am 2.10.1962 im BMI, 2.10.1962, BArch B 106 10791; BT, 4. WP, Kurzprotokoll der 9. Sitzung des Ausschusses für Kommunalpolitik und Sozialhilfe am 15.11.1962, BArch B 106 10805; BMGes Abt. Ia5, Protokoll der Besprechung am 4.10.1963, BArch B 142 1825.

277 | Vgl. BMGes, Staatssekretär Walter Bargatzky, Schreiben an Abteilungsleiter I, 18.11.1965, BArch B 189 20890; BMGes Abt. Ia5, Vermerk: Bericht über die Dysmeliearbeitstagung am 5./6.11.1965 in Heidelberg, 16.11.1965, ebd.; Ständige Konferenz der Kultusminister der Länder in der BRD, Schreiben an BMGes, 7.1.1966, ebd.; Ständige Konferenz der Kultusminister der Länder in der BRD, Schreiben an BMGes mit Anlage Bericht: Rehabilitation der Kinder mit angeborenen Missbildungen: Zusammenstellung von Mitteilungen der Länder-Kultusministein gemäß Beschluss des Plenums der Kultusministerkonferenz von der 110. Sitzung am 20./21.1.1966, 4.4.1966, ebd.; Sekretariat der Ständigen Konferenz der Kultusminister der Länder in der BRD, Pressemitteilung: Bericht der Kultusministerkonferenz über Maßnahmen der Länder zur Rehabilitation der Kinder mit angeborenen Missbildungen, 2.5.1966, BArch B 122 5251; »Bericht der Kultusministerkonferenz über Maßnahmen der Länder zur Rehabilitation der Kinder mit angeborenen Missbildungen«, in: BArbl. 17 (1966), H. 11/12, S. 329.

278 | Vgl. »Für behinderte Kinder fehlen noch 300 Schulen«, in: Ruhr-Nachrichten v. 2.12.1969; »Bis 1975 Sonderschulen für alle Behinderten«, in: Aachener Volkszeitung v. 7.8.1969; »Auch behinderte Kinder zur Fachhochschulreife«, in: Westfalen-Blatt v. 22.1.1971; »›Nicht laufen, nicht sprechen, nicht hören‹. Spiegel-Report über sozial benachteiligte Gruppen in der Bundesrepublik (V): Behinderte«, in: Der Spiegel v. 22.3.1971, S. 60; »Ein Netz von Sonderschulen soll jedem behinderten Kind gleichen Platz ermöglichen«, in: Westfälische Nachrichten v. 2.4.1971; »Mehr Platz für behinderte Kinder«, in: Düsseldorfer Nachrichten v. 2.4.1971; »Schulnot bei behinderten Kindern«, in: Nordwestspiegel v. 30.11.1971; »Zahl der Sonderschüler ist im Regierungsbezirk sprunghaft angestiegen«, in: Westfälische Nachrichten

Deutsche Lehrerverband den sonderpädagogischen Notstand aus.[279] Dies stand im Kontext der in der zweiten Hälfte der 1960er Jahre einsetzenden Bildungsoffensive und der Reformversprechen der Großen und der sozialliberalen Koalition. So hieß es in der Regierungserklärung des ersten Kabinetts unter Willy Brandt: »Bildung und Ausbildung, Wissenschaft und Forschung stehen an der Spitze der Reformen, die es bei uns vorzunehmen gilt.«[280] Die Formel vom »Bildungsnotstand«, einst vom Soziologen Ralf Dahrendorf und dem Pädagogen Georg Picht geprägt, ließ sich auch auf den Sonderschulsektor ausdehnen.[281] Unter maßgeblichem Einfluss der von der CDU/CSU regierten Länder veröffentlichte die Kultusministerkonferenz 1972 eine »Empfehlung zur Ordnung des Sonderschulwesens«, in der sie die Erweiterung des Sonderschulsektors zum Programm erhob.[282]

Angesichts der sehr guten wirtschaftlichen Lage standen am Beginn der 1970er Jahre noch die Mittel zur Verfügung, um ein breites und differen-

---

v. 4.12.1971; Orth. Klinik der Heil-, Lehr- und Pflegeanstalten für Körperbehinderte Volmarstein, Alfred Katthagen, Sammelbericht über sämtliche Dysmeliesonderstationen, 1966, BArch B 189 20888; Wilhelm Bläsig, Schreiben an die Ständige Konferenz der Kultusminister, BMGes, DeVg e.V., Verband Deutscher Sonderschulen, Gewerkschaft Erziehung und Wissenschaft, mit Anlage: Stellungnahme zur Zusammenstellung von Mitteilungen der Länder-Kultusministerien gemäß Beschluss des Plenums der Kultusministerkonferenz von der 110. Sitzung am 20./21.1.1966, 16.8.1966, BArch B 189 20890; Bundesverband der Eltern körpergeschädigter Kinder e.V. – Contergankinder-Hilfswerk, Einladung zum 1. Internationalen Kongress der Eltern körpergeschädigter Kinder, 19.-20.6.1965 in Köln, Programm, BArch B 122 5257; Wilhelm Bläsig/I. Schwieger: »Gegenwärtige Organisationsformen der Sonderschulen und der BRD und Berlin (West) im Zusammenhang mit Änderungsvorschlägen«, in: Die Rehabilitation 10 (1971), H. 1, S. 51-52, hier S. 51.

279 | Vgl. »Um die Integration behinderter Schüler«, in: Sozialer Fortschritt 21 (1972), H. 7/8, S. 151.

280 | Das Zitat in Regierungserklärung des Bundeskanzler Willy Brandt v. 28.10.1969, in: StenBerBT 6. WP, 5. Sitzung v. 28.10.1969, S. 26C-26D; Bericht der Bundesregierung zur Bildungspolitik, BTDrs VI/925 v. 8.6.1970; W. Rudloff: Science (2005), S. 18; O. Anweiler, Bildungspolitik, Bd. 5 (2006), S. 747-753; U. Schildmann: Funktion (1977), S. 55-56.

281 | Vgl. zu Picht und Dahrendorf und ihrer Wirkung auf Politik und Öffentlichkeit W. Rudloff: Science (2005), S. 38-40; Oskar Anweiler: »Bildungspolitik«, in: Bundesministerium für Arbeit und Sozialordnung/Bundesarchiv (Hg.): Geschichte der Sozialpolitik in Deutschland seit 1945. Bd. 4: 1957-1966 Bundesrepublik Deutschland. Sozialpolitik im Zeichen des erreichten Wohlstandes. Bandhg.: Ruck, Michael/ Boldorf, Marcel, Baden-Baden 2007, S. 611-642, hier S. 626-629.

282 | Vgl. Ständige Konferenz der Kultusminister der Länder: »Empfehlung zur Ordnung des Sonderschulwesens, 16. März 1972«, in: Zeitschrift für Heilpädagogik 23 (1972), Beiheft 9, S. 7, 11; »Kultusminister für einen Ausbau des Sonderschulwesens«, in: Die Welt v. 16.1.1970; I. Schnell: Geschichte (2003), S. 79; I. Thümmel: Sozialgeschichte (2003), S. 203.

ziertes System von Sonderschulen zu schaffen. Neue Sparten wie die Schulen für Kinder mit Sprachbehinderungen oder Verhaltensauffälligkeiten kamen hinzu. Die für die Bildungsplanung Verantwortlichen gingen von festen prozentualen Anteilen sonderschulbedürftiger Kinder aus und präjudizierten so die Zuordnung an eine bestimmte Institution. So legte beispielsweise das Kultusministerium Nordrhein-Westfalens einen ehrgeizigen Plan vor, demzufolge bis 1975 100 Prozent der als sonderschulbedürftig geltenden Kinder einen Platz in einem ausdifferenzierten Sonderschulnetz erhalten sollten.[283]

Hatten 1951 nur 100.000 Kinder eine Sonderschule besucht, waren es 1973 bereits 380.000 bzw. vier Prozent aller Schülerinnen und Schüler.[284] Dieser Anstieg ist nur zum Teil mit der Erweiterung des Bildbarkeitsbegriffs auf Kinder und Jugendliche zu erklären, die bisher vom Unterricht ganz ausgeschlossen gewesen waren. Vielmehr machte sich quantitativ bemerkbar, dass immer mehr Kinder aus den Regelschulen ausgeschlossen wurden.[285] Dies betraf vor allem Kinder mit sogenannten Lernbehinderungen, einer Klassifikation, die im Zuge der Sonderschulexpansion überhaupt erst entstand: 1950 besuchten 0,9 Prozent aller Schulpflichtigen die sogenannten Hilfsschulen. 1973 hingegen gingen schon 3,2 Prozent in eine Sonderschule für Lernbehinderte. Befürworter dieses separierenden und im engeren Wortsinn besondernden Schulsystems deuteten dies als Modernisierungsschub und als besonders zeitgemäße Hilfe für benachteiligte Kinder, deren besonderen Bedürfnissen erstmals wirklich entsprochen werde.[286]

Doch parallel zu dem beschriebenen Expansionsvorgang nahm die Kritik an Separation, Behütungs- und Schonraumprinzip merklich zu.[287] Der Pädagoge Heinz Bach sah deshalb 1973 sogar »eine Wende in der Behindertenpädagogik in der Gegenwart« kommen.[288] Teil der Debatten und

---

283 | Vgl. NRW, Pressemitteilung, 329/8/69, Ausbau der Sonderschulen in NRW, 5.8.1969, NRWHStA NW 372 596; NRW Pressemitteilung, 414-8/68, 581 Sonderschulen in NRW von 78.830 Schülern und Schülerinnen besucht, 15.8.1968, ebd.

284 | Vgl. W. Fandrey: Krüppel (1990), S. 225; für Bayern vgl. O. Speck: Sonderschulen (1997), S. 918-919.

285 | Vgl. W. Fandrey: Krüppel (1990), S. 225; W. Jantzen: Sozialgeschichte (1982), S. 165-166.

286 | Vgl. z.B. Ständige Konferenz der Kultusminister der Länder in der Bundesrepublik Deutschland: Gutachten zur Ordnung des Sonderschulwesens, Bonn 1960, S. 7; NRW, Pressemitteilung, 329/8/69, Ausbau der Sonderschulen in NRW, 5.8.1969, NRWHStA NW 372 596; NRW Pressemitteilung, 414-8/68, 581 Sonderschulen in NRW von 78.830 Schülern und Schülerinnen besucht, 15.8.1968, ebd.; »Um die Integration behinderter Schüler«, in: Sozialer Fortschritt 21 (1972), H. 7/8, S. 151; »Ein Netz von Sonderschulen soll jedem behinderten Kind gleichen Platz ermöglichen«, in: Westfälische Nachrichten v. 2.4.1971.

287 | Vgl. W. Rudloff: Schatten (2002), S. 411.

288 | Das Zitat in Heinz Bach: »Die Wende der Behindertenpädagogik in der Gegenwart«, in: Jochheim, Kurt-Alphons/Moleski-Müller, Marlis/Siebrecht, Valentin

Findungsvorgänge war auch die Suche nach einem dritten Weg zwischen Regel- und Sonderschule. Infolgedessen entstanden Plädoyers und Konzepte für eine Schulform, in der Kinder mit und ohne Behinderungen gemeinsam und gleichberechtigt lernen sollten. Zum Teil schien dies bereits mittels heilpädagogischer Zusatzangebote an Regelschulen erreichbar zu sein.[289]

Wichtige Impulse erhielt die pädagogische Diskussion von den Elternverbänden, die um 1970 mit der Forderung auftraten, Weg und Ziel der Rehabilitation nicht mehr voneinander zu trennen. Wie sollten Kinder, die in der abgeschlossenen Atmosphäre einer Sonderschule aufwuchsen, ihren Weg in die Gesellschaft finden?[290] Sonderschulen schufen aus der Sicht dieser kritischen Elterngeneration und einer wachsenden Zahl von Pädagoginnen und Pädagogen erst sonderschulbedürftige Kinder und zwangen sie in »Sonderkarrieren«.[291] Rückendeckung erhielten die Sonderschulgegner vom 1973 veröffentlichten Bildungsgesamtplan der sogenannten Bund-Länder-Kommission für Bildungsplanung beim Deutschen Bildungsrat.[292]

(Hg.): Wege zur Chancengleichheit der Behinderten. Bericht über den 25. Kongress der DeVg e.V. in Bad Wiessee, 10.-12.10.1973, Heidelberg 1974, S. 85-89, hier 85; außerdem Herwig Baier: »Die Schule für Lernbehinderte – Stätte der Diskrimination oder Rehabilitation?«, in: Jochheim, Kurt-Alphons/Moleski-Müller, Marlis/Siebrecht, Valentin (Hg.): Wege zur Chancengleichheit der Behinderten. Bericht über den 25. Kongress der DeVg e.V. in Bad Wiessee, 10.-12.10.1973, Heidelberg 1974, S. 89-95.

289 | Vgl. U. Haupt: Dysmeliekinder (1974), S. 100-101; Karl Schneider: »Das behinderte Kind in der Normalschule«, in: Bundesausschuss für gesundheitliche Volksbelehrung e.V. (Hg.): Hilfe für das behinderte Kind. Kongressbericht über Fragen der behinderten Kinder, 8.-12.6.1964 in Köln, Stuttgart 1966, S. 171-180, hier S. 173; W. Thimm: Behinderten (1977), S. 47.

290 | Vgl. Joachim Wiechmann: »Behinderte auf weiterführenden Schulen«, in: Jochheim, Kurt-Alphons/Moleski-Müller, Marlis/Siebrecht, Valentin (Hg.): Wege zur Chancengleichheit der Behinderten. Bericht über den 25. Kongress der DeVg e.V. in Bad Wiessee, 10.-12.10.1973, Heidelberg 1974, S. 122-129, hier S. 122; Adrian Kniel: »Schulische Integration als eine Voraussetzung für den Abbau von Vorurteilen gegenüber Behinderten«, in: Behinderte – inmitten oder am Rande der Gesellschaft. Mit Beiträgen v. Bärsch, Walter/Heese, Gerhard/Kniel, Adrian/Solarová, Svetluse und einer Einführung v. Muth, Jakob, 2., durchgesehene Aufl. Berlin 1975, S. 61-75; I. Schnell: Geschichte (2003), S. 11.

291 | Vgl. I. Kaufmann: Ergebnisse (1970), S. 572-573; H. Baier: Schule (1974), S. 90; W. Thimm: Behinderten (1977), S. 45, 47; K. Fauteck: Jugendliche (1972), S. 358; W. Fandrey: Krüppel (1990), S. 227, 229; W. Rudloff: Überlegungen (2003), S. 873; I. Schnell: Geschichte (2003), S. 39, 42; M. Pieper: Behinderung (1993), S. 246-265; J. J. Powell: Behinderung (2007), S. 324-325.

292 | Der Bildungsrat sollte den seit 1953 existierenden Deutschen Ausschuss für das Erziehung- und Bildungswesen ablösen. Er sollte einer wissenschaftlich fundierten und zugleich parteiübergreifenden Reform des Bildungswesens den Weg bereiten. Vgl. zur Bund-Länder-Kommission O. Anweiler, Bildungspolitik, Bd. 5 (2006), S. 721-725; W. Rudloff: Science (2005), S. 25-27, 33.

Wiewohl ähnlich besetzt, widersprach die Kommission den Empfehlungen der Kultusministerkonferenz von 1972. Sie regte an, den Sonderschulsektor mit dem allgemeinen Bildungswesen zu verzahnen und das gemeinsame Lernen an den Möglichkeiten des einzelnen Kindes zu orientieren. Ob dies in einer gemeinsamen Klasse oder nur in additiven Außenklassen an Regelschulen geschehen sollte, ließ die Bildungskommission offen. Sie formulierte Orientierungshilfen, nicht aber ein verbindliches Umstrukturierungskonzept.[293] Eine konkrete Planungsfunktion besaß das Papier folglich nicht, doch begünstigte es entsprechende Modellversuche in den Bundesländern, die sich in dieser »Spätphase der bildungspolitischen Reformära« ohnehin großer Beliebtheit erfreuten.[294] Auch Reformmodelle aus dem Ausland machten die Separationsgegnerinnen und -gegner nun für sich nutzbar. Insbesondere Skandinavien und Italien dienten als Vorbilder, denn dort hatte sich längst das Normalisierungsprinzip durchgesetzt, während in der Bundesrepublik Deutschland der Ausbau des segregierenden Sonderschulwesens noch in vollem Gang war.[295]

Wenngleich also das Separationsparadigma ab 1970 eine merkliche Relativierung erfuhr, waren diese diskursiven Veränderungen in der Praxis

---

293 | Vgl. Deutscher Bildungsrat: Empfehlungen der Bildungskommission: Zur pädagogischen Förderung behinderter und von Behinderung bedrohter Kinder und Jugendlicher. Verabschiedet auf der 34. Sitzung der Bildungskommission am 12./13.10.1973 in Bonn, Stuttgart 1974, v.a. S. 66-72.

294 | Vgl. zu den Modellversuchen Bernhard Wittmann: »Zur Förderung von Behinderten in Schule und Beruf«, in: Zeitschrift für Heilpädagogik 25 (1974), H. 1, S. 51-54, hier S. 51-53; einzelne Beispiele in Tagung des Fachausschusses Jugendgesundheit der Arbeitsgemeinschaft Jugendpflege und Jugendfürsorge am 21./22.2.1952 in Bad Orb, Referat v. Gerd Brinkmann: Hilfe für versehrte Jugendliche, BArch B 153 108; J. Langhagel: Rehabilitation (1965), S. 266; J. Wiechmann: Behinderte (1974), S. 127-128; Hajo Riesser/W. Zimmermann: »Erfahrungen mit körperbehinderten Schülern höherer Lehranstalten in Hessisch-Lichtenau«, in: Die Rehabilitation 9 (1970), H. 4, S. 191-201; Hermann Heckel: »Behinderte auf dem Gymnasium«, in: Jochheim, Kurt-Alphons/Moleski-Müller, Marlis/Siebrecht, Valentin (Hg.): Wege zur Chancengleichheit der Behinderten. Bericht über den 25. Kongress der DeVg e.V. in Bad Wiessee, 10.-12.10.1973, Heidelberg 1974, S. 129-137; das Zitat bei W. Rudloff: Science (2005), S. 43.

295 | Vgl. Herbert Chiout: »Bildungsrealität und Bildungspolitik der BRD – kritisch von außen gesehen«, in: Zeitschrift für Pädagogik 19 (1973), H. 5, S. 679-699; Alfons Otto Schorb: »Außenkritik als Antrieb der Bildungsreform«, in: Zeitschrift für Pädagogik 19 (1973), H. 5, S. 701-707; Teut Wallner: »Ziel und Methoden in der Förderung geistig behinderter Erwachsener. Vortrag gehalten auf der Jahrestagung des Verbands katholischer Einrichtungen für Lern- und Geistigbehinderte in München im Mai 1973«, in: Die Rehabilitation 13 (1974), H. 2, S. 95-104, hier S. 97; I. Schnell: Geschichte (2003), S. 28; S. Ellger-Rüttgardt: Entwicklung (1998), S. 367; D. Mattner: Menschen (2000), S. 87-90; Christel Rittmeyer: Gemeinsamer Unterricht in Italien am Beispiel von geistig behinderten Kindern, Heidelberg 1999, S. 42-50.

kaum spürbar. Die Infrastrukturen der Rehabilitation und Sonderpädagogik erwiesen sich als langlebig. So fällt die Bilanz des Wandels ambivalent aus. Zumindest aber lässt sich festhalten, dass Menschen nicht mehr immer und im Hinblick auf alle Lebensbereiche als ultimativ besonders angesehen wurden. Welchen Platz sie in der Gesellschaft einnehmen sollten, war um die Wende zu den 1970er Jahren zumindest verhandelbar. Wer für Separation und Abschiebung plädierte, musste mit zunehmender Gegenwehr von Seiten der Experten und Expertinnen, vor allem aber der Interessenvertretungen der Menschen mit Behinderungen rechnen.

Die Analyse der Konstruktionen von Besonderheit ist jedoch noch um einen Aspekt zu erweitern. Besonderungen gingen keineswegs immer mit offenen Abwertungen und ausschließlichen Negativurteilen einher. Im Gegenteil, auch positive Attributzuweisungen waren geeignet, Menschen mit Behinderungen sprachlich zu besondern. Dies lässt sich weniger an der medialen Öffentlichkeit beobachten, als vielmehr an der Sprache der politischen Öffentlichkeitsarbeit, der Professionen und der Interessenvertretungen. Häufig geschah dies mit der Absicht, die ›öffentliche Meinung‹ mit positiven Narrativen über Menschen mit Behinderungen zu beeinflussen: Konnte die bundesdeutsche Öffentlichkeit denn Rehabilitationsmaßnahmen gutheißen, wenn die potentiellen Rehabilitandinnen und Rehabilitanden als ihrer nicht würdig präsentiert wurden?

Stattdessen wurden Menschen mit Behinderungen positive Charaktereigenschaften zugeschrieben, die sie als Kollektiv von der Mehrheit der Bevölkerung trennten. Herausragende Charakterstärke, Mut und mehr Lebensverstand wurden ihnen attestiert.[296] Charakteristisch war auch der Topos der besonderen Betriebstreue von Schwerbeschädigten bzw. Schwerbehinderten. Er kam einer Beschwörungsformel gleich. Angesichts der sehr hohen Arbeitslosenquote der Schwerbeschädigten in den frühen 1950er Jahren setzten vor allem Vertreter der Arbeitsverwaltung dieses Argument ein, um auf die Arbeitgeberschaft einzuwirken. Diese zeigte sich skeptisch, was die Produktivität und Leistungsfähigkeit von Schwerbeschädigten anging.[297] In der folgenden Phase der Vollbeschäftigung und des Arbeitskräftemangels der 1960er Jahre hingegen argumentierten insbesondere die Arbeitsämter, Schwerbeschädigte seien bevorzugt einzustellen, weil sie viel treuer und dankbarer seien als andere Beschäftigte und nicht sofort kündigten, wenn ihnen eine lukrativere Stelle angeboten wurde.[298] Wie aber die Dienststellen der Arbeitsverwaltung einer

296 | Vgl. Hans Achinger: »Die Gesellschaft und die Behinderten«, in: NDV 47 (1967), H. 10, S. 288-291, hier S. 289.

297 | J. Kais: Kernproblem (1951), S. 9; Gerd Brinkmann: »Technische Arbeitshilfen für Schwerbeschädigte«, in: BVersbl. 2 (1951), H. 7, S. 305-306, hier S. 305; R. Schoppe: Arbeitsplatzbewertung (1954), S. 17; BMA Abt. IIa, Niederschrift über die konstituierende Sitzung des Deutschen Ausschusses für die Eingliederung Behinderter in Arbeit, Beruf und Gesellschaft am 27.5.1960 in Berlin, Referat v. H. Henschel: Die Praxis der beruflichen Rehabilitation, 18.7.1960, BArch B 142 1833.

298 | Vgl. H. G. Mohr: Problem (1966), S. 61.

Untersuchung von 1957 entnehmen konnten, entsprach dieses Argument nicht der Realität: Auch Schwerbeschädigte zeigten in der Phase der beginnenden Hochkonjunktur den Wunsch, ihr Einkommen durch Stellenwechsel zu erhöhen und am sozialen Aufstieg teilzuhaben. Doch gelang ihnen dies wegen ihrer vielfältigen Benachteiligungen in der Regel nicht.[299]

Als sprachliche Form der positiven Besonderung sind auch Erzählungen über Menschen zu verstehen, die Behinderungen durch außergewöhnliche Willenskraft überwanden. Helden- und Lebenskampfmetaphern beispielsweise fanden vor allem bei Menschen mit schweren Kriegs- oder Arbeitsunfallbeschädigungen Anwendung.[300] Vor einer Tagung von Schwerbeschädigtenvermittlern bayerischer Arbeitsämter führte 1954 ein Redner des Landesarbeitsamts Südbayern aus, warum ein Schwerbeschädigter besondere Leistungen erbringe: »Denn der ihm ohne eigene Schuld aufgenötigte erschwerte Lebenskampf entwickelt oft positive Eigenschaften, die im gesteigerten Lebensernst, in Zuverlässigkeit, Achtung gebietender Charakterfestigkeit, Energie und in der Erfüllung der gestellten Berufsaufgabe zum Ausdruck kommt.«[301]

Hier lebte ein Muster fort, das schon in den ersten Jahrzehnten des 20. Jahrhunderts den Behinderungsdiskurs geprägt hatte. Hauptbestandteil dieses männlich belegten Ideals war der »eiserne Wille«.[302] Konrad Biesalski,[303] ein vor allem von Ärzten der 1950er Jahre noch sehr verehrter Protagonist der sogenannten Krüppelfürsorge und der Kriegsbeschädigtenfürsorge des Ersten Weltkriegs, hatte 1914 den Satz geprägt: »Es gibt kein Krüppeltum mehr, wenn der eiserne Wille besteht, es zu überwinden.«[304] Diese Vorstel-

---

299 | Vgl. Hans Hünerhoff: »Die Fluktuation der Schwerbeschädigten«, in: Arbeit, Beruf und Arbeitslosenhilfe – Das Arbeitsamt 7 (1957), H. 5, S. 124-125, hier S. 124.

300 | Vgl. Arbeitsgemeinschaft »Lebensschau der Schwerbeschädigten« e.V., Der Schwerbeschädigte im Lebenskampf. Arbeitsprogramm der Arbeitsgemeinschaft »Lebensschau der Schwerbeschädigten« e.V., 1954, BArch B 149 1740; W. Cyran: Wiedereingliederung (1960); H. Schaefer: Mensch (1967), S. 295; Hans Lorenzen: »Der Leistungswille Körperbeschädigter«, in: BVersbl. 5 (1954), H. 7, S. 98-99, hier S. 98.

301 | Vgl. Präsident des LAA Südbayern, Niederschrift über den Fachlehrgang für die Schwerbeschädigtenvermittler v. 2.-6.11.1954 in Tutzing, 26.7.1955, StAM AÄ 968.

302 | Konrad Biesalski: »Wer ist der Führer in der gesamten Fürsorge für unsre heimkehrenden Krieger?«, in: Zeitschrift für Krüppelfürsorge 8 (1915), H. 1, S. 14-19, hier S. 15; Hans Würtz: Der Wille siegt! Bd. 1: Lebensschicksale neuertüchtigter Kriegsinvaliden, 3. Aufl. Berlin 1916, S. 5; Ph. Scholl: Aufgaben (1916), S. 18; Hans Würtz: »Götz von Berlichingen und Wir! Ein Wort an die Wetterfesten im Waffenrock«, in: Wegweiser für das werktätige Volk 3 (1964), H. 4, S. 53-67, hier S. 67; K. Biesalski: Kriegskrüppelfürsorge (1915), S. 34; Karl Bangert: »Spiel und Ernst in der Lazarettbeschäftigung«, in: Zeitschrift für Krüppelfürsorge 9 (1916), H. 1, S. 26-32, hier S. 31; dazu mit weiteren Nachweisen S. Kienitz: Krieg (2001), S. 385, 390.

303 | Dr. Konrad Biesalski (1868-1930), Orthopäde.

304 | K. Biesalski: Grundriss (1926), S. 128. Zur Verehrung Biesalskis in der Bundesrepublik vgl. Georg Hohmann: »Zum 100. Geburtstag von Konrad Biesalski«,

lung vom willensgesteuerten Ausnahmemenschen erlebte in den 1950er Jahren eine Renaissance.[305]

Da das Überwinden einer Behinderung so eng mit Willen und Psyche verknüpft war, wurde es zur Aufgabe von Psychologen in Behörden, Arbeitsverwaltung und Rehabilitationseinrichtungen, die individuellen psychischen Voraussetzungen für die Rehabilitation zu erkunden und zu begutachten. Der psychologische Dienst der Arbeitsämter war beispielsweise gehalten, die psychische und charakterliche Eignung für eine bestimmte Berufsausbildung, Umschulung oder Tätigkeit aufs Kritischste zu begutachten. Ein weiteres psychologisches Betätigungsfeld im Versorgungs- und Rehabilitationssystem war die Aufdeckung, Prävention und Behandlung von sogenannten Rentenneurosen. Als Begriff gehörte die Rentenneurose zum sozialpolitischen »Verdachtsvokabular« der 1950er Jahre.[306]

Vor allem Rehabilitationsmediziner argumentierten, dass Renten- und Versorgungsleistungen ungerechtfertigte Begehrlichkeiten weckten und »Arbeitswilligkeit« reduzieren. Gerhard Leimbach, Chefarzt einer Koblenzer berufgenossenschaftlichen Sonderstation für Schwerunfallverletzte, malte 1957 ein düsteres Bild von der unweigerlichen Rentenneurose des Unfallverletzten:

»Ein oft ein- oder mehrjähriges Krankenlager macht aus ihm einen Menschen, den alles abstumpft und der, durch Einflüsterungen ›alter Rentiers‹ gewitzigt, gar nicht mehr arbeiten will, sondern mehr oder weniger mit seiner Rente zufrieden, die Gemeinschaft belastet. Diese Entwicklung geht oft bis zu dem Begriff der Asozialität. Durch irgendwelche Argumente versucht er in regelmäßigen Zeitabständen zu einer Erhöhung seiner Rente zu gelangen und wird damit zu einem Querulanten, der, unterstützt von irgendwie beschafften Attesten, das

in: Die Rehabilitation 7 (1968), H. 3, S. 97-100; G. Exner: »Rehabilitation durch Hochschulstudium. Erfahrungsbericht an der Philipps-Universität in Marburg a.d. Lahn«, in: Die Rehabilitation 9 (1970), H. 1, S. 90-98, hier S. 90.

305 | Vgl. z.B. J. Kais: Kernproblem (1951), S. 9; G. Brinkmann: Arbeitshilfen (1951), S. 305; R. Schoppe: Arbeitsplatzbewertung (1954), S. 17; H. Lorenzen: Leistungswille (1954), S. 98; Präsident des LAA Südbayern, Niederschrift über den Fachlehrgang für die Schwerbeschädigtenvermittler v. 2.-6.11.1954 in Tutzing, 26.7.1955, StAM AÄ 968; W. Cyran.: Wiedereingliederung (1960).

306 | Das Zitat bei W. Rudloff: Schatten (2002), S. 371. Vgl. zur psychologischen Untersuchung und zur »Rentenneurose« z.B. Konrad Krieger: Arbeit für den Schwerbeschädigten, 1951, Zentrum Bayern Familie und Soziales, Fotosammlung, Ordner: Manuskripte zur Denkschrift »Drei Jahrzehnte Schwerbeschädigtenfürsorge in Bayern«; William E. Simmat: »Psychologie der Berufseignung und Rehabilitation Behinderter«, in: Arbeit, Beruf und Arbeitslosenhilfe – Das Arbeitsamt 18 (1967), H. 7, S. 162-165, hier S. 163; zur Geschichte der »Rentenneurose« Gabriele Moser: »Der Arzt im Kampf gegen ›Begehrlichkeit und Rentensucht‹ im deutschen Kaiserreich und in der Weimarer Republik«, in: Jahrbuch für Kritische Medizin (1991), S. 161-183.

Volksvermögen durch fortlaufende Bemühungen der Sozialgerichte und weitere Instanzen schädigt.«[307]

Der Psychiater und Neurologe Friedrich Panse äußerte sich 1960 über »Sozialneurosen« so:

»Das beginnende oder bereits vollzogene Ausgeschaltensein, die subjektive und objektive Regression aus dem Wettstreit der Gesunden empfindet der Behinderte ja auch selbst, und er weiß, von sich aus, keine Hilfe. Er merkt, dass seine Kräfte erlahmen, er merkt, dass andere ihn überflügeln. Er empfindet, dass man ihn gern abschieben möchte, er weiß, dass er ersetzbar ist und dass der Wunsch besteht, Entsprechendes zu tun. Wer soll es ihm übel nehmen, dass er sich in den einzigen Schutz flüchtet, den ihm die heutige Gesellschaft oft genug bereitet, nämlich in die Rente? Und damit in ein Dasein, das ihn zwar vor der größten Not schützt, ihn aber im Grunde, trotz mancher Selbsttäuschung, nicht befriedigen kann, ihn verbittert und ihn zweifeln lässt an der sozialen Gerechtigkeit. Und hier liegen klar erkennbar die Wurzeln der zahlreichen Sozialneurosen, mit denen wir heute zu rechnen haben, ohne dass diese – bei rechtzeitig und gezielt einsetzenden Rehabilitationsmaßnahmen – notwendig wären.«[308]

Abhilfe sollten nach dem Willen des Bundesministeriums für Arbeit gezielte und attraktive Rehabilitationsleistungen schaffen, die psychologisch beworben und abgesichert wurden – so eine Verlautbarung im Kontext der Rentenreform, in deren Zusammenhang 1957 der Gedanke »Rehabilitation vor Rente« in die Rentenversicherung einging:

»Wenn erst einmal – gefördert durch Aufklärung über den Sinn der Rehabilitation – in das Bewusstsein der Versicherten eingedrungen ist, dass Geldleistungen nur an solche invaliden Personen gewährt werden können, die bestrebt sind, sich über ihre eigene Invalidität hinwegzuhelfen, dann könnte auch das Streben nach Geldleistungen, soweit es ungerechtfertigt ist, und die damit gelegentlich verbundene Renten-Neurose zurückgehen.«[309]

307 | Krankenhaus Evangelisches Stift St. Martin, Koblenz, Berufsgenossenschaftliche Sonderstation für Schwerunfallverletzte, Gerhard Leimbach, Schreiben an BMA, mit Anlage: Gedanken über die Rehabilitation Querschnittsgelähmter und ihre Wiedereingliederung in Deutschland, 13.5.1957, BArch B 142 553.

308 | Vgl. BMA Abt. IIa8, Niederschrift über die konstituierende Sitzung des Deutschen Ausschusses für die Eingliederung Behinderter in Arbeit, Beruf und Gesellschaft am 27.5.1960 in Berlin, Referat v. Friedrich Panse: Sozialpsychologische Grundlagen der Eingliederung Behinderter in Arbeit, Beruf und Gesellschaft, 18.7.1960, BArch B 142 1833.

309 | Vgl. BMA Abt. IV, Schreiben an Staatssekretär im BKA, 7.4.1955, BArch B 144 554.

So wohnte, dies zeigt sich, den Topoi des heldenhaften, willensgesteuerten Überwindens stets auch ein Imperativ und die Androhung von Sanktionen inne.

Kompensieren sollten auch die »Contergan-Kinder« das Defizit, das aus der Sicht von Experten und Politik mit ihrer Behinderung einher ging. Sie müssten »von klein auf darin bestärkt werden, ihre körperlichen Mängel mit Hilfsmitteln zu überwinden oder durch andere Fähigkeiten zu kompensieren«.[310] Gelinge dies, könnten sie durchaus glückliche Menschen werden. Die bundesdeutsche Presse neigte darüber hinaus dazu, die vom Sprechen über Kriegsbeschädigte bekannten Heroenerzählungen und Kampfmetaphern auf die Eltern dieser Kinder auszudehnen.[311]

Sprachlich äußerten sich Annahmen über positive Andersheiten und Überwindungsleistungen häufig in der Vokabel »trotz«:[312] Trotz einer Behinderung konnte ein Mensch Erfolg haben. Auch wenn in den 1970er Jahren ein menschenwürdiges Leben, Chancengleichheit oder gesellschaftliche Teilhabe zu Rehabilitationszielen erhoben wurden, begegnet in den Quellen nie die Vorstellung, Menschen könnten ein erfülltes Leben ›mit‹ einer Behinderung führen. Im Gegenteil hatten Menschen mit Behinderungen diese entweder zu überwinden, oder, wenn dies nicht möglich war, ihrem Leben ›trotz allem‹ etwas Positives abzugewinnen.

Entsprechende Überwindungstopoi gehen zum Beispiel aus den Verhandlungen des 1966 von der DeVg in Wiesbaden ausgerichteten 10. Weltkongresses der International Society for Rehabilitation of the Disabled (ISRD) hervor. Nicht umsonst betitelte sie eine umfangreiche Plenarsitzung »The Disabled Meets the Challenge«. Anlässlich dieses Kongresses ließ die DeVg erstmals Menschen, die mit Behinderungen lebten, auf einem größeren Fachkongress auftreten, um dort von ihren Kompensationserfolgen zu berichten. So erzählte ein Redner von seiner erfolgreichen Tätigkeit als Programmierer – Menschen mit Behinderungen schienen in der technisierten Welt angekommen zu sein.[313]

---

310 | Wagner, Dorothee: dpa-Brief/Inland: Der Hemdzipfel als Symbol ungezählter Probleme. Rund tausend Contergan-Kinder kommen jetzt zur Schule, 5.9.1967, BArch B 189 20890.

311 | Vgl. z.B. D. Beyersdorf: Mutterliebe (1962); Joachim Neander: »Als der Mann starb, nahm sie Contergan«, in: Bild v. 3.9.1962; »Das Leid kann uns keiner abnehmen«, in: Bild v. 4.9.1962; »Er muss allein fertig werden!«, in: Bild v. 6.9.1962; »Das hat die Mutter nicht verdient«, in: Bild v. 8.9.1962; »Contergan-Zwillinge«, in: Bild v. 19.9.1962; »Sie wollen nicht betteln«, in: Bild v. 1.10.1962.

312 | Vgl. z.B. Alfred Wiebauer: »Fröhliches Lernen trotz Behinderung. Ein Überblick über die Schule im Wichernhaus«, in: Hilfe zum Leben. Aus der Arbeit des Wichernhauses, Altdorf b. Nürnberg 1960, S. 24-26; Eugen Glombig: »Humane Umwelt – mehr Menschlichkeit! Zum ›Welttag der Behinderten‹ am 18.3.1973«, in: SPD-Pressedienst v. 16.3.1973, S. 3-4, hier S. 4.

313 | Vgl. F. Fischbach: »My Experiences as a Paraplegic in Programming for Electronic Computers«, in: Dicke, Werner/Jochheim, Kurt-Alphons/Müller, Marlis/

Der Schlussredner des Kongresses, der Psychoanalytiker und Sexualwissenschaftler Ernst Bornemann, zeichnete Bilder von leidgeprüften Menschen, die heroisch gegen ihre Behinderung kämpften. Aus seiner Sicht lebten sie in einer völlig anderen Welt, waren letztgültig anders, die eigentlich besseren Menschen, fast Überwesen. Er hielt Menschen mit Behinderungen für grundsätzlich sensibler und taktvoller als andere. Für leitende berufliche Tätigkeiten prädestinierte aus Bornemanns Sicht beispielsweise gehörlose Menschen, dass sie sich nicht für Büroklatsch und Intrigen interessierten. Geistige Behinderung bewahre den Menschen angesichts einer Umwelt, die voller intellektueller Stimuli sei, ihre Kindlichkeit und Unschuld. Weiter noch verstieg sich Bornemann in die Aussage, Menschen mit Behinderungen verfolgten einen grundsätzlich anderen Lebensstil als andere, strebten nicht nach Prestige und Konsum. Nur sie hätten deshalb die Chance, echte emotionale Bindungen einzugehen. Sie hätten tiefere Gefühle, seien weniger egoistisch und somit das Gegengewicht zu den unkontrollierbaren Krisenerscheinungen der modernen Gesellschaft Technologisierung, Konsumorientierung und Verflachung.[314]

Dieser Grad der Verklärung stellte sicherlich ein Extrem dar. Zudem machte sich zum selben Zeitpunkt bereits Widerspruch gegen die Vorstellung von Sonderfähigkeiten bemerkbar. Eugen Glombig, prominenter Vertreter des Reichsbundes und Mitglied des deutschen Bundestags, der selbst mit einer Behinderung lebte, schloss eine Sektion desselben Kongresses mit dem Fazit, dass es vielen Menschen mit Behinderungen – da diese gerade keine Elite mit besonderen Kräften seien – schwer falle, sich in dem Maße zu beweisen, wie es die Gesellschaft von ihnen erwarte.[315] Im Lauf der 1970er Jahre begann die automatische Besonderung dem Gedanken zu weichen, dass Menschen mit Behinderungen durchschnittlich und normal seien und keine übermenschlichen oder anders menschlichen Eigenschaften aufwiesen.

Dieser langsame Wandel äußerte sich auch in der sprachlichen Neuschöpfung des »behinderten Mitbürgers« oder »Mitmenschen«.[316] Vor 1970

Thom, Harald (Hg. im Auftrag der ISRD): Industrial Society and Rehabilitation – Problems and Solutions. ISRD-Proceedings of the Tenth World Congress Wiesbaden 11.-17.9.1966, Heidelberg 1967, S. 348-350.

314 | Vgl. E. Bornemann: Role (1967), S. 355, 358; Dr. Ernst Bornemann (1915-1995), Autor, Anthropologe, Psychoanalytiker.

315 | Eugen Glombig: »Summary: The Disabled Meets the Challenge«, in: Dicke, Werner/Jochheim, Kurt-Alphons/Müller, Marlis/Thom, Harald (Hg. im Auftrag der ISRD): Industrial Society and Rehabilitation – Problems and Solutions. ISRD-Proceedings of the Tenth World Congress Wiesbaden 11.-17.9.1966, Heidelberg 1967, S. 354.

316 | Vgl. E. Glombig: Rehabilitation (1964), S. 14; Bundesministerium für Städtebau und Wohnungswesen (BMSt) Abt. Ia1, Schreiben an für Städte- und Wohnungsbau zuständigen Länderressorts, 19.3.1969, BArch B 149 12172; BAR, Protokoll über die Mitgliederversammlung am 19.11.1971, BArch B 172 1771; 2. Bundeskongress für Behinderte des VdK am 7.6.1972, Eröffnungsrede v. Herbert Ehrenberg und Refe-

lassen diese Wendungen sich nur ganz vereinzelt nachweisen.[317] 1969 jedoch erschien der Begriff des »behinderten Mitbürgers« bereits im Jahresbericht der Bundesregierung.[318] In seiner Weihnachtsansprache des Jahres 1971 sprach Bundespräsident Gustav Heinemann von den »behinderten Mitmenschen«.[319] Auch im Sprachgebrauch mehrerer Bundes- und Landesminister wie Lauritz Lauritzen, Hans-Jochen Vogel und Karl Ravens (alle SPD) und Willi Weyer (FDP) lässt sich der Begriff zwischen 1969 und 1974 mehrfach nachweisen.[320] Besonders typisch war die Formel vom »behinderten Mitbürger« für Äußerungen des Bundesarbeitsministers Walter Arendt. Arendts Botschaft vom neuen, gleichberechtigten Denken über »behinderte Mitbürger« hatte stets auch den Charakter einer Beschwörungsformel, denn

rat v. Ludwig Hönle, BArch B 172 1834; BAR, 5. Mitgliederversammlung der BAR am 4.12.1973, Referat v. Heinz Westphal: Aktuelle Fragen der Rehabilitation Behinderter, BArch B 189 9461; Karl Jung: »Weiterentwicklung des Rechts zugunsten der Behinderten«, in: Jochheim, Kurt-Alphons/Moleski-Müller, Marlis/Siebrecht, Valentin (Hg.): Wege zur Chancengleichheit der Behinderten. Bericht über den 25. Kongress der DeVg e.V. in Bad Wiessee, 10.-12.10.1973, Heidelberg 1974, S. 224-234, hier S. 229; H. Meisel: Bedeutung (1974), S. 151; Walter Arendt: »Mehr Rechte für alle Behinderten«, in: BArbl. 26 (1975), H. 1, S. 5; StadtAM Ratssitzungsprotokolle, 749/29: LHS München Sozialreferat, Beschluss des Jugend- und Sozialausschusses in der Sitzung v. 14.7.1976.

317 | Bislang vor 1960 nur bei Peter Josef Briefs und Theodor Scharmann. Vgl. LAA NRW, Lehrgang für Berufsberatung körperbehinderter Jugendlicher am 10.7.1957 in Bigge, Referat v. Peter Josef Briefs: Um das Menschenbild im körperbehinderten Mitmenschen, BArch B 119 1965; Th. Scharmann: Probleme (1956), S. 175.

318 | Vgl. Presse- und Informationsamt der Bundesregierung (Hg.): Jahresbericht der Bundesregierung 1969, Bonn 1970, S. 345.

319 | »Weihnachtsansprache des Bundespräsidenten. Appell an Solidarität und Bürgermut«, in: Bulletin des Presse- und Informationsamts der Bundesregierung v. 28.12.1971, S. 2090; »Der Bundespräsident wirbt um Verständnis für die Behinderten«, in: BArbl. 22 (1971), H. 2, S. 133.

320 | Vgl. z.B. BMSt Lauritzen an BMA, 19.3.1969, BArch B 157 2556; BMSt, Lauritzen an Präsidenten des Deutschen Bundestags, 15.3.1972, BArch B 157 18324; Karl Ravens: »Mehr Rücksicht auf Behinderte. Umfangreicher Maßnahmenkatalog für über vier Millionen Mitbürger«, in: SPD-Pressedienst v. 16.6.1974, S. 1-2, hier S. 1; »Eröffnungsansprache des Innenministers des Landes Nordrhein-Westfalen, Willi Weyer, anlässlich einer Fortbildungstagung für die Helfergruppen im Geschäftsbereich des Innenministeriums (Auszug)«, in: Der gute Wille, 8 (1972), H. 5, S. 3; Dr. Lauritz Lauritzen (1910-1980), SPD, Jurist, 1969-1980 MdB, 1966-1974 BMSt; Karl Ravens (1927), SPD, Kfz-Schlosser, 1969-1972 Staatssekretär im BMSt, 1972-1974 StS im Bundeskanzleramt, 1974-1978 BMSt; Dr. Hans-Jochen Vogel (1926), SDP, Jurist, 1972-1974 BMSt; Willy Weyer (1917-1987), FDP, Jurist, 1962-1975 Innenminister des Landes NRW.

er kannte – und zitierte auch – die negativen Ergebnisse der Umfragen von Jansen und von Bracken über die Einstellung der Bevölkerung.[321]

Bürger oder Bürgerin eines modernen Nationalstaats zu sein, konstituiert sich in Rechten und Pflichten, historisch vor allem in denen der schulpflichtigen Kinder, der wehrpflichtigen jungen Erwachsenen, der Steuerzahler, Wähler, Erwerbstätigen und Sozialversicherten. Manche dieser bürgerlichen Ideale erfüllten manche Menschen mit Behinderungen nicht oder nur zum Teil. Sie trotzdem als »Mitbürger« zu bezeichnen, markierte einen Öffnungsprozess hin zur gleichberechtigten Anerkennung ohne Ansicht der Person. Doch verbarg sich im Begriff des »Mitbürgers« eine Teilqualifizierung. Der »Mitbürger« war noch etwas weniger gleich als der »Bürger«, ganz abgesehen davon, dass von einer »behinderten Mitbürgerin« in den 1970er Jahren noch nicht die Rede war. Der Begriff des »behinderten Mitbürgers« gehörte aber seit der Mitte der 1970er Jahre endgültig zum politischen Sprachkanon. Im Lauf der 1980er Jahre fand er auch häufiger Eingang in die Sprache der Medien.[322] Hier zeichnet sich die einem wachsenden Bedürfnis nach politischer Korrektheit entspringende Etablierung neuer Sprachregelungen über Behinderung bereits ab.

Mit dem Sprachwandel fiel eine Debatte über die Ursachen der von Sozialwissenschaftlern beobachteten abwertenden Denkweisen der Bevölkerung und mögliche Lenkungsinstrumentarien des Staats zusammen. Maßgebliche Autoren wie Gerd W. Jansen und Helmut von Bracken führten Abwehrhaltungen und Vorurteile darauf zurück, dass das Wissen der meisten Menschen über Behinderung sehr gering sei. Insbesondere seien sich die meisten völlig darüber im Unklaren, wie Behinderungen entstünden. Sogar magische Erklärungen würden noch in Betracht gezogen. Von den Mitarbeitern der Jansen-Umfrage danach gefragt, welche Ursache die Geburt von »Missgebildeten« ihrer Ansicht nach hatte, nannten 73 Prozent der Befragten den Missbrauch von Medikamenten, 62 Prozent Alkohol- und Nikotinmissbrauch, fünf Prozent gescheiterte Abtreibungen, 37 Prozent Geschlechtskrankheiten, 16 Prozent ein Schreckerlebnis der Mutter und sechs Prozent eine geistige Überanstrengung der Schwangeren.[323] Dem wis-

---

321 | Vgl. W. Arendt: Sozialpolitik (1972), S. 11; BAR, Protokoll der Mitgliederversammlung am 14.4.1970, Rede v. Walter Arendt, BArch B 189 9458; Ders.: Wege (1974), S. 13-14.

322 | Vgl. z.B. »Für behindertengerechtes Bauen«, in: SZ v. 28.12.1977; Gabriele Staudinger: »Sind Rollstuhlfahrer in der U-Bahn eine drohende Gefahr für ihre Mitbürger?«, in: Münchner Merkur v. 25.6.1981; »Initiative für behinderte Mitbürger«, in: Münchner Merkur v. 25.10.1985; »Auch Behinderte sind Mitbürger«, in: Münchner Merkur v. 3.12.1985.

323 | Vgl. G. W. Jansen: Einstellung (1974), S. 91-92; W. Jantzen: Sozialisation (1974), S. 150; H. E. Liebig: »Rehabilitation in a Country with a Decentralized Multiple-Agency Approach to Providing Rehabilitation«, in: Dicke, Werner/Jochheim, Kurt-Alphons/Müller, Marlis/Thom, Harald (Hg. im Auftrag der ISRD): Industrial Society and Rehabilitation – Problems and Solutions. ISRD-Proceedings of the Tenth World

senschaftlichen Kenntnisstand der 1970er Jahre entsprechend wären eine Erkrankung während der Schwangerschaft, Geburtskomplikationen oder genetische Gründe als Hauptursachen anzusehen gewesen. Die Befragten nannten hingegen vor allem mögliche Ursachen, die mit Vorstellungen von Fehlverhalten, Schuld und Strafe in Verbindung standen. Die Studie von Helmut von Bracken entsprach in wesentlichen Punkten den Ergebnissen von Jansen.[324] Praktiker wie der Soziologe und Pädagoge Walter Thimm glichen sie mit ihren Alltagsbeobachtungen ab: »Es wird so lange an der Verursachungsproblematik herumkonstruiert, bis man sagen kann: Na sehen Sie, ich hab's ja gewusst, irgendwie sind solche Eltern auch schuld daran.«[325] Berichte von Schuldspekulationen und Vorwürfen häuften sich im wissenschaftlichen und medialen Diskurs, auch Eltern selbst berichteten darüber. Besonders die Mütter der durch Thalidomid geschädigten Kinder scheinen Vorwürfen ausgesetzt gewesen zu sein.[326]

Die der Bevölkerung attestierten Informationsdefizite wiederum gerie-

Congress Wiesbaden 11.-17.9.1966, Heidelberg 1967, S. 19-20; D. Lipka/K. Jendsch/K. Kalusche/W. Mader u.a.: Untersuchung (1973), S. 215; I. Österwitz: Bürgerinitiativen (1976), S. 20; W. Thimm: Behinderten (1977), S. 10, 88-89. Vgl. zu alten Vorstellung des »Versehens« in der Schwangerschaft Gerhard Heese: »Entstellung – eine Behinderung?«, in: Hoyningen-Süess, Ursula/Amrein, Christine (Hg.): Entstellung und Hässlichkeit. Beiträge aus philosophischer, medizinischer, literatur- und kunsthistorischer sowie aus sonderpädagogischer Perspektive, Bern/Stuttgart/Wien 1995, S. 109-134, hier S. 113; Beat Rüttimann: »Medizinhistorische und medizinische Anmerkungen zur Entstellung«, in: Hoyningen-Süess, Ursula/Amrein, Christine (Hg.): Entstellung und Hässlichkeit. Beiträge aus philosophischer, medizinischer, literatur- und kunsthistorischer sowie aus sonderpädagogischer Perspektive, Bern/Stuttgart/Wien 1995, S. 39-58, hier S. 52.

324 | Vgl. H. v. Bracken: Vorurteile (1976), S. 61-62.

325 | W. Thimm: Behinderten (1977), S. 89.

326 | Vgl. Eva Parow-Souchon: »Die Umwelt der Kleinkinder mit Dysmelien«, in: Die Rehabilitation 2 (1963), H. 2, S. 80-81, hier S. 81; BMGes Abt. Ia, Vermerk: Bericht über die Dysmeliearbeitstagung am 5./6.11.1965 in Heidelberg, 16.11.1965, BArch B 189/20890; Oskar Hepp: »Die Häufung der angeborenen Defektmissbildungen der oberen Extremitäten in der Bundesrepublik Deutschland«, in: Medizinische Klinik 57 (1962), H. 11, S. 419-426, hier S. 424; W. Thimm: Behinderten (1977), S. 88; Hellmut Strasser: »Psychosoziale Aspekte der Dysmelie unter besonderer Berücksichtigung der Elternführung«, in: Jahrbuch der DeVg (1965/66), S. 215-221; Gerhard Möllhoff: »Psychische Probleme«, in: Niethard, Fritz Uwe/Marquardt, Ernst/Eltze, Jürgen (Hg.): Contergan – 30 Jahre danach, Stuttgart 1994, S. 35-42, hier S. 35-36; P. J. Briefs: Bedeutung (1951), S. 153-154; Franz Vogt: »Behinderte, psychisch Kranke und alte Menschen als Glieder unserer Gemeinschaft«, in: NDV 47 (1967), H. 5, S. 137-139, hier S. 139; H. v. Bracken: Vorurteile (1976), S. 61-62; aus der Sicht einer Mutter: Johanna Ruppert: Mehr als ich erwarten durfte, Trier 1979, S. 196; E. C. Hamilton: Welfare (1997), S. 226; »Chiffre K 17«, in: Der Spiegel v. 3.6.1968; »Es ist erstaunlich, dass man das aushält«, in: Der Spiegel v. 22.3.1971; Christian Mürner: Medien- und

ten zu integralen Bestandteilen der sozialwissenschaftlichen Modelle von Behinderung der späten 1960er und 1970er Jahre. Die Forscher der Jansen-Umfrage beispielsweise sahen darin die Grundlage von Verhaltensunsicherheiten, die wiederum den Wunsch begründeten, dem unbegreiflich Fremden möglichst nicht zu begegnen.[327] Andere Wissenschaftler kombinierten das Informationsdefizit mit weiteren Erklärungsfaktoren, etwa ob eine Krankheit oder Behinderung als ansteckend galt, wie sehr sie emotional beeindruckte und wie stark sie dem Leistungs- und Schönheitsideal der Gesellschaft widersprach.[328] Hingegen nahmen Verfechter des marxistischen Entfremdungsmodells wie Wolfgang Jantzen die Diagnose des Informationsdefizits zwar wahr, begründeten aber Abwertungen und Vorurteile eher vage mit »der Gesamtheit des Menschenbildes in der kapitalistischen Gesellschaft«.[329]

Gemeinsam ist diesen wissenschaftlichen Erklärungsmodellen, dass sie nahezu ohne Ausnahme Bezug zum Stigmabegriff nach Erving Goffman nahmen. Stigmata wurden als Zeichen und Symbole verstanden, die eingeübte Handlungsmuster auslösten. Mehrheitlich gingen die mit dem Stigmabegriff arbeitenden Forscher und Forscherinnen zudem von einem funktionalistischen Stigmamodell aus. In dessen Mittelpunkt stand das Gesellschaftssystem, in dem individuelle Andersheiten als Defizite und Störungen der Stabilität des Ganzen galten. Auf diese Störungen reagierte die Gesellschaft, so das Modell, mit sozialer Kontrolle, Segregation und Sanktionierung.[330]

Aufbauend auf diesen Erklärungsmodellen formulierte eine ganze Reihe von Wissenschaftlerinnen und Wissenschaftlern Handlungsanweisungen an Ministerien, Bürokratien und Professionen, um dem diagnostizierten Informationsdefizit zu begegnen und damit eine Ursache der Ausgrenzung von Menschen mit Behinderungen zu beseitigen. Wie insbesondere die Resonanz auf die Umfragen von Jansen und von Bracken zeigte, fanden diese auch Gehör.

Von Bracken empfahl beispielsweise, auf eine Denk- und Verhaltensänderung der Bevölkerung mittels eines gesteuerten Einsatzes der Massenmedien und Populärliteratur hinzuwirken. Erfreute sich nicht die amerikanische Fernsehserie »Der Chef« enormer Beliebtheit beim deutschen

---

Kulturgeschichte behinderter Menschen. Sensationslust und Selbstbestimmung, Weinheim/Basel/Berlin 2003, S. 99.

327 | Vgl. G. W. Jansen: Einstellung (1974), S. 86, 93-95, 118-119; H. Riesser: Fragen (1971), S. 154.

328 | H. v. Bracken: Vorurteile (1976), S. 80; W. Bläsig/E. Schomburg: Dysmeliekind (1966); W. Bärsch, Behinderte (1975), Zitate S. 13 und 20.

329 | W. Jantzen: Sozialisation (1974), S. 149.

330 | E. Goffman: Stigma (1967). Beispielsweise eingearbeitet bei A. Haaser: Entwicklungslinien (1975); I. Österwitz: Bürgerinitiativen (1976), S. 19; A. Seywald: Behinderung (1977), S. 38, 116-132; W. Bärsch, Behinderte (1975), S. 7-23; W. Jantzen: Sozialisation (1974); W. Thimm: Behinderten (1977).

Publikum, obwohl die Hauptfigur einen Rollstuhl benutzte?[331] Noch thematisierten die Unterhaltungsmedien, von den Shows der Aktion Sorgenkind e.V. abgesehen, Behinderung kaum. Vor allem fehlte es an Formaten, die Sachinformationen über Behinderung vermittelten und auf das Selbstbild der Menschen mit Behinderungen eingingen. Gerade erschienen die ersten Berichte, in denen Eltern von Kindern mit Behinderungen ihr Leben und Erleben schilderten.[332]

Auch die Berichterstatter um Jansen setzten auf die Lenkung der Informationsvermittlung, um die Öffentlichkeit zu einer schärfer konturierten Vorstellung von Behinderung zu führen. Allerdings empfahl Jansens Team auch, psychologisch in der Weise auf Menschen mit Behinderungen einzuwirken, dass diese in der Interaktion mit Menschen ohne Behinderungen den Part der »Verhaltenssteuerung« übernehmen könnten.[333] Diese Aussage war ein Ableger des Diskurses über Integrationsmodelle. Dort ging es um die Frage, ob Alltagskontakte zwischen Menschen mit und ohne Behinderungen, etwa in Form des gemeinsamen Unterrichts oder Sports, Menschen mit Behinderungen schadeten oder nutzten. Hier konkurrierten Stimmen, die Lernprozesse unter anderem durch möglichst häufige Kontakte und die gemeinsame Erziehung freisetzen wollten,[334] mit solchen, die entgegenhielten, dass dies die Vorurteile und Abwehrmechanismen eher noch verstärkte; die Kontakte sollten daher moderiert und die Interaktionen eng überwacht werden.[335] Unter den Befürwortern war häufiger auch die Vorstellung anzutreffen, dass die Gesellschaft Menschen mit Behinderungen brauche, um an ihrem Beispiel zu lernen.[336] Diese sollten, so das Idealbild, den Menschen ohne Behinderung Hilfsbereitschaft, Mitgefühl und Toleranz beibringen. In einem Modellversuch des gemeinsamen Gymnasialunterrichts im frän-

---

331 | Vgl. H. v. Bracken: Vorurteile (1976), S. 60, 323. Vgl. aus autobiografischer Sicht kritisch zu der Serie Ernst Wilhelm Bauer: Ein Stuhl zwischen den Stühlen. Erzählung über die physische und psychische Situation eines Querschnittsgelähmten, Planegg 1974, S. 14.

332 | Vgl. als Auswahl Marie-Luise Elling: Auch Daniel gehört dazu, Porz 1970; Regina Vollmer-Jensen: Wohin mit Katja, Göttingen 1972; Marie Killilea: Karen. Ein cerebral gelähmtes Mädchen auf dem Weg ins Leben, München 1973; Silvia Görres: Leben mit einem behinderten Kind, Zürich 1974; Ruth Müller-Garnn: Und halte Dich an meiner Hand. Die Geschichte eines Sorgenkindes, Würzburg 1977.

333 | Vgl. G. W. Jansen: Einstellung (1974), S. 135-136.

334 | Vgl. J. Muth: Möglichkeiten (1973), S. 246-265; H. Heckel: Behinderte (1974), S. 136; W. Bärsch: Behinderte (1975), S. 19-20.

335 | Vgl. Karl Josef Klauer: »Die Zukunft der Sonderschule«, in: Zeitschrift für Heilpädagogik 24 (1973), H. 11, S. 927-940, hier S. 936; J. R. Schultheis: Integration (1974), S. 572; F. O. Esser: Einstellungen (1975), S. 127-128; A. Kniel: Integration (1975), S. 63-64; H. Bach: Wende (1974), S. 87; J. Innenmoser: »Organisatorische Voraussetzungen zur Verbesserung der sozialen Integration des behinderten Kindes durch Sport«, in: Die Rehabilitation 14 (1975), H. 4, S. 237-242, hier S. 240-241.

336 | Vgl. H. Achinger, Gesellschaft (1967), S. 289.

kischen Altdorf wurde die Schülergruppe mit Behinderungen sogar explizit als »sozialethischer Katalysator« betrachtet.[337] Dies rief bei anderen Experten die Befürchtung hervor, hier würden Menschen als Lehrobjekte und »Unterrichtsmittel der Sozialerziehung Nichtbehinderter« missbraucht.[338]

So zeugen der Integrationsdiskurs und die Überlegungen, wie dem Informationsdefizit beizukommen war, zwar von dem Konsens, Abwertungen verhindern und ein gleichberechtigtes Miteinander schaffen zu wollen. An der Wahl der Mittel und Methoden schieden sich jedoch die Geister.

Kritischer als von Bracken und Jansen argumentierte beispielsweise der Erziehungswissenschaftler Walter Bärsch. Auch er sah im Informationsmanagement einen Lösungsansatz, wollte aber vermeiden, dass Menschen mit Behinderungen zum Anschauungsmaterial degradiert wurden, aus dem letztlich nur die Menschen ohne Behinderungen Nutzen zogen.[339] Wie Bärsch baute auch der Soziologe und Pädagoge Walter Thimm auf der Empirie Jansens und von Brackens auf. Auch er plädierte dafür, an der Kognition anzusetzen, und erarbeitete dazu im Lauf der 1970er Jahre das Aufklärungsbuch *Mit Behinderten leben*, das 1977 erschien. Der Autor verstand es als »Unterrichts- oder Kursprogramm zum Problemfeld ›Behinderte unter uns‹«. Das Buch enthielt Fragebögen, mit deren Hilfe die Leserinnen und Leser ihr Wissen prüfen und sich ihre Denkmuster vergegenwärtigen konnten. Hinzu kamen Kapitel, die aus der sozialwissenschaftlichen Sicht der 1970er Jahre in den Begriff von Behinderung und die Lebenslagen von Menschen mit Behinderungen einführten. Dies mündete in konkrete Vorschläge, wie die Einzelnen ihr Denken und Handeln im Alltag ändern konnten. Methodisch liefen diese darauf hinaus, dass Menschen gleichberechtigt aufeinander zugeführt werden sollten, ohne dass die eine oder andere Gruppe degradiert oder instrumentalisiert wurde.[340]

Der Volmarsteiner Pastor Ulrich Bach, der sowohl als Mensch mit einer Behinderung als auch als Experte aus der Rehabilitationspraxis sprach, machte nicht bei der Information halt. Er plädierte vielmehr in den Fachforen der Rehabilitationsprofessionen dafür, eine »Na-und?-Haltung« zu entwickeln und Unterschiede zu akzeptieren:

»Unser Krampf heißt: Eigentlich müssten wir alle gleich sein, alle schöner Durchschnitt. Was wir lernen müssen: Es gibt Menschen, die sich anders bewegen oder die sich anders benehmen oder die anders denken als andere. Und das dürfen sie auch. Wer humpelt, darf humpeln. Wer nicht mit Messer und Gabel essen kann, darf es auch anders tun. Wer nur undeutlich sprechen kann, den bitten wir eben, den Satz noch einmal zu sagen. Wer nicht bis zehn zählen kann, von dem verlangen wir es auch nicht. Solange das alles verpönt ist, solange wir uns wegen unserer schwachen Stellen eigentlich schämen müssten, so

337 | H. Heckel: Behinderte (1974), S. 136.

338 | H. Bach: Wende (1974), S. 87.

339 | W. Bärsch: Behinderte (1975), S. 13 und 20.

340 | W. Thimm: Behinderten (1977), S. 9.

lange lernen wir nicht, als Nicht-Behinderte und als Behinderte unverkrampft miteinander zu leben.«[341]

Auch Bach sah die Ursache für diese Verkrampfungen in Fehlinformationen vor allem der Medien. Rührselige, oft gut gemeinte, aber in ihrer Wirkung verheerende Artikel in Illustrierten schürten dieses Empfinden noch. Wenn die Presse berichtete, wie gesunde Mädchen sich »aufopferten« und Männer heirateten, die einen Rollstuhl benutzten – Bach griff ausdrücklich die zeitgenössische Diktion des an den Rollstuhl Gefesseltseins als verzerrend an –, dann könne doch »der Mann von der Straße gar nicht ›ja sagen‹, wenn er plötzlich in einer Umfrage gefragt werde, ob er mit Behinderten in einem Haus leben wolle: Dass das nicht den Weltuntergang bedeuten würde, sondern dass es eine lebbare Möglichkeit darstellt, das muss er doch erst lernen.«[342]

Bach verweigerte sich auch einer Informationsvermittlung, an der Menschen mit Behinderungen nur als Lehrobjekte mitwirken sollten. Noch deutlicher machten dies die jungen lokalen Selbsthilfeorganisationen wie die Clubs Behinderter und ihrer Freunde e.V. Sie setzten auf gemeinsame alltagsnahe Aufklärungsarbeit, »echte Partnerschaft zwischen Behinderten und Nichtbehinderten« und die Vergemeinschaftung der Interessen von Menschen mit und ohne Behinderungen.[343] Auf die Ausstrahlungseffekte eines gemeinsamen Miteinanders einer kleineren Gruppe von Menschen mit und ohne Behinderungen zielten wie schon erwähnt auch Gusti Steiner und Ernst Klee mit ihrem erstmals 1974 an der Volkshochschule Frankfurt a.M. angebotenen Kurs »Bewältigung der Umwelt«.[344] Sie wollten mentale Abwehrhaltungen ebenso abbauen wie materielle Barrieren. Dabei setzten sie auf Provokation und auf medienwirksame Aktionen. Im Mai 1974 endete beispielsweise eine Aktion des Frankfurter Kurses, die von einem Fernsehteam des ZDF und des WDR begleitet wurde, in einer spontanen Blockade von Straßenbahnschienen. Später vergab der Kurs öffentlichkeitswirksam das Prädikat »behindertenfeindlich« an Baulichkeiten.[345] Solchen als provokant empfundenen Artikulationsformen stimmte nur ein Teil der Emanzipationsbewegung zu. Dieser Methodenkonflikt verdeutlicht den noch tastenden Prozess des zur Sprache Findens von Menschen mit Behinderungen.

Auch im ministeriellen Raum lässt sich in den frühen 1970er Jahren ein Herantasten und Ausprobieren feststellen. Doch ging es dabei nicht um Artikulationsformen für ihre Vorstellungen von Behinderung, denn diese waren längst institutionalisiert. Vielmehr suchten die Ministerialbürokra-

341 | U. Bach: Behinderten (1974), S. 16.

342 | U. Bach: Behinderten (1974), S. 17.

343 | BAG cbf e.V., Tagungskalender 1972, 1.3.1972, Erläuterungen zum Tagungs- und Freizeitprogramm 1972, BArch B 189 9447; BAG cbf e.V., 3. Arbeitstagung v. 21.-23.4.1972 in Herbstein, BArch B 189 9447.

344 | »Über den Behinderten-Kurs in Frankfurt«, in: Der gute Wille 10 (1974), H. 5, S. 3-4.

345 | Vgl. E. Klee: Behindert (1987), S. 212-227, 230-231.

tien in der Reformphase der Bundesrepublik nach neuen Methoden, um die in der Öffentlichkeit beobachteten Denkweisen über Behinderung zu beeinflussen. Angesichts des wissenschaftlich diagnostizierten Informationsdefizits nahm die Aufklärungs- und Öffentlichkeitsarbeit nun einen bisher ungekannten Rang unter den behindertenpolitischen Aufgabenstellungen ein. So erklärte das Aktionsprogramm zur Förderung der Rehabilitation der Behinderten vom April 1970, das zentrale behindertenpolitische Reformpapier der sozialliberalen Regierung, den gezielten Abbau von Unkenntnis und Vorurteilen zu einer Kernaufgabe der Behindertenpolitik, der sich staatliche und nicht staatliche Akteure gleichermaßen widmen sollten.[346] Der Staat hatte die Möglichkeit, sowohl eigene Kampagnen umzusetzen, als auch gesellschaftliche Akteure dazu anzuregen. Inhaltlich widmeten sich in der Folge zahlreiche von Ministerien, Sozialleistungsträgern und Interessenvereinigungen herausgegebene Aufklärungspublikationen der sachlichen Information über die Entstehungsgründe von Behinderungen und sozialstaatliche Hilfeleistungen. Typisch waren auch quantifizierende und damit scheinbar objektive Berichte über die Leistungen von Menschen mit Behinderungen. Häufig begegnete nun auch das Argument, Behinderung könne jeden Menschen jederzeit treffen. Aus dieser Universalität von Behinderung leiteten die Verfasser der aufklärenden Texte einerseits die Forderung ab, die Rehabilitationsbemühungen von Staat, Sozialleistungsträgern und Einrichtungsträgern ideell und materiell zu unterstützen. Andererseits entwickelten sie daraus den Imperativ, Menschen mit Behinderungen nicht abzuwerten oder zu diskriminieren.[347] Mitunter geschah dies in blumigen Worten. So erklärte 1972 der VdK-Vizepräsident Ludwig Hönle: »Diese Wetterwendigkeit des Schicksals, die früher für den Soldatenberuf typisch war und von dem es in dem alten Reiterlied heißt: ›Heute noch auf stolzen Rossen, morgen durch die Brust geschossen‹, ist heute durch den sogenannten Fortschritt der Technik unser ganz normales Alltagslos geworden.«[348]

Aufklärungsbroschüren waren ein typisches, aber nicht das einzige be-

346 | Vgl. »Aktionsprogramm der Bundesregierung zur Förderung der Rehabilitation der Behinderten«, in: Sozialpolitische Informationen v. 13.4.1970, S. 4.

347 | Vgl. C. Dierkes: Möglichkeiten (1960), S. 778; E. Glombig: Rehabilitation (1964), S. 13; J. Langhagel: Rehabilitation (1965), S. 265; Bayerische Staatsregierung (Hg.): Erster bayerischer Landesplan für Behinderte, München 1974, S. 5; 2. Bundeskongress für Behinderte des VdK am 7.6.1972, Referat v. Hubertus Stroebel: Probleme der praktischen Rehabilitationsarbeit, BArch B 172 1834; Stiftung Rehabilitation (Hg.): Rehabilitation der Siebziger Jahre. Neue Wege zur Eingliederung von Behinderten. Ein Beitrag der Stiftung Rehabilitation Heidelberg, Heidelberg 1972, S. 4; W. Krause: Arbeits- und Berufsförderung (1974), S. 8; »Arbeitsprogramm der ›Stiftung Rehabilitation‹«, in: Sozialer Fortschritt 23 (1974), H. 6, S. 125; Bundesanstalt für Arbeit (Hg.): Ihre berufliche Zukunft. Bd. 4: Informationen zur beruflichen Rehabilitation, 3. Aufl. Nürnberg 1974, S. 2.

348 | Vgl. 2. Bundeskongress für Behinderte des VdK am 7.6.1972, Referat v. Ludwig Hönle, BArch B 172 1834.

hindertenpolitische Kommunikationsinstrument der 1970er Jahre. Immer häufiger regten Bundes- oder Landesministerien auch die Produktion von Dokumentarfilmen an, die in Bildungseinrichtungen, zum Teil aber auch im öffentlich-rechtlichen Fernsehen gezeigt werden sollten. In ihrem häufig gesellschaftskritischen Grundton unterschieden sie sich von den Lehrfilmen früherer Jahrzehnte.[349] Zu den neuen Methoden gehörten auch Ideenwettbewerbe, die in den 1970er Jahren eine Konjunktur erlebten. Bereits 1969 lancierten beispielsweise die Bundesarbeitsgemeinschaft für Rehabilitation und die DeVg den Wettbewerb »Behinderte – draußen vor der Tür?« und forderten zur künstlerischen Darstellung von Problemen auf, mit denen Menschen mit Behinderungen im Alltag konfrontiert wurden.[350] Bundesarbeitsminister Walter Arendt ließ 1970 den »Ideenwettbewerb des guten Willens« ausschreiben. Die rund 10.000 Wettbewerbsbeiträge sollten helfen, Hilfen für Menschen mit Behinderungen zu verbessern. Arendt ging es jedoch noch um mehr: Er wollte einerseits seiner Auffassung Ausdruck verleihen, dass Probleme von Menschen mit Behinderungen alle angingen und auch nur gemeinsam gelöst werden konnten. Andererseits erprobte er hier eine Schnittstelle von Aufklärung, Eigenwerbung und Imagepflege und knüpfte damit an positive Erfahrungen an, die in der Privatwirtschaft mit Wettbewerben gemacht worden waren. Aussagen über die Umsetzung der eingegangenen Ideen oder den meinungsbildenden Effekt des Wettbewerbs lässt die Quellenlage allerdings nicht zu.[351]

Der imagepolitischen Ausrichtung der staatlichen Aufklärungs- und Öf-

---

349 | Vgl. »Rehabilitation: Dokumentarfilm ›Es lohnt sich‹«, in: Sozialpolitische Informationen v. 27.8.1970, S. 4. Als Beispiele vgl. Land des Schweigens und der Dunkelheit, Dokumentation, BRD 1970/71; Behinderte Zukunft – Zur Situation der Körperbehinderten in der Bundesrepublik Deutschland, Dokumentation, BRD 1970/71; Ausgesperrt? Behinderte Kinder am Rande der Gesellschaft – dargestellt an drei Beispielen, Dokumentation, BRD 1972; Schleichende Euthanasie. Zur Situation von behinderten Kindern in unserer Gesellschaft, Dokumentation, BRD 1972; Rehabilitation bildungsfähiger Vorschul- und Schulkinder mit zerebralen Bewegungsstörungen, Dokumentation, BRD 1978.

350 | Vgl. Marlis Müller: »›Behinderte – draußen vor der Tür?‹ Deutscher Ausstellungsstand zum 11. Weltkongress der ISRD in Dublin 1969«, in: Die Rehabilitation 8 (1969), H. 4, S. 234-236; BAR, Faltblatt: Ausschreibung eines Wettbewerbs: Behinderte – draußen vor der Tür, 22.5.1969, BArch B 172 2092; BAR, Bericht über Verlauf und Ergebnis des Wettbewerbs an Mitglieder des Vorstands, 28.8.1969, BArch B 172 2082; BAR, Ergebnisniederschrift über die 3. Sitzung des Vorstands am 27.10.1969, ebd.

351 | »Preise für Verbesserungsvorschläge in der Behindertenhilfe«, in: BArbl. 21 (1970), H. 7, S. 461; »Wertvolle Anregungen für bessere Behindertenhilfen«, in: Sozialpolitische Informationen v. 13.10.1971, S. 1-2; BAR, Protokoll über die Mitgliederversammlung am 19.11.1971, BArch B 172 1771; 2. Bundeskongress für Behinderte des VdK am 7.6.1972, Eröffnungsrede v. Herbert Ehrenberg, BArch B 172 1834; Walter Arendt: »Unfall und Rehabilitation. Rede vor dem Berufsgenossenschaftstag 1970

fentlichkeitsarbeit dienten zu dieser Zeit auch die zahlreichen öffentlichen Auftritte von Arendt, Bundesgesundheitsministerin Katharina Focke, Bundeskanzler Willy Brandt und Bundespräsident Gustav Heinemann in Einrichtungen der Rehabilitation, Freizeit- und Begegnungsstätten und Schulen.[352] Da die Bundesregierung die Behindertenpolitik zum Aushängeschild ihrer Reformarbeit erklärt hatte, warb insbesondere Arendt intensiv für diesbezügliche Anstrengungen. Auch die Erfahrungen mit dem Schaden, den das Ansehen des Bundesgesundheitsministeriums infolge der medialen Berichterstattung über den Conterganskomplex genommen hatte, ließen die Ressorts ihre Pressearbeit verstärken.

Neu war, dass es nun darum ging, die Gesellschaft in ihrer Breite anzusprechen. Bis um die Mitte der 1960er Jahre war es vor allem darum gegangen, die Abläufe und Erfolge der Rehabilitation durch Aufklärungskampagnen zu optimieren. Adressiert wurden diese Kampagnen vor allem an die Arbeitgeberschaft. Unter dem Motto »Versehrtenarbeit ist vollwertige Arbeit!« bemühte sich die Politik in den 1950er Jahren, auf Unternehmen einzuwirken, in denen ein mangelndes Verständnis für die Schwerbeschädigten und ihre berufliche Leistung beobachtet wurde.[353] Beeindruckende Leistungsbeweise waren das Werbemittel der Wahl und wurden bevorzugt in dreidimensionalen (Wander-)Ausstellungen und »Leistungsschauen« präsentiert. Ausstellungen wie die vom niedersächsischen Ministerium für Arbeit, Aufbau und Gesundheit in Zusammenarbeit mit dem Landesarbeitsamt und der Hauptfürsorgestelle Hannover veranstaltete Schau »Der Schwerbeschädigte im Leben und im Beruf« oder das letztlich an seiner Überdimensionierung gescheiterte Berliner Großprojekt »Lebensschau der Schwerbeschädigten« dienten zusätzlich auch der Selbstdarstellung des

---

am 26.6.1970 in Düsseldorf«, in: Arendt, Walter: Kennzeichen sozial. Wege und Ziele der sozialen Sicherung, Stuttgart/Berlin/Köln/Mainz 1972, S. 155-164, hier S. 163.

352 | Verfolgen lässt sich dies in der Presse, aber beispielsweise auch in den Jahresberichten der Bundesregierung. Vgl. Presse- und Informationsamt der Bundesregierung (Hg.): Jahresbericht der Bundesregierung, Jahrgänge 1970, 1971 und 1973, Bonn 1971-1974. Vgl. z.B. auch die zur Veröffentlichung bestimmten Aufnahmen im AdsD: Willy Brandt, Besuch des Bundeskanzlers in einem Heim für geistig und körperlich behinderte Kinder, 1972, Foto: Sven Simon, AdsD FA 075842; Hilda Heinemann, Berlin-Besuch Gustav Heinemanns, Besuch der Behindertenwerkstatt Fontanestraße, 27.1.1972, AdsD, FA 040115.

353 | Das Zitat in Arbeit statt Almosen. Versehrtenfürsorge des evangelischen Hilfswerks, Hauptbüro Bayern und des Landesvereins für Innere Mission Nürnberg, 1948, BWA K1 IHK München/Oberbayern XXIII 266 Akt 2. Vgl. dazu Präsident des LAA Südbayern, Niederschrift über den Fachlehrgang für die Schwerbeschädigtenvermittler v. 2.-6.11.1954 in Tutzing, 26.7.1955, StAM AÄ 968; Krankenhaus Evangelisches Stift St. Martin, Koblenz, Berufsgenossenschaftliche Sonderstation für Schwerunfallverletzte, Gerhard Leimbach, Schreiben an BMA, mit Anlage: Gedanken über die Rehabilitation Querschnittsgelähmter und ihre Wiedereingliederung in Deutschland, 13.5.1957, BArch B 142 553.

bundesrepublikanischen Sozialstaats.[354] Das Aufklärungsziel traf in Zeiten der Systemkonkurrenz auf die deutsch-deutsche Allgemeinpolitik.[355] Diese Motivation trat in den 1970er Jahren klar hinter die Absicht zurück, die mentalen Barrieren der westdeutschen Gesellschaft abzubauen. Laufend wuchs nun der Kreis derer, die informiert, beraten und erzogen werden sollten: Eltern, Angehörige, Belegschaften, schließlich die gesamte Bevölkerung sollte in ihrem Denken über und ihrem Umgang mit Menschen mit Behinderungen geschult werden.[356]

Ob leidgeprüftes Opfer, charakterlicher Sonderling, Held im alltäglichen Lebenskampf oder Rentenpsychotiker – der mit einer Behinderung lebende Mensch wurde als das letztgültig Andere und Besondere gefasst. Die Normabweichungen und Andersheiten, die der individuell-medizinische Behinderungsbegriff mit seiner Orientierung an Funktionsdefiziten und Erwerbsunfähigkeit umfasste, galten als nicht akzeptabel. Wer seine Funktion in der Erwerbsgesellschaft nicht erfüllte und den bürgerlichen Idealen Produktivität und Vertragsfähigkeit nicht gerecht wurde, schien ein soziales Problem zu sein. Geboten war die funktionale Anpassung an die Erwartungen der Umwelt. Jedoch erlebten diese Logiken seit etwa 1970 eine allmähliche Relativierung.

354 | Vgl. Schaffende Schwerbeschädigte. Bildbericht über die v. niedersächsischen Ministerium für Arbeit, Aufbau und Gesundheit, dem niedersächsischen LAA und der Hauptfürsorgestelle Hannover v. 16.6.-3.7.1949 veranstaltete Ausstellung »Der Schwerbeschädigte im Leben und im Beruf«. Hg. v. niedersächsischen Ministerium für Arbeit, Aufbau und Gesundheit, Hannover 1949, BArch B 106 10674; »Der Schwerbeschädigte im Leben und Beruf«, in: BArbl. 1 (1949/50), H. 8, S. 306-308.

355 | Vgl. BMA Abt. Ic1, Vermerk, 11.8.1953, BArch B 149 1740; BMA Abt. Vb1, Vermerk, 10.5.1955, ebd.; BMA Abt. Vb, Vermerk, 11.5.1955, ebd.; Landesversorgungsamt Nordrhein, Schreiben an BMA, 16.5.1953, ebd.; Arbeitsgemeinschaft Lebensschau der Schwerbeschädigten e.V., Arbeitsprogramm, 1954, ebd.; Senat v. Berlin, Senatsbeschluss 569/55 v. 23.5.1955 über die Ausstellung »Der Schwerbeschädigte im Lebenskampf«, ebd.

356 | Vgl. F. Vogt: Behinderte (1967), S. 137; BAGFW e.V., Niederschrift über die Sitzung des Ausschusses der Bundesarbeitsgemeinschaft Behindertes Kind e.V. am 8.12.1967, BArch B 189 750; W. Arendt: Sozialpolitik (1972), S. 17; Bayerische Sozialpolitik 1974. Hg. v. bayer. Staatsministerium für Arbeit und Sozialordnung, München 1974, S. 171; Erster bayerischer Landesplan für Behinderte, München 1974, BHStA MArb 3530.

2. Behindertenpolitik: System und Thematisierungen

Der skizzierte Behinderungsdiskurs konkretisierte sich in der bundesrepublikanischen Behindertenpolitik. Deren Verläufe lassen sich als Geschichte von Thematisierungskonjunkturen beschreiben.[1] Diese formierten ein genuin sozialpolitisches Feld: Behindertenpolitik war seit ihren Anfängen um die Jahrhundertwende bis weit in die 1970er Jahre Sozial-, nicht etwa Gleichstellungspolitik, denn im Behinderungsdiskurs rangierte Behinderung als soziales Problem. Der Sozialstaat war aufgerufen, es zu lösen. Allerdings bildeten sich hier Binnenhierarchien. Manche mit Behinderung in Verbindung stehenden Fragen wie etwa die Arbeitsmarktintegration wurden besonders betont. Andere wie beispielsweise individuelle Mobilität oder Partizipation an Kultur und Konsum wurden bis in die 1970er Jahre marginalisiert.

Gesellschaftliche Normen und Erwartungen, zuvorderst die bürgerlichen Ordnungsideale der Erwerbs- und Vertragsfähigkeit, prägten spezifische Vorstellungen über den erwünschten gesellschaftlichen Zustand. Konkrete politische Reaktionen oder Lösungsansätze erfolgten jedoch keineswegs quasi von selbst, sondern ergaben sich aus dem Aufeinandertreffen von vielerlei Faktoren:

Hier sind zunächst die Binnenlogiken des Systems sozialer Sicherung und die sozialstaatlichen Rahmenbedingungen der Behindertenpolitik zu nennen. Innerhalb dieses Systems bildeten Art und Ursache einer Behinderung, Geschlecht und Erwerbsstatus wichtige Unterscheidungskriterien, die darüber entschieden, ob Behinderungen als sozialpolitisch relevant erkannt und wie die sozialstaatlichen Hilfen gestaltet wurden. An der im Folgenden skizzierten Entwicklung des Sozialleistungsrechts lässt sich dies ablesen. Zudem kam es auf den jeweiligen Einfluss der wissenschaftlichen und fachlichen Expertenkultur auf die Politik an. Von größter Bedeutung war, welche Akteure sich mit welchen institutionellen Ressourcen jeweils an den Auswahlentscheidungen beteiligten, und mit welchen Eigeninteressen. Ausschlaggebend war beispielsweise, ob die Menschen mit Behin-

1 | Vgl. zum Begriff der Thematisierung W. Rudloff: Schatten (2002), S. 347.

derungen, um die es jeweils ging, bzw. ihre Angehörigen elektorales oder politisches Gewicht hatten und interessenpolitisch gut organisiert waren. Es kam darauf an, als Kollektiv aufzutreten und lautstarke Fürsprecher in Politik und Medien zu finden – das zeigt besonders die Untersuchung des Conterganskomplexes. In diesem Zusammenhang war es auch erheblich, welches moralische und emotionale Kapital eine Gruppe von Menschen mit Behinderungen mitbrachte.[2] Die meisten Menschen mit Behinderungen freilich hatten noch keine »lautstarke Lobby«, wie der Bundesbauminister Karl Ravens 1974 feststellte.[3]

2.1 Sozialstaatliche Rahmenbedingungen, Akteurskonstellationen und die Entwicklung des Sozialleistungsrechts

Da Behindertenpolitik Teil der Sozialpolitik war, folgten ihre Struktur und ihre Logik den tradierten Pfaden deutscher Sozialstaatlichkeit. Zwar hatten die Westalliierten während der Besatzungszeit sozialstaatliche Umstrukturierungsversuche unternommen, doch kam es 1949 zu einer Restauration des traditionellen deutschen Sozialstaatsmodells unter den Leitlinien der sozialen Marktwirtschaft. Die Bundesregierung stellte insbesondere das Sozialversicherungsprinzip Bismarckscher Prägung wieder her und verteidigte es gegen alternative Sozialstaatskonzepte wie etwa das britische Welfare-State-Modell oder die Einheitssozialversicherung. Beginnend mit der Rentenreform des Jahres 1957 wurde dieses konservative Sozialstaatsmodell aktualisiert und so in seiner Funktionsfähigkeit erhalten.[4]

Am Beginn der deutschen Sozialstaatlichkeit hatte die Versicherungsformel als Antwort auf die Arbeiterfrage gestanden. Sicherheit hatte seither Priorität vor anderen sozialstaatlichen Zielen wie etwa der Gleichheit. In

2 | Vgl. W. Rudloff: Überlegungen (2003), S. 866; Ders.: Sozialstaat (2003), S. 184.

3 | K. Ravens: Rücksicht (1974), S. 1. Ähnlich auch Katharina Zimmer: »Wer hilft dem behinderten Kind? Ein Gespräch mit dem zuständigen Referenten im Bonner Sozialministerium«, in: Die Zeit v. 22.10.1971; »›Nicht laufen, nicht sprechen, nicht hören‹«. Spiegel-Report über sozial benachteiligte Gruppen in der Bundesrepublik (V): Behinderte«, in: Der Spiegel v. 22.3.1971.

4 | Vgl. H. G. Hockerts: Problemlöser (2007), S. 8-9; H.-W. Schmuhl: Arbeitsmarktpolitik (2003), S. 348; Lutz Leisering: »Kontinuitätssemantiken: Die evolutionäre Transformation des Sozialstaates im Nachkriegsdeutschland«, in: Leibfried, Stephan/Wagschal Uwe (Hg.): Der deutsche Sozialstaat. Bilanz – Reformen – Perspektiven, Frankfurt a.M./New York 2000, S. 91-114, hier S. 96, 181; Hans F. Zacher: »Der deutsche Sozialstaat am Ende des Jahrhunderts«, in: Leibfried, Stephan/Wagschal, Uwe (Hg.): Der deutsche Sozialstaat. Bilanzen – Reformen – Perspektiven, Frankfurt a.M./New York 2000, S. 53-90, hier S. 54; P. Buhr/L. Leisering/M. Ludwig/M. Zwick: Armutspolitik (1991), S. 508; K.-A. Jochheim/F. Schliehe/H. Teichmann: Rehabilitation (2001), S. 568.

diesem Kontext konnte Behindertenpolitik zunächst nur eine Politik der sozialen Sicherung, nicht aber Gleichstellungspolitik sein. Behinderung galt als soziales Problem, Menschen mit Behinderungen primär als hilfsbedürftige Empfänger von Hilfsleistungen. Dem Sozialversicherungsprinzip entsprechend bildete der abhängig erwerbstätige, männliche Arbeitnehmer die soziale Norm und die sozialstaatliche Idealklientel, an dem der Staat diese Leistungen ausrichtete.[5]

Das sogenannte gegliederte System gab dafür den Rahmen vor: Seine Sozialleistungsbereiche Sozialversicherung, Versorgungswesen und öffentliche Fürsorge beruhten auf jeweils eigenen, divergierenden legislatorischen Grundlagen. Ihre Verantwortlichkeiten, Handlungskompetenzen und Ziele waren höchst unterschiedlich. Verschiedene Leistungsträger, Einrichtungen und Sozialklientelgruppen waren ihnen zugeordnet.

So beantwortete der deutsche Sozialstaat mit dem Versicherungsprinzip die Risiken Alter, Krankheit, Berufsunfall und Arbeitslosigkeit. Die Sozialversicherung beruhte auf lohnbezogenen Beiträgen und gewährte beitragsbezogene Leistungen. Hier galt die Gleichwertigkeit von Arbeits- und Sozialeinkommen. Beitragsleistungen begründeten zudem einen individuellen Rechtsanspruch. Die soziale Sicherheit einer Person hing folglich stark von einer erfolgreichen Erwerbsbiografie ab. Die Leistungen der Sozialversicherungsträger richteten sich primär an bereits erwerbstätige Beitragszahler. Allerdings kannte die Sozialversicherung auch Versorgungsanteile. Als solcher waren beispielsweise die Staatszuschüsse in der gesetzlichen Rentenversicherung zu verstehen.[6]

Die öffentliche Fürsorge hingegen orientierte ihre Aktivitäten an der individuell nachzuweisenden Hilfsbedürftigkeit, wenn andere Sozialleistungsträger nicht zuständig waren. Ihre Hilfen basierten auf den Prinzipien der Subsidiarität und des Nachrangs. 1954 räumte das Bundesverwaltungsgericht einen individuellen Rechtsanspruch auf Fürsorgeleistungen ein, endgültig verbriefte ihn das Bundessozialhilfegesetz 1961.[7]

---

5 | Vgl. H. F. Zacher: Sozialstaat (2000), S. 58, 62; W. Rudloff: Schatten (2002), S. 365; Th. Degener: Behinderung (2003), S. 453.

6 | Vgl. F. Nullmeier/F. W. Rüb: Transformation (1993), S. 91-92; Hans Günter Hockerts: »Bürgerliche Sozialreform nach 1945«, in: Bruch, Rüdiger v. (Hg.): Weder Kommunismus noch Kapitalismus. Bürgerliche Sozialreform in Deutschland vom Vormärz bis zur Ära Adenauer, München 1985, S. 245-269, hier S. 255-257. Aus der Sicht der Zeitgenossen vgl. Detlev Zöllner: »Art und Umfang der Rehabilitationsmaßnahmen in der Bundesrepublik«, in: BArbl. 20 (1969), H. 5, S. 259-264, hier S. 259; Heinrich Kraft: »Versorgungselemente in der Sozialversicherung«, in: Sozialer Fortschritt 1 (1952), H. 4, S. 87-98; H. Achinger/W. Bogs/H. Meinhold/L. Neundörfer: u.a.: Sozialenquête (1966), S. 60, 62.

7 | Entscheidungen des Bundesverwaltungsgerichts 1159 v. 24.6.1954. Vgl. Johannes Duntze: »Der Hilfssuchende als Rechtssubjekt. Ein Wesenszug der Neugestaltung des Fürsorgerechts«, in: Achinger, Hans/Ohl, Ott/Pende, Rudolf/Prestel, Rudolf/Schmerbeck, Franz X. (Hg.): Neue Wege der Fürsorge. Rechtsgrundlagen,

Aus der Dynamik des Ersten Weltkriegs war zudem der Sozialleistungsbereich der Versorgung entstanden. Mit dem Bundesversorgungsgesetz von 1950 stellte die Bundesregierung unter Konrad Adenauer diesen Bereich unter Orientierung an Weimarer Traditionen auf neue, tragfähige Beine. Im Versorgungswesen gelten Maßnahmen der sozialen Sicherung als Kompensation für eine im Dienst am Gemeinwesen erbrachte Leistung oder eine Schädigung, die der Staat zu verantworten hat. Finanziert wird dies durch das Steueraufkommen der Solidargemeinschaft.

Wo dieses dreigliedrige System in der Besatzungszeit aufgeweicht war, restaurierte es die Regierung Adenauer. Dies geschah vor allem im Zuge der Sozialleistungsreform bis 1957. In den beiden folgenden Jahrzehnten unternahmen die Bundesregierungen angesichts verschiedener problematischer Effekte des gegliederten Systems zahlreiche Versuche, die divergierenden Teilsysteme zu ordnen, zu koordinieren und zu integrieren und so ihre Funktionsfähigkeit zu erhalten. Zu diesen Problemen zählten unter anderem Koordinierungsdefizite, die sich, wie im Folgenden gezeigt wird, besonders bei den Hilfen bei Behinderung bemerkbar machten. Für Menschen mit Behinderungen brachte das System zudem teils erhebliche Ungleichheiten mit sich. Je nach Ursache der Behinderung und Erwerbsstatus wurden sie den Sozialträgern in Versicherung, Versorgungswesen und Fürsorge zugeteilt. Umfang und Qualität der Leistungen hingen dann vom jeweils zuständigen Sozialträger, seinen gesetzlichen Grundlagen, finanziellen Möglichkeiten und Leistungskatalogen ab. Dies wurde als kausales Prinzip bezeichnet. Der Begriff bezog sich sowohl auf die Ursache einer Behinderung als auch auf die Begründung der Zuständigkeit eines Sozialleistungsträgers. Das kausale Prinzip war eines der ausschlaggebenden Merkmale der bundesrepublikanischen Behindertenpolitik.[8] Dies äußerte sich nicht zuletzt auch sprachlich, denn bevor sich in den 1960er Jahren der Universalbegriff der »Behinderten« durchsetzte, herrschten in Wissenschaft und Politik Einzelbegriffe wie »Kriegsbeschädigter«, »Unfallbeschädigter«, »Körpergeschädigter« oder »Krüppel« vor, die dem Sozialstaat Auskunft über die Ursache der Behinderung geben sollten. Der Begriff des »Körperbehinderten« oder »Behinderten« galt als verwischend und sozialrechtlich unbrauchbar.[9]

Arbeitsformen und Lebensbilder. Eine Festgabe für Hans Muthesius zum 75. Geburtstag, Köln/Berlin/München/Bonn 1960, S. 67-77, hier S. 70; R. Schaudienst: Rehabilitationsgedanke (1964), S. 160.

8 | Vgl. prononciert für die 1950er Jahre Th. Scharmann: Probleme (1956), S. 178; Hans Stadler: »Von der ›Krüppelfürsorge‹ zur Rehabilitation bei Körperbehinderung. Zur Entwicklung unter medizinischem, pädagogischem und berufsethischem Aspekt«, in: Zeitschrift für Heilpädagogik 52 (2001), H. 3, S. 99-106, S. 99.

9 | Vgl. BMA Abt. Ic4, Vermerk, 1.12.1952, BArch B 1740; AA Gummersbach, Schreiben an Präsidenten des LAA NRW, 20.7.1955, NRWHStA BR 1134 594; BMA Abt. Vb, Vermerk, 11.10.1956, BArch B 142 553; Präsident des LAA Nordbayern, Schreiben an Präsident der BAVAV, 5.11.1953, BArch B 119 3276; DV e.V., Sitzung der Gruppe IV des Studienkreises Soziale Neuordnung am 16.7.1957 in Frankfurt a.M., Referat

Ab der Mitte der 1960er Jahre geriet das kausale Prinzip aufgrund der Ungleichheiten, die es schuf, zunehmend in die Kritik von Expertenschaft, Sozialpartnern, Politik und Interessenvertretungen der Menschen mit Behinderungen im In- und Ausland.[10] Sie setzten ihm das sogenannte finale Prinzip entgegen. Nicht die Ursache einer Behinderung sollte im Mittelpunkt stehen, sondern das jeweilige Ziel der behindertenpolitischen Maßnahmen. Sprachlich etablierte sich infolge dieses Denkwandels der Begriff der »Behinderten«, mit dem fortan eine homogene Gruppe von Leistungsempfängern konstruiert wurde. Im Rehabilitationsangleichungsgesetz (RehaAnglG) wurde die finale Betrachtungsweise schließlich 1974 gesetzlich fixiert. Die seit 1969 amtierende sozialliberale Regierung setzte diesen Reformprozess in Gang, weil ihre der Chancengleichheit und Demokratisierung verpflichtete Behindertenpolitik mit den durch das Kausalprinzip entstehenden Ungleichheiten nicht zu vereinbaren war. Das an »Schadensursachen« orientierte Leistungssystem galt nun als rückwärtsgewandt. Sozialliberale Sozialpolitik sollte hingegen vorausschauend und vorbeugend wirken.[11] Umgesetzt wurde diese neu orientierte Behindertenpolitik jedoch weiterhin im gegliederten System, dessen divergierende Grundlagen und Leistungen einander weitgehend angeglichen wurden. Zu einem Systemumbau kam es nicht, wie Kapitel 2.1 ausführt.

Innerhalb dieser sozialstaatlichen Rahmungen, die im Folgenden noch näher beleuchtet werden, erfolgte das behindertenpolitische Handeln in einer Art und Weise, die sich mithilfe des erweiterten institutionalistischen

---

v. Ministerialrat Krumwiede: Körperbehindertengesetz, B 172 1740; K.-D. Thomann: Kind (1995), S. 265-266; R. Mentner: Almosenempfänger (2004), S. 44; A. Jährling-Marienfeld: Behinderte (2003), S. 46.

10 | Vgl. ILO, Recommendation 99: Recommendation Concerning Vocational Rehabilitation of the Disabled, Adopted by the Conference at its 38th Session, 22.6.1955, S. 2, BArch B 149 6433; Empfehlungen der Westeuropäischen Union zur Rehabilitation der Behinderten, in: BArbl. 9 (1958), H. 23, S. 477-482. Zu den Positionen der Befürworter des Finalprinzips vgl. z.B. DV e.V., Bericht über die Sitzung des Ständigen Ausschusses für gemeinsame Fragen der Fürsorge und der Arbeitsverwaltung am 25.5.1961 in Meschede, BArch B 106 10774; Reichsbund e.V., Vorlage eines Entwurfs zum SBG an Verwaltung für Arbeit beim Wirtschaftsrat des Vereinigten Wirtschaftsgebiets, 30.12.1948, BArch B 149 913. DBG-Bundesvorstand Abt. Sozialpolitik an BMA, 16.11.1959, mit Anlage: DGB: Zur Rehabilitation. Stellungnahme angenommen v. 5. Ordentlichen Bundeskongress Stuttgart, September 1959, BArch B 149 16572.

11 | Vgl. Regierungserklärung des Bundeskanzlers Willy Brandt v. 28.10.1969, in: StenBerBT, 6. WP, 5. Sitzung v. 28.10.1969, S. 20A-34C; Walter Arendt: »Wissenschaft und Sozialpolitik. Rede bei einer Veranstaltung des Volkswirtschaftlichen Seminars der Universität Mannheim am 23.11.1970«, in: Arendt, Walter: Kennzeichen sozial. Wege und Ziele der sozialen Sicherung, Stuttgart/Berlin/Köln/Mainz 1972, S. 18-25, hier S. 22.

Ansatzes nach Wilfried Rudloff beschreiben lässt.[12] Behindertenpolitik lässt sich dementsprechend als Politiknetzwerk fassen, in dem eine Vielzahl von miteinander vertrauten Akteuren nach eingeübten Spielregeln miteinander agierte. Hier wurden Begriffe verhandelt, Themen ausgewählt und Probleme definiert, Priorisierungen vorgenommen und politische Willensbildungen angestrebt. Komplexe Netzwerkbeziehungen prägten die politischen Auswahlentscheidungen, durch die aus dem Behinderungsdiskurs und den Problematisierungen konkrete politische Optionen wurden. Diesem Politiknetzwerk gehörten die Ministerialbürokratien des Bundes und der Länder, die Sozial- und Arbeitsverwaltung und politische Parteien ebenso an wie die Sozialpartner und Sozialleistungsträger, die Träger der Sozialinfrastruktur und die Interessenvertretungen von Experten, Professionen und Klientel. Demnach war eine Vielzahl unterschiedlichster Akteure an der Konzeption von Behindertenpolitik beteiligt. Sie gelangten in der Regel – im Zuge oft langwieriger Tast- und Abklärungsphasen – bereits im vorparlamentarischen Raum zu einem Interessenausgleich.[13]

Die staatlichen und nicht staatlichen Akteure waren in einer vielschichtigen Tauschbeziehung aufeinander angewiesen. Klare Hierarchien fanden sich selten. Behindertenpolitik war mithin Teil der korporatistischen Verhandlungsdemokratie, wobei unter der Vermittlung der Ministerialbürokratie die intermediären Interessenverbände der Sozialleistungsträger und der Sozialprofessionen bzw.- Experten mehr Einfluss hatten als die Parteien und Sozialpartner. Das gegliederte System der sozialen Sicherung in der Bundesrepublik brachte es mit sich, dass staatliche Kompetenzen der Intervention, Gesetzgebung und Aufsicht nur einen Ordnungsrahmen bildeten.[14] Die Strukturen der korporativen Selbstverwaltung engten den staatlichen

---

12 | Zum Begriff des Netzwerks und seiner Funktionsweise W. Rudloff: Rehabilitation, Bd. 5 (2006), S. 569 sowie Ders.: Überlegungen (2003), S. 865. Zum institutionalistischen Ansatz vgl. auch Jens Alber: »Soziale Dienstleistungen. Die vernachlässigte Dimension vergleichender Wohlfahrtsstaat-Forschung«, in: Bentele, Karlheinz/Reissert, Bernd/Schettkat, Ronald (Hg.): Die Reformfähigkeit von Industriegesellschaften. Fritz W. Scharf, Festschrift zum 60. Geburtstag, Frankfurt a.M./ New York 1995, S. 277-293, hier S. 278; Lessenich, Erklärungsansätze, S. 49-51.

13 | Eine entsprechende Selbstbeschreibung des Systems durch die Akteure bei H. E. Liebig: Rehabilitation (1967), S. 19. Außerdem maßgeblich W. Rudloff: Rehabilitation, Bd. 3 (2005), S. 518, beruhend auf Frank Nullmeier/Friedbert W. Rüb: Die Transformation der Sozialpolitik. Vom Sozialstaat zum Sicherungsstaat, Frankfurt a.M./New York 1993, S. 340; W. Rudloff: Rehabilitation, Bd. 5 (2006), S. 569.

14 | Vgl. W. Rudloff: Überlegungen (2003), S. 865, 868; Zum Korporatismus als Strukturelement der westdeutschen Demokratie A. Rödder: Bundesrepublik (2004), S. 16; Jonas Schreyögg: »Pfadabhängigkeit der Entscheidungsprozesse am Beispiel des deutschen Gesundheitswesens«, in: Wirtschaftswissenschaftliches Studium 33 (2004), H. 6, S. 359-363; hier S. 359; Bernd Schulte: »Das deutsche System der sozialen Sicherheit. Ein Überblick«, in: Allmendinger, Jutta/Ludwig-Mayerhofer, Wolfgang (Hg.): Soziologie des Sozialstaats. Gesellschaftliche Grundlagen, histori-

Spielraum stark ein. Dem Staat kam in diesem Netzwerk nur eine begrenzte Lenkungsfunktion zu, insbesondere was die Umsetzung der behindertenpolitischen Programme anging. Hier war er in hohem Maße auf die freiwillige Mitarbeit der Sozialleistungsträger und Einrichtungsträger angewiesen. Besonders deutlich zeigte sich dies, als die Bundesregierung 1970 mit dem sogenannten Aktionsprogramm zur Förderung der Rehabilitation der Behinderten,[15] dem zentralen Reformpapier der sozialliberalen Behindertenpolitik, auf den Plan trat. Wie auch in anderen Fällen behinderte das Prinzip der Selbstverwaltung und Selbstregulierung insbesondere der Sozialleistungsträger, gefördert durch die föderale Staatsorganisation, hier staatliche Interventionen und Reformansätze.[16]

Nur in Ausnahmefällen war Behindertenpolitik genuine Parteipolitik. Anders als viele andere sozialstaatliche Arenen wie etwa die Rentenpolitik im Allgemeinen lässt sie sich kaum mit dem Modell zweier konkurrierender Sozialstaatsparteien beschreiben, die im Kampf um Wählerstimmen den Leistungsausbau vorantrieben. Diese für die bundesdeutsche Sozialpolitik so typische »Überbietungskonkurrenz«[17] trat in diesem Fall lediglich bei der Kriegsopferversorgung ein. In der Regel beschränkte sich jedoch die behindertenpolitische Rolle der Parteien auf die legislative Feinjustierung im parlamentarischen Raum. Allerdings gehörten den Volksparteien einige behindertenpolitische Protagonisten an, die Expertenwissen und Eifer oft über die Parteigrenzen hinweg miteinander verbanden. In der Regel engagierten sie sich auch in verschiedenen Klientelverbänden. So war beispielsweise die CSU-Abgeordnete und VdK-Vertreterin Maria Probst die zentrale Identifikationsfigur der Kriegsopferpolitik der 1950er und frühen 1960er Jahre. Ihr sozialdemokratisches Pendant und gleichzeitig ein hochrangiges VdK-Mitglied war Helmut Bazille (SPD). Für die SPD, den Reichsbund und die Deutsche Angestelltengewerkschaft sprach in den 1950er bis 1970er Jahren Eugen Glombig. Wie Helmut Bazille und Eugen Glombig lebte auch eine Reihe weiterer in der Behindertenpolitik der frühen Bundesrepublik aktiver Parlamentarier und Parlamentarierinnen selbst mit einer Behinderung.[18]

---

sche Zusammenhänge und aktuelle Entwicklungstendenzen, Weinheim/München 2000, S. 15-38, hier S. 31-32.

15 | »Aktionsprogramm der Bundesregierung zur Förderung der Rehabilitation der Behinderten«, in: Sozialpolitische Informationen v. 13.4.1970, S. 1-4.

16 | Vgl. Marian Döhler: »Strukturpolitik versus Ordnungspolitik. Ein Vergleich sozialliberaler und christlich-liberaler Reformen im Gesundheitswesen«, in: Blanke, Bernhard/Wollmann, Hellmut (Hg.): Die alte Bundesrepublik. Kontinuität und Wandel, Opladen 1991, S. 463-481, hier S. 466.

17 | Zitat in Hockerts, Hans Günter: »Vom Nutzen und Nachteil parlamentarischer Parteienkonkurrenz. Die Rentenreform 1972 – ein Lehrstück«, in: Bracher, Karl Dietrich/Mikat, Paul/Repgen, Konrad/Schumacher, Martin u.a. (Hg.): Staat und Parteien. Festschrift für Rudolf Morsey zum 65. Geburtstag, Berlin 1992, S. 903-934, hier S. 905.

18 | Dr. Maria Probst (1902-1967), CSU, Lehrerin, 1949-1967 MdB; Helmut Ba-

Die wichtigsten behindertenpolitischen Schnittstellen bildeten die Ministerien. Sie organisierten den politischen Willensbildungsprozess nicht nur, sondern verfolgten durchaus auch eigene Ziele. Typischer Weise traten dabei Binnenkonkurrenzen zwischen den beteiligten Ressorts auf Bundes- und Länderebene auf, denn auf keiner staatlichen Ebene war nur ein einziges Ministerium für alle Fragen der Behindertenpolitik zuständig. Selbst innerhalb der Ministerien verteilten sich die Kompetenzen meist auf mehrere Abteilungen. Auf Bundesebene war das Bundesministerium für Arbeit, seit 1957 als Bundesministerium für Arbeit und Sozialordnung bezeichnet, für die Sozialleistungsbereiche der Kriegsopferversorgung und der Sozialversicherung sowie für das Schwerbeschädigtenrecht zuständig. Das Bundesministerium des Innern hingegen zählte zunächst auch behindertenpolitisch relevante Teile des Gesundheitswesens und der öffentlichen Fürsorge zu seinem Geschäftsbereich. Nach Inkrafttreten des Bundesversorgungsgesetzes 1950 war es außerdem für die Kriegsopferfürsorge und damit für einen Teil des Versorgungswesens zuständig. 1961/1962 wechselte jedoch der Aufgabenbereich Gesundheitswesen weitgehend ins neu errichtete Bundesministerium für Gesundheitswesen. Diesem neuen Ressort trat das Bundesministerium für Arbeit und Sozialordnung die medizinischen Bereiche der Prävention und der Rehabilitation sowie das Krankenhaus- und Bäderwesen in den Bereichen der Versorgungs-, Arbeits- und Sozialmedizin ab. Durch eine Ressortumstrukturierung vom November 1969 kam es erneut zu einer Umverteilung. Der bisher beim Bundesinnenministerium angesiedelte Geschäftsbereich Sozialwesen wurde zwischen dem Bundesministerium für Arbeit und Sozialordnung und dem neuen Bundesministerium für Jugend, Familie und Gesundheit aufgeteilt: An das Bundesministerium für Arbeit und Sozialordnung gingen die Kriegsopferfürsorge, die Rehabilitation sowie das Vergünstigungs- und Ausweiswesen für Menschen mit Behinderungen. Die übrigen Bereiche, vor allem die Sozialhilfe, wurden ins Bundesministerium für Jugend, Familie und Gesundheit integriert.

1972 erhielt erstmals auch das Bundesministerium für Bildung und Wissenschaft einen behindertenpolitischen Auftrag, als es das Sachgebiet berufliche Bildung vom Bundesministerium für Arbeit und Sozialordnung übernahm. Die Federführung für Fragen des Barriereabbaus und des Wohnungsbaus für Menschen mit Behinderungen lag zu diesem Zeitpunkt hingegen beim Bundesministerium für Raumordnung, Bauwesen und Städtebau. In Einzelfragen wurden auch das Bundesministerium für Finanzen, das Bundesministerium der Verteidigung sowie die jeweils für Verkehr und Post zuständigen Ressorts tätig. Auf Länderebene setzte sich diese komplizierte Kompetenzverteilung fort.

Unter den Bundesministern und -ministerinnen stach der bereits mehrfach erwähnte Walter Arendt (SPD) aufgrund seines besonderen Interesses

zille (1920-1973), SPD, Mechaniker, Gründungsmitglied des VdK, 1949-1969 MdB; Eugen Glombig (1924-2004), SPD, Angestellter, Fachreferent beim Reichsbund, 1962-1987 MdB.

an der Behindertenpolitik hervor. Als Bundesminister für Arbeit und Sozialordnung der sozialliberalen Regierung drückte er der Behindertenpolitik in der Reformära der Bundesrepublik seinen Stempel auf.[19] Arendt fühlte sich persönlich einer Sozialpolitik verpflichtet, die allen Bürgern und Bürgerinnen mehr soziale Sicherheit und Gerechtigkeit bringen und Lücken im Sicherungssystem schließen sollte. Doch lässt sich bereits seinem Vorgänger unter der Großen Koalition, Hans Katzer (CDU), ein merklich größeres behindertenpolitisches Interesse und Geschick attestieren als den beiden ersten CDU-Arbeitsministern Anton Storch und Theodor Blank.[20] In behindertenpolitischer Hinsicht blieben sie, von einigen Scharmützeln Blanks in der Kriegsopferpolitik abgesehen, farblos. Hans Katzer hingegen strengte beispielsweise den infrastrukturellen Ausbau der Rehabilitation an.[21] Unglückliche Berühmtheit erlangte Elisabeth Schwarzhaupt (CDU), seit 1962 die erste Bundesgesundheitsministerin, die in der Öffentlichkeit mit dem Versagen des Staats in der Conterganfrage identifiziert wurde. Doch nicht nur vom individuellen Engagement der Ministerinnen und Minister hing die behindertenpolitische Aktivität eines Ressorts ab, sondern wesentlich von den Ministerialbeamtinnen und -beamten, die im Einzelnen vorzustellen hier jedoch zu weit führen würde.

Den Ministerien stand ein großer Kreis von Sozialleistungsträgern gegenüber. Diese hatten erheblichen Einfluss auf die Behindertenpolitik, deren konkrete Maßnahmen sie zu einem großen Teil finanzierten und umsetzten. Um 1970 wurden 1.400 verschiedene Kosten- und Leistungsträger gezählt – von der kleinsten Berufsgenossenschaft bis hinauf zur Bundesanstalt für Arbeit.[22] Diese Zahl wuchs, je weiter der Rehabilitationsgedanke auf das Gesamtsystem der sozialen Sicherung ausgedehnt wurde. Im Einzelnen handelte es sich um Rentenversicherungsträger, darunter die Landesversicherungsanstalten, die Bundesversicherungsanstalt für Angestellte und die Knappschaften. Hinzu kamen Berufsgenossenschaften und Eigenunfallver-

19 | Das Nachrichtenmagazin Der Spiegel stellte einen biografischen Zusammenhang zwischen Arendts Engagement für die Rehabilitation und dem Tod seines Vaters an einer Berufskrankheit her. Vgl. »Anders als zu Kaisers und zu Katzers Zeiten«, in: Der Spiegel v. 10.4.1972.

20 | Hans Katzer (1919-1996), CDU, Kaufmann, Mitbegründer der CDU, 1957-1980 MdB, 1965-1969 BMA; Anton Storch (1892-1975), CDU, 1949-1957 BMA; Theodor Blank (1905-1972), CDU, Konstrukteur, Mitbegründer der CDU und des DGB, 1949-1972 MdB, 1957-1965 BMA; Dr. Elisabeth Schwarzhaupt (1901-1986), CDU, Juristin, 1953-1969 MdB, 1961-1966 BMGes.

21 | Vgl. dazu u.a. »Ansprache des Bundesarbeitsministers Hans Katzer auf dem Heidelberger Rehabilitationskongress 1968 am 5.6.1968«, in: BArbl. 19 (1968), H. 11/12, S. 333-334; Hans Katzer: »Rehabilitation – eine sozialpolitische Aufgabe ersten Ranges«, in: BArbl. 20 (1969), H. 5, S. 249-250.

22 | Stiftung Deutsches Hilfswerk, Sitzung des Vorstands und des Kuratoriums am 6.10.1970, Referat v. Karl Jung: Die Förderung der Eingliederung der Behinderten in Arbeit, Beruf und Gesellschaft, BArch B 172 2936.

sicherungsträger, außerdem die Landeswohlfahrtsverbände als Träger der überörtlichen Sozialhilfe und Landkreise und kreisfreie Städte als örtliche Sozialhilfeträger. Als der Gesetzgeber mit dem Rehabilitationsangleichungsgesetz 1974 zuletzt auch der gesetzlichen Krankenversicherung einen Rehabilitationsauftrag erteilte, wuchs der Kreis um über 1.000 Krankenkassen an. Hinzu kamen die Dienststellen der Bundesanstalt für Arbeit mit neun Landesarbeitsämtern und rund 150 örtlichen Arbeitsämtern mit über 500 Nebenstellen.[23] Doch auch der Staat zählte zu den Sozialleistungsträgern, denn die Kriegsopferversorgung wurde von Bund und Ländern finanziert und durch Landesversorgungsämter und Versorgungsämter sowie von den Hauptfürsorgestellen und ihren Nebenstellen vor Ort umgesetzt.

Die benötigte Infrastruktur unterhielten jedoch die Leistungs- und Kostenträger selten selbst. Von den ausschließlich medizinischen Rehabilitationseinrichtungen abgesehen, befanden sich die weitaus meisten Einrichtungen in der Trägerschaft der Verbände der freien Wohlfahrtspflege wie der Caritas, der Inneren Mission, des Deutschen Roten Kreuzes oder der Arbeiterwohlfahrt.[24] So waren beispielsweise die Traditionshäuser der konfessionellen Krüppelfürsorge in der Trägerschaft der Inneren Mission, der Diakonie oder der Josefsgesellschaft im letzten Drittel des 19. Jahrhunderts entstanden. Um die Wende zum 20. Jahrhundert begannen sie, zu ihren Kernaufgaben der Erziehung, Ausbildung und Dauerpflege von Kindern und Jugendlichen mit Behinderungen die medizinische Rehabilitation hinzuzunehmen. Der Anfang der für die zweite Jahrhunderthälfte typischen großen, multifunktionalen Rehabilitationszentren war getan.[25] Auf die Funktionsfähigkeit und tätige Mitarbeit von finanzkräftigen freien Wohlfahrtsverbänden war der auf dem Subsidiaritätsprinzip gründende deutsche Sozialstaat in hohem Maße angewiesen. Dieser großen Bedeutung auf der Umsetzungsebene stand eine im Vergleich zu den Sozialleistungsträgern geringe Mitwirkung im Bereich der Konzeption und Programmformulierung von Behindertenpolitik gegenüber.[26] Ähnliches gilt für die Handels- und Handwerkskammern sowie die Berufsverbände, die im Bereich der beruflichen Rehabilitation ebenfalls zu den Einrichtungsträgern zählten, die behindertenpolitische Programme umsetzen sollten.[27]

Ohne die Sozialpartner wäre der Kreis der Akteure nicht vollständig. Seit ihrer Wiedergründung betrieben die westdeutschen Gewerkschaften

23 | Vgl. H.-W. Schmuhl: Arbeitsmarktpolitik (2003), S. 417.

24 | Vgl. H. Achinger/W. Bogs/H. Meinhold/L. Neundörfer: u.a.: Sozialenquête (1996), S. 280-281.

25 | Vgl. R. Mentner: Almosenempfänger (2004), S. 40-42, 52; H. Stadler: Krüppelfürsorge (2001), S. 104-105; H. Kehrings: Geschichte (2005), S. 16.

26 | Vgl. Rudloff, Rehabilitation, Bd. 3 (2005), S. 526.

27 | So z.B. die Ausbildungswerkstätten für Schwerbeschädigte der Handwerkskammer Lübeck, die Umschulungswerkstätte für körperbehinderte Personen der Handwerkskammer Dortmund und die Werkstätten der Mechaniker-Innung München-Oberbayern.

intensiv Behindertenpolitik. Im Zentrum standen naturgemäß Fragen der beruflichen Rehabilitation, des Schwerbeschädigtenrechts und der beruflichen Bildung. In zahlreichen Grundsatzprogrammen legte der DGB seine diesbezüglichen Positionen dar. Eine explizite gewerkschaftliche Behindertenarbeit in der Personengruppenarbeit des DGB gab es allerdings nicht. Zahlreiche Gewerkschaftsmitglieder waren auch in den Klientelverbänden organisiert.[28] Politisch waren die DGB-Gewerkschaften dem SPD-nahen Reichsbund enger verbunden als dem VdK. Dank seines inkorporierten Status verfügte der DGB über vielfältige Mitwirkungsmöglichkeiten in der Behindertenpolitik. Aus der Vielzahl der Gremien, in denen er vertreten war, seien hier die sogenannten Beratenden Ausschüsse bei der Hauptstelle der Bundesanstalt für Arbeitsvermittlung und Arbeitslosenversicherung und den Landesarbeitsämtern für Fragen des Schwerbeschädigtenrechts herausgegriffen.[29] Diesen privilegierten Zugang teilte die in der Bundesvereinigung der deutschen Arbeitgeberverbände (BDA) organisierte Unternehmerschaft. Arbeitgeber begegneten vor allem auf der Umsetzungsebene der Behindertenpolitik, sowohl einzeln als auch innerhalb von Branchen- und Arbeitgebervereinigungen.

Seit den 1950er Jahren baute ein weiterer Akteurstyp seinen Einfluss auf die Konzeption und Umsetzung von Behindertenpolitik massiv aus: die Interessenvertretungen der Menschen mit Behinderungen. Zunächst dominierten hier zwei Großverbände, deren Mitglieder mehrheitlich Kriegsbeschädigte waren, VdK und Reichsbund.[30] Am Ende der 1950er Jahre erhielten sie Konkurrenz von den entstehenden Elterninitiativen und ihren Dachorganisationen. Deren wachsender Einfluss auf den Behinderungsdiskurs wurde bereits angesprochen. Auf der Umsetzungsebene war dieser Einfluss noch rascher und deutlicher spürbar. Den Anfang machten lokale

28 | Vgl. zu den Positionspapieren des DGB u.a. DGB-Bundesvorstand (Hg.): Grundsatzprogramm des DGB, beschlossen auf dem Außerordentlichen Bundeskongress des DGB am 21./22.11.1963 in Düsseldorf, Düsseldorf 1963; DGB-Bundesvorstand, Abt. Sozialpolitik (Hg.): Gesundheitspolitisches Programm des DGB, Düsseldorf 1972; DGB-Bundesvorstand Abt. Sozialpolitik, Schreiben an BMA, 16.11.1959, mit Anlage: Zur Rehabilitation. Entschließung angenommen am 5. ordentlichen Bundeskongress des DGB in Stuttgart, September 1959, BArch B 149 16572; Stefan Remecke: Gewerkschaften und Sozialgesetzgebung. DGB und Arbeitnehmerschutz in der Reformphase der sozialliberalen Koalition, Essen 2005, S. 207; zur doppelten Organisation z.B. DGB-Bezirksstelle Südwürttemberg-Hohenzollern: Rededisposition zum 3. ordentlichen Verbandstag des VdK in Schwenningen, 25.9.1954, AdsD/DGB-Archiv DGB-Bundesvorstand, DGB-Bezirksstelle Südwürttemberg-Hohenzollern: Sozialverbände 5/DGBE000337.

29 | Vgl. BAVAV, Zusammensetzung des Beratenden Ausschusses der BAVAV nach § 22 Abs. 5 SBG, 1.4.1961, BArch B 119 3267.

30 | Vorbehalte der Alliierten hatten dazu geführt, dass sich nach 1945 keine reinen Kriegsbeschädigten- oder Kriegsopferverbände gründen durften. Vgl. R. Hudemann: Kriegsopferpolitik (1991), S. 286.

Elternvereine, die im Wege der Selbsthilfe ambulante Einrichtungen und Angebote der (vor-)schulischen Erziehung, Tagesbetreuung und Ausbildung für ihre Kinder schufen, die es im öffentlichen Rehabilitationssystem noch nicht gab. Der Prototyp der Elternorganisation war die 1958 von dem niederländischen Sozialpädagogen Tom Mutters[31] gegründete Lebenshilfe für das geistig behinderte Kind e.V. Aus dem Zusammenschluss kleiner Elternvereine wuchs über die Jahrzehnte ein Sozialkonzern, der sich im politischen Raum Expertenstatus erwarb. Als Trägerin von Einrichtungen mit Modellcharakter machte sich die Lebenshilfe e.V. unverzichtbar. Ihre offenen und ambulanten Betreuungs- und Erziehungseinrichtungen zeigten langsam, aber nachdrücklich Alternativen zur Anstaltsunterbringung von Menschen mit geistigen Behinderungen auf.[32]

Auch Eltern von Kindern mit Körperbehinderungen wurden um 1960 angesichts des drastischen Mangels an heilpädagogischen und therapeutischen Angeboten selbst aktiv. Eltern von Kindern mit Cerebralparesen beispielsweise etablierten in lokalen Initiativen neue Behandlungsmethoden und die in Deutschland noch unbekannte, im Ausland längst etablierte offene Arbeit in Tagesstätten und Tagesschulen.[33] Rasch formierte sich bundesweit der Verband Deutscher Vereine zur Förderung und Betreuung spastisch gelähmter Kinder e.V. als Dachorganisation. Obwohl diese Anfänge insbesondere wegen der chronischen Unterfinanzierung der Vereine, die über Jahre hinweg um öffentliche Zuschüsse kämpfen mussten,[34] schwierig waren, schrieben die Elternorganisationen Erfolgsgeschichte. 1969 besuch-

31 | Tom Mutters (1917), 1949-1958 Beauftragter des UNHCR, 1952 Errichtung eines Hilfswerks für Flüchtlings- und DP-Kinder mit geistigen Behinderungen, 1958 Gründung der Lebenshilfe für das geistig behinderte Kind e.V., 1960-1980 hauptamtlicher Geschäftsführer der Lebenshilfe e.V.

32 | Der Verband heißt seit 1968 Lebenshilfe für Behinderte e.V. Vgl. Rolf Krenzer: »Zur Situation der Schule für praktisch Bildbare zwischen Sonderkindergarten und Werkstatt für Behinderte«, in: Zeitschrift für Heilpädagogik 25 (1974), H. 12, S. 245-251, hier S. 746; vgl. auch W. Rudloff: Rehabilitation, Bd. 4 (2007), S. 491; Ders.: Überlegungen (2003), S. 871-872.

33 | Vgl. z.B. Verband deutscher Vereine zur Förderung und Betreuung spastisch gelähmter Kinder e.V. an BMSt, 21.1.1969, BArch B 157 2556; »Lehrgänge der Bundesvereinigung Lebenshilfe im Jahr 1972«, in: Das behinderte Kind 9 (1972), H. 2, S. XII; »Falsches Muster«, in: Der Spiegel v. 21.11.1972.

34 | Vgl. BMGes Abt. Ia5, Schreiben an Verband Deutscher Vereine zur Förderung und Betreuung spastisch gelähmter Kinder e.V., 12.2.1964, BArch B 142 1829; BMGes Abt. Ia5, Schreiben an Vorsitzenden des Verbands Deutscher Vereine zur Förderung und Betreuung spastisch gelähmter Kinder e.V. [1964], ebd.; R. Krais: Jahre (1969), S. 227-228. Aus dem Bundesjugendplan wurde der Verband seit 1965 gefördert. Vgl. für spätere Jahre BMFJ, Schreiben an Verband Deutscher Vereine zur Förderung und Betreuung spastisch gelähmter Kinder e.V., 16.12.1968, BArch B 142 1829; BMJFG Abt. J4, Schreiben an Verband Deutscher Vereine zur Förderung und Betreuung spastisch gelähmter Kinder e.V., 3.12.1969, ebd.

ten beispielsweise über 10.000 Personen die Einrichtungen der Elterninitiativen. Das war bereits etwa ein Fünftel der geschätzten Zahl der Menschen mit Cerebralparesen unter 18 Jahren.[35] Indessen schritt die politische und advokatorische Arbeit im Vergleich zur Lebenshilfe e.V. eher langsam voran. Der Zugang zum vorparlamentarischen Prozess gelang erst nach den 1960er Jahren, ebenso die Kontaktaufnahme zu den politischen Parteien und Abgeordneten.[36]

Unter anderem um im politischen Raum mehr Gewicht zu erlangen, schlossen sich im September 1965 vier Elternverbände zusammen: der Verband Deutscher Vereine zur Förderung und Betreuung spastisch gelähmter Kinder e.V., die Lebenshilfe für das geistig behinderte Kind e.V., die Arbeitsgemeinschaft der Elternvertreter deutscher Taubstummenanstalten und Gehörlosenschulen e.V. sowie der Bundesverband der Eltern körpergeschädigter Kinder e.V. – Contergankinderhilfswerk. Binnenkonkurrenzen um Ressourcen und öffentliche Aufmerksamkeit erschwerten allerdings diese Zusammenarbeit. Insbesondere die Elternvertretung der Kinder mit sogenannten Conterganschädigungen beanspruchte eine Sonderposition. Mit der medialen Öffentlichkeit und einem moralischen Gewicht im Rücken agierten diese Eltern sehr viel offensiver als andere. Sie artikulierten ihre Forderungen nachdrücklicher und forderten von Staat und Gesellschaft Unterstützung vehementer und erfolgreicher ein.[37] Auch sie hatten sich zunächst in lokalen Selbsthilfevereinen zusammengefunden. Im sauerländischen Menden bildete sich um den Rechtsanwalt Karl-Hermann Schulte-Hillen der Interessenverband der Eltern contergangeschädigter Kinder e.V., der rasch zu einer Zelle der bundesweiten Verbandsarbeit wurde.[38] Neben der örtlichen Selbsthilfe war ein wesentliches Ziel der Elternvereine, die Herstellerfirma Grünenthal GmbH zu finanziellen Entschädigungen zu bewegen. Dazu wurde 1963 der Bundesverband der Eltern körpergeschädigter Kinder e.V. – Contergankinder-Hilfswerk aus den regionalen Elternnetzwerken gegründet. Auch als Plattform des Wissenstransfers zwischen Experten und Eltern etablierte sich der Verband, unter anderem mithilfe von sogenannten Elternkongressen.[39] Sehr viel rascher als andere Zusammenschlüsse erhielt der Verband Zugang zum Bundesgesundheitsministerium.

---

35 | Vgl. R. Krais: Jahre (1969), S. 230; Karin Friedrich: »Sie ebnen den Lahmen den Lebensweg«, in: SZ v. 29.7.1960; W. Buschhaus: Elternberatung (1963), S. 142-143; »Auch diese Kinder haben eine Chance«, in: Main-Post v. 13.4.1970.

36 | R. Krais: Jahre (1969), S. 228, 231; E. Kühn: »Wird genug für behinderte Kinder getan?«, in: Das behinderte Kind 5 (1968), H. 1, S. 3.

37 | Vgl. W. Buschhaus: Elternberatung (1963), S. 142; I. Schnell: Geschichte (2003), S. 35.

38 | Vgl. »Sonderschulen für körperbehinderte Kinder«, in: Sozialer Fortschritt 14 (1965), H. 8, S. 175; Orth. Klinik König-Ludwig-Haus, Würzburg, August Rütt, Schreiben an BMGes, 8.3.1968, BArch B 189/20890.

39 | Vgl. zum Wissensaustausch z.B. Bundesverband der Eltern körpergeschädigter Kinder e.V. – Contergankinder-Hilfswerk, Einladung zum 1. Internationalen

Zwar verlief dieses Verhältnis nicht reibungslos; angesichts der schlechten Presse, die der Ereigniskomplex Contergan für das Bundesministerium mit sich brachte, war der Elternverband aber ein ernst zu nehmender Akteur.[40] Auch an dem von der Staatsanwaltschaft Aachen angestrengten Strafprozess gegen Angehörige der Firma Grünenthal GmbH beteiligte sich der Verband als Nebenkläger. Als nach zweijähriger Prozessdauer absehbar war, dass ein Urteil nicht in Aussicht stand, weil trotz umfangreicher Untersuchungen nie nachgewiesen werden konnte, wie und warum Thalidomid fruchtschädigend wirkte, schlossen die Herstellerfirma und die vom Bundesverband der Eltern körpergeschädigter Kinder e.V. – Contergankinder-Hilfswerk vertretenen Eltern einen außergerichtlichen Vergleich.[41]

Bei ihrer Vertretungsarbeit legten die Eltern von Kindern mit sogenannten Conterganschädigungen mitunter eine Ausschlusshaltung gegenüber Kindern mit anderen Behinderungen an den Tag, die die übrigen Vertretungen nicht hinnehmen mochten. Gleichwohl orientierten sich im Lauf der späten 1960er und 1970er Jahre andere Elternverbände am Vorbild und an den Erfahrungen des Bundesverbands der Eltern körpergeschädigter Kinder e.V. – Contergankingerhilfswerk.

Selbsthilfe und politisches Engagement der Elternvereinigungen waren von einem grundsätzlichen Wandel der Rollen begleitet, die Expertenschaft

Kongress der Eltern körpergeschädigter Kinder, 19.-20.6.1965 in Köln, Programm, BArch B 122 5257.

40 | Vgl. zum privilegierten Zugang BMGes Abt. Ia5, Protokoll der Besprechung am 4.10.1963, BArch B142 1825; als Indiz für die Konflikte vgl. »Zur Beseitigung von Missverständnissen«, in: Mitteilungen aus dem Gesundheitswesen. Hg. v. BMGes, 19.7.1965; BMGes Abt. Ia5, Vermerk, Oktober 1965, BArch B 142 1827; BMGes Ia5, Vermerk, Dezember 1965, ebd.

41 | Zum Problem der Beweisführung vgl. Elisabeth Trube-Becker: »Zur Haftung des Arztes bei der Verordnung von Medikamenten, unter besonderer Berücksichtigung von Contergan«, in: International Journal of Legal Medicine 57 (1966), H. 1/2, S. 45-55, hier S. 52. Zum Prozess vgl. Beate Kirk: Der Contergan-Fall: eine unvermeidbare Arzneimittelkatastrophe? Zur Geschichte des Arzneistoffes Thalidomid, Stuttgart 1999, S. 86-97; zur Berichterstattung über den Prozess und das Agierenden der Elternvertretung vgl. »Thalidomide on Trial«, in: Time v. 6.9.1968; »Thalidomide Sequel«, in: Time v. 9.2.1970; Gerhard Mauz: »Rechnung ohne Wirtz«, in: Der Spiegel v. 20.2.1963; Ders.: »Bis zum nächsten Schicksalsschlag«, in: Der Spiegel v. 26.12.1966; Ders.: »Annas Bühne«, in: Der Spiegel v. 11.3.1968; Ders.: »Dr. Schreib oder kein Triumph der Medizin«, in: Der Spiegel v. 17.5.1968; Ders.: »Eine Wanderung auf der Rasierklinge«, in: Der Spiegel v. 27.5.1968; »Gegen u.a.«, in: Der Spiegel v. 27.5.1968; »Chiffre K 17«, in: Der Spiegel v. 3.6.1968; Gerhard Mauz: »Selbstverständlich ohne uns zu erregen«, in: Der Spiegel v. 34, 19.8.1968; »Hinter den Kulissen«, in: Der Spiegel v. 21.4.1969; Gerhard Mauz: »Ein rechtlich vertretbarer Weg«, in: Der Spiegel v. 26.1.1970; Ders.: »Wir haben hier keinen Parteienprozess«, in: Der Spiegel v. 2.2.1970; Ders.: »Weder Sieger noch Besiegte«, in: Der Spiegel v. 7.12.1970; Ders.: »Kein einmaliger Fall«, in: Der Spiegel v. 14.12.1970.

und Politik den Eltern zuwiesen. Vor 1960 wurden diese Rollen allerdings kaum expliziert. Politik und Fachwelt verliehen zu diesem Zeitpunkt vor allem der Ansicht Ausdruck, dass primär die Familien für Kinder mit Behinderungen zuständig seien und dabei nur subsidiär staatliche und öffentliche Hilfen in Anspruch nehmen sollten.[42] Doch fehlte es in den 1950er und zum Teil auch in den 1960er Jahren an entsprechenden Hilfen zur Selbsthilfe, nicht zuletzt in finanzieller Hinsicht. Die Einkommensgrenzen der öffentlichen Fürsorge beispielsweise benachteiligten Familien der mittleren Einkommensschichten. Wohnortnahe und ambulante Therapieplätze waren selten, Kindergartenplätze, die die Mütter entlastet hätten, ebenso. Pflege- und Haushaltshilfen oder Erholungskuren wurden ihnen selten bewilligt. Erst ab etwa 1968 gelangte die Bundespolitik zu der Einsicht, dass Familien, deren Pflege- und Erziehungskapazitäten genutzt werden sollten, der ideellen und materiellen Unterstützung, Beratung und Begleitung bedurften.[43]

Dieses Umdenken ging allerdings damit einher, dass die medizinischen Professionen und die Politik das Verhalten der Eltern und ihren Beitrag zur Rehabilitation zunehmend kritischer beobachteten. Um 1965 gerieten Eltern von Kindern mit Behinderungen sogar erstmals selbst zum Forschungsgegenstand von Psychologie, Pädagogik, Medizin und Soziologie.[44] Zudem mehrten sich gezielte Versuche, die Eltern den behindertenpolitischen Paradigmen entsprechend zu lenken. Sie wurden nun als Co-Therapeuten und -Therapeutinnen in die Rehabilitation einbezogen. Die Dichte der Beratungsprogramme, Aufklärungsinitiativen und Elternschulungen nahm zu. Unter dem Eindruck des Contergankomplexes wurden Elternberatung und -schulung intensiviert.[45] Um die Wende zu den 1970er Jahren mündete dies

42 | Vgl. z.B. P.-J. Briefs: Bedeutung (1951), S. 162-163; diese Sicht referierte E. Parow-Souchon: Umwelt (1963), S. 81.

43 | Dies erging z.B. aus der Antwort des BMFJ, Bruno Heck, auf die Große Anfrage von Bundestagsabgeordneten der CDU/CSU. Vgl. Redebeitrag des Abgeordneten (Abg.) Köhn (CDU/CSU), in: StenBerBT, 5. WP, 146. Sitzung v. 17.1.1968, S. 7523B-C; Große Anfrage der Fraktion der CDU/CSU betr. Situation der Kinder in der BRD, BTDrs V/1198 v. 7.12.1966; Antwort v. Bundesminister für Familienfragen (BMFa) Bruno Heck auf die Große Anfrage, StenBerBT, 5. WP, 146. Sitzung v. 17.1.1968, S. 7526D-7527; BMFa, Materialien zur Großen Anfrage der Fraktion der CDU/CSU betr. Situation der Kinder in der BRD, BTDrs V/1198 v. 7.12.1966, BTDrs V/2441 v. 30.11.1967, S. 9-11.

44 | Vgl. W. Bläsig/E. Schomburg: Dysmeliekind (1966); H. Strasser: Aspekte (1965/66), S. 219; G. W. Jansen: Einstellung (1974), S. 81.

45 | Vgl. DeVg e.V., Hinweise auf Maßnahmen für die Eingliederung von Kindern mit Gliedmaßenfehlbildungen, Heidelberg-Schlierbach 1962, BArch B 142 1829; E. Parow-Souchon: Umwelt (1963), S. 82-83; W. Buschhaus: Elternberatung (1963), S. 141-142; »Hilfen für behinderte Kinder und Jugendliche. Studientagung des DV«, in: NDV 48 (1968), H. 7, S. 193-194, hier S. 194; Bayerische Sozialpolitik 1974. Hg. v. bayer. Staatsministerium für Arbeit und Sozialordnung, München 1974, S. 171; Erster bayerischer Landesplan für Behinderte, München 1974, BHStA MArb 3530; Renate

in einen allgemeinen Beratungsboom in der Behindertenpolitik. Beratungsstellen verschiedenster Art und unterschiedlichster Trägerschaft schossen aus dem Boden. Bundes- und Länderministerien gaben eine Flut von Beratungsbroschüren und Merkblättern heraus.[46] Die derart Beratenen entwickelten ihrerseits ein neues Rollenmodell: Eltern, vor allem aber Menschen mit Behinderungen selbst verstanden sich zunehmend als Expertinnen und Experten und drängten als solche auf Beteiligung an den behindertenpolitischen Entscheidungsprozessen. Allmählich fanden so auch die Menschen eine Stimme, denen der gängige Behinderungsdiskurs mit seinen Hilflosigkeitstopoi dies am längsten verwehrt hatte. Menschen mit Behinderungen demonstrierten, dass sie nicht nur abhängige Empfängerinnen und Empfänger von Hilfsleistungen waren.

Solange jedoch Behinderung ausschließlich als soziales Problem galt, zu dessen Lösung der Sozialstaat gerufen war, dominierte eben diese Beschreibung weiterhin Diskurs und Praxis. Noch bis ans Ende der 1970er Jahre näherte sich die Behindertenpolitik Menschen mit Behinderungen ausschließlich aus der Sozialstaatsperspektive. In dem Maße, wie Behindertenpolitik nicht Gleichstellungs-, sondern Sozialpolitik und namentlich Rehabilitationspolitik war, trat das Behindertenrecht als Rehabilitations- und Sozialleistungsrecht in Erscheinung. Dennoch wandelte sich die Sozialpolitik und mit ihr die Behindertenpolitik seit den 1960er Jahren schrittweise zur Gesellschaftspolitik. Bereits unter der Großen Koalition stieg der Stellenwert der Rehabilitation und der Hilfen für Behinderte in der Hierarchie der sozialpolitischen Aufgaben.[47] Die Jahre zwischen dem Regierungsantritt der sozialliberalen Koalition 1969 und der wirtschaftlichen Rezession von 1973 wiederum emp-

---

Fox: »Schulungs- und Erholungsaufenthalt für Mütter mit ihren Dysmeliekindern«, in: Die Rehabilitation 6 (1967), H. 4, S. 181-184.

46 | Vgl. zu den Beratungsstellen BAGFW e.V., Niederschrift über die Sitzung des Ausschusses der Bundesarbeitsgemeinschaft Behindertes Kind e.V. am 8.12.1967, BArch B 189 750; BAGFW e.V., Empfehlungen der BAGFW zum Ausbau eines Beratungsdiensts als Gemeinschaftsleistung der behandelnden Ärzte, der Gesundheitsämter, der Träger der Sozialhilfe und anderer Sozialleistungsträger der Freien Wohlfahrtsverbände sowie aller mit der Hilfe für Behinderte beauftragten und befassten Stellen behördlicher und nichtbehördlicher Art, 1.7.1968, BArch B 189 28074; BAR, Ergebnisniederschrift über die 7. Sitzung des Vorstands der BAR am 3.5.1972, 8.6.1972, BArch B 172 1834. Beispiele für Broschüren in Katharina Focke: »Freizeit und Rehabilitation«, in: Weiß, Walter/Jochheim, Kurt-Alphons/Moleski-Müller, Marlis (Hg.): Freizeitaspekte bei der gesellschaftlichen Integration Behinderter. Bericht über den 26. Kongress der DeVg e.V. in Wildbad, 22.-24.10.1975, Heidelberg 1976, v.a. S. 8-16, hier S. 14-15; »Ferienführer für Behinderte«, in: Sozialer Fortschritt 22 (1973), H. 4, S. 78-79; BMJFG Abt. S6, Niederschrift über die 3. Sitzung des gemeinsamen Arbeitsausschusses v. BMA und BMJFG am 7.9.1971, BArch B 189 9453.

47 | Zwei ganze Hefte des BArbl. nutzte beispielsweise 1969 das BMA unter Hans Katzer, um seine Vorstellungen und Aktivitäten darzulegen. Vgl. BArbl. 20 (1969), H. 2 und 5.

fanden viele Akteure als Aufbruchs- und Boomphase der Behindertenpolitik. Bundesarbeitsminister Arendt wollte »die 70er Jahre zu einem Jahrzehnt der Rehabilitation machen«.[48] Länder- und Bundesparlamente widmeten sich ihr stärker als je zuvor.[49] In dieser stark von symbolischer Politik geprägten Phase wurde Behindertenpolitik nicht mehr nur als gesamtgesellschaftliche Aufgabe, sondern dezidiert als dem Wandel verpflichtete Gesellschaftspolitik ausgegeben.[50] Die SPD, bisher Juniorpartnerin in der Großen Koalition, drückte der Behindertenpolitik erkennbar ihren Stempel auf: Unter dem Schlagwort »Mehr Demokratie wagen« wollte die Regierung beweisen, dass die Bundesrepublik eine funktionsfähige Demokratie war. Auch die Sozialpolitik sollte demokratisiert werden. Als umfassende Agentur der Vorsorge, Verteilung und Integration sollte der Sozialstaat Lebenslagen aktiv gestalten, statt nachträglich Mängel zu kompensieren.[51]

Zwar wollte die sozialliberale Regierung Chancengleichheit weiterhin mittels Rehabilitationsmaßnahmen erwirken, fasste Rehabilitation aber deutlich weiter als ihre Vorgängerinnen. Dies kam insbesondere im sogenannten Aktionsprogramm der Bundesregierung zur Förderung der Rehabilitation der Behinderten vom April 1970 zum Ausdruck.[52] Es war als Appell gedacht, denn es formulierte Ziele, die nicht nur in den Zuständigkeitsbereich der Bundesregierung, sondern vor allem in die Kompetenzen der Sozialpartner und Sozialleistungsträger fielen. Dem Staat fehlten die imperativen Mittel, um die ehrgeizigen Pläne zu realisieren. Ziel des Aktionsprogramms sei es deshalb, den Bundesministerien mehr behindertenpolitische Gestaltungsmöglichkeiten zu erschließen, indem es die Leistungs- und Einrichtungsträger anrege, gemeinsam mit den Bundesministerien aktiv zu werden, so der Ministerialrat im Bundesarbeitsministerium Karl Jung:

»Wir wollen nicht mehr länger nur reagieren auf Einzelvorstellungen aus den verschiedenen Bereichen, sondern agieren und Zielvorstellungen entwickeln, zur Bewältigung der anstehenden Probleme. Das geht nicht vom grünen Tisch aus. Deshalb enthält das Aktionsprogramm der Bundesregierung das Angebot an alle Beteiligten in Bund, Ländern und Gemeinden, bei den freien Trägern, den Behindertenorganisationen und Elternverbänden, das Angebot nämlich auf

48 | BMA Walter Arendt, Rede zur Gründung des Vereins Haus der Behinderten Bonn e.V. am 29.10.1973, Manuskript, BArch B 189 28091.

49 | Vgl. W. Rudloff: Rehabilitation, Bd. 5 (2006), S. 565.

50 | Vgl. BAR, 5. Mitgliederversammlung der BAR am 4.12.1973, Referat v. Heinz Westphal: Aktuelle Fragen der Rehabilitation Behinderter, BArch B 189 9461; W. Rudloff: Sozialstaat (2003), S. 186; M. H. Geyer: Gegenwart (2007), S. 53.

51 | Vgl. Regierungserklärung des Bundeskanzlers Willy Brandt v. 28.10.1969, in: StenBerBT, 6. WP, 5. Sitzung v. 28.10.1969, S. 20C; W. Arendt: Sozialpolitik (1972), S. 13; W. Arendt: Wissenschaft (1972), S. 18; B. Faulenbach: Siebzigerjahre (2004), S. 15, 19; M. Döhler: Strukturpolitik (1991), S. 468-469.

52 | »Aktionsprogramm der Bundesregierung zur Förderung der Rehabilitation der Behinderten«, in: Sozialpolitische Informationen v. 13.4.1970, S. 1-4.

enge und vertrauensvolle Zusammenarbeit. Wir müssen wegkommen vom bisherigen unkoordinierten Neben- und Gegeneinander zu einem vertrauensvollen und wirksamen Miteinander.«[53]

Die Mitglieder der Koalition, allen voran der Bundesarbeitsminister und sein Haus, wurden nicht müde, das Aktionsprogramm vor Gremien, Fachorganisationen, Interessenverbänden und Pressevertretern im In- und Ausland zu bewerben.[54] Bereits vor der Veröffentlichung des Aktionsprogramms hatte Arendt die Bundesministerien, verschiedene Interessenverbände und Sozialträger zu einer »Sozialpolitischen Gesprächsrunde« an einen Tisch geholt, die er persönlich leitete. Zusammen mit dem Ressort für Jugend, Familie und Gesundheit bildete er außerdem einen Arbeitsausschuss, der als »Leitstelle der Rehabilitation« helfen sollte, die angekündigten Schritte umzusetzen.[55]

In erster Linie zielte das Aktionsprogramm darauf ab, die divergierenden sozialrechtlichen Grundlagen der Rehabilitation anzugleichen und die mit ihr befassten Institutionen besser zu koordinieren. Zum Forderungskatalog gehörte zudem der Abbau baulicher und technischer Umweltbarrieren, um die Alltagssituation von Menschen mit Behinderungen »insbesondere außerhalb von Arbeit und Beruf«[56] zu verbessern. Auch Freizeit und Lebensgenuss wurden zu neuen Betätigungsfeldern der Behindertenpolitik deklariert. Zudem stellte das Aktionsprogramm einen Ausbau der Infrastrukturen und den Aufbau eines flächendeckenden Netzes von Einrichtungen

---

53 | Stiftung Deutsches Hilfswerk, Sitzung des Vorstands und des Kuratoriums am 6.10.1970, Referat v. Karl Jung: Die Förderung der Eingliederung der Behinderten in Arbeit, Beruf und Gesellschaft, BArch B 172 2936; Karl Jung (1930-2005), Jurist, 1961-1995 Ministerialbeamter im BMA.

54 | Vgl. W. Arendt: Unfall (1972), S. 160; W. Arendt: Wege (1974), S. 15; BMJFG, Grußwort auf der Mitgliederversammlung der BAR am 14.4.1970 in Wiesbaden, Manuskript, BArch B 189 9453. BMA und BMJFG verschickten Übersetzungen des Aktionsprogramms in englischer und französischer Sprache an ausländische Interessenten, vgl. BMJFG Abt. S6, Niederschrift über die 3. Sitzung des gemeinsamen Arbeitsausschusses v. BMA und BMJFG am 7.9.1971, 7.10.1971, BArch B 189 9453; StenBerBT, 6. WP, 64. Sitzung v. 15.9.1970, S. 3527D-3530B; »Arendt gibt Aktionsprogramm bekannt. Bonn will Behinderten unbürokratisch helfen«, in: Die Welt v. 15.4.1970; Bundesverband für spastisch Gelähmte und andere Körperbehinderte e.V., Stellungnahme zum Aktionsprogramm der Bundesregierung für die Rehabilitation Behinderter, Oktober 1970, BArch B 189 9453; Stiftung Rehabilitation (Hg.): Rehabilitation, S. 1.

55 | Vgl. BMJFG Abt. S7, Vermerk über die Sozialpolitische Gesprächsrunde beim BMA am 13.3.1970, 16.3.1970, BArch B 189 9453; BMA Abt. IIa3, Niederschrift über die erste Sitzung des gemeinsamen Arbeitsausschusses von BMA und BMJFG am 23.6.1970, 13.7.1970, BArch B 189 9453.

56 | Vgl. Presse- und Informationsamt der Bundesregierung (Hg.): Jahresbericht der Bundesregierung 1971, Bonn 1972, S. 682.

in Aussicht. Bund und Länder sollten dafür höhere Mittel zur Verfügung stellen als bisher. Entsprechende Landesbehindertenpläne sollten entstehen.[57] Gerade dieser Punkt wies das Aktionsprogramm als Teil einer Politik aus, die immer stärker von optimistischen Planungs- und Steuerungsideen durchzogen war.[58]

An erster Stelle stand jedoch die Harmonisierung der Sozialleistungen. Deren kausale Orientierung führte seit Jahrzehnten zu komplexen Ungleichheitslagen, da die Sozialleistungsträger an divergierende gesetzliche Grundlagen gebunden waren. Eine Zusammenschau der wichtigsten Sozialleistungsgesetze zeigt im Folgenden, wie diese Konkurrenzen und Binnenhierarchien entstanden. Ausschlaggebend war zunächst, ob Rehabilitationsmaßnahmen als Kann- oder Pflichtleistungen deklariert waren und ob der Sozialleistungsträger aufgrund eines öffentlichen Interesses aktiv wurde oder aufgrund eines individuellen Rechtsanspruchs.[59] Die Analyse mündet in eine Diskussion der sozialliberalen Angleichungsbemühungen.

In den noch von materieller Not und sozialer Desintegration geprägten Nachkriegsjahren stand die Behindertenpolitik unter dem Zeichen der Kriegsfolgenbewältigung. Verbesserungen im Leistungsrecht und der Wiederaufbau der Rehabilitationsinfrastruktur waren ihre Kernaufgaben. Der männliche, erwachsene Kriegsbeschädigte mit einer körperlichen Behinderung stellte den Idealklienten der frühen 1950er Jahre dar.[60] Viele Kriegsbeschädigte waren in soziale Notlagen geraten, als die Westalliierten das NS-Versorgungswesen seit 1945 aufgehoben hatten. Sofern sie nicht über anderweitige Einkünfte verfügten, waren Kriegsopfer zunächst an die öffentliche Fürsorge, später je nach Besatzungszone an unterschiedliche Trä-

---

57 | Vgl. zur Umsetzung Heidrun Graupner: »Ein Plan für die Behindertenhilfe«, in: SZ v. 1.7.1974; Wolfgang Jantzen: »Landesbehindertenplanung in der BRD. Entwicklung eines soziologischen Instrumentariums der Analyse und Kritik am Beispiel Bremen«, in: Runde, Peter/Heinze, Rolf B. (Hg.): Chancengleichheit für Behinderte. Sozialwissenschaftliche Analysen für die Praxis, Neuwied/Darmstadt 1979, S. 123-136, hier S. 125; Bayerische Sozialpolitik 1974. Hg. v. bayer. Sozialministerium für Arbeit und Sozialordnung, München 1974, S. 171-175.

58 | Vgl. zur Planungseuphorie Hans Günter Hockerts: »Metamorphosen des Wohlfahrtsstaates«, in: Broszat, Martin (Hg.): Zäsuren nach 1945. Essays zur Periodisierung der deutschen Nachkriegsgeschichte, München 1990, S. 35-45, S. 40; M. Döhler: Strukturpolitik (1991), S. 467; G. Metzler: Geborgenheit (2002), S. 791; U. Herbert: Liberalisierung (2002), S. 42.

59 | Vgl. Th. Scharmann: Eingliederung (1957), S. 629; DV e.V., Bericht über die Sitzung des ständigen Ausschusses für gemeinsame Fragen der Fürsorge und der Arbeitsverwaltung am 1.3.1961 in München, BArch B 106 10774; A. Haaser: Entwicklungslinien (1975), S. 87-89, 94-103.

60 | Vgl. Denkschrift der Arbeitsgemeinschaft der Deutschen Hauptfürsorgestellen zur Neufassung des SBG, Juli 1950, NRWHStA NW 50 1073; L. Wiegand: Kriegsfolgenbewältigung (1995), S. 71; K.-A. Jochheim/F. Schliehe/H. Teichmann: Rehabilitation (2001), S. 568; W. Rudloff: Schatten (2002), S. 364.

ger der Sozialversicherung verwiesen. Deren Leistungen waren aufgrund der erheblichen Finanzierungsprobleme begrenzt.[61]

Ausgangspunkt, Ziel und Methode der bundesdeutschen Behindertenpolitik war es, Kriegsbeschädigte zur produktiven Erwerbstätigkeit zu befähigen und sie in den regulären Arbeitsmarkt zu integrieren. Dies bedeutete, in methodischer und ideeller Hinsicht an die Leitbegriffe, Intentionen und Methoden der Rehabilitation der Weimarer Zeit anzuknüpfen.[62] Das staatliche Versorgungswesen, seine Leistungsgesetze und Rehabilitationsansätze waren aus der Dynamik des Ersten Weltkriegs entstanden. 900.000 unzureichend abgesicherte Kriegsbeschädigte drohten 1918/1919 die Kassen der öffentlichen Fürsorge zu belasten, denn die militärischen Versorgungsgesetze der Vorkriegszeit reichten nicht aus. Rentenzahlungen allein schienen ebenfalls in politischer und ökonomischer Hinsicht zu kurz zu greifen. Somit hielt das aus der gesetzlichen Unfallversicherung und Krüppelfürsorge bereits seit der Jahrhundertwende bekannte Rehabilitationsparadigma Einzug in das staatliche Versorgungswesen. Das Reichsversorgungsgesetz von 1920[63] begründete erstmals reichseinheitliche Rentenleistungen und Wiedereingliederungsmaßnahmen, die unabhängig von Bedürftigkeit oder militärischem Rang gewährt wurden, als soziale Entschädigung für gesundheitliche Schäden, die im Dienst für Staat und Gesellschaft entstanden waren.[64]

Das Reichsversorgungsgesetz blieb bis 1945 in Kraft. Jedoch schuf das NS-Regime 1938 für die Angehörigen der neuen Wehrmacht das Wehrmachtsfürsorge- und Versorgungsgesetz sowie 1939 das Einsatz-Wehrmachtsfürsorge- und Versorgungsgesetz. Im Unterschied zum Reichsversorgungsgesetz waren Dienstgrad, Art und Dauer des Militärdiensts hier versorgungsrelevant.[65] Die Leistungen der beiden Versorgungssysteme differierten in Art

---

61 | Vgl. W. Rudloff: Schatten (2002), S. 365; J. M. Diehl: Change (1997), S. 100; H.-W. Schmuhl: Arbeitsmarktpolitik (2003), S. 343; K. Dyckerhoff: Fürsorge (1995), S. 226-227.

62 | Vgl. W. Rudloff: Schatten (2002), S. 365; L. Leisering: Kontinuitätssemantiken (2000), S. 93.

63 | Gesetz über die Versorgung der Militärpersonen und ihrer Hinterbliebenen bei Dienstbeschädigung v. 12.5.1920, RGBl. 1920, S. 989.

64 | Vgl. bayer. Kultusministerium an stellvertretende Generalkommandos des 1.-3. bayer. Armeekorps, 22.08.1915, BHStA Kriegsarchiv Stellvertretendes Generalkommando 1. bayer. Armeekorps Sanitätsamt 18; Truppen-Mitteilungen ausgegeben v. Ministerium für militärische Angelegenheiten, 13.12.1918, StadtAM AA 9; K. Biesalski: Kriegskrüppelfürsorge (1915), S. 34; »Einrichtung und Grundsätze der Kriegsinvalidenfürsorge in Bayern«, in: Bayerisches Staatsministerium des Innern (Hg.): Bayerische Kriegsinvalidenfürsorge, München 1915, S. 5; J. M. Diehl: Change (1997), S. 94; R. Hudemann: Kriegsopferpolitik (1991), S. 272, 275; W. Rudloff: Wohlfahrtsstadt (1998), S. 289, 292; M. Geyer: Vorbote (1983), S. 234.

65 | Wehrmachtsfürsorge- und Versorgungsgesetz v. 26.8.1938, RGBl. I 1938, S. 1077; Einsatzwehrmachtsfürsorge- und -Versorgungsgesetz v. 6.7.1939, RGBl. I 1939, S. 1217.

und Qualität. Nach dem Zusammenbruch des NS-Regimes löste der Alliierte Kontrollrat dieses als unzulässige Privilegierung von Militärpersonen verstandene Versorgungswesen auf und stellte Kriegsbeschädigte den übrigen Empfängern von Fürsorge- oder Sozialversicherungsleistungen gleich.[66] Die weitere gesetzliche Entwicklung verlief in den Zonen und Ländern unterschiedlich. Sie orientierten die Hilfen an den Leistungen verschiedener Sozialleistungsträger.[67] Da keine dieser Lösungen dem Problem gerecht zu werden schien, wurde seit 1947 eine einheitliche Lösung zunächst für die Bizone, später für alle Westzonen diskutiert.[68] Erste Entwürfe für ein Gesetz über die Angleichung und Verbesserung der Leistungen an Körperbeschädigte vom Herbst 1948 passierten noch den Wirtschaftsrat, wurden dann aber 1949 in die Gesetzgebungskompetenz des Bundes überwiesen.[69]

Mit dem rückwirkend zum 1. Oktober 1950 in Kraft getretenen Bundesversorgungsgesetz kehrte die Bundesrepublik weitgehend zu den Pfaden des Reichsversorgungsgesetzes zurück. Allerdings wuchs der Personenkreis um jene Personen, die durch unmittelbare Kriegseinwirkung zu Schaden gekommen waren, und schloss somit auch die Opfer des Bombenkriegs ein. Kostenträger des Versorgungswesens war der Bund. Die Leistungen gliederten sich in Renten und Rehabilitationsmaßnahmen.

---

66 | Vgl. z.B. Office of Military Government of the United States, Schreiben an Mitglieder des Sozialpolitischen Ausschusses des Länderrats, Militärregierungsbeschluss v. 5.12.1946, BArch Z 1 111; Regional Government Coordinating Office, Stuttgart, Schreiben an Generalsekretär des Länderrats, 2.10.1947, BArch Z 1 956; Bayer. Staatsministerium des Innern, Schreiben an Regierungspräsidenten, Regierungsmedizinalräte, Landräte und Leiter der staatlichen Gesundheitsämter, 15.2.1946, StAAu Gesundheitsamt Nördlingen 104; Bayer. Staatsministerium des Innern, Schreiben an Regierungspräsidenten, 16.10.1945, StAAu Gesundheitsamt Mindelheim 154.

67 | Vgl. zu den divergierenden Regelungen z.B. zusammenfassend »Änderung des KB-Leistungsgesetzes in der amerikanischen Zone«, in: NDV 28 (1948), H. 7, S. 136; W. Schönleiter: »Die Kriegsopferversorgung im deutschen Bundesgebiet«, in: BArbl. 1 (1949/50), H. 10, S. 389-391, hier S. 389; Niederschrift über die Tagung »Rentengewährung an Kriegsbeschädigte und Kriegshinterbliebene« am 7.2.1947 in Lemgo, NRWHStA NW 47 17; »Neue Rechtsgrundlage für die Versorgung der Kriegsbeschädigten und Kriegshinterbliebenen in der britischen Zone«, in: NDV 27 (1947), H. 5, S. 78; J. M. Diehl: Change (1997), S. 99; R. Hudemann: Kriegsopferpolitik (1991), S. 282-283.

68 | Vgl. z.B. Zentralamt für Arbeit: Bizonale Besprechung über die Angleichung der Leistungen an Kriegsbeschädigte und Kriegshinterbliebene, Notiz, 15.4.1948, BArch Z 40 120; Wirtschaftsrat, Ausschuss für Arbeit, Protokolle der Sitzungen v. 2./3.6.1949, 17./18.6.1949, 5./6.7.1949, 14.7.1949, 18.-20.7.1949, BArch Z 3 86; »Entwicklung des KB-Rechts«, in: NDV 27 (1947), H. 6, S. 94; Zentralamt für Arbeit, Hauptabt. IV, Schreiben an Direktor der Verwaltung für Arbeit des Vereinigten Wirtschaftsgebiets, 20.10.1948, BArch Z 40 277.

69 | Als Überbrückungsmaßnahme diente das Gesetz zur Verbesserungen von Leistungen an Kriegsopfer v. 27.3.1950, BGBl. I 1950, S. 77.

Als Bemessungspunkt diente wie schon 1920 die Quantifizierungsformel der Minderung der Erwerbsfähigkeit (MdE) – von Betroffenen und Versorgungsmedizinern als »Knochenskala« bezeichnet.[70] Neben einer einkommensunabhängigen Grundrente ab einer MdE von 25 bzw. 30 Prozent gab es eine einkommensabhängige Ausgleichsrente ab einer MdE von 50 Prozent. Bei dieser galt ebenso wie in der sogenannten Kriegsopferfürsorge das Fürsorgeprinzip. Zu den Versorgungsleistungen gehörten auch die Heilbehandlung und die Ausstattung mit Prothesen sowie orthopädischen und anderen Hilfsmitteln. Hinzu kamen kleinere Geldleistungen wie Pauschalbeträge zum Unterhalt eines Blindenführhundes oder Kostenzuschüsse zur Beschaffung von Kraftfahrzeugen. Auch die institutionelle Förderung der Rehabilitation war möglich, beispielsweise durch die Finanzierung von Bau oder Erhalt von Rehabilitationseinrichtungen oder Forschungsvorhaben.[71] Die medizinische Rehabilitation wurde überwiegend in Einrichtungen praktiziert, die der staatlichen Versorgungsverwaltung gehörten, also in Versorgungskrankenhäusern, -kuranstalten oder orthopädischen Versorgungsstellen.

Die zweite Säule des Versorgungswesens, die Kriegsopferfürsorge, sollte helfen, finanzielle Folgen zu kompensieren, die sich aus der Beschädigung ergaben.[72] Sie umfasste neben Sach- und Geldleistungen zum Lebensunterhalt und Darlehen zur Existenzgründung auch berufliche Rehabilitationsmaßnahmen. Ihre Organisation lag in Händen der Hauptfürsorgestellen und nachgeordneten Fürsorgestellen, während die konkreten Maßnahmen überwiegend in Einrichtungen in Trägerschaft der freien Wohlfahrtspflege stattfanden.[73]

Dem Bund kamen dem Föderalismusprinzip zufolge Aufsichts- und Richtlinienbefugnisse zu, die zwischen dem Bundesarbeitsministerium und Bundesinnenministerium aufgeteilt waren. Die praktische Durchführung lag weitgehend bei den Ländern.[74] Zerstörte Infrastruktur, Raum- und Personalmangel, Aktenverluste und die schiere Zahl von rund vier Millio-

---

70 | Zitat in »Kriegsopfer-Renten. Dankessold der Nation«, in: Der Spiegel v. 3.6.1959.

71 | Gesetz über die Versorgung der Opfer des Kriegs v. 20.12.1950, BGBl. I 1950, S. 791; Vera Neumann: Vera: »Kampf um Anerkennung«, in: Naumann, Klaus (Hg.): Nachkrieg in Deutschland, Hamburg 2001, S. 364-383, hier S. 364, 371; J. M. Diehl: Change (1997), S. 108.

72 | Vgl. §§ 25-27 BVG; L. Wiegand: Kriegsfolgengesetzgebung (1995), S. 79.

73 | Vgl. Arbeitsgemeinschaft der Deutschen Hauptfürsorgestellen, Schreiben an alle Hauptfürsorgestellen, 18.9.1951, NRWHStA NW 42 1353; »Die Bestimmungen über die soziale Fürsorge im neuen Bundesversorgungsgesetz«, in: NDV 31 (1951), H. 2, S. 51-53; »Durchführung des Bundesversorgungsgesetzes«, in: NDV 31 (1951), H. 9, S. 251-253.

74 | Vgl. BMA IVb, Schreiben an Länderressorts für Arbeit und Soziales, 18.8.1950, BArch B 149 1805; Gesetz über die Errichtung der Verwaltungsbehörden der Kriegsopferversorgung v. 12.3.1951, BGBl. I 1951, S. 169 Bayer. Staatsministeri-

nen Umanerkennungsverfahren erschwerten die Umsetzung vor allem in den ersten Monaten nach Inkrafttreten des Bundesversorgungsgesetzes.[75] Unmittelbar setzten auch Diskussionen über die Weiterentwicklung des Gesetzes ein. Während das Bundesministerium für Arbeit das Bundesversorgungsgesetz als modernstes Sozialgesetz der Bundesrepublik rühmte, betrachteten es die Klientelverbände VdK und Reichsbund als mittelmäßig gelungene Überbrückungsmaßnahme mit Nothilfecharakter.[76] Die Kritik nahm im Lauf der Jahre zu, zumal das Bundesversorgungsgesetz angesichts der sich stetig verbessernden wirtschaftlichen Gesamtlage der Bundesrepublik Deutschland bald unnötig sparsam erschien. Die 1950er Jahre prägte die beinahe kontinuierliche Agitation der Kriegsopferverbände – in der öffentlichen Wahrnehmung vielfach verbunden mit der Person der CDU-Bundestagsabgeordneten Maria Probst.

Bis 1975 erhielt das Bundesversorgungsgesetz sechs Novellen, drei Neuordnungsgesetze und sieben Anpassungsgesetze. Dabei ging es weniger um die Rehabilitationsleistungen als vielmehr um Nachbesserungen bei den Rentenbezügen. Die Gesetzgebungsverfahren verdeutlichen das Selbstverständnis und den Einfluss der Kriegsbeschädigtenorganisationen. So kam es beispielsweise 1959 zum Konflikt mit dem Bundesarbeitsminister Theodor Blank, der sich der Abkehr vom Fürsorgeprinzip, d.h. von der Einkommens- und Bedarfsprüfung bei den Ausgleichsrenten verweigerte, die die Kriegsopfervertretungen forderten.[77] Mit dem Ruch der bedürftigkeitsabhängigen Fürsorgeleistungen und deren als zweitklassig empfundener Klientel wollten die Kriegsbeschädigten nicht in Verbindung gebracht werden. Der

---

um für Arbeit und Sozialordnung, Familie, Frauen und Gesundheit (Hg.): 50 Jahre Kriegsopferversorgung in Bayern 1945-1995, München 1995, S. 19.

75 | Vgl. Bayer. Staatsministerium des Innern, Hauptfürsorgestelle, Meldung an Bezirksregierungen, 8.1.1952, ebd.; Regierung v. Unterfranken, Zweigstelle der bayer. Hauptfürsorgestelle, Meldungen an bayer. Staatsministerium des Innern, v. 1.4.1950, 15.3.1957, ebd.; Regierung v. Unterfranken, Zweigstelle der Hauptfürsorgestelle, Meldung an bayer. Hauptfürsorgestelle München, ebd.; BMA Abt. IVb, Vermerk, 2.4.1952, BArch B 149 1832; BMA Abt. IVb, Vermerk, 8.7.1952, ebd.; BMA Abt. IVb, Niederschrift über die Besprechung mit den Vertretern der obersten Arbeitsbehörden der Länder im BMA am 27.6.1951 an Länderressorts, 14.7.1951, BArch B 149 1805; BMA Abt. IVb, Niederschrift über die Besprechung mit den Vertretern der obersten Arbeitsbehörden der Länder im BMA am 12.12.1951 an Länderressorts für Arbeit/Soziales, 8.1.1952, ebd.; N. Stegmüller: Entwicklung (1955), S. 77; »Staatliche Stütze für Versehrte«, in: SZ v. 18.2.1954.

76 | Vgl. BMA Abt. IVb, Stellungnahme betr. Besprechung über Fragen der KOV beim BK an Staatssekretär im BKA, 10.5.1952, BArch B 149 1920; »Der Spatz in der Hand«, in: Rheinische Post v. 4.2.1950; L. Wiegand: Kriegsfolgenbewältigung (1995), S. 71.

77 | Vgl. 1. Ohnhändertagung des VdK am 9.2.1963 in Düsseldorf, Rede v. Ludwig Hönle, NRWHStA BR 1134 594; Th. Blank: Neuordnung (1959), S. 229; W. Kraushaar: Protest-Chronik (1996) u.a. S. 2118, 2131, 2164, 2175, 2206-2207, 2267, 2294.

VdK brachte sein großes Wählerpotential ins Spiel und drohte, im Bundestagswahlkampf 1959 die Namen aller Abgeordneten zu veröffentlichen, die sich für Blanks Linie aussprachen. Auch bei Bundeskanzler Konrad Adenauer sprach der VdK mehrmals vor und erreichte Teilerfolge.[78] Nachdem bereits 1957 die Renten der Rentenversicherung dynamisiert worden waren und dasselbe für die Unfallversicherung in Aussicht stand, geißelten die Kriegsopferverbände das nicht dynamisierte Bundesversorgungsgesetz als diskriminierend.[79] 1964 gab Blank dem Druck, den der VdK namentlich über Maria Probst ausübte, erneut nach und ließ gegen seine Überzeugung die Grundrenten anheben. Die lang erwartete regelmäßige Dynamisierung verwirklichte jedoch erst 1970 die sozialliberale Koalition.[80]

Auf einer moralisch gerechtfertigten Sonderstellung der Kriegsbeschädigten zu beharren, zahlte sich jedoch keineswegs immer aus. So debattierte beispielsweise der Bundesausschuss für Kriegsbeschädigten- und Kriegshinterbliebenenfürsorge beim Bundesinnenministerium 1958, ob die Kriegsbeschädigtenfürsorge nicht Teil des projektierten Bundessozialhilfegesetzes werden sollte. Mehrheitlich gelangte der Ausschuss zur Ansicht, dass aufgrund des Aufopferungstatbestandes der besondere Charakter der Kriegsbeschädigten- und Kriegshinterbliebenenfürsorge erhalten werden müsse, obwohl diese dem Fürsorgeprinzip näher stehe als dem Versorgungsprinzip. Diese Richtungsentscheidung bedeutete zu diesem Zeitpunkt jedoch eine Schlechterstellung eines Teils der Kriegsbeschädigten, denn das neue Bundessozialhilfegesetz gewährte erweiterte Hilfen zur Eingliederung, die über den gegenwärtigen Leistungsstand der Kriegsbeschädigtenfürsorge hinausgingen.[81]

Umgekehrt fungierte aber auch das Bundesversorgungsgesetz, was

---

78 | Vgl. Th. Blank: Neuordnung (1959), S. 230; »Kriegsopfer-Renten. Mit Zaubergeld«, in: Der Spiegel v. 21.10.1959; »Kriegsopfer-Renten. Dankessold der Nation«, in: Der Spiegel v. 3.6.1959; »Blank. Minister Spiegelei«, in: Der Spiegel v. 23.3.1960; Friederike Föcking: Fürsorge im Wirtschaftsboom. Die Entstehung des Bundessozialhilfegesetzes von 1961, München 2007, S. 76.

79 | Vgl. »Vergessene Kriegsopfer?«, in: Sozialer Fortschritt 12 (1963), H. 2, S. 42; 1. Ohnhändertagung des VdK am 9.2.1963 in Düsseldorf, Rede v. Ludwig Hönle, NRWHStA BR 1134 594; »Kriegsopfer, Kurve genommen«, in: Der Spiegel v. 20.3.1963.

80 | Vgl. Gesetz über die Anpassung der Leistungen nach dem Bundesversorgungsgesetz v. 26.01.1970, BGBl. I 1970, S. 121; »Mehr Geld für Kriegsopfer«, in: BArbl. 27 (1975), H. 1, S. 58-59, hier S. 59; Theo Düsseldorf: »Erhebliche Verbesserungen in der Kriegsopferversorgung. Das Erste Anpassungsgesetz und der Kriegs- und Wehrdienstopferbericht 1969«, in: BArbl. 21 (1970), H. 3, S. 153; Presse- und Informationsamt der Bundesregierung (Hg.): Jahresbericht der Bundesregierung 1970, Bonn 1971, S. 406; »Kriegsopferversorgung«, in: BArbl. 26 (1975), H. 1, S. 25-26, hier S. 25.

81 | Vgl. Bundesausschuss der Kriegsbeschädigten- und Kriegshinterbliebenenfürsorge, Ergebnisprotokoll über die Sitzung am 26.6.1958 im BMI, 6.8.1958, BArch B 149 2015.

die Renten- und die Rehabilitationsleistungen anbelangte, als Modell und Referenzpunkt für die weitere gesetzliche Entwicklung in den Sozialleistungsbereichen. Am deutlichsten wurde dies sicherlich zunächst bei den übrigen seit 1950 verabschiedeten Gesetzen, die eine soziale Entschädigung gewährten – etwa für Wehr- und Zivildienstleistende mit Behinderungen, Impfgeschädigte und Opfer von Gewalttaten.[82] Der wirtschaftliche Erfolg der Bundesrepublik schuf noch neue Verteilungsspielräume und integrierte entstehende Konfliktpotentiale. Zudem entstanden im Lauf der Jahre Nebengesetze, wie etwa das Gesetz über die unentgeltliche Beförderung von Kriegs- und Wehrdienstbeschädigten im Nahverkehr von 1965, das die Verkehrsunternehmen verpflichtete, Kriegs-, Wehr- und Ersatzdienstbeschädigte unentgeltlich zu befördern, und dem Bund die Erstattung der entstehenden Fahrgeldausfälle auftrug. 1979 dehnte der Gesetzgeber diese Vergünstigung auf alle Menschen mit Schwerbehinderungen aus, löste sie aus dem Kontext der Kriegsopferversorgung und nahm ihr den Beigeschmack eines exklusiven Privilegs.[83]

Zu diesem Zeitpunkt geriet aber auch das Versorgungswesen, obgleich es lange als unantastbar gegolten hatte, wie andere sozialstaatliche Leistungen bereits in den Sog der nach der Rezession von 1973/74 einsetzenden Sparpolitik. Noch 1972 waren 7,4 Milliarden DM in das Versorgungswesen geflossen, über 90 Prozent davon in Rentenzahlungen. Nun waren Einschnitte nötig, die vor allem medizinische Kuren, die Erholungsfürsorge und die Wohnungsfürsorge für Kriegsbeschädigte betrafen.[84]

Wie entwickelten sich die gesetzlichen Grundlagen in den übrigen Tei-

---

82 | Vgl. z.B. Gesetz über die Versorgung für die ehemaligen Soldaten der Bundeswehr und ihrer Hinterbliebenen v. 26.6.1957; Gesetz über den zivilen Ersatzdienst v. 13.1.1960; Gesetz zur Verhütung und Bekämpfung übertragbarer Krankheiten beim Menschen v. 18.7.1961; Gesetz über die Entschädigung für Opfer von Gewalttaten v. 11.5.1976; »Kriegsopferversorgung«, in: BArbl. 26 (1975), H. 1, S. 25.

83 | Vgl. Presse- und Informationsamt der Bundesregierung (Hg.): Deutscher Bundestag. Chronik. Debatten, Gesetze, Kommentare 1961-1965, 4. Legislaturperiode. Eine Dokumentation, Bonn 1976, S. 213; »Zur Frage der unentgeltlichen Beförderung Behinderter im Nahverkehr«, in: BArbl. 22 (1971), H. 12, S. 744; »Null-Tarif für Schwerbehinderte«, in: BArbl. 26 (1975), H. 1, S. 6; Gesetz über die unentgeltliche Beförderung Schwerbehinderter im öffentlichen Personenverkehr v. 9.7.1979, BGBl. I 1979, S. 989.

84 | Vgl. »Ausgaben der Kriegsopferversorgung von 1960 bis 1972«, in: BArbl. 24 (1973), H. 6, S. 325; Presse- und Informationsamt der Bundesregierung(Hg.): Jahresbericht der Bundesregierung, Jahrgänge 1967-1974, Bonn 1968-1975; »4.600 Kriegsopfer erhalten Schadensausgleich«, in: Sozialpolitische Informationen v. 31.5.1968, S. 2; »Übersicht: Kriegsopferversorgung. Empfänger von KOV-Renten in Bayern«, in: Bayer. Sozialministerium für Arbeit und Sozialordnung (Hg.): Bayerische Sozialpolitik 1974, München 1975, S. 58; Leonhard Trometer: »Fortschritt nicht gefährdet«, in: BArbl. 26 (1975), H. 11/12, S. 550-551, hier 551; L. Wiegand: Kriegsfolgenbewältigung (1995), S. 71.

len des gegliederten Systems? Seit ihren Anfängen 1884 zählte die gesetzliche Unfallversicherung neben Unfallverhütung und Rentenzahlungen auch die sogenannte Heilfürsorge zu ihren Aufgaben.[85] Als Trägerinnen der Unfallversicherung schufen die Berufsgenossenschaften eigene Sonderstationen für die Heilbehandlung, aber auch für die sogenannte Berufsfürsorge. Letztere erklärte der Gesetzgeber bereits 1925 zu einer Pflichtleistung.[86] Im selben Jahr begründete die Berufskrankheitenverordnung die Anerkennung von Berufskrankheiten neben den Berufs- und Arbeitsunfällen als Versicherungsfall. Aufgabe der Unfallversicherung war es, die durch Arbeitsunfall, Wegeunfall oder Berufskrankheit verursachte Verletzung oder Krankheit und die daraus folgende Minderung der Erwerbsfähigkeit mithilfe von Rehabilitationsmaßnahmen zu beseitigen oder zu reduzieren und ihre sozialen und finanziellen Auswirkungen zu mildern. Ihren Versicherten mussten die Berufsgenossenschaften zur Wiederaufnahme ihres früheren Berufs oder, wenn dies nicht möglich war, zur Aufnahme eines neuen Berufs sowie zu einer Arbeitsstelle verhelfen.[87]

Auf dieser gesetzlichen Grundlage trug dieser älteste Rehabilitationsträger 1967 die Kosten von rund einem Fünftel aller beruflichen Rehabilitationsmaßnahmen.[88] Wenige Jahre zuvor hatte das Recht der Unfallversicherung jedoch eine in behindertenpolitischer Hinsicht ausschlaggebende Modifizierung erfahren: Das 1963 verabschiedete Gesetz zur Neuregelung des Rechts der gesetzlichen Unfallversicherung ersetzte unter anderem den Begriff der Berufsfürsorge durch die Berufshilfe, um den Eindruck zu vermeiden, es handle sich bei den Leistungen der Unfallversicherung um eine Fürsorgeleistung. Beibehalten wurde der grundsätzliche Charakter der Berufshilfe als Schadensersatz und damit die einschränkende Zielsetzung, dass Rehabilitationsmaßnahmen zur Wiederaufnahme des bisherigen oder eines gleichwertigen, nicht aber eines höher qualifizierten Berufs befähigen mussten.[89]

Einen weiteren wichtigen Schritt tat der Gesetzgeber 1970, indem er

85 | Unfallversicherungsgesetz v. 6.7.1884, RGBl. 1884, S. 69.

86 | 2. Gesetz über Änderungen in der Unfallversicherung v. 14.7.1925, RGBl. I 1925, S. 97; »Die berufliche Rehabilitation durch die Unfallversicherung«, in: NDV 43 (1963), H. 9, S. 419; Landesverband Bayern der gewerblichen Berufsgenossenschaften e.V.: Berufsgenossenschaftliche Berufsfürsorge, München [1950], StAM AÄ 697.

87 | § 555 und § 558 RVO.

88 | »Berufliche Rehabilitation – ein Schwerpunkt der Rentenversicherung«, in: Sozialer Fortschritt 16 (1967), H. 12, S. 284.

89 | Unfallversicherungsneuregelungsgesetz (UVNG) v. 30.4.1963, BGBl. I 1963, S. 241; »Die berufliche Rehabilitation durch die Unfallversicherung«, in: NDV 43 (1963), H. 9, S. 420; Spitzmüller, Reform, S. 326-336; Otto Ernst Krasney: »Unfallversicherung«, in: Bundesministerium für Arbeit und Sozialordnung/Bundesarchiv (Hg.): Geschichte der Sozialpolitik in Deutschland seit 1945. Bd. 4: 1957-1966 Bundesrepublik Deutschland. Sozialpolitik im Zeichen des erreichten Wohlstandes. Bandhg.: Ruck, Michael/Boldorf, Marcel, Baden-Baden 2007, S. 433-462, hier S. 439-453, 461.

430.000 Studierende, neun Millionen Schüler und eine Million Kindergartenkinder in die gesetzliche Unfallversicherung aufnahm. Damit trat eine Personengruppe unter den Schutz des Gesetzes, die bisher im Fall einer Behinderung infolge eines Unfalls in Schule, Kindergarten oder Universität in der Regel auf die öffentliche Fürsorge angewiesen war.[90]

Im Vergleich zur Unfallversicherung stieg die gesetzliche Rentenversicherung später, dafür aber mit erheblichen quantitativen Auswirkungen in die Rehabilitation ein. 1967 trug die Rentenversicherung die Kosten von 60 Prozent aller beruflichen Rehabilitationsmaßnahmen und war damit der größte Leistungsträger.[91] In ihren Anfängen 1889 war dies noch nicht abzusehen gewesen. Zwar führte der Leistungskatalog des Reichsgesetzes über die Invaliditäts- und Altersversicherung Heilverfahren bei Invalidität auf, alle Maßnahmen über die medizinische Akutbehandlung hinaus waren jedoch Kannleistungen. Zudem waren die Rentenversicherungsträger der Auffassung, dass die berufliche Rehabilitation ihrer meist schon etwas älteren Klientel keinen Erfolg versprach.[92]

Im Lauf der 1950er Jahren führten die laufend wachsenden Zahlen von Invaliditätsrentnern zu einer Neuorientierung im Kontext der Sozialreform. Infolgedessen trug der Gesetzgeber, maßgeblich angeleitet durch den Beirat für die Neuordnung der sozialen Leistungen, im Zuge der Rentenreform von 1957 den Trägern auf, auch berufliche Rehabilitationsleistungen zu gewähren. Dies war dann eine Pflichtleistung, wenn die Erwerbsfähigkeit einer Person infolge von Krankheit oder anderen Umständen gefährdet oder bereits gemindert war und voraussichtlich erhalten, gebessert oder wiederhergestellt werden konnte. Wenn spezielle Berufsförderungsmaßnahmen nicht die Wiederaufnahme des bisherigen Berufs ermöglichten, war eine anderweitige Ausbildung und Arbeitsaufnahme zu fördern. Unter dem Begriff der sozialen Betreuung waren zudem ein Übergangsgeld während der

90 | Vgl. Gesetz über die Unfallversicherung der Schüler und Studenten sowie Kinder in Kindergärten v. 18.3.1971, BGBl. I 1971, S. 1881; »Unfallschutz für Kinder, Schüler und Studenten«, in: BArbl. 22 (1971), H. 3, S. 186; K. Jung: Weiterentwicklung (1974), S. 225; Otto Ernst Krasney: »Unfallversicherung«, in: Bundesministerium für Arbeit und Sozialordnung/Bundesarchiv (Hg.): Geschichte der Sozialpolitik in Deutschland seit 1945. Bd. 5: 1966-1974 Bundesrepublik Deutschland. Eine Zeit vielfältigen Aufbruchs. Bandhg.: Hockerts, Hans Günter, Baden-Baden 2006, S. 531-556, hier S. 535-540.

91 | Vgl. »Berufliche Rehabilitation – ein Schwerpunkt der Rentenversicherung«, in: Sozialer Fortschritt 16 (1967), 12, S. 284; »Bericht über Erfahrungen der Rentenversicherungsträger auf dem Gebiet der Rehabilitation«, in: BArbl. 15 (1964), H. 12, S. 413-415; BMA Abt. IIa, Niederschrift über die konstituierende Sitzung des Deutschen Ausschusses für die Eingliederung Behinderter in Arbeit, Beruf und Gesellschaft am 27.5.1960 in Berlin, Referat v. H. Henschel: Die Praxis der beruflichen Rehabilitation, 18.7.1960, BArch B 142 1833.

92 | § 1013 RVO; BMA Abt. Ic, Denkschrift: Rehabilitation als soziale Leistung. Stand und Aufgaben der Rehabilitation in der BRD, 1953, BArch B 149 1294.

Rehabilitationsmaßnahmen und die nachgehende Fürsorge am Arbeitsplatz zusammengefasst.[93]

Somit verankerte die Rentenreform den Rehabilitationsgedanken endgültig in der Reichsversicherungsordnung. Mit dem im Schlagwort »Rehabilitation vor Rente« verkörperten Prinzip bestätigte der Gesetzgeber endgültig die Gesamtausrichtung der Behindertenpolitik. Soziale Sicherheit war untrennbar mit abhängiger Erwerbsarbeit und erfolgreichen Erwerbsbiografien verbunden.[94] Dies fügte sich in den Kontext des wirtschaftlichen Aufschwungs ein, der angesichts außergewöhnlicher Wachstumsraten, Einkommenszuwächse und Vollbeschäftigung den individuellen sozialen Aufstieg, kollektiven Wohlstand und dauerhafte wirtschaftliche Produktivität erwarten ließ. Erwerbsarbeit, Leistung und Eigentum wurden als Garanten dieses Aufstiegs empfunden und hoch bewertet. Eigenverantwortung, Solidarität und Subsidiarität waren und blieben die sozialethischen Grundsätze und Leitformeln der Sozialpolitik.[95]

Unter den positiven wirtschaftlichen Bedingungen zeigten die auf Erwerbsarbeit konzentrierten Problemlösungsversuche der Behindertenpolitik Effekte, wenngleich die Umsetzung des Rehabilitationsauftrags durch die Rentenversicherung im Detail schleppend anlief. In einem mehrjährigen Umstellungsprozess mussten die Träger Verfahrensabläufe etablieren und Personal qualifizieren, um ihrem Auftrag zu entsprechen. Auch stand im ersten Jahrzehnt nach der Einführung der beruflichen Rehabilitation in der Rentenversicherung noch kein ausreichendes infrastrukturelles Angebot bereit.[96]

Dennoch nahm die Rehabilitation in der Rentenversicherung enormen Umfang an. Obwohl 98 Prozent ihrer Rehabilitanden und Rehabilitandinnen nur Heilbehandlungen in Anspruch nahmen, entwickelte sich die Rentenversicherung bis 1967 zur größten Leistungsträgerin.[97] Während sie die

---

93 | Vgl. G. Schmitt: Rehabilitation (1956), S. 203-204; Hans Achinger/Joseph Höffner/Hans Muthesius/Ludwig Neundörfer: Neuordnung der sozialen Leistungen, Köln 1955, S. 75-77; Rudloff, Rehabilitation, Bd. 3 (2005), S. 547.

94 | Vgl. Rudloff, Rehabilitation, Bd. 3 (2005), S. 530-531; H. G. Hockerts: Metamorphosen (1990), S. 38.

95 | Vgl. Hans Günter Hockerts: »Sozialpolitik in der Bundesrepublik Deutschland«, in: Pohl, Hans (Hg.): Staatliche, städtische, betriebliche und kirchliche Sozialpolitik vom Mittelalter bis zur Gegenwart. Referate der 13. Arbeitstagung der Gesellschaft für Sozial- und Wirtschaftsgeschichte vom 28.03.-1.4.1989 in Heidelberg, Stuttgart 1991, S. 359-379, hier S. 367.

96 | Vgl. BMA Abt. IIa, Niederschrift über die konstituierende Sitzung des Deutschen Ausschusses für die Eingliederung Behinderter in Arbeit, Beruf und Gesellschaft am 27.5.1960 in Berlin, Referat v. H. Henschel: Die Praxis der beruflichen Rehabilitation, 18.7.1960, BArch B 142 1833; Erwin Jahn: »Rehabilitation – sozialmedizinisch gesehen«, in: Sozialer Fortschritt 12 (1963), H. 4, S. 83-88; »Rehabilitation aus der Sicht eines Rentenversicherungsträgers«, in: Sozialer Fortschritt 12 (1963), H. 10, S. 225-227, hier S. 225.

97 | Vgl. »Berufliche Rehabilitation – ein Schwerpunkt der Rentenversiche-

medizinische Rehabilitation weitgehend in eigenen Einrichtungen organisierten, traten die Träger die Durchführung der beruflichen Rehabilitation weitgehend an die Bundesanstalt für Arbeitsvermittlung und Arbeitslosenversicherung ab. Zu einem Schwerpunkthaus entwickelte sich beispielsweise das Berufsförderungswerk Heidelberg, das in den 1960er Jahren zu 75 Prozent von den Rentenversicherungen belegt wurde.[98]

Die gesetzliche Krankenversicherung erhielt ihren Rehabilitationsauftrag erst sehr viel später. Traditionell gewährte sie Leistungen mit dem Ziel, eine Krankheit zu heilen, zu bessern oder eine Verschlimmerung zu verhüten.[99] Rehabilitation war als Kannleistung in der Krankenhilfe nach § 184a RVO möglich, kam aber selten zustande. Die sozialliberale Koalition strengte jedoch Reformschritte an, in deren Folge 1970 zunächst Vorsorge- und Früherkennungsuntersuchungen vor allem bei Neugeborenen und Kleinkindern in den Leistungskatalog eingingen. 1974 erteilte der Gesetzgeber im Rehabilitationsangleichungsgesetz einen umfassenden Rehabilitationsauftrag. Zudem wurde der Versichertenkreis erweitert.[100] Insbesondere Kinder mit Behinderungen profitierten von diesen Reformen; sie hatten bisher, wenn überhaupt, von den Kassen nur sehr geringe Hilfen erhalten. Anstatt eines Rollstuhls konnte dies, so ein lebensgeschichtliches Interview über die 1950er Jahre, auch nur ein provisorisch umgebauter Liegestuhl aus Markisenstoff sein.[101] »Die Kassen zahlen zwar die Hustenbonbons, nicht aber,

---

rung«, in: Sozialer Fortschritt 16 (1967), 12, S. 284; »Bericht über Erfahrungen der Rentenversicherungsträger auf dem Gebiet der Rehabilitation«, in: BArbl. 15 (1964), H. 12, S. 413-415; BMA Abt. IIa, Niederschrift über die konstituierende Sitzung des Deutschen Ausschusses für die Eingliederung Behinderter in Arbeit, Beruf und Gesellschaft am 27.5.1960 in Berlin, Referat v. H. Henschel: Die Praxis der beruflichen Rehabilitation, 18.7.1960, BArch B 142 1833.

98 | Vgl. A. Seifriz: Rehabilitation (1962), S. 242; »Bericht über Erfahrungen der Rentenversicherungsträger auf dem Gebiet der Rehabilitation«, in: BArbl. 15 (1964), H. 12, S. 414.

99 | § 184a RVO.

100 | 2. Gesetz zur Weiterentwicklung des Rechts der gesetzlichen Krankenversicherung v. 21.12.1970, BGBl. I, S. 1770; Gesetz zur Verbesserung von Leistungen in der gesetzlichen Krankenversicherung v. 19.12.1973, BGBl. I 1975, S. 2289; Gesetz zur wirtschaftlichen Sicherung der Krankenhäuser und zur Regelung der Krankenhauspflegesätze v. 29.6.1972, BGBl. I 1972, S. 1009; Gesetz über die Krankenversicherung der Landwirte v. 10.8.1972, BGBl. I 1972, S. 1433; Gesetz über die Krankenversicherung der Studenten v. 24.6.1975, BGBl. I 1975, S. 1536; Aurelio Vincenti/Angelika Behringer: »Gesundheitswesen«, in: Bundesministerium für Arbeit und Sozialordnung/Bundesarchiv (Hg.): Geschichte der Sozialpolitik in Deutschland seit 1945. Bd. 5: 1966-1974 Bundesrepublik Deutschland. Eine Zeit vielfältigen Aufbruchs. Bandhg.: Hockerts, Hans Günter, Baden-Baden 2006, S. 483-523, hier S. 505-509, 514-516.

101 | Vgl. »Gehversuche. Interview mit Regina Spier«, in: Buch, Andrea/Hei-

was für die Rehabilitation notwendig ist«, kritisierte die Verfasserin eines *Zeit*-Artikels 1971 dieses Verfahren.[102]

Kinder und Jugendliche waren wie alle anderen Personen, die keine Leistungsansprüche an Unfall- oder Rentenversicherung oder Kriegsopferversorgung geltend machen konnten, traditionell an die allgemeine öffentliche Fürsorge verwiesen. Diese war bereits in der Reichsfürsorgepflichtverordnung und den darauf aufbauenden Reichsgrundsätzen über Voraussetzung, Art und Maß der öffentlichen Fürsorge von 1924 geregelt.[103] Nur für einen Teil der Kinder und Jugendlichen mit Körperbehinderungen waren 1920 in Preußen und anderen Ländern der Weimarer Republik sogenannte Krüppelfürsorgegesetze geschaffen worden. Diese übertrugen dem Staat die Verantwortung für »bedürftige Krüppel« unter 18 Jahren. Einen individuellen Rechtsanspruch auf Hilfen gab es nicht, im Gegenteil waren lediglich die örtlichen und überörtlichen Fürsorgeverbände verpflichtet, im Interesse der Allgemeinheit fürsorgerisch tätig zu werden. Der Maßnahmenkatalog umfasste die medizinische Behandlung, Schul- und Berufsausbildung sowie Anstaltspflege. Unter die Pflicht der Fürsorgeträger, »Krüppeln« den nötigen Lebensunterhalt zu sichern, fielen nun auch Maßnahmen, die der Herstellung der Erwerbsfähigkeit dienten.[104] Der Rehabilitationsgedanke hatte somit relativ früh Eingang in das Fürsorgerecht gefunden.

In diese gesetzlichen Grundlagen hatte das nationalsozialistische Regime kaum eingegriffen, gleichwohl gerieten das Fürsorgewesen und damit die Hilfen für Menschen mit Behinderungen in der Praxis in die Dialektik von Heilen und Vernichten. Menschen mit Behinderungen, die als erbbiologisch »wertvoll« und volkswirtschaftlich nutzbringend erachtet wurden, mussten eine paradoxe Mischung aus Nutzbarmachen, Ausgrenzung und partieller Integration in die nationalsozialistische »Volksgemeinschaft« erleben. Im Zuge der Kriegsvorbereitungen des Regimes wurde ein Teil der Menschen mit Körperbehinderungen, im Weltkrieg auch die Kriegsbeschädigten und Lazarettpatienten, zur »verborgenen Arbeitsmarktreserve«

---

necke, Birgit u.a: An den Rand gedrängt. Was Behinderte daran hindert, normal zu leben, Reinbek bei Hamburg 1980, S. 14-44, hier S. S. 23.

102 | Vgl. z.B. K. Zimmer: Wer hilft (1971).

103 | Vgl. Reichsverordnung über die Fürsorgepflicht v. 13.2.1924, RGBl. I 1924, S. 100; Reichsgrundsätze über Voraussetzung, Art und Maß der öffentlichen Fürsorge v. 4.12.1924, RGBl. I 1924, S. 765; Simon, Entwicklung, S. 132; F. Föcking: Fürsorge (2007), S. 13-14.

104 | Preußisches Gesetz betreffend die öffentliche Krüppelfürsorge v. 6.5.1920, PrGBl. 1920, S. 280; Franz Fink: »Integration – Normalisierung – Selbstbestimmung – Teilhabe und Chancengleichheit«, in: Caritas Behindertenhilfe und Psychiatrie e.V. (Hg.): Am Leben teilhaben. Dokumentation 100 Jahre Gründungsjubiläum VKELG-CBP, Bundesfachverband der katholischen Behindertenhilfe und Psychiatrie 1905 bis 2005. Bd. 2: Die Fachverbände und Bundesarbeitsgemeinschaften in der Behindertenhilfe und Psychiatrie der Caritas von 1945 bis 2005, Freiburg i.Br. 2005, S. 77-84, hier S. 87.

erklärt.[105] Wer jedoch als »minderwertig« und ökonomisch unbrauchbar eingestuft wurde, war der Verfolgung und Ermordung ausgesetzt. Sowohl die öffentliche Krüppelfürsorge als auch die freie Wohlfahrtspflege standen unter erheblichen Selektions- und Produktivitätszwängen. Ärzteschaft, Anstaltsleitungen und Pädagogen eigneten sich vielfach bewusst das Argument der Ausgrenzung der »Minderwertigen« zugunsten der leistungsstarken, »geistig normalen Krüppel« an.[106]

Mit dem Zusammenbruch des NS-Regimes kamen die Hilfen für Menschen mit Behinderungen vielerorts fast zum Erliegen, da die Finanzmittel der öffentlichen Fürsorgeträger ebenso wie der Verbände der Freien Wohlfahrtspflege aufgebraucht waren.[107] Dies ließ rasch den Ruf nach einer einheitlichen Neuregelung zumindest der öffentlichen Krüppelfürsorge laut werden. Insbesondere DeVg, Reichsbund und die Arbeitsgemeinschaft der Landesfürsorgeverbände machten sich für ein neues Krüppelfürsorgegesetz stark. Die SPD-Fraktion brachte 1951 im Deutschen Bundestag einen entsprechenden Antrag für ein Körperbehindertenfürsorgegesetz ein, dem sich der Bundestag anschloss.[108] Die Vorbereitung des Gesetzes im federführenden Bundesministerium des Innern nahm jedoch sechs Jahre in Anspruch,[109]

105 | Das Zitat in NSDAP Reichsleitung, Amt für Wohlfahrtspflege und Jugendhilfe, Rundschreiben 90/44, 14.7.1944, BArch NS 37 1017; vgl. auch Kriegstagebücher der Rüstungsinspektion des Wehrkreises VII, Zentralabt., 1941-1944, BArch RW 20-7/9 bis 20/7/15; Berichte der IHK München über die Wirtschaftslage 1940-1943, BWA K446 IHK München/Oberbayern XXIII 857, 37-41; »Der Arbeitseinsatz körperlich und geistig Abnormer«, in: Arbeitseinsatz und Arbeitslosenhilfe 11 (1944), H. 1, S. 8-10; H.-W. Schmuhl: Arbeitsmarktpolitik (2003), S. 261.

106 | Vgl. P. Fuchs: Körperbehinderte (2001), S. 109, 124; R. Mentner: Almosenempfänger (2004), S. 165-169; K.-D. Thomann: Krüppel (1991), S. 252; Ders./K.-A. Jochheim: Rehabilitation (2002), S. 38.

107 | DV e.V., Niederschrift über die Sachverständigen-Konferenz für soziale Hilfsmaßnahmen zur Erhaltung, Entwicklung oder Wiederherstellung der Arbeitsfähigkeit behinderter Personen am 12./13.11.1954 in der orth. Heil- und Lehranstalt der Inneren Mission in Hessisch-Lichtenau, BArch B 106 10774.

108 | Reichsbund e.V., Anträge zum ersten Bundestag v. 29.5.-1.6.1948 in Bad Sachsa/Harz, BArch Z 40 127; DeVg e.V., Kurt Lindemann, Erläuterungen zum Entwurf eines KBG an BMI, 24.10.1950, BArch B 106 10794.; Reichsbund e.V., Rechtsschutzabt., Gesetzentwurf zum KBG und Erläuterungen an BMI, 10.1.1951, BArch B 106 10794; Eugen Glombig: »Referat auf der Bundeskonferenz des Reichsbundes am 4./5.6.1953«, in: Die Praxis 6 (1953), Sonderausg., S. 319, 323; Ders.: »Zur notwendigen bundesgesetzlichen Regelung der Körperbehinderten-Fürsorge«, in: Sozialer Fortschritt 14 (1965), H. 4, S. 83-85, hier S. 84; Antrag der Fraktion der SPD betr. Krüppelfürsorge, BTDrs I/1869 v. 2.2.1951; StenBerBT, 1. WP, 129. Sitzung v. 4.4.1951, S. 4945A; F. Föcking: Fürsorge (2007), S. 311.

109 | Vgl. BMI, Protokoll über die Sitzung mit den Vertretern der Länder über die Grundzüge des künftigen Fürsorgegesetzes für Körperbehinderte am 10.7.1951, ebd.; Kleine Anfrage der Fraktion der SPD betr. Vorlage eines Fürsorgegesetzes für

so gegensätzlich waren die zu integrierenden Vorstellungen: Sollte wieder ein besonderes Krüppelfürsorgegesetz entstehen oder sollte die Krüppelfürsorge nicht besser im Zuge der in Aussicht stehenden Gesamtreform der Fürsorge modernisiert werden? Für diese große Lösung plädierten die Vertretungen der Sozialleistungsträger. Warum sollte, so die Arbeitsgemeinschaft der Deutschen Landesfürsorgeverbände, ein neues Sondergesetz nur für Menschen mit bestimmten Körperbehinderungen geschaffen werden? Für alle von der öffentlichen Fürsorge betreuten Menschen müssten doch gleiche Grundsätze gelten, insbesondere, was die Einkommensgrenzen bei der Bedürftigkeitsprüfung anging, die in den Gesetzentwürfen deutlich über die regulären Fürsorgesätze hinausgingen.[110] Ein der Fürsorgereform vorgezogenes Spezialgesetz und die damit vertiefte Unterscheidung von Fürsorgeempfängergruppen bevorzugten hingegen die Verbände der Freien Wohlfahrtspflege, der Reichsbund und insbesondere die in der DeVg organisierte Ärzteschaft, die großen Einfluss auf den ministeriellen Gesetzgebungsprozess ausübte.[111]

Als der Prozess 1955 ins Stocken geriet, drängte die SPD-Fraktion im Bundestag auf Eile.[112] Schließlich legte die Bundesregierung einen Gesetzentwurf vor, der in den Bundestagsausschüssen für Fragen der öffentlichen Fürsorge und des Gesundheitswesens ausführlich bearbeitet wurde. Mit erheblichen sachlichen Änderungen verabschiedete der Bundestag das Körperbehindertengesetz (KBG) im Februar 1957. Es trat am 1. April 1957 in Kraft.[113] Da es sich eng an das Preußische Krüppelfürsorgegesetz von 1920

Körperbehinderte, BTDrs I/3271 v. 2.4.1952; »Zur Frage der bundesgesetzlichen Neuordnung der Krüppelfürsorge«, in: NDV 34 (1954), H. 10, S. 339-342, hier S. 339; »Die Beratungen über das Körperbehindertengesetz«, in: BArbl. 6 (1955), H. 19, S. 884.

110 | Vgl. z.B. BT, 1. WP, 31. Ausschuss für Fragen der öffentlichen Fürsorge, Kurzprotokoll der gemeinsamen Sitzung mit dem 32. Ausschuss für Fragen des Gesundheitswesens am 14.3.1951, BArch B 106 10794; Stellungnahme der Arbeitsgemeinschaft der Deutschen Landesfürsorgeverbände zum Entwurf eines KBG, 12.10.1955, BArch B 172 1740; Landkreisverband Bayern, Geschäftsstelle, Schreiben an Deutschen Landkreistag, 23.7.1954, BArch B 172 1740.

111 | Vgl. u.a. BMI, Vermerk über eine Besprechung zum Krüppelfürsorgegesetz, 5.5.1952, BArch B 106 10794.

112 | Vgl. Antwort des BMI auf die Kleine Anfrage der Fraktion der SPD betr. Vorlage eines Fürsorgegesetzes für Körperbehinderte, BTDrs I/438, BTDrs II/479 v. 23.4.1954; BMI, Vermerk, 14.12.1954, BArch B 106 10797; Antwort v. BMI Gerhard Schröder auf die Frage v. Abg. Bennemann, StenBerBT, 2. WP, 54. Sitzung v. 27.1.1955, S. 3313B-D; BMI Abt. V, Schreiben an BMI Gerhard Schröder, 19.4.1955, BArch B 106 10797; Antrag der Fraktion der SPD betr. KBG, BTDrs II/1246 v. 9.3.1955; StenBerBT, 2. WP, 96. Sitzung v. 8.7.1955, S. 5455C; Föcking, Fürsorge (2007), S. 314.

113 | Vgl. BMI, Entwurf einer Begründung zum KBG, 1955, BArch B 106 10798; Regierungsentwurf eines KBG, BTDrs II/1594 v. 11.7.1955; Bundesrat, Gründe für die Einberufung des Vermittlungsausschusses zum KBG, BTDrs II/3049 v. 21.12.1956; Mündlicher Bericht des Vermittlungsausschusses zum KBG, BTDrs

anlehnte, brachte es wenige wesentliche Neuerungen. Es erweiterte den Personenkreis um die über 18-Jährigen sowie über die Gruppe hinaus, die unter dem ohnehin bereits umstrittenen Begriff[114] »Krüppel« zusammengefasst wurde. Als gesetzlich relevant wurden nun »Fehlformen oder Fehlfunktionen des Stütz- und Bewegungssystems, Spaltbildungen des Gesichts und des Rumpfes« betrachtet. Hinzu kamen »Seelentaube und Hörstumme«, zwei bisher im Sozialrecht unbekannte Kategorisierungen, die schon den Zeitgenossen Rätsel aufgaben und außerdem die Mehrheit der Menschen mit Sprach-, Hör- und Nervenschädigungen ausschlossen.[115]

Der Leistungskatalog wuchs. So war nun auch in der sogenannten Siechenpflege für eine angemessene Bildung zu sorgen. Außerdem übernahm die öffentliche Fürsorge fortan Kuren, Heilverfahren und Prothesen- und Hilfsmittelversorgung. Auch die bisherige Rückerstattungspflicht entfiel. Pflegegeld oder Unterhaltsleistungen während des Rehabilitationsverfahrens wurden jedoch nicht integriert.

Als Teil des Fürsorgerechts war das Körperbehindertengesetz den Grundsätzen der Subsidiarität und des Nachrangs verpflichtet. Daher wurde weiterhin eine individuelle Einkommensprüfung verlangt. Die angesetzten Einkommensgrenzen lagen jedoch über den Grenzen der allgemeinen Für-

---

II/3171 v. 6.2.1957; Schriftlicher Bericht des Ausschusses für Fragen der öffentlichen Fürsorge über den Entwurf eines KBG, BTDrs II/1594, BTDrs II//2885 v. 7.11.1956; Gesetz über die Fürsorge für Körperbehinderte und von einer Körperbehinderung bedrohte Personen v. 27.2.1957, BGBl. I 1957, S. 147.

114 | Vgl. BMI, Vermerk, 5.5.1952, BArch B 106 10794; BMI Abt. IV, Schreiben an BMI V, 20.2.1953, BArch B 106 10795; »Entwurf eines Fürsorgegesetzes für Körperbehinderte (Kasseler Fassung v. 15.4.1950)«, in: Jahrbuch der Fürsorge für Körperbehinderte (1951), S. 7-9; Kurt Lindemann: »Bericht über den Entwurf eines neuen Fürsorgegesetzes für Körperbehinderte«, in: Jahrbuch der Fürsorge für Körperbehinderte (1951), S. 9-15; Badisches Ministerium des Innern, Schreiben an BMI, 6.11.1951, BArch B 106 10795; Reichsbund e.V., Sozialpolitisches Referat, Schreiben an BMI 27.10.1952, ebd.; Arbeitsgemeinschaft für Jugendpflege und Jugendfürsorge, Fachausschuss Jugendgesundheit, Richtlinien für die Arbeit mit Behinderten wie körpergeschädigten Kindern und Jugendlichen, 1952, NRWHStA NW 41 685; E. Glombig: Referat (1953), S. 321; Marlis Müller, Geschäftsführerin der DeVg e.V., Textentwurf für die Broschüre für die Ausstellung: Die Körperbehindertenfürsorge in der Bundesrepublik Deutschland, BArch B 149 2325; BMI Abt. Vb, Vermerk, 16.9.1954, BArch B 106 10796; W. E. Süskind: »Krüppel oder Körperbehinderter«, in: SZ v. 7.5.1954; K.-D. Thomann: Krüppel (1991), S. 265, 268.

115 | Vgl. zu Missverständnissen und den Versuchen der Praktiker, diese Begriffe zu deuten NRW, Lehrgang für Berufsberater körperbehinderter Mädchen am 1.1.1958, Referat v. M. Henrichs: Die rechtlichen Grundlagen der Körperbehindertenfürsorge, BArch B 119 1965; Landkreisverband Bayern, Geschäftsstelle, Schreiben an Deutschen Landkreistag, 23.7.1954, BArch B 172 1740; BMI, Entwurf einer Begründung zum KBG, 1955, BArch B 106 10798; Regierungsentwurf eines KBG, BTDrs II/1594 v. 11.7.1955; F. Föcking: Fürsorge (2007), S. 315.

sorge. Für Angehörige von Einkommensschichten, die über der Bedürftigkeitsgrenze lagen, aber nicht wohlhabend genug waren, um beispielsweise die anhaltenden Kosten einer prothetischen Versorgung zu tragen, stellte dies eine Erleichterung dar. Zu größeren orthopädischen Hilfsmitteln und Heilverfahren mussten nur diejenigen zuzahlen, deren Einkommen die Krankenversicherungspflichtgrenze für Angestellte überstieg. Aus der Sicht des Bundesinnenministeriums waren dies »umfassende Hilfemöglichkeiten im Sinne einer modernen Rehabilitation«[116], doch sie zementierten die Leistungshierarchien zwischen Menschen, die unter den Geltungsbereich des Gesetzes fielen, und jenen, die – wie etwa Kinder mit geistigen Behinderungen – auf die allgemeine Fürsorge angewiesen blieben.

Auch bei der Umsetzung traten Probleme auf, denn der Nachrang der Fürsorge war nicht eindeutig niedergelegt worden. So nahmen die Träger der gesetzlichen Krankenversicherung unklare Klauseln über die Subsidiarität nach § 8 KBG zum Anlass, um die Kosten der gesamten Krankenhausbehandlung bei krankenversicherten Personen mit Behinderungen den Fürsorgeverbänden aufzubürden. Einige Rentenversicherungsträger wiederum versagten ihren Versicherten Rehabilitationsmaßnahmen mit dem Hinweis, dass jetzt die Fürsorge allein für die Rehabilitation zuständig sei.[117] Problematisch erwies sich auch, dass das Körperbehindertengesetz zwar die normativen Grundlagen für die Eingliederungshilfen schuf, den Fürsorgeträgern aber keinen Einfluss auf die Errichtung der nötigen Infrastruktur verlieh.

Trotz seiner Unzulänglichkeiten stellte das Körperbehindertengesetz einen wichtigen Entwicklungsschritt in der öffentlichen Fürsorge dar, weil es auf besondere, nicht materielle Notlagen gerichtet war und damit die 1961 im Bundessozialhilfegesetz formulierte Hilfe in besonderen Lebenslagen vorbereitete.[118] Ab 1960 lässt sich ein entsprechender, allgemeiner Umorientierungsprozess der Sozialpolitik auch im behinderungsrelevanten Sozialleistungsrecht nachweisen. Neben die traditionelle Kernpolitik der Absicherung vor Einkommensverlusten traten zunehmend Politiken, die der Bereitstellung von Zugängen und Teilhaberechten dienten.[119] Im Zuge des wirtschaftlichen Aufschwungs ging es weniger darum, eine materielle Mindestsicherung zu gewährleisten. Im Gegenteil sollten sozialpolitische

---

116 | 13. Wissenschaftlicher Kongress des Bundes der deutschen Medizinalbeamten am 7.6.1963 in Goslar, Referat v. Reimar Schaudienst: Hilfsmöglichkeiten nach dem Bundessozialhilfegesetz für Personen mit schweren Missbildungen unter besonderer Berücksichtigung der Eingliederungshilfe für Behinderte, BArch B 106 10805.

117 | Vgl. Bayer. Staatsministerium des Innern, Vermerk, 3.7.1959, BHStA MInn 80903; »Die Überleitung des Körperbehindertengesetzes in das Bundessozialhilfegesetz«, in: NDV 42 (1962), H. 1, S. 4-7, hier S. 7; DV e.V., Bericht über die Sitzung des Ständigen Ausschusses für gemeinsame Fragen der Fürsorge und der Arbeitsverwaltung am 1.3.1961 in München, Referat v. Reimar Schaudienst: Die Subsidiarität nach § 8 des KBG, BArch B 106 10774; F. Föcking: Fürsorge (2007), S. 319.

118 | Vgl. Rudloff, Rehabilitation, Bd. 3 (2005), S. 545.

119 | Vgl. H. G. Hockerts: Metamorphosen (1990), S. 39.

Maßnahmen in den 1960er Jahren erreichte Lebensstandards sichern und Chancen zum sozialen Aufstieg eröffnen.[120] Während der 1960er Jahre wurde infolgedessen das Sozialleistungsrecht aller Teile des gegliederten Systems erweitert.

Dies galt besonders für die Reform der öffentlichen Fürsorge durch das Bundessozialhilfegesetz 1961.[121] In einer Phase von Vollbeschäftigung und anhaltend hohen wirtschaftlichen Wachstumsraten konnte und sollte die Fürsorge mehr bieten als ein Sicherungsnetz auf Existenzminimum. Als die Einkommensarmut zurückging und die Sensibilität für immaterielle Notlagen wuchs, schien sich die traditionelle Fürsorge überholt zu haben.[122] Bei Inkrafttreten war allerdings nicht absehbar, dass die Sozialhilfe bereits in der zweiten Hälfte der 1970er Jahre unter veränderten wirtschaftlichen Rahmenbedingungen wieder zur existenziellen Grundsicherung einer großen Bevölkerungsgruppe würde beitragen müssen.

Namens- und Paradigmenwechsel gingen im Übergang von der Fürsorge zur Sozialhilfe demnach miteinander her. Der Bundesgesetzgeber stellte der Hilfe zum Lebensunterhalt deshalb die weit gefasste Hilfe in besonderen Lebenslagen voran. Dazu gehörten auch die Hilfen für Behinderte, namentlich die Hilfen zur Eingliederung. Ihr Ziel war es, Menschen mit Behinderungen zur Teilhabe am Leben in der Gemeinschaft in seiner Fülle zu verhelfen. Ohne den Begriff der Rehabilitation zu nennen, formulierte der Gesetzgeber damit eine Aufgabenstellung, die weit über die Rehabilitationsziele der übrigen Sozialleistungsgesetze hinausging. Die Hilfen für Behinderte sollten Behinderungen verhüten, beseitigen oder ihre Folgen mildern – dies entsprach dem Kerngedanken der Sozialhilfe, sich selbst überflüssig zu machen.[123]

Zwar stand sowohl während der Arbeiten am Gesetz als auch bei der Umsetzung die »Ausübung eines angemessenen Berufs oder einer sonstigen angemessenen Tätigkeit« unter den Hilfen zur Eingliederung an erster Stelle.[124] Dennoch mussten auch dann Hilfen angeboten werden, wenn die

---

120 | Vgl. Manfred Hofrichter: »Placement Policy for the Disabled in Modern Industrial Society«, in: Dicke, Werner/Jochheim, Kurt-Alphons/Müller, Marlis/Thom, Harald (Hg. im Auftrag der ISRD): Industrial Society and Rehabilitation – Problems and Solutions. ISRD-Proceedings of the Tenth World Congress Wiesbaden 11.-17.9.1966, Heidelberg 1967, S. 85-89, hier S. 87; E. Bornemann: Role (1967), S. 356.

121 | Vgl. Bundessozialhilfegesetz v. 6.6.1961, BGBl. I 1961, S. 181.

122 | Vgl. P. Buhr/L. Leisering/M. Ludwig/M. Zwick: Armutspolitik (1991), S. 513; H. Nootbaar: Sozialarbeit (1995), S. 292-294; G. André: SozialAmt (1994), S. 123-124.

123 | BSHG § 1 Abs. 2. Vgl. Wilhelm Bläsig: »Bundessozialhilfegesetz. Bericht und Stellungnahme«, in: Zeitschrift für Heilpädagogik 13 (1962), H. 4, S. 177-184, hier S. 177; F. Föcking: Fürsorge (2007), S. 255-258.

124 | Vgl. z.B. 13. Wissenschaftlicher Kongress des Bundes der deutschen Medizinalbeamten am 7.6.1963 in Goslar, Referat v. Reimar Schaudienst: Hilfsmöglichkeiten nach dem Bundessozialhilfegesetz für Personen mit schweren Missbildungen

Eingliederung in das Berufs- oder Arbeitsleben nicht möglich schien.[125] Der Katalog der Einzelleistungen war um vieles präziser und umfangreicher als der des Körperbehindertengesetzes. Nach § 39 BSHG umfasste die Eingliederungshilfe im Bereich der medizinischen Rehabilitation die ambulante oder stationäre Behandlung sowie sonstige ärztliche oder von Ärzten verordnete Maßnahmen zur Prävention, Beseitigung oder Milderung einer Behinderung und die Versorgung mit »Körperersatzstücken«, orthopädischen Hilfsmitteln, Maßschuhen und Krankenfahrstühlen. Zudem sollten eine angemessene Schulbildung, Berufsausbildung, Fortbildung oder Umschulung gewährleistet werden. Auch ein Pflegegeld war erstmals gesetzlich verankert. Diese Leistungen waren nun mit einem individuellen Rechtsanspruch versehen.[126]

Die Eingliederungshilfen wurden einem erweiterten Personenkreis zuteil:

> »Körperbehinderte oder von einer Körperbehinderung bedrohte Personen; Blinde, von Blindheit bedrohte oder nicht nur vorübergehend hochgradig sehschwache Personen; Personen, die durch eine Beeinträchtigung der Hörfähigkeit nicht nur vorübergehend wesentlich behindert und von einer solchen Behinderung bedroht sind; Personen, die durch eine Beeinträchtigung der Sprachfähigkeit nicht nur vorübergehend wesentlich behindert oder von einer solchen Behinderung bedroht sind; Personen, deren geistige Kräfte schwach entwickelt sind.«[127]

Für alle anderen »Personen mit einer körperlichen, geistigen oder seelischen Behinderung« war die Eingliederungshilfe als Kannleistung formuliert. In der Praxis wurde davon allerdings zunächst selten Gebrauch gemacht. Ersatzlos weggefallen war im Vergleich zum Körperbehindertengesetz die Klausel der wesentlichen Beeinträchtigung der Erwerbsfähigkeit. Zunächst erhielten vor allem Kinder und Jugendliche Eingliederungshilfen. Seit 1969 wurden jedoch alle Altersgrenzen an- oder aufgehoben.

Dem Nachrangprinzip entsprechend setzte die Sozialhilfe nur ein, wenn sich Betroffene oder ihre Angehörigen unter Ausnutzung aller anderen Hilfssysteme nicht selbst helfen konnten. Dies zog weiterhin eine Bedürf-

---

unter besonderer Berücksichtigung der Eingliederungshilfe für Behinderte, BArch B 106 10805; W. Rudloff: Rehabilitation, Bd. 4 (2007), S. 477.

125 | Vgl. R. Schaudienst: Rehabilitationsgedanke (1964), S. 161.

126 | Vgl. »Die Überleitung des Körperbehindertengesetzes in das Bundessozialhilfegesetz«, in: NDV 42 (1962), H. 1, S. 5; W. Bläsig: Bundessozialhilfegesetz (1962), S. 177; Gerhard Igl: »Sicherung im Pflegefall«, in: Bundesministerium für Arbeit und Sozialordnung/Bundesarchiv (Hg.): Geschichte der Sozialpolitik in Deutschland seit 1945. Bd. 4: 1957-1966 Bundesrepublik Deutschland. Sozialpolitik im Zeichen des erreichten Wohlstandes. Bandhg.: Ruck, Michael/Boldorf, Marcel, Baden-Baden 2007, S. 426-432, S. 426-429; P. Buhr/L. Leisering/M. Ludwig/M. Zwick: Armutspolitik (1991), S. 511.

127 | § 39 BSHG.

tigkeitsprüfung nach festen Einkommensgrenzen nach sich. Die 1957 im Körperbehindertengesetz erhöhten besonderen Einkommensgrenzen fielen nun wieder auf das Niveau der allgemeinen Einkommensgrenze, die sich am Nettoeinkommen des Haushaltsvorstands orientierte. Lediglich bei der Heim- und Anstaltsfürsorge galt eine höhere Einkommensgrenze.[128] Eine sozialrechtliche Binnenhierarchie unter Menschen mit Behinderungen unterschiedlicher Art wurde somit wieder reduziert. Dem kam auch entgegen, dass die Sozialhilfeträger nun zur Vorleistung verpflichtet waren, wenn noch nicht feststand, welcher Träger die Kosten einer Eingliederungsmaßnahme letztlich übernehmen würde, damit die als nötig erachteten Maßnahmen rechtzeitig beginnen konnten.[129]

In den Folgejahrzehnten erweiterten Novellen das Leistungsspektrum. Auch der erreichte Personenkreis wuchs. So bezog beispielsweise die zweite Novelle zum Bundessozialhilfegesetz 1969 Menschen mit seelischen Behinderungen ein. Statt wie bisher Behinderungsarten einzeln aufzuzählen, nahm die unter der sozialliberalen Koalition verabschiedete dritte Novelle 1974 ohne Ausnahme alle Menschen mit nicht nur vorübergehenden geistigen, körperlichen und seelischen Behinderungen in den Berechtigtenkreis auf.[130] Der Rehabilitationsauftrag des Bundessozialhilfegesetzes wuchs 1974 nochmals um weitere Hilfen zur Pflege und zu Beschaffung und Erhalt einer barrierefreien Wohnung. Dieser umfassende Leistungskatalog verhinderte allerdings 1974, dass die Sozialhilfe in das 1974 verabschiedete Rehabilitationsangleichungsgesetz integriert wurde. Die sozialliberale Regierung hatte dieses Harmonisierungsgesetz angeregt, um die gravierenden Leistungsunterschiede der Leistungsträger auszugleichen. Während des Gesetzgebungsprozesses hatten die Vertretungen der Sozialversicherungsträger geltend gemacht, dass das Aufgabenverständnis der Sozialhilfe trotz aller Leistungserweiterungen der übrigen Sozialleistungsbereiche deutlich weiter gehe und eine Angleichung deshalb nicht zumutbar sei.[131]

---

128 | Vgl. W. Rudloff: Rehabilitation, Bd. 4 (2007), S. 476; Ders.: Überlegungen (2003), S. 874; F. Föcking: Fürsorge (2007), S. 318.

129 | § 44 BSHG.

130 | 2. Gesetz zur Änderung des BSHG v. 14.8.1969, BGBl. I 1969, S. 1153; 3. Gesetz zur Änderung des BSHG v. 25.3.1974, BGBl. I 1974, S. 777; W. Rudloff: Rehabilitation, Bd. 5 (2006), S. 579; Peter Trenk-Hinterberger: »Sozialhilfe«, in: Bundesministerium für Arbeit und Sozialordnung/Bundesarchiv (Hg.). Geschichte der Sozialpolitik in Deutschland seit 1945. Bd. 5: 1966-1974 Bundesrepublik Deutschland. Eine Zeit vielfältigen Aufbruchs. Bandhg.: Hockerts, Hans Günter, Baden-Baden 2006, S. 593-632, hier S. 610-612, 622-626; Gerhard Igl: »Sicherung im Pflegefall«, in: Bundesministerium für Arbeit und Sozialordnung/Bundesarchiv (Hg.): Geschichte der Sozialpolitik in Deutschland seit 1945. Bd. 5: 1966-1974 Bundesrepublik Deutschland. Eine Zeit vielfältigen Aufbruchs. Bandhg.: Hockerts, Hans Günter, Baden-Baden 2006, S. 524-530, hier S. S. 526.

131 | Vgl. z.B. DV e.V., Schreiben an BMA, 7.7.1975, BArch B 189 28074.

Doch das Normative entsprach nicht zwangsläufig auch der Wahrnehmung der Leistungsempfänger und -empfängerinnen. Menschen, die Eingliederungshilfen erhielten, empfanden dies weiterhin als Benachteiligung im Vergleich zu Menschen mit Ansprüchen an die Sozialversicherung oder das Versorgungswesen. Sie fühlten sich aufgrund der Einkommens- und Vermögensprüfung diskriminiert. In der Praxis führte das nicht selten dazu, dass Eltern die Sozialhilfe für ihre Kinder nicht in Anspruch nehmen wollten, obwohl sie dazu berechtigt waren. Andererseits beklagten gerade Elternverbände, dass das Bundessozialhilfegesetz im Vergleich zu den anderen Sozialgesetzen zu wenig Mitwirkungs- und Mitspracherechte in der praktischen Rehabilitation einräumte. Viele, die Eingliederungshilfen der Sozialhilfe in Anspruch nahmen, fühlten sich, wenn sie sich mit anderen Gruppen verglichen, auch schlechter beraten, weniger gut umsorgt und häufiger von der Sozialbürokratie schikaniert.[132]

Wie verhielt es sich im Bereich der Arbeitslosenversicherung? Im Kontext des wirtschaftlichen Aufschwungs der 1950er Jahre wurde Behindertenpolitik sukzessive zur Arbeitsmarktpolitik. Arbeitslosigkeit infolge von Behinderung galt nun als unnötige finanzielle Belastung der öffentlichen Kassen und als Verschwendung von Ressourcen. Aus dieser Überlegung heraus erhielt die Bundesanstalt für Arbeitsvermittlung und Arbeitslosenversicherung, die dies schon seit längerem gefordert hatte, 1957 einen gesetzlichen Rehabilitationsauftrag. Die Arbeitsverwaltung, zugleich Sozialleistungsträger der Arbeitslosenversicherung und arbeitsmarktpolitisches Instrument, finanzierte und organisierte von nun an berufliche Rehabilitationsmaßnahmen, wenn besondere Hilfen nötig schienen, um die Erwerbs- und Beschäftigungsfähigkeit von Arbeitssuchenden und Schulabgängern zu erhalten, zu verbessern oder wiederherzustellen. Ziel dieser Förderung war es, möglichst viele vollwertige Arbeitskräfte dem Arbeitsmarkt zur Verfügung zu stellen. Rehabilitation erfolgte hier im Interesse des Staats. Das erklärt auch, warum kein individueller Rechtsanspruch auf die Maßnahmen der Bundesanstalt eingeräumt wurde. Unbedingte Voraussetzung war zudem, dass die geförderte Person eine erfolgreiche Eingliederung erwarten ließ.[133] Neben

132 | Vgl. G. Raschke: Rehabilitation (1968), S. 32; Bundesverband für spastisch Gelähmte und andere Körperbehinderte e.V., Stellungnahme zum Aktionsprogramm der Bundesregierung zur Förderung der Rehabilitation der Behinderten, Oktober 1970, BArch B 189 9453; DeVg e.V., Ergebnisniederschrift über die Sitzung des Arbeitsausschusses Sozialgesetzgebung und Versicherungsschutz am 1.9.1971, 28.9.1971, BArch B 172 1772.

133 | Vgl. § 39 Abs. 3 Gesetz über die Arbeitsvermittlung und Arbeitslosenversicherung i.d.F. v. 3.4.1957, BGBl. I 1957, S. 322; »Vorschriften zur Durchführung von Maßnahmen der Arbeits- und Berufsförderung behinderter Personen«, in: Dienstblatt der BAVAV, Ausgabe A 4 v. 25.10.1958; Präsident der BAVAV, Verfahrensbestimmungen zu den Vorschriften des Verwaltungsrats der BAVAV zur Durchführung von Maßnahmen der Arbeits- und Berufsförderung behinderter Personen v. 27.3.1958, BArch B 119 3278; Präsident des LAA Südbayern, Schreiben an Präsidenten der BA-

der individuellen Fallförderung war auch die Unterstützung von Institutionen möglich, die berufliche Rehabilitationsmaßnahmen durchführten. Der Leistungskatalog war jedoch vage gehalten, die Abgrenzung zu den übrigen Rehabilitationsleistungsträgern schwierig.

Hier brachte das Arbeitsförderungsgesetz (AFG) 1969 entscheidende Verbesserungen. Es erklärte die berufliche Rehabilitation von Menschen mit körperlichen, geistigen oder seelischen Behinderungen unter dem Terminus »Arbeits- und Berufsförderung« explizit zur Aufgabe der nun als Bundesanstalt für Arbeit firmierenden Körperschaft.[134] Das Arbeitsförderungsgesetz war die Antwort der Großen Koalition auf die in den 1960er Jahren beobachteten Umbrüche auf dem Arbeitsmarkt. Angesichts von Vollbeschäftigung, Arbeitskräftemangel, Automatisierung und Ausweitung des tertiären Sektors setzte sich die Ansicht durch, dass Arbeitsmarktpolitik aktiv zu sein und der Prävention den Vorrang vor der Kompensation etwa in Form von Arbeitslosenhilfe zu geben habe. Die Bundesanstalt sollte als prospektives und präventives Instrument im Sinne der Globalsteuerung agieren. Je mehr das traditionelle Aufgabenfeld der Lohnersatzleistungen zurücktrat, desto mehr gewann die berufliche Rehabilitation – wie auch Berufsberatung, Fortbildung und Umschulung – an Bedeutung.[135]

VAV, 13.5.1958, StAM LAA Südbayern 5108; Präsident des LAA Südbayern, Schreiben an Direktoren der AÄ, Dezember 1957, ebd.; Präsident der BAVAV, Vorlage für die Sitzung des Verwaltungsratsausschusses für allgemeine Fragen am 12.12.1957, 4.12.1957, BArch B 149 6458; Vgl. BMA Abt. IIb, Vermerk, BArch B 149 6458; BAVAV, Verwaltungsrat, Ausschuss für allgemeine Fragen, Unterlagen für die Sitzung v. 27.3.1958, 8.3.1958, ebd.; BMA Abt. IIb, Schreiben an Sozialversicherungsträger, Gewerkschaften, Freie Wohlfahrtsverbände, 15.8.1958, ebd.; BAVAV, Verwaltungsrat, Ausschuss für allgemeine Fragen, Ergebnisprotokoll über die 12. Sitzung des Verwaltungsausschusses für allgemeine Fragen am 2.12.1957, 17.2.1958, ebd.; BMA Abt. IIb7, an Präsidenten der BAVAV, 15.8.1958, ebd.; BAVAV, Vorschriften zur Durchführung von Maßnahmen der Arbeits- und Berufsförderung behinderter Personen, Entwurf, 1957, ebd.

134 | Arbeitsförderungsgesetz v. 25.6.1969, BGBl. I 1969, S. 582; Werner Hoppe: »Berufliche Rehabilitation nach dem Arbeitsförderungsgesetz«, in: NDV 51 (1971), H. 2, S. 31-32.

135 | Vgl. zum AFG Günther Schmid/Frank Oschmiansky: »Arbeitsmarktpolitik und Arbeitslosenversicherung«, in: Bundesministerium für Arbeit und Sozialordnung/Bundesarchiv (Hg.): Geschichte der Sozialpolitik in Deutschland seit 1945. Bd. 5: 1966-1974 Bundesrepublik Deutschland. Eine Zeit vielfältigen Aufbruchs. Bandhg.: Hockerts, Hans Günter, Baden-Baden 2006, S. 331-379, hier S. 342, 345, 353-356; Georg Altmann: Aktive Arbeitsmarktpolitik – Entstehung und Wirkung eines Reformkonzepts in der Bundesrepublik Deutschland, Stuttgart 2004; Heribert Rottenecker/Jürgen Schneider: Geschichte der Arbeitsverwaltung in Deutschland, Stuttgart/Berlin/Köln 1996, S. 163, 165; M. H. Geyer: Gegenwart (2007), S. 52-53; H. G. Hockerts: Rahmenbedingungen (2006), S. 27; H.-W. Schmuhl: Arbeitsmarktpolitik (2003), S. 455. Vgl. zur Aufwertung der beruflichen Rehabilitation BAVAV,

§ 57 Abs. 1 AFG formulierte einen umfassenden Auftrag: Die Dienststellen der Bundesanstalt sollten sich in jedem beruflichen Rehabilitationsfall einschalten, gleichgültig welcher Kostenträger letztlich zuständig war. Um einen frühzeitigen Beginn der Rehabilitation sicherzustellen, hatte die Arbeitsverwaltung in Vorleistung zu treten. Zudem waren ihre Dienststellen zu Berufs- und Arbeitsberatung, Eingliederungsvorschlägen und Arbeitsvermittlung verpflichtet. Allein zuständig war die Bundesanstalt für Arbeit nach § 37 AFG für die berufliche Rehabilitation des Personenkreises, der in beruflichen Fragen bislang von der Sozialhilfe betreut worden war.

Auf der Grundlage des Arbeitsförderungsgesetzes verabschiedete der Verwaltungsrat der Bundesanstalt für Arbeit 1970 die Anordnung über die Arbeits- und Berufsförderung Behinderter (AReha), die wichtigste Richtlinie der Rehabilitation durch die Bundesanstalt. Vergleichbar mit einer Rechtsverordnung konkretisierte diese die individuellen und institutionellen Förderungsmöglichkeiten in drei Hauptbereichen: An erster Stelle stand die individuelle Förderung der beruflichen Bildung mithilfe von Berufsausbildungsbeihilfen, Unterhaltshilfen während der Umschulung, Einarbeitungszuschüssen sowie Ausbildungszuschüssen für die Arbeitgeber. Hinzu kam zweitens die erweiterte Institutionenförderung, in deren Rahmen die Bundesanstalt fortan vor allem Berufsbildungswerke, Berufsförderungswerke und Werkstätten für Behinderte unterstützte, wenn sie dort Maßnahmen durchführen ließ und ein Mitspracherecht in den Einrichtungen erhielt. Drittens förderte die Bundesanstalt intensiver als bisher auch die Arbeitsaufnahme, zum Beispiel mithilfe der Erstattung von Bewerbungskosten oder der Kostenübernahme bei der Beschaffung eines Kraftfahrzeugs.[136]

Die Aufwertung des Rehabilitationsauftrags ging mit personellen und infrastrukturellen Erweiterungen einher: Bis 1976 wurden bei den rund 150 Arbeitsämtern über 200 Fachkräfte für Berufsberatung für Jugendliche mit Behinderungen eingestellt. Auch die Aufgaben der technischen, psychologischen und ärztlichen Dienste in Fragen der Rehabilitation wurden ausgebaut. Die Rehabilitationsstatistik zeigt einen erheblichen Anstieg der Maßnahmen seit Inkrafttreten des Arbeitsförderungsgesetzes, der den allgemeinen Aufwärtstrend seit den späten 1950er Jahren noch übertraf. Zwischen 1959 und 1968 verdoppelte sich die Zahl der abgeschlossenen Fälle

Ergebnisprotokoll über die 20. Sitzung des beratenden Ausschusses der BAVAV am 11./12.7.1968, 25.10.1968, BArch B 119 3268; Karl Jung: »Berufliche Rehabilitation nach dem Arbeitsförderungsgesetz«, in: BArbl. 20 (1969), H. 6, S. 314-345, hier S. 341, 345.

136 | »Anordnung des Verwaltungsrats der Bundesanstalt für Arbeit über die Arbeits- und Berufsförderung Behinderter (AReha) v. 2.7.1970«, in: Amtliche Nachrichten der Bundesanstalt für Arbeit 18 (1970), H. 10, S. 664-667; Hartmut Stern: »Berufliche Rehabilitation nach dem Arbeitsförderungsgesetz«, in: Arbeit, Beruf und Arbeitslosenhilfe – Das Arbeitsamt 22 (1971), H. 10, S. 311-312, hier S. 311; W. Hoppe: Rehabilitation (1971), S. 33.

auf rund 68.000 pro Jahr. 1969 wurden 74.000 Rehabilitationsmaßnahmen abgeschlossen, im Jahr 1970 80.000, 1972 107.000 und im Jahr 1975 143.000.[137] Für die individuelle Förderung gab die Bundesanstalt 1970 rund 50 Millionen DM aus, 1975 318 Millionen. Bei der Institutionenförderung bringt ein Vergleich mit den Vorgängerjahrzehnten den Umbruch zum Vorschein. Zwischen 1958 und 1969 hatte die Bundesanstalt insgesamt 39 Millionen DM ausgegeben. Allein im Jahr 1970 waren es 16 Millionen DM, 1975 sogar 116 Millionen DM.[138]

Waren schon die Rehabilitationsleistungen nach dem Arbeitsförderungsgesetz zugleich sozial- und arbeitsmarktpolitische Instrumente, so galt dies umso mehr für das Schwerbeschädigten- bzw. Schwerbehindertengesetz. Dabei handelte es sich nicht um ein Sozialleistungsgesetz, sondern um den gesetzgeberischen Versuch, die Eingliederung von Schwerbeschädigten auf dem allgemeinen Arbeitsmarkt durch Pflichtquoten und besonderen Kündigungsschutz zu sichern. Aus der Sicht des Staats entlastete es die Sozialleistungssysteme, indem es den Zugang zum Arbeitsmarkt erleichterte und Beschäftigte mit Behinderungen dort besonders schützte. Ein sozialpolitisches Problem des Staats wurde zu einem Teil auf die Arbeitgeber verlagert. Als Schutzgesetz machte es Menschen mit Behinderungen als Arbeitnehmerinnen und Arbeitnehmer sichtbar.

Seine Ursprünge lagen im Ersten Weltkrieg. Mithilfe des Schwerbeschädigtengesetzes von 1920 schuf der Weimarer Reichstag eine neuartige Eingliederungshilfe für Kriegsbeschädigte, integrierte jedoch bereits Opfer von Arbeitsunfällen in den Berechtigtenkreis. Eine Novelle vom 12. Januar 1923 schloss die Weimarer Schwerbeschädigtengesetzgebung ab und blieb, mit kleineren Änderungen versehen, bis zum Ende des Zweiten Weltkriegs in Kraft.[139] Auch die Besatzungsmächte tasteten den Kern des Gesetzes nicht an, überwiesen es aber in die Zuständigkeit der Länder. 1949 galten deshalb in den drei Westzonen 22 verschiedene Rechtsvorschriften.[140] Die Einstel-

137 | Vgl. Präsident der BAVAV, Auswertung der zahlenmäßigen Ergebnisse des Jahres 1964 der Arbeits- und Berufsförderung behinderter Personen gemäß § 39 Abs. 3 AVAVG, 28.5.1965, BArch B 119 3268; BAVAV, Ergebnisprotokoll über die 16. Sitzung des Beratenden Ausschusses bei der Hauptstelle der BAVAV am 12.6.1964, 21.7.1964, ebd.; Präsident der BAVAV, Arbeits- und Berufsförderung behinderter Personen, Zusammenstellung der Ergebnisse für das Jahr 1967, 5.7.1968, BArch B 119 3269; Bundesanstalt für Arbeit (BA), Ergebnisprotokoll der 25. Sitzung des beratenden Ausschusses bei der BA am 11./12.6.1970, 13.7.1970, BArch B 119 3270; A. Haaser: Entwicklungslinien (1975), S. 62.

138 | Vgl. E. Jahn: Rehabilitation (1963), S. 84; H.-W. Schmuhl: Arbeitsmarktpolitik (2003), S. 488.

139 | Vgl. Ch. R. Jackson: Action (1993), S. 417-455; R. Hudemann: Kriegsopferpolitik (1991), S. 277.

140 | Vgl. Verwaltung für Arbeit des Vereinigten Wirtschaftsgebiets, Schreiben an Arbeitsminister der Länder, 1.6.1949, NRWHStA NW 62 133; J. Becker: Rechtsvorschriften (1949/50), S. 48; O. Gotzen: Schwerbeschädigtengesetz (1953), S. 145.

lungsquoten beispielsweise divergierten 1947 zwischen zwei Prozent in den meisten Ländern der britischen Zone und acht Prozent für private Arbeitgeber bzw. zehn Prozent für öffentliche Arbeitgeber in den Ländern der amerikanischen Zone.[141] Während in der britischen Zone Menschen mit Körperbehinderungen ungeachtet der Kausalität unter dem Schutz des Gesetzes standen, waren in der amerikanischen Zone nur Menschen mit schweren Behinderungen, die auf Kriegseinwirkung oder Arbeitsunfall zurückgingen, sowie nicht sehende Menschen geschützt.[142] Die Verabschiedung einer einheitlichen Regelung galt seit 1948 als dringend, kam jedoch in der Besatzungszeit nicht mehr zustande. 1949 ging die Aufgabe der Neuordnung auf das neue Bundesministerium für Arbeit über.

Zu diesem Zeitpunkt betrachteten mit Ausnahme des Reichsbundes, des Deutschen Roten Kreuzes und des DGB alle namhaften behindertenpolitischen Akteure im vorparlamentarischen und parlamentarischen Raum das Schwerbeschädigtengesetz als reines Kriegsfolgengesetz zur privilegierten Eingliederung Kriegsbeschädigter.[143] Lediglich Menschen mit Behinderungen, die auf Arbeitsunfälle zurückzuführen waren, wurden ebenfalls berücksichtigt. Um sie wurde ein ziviler Aufopferungstatbestand konstruiert. Unter den Schutz des Gesetzes sollte nur treten, wer etwas geleistet oder geopfert hatte.[144] Das Bundesministerium für Arbeit wich in seinen »Leitsät-

141 | Vgl. Bayer. Staatsministerium für Arbeit und soziale Fürsorge an die Präsidenten der LAA und Leiter der AÄ, 2.9.1947, StAM AÄ 697; »Der Körperbeschädigte im Arbeitseinsatz«, in: Mitteilungsblatt des Reichsbundes der Körperbeschädigten, Sozialrentner und Hinterbliebenen, Landesbund NRW, 1 (1947), H. 4 [o.Pag.]; Bayer. Staatsministerium für Arbeit und Soziale Fürsorge, Schreiben an Verwaltung für Arbeit des Vereinigten Wirtschaftsgebiets, 6.9.1949, BArch B 149 6171; Arbeitsgemeinschaft der Hauptfürsorgestellen, Tätigkeitsbericht der dt. Hauptfürsorgestellen für das Rechnungsjahr 1950, 16.6.1952, NRWHStA NW 42 1353.

142 | Vgl. Ministerium für Arbeit, Aufbau und Gesundheit des Landes Niedersachsen, Vermerk, 8.8.1947, NRWHStA NW 49 51; Regierung Nordrhein, Köln, Schreiben an Verwaltung für Arbeit des Vereinigten Wirtschaftsgebiets, 24.9.1949, BArch B 149 913; Präsident des Zentralamts für Arbeit in der britischen Zone, Stellungnahme zu der Denkschrift des Arbeitsausschusses der Hauptfürsorgestellen der britischen Zone über die Arbeitsvermittlung der Schwerbeschädigten v. Juni 1947, August 1947, NRWHStA NW 49 51; Zentralamt für Arbeit, Ergebnisse der Besprechung des Referentenentwurfs zu einer Verordnung über Änderung und Ergänzung des SBG am 25.11.1947, BArch B 149 1726.

143 | Vgl. BMA Abt. IIb4, Kurzprotokoll über die Ergebnisse der Besprechung der Leitsätze für ein Bundesgesetz über die Beschäftigung Schwerbeschädigter im BMA am 19.5.1950, 29.5.1950, BArch B 149 1726; DGB-Bundesvorstand Abt. Sozialpolitik: Stellungnahme des DGB zu den Beschlüssen des Ausschusses für Kriegsopfer- und Kriegshinterbliebenenfragen des BT zum Entwurf eines SBG, 12.2.1953, AdsD/DGB-Archiv DGB-Bundesvorstand Abt. Sozialpolitik 24/2948.

144 | Vgl. BMA, Kurzniederschrift über die Ergebnisse der Besprechung des BMA mit den Vertretern der Arbeitsminister der Länder über grundsätzliche Fragen

zen für den Entwurf eines Bundesgesetzes über die Beschäftigung Schwerbeschädigter« 1950 kurzzeitig von diesem Kurs ab, fügte sich aber rasch dem Druck der Länder, der Arbeitgeber, des VdK und der Fürsorgeträger[145] und beschränkte in seinem Referentenentwurf vom September 1951 den Personenkreis kurzerhand wieder auf Menschen mit Kriegsbeschädigungen und Opfer von Arbeitsunfällen.

Konflikte mit den organisierten Interessen waren dennoch an der Tagesordnung. Vielfach ging es dabei um die Höhe der Pflichtquoten. Das Bundesministerium für Arbeit wollte nach Absprachen mit den Ländern Quoten von zehn Prozent für öffentliche und private Verwaltungen sowie fünf Prozent für öffentliche und private Betriebe ab je einer Zahl von zehn Arbeitsplätzen ansetzen. Einzelne Länder wie Bayern, wo mehr als ein Fünftel der bundesdeutschen Schwerbeschädigten lebte, forderten sogar noch höhere Quoten.[146] Währenddessen taten sich gerade die bayerischen Arbeitgebervertreter durch lautstarken Protest hervor. Eine Quote von maximal fünf bis sechs Prozent, besser noch eine flexible, individuelle Handhabung, lautete ihre Forderung. Der Referentenentwurf des Bundesministeriums vom Herbst 1951 hob schließlich die Einstellungsquote auf sechs Prozent für öffentliche und private Betriebe an. Als das Schwerbeschädigtengesetz im Sommer 1952 die parlamentarischen Ausschüsse erreichte, fanden die Befürworter noch höherer Quoten doch Gehör.[147] Der federführende Ausschuss für Kriegsopfer- und Kriegsgefangenenfragen gelangte nach zahlreichen Sitzungen und Besichtigungsfahrten zu wesentlichen Änderungsvorschlägen, die am 5. Mai 1953 in zweiter und dritter Lesung im Bundestag beraten wurden. Dem Ausschussentwurf, dem sich der Bundestag am 5. Mai 1953 anschloss, stimmte der Bundesrat am 22. Mai 1953 zu.[148] Das Schwerbeschädigtenrecht war reformiert.

---

des neuen SBG am 28.10.1949, BArch B 149 1726; O. Gotzen: Schwerbeschädigtengesetz (1953), S. 145.

145 | Vgl. zur ursprünglichen Intention des BMA Leitsätze des BMA für den Entwurf eines SBG, Frühjahr 1950, BArch B 149 1726; zum Kurswechsel vgl. BMA Abt. IIb4, Kurzprotokoll über die Ergebnisse der Besprechung der Leitsätze für ein Bundesgesetz über die Beschäftigung Schwerbeschädigter im BMA am 19.5.1950, 29.5.1950, BArch B 149 1726; »Die Vorarbeiten für ein neues Schwerbeschädigtengesetz«, in: NDV 30 (1950), H. 10, S. 228-231, hier S. 229; BMI, Niederschrift über die Ministerbesprechung im Bundeshaus am 11.1.1952, 15.1.1952, BArch B 149 913.

146 | Vgl. zu Debatte BMA, Leitsätze des BMA für den Entwurf eines SBG, Herbst 1949, BArch B 149 1726: BMA, Kurzniederschrift über die Ergebnisse der Besprechung des BMA mit den Vertretern der Arbeitsminister der Länder über grundsätzliche Fragen des neuen SBG am 28.10.1949, ebd.; Bayer. Staatsministerium für Arbeit und soziale Fürsorge, Schreiben an BMA, 1.6.1950, BArch B 149 1462.

147 | Vgl. W. Rudloff: Schatten (2002), S. 373; BMA Abt. IIb4, Sachstandsbericht, 5.1.1953, BArch B 149 913.

148 | Vgl. BMA Abt. IIb4, Gegenüberstellung des Regierungsentwurfs mit den Änderungen des BR und den Vorschlägen des 26. BT-Ausschusses an BMA Anton

Es galt nun eine Einstellungsquote von acht Prozent für alle öffentlichen und privaten Betriebe. Die Beschäftigungspflicht begann bei sieben Arbeitsplätzen. Neben den Kriegs- und Unfallbeschädigten standen die Opfer von Besatzungspersonenschäden, die anerkannten Opfer nationalsozialistischer Verfolgung, die sogenannten Zivilblinden sowie ein Teil der Inhaber von Bergmannsversorgungsscheinen unter dem Schutz des Gesetzes. Diese Erweiterungen hatte der federführende Bundestagsausschuss vorgenommen. In der Tat handelte es sich um einen der seltenen Fälle, in denen das Parlament maßgeblich eigene behindertenpolitische Positionen gegen die Vorlagen der Ministerien in den Gesetzgebungsprozess einbrachte. Doch ging es letztlich um eine Detailfrage, denn eine Weichenstellung in der Ausrichtung des Schwerbeschädigtenrechts ist nicht darin zu erkennen, dass der Personenkreis in einer Einzelheit erweitert wurde. Im Gegenteil, das kausale Prinzip blieb unangetastet.

Um dessen soziale Härten abzufedern, wurde ein System der Gleichstellung geschaffen. Personen mit einer amtlich bestätigten Minderung der Erwerbsfähigkeit von mindestens 50 Prozent und Behinderungen, die angeboren oder aufgrund von Krankheit oder Unfällen entstanden waren, sowie die sogenannten Minderbeschädigten mit einer Minderung der Erwerbsfähigkeit von 30 bis 50 Prozent konnten gleichgestellt werden, wenn sie nachweislich im Arbeitsleben auf die Hilfe des Gesetzes angewiesen waren und wenn ihre Gleichstellung die Unterbringung von Schwerbeschädigten nicht gefährdete. Zudem waren Gleichstellungen auf einen bestimmten Zeitraum und einen Bezirk oder Betrieb beschränkt.

Dienststellen der Bundesanstalt für Arbeitsvermittlung und Arbeitslosenversicherung und Hauptfürsorgestellen setzten das Schwerbeschädigtengesetz gemeinsam um. Der Arbeitsverwaltung oblagen Arbeitsvermittlung und Berufsberatung, Stellenermittlung und -gewinnung, die Erfassung der Betriebe und die Feststellung der Einstellungspflicht der Arbeitgeber. Hingegen waren die Hauptfürsorgestellen für Fragen der Gleichstellung, der Arbeits- und Berufsförderung und des Kündigungsschutzes zuständig. Die Arbeitsämter setzten die bei den Arbeitgebern, die ihrer Einstellungspflicht nicht nachkamen, erhobene Ausgleichsabgabe fest. 20 Prozent dieser Summe gingen an den Bundesausschuss für Kriegsbeschädigten- und Kriegshinterbliebenenfürsorge beim Bundesinnenministerium, 80 Prozent an die Hauptfürsorgestellen.[149] Diese Aufgabenteilung stellte eine organisatorische Neuerung und eine Kompromisslösung dar. Arbeitsverwaltung und Hauptfürsorgestellen hatten sich während des Gesetzgebungsprozesses erbitterte Debatten darüber geliefert, welche Verwaltung über die Kompetenzen und das nötige Einfühlungs-

Storch, 6.1.1953, BArch B 149 913; Gesetz über die Beschäftigung Schwerbeschädigter v. 16.6.1953, BGBl. I 1953 S. 389.

149 | Vgl. »Das neue Schwerbeschädigtengesetz«, in: NDV 36 (1956), H. 8, S. 232-235, hier S. 234-235; »Die Vermittlung der Schwerbeschädigten«, in: Sozialer Fortschritt 1 (1952), H. 4, S. 96.

vermögen verfügte. Zentral ging es dabei um die Frage, ob das Schwerbeschädigtengesetz ein Fürsorgegesetz oder ein Arbeitsmarktgesetz sei.[150] In der Praxis führte die Kompromisslösung zu anhaltenden Kompetenzstreitigkeiten zwischen den Verwaltungen, die erst im Lauf der 1960er Jahre abnahmen.

Bei keiner Akteursgruppe war das Schwerbeschädigtengesetz so unbeliebt wie bei der Arbeitgeberschaft. Unter ihnen entstand der Eindruck, der Staat bürde die Versorgung der Schwerbeschädigten allein der Wirtschaft auf, obwohl sie Sache und »sittliche Verpflichtung« der ganzen Gemeinschaft oder zumindest des steuerfinanzierten Gemeinwesens sei.[151] Häufig ertönte auch der Vorwurf, das Gesetz sei zu starr und müsse zugunsten flexibler Bestimmungen über Pflichtquoten sowie Höhe und Art der Ausgleichsquote revidiert werden. Viele Arbeitgeber wollten sich die Freiheit vorbehalten, im Einzelfall zu entscheiden, ob sie Schwerbeschädigte ein-

150 | Vgl. zur Position der Hauptfürsorgestellen z.B. Präsident des LAA NRW, Denkschrift: Hauptfürsorgestelle oder Arbeitsverwaltung, 14.6.1950, BArch B 149 1726; Denkschrift der Arbeitsgemeinschaft der Deutschen Hauptfürsorgestellen zur Neufassung des SBG, Juli 1950, NRWHStA NW 50 1073; Theodor Marx: »Aufgabenabgrenzung und Zusammenarbeit zwischen der Arbeitsverwaltung und Fürsorge im Lebensalter der Arbeitsfähigkeit – in der Fürsorge für Schwerbeschädigte. A. Aus dem Blickfeld der Fürsorge«, in: NDV 32 (1952), H. 12, S. 387-388, hier S. 388. Vgl. demgegenüber zur Position der Arbeitsverwaltung BAVAV, Niederschrift über die 6. Sitzung des Verwaltungsrats der BAVAV am 18./19.9.1952, Stellungnahme zum Entwurf des SBG, BArch B 119 1965; »Um die Schwerbeschädigtenquote und den Kündigungsschutz der Schwerbeschädigten«, in: Der Arbeitgeber 1 (1949), H. 3, S. 8-9, hier S. 9; W. Klein: »Eine Arbeitgebermeinung zur Beschäftigung Schwerbeschädigter«, in: Arbeitsamt 2 (1951), H. 3, S. 82; BDA-Jahresbericht 1950/1951, S. 139-141, Archiv der BDA; BDA-Jahresbericht 1952/1953, S. 182, ebd.; Präsident des LAA NRW, Denkschrift: Hauptfürsorgestelle oder Arbeitsverwaltung, 14.6.1950, BArch B 149 1726; Hanns-Walter Loose: »Die Arbeitsvermittlung Schwerbeschädigter – Aufgabe der Arbeitsverwaltung,« in: Arbeitsamt 2 (1951), H. 2, S. 45-46, hier S. 45; Heinrich Kretschmer: »Wer soll die Schwerbeschädigten betreuen?«, in: Arbeitsamt 2 (1951), H. 7, S. 207-208, hier S. 207; Margarete Ultsch: »Kritische Einwände zum Entwurf des Schwerbeschädigtengesetzes«, in: Arbeitsamt 3 (1952), H. 5, S. 118.

151 | Das Zitat in »Um die Schwerbeschädigtenquote und den Kündigungsschutz der Schwerbeschädigten«, in: Der Arbeitgeber 1 (1949), H. 3, S. 8; »Ausgleichsabgabe statt Beschäftigung Schwerbeschädigter«, in: Der Arbeitgeber 1 (1949), H. 11, S. 27-28, hier S. 27; »Arbeitsplatz für Versehrte reserviert«, in: SZ v. 23.2.1955; Friedrich Joos, Holzsandaletten und Holzschuhfabrik, Wildenroth, Schreiben an Vereinigung der bayer. Schuhfabriken, 5.7.1947, BWA K1 IHK München/Oberbayern XXIII 266, Akt 2; IHK München, Schreiben an Friedrich Joos, Holzsandaletten und Holzschuhfabrik, Wildenroth, 21.7.1947, ebd.; Westermayer GmbH München Maschinen- und Apparatebau, Schreiben an IHK München, 25.2.1949, ebd.

stellten, und wenn ja, wie viele und unter welchen Bedingungen.[152] Sie befanden, dass die Eingliederung Schwerbeschädigter in den Arbeitsmarkt nur gelingen konnte, wenn sie auf der freiwilligen Mitarbeit der Unternehmen beruhte. Hingegen lähmten Pflichtquoten, Ausgleichszahlungen und Kündigungsverbote langfristig ihre Hilfsbereitschaft, so die Arbeitgebervertreter.[153] Sie wussten ihre Forderungen auch durch gezielte Aktivitäten zu verstärken. So reichten beispielsweise alle Fachverbände der BDA schon vor Inkrafttreten des Gesetzes in einer abgestimmten Aktion Anträge auf Herabsetzung der Beschäftigungsquote auf vier Prozent beim Bundesministerium für Arbeit ein.[154] Als das Bundesministerium diese mit dem Argument zurückwies, dass damit die Quote praktisch aufgehoben würde, reagierten die Arbeitgeber mit einer Flut neuer, noch elaborierterer Anträge. Kaum eine bundesdeutsche Industrie glaubte sich in der Lage, mehr als vier Prozent Schwerbeschädigte einzustellen.[155]

Dergleichen hätte die Zugriffsmöglichkeiten des Staats minimiert und aus der Sicht der Behindertenpolitiker das Gesetz funktionsunfähig werden lassen. Doch zeigte die Praxis der Folgejahre, dass das Gesetz tatsächlich nicht ohne Herabsetzungsklauseln auskam, da einige Branchen wie etwa der Untertagebau oder die Land- und Forstwirtschaft die Quoten schlichtweg nicht erfüllen konnten. Hier besserte das Bundesarbeitsministerium mit einer Durchführungsverordnung 1954 nach.[156]

Die Praxis erwies auch, dass Rehabilitationspolitik, die auf die Wiedereingliederung in den Arbeitsmarkt setzte, maßgeblich vom Entgegenkommen der Unternehmen abhing. Um unwillige Arbeitgeber zur Beschäfti-

152 | Vgl. z.B. »Ausgleichsabgabe statt Beschäftigung Schwerbeschädigter«, in: Der Arbeitgeber 1 (1949), H. 11, S. 27-28; W. Klein: Arbeitgebermeinung (1951), S. 82.

153 | Vgl. BDA-Jahresbericht, 1.11.1950-31.10.1951, S. 139-141, Archiv der BDA; BDA-Jahresbericht, 1.12.1953-31.12.1954, ebd.; BDA-Jahresbericht 1973, S. 92, ebd.

154 | Vgl. BDA, Anträge auf Herabsetzung der Pflichtquote zur Beschäftigung von Schwerbeschädigten an BMA, 5.5.1953, BArch B 149 1462.

155 | Vgl. Arbeitsministerium des Landes Baden-Württemberg, Schreiben an BMA, 17.6.1953, BArch B 149 1462; Sozialministerium des Landes Rheinland-Pfalz, Schreiben an BMA, 18.6.1953, ebd.; Senator für Wohlfahrtswesen Bremen, Schreiben an BMA, 20.6.1953, ebd.; Bayer. Staatsministerium für Arbeit und Soziale Fürsorge, Schreiben an BMA, 22.6.1953, ebd.; Staatsministerium für Arbeit, Soziales und Vertriebene des Landes Schleswig-Holstein, Schreiben an BMA, 30.6.1953, ebd.; Sozialministerium des Landes Niedersachsen, Schreiben an BMA, 15.7.1953, ebd.; Bundesministerium für Wirtschaft (BMWi) Abt. IIa3, Schreiben an BMA, 20.7.1953, ebd.; Arbeitsministerium des Landes NRW, Schreiben an BMA, 29.7.1953, ebd.; Arbeitsministerium des Landes Baden-Württemberg, Schreiben an BMA, 23.9.1953, ebd.; BDA, Schreiben an Fachverbände, 10.8.1953, ebd.; BMA Abt. IIb, Schreiben an Arbeitgeberverbände, 4.3.1954, ebd.; BDA, Anträge auf Herabsetzung der Pflichtquote zur Beschäftigung von Schwerbeschädigten an BMA, 14.9.1953, BArch B 149 1462.

156 | Vgl. BMA Abt. IIb2, Schreiben an Arbeitgeberverbände, 4.3.1954, BArch B 149 1462.

gung Schwerbeschädigter anzuhalten, hatte der Gesetzgeber das bereits bekannte Instrument der Ausgleichsabgabe modernisiert. Aus der Sicht der Arbeitgebervertretungen handelte es sich dabei um eine ungerechte Sondersteuer, mit der sich der Staat »neue Geldquellen« für die Rehabilitation schuf.[157] In der Tat floss ein Teil der Einnahmen, zwischen 1957 und 1964 immerhin 15 Millionen DM, in berufliche Rehabilitationseinrichtungen und Forschungsprojekte im Bereich der Prothetik.[158] Der größere Teil der Ausgleichsabgabe kam allerdings gezielt der sogenannten Arbeits- und Berufsfürsorge für Schwerbeschädigte zugute und floss damit zum Teil wieder an die Arbeitgeber zurück.[159] Dennoch ließ sich durchaus davon sprechen, dass die Unternehmen die Rehabilitation mitfinanzierten.

Dies erschien den Arbeitgebervertretungen umso ungerechter, als sie die Beschäftigung Schwerbeschädigter in der Regel ohnehin als erhebliche Belastung der Betriebe deuteten.[160] Wer Schwerbeschädigten keine Arbeit anbieten könne, dürfe nicht durch die Ausgleichsabgabe belastet werden. Er stehe, was die Verpflichtung gegenüber den Schwerbeschädigten angehe, auf derselben Stufe wie die übrigen Steuerzahler, von denen der Staat keine gesonderten Abgaben fordere, so eine Äußerung von 1949 in der BDA-Zeitschrift *Der Arbeitgeber*.[161] Im Lauf der Jahre verschoben sich jedoch die Sprachregeln. 1961 kam ein anderer Beitrag in der gleichen Zeitschrift zu dem Schluss, dass von einer Belastung keine Rede sein könne, im Gegenteil

---

157 | Zitat in: »Ausgleichsabgabe statt Beschäftigung Schwerbeschädigter«, in: Der Arbeitgeber 1 (1949), H. 11, S. 27; Friedrich Mieddelmann und Sohn GmbH, München, Schreiben an IHK München, 3.10.1949, BWA K837 IHK München/Oberbayern XXIII 266, Akt 3; Siemens AG, Hauptverwaltung, Sozialpolitische Abt., Soz-Pol-Rundschreiben 488, 4.10.1961, Siemens-Archiv 14 LM 330; Ch. R. Jackson: Action (1993), S. 454.

158 | Vgl. BMI, Schreiben an Innen- bzw. Sozialminister der Länder, 24.2.1956, BArch B 106 10752; Bundesausschuss der Kriegsbeschädigten- und Kriegshinterbliebenenfürsorge, Geschäftsführung an Mitglieder des Arbeitsausschusses Verwaltung des Vermögens und Ausgleichsfonds, 27.11.1956, ebd.; R. Schaudienst: Rehabilitationsgedanke (1964), S. 163; BMI Abt. V7, Vermerk, 30.5.1960, BArch B 106 10752; Übersicht über die von Bundesausschuss der Kriegsbeschädigten- und Kriegshinterbliebenenfürsorge beim BMI zur Verfügung gestellten Mittel aus dem Ausgleichsfonds für die Schaffung oder den Ausbau von überregionalen Rehabilitationsstätten für Behinderte [o.Dat., 1964], BArch B 172 1911.

159 | Vgl. beispielsweise Bayer. Staatsministerium des Innern, bayer. Hauptfürsorgestelle, Übersicht über die Einnahmen und Ausgaben von Ausgleichsabgaben gemäß § 9 Abs. 2 und 5 SBG an Vorsitzenden des beratenden Ausschusses beim LAA Nordbayern, 1.4.1954-31.3.1955, 5.12.1955, BArch B 119 2971; BAVAV, Aufstellung über Aufkommen und Verwendung der Ausgleichsabgabe v. 1.11.1953-31.10.1955, ebd.

160 | Vgl. »Berufshilfe für Schwerbeschädigte. Ein Tagungsbericht«, in: Arbeitsamt 1 (1950), H. 11, S. 343-344.

161 | Vgl. »Ausgleichsabgabe statt Beschäftigung Schwerbeschädigter«, in: Der Arbeitgeber 1 (1949), H. 11, S. 27.

seien rehabilitierte Schwerbeschädigte »wertvolle« und »vollwertige« Beschäftigte. Einer Ausgleichsabgabe als Mittel der Wettbewerbsgerechtigkeit mit Antriebsfunktion bedürfe es demnach gar nicht.[162]

In der Praxis höhlten Herabsetzungen und Teilerlasse das Instrument der Ausgleichsabgabe ohnehin sukzessive aus, dessen Antriebs- und Ausgleichsfunktion zusehends verwusch. 1971 standen einem theoretischen Soll von 120 Millionen DM eingegangene neun Millionen DM gegenüber.[163] Wie die betriebliche Praxis der Siemens AG zeigt, genügten beispielsweise Geld- und Sachspenden an Einrichtungen der Rehabilitation, Lieferaufträge an Blinden- und Schwerbeschädigtenwerkstätten oder die Aufnahme von Schwerbeschädigten in die firmeneigenen Wohnsiedlungen, um einen signifikanten Nachlass zu erreichen, ohne wirtschaftliche Härten nachweisen zu müssen. Wer wie die Siemens AG seine Betriebe außerdem dazu anhielt, demonstrativ gute Kontakte zu den Arbeitsämtern zu halten und diese für sich zu gewinnen, hatte gute Aussichten, die Ausgleichsabgabe zu senken. So gelang es dem Unternehmen, das für die Zeit zwischen November 1961 und November 1963 wegen seiner rund 32.000 unbesetzten Pflichtplätze eine Abgabe von 1,6 Millionen DM entrichten sollte, einen Erlass um 90 Prozent zu erwirken.[164]

Dabei zog die Siemens AG die Ausgleichsabgabe der Beschäftigung von Schwerbeschädigten nicht einmal grundsätzlich vor, wie es sich bei anderen Arbeitgebern nachweisen lässt, die die Ausgleichsabgabe als Wahloption betrachteten.[165] Im Gegenteil gehörte es zum unternehmerischen

162 | »Novelle zum Schwerbeschädigtengesetz für Betriebe unbefriedigend«, in: Der Arbeitgeber 13 (1961), H. 12, S. 386.

163 | Vgl. BAVAV, Ergebnisprotokoll der 18. Sitzung des Beratenden Ausschusses bei der BAVAV am 17./18.5.1966, 1.8.1966, BArch B 149 3268; BAVAV, Unterlagen zur Tagesordnung der 18. Sitzung v. 17./18.5.1966, 22.4.1966, ebd.; BA, Protokoll über die 27. Sitzung des Beratenden Ausschusses bei der BA am 25./26.2.1971, 5.5.1971, BArch B 119 3270.

164 | Vgl. Siemens AG, Hauptverwaltung, Sozialpolitische Abt., Aktennotiz, 13.3.1964, Siemens-Archiv 12395; Siemens AG, Zentrale Bauabt., Schreiben an Sozialpolitische Abt., 12.6.1964, ebd.; Direktor des AA Berlin, Feststellungsbescheid für das Siemens-Gesamtunternehmen, Berliner Leitung, 7.3.1964, Siemens-Archiv 12395; Siemens AG, Hauptverwaltung, Sozialpolitische Abt., Schreiben an Siemens-Schuckert-Werke u.a., 21.1.1969, Siemens-Archiv 14 LM 330; vgl. zum vergleichbaren Verhalten der MAN: MAN AG Abt. W., Niederschrift über eine Besprechung mit Regierungsamtmann Schaeffler, LAA München am 25.11.1954, Historisches Archiv MAN AG Augsburg.

165 | Vgl. »Ausgleichsabgabe statt Beschäftigung Schwerbeschädigter«, in: Der Arbeitgeber 1 (1949), H. 11, S. 27; AA Augsburg, Schreiben an Präsident des LAA Südbayern, 2.5.1959, StAM LAA Südbayern 5119; AA Deggendorf, Schreiben an Präsident des LAA Südbayern, 19.5.1959, ebd.; AA Landshut, Schreiben an Präsident des LAA Südbayern, 9.5.1959, ebd.; AA Traunstein, Schreiben an Präsident des LAA Südbayern, 19.5.1959, ebd.

Selbstverständnis der Siemens AG, in verschiedenen Produktionszweigen Schwerbeschädigte einzusetzen.[166] Unternehmerisches Kalkül und soziale Verantwortung ließen sich dabei offenbar ausgezeichnet zum Vorteil des Unternehmens verbinden. 1960 räumte beispielsweise ein Arbeitgeberbeauftragter der Firma ein, Siemens mache »ein gutes Geschäft« mit den Schwerbeschädigten. Die Kosten für die unternehmenseigene Umschulungswerkstätte in Berlin würden beispielsweise mit der zu zahlenden Ausgleichsabgabe verrechnet, und zwar mit einem pauschalen Ansatz, der deutlich über den tatsächlichen Aufwendungen liege.[167]

Umsetzungskontrollen der Bundesanstalt ergaben 1954, dass die Arbeitgeber im Bundesgebiet ohne Westberlin die Pflichtquoten des Schwerbeschädigtengesetzes durchschnittlich zu 58 Prozent erfüllten.[168] Ohne Quotenerleichterungen erreichten nur Sozialversicherung und öffentliche Verwaltung einigermaßen zufriedenstellende Beschäftigungszahlen. Vergleichsweise aufnahmebereit erwiesen sich auch die Wasser-, Gas- und Elektrizitätsversorgung, das Bildungswesen, die Kirchen, Rechts- und Wirtschaftsberatungen, das Wohngewerbe, das Holz- und Schnitzstoffgewerbe, die Feinmechanik und die Optik. In der Regel waren zudem Großbetriebe mit einer größeren Auswahl von Arbeitsplätzen eher willens und in der Lage, Schwerbeschädigte zu beschäftigen, als kleine, darunter besonders handwerkliche Betriebe.

Die mittelmäßige Erfüllung der Quoten war jedoch nicht nur auf die Zurückhaltung der Arbeitgeber zurückzuführen, sondern auch darauf, dass weit weniger Schwerbeschädigte unter dem Schutz des Gesetzes standen, als das Bundesministerium für Arbeit bei den Gesetzesplanungen geschätzt hatte. Nur 550.000 statt 700.000 Personen fielen unter den Geltungsbereich des Gesetzes, und lediglich weitere 80.000 wurden ihnen gleichgestellt.[169] In Verbindung mit der positiven Entwicklung von Wirtschaft und Arbeitsmarkt führte dies dazu, dass die Arbeitslosigkeit unter den Schwerbeschädigten deutlich sank.[170] Gleichzeitig begannen die Zahlen arbeitsloser

166 | Vgl. Siemens AG, Hauptverwaltung, Sozialpolitische Abt., SozPol-Rundschreiben 160, 21.3.1952, Siemens-Archiv 14 LM 330; Siemens AG, Hauptverwaltung, Sozialpolitische Abt., SozPol-Rundschreiben 47, 12.5.1949, ebd.; Halbjahresbericht der betriebsärztlichen Dienststellen des Dynamowerkes, Metall- und Eisengießerei und Verwaltungsgebäude, 1.10.1956-31.3.1957, Siemens-Archiv 12490.

167 | Vgl. Dienststelle für Schwerbeschädigte der Berliner AÄ, Schreiben an Siemens-Hauptverwaltung, 24.1.1958, Siemens-Archiv 12400; Siemensbetriebskrankenkasse, Verwaltungsstelle Berlin, Vermerk, 22.7.1960, Siemens-Archiv 12395.

168 | Vgl. Präsident der BAVAV, Auswertung der Anzeigen über die Erfüllung der Beschäftigungspflicht, 30.9.1954, StAM LAA Südbayern 5119; Die Beschäftigung Schwerbeschädigter. Ein Erfahrungsbericht der BAVAV über die Durchführung des SBG, April 1955, BArch B 106 10752.

169 | Vgl. BMA Abt. IIb4, Vermerk, 20.10.1951, BArch B 149 6176; Rudloff, Rehabilitation, Bd. 3 (2006), S. 540.

170 | Vgl. Die Beschäftigung Schwerbeschädigter. Ein Erfahrungsbericht der

Schwerbeschädigter und unbesetzter Pflichtplätze auseinander zu klaffen. Immer weniger arbeitsuchende Schwerbeschädigte standen dem Arbeitsmarkt zur Verfügung. 1955 blieben bundesweit schon 255.000 von 701.000 Pflichtplätzen unbesetzt. Nur 29.000 arbeitslose Schwerbeschädigte standen diesen unbesetzten Pflichtplätzen gegenüber. 1958 überstieg die Zahl der unbesetzten Pflichtplätze die der arbeitslosen Schwerbeschädigten fast um das Vierzehnfache.[171]

Da die Arbeitsämter immer häufiger den Unternehmen keine Stellenbewerber zuweisen konnten, forderten diese vom Gesetzgeber, die Einstellungspflichten gesetzlich herabzusetzen – eine Sicht, die die Bundesanstalt nun im Wesentlichen teilte.[172] Nur eine kleine Gruppe von behindertenpolitischen Akteuren, allen voran Reichsbund und SPD-Bundestagsfraktion, forderte angesichts dieser Entwicklung, den unter dem Schutz des Schwerbeschädigtengesetzes stehenden Personenkreis zu vergrößern.[173] Als 1956 die Arbeit an einer Novelle zum Schwerbeschädigtengesetz begann,[174]

BAVAV über die Durchführung des SBG, April 1955, BArch B 106 10752; Richard Hoss: »Die Novelle zum Schwerbeschädigtengesetz«, in: Arbeit, Beruf und Arbeitslosenhilfe – Das Arbeitsamt 12 (1961), H. 11, S. 241-243, hier S. 241.

171 | Vgl. R. Hoss: Novelle (1961), S. 241; Präsident des LAA Südbayern, Schreiben an Direktoren der AÄ, 16.6.1958, StAM AÄ 699; BMA Abt. IIb2, Vermerk, 11.3.1957, BArch B 149 6173; BMA Abt. IIb, Bericht der BAVAV v. 16.12.1958, Auszug: Hauptzahlen zum Vergleich mit 1953 und 1955, 26.1.1959, BArch B 149 16572; »Fünf Jahre Schwerbeschädigtengesetz«, in: BArbl. 10 (1959), H. 3, S. 90; BAVAV, Auswertung der zahlenmäßigen Ergebnisse der Anzeigen gemäß § 11 SBG nach dem Beschäftigtenstand v. 1.11.1957, StAM LAA Südbayern 5119; Rudloff, Rehabilitation, Bd. 3 (2005), S. 540.

172 | Vgl. BDA-Jahresbericht, 1.12.1952-30.11.1953, S. 183, Archiv der BDA; BDA-Jahresbericht, 11.1.1955-30.11.1955, S. 197, ebd.; LAA NRW, Bericht: Die Durchführung des SBG v. 16.6.19153 im Land NRW, 1955, NRWHStA BR 1134 624; BMA Abt. IIb2, Vermerk, 10. 5.12.1953, BArch B 149 16571; Antrag der Fraktion der FDP, Entwurf eines Gesetzes zur Ergänzung des SBG, BTDrs II/96 v. 1.12.1953; Die Beschäftigung Schwerbeschädigter. Ein Erfahrungsbericht der BAVAV über die Durchführung des SBG, April 1955, BArch B 106 10752; LAA NRW, Bericht: Die Durchführung des SBG v. 16.6.1953 im Land NRW, 1955, NRWHStA BR 1134 624; »Ein neuer Weg zur Wiedereingliederung Schwerbeschädigter in den Arbeitsprozess«, in: Die Berufsgenossenschaft 6 (1954), H. 11, S. 440; Die Beschäftigung Schwerbeschädigter. Ein Erfahrungsbericht der BAVAV über die Durchführung des SBG, April 1955, BArch B 106 10752.

173 | Vgl. Antrag der Fraktion der SPD, Entwurf eines Gesetzes zur Änderung des SBG, BTDrs II/1267 v. 16.3.1955; »Das Spiel mit der Zahl«, in: Sozialdemokratischer Pressedienst v. 2.5.1955, S. 1-2, hier S. 2. Zur Haltung der Hauptfürsorgestellen: A. Cremers: Berufsfürsorge (1955), S. 93; Egbert Schwegler: »Ist die berufliche Unterbringung der Schwerbeschädigten gesichert?«, in: Das Arbeitsamt 7 (1956), H. 3, S. 61-62, hier S. 61.

174 | Vgl. Antrag der Abg. Günther, Eickhoff, Held und Genossen, Entwurf ei-

schlossen sich ihr der DGB, der Ausschuss für Arbeit und Sozialpolitik des Bundesrats und ein Teil des Bundestagsausschusses für Arbeit an.[175] Vorstöße dieser Art empfanden das Bundesministerium des Innern und das Bundesarbeitsministerium jedoch noch immer als unzulässige Demontage des Kriegsfolgengesetzes.[176]

Folglich ist das 1961 in Kraft tretende Gesetz zur Änderung des Schwerbeschädigtengesetzes in erster Linie als technische Novelle zu verstehen.[177] Es entließ die privaten und öffentlichen Kleinbetriebe unter 15 Arbeitsplätzen und die öffentlichen Verwaltungen unter neun Arbeitsplätzen aus der Beschäftigungspflicht und senkte die Pflichtquote auf sechs Prozent. VdK, die Bundestagsfraktion der CDU/CSU und die Arbeitgebervertreter, die ein allgemeines Eingliederungsgesetz befürchtet hatten, begrüßten diese kleine Lösung.[178]

Der Charakter des Kriegsfolgengesetzes blieb unangetastet. Auch die Gleichstellungsklauseln waren noch immer exklusiv, obwohl bekannt war, dass die sogenannten Leichtbeschädigten, also Personen mit einer Minderung der Erwerbsfähigkeit von 30 bis 50 Prozent, deren Behinderungen auf Kriegseinwirkung, Arbeitsunfall, Berufskrankheit, NS-Verfolgung oder politische Inhaftierung zurückgingen, in der Gleichstellungspraxis in einer

nes Gesetzes zur Änderung des SBG, BTDrs II/1816 v. 27.10.1955; BMA Abt. IIb2, Vermerk, 25.2.1956, BArch B 149 16571; Antrag der Abg. Ruf, Berg, Eickhoff, Entwurf eines Gesetzes zur Änderung des SBG, BTDrs II/1929 v. 7.12.1956; Kleine Anfrage der Fraktion der SPD betr. Novelle zum SBG, BTDrs III/566 v. 15.10.1958.

175 | Vgl. »Reichsbund gegen Verschlechterung des Schwerbeschädigtenrechts«, in: Sozialpolitischer Presse- und Informationsdienst des Reichsbundes v. 12.4.1961; DGB-Bundesvorstand Abt. Sozialpolitik, Schreiben an BMA, 16.11.1959, mit Anlage: Zur Rehabilitation. Entschließung angenommen am 5. ordentlichen Bundeskongress des DGB in Stuttgart, September 1959, BArch B 149 16572; Bundesrat, Ausschuss für Arbeit und Sozialpolitik, Niederschrift über die 167. Sitzung des Ausschusses für Arbeit und Sozialpolitik am 1.7.1959 in Bonn, ebd. Der Bundesrat folgte der Forderung nach der Ausdehnung des Personenkreises nicht, vgl. StenBer-BR, Sitzung v. 10.7.1959, S. 140A-B; BMA Abt. IIa3, Vermerk, 30.12.1960, BArch B 149 16572.

176 | Vgl. BMA Abt. IIb2, Vermerk, 25.2.1956, BArch B 149 16571; BMA Abt. IIb2, Vermerk, 31.3.1958, ebd.

177 | Vgl. Gesetz zur Änderung des Schwerbeschädigtengesetzes v. 4.6.1961, BGBl. I 1961, S. 857.

178 | Vgl. BDA, Schreiben an Ausschuss für Kriegsopfer- und Heimkehrerfragen des BT, 18.4.1961, BArch B 149 16572; VdK e.V., Landesverband Bayern, Schreiben an Vorsitzenden der CSU-BT-Fraktion Hermann Höcherl, 23.5.1961, ebd.; »Novelle zum Schwerbeschädigtengesetz für Betriebe unbefriedigend«, in: Der Arbeitgeber, 13 (1961), H. 12, S. 386. Vgl. zum Eingang dieser Forderungen in die ministerielle Arbeit am Gesetzentwurf BMA Abt. IIa3, Vermerk, 30.12.1960, BArch B 149 16572; sowie zuvor »Das Schwerbeschädigtengesetz darf nicht verschlechtert werden«, in: VdK Presse- und Informationsdienst v. 1.10.1956.

Weise bevorzugt wurden, die in keinem Verhältnis zur hohen Arbeitslosenquote unter den sogenannten Schwererwerbsbeschränkten stand. Dies waren Personen mit Behinderungen anderer Ursache und einer MdE von 50 Prozent oder mehr, denen es kaum gelang, bei den Arbeitsämtern und Hauptfürsorgestellen eine Gleichstellung zu erwirken. Lediglich bei Jugendlichen machten die Behörden Ausnahmen.[179] Diese restriktive Handhabe wiederum behinderte die Rentenversicherung und die Arbeitsverwaltung bei der Umsetzung ihres Rehabilitationsauftrags. Gewissermaßen als Ausgleich verabschiedete der Bundestag eine Entschließung, nach der die Bundesregierung ersucht wurde zu prüfen, wie viele nicht unter das Schwerbeschädigtengesetz fallende schwererwerbsbeschränkte Personen Arbeit suchten und auf welchen Wegen ihre Eingliederung in den Arbeitsmarkt sonst erleichtert werden konnte.[180] Im weiteren Verlauf der 1960er Jahre lockerte sich die Gleichstellungspraxis etwas. Erst das 1974 neugeordnete Schwerbeschädigtenrecht brachte jedoch die gesetzliche Ausdehnung des Personenkreises.

Zunächst öffnete sich trotz der reduzierten Pflichtquoten angesichts der positiven Wirtschaftsentwicklung die Schere zwischen unbesetzten Pflichtplätzen und arbeitsuchenden Schwerbeschädigten weiter. Ende Oktober 1965 waren bundesweit nur noch knapp 5.000 Schwerbeschädigte arbeitslos gemeldet.[181] Zwar ließ die kleine Rezession von 1966 die Arbeitslosenziffer wieder steigen, doch waren Schwererwerbsbeschränkte, die nicht unter dem Schutz des Schwerbeschädigtengesetzes standen, davon sehr viel schwerer

---

179 | Dieser Befund ergibt sich aus den Gleichstellungsstatistiken der Hauptfürsorgestelle, vgl. bayer. Hauptfürsorgestelle, statistische Erhebungen über Gleichstellungen nach § 2 Abs. 1 und Abs. 2 SBG, 1.4.1955-31.3.1956 an Zweigstelle der bayer. Hauptfürsorgestelle bei der Regierung v. Unterfranken, 12.6.1956, StAWü Regierung v. Unterfranken 24016; Niederschrift über das Ergebnis der Besprechung bei der bayer. Hauptfürsorgestelle am 11.7.1956, StAM AÄ 698; Regierung v. Unterfranken, Zweigstelle der Hauptfürsorgestelle, Schreiben an Landkreisverband Bayern, Zweigverband Unterfranken, Arbeitsgemeinschaft der Fürsorgeverbandsleiter, 2.6.1955, StAWü Regierung v. Unterfranken 24016; Regierung v. Unterfranken, Zweigstelle der Hauptfürsorgestelle, Schreiben an Stadt- und Landkreise, Fürsorgestellen, 16.9.1955, ebd.; Präsident des LAA Nordbayern, Schreiben an Regierung v. Unterfranken, Hauptfürsorgestelle Würzburg, 22.1.1956, ebd.; aus späteren Jahren vgl. BAVAV, Ergebnisprotokoll der 18. Sitzung des Beratenden Ausschusses bei der BAVAV am 17./18.5.1966, Referat v. Wilhelm Musa: Vorschläge zur Änderung des SBG, 1.8.1966, BArch B 149 3268; »DGB begrüßt Verbesserung des Schwerbeschädigtenrechts«, in: DGB-Nachrichtendienst, 28.1.1974, AdsD DGB-Archiv DGB-Bundesvorstand Abt. Sozialpolitik 24/3736.

180 | Vgl. StenBerBT, 3. WP, 161. Sitzung v. 31.5.1961, S. 9332D.

181 | Vgl. Präsident der BA, Auswertung der zahlenmäßigen Ergebnisse der Anzeigen gemäß § 11 SBG nach dem Beschäftigtenstand v. 1.11.1969, Mai 1971, BArch B 119 3270; BAVAV, Ergebnisprotokoll über die 20. Sitzung des Beratenden Ausschusses bei der BAVAV am 11./12.7.1968, 25.10.1968, BArch B 119 3268.

betroffen.[182] In den Folgejahren ließ diese Beobachtung den Kreis derjenigen wachsen, die möglichst viele Menschen mit Behinderungen unter den Schutz des Gesetzes stellen wollten. Das Aktionsprogramm der 1969 angetretenen sozialliberalen Bundesregierung zur Förderung der Rehabilitation der Behinderten vom 14. April 1970 stellte dies schließlich in Aussicht.[183] Seit etwa 1970 setzte sich in Politik und Verwaltung zunehmend die Idee durch, dass Menschen mit Behinderungen unterschiedlicher Ursache angesichts der allgemeinpolitischen Leitformel der Chancengleichheit nicht mehr unterschiedlich behandelt werden durften. Außerdem erkannten immer mehr Akteure, dass die Rehabilitationsanstrengungen der Sozialleistungsträger ins Leere liefen, wenn die Rehabilitandinnen und Rehabilitanden nicht unter dem Schutz des Gesetzes standen.

Dieses Umdenken trat beispielsweise in der Aussprache des Deutschen Bundestags in seiner Sitzung vom 16. September 1970 zutage. Infolge einer Großen Anfrage der CDU/CSU-Fraktion standen Fragen der Eingliederung von Menschen mit Behinderungen zur Debatte.[184] Vertreter aller Fraktionen betonten, dass das Ziel einer dauerhaften beruflichen Rehabilitation einer möglichst großen Zahl von Menschen nur zu erreichen sei, wenn der vom Schwerbeschädigtengesetz geschützte Personenkreis ohne Rücksicht auf die Ursachen einer Behinderung ausgedehnt werde.

Ein vom Bundesministerium für Arbeit und Sozialordnung wenig später verfasstes Problempapier umriss die Kritik am geltenden Recht und die Positionen der interessierten Akteure.[185] Nicht mehr nur Reichsbund, DGB, DeVg und die SPD-Bundestagsfraktion forderten den Eingang des Finalprinzips ins Schwerbeschädigtenrecht.[186] Auch der VdK, der bislang

---

182 | Vgl. Bayer. Staatsministerium des Innern, Hauptfürsorgestelle, Schreiben an Regierungen, 26.7.1967, StAM LAA Südbayern 5122.

183 | Vgl. »Aktionsprogramm der Bundesregierung zur Förderung der Rehabilitation der Behinderten«, in: Sozialpolitische Informationen v. 13.4.1970, S. 1; Gesetz zur Weiterentwicklung des Schwerbeschädigtenrechts v. 24.4.1974, BGBl. I 1974, S. 981.

184 | Vgl. StenBerBT, 6. WP, 64. Sitzung v. 16.9.1970, S. 3522D-3544B zu: Große Anfrage der Fraktion der CSU/CDU betr. Wiedereingliederung körperlich, geistig und seelisch Behinderter in Arbeit, Beruf und Gesellschaft, BTDrs VI/655 v. 21.4.1970; Antwort der Bundesregierung auf die Große Anfrage der Fraktion der CDU/CSU betr. Wiedereingliederung körperlich, geistig und seelisch Behinderter in Arbeit, Beruf und Gesellschaft, BTDrs VII/896 v. 2.6.1970.

185 | Vgl. BMA Abt. IIa3, Positionspapier zur Novellierung des SBG, Mitte November 1970, AdsD/DGB-Archiv DGB-Bundesvorstand Abt. Sozialpolitik 24/3736; S. Remecke: Gewerkschaften (2005), S. 225-226.

186 | Vgl. DGB-Bundesvorstand, Vorschläge des DGB zur Änderung des SBG i.d.F. v. 3.7.1961, Januar 1966, AdsD/DGB-Archiv DGB-Bundesvorstand Abt. Vorsitzender 5/DGAI000111; BAVAV, Ergebnisprotokoll der 18. Sitzung des Beratenden Ausschusses am 17./18.5.1966, Referat v. Wilhelm Musa: Vorschläge zur Änderung des SBG, 1.8.1966, BArch B 149 3268; Reichsbund e.V., Grundsätze für eine Novellie-

vehement die Priorisierung der Kriegsbeschädigten verteidigt hatte, vollzog um 1970 eine Wende. Da der Verband zu diesem Zeitpunkt Menschen mit Behinderungen unterschiedlicher Ursachen als Mitgliederreservoir entdeckte, wich er von der bisherigen Forderung ab, den Personenkreis des Schwerbeschädigtengesetzes klein zu halten. Zum Kreis der Befürworter gehörte aber zum Beispiel auch der Bundesrechnungshof, der sich Einsparungen erhoffte, wenn weniger Personen veranlasst waren, Gleichstellungsanträge zu stellen. Die Bundesanstalt für Arbeit betonte bereits seit der Mitte der 1960er Jahre die Notwendigkeit, das Schwerbeschädigtengesetz am Finalprinzip auszurichten. Allerdings hätte sie – wie auch der DGB – statt einer Reform des Schwerbeschädigtengesetzes die Verabschiedung eines umfassenden allgemeinen Rehabilitationsgesetzes bevorzugt.[187]

Als Gegnerin eines erweiterten Personenkreises tat sich 1970 wie schon in den vergangenen Jahrzehnten die BDA hervor, wich aber bis 1972 unter öffentlichem und politischem Druck von diesem Kurs ab.[188] Das Finalprinzip setzte sich durch und wurde 1974 gesetzlich verankert. Nicht nur Menschen mit Körperbehinderungen, sondern auch Menschen mit seelischen und geistigen Behinderungen wurden nun nach kontroversen Debatten in den Kreis der Berechtigten aufgenommen. Damit veränderten sich auch die Nomenklaturen. Aus Schwerbeschädigten wurden Schwerbehinderte. Infolge dieser Erweiterungen wuchs die Gruppe der anspruchsberechtigten Personen zwischen 1974 und 1978 von 430.000 auf 800.000.[189]

Das 1974 verabschiedete Schwerbehindertengesetz verpflichtete öffent-

---

rung des SBG, 21.11.1970, AdsD/DGB-Archiv DGB-Bundesvorstand Abt. Sozialpolitik 24/3962, DGB-Bundesvorstand Abt. Sozialpolitik, Sitzungsunterlagen für die Sitzung am 4./5.1.1971 an Mitglieder des Sozialpolitischen Ausschusses, 26.1.1971, AdsD/DGB-Archiv DGB-Bundesvorstand Abt. Sozialpolitik 24/3888; Hans Joachim Pruwer: »Arbeitsvermittlung Schwerbeschädigter im Wandel der Gesetzgebung«, in: Arbeit, Beruf und Arbeitslosenhilfe – Das Arbeitsamt 24 (1973), H. 1, S. 4-8, hier S. 7.

187 | Vgl. zu den Positionen des Reichsbunds 2. Bundeskongress für Behinderte des VdK am 7.6.1972, Referat v. Ludwig Hönle, BArch B 172 1834; zur Haltung von Bundesrechnungshof und BA für Arbeit vgl. BMA Abt. IIa3, Positionspapier zur Novellierung des SBG, Mitte November 1970, AdsD/DGB-Archiv DGB-Bundesvorstand Abt. Sozialpolitik 24/3736.

188 | Vgl. z.B. die Wortmeldungen der Arbeitgebervertreter auf der entsprechenden Sitzung des Beratenden Ausschusses der BA 1970, vgl. BA, Ergebnisprotokoll der 26. Sitzung des Beratenden Ausschusses bei der BA am 26./27.11.1970, Dezember 1970, BArch B 119 3270; BDA-Jahresbericht 1973, S. 92, Archiv der BDA; BMA Abt. IIa3, Positionspapier zur Novellierung des SBG, Mitte November 1970, AdsD/DGB-Archiv DGB-Bundesvorstand Abt. Sozialpolitik 24/3736.

189 | Vgl. Rolf. G. Heinze/Peter Runde: »Arbeitsmarkt- und sozialpolitische Maßnahmen zur beruflichen Integration Behinderter und betriebliche Strategien«, in: Runde, Peter/Heinze, Rolf B. (Hg.): Chancengleichheit für Behinderte. Sozialwissenschaftliche Analysen für die Praxis, Neuwied/Darmstadt 1979, S. 83-98, hier S. 85.

liche und private Arbeitgeber ab 16 Arbeitsplätzen zur Einstellung von sechs Prozent Schwerbehinderten und nahm damit Kleinbetriebe aus der Pflicht.[190] Die Ausgleichsabgabe wurde neu begründet. Schwerbehinderte zu beschäftigen, war nach dem Willen des Gesetzgebers nun der Beitrag, den die Arbeitgeberseite zur gesamtgesellschaftlichen Aufgabe der Rehabilitation zu leisten hatte. Tat sie das nicht, sollte sie die Rehabilitation eben finanziell fördern.[191] Weil die Arbeitgebervertretung darin erneut ein »Zwangsgesetz zur Finanzierung der Rehabilitation« sah, bemühte sich ein Vertreter des Bundesministeriums für Arbeit und Sozialordnung 1973 vorzurechnen, dass Bund, Länder und Sozialleistungsträger jährlich über fünf Milliarden DM in die Rehabilitation und die Hilfen für Behinderte investierten. Demgegenüber erwarte das Ministerium ein Aufkommen aus der Ausgleichsabgabe von nicht mehr als 100 Millionen DM. Es sei offensichtlich, dass sich der Staat keineswegs auf Kosten der Arbeitgeber eine neue Finanzquelle erschließe.[192] Eine diesbezügliche Ausgleichsabgabenverordnung von 1978, die den Vorrang der individuellen vor den institutionellen Hilfen bestätigte, hatte zur Folge, dass ein wesentlicher Teil der Ausgleichsmittel an Arbeitgeber zurückfloss, etwa in Form von Anlernzuschüssen oder technischen Arbeitsplatzgestaltungen.[193]

Je mehr Menschen aufgrund der expandierenden Rehabilitationsleistungen und des Schwerbeschädigtenrechts eine Tätigkeit aufnahmen, desto häufiger offenbarte sich eine neue Form der sozialrechtlichen Diskriminierung: Menschen, die in den sogenannten Werkstätten für Behinderte arbeiteten, und Jugendliche, die in Berufsbildungswerken ausgebildet wurden, waren bis 1975 weder gesetzlich kranken- noch rentenversichert.[194] Nur etwa

190 | § 5 Gesetz zur Weiterentwicklung des Schwerbeschädigtenrechts (SchwbG).

191 | Vgl. K. Jung: Weiterentwicklung (1974), S. 230.

192 | Das Zitat in BDA-Jahresbericht 1973, S. 92, Archiv der BDA; zur Gegenwehr des BMA vgl. K. Jung: Weiterentwicklung (1974), S. 230.

193 | Vgl. Hans-Günther Ritz: »Die Hauptfürsorgestellen in der Rehabilitationspolitik«, in: Runde, Peter/Heinze, Rolf B. (Hg.): Chancengleichheit für Behinderte. Sozialwissenschaftliche Analysen für die Praxis, Neuwied/Darmstadt 1979, S. 141-167, hier S. 158-159.

194 | Vgl. Bundesministerium für Bildung und Wissenschaft (BMBW), Geschäftsstelle des Bundesausschusses für Berufsbildung, Sitzung des Unterausschusses 2 Berufliche Fortbildung und Umschulung, berufliche Bildung Behinderter am 24.10.1973, Problemkatalog zu Grundsatzfragen der beruflichen Bildung, BArch B 138 8838; BMBW, Geschäftsstelle des Bundesausschusses für Berufsbildung, 17.10.1973 an Mitglieder des Unterausschusses 2, betr. 13. Sitzung des Unterausschusses 2 Berufliche Fortbildung und Umschulung, berufliche Bildung Behinderter am 24.10.1973 in BMBW Bonn, ebd.; Anne Meurer: »Die soziale Sicherung von Behinderten in Anstalten«, in: BArbl. 24 (1973), H. 2, S. 76-80, hier S. 80. Vgl. zu den Werkstätten für Behinderte Kapitel 3.2.

die Hälfte der Beschäftigten in Werkstätten für Behinderte verfügte über eine Familienversicherung in der gesetzlichen Krankenversicherung.[195]

Die Träger der gesetzlichen Kranken-, Renten- und Arbeitslosenversicherung fassten sie nicht als Arbeitnehmer gegen Entgelt auf. So bekundeten die Spitzenverbände der Krankenkassen, der Verband Deutscher Rentenversicherungsträger und die Bundesanstalt für Arbeit, im Januar 1969 ihre Auffassung, dass ein Beschäftigungsverhältnis im versicherungsrechtlichen Sinne bestehe, wenn Arbeiten von wirtschaftlichem Wert geleistet würden und das Bruttoentgelt mindestens die Hälfte des durchschnittlichen Ortslohns betrage.[196]

Zwar bot in konkreten Notlagen das Bundessozialhilfegesetz ein Auffangnetz; die Beschäftigten fühlten sich aufgrund der Arbeitsleistung, die sie erbrachten, aber berechtigt, in die gesetzliche Sozialversicherung einzutreten.[197] Sie forderten ebenso wie Eltern und Personensorgeberechtigte seit dem Ende der 1960er Jahre zumindest die Aufnahme in die gesetzliche Kranken- und Rentenversicherung. Auch die Träger der Werkstätten traten dafür ein. Wer nicht nur mit dem Ziel der Erwerbstätigkeit, sondern auch mit Förderung der Bundesanstalt für Arbeit in Werkstätten für Behinderte rehabilitiert werde, so Vertreter der Werkstattleitungen, müsse wohl als Arbeitnehmer gelten.[198]

Diese Forderung fand zunehmend Gehör in Politik und Ministerien, insbesondere seit Regierungsantritt der sozialliberalen Koalition. Mit deren Grundsatz der Chancengleichheit war die geübte Praxis nicht mehr zu vereinbaren.[199] Auch die Arbeitsministerkonferenz der Länder erklärte 1971, dass die in Werkstätten für Behinderte beschäftigten Personen der Versicherungspflicht der Kranken- und Rentenversicherung unterliegen sollten, wenn sie regelmäßig mehr als 20 Stunden pro Woche arbeiteten und monatlich einen bestimmten Bruchteil der Beitragsbemessungsgrenzen verdien-

---

195 | Vgl. Anne Meurer: »Neuordnung notwendig«, in: BArbl. 26 (1975), H. 3, S. 165-167, hier S. 165.

196 | Vgl. DeVg e.V., Ergebnisniederschrift über die Sitzung des Arbeitsausschusses Sozialgesetzgebung und Versicherungsschutz am 25.10.1971, 8.12.1971, mit Anlage: Besprechung der Spitzenverbände der Krankenkassen, des Verbands Deutscher Rentenversicherungsträger e.V. und der BA v. 22.-24.8.1971: Versicherungsrechtliche Beurteilung von Personen, die in Werkstätten für Behinderte beschäftigt werden, BArch B 172 1773; Max Wallerath: »Soziale Sicherheit der in Werkstätten für Behinderte Beschäftigten«, in: Die Rehabilitation 12 (1973), H. 2, S. 83-89, hier S. 87.

197 | Vgl. DeVg e.V., Ergebnisniederschrift über die Sitzung des Arbeitsausschusses Sozialgesetzgebung und Versicherungsschutz am 2.10.1968 in Hannover, BArch B 149 50898.

198 | Vgl. Karl-Heinz Junge: »Aus der Praxis der Werkstätten für Behinderte«, in: Jochheim, Kurt-Alphons/Moleski-Müller, Marlis/Siebrecht, Valentin (Hg.): Wege zur Chancengleichheit der Behinderten. Bericht über den 25. Kongress der DeVg e.V. in Bad Wiessee, 10.-12.10.1973, Heidelberg 1974, S. 211-216, hier S. 215.

199 | A. Meurer: Neuordnung (1975), S. 167.

ten. Sie forderten das Bundesministerium für Arbeit und Sozialordnung auf, einen entsprechenden Gesetzentwurf rasch vorzulegen.[200]

Das Ministerium begann zu prüfen, wie sich ein Versicherungsschutz begründen ließ.[201] Bei der gesetzlichen Krankenversicherung gelang dies leicht, der gesetzliche Schutz gegen Arbeitslosigkeit setzte jedoch die Fähigkeit voraus, eine angebotene Arbeitsstelle auf dem allgemeinen Arbeitsmarkt aufzunehmen. Dies ließ sich auf Beschäftigte in Werkstätten und Auszubildende in Berufsbildungswerken nicht oder nur zum Teil anwenden. Besonders problematisch war die Rentenversicherung. Wie war eine Versicherung gegen Erwerbsunfähigkeit zu begründen, wenn die Mehrheit der Betroffenen bereits als erwerbsunfähig eingestuft worden war? Das Bundesministerium experimentierte hier mit dem Verlust der Fähigkeit, in einer Werkstatt für Behinderte erwerbstätig zu sein. Auch aus der gesetzlichen Unfallversicherung war dieses Problem bekannt. Berufsgenossenschaften bewilligten bei Arbeitsunfällen und Berufskrankheiten von bereits als berufsunfähig eingestuften Beschäftigten zwar Sach- und Rehabilitationsleistungen, aber keine Renten – mit dem Argument, dass der Rentenfall bereits vor dem Unfall eingetreten sei, gleichgültig, ob die Personen Renten bezogen hatten oder nicht. Das Bundesministerium prüfte derlei Einwände, gelangte jedoch zu der Ansicht, dass erwerbstätigen Menschen mit schweren und schwersten Behinderungen der Sozialversicherungsschutz nicht prinzipiell versagt werden könne.[202]

Die Ergebnisse zweier ministerieller Forschungsaufträge gingen in diesen Findungsprozess ein. Das Institut für Sozialforschung und Gesellschaftspolitik e.V. hatte den Auftrag erhalten, sich mit der sozialen Sicherung von Personen mit körperlichen, geistigen und seelischen Behinderungen in Heimen zu befassen, während das Institut für Sozialrecht der Ruhr-Universität Bochum die arbeits- und sozialrechtliche Situation der Beschäftigen in Werkstätten für Behinderte untersuchte.[203] Den Bochumer Gutachtern gelang es, das als Voraussetzung der Sozialversicherungspflicht geforderte Beschäftigungsverhältnis bei allen Personen nachzuweisen, die nicht ausschließlich zu Therapiezwecken beschäftigt wurden, denn sie leisteten wirtschaftlich verwertbare Arbeit.[204] Auf der Grundlage dieser Studien er-

---

200 | Vgl. Bundesministerium für Arbeit und Sozialordnung (Hg.): Sozialbericht 1971. Bonn 1971, S. 12-13; DeVg e.V., Ergebnisniederschrift über die Sitzung des Arbeitsausschusses Sozialgesetzgebung und Versicherungsschutz am 25.10.1971, 8.12.1971, BArch B 172 1773.

201 | Vgl. BMA Abt. IIIa, Vermerk, 6.10.1969, BArch B 149 50898.

202 | Vgl. BMA, Ergebnisniederschrift über die konstituierende Sitzung der Arbeitsgruppe Werkstätten für Behinderte am 31.8.1971, 20.9.1071, BArch B 149 50898; Anne Meurer: »Stichtag 1. Juli«, in: BArbl. 26 (1975), H. 6, S. 335-339, hier S. 335.

203 | Eine Kurzfassung der Ergebnisse veröffentlichte für das BMA A. Meurer: Sicherung (1973), S. 76-80; Ruhr-Universität Bochum, Institut für Sozialrecht, Schreiben an BMA, 7.4.1971, BArch B 149 50898.

204 | Vgl. BMA Abt. IIa, Ergebnisniederschrift über das 2. bundesweite Koordinierungsgespräch am 28.5.1971, 15.6.1971, BArch B 149 50898.

arbeiteten hausinterne und intraministerielle Vorbereitungsrunden im Lauf des Jahres 1973 einen Vorentwurf als Grundlage des späteren Regierungsentwurfs. Auf die Empfehlungen des Bundesrats hin nahm der Bundestag eine modifizierte Fassung am 27. Februar 1975 als Gesetz über die Sozialversicherung Behinderter an.[205]

Dieses bezog 200.000 Menschen, die in Werkstätten für Behinderte und Blindenwerkstätten arbeiteten, sowie 25.000 Personen, die in den Werkstätten von Heimen oder in deren Hauswirtschaft beschäftigt waren, in die gesetzliche Renten- und Arbeitslosenversicherung ein.[206] In die gesetzliche Krankenversicherung konnten sie freiwillig eintreten. Der Versicherungsschutz galt dann auch für Vorerkrankungen und bestehende Behinderungen. Darüber hinaus integrierte das Gesetz Jugendliche, die in Berufsbildungswerken und anderen besonderen Ausbildungsstätten ausgebildet wurden oder in Heimen lebten und dort beschäftigt waren, in die Kranken-, Renten- und Arbeitslosenversicherung.

Einschneidend wirkte das Gesetz im Rentenversicherungsrecht, denn nun konnten Menschen mit angeborenen oder früh entstandenen Behinderungen, die bereits als erwerbsunfähig galten, nicht nur ein Altersruhegeld, sondern nach einer Beitragszeit von 20 Jahren auch Erwerbsunfähigkeitsrenten beziehen. Da die Rentenreform von 1972 die Möglichkeit des Nachentrichtens von Beiträgen geschaffen hatte, erwarben sich viele nun sofort diese Berechtigung.[207]

Wegen der meist geringen Einkommen des Berechtigtenkreises subventionierte die öffentliche Hand ihre Beiträge zur Renten- und Krankenversicherung. Außerdem waren die Kostenträger von berufsfördernden Maßnahmen verpflichtet, den Trägern der jeweiligen Einrichtungen die Beiträge zur Sozialversicherung zu erstatten. Ein Problem blieb ungelöst: Ständig pflegebedürftige, nicht oder noch nicht beschäftigte Personen warteten noch darauf, in die gesetzliche Sozialversicherung einbezogen zu werden.[208] Die große Gruppe der Menschen mit Behinderungen aber, die nicht auf dem

205 | Vgl. BMA Abt. IIIa, Vermerk, 30.6.1972, BArch B 149 50898; »Mehr soziale Sicherheit für Behinderte«, in: Sozialer Fortschritt 23 (1974), H. 5, S. 119-120; »Mehr soziale Sicherheit für Behinderte«, in: BArbl. 25 (1974), H. 2, S. 98; Gesetzentwurf der Bundesregierung über ein Gesetz über die Sozialversicherung Behinderter, BTDrs VII/1992 v. 16.4.1974; StenBerBT, 7. WP, 152. Sitzung v. 27.2.1975, S. 10589D. Der Bundesrat billigte das Gesetz ohne Änderungen.

206 | Gesetz über die Sozialversicherung Behinderter v. 7.5.1975, BGBl. I 1975, S. 1061. Vgl. »Sozialversicherung Behinderter«, in: BArbl. 26 (1975), H. 7/8, S. 411.

207 | Vgl. »Sozialversicherung für Behinderte«, in: Sozialer Fortschritt 24 (1975), H. 8, S. 188-189; Winfried Schmähl: »Sicherung bei Alter, Invalidität und für Hinterbliebene«, in: Bundesministerium für Arbeit und Sozialordnung/Bundesarchiv (Hg.): Geschichte der Sozialpolitik in Deutschland seit 1945. Bd. 5: 1966-1974 Bundesrepublik Deutschland. Eine Zeit vielfältigen Aufbruchs. Bandhg.: Hockerts, Hans Günter, Baden-Baden 2006, S. 407-482, hier S. 462.

208 | Vgl. A. Meurer: Stichtag (1975), S. 335.

regulären Arbeitsmarkt beschäftigt waren, konnte nun erstmals eigene Sozialversicherungsansprüche erwerben, anstatt ausschließlich auf die Sozialhilfe angewiesen zu sein.

An dieser Stelle steht ein Blick auf die problematischen Effekte des zerklüfteten Sozialleistungsrechts im gegliederten System an. Die Problematik divergierender Leistungen klang bereits an. Eine Zusammenschau der sozialrechtlichen Entwicklung zeigt, dass häufig, aber keineswegs immer die Einzelleistungen der Kriegsopferversorgung und der gesetzlichen Unfallversicherung großzügiger ausfielen als die Hilfen, die die übrigen Sozialleistungsträger erbrachten. Besonders weit wichen die Berechnungsmodi und die Höhen der Hilfen zum wirtschaftlichen Unterhalt während einer Rehabilitationsmaßnahme voneinander ab. Die Unterhaltsbeiträge der Kriegsbeschädigten etwa orientierten sich an der Höhe ihrer Renten und lagen deshalb in den 1960er Jahren oft unter den allgemeinen Fürsorgesätzen, da diese rascher an die gestiegenen Lebenshaltungskosten angeglichen wurden, als die Kriegsopferrenten erhöht wurden.[209] Die Unfallversicherung hingegen zahlte ihren Versicherten ein Unterhaltsgeld in der vollständigen Höhe ihrer ohnehin gut bemessenen Unfallrente. Trug die Rentenversicherung die Kosten, erhielten die Rehabilitandinnen und Rehabilitanden nur ein Übergangsgeld in Höhe von 50 bis 80 Prozent ihres Arbeitsentgelts in den letzten zwölf Beitragsmonaten.[210] Allerdings gewährten die Rentenversicherungsträger zwischen 1 und 2,50 DM Taschengeld pro Tag, während Kriegsbeschädigte und Sozialhilfeempfänger und -empfängerinnen um die Mitte der 1960er Jahre mit maximal 2 DM Taschengeld pro Tag rechnen konnten. Die Berufsgenossenschaften hingegen zahlten gar kein Taschengeld. Völlig uneinheitlich war auch geregelt, ob die Rehabilitationsträger für Familienheimfahrten aufkamen. Da aber Personen mit unterschiedlichen Kostenträgern oft gleichzeitig an denselben Angeboten teilnahmen, führten diese Leistungsunterschiede zu sozialen Konflikten in den Rehabilitationseinrichtungen.[211] Die Sozialversicherungsträger beharrten ungeachtet der Binnenunterschiede bei ihren jeweiligen Leistungen jedoch darauf, dass derjenige, der nach dem Grundsatz der Eigenverantwortlichkeit eine Vorleistung zur Sozialversicherung erbracht hatte, mehr zu erwarten haben sollte als jemand, der nicht vorgeleistet hatte, wie es in der Sozialhilfe und

---

209 | Vgl. Bayer. Hauptfürsorgestelle, Schreiben an bayer. Staatsministerium des Innern, 18.2.1960, BArch B 106 10681; BMI Abt. V7, Schreiben an bayer. Staatsministerium des Innern, 4.4.1960, ebd.

210 | Vgl. DV e.V., Bericht über die Sitzung des ständigen Ausschusses für gemeinsame Fragen der Fürsorge und der Arbeitsverwaltung am 1.3.1961 in München, BArch B 106 10774.

211 | Vgl. Präsident des LAA Südbayern, 7.4.1966, Schreiben an Präsidenten der BAVAV, 7.4.1966, StAM LAA Südbayern 5122; Th. Scharmann: Eingliederung (1957), S. 632.

in der Kriegsopferversorgung der Fall war. Ungleichheiten, so wurde argumentiert, lägen somit im System.[212]

Zu den Leistungsunterschieden kam ein weiteres typisches Phänomen: Die Vielzahl von Akteuren, divergierenden Sozialleistungsgesetzen und Zuständigkeiten ließ ein unübersichtliches System entstehen, das zudem von heftigen Kompetenzstreitigkeiten geprägt war.[213] Die Befürworter dieses Systems pochten auf die (Finanz-)Autonomie seiner Träger und die Flexibilität der Selbstverwaltung.[214] Kritiker hingegen verwiesen auf ein »Dickicht an Zuständigkeits- und Koordinationsfragen«, die Unübersichtlichkeit divergierender Rechtsvorschriften und komplizierte Verwaltungsverfahren.[215]

Zur Sprachregelung der 1960er und 1970er Jahre gehörte das Bild von Behörden, die sich in Kompetenzstreitigkeiten verloren, während hilflose Menschen von Stelle zu Stelle irrten.[216] Bereits 1959 beschrieb der Direktor

---

212 | Vgl. BMA Abt. IIa2, Niederschrift über die 6. Arbeitstagung des Deutschen Ausschusses für die Eingliederung Behinderter in Arbeit, Beruf und Gesellschaft am 29.2./1.3.1968 in Bonn, Referat v. Manfred Hofrichter: Zwischenbericht über die Tätigkeit des Unterausschusses Koordinierung der Rehabilitationsmaßnahmen, 10.4.1968, BArch B 172 2832.

213 | Vgl. H.-W. Schmuhl: Arbeitsmarktpolitik (2003), S. 485.

214 | Vgl. 2. Bundeskongress für Behinderte des VdK am 7.6.1972, Referat v. Hubertus Stroebel: Probleme der praktischen Rehabilitationsarbeit, BArch B 172 1834; Werner Gemsjäger: »Zusammenarbeit und Koordination auf dem Gebiet der beruflichen Rehabilitation«, in: Jochheim, Kurt-Alphons/Moleski-Müller, Marlis/Siebrecht, Valentin (Hg.): Wege zur Chancengleichheit der Behinderten. Bericht über den 25. Kongress der DeVg e.V. in Bad Wiessee, 10.-12.10.1973, Heidelberg 1974, S. 239-244, hier S. 240; H. E. Liebig: Rehabilitation (1967), S. 20; E. Kalle: »The Advantage of the Planning of Rehabilitation Services by Voluntary Non-Profit Agencies«, in: Dikke, Werner/Jochheim, Kurt-Alphons/Müller, Marlis/Thom, Harald (Hg. im Auftrag der ISRD): Industrial Society and Rehabilitation – Problems and Solutions. ISRD-Proceedings of the Tenth World Congress Wiesbaden 11.-17.9.1966, Heidelberg 1967, S. 239-240, hier S. 239.

215 | Zitat in W. Seyd: Berufsförderungswerke (1979), S. 172; außerdem DeVg e.V., Schreiben an BMI, Abdruck der Referate der Arbeitstagung der DeVg am 24.5.1956 in Bad Kreuznach, Referat v. Josef Strahlau: Der Beitrag der Gemeinden in der Körperbehindertenfürsorge, BArch B 106 10810; Th. Scharmann: Eingliederung (1957), S. 637; D. Schewe: Unterschiede (1959), S. 416-417; L. Herbig: Rehabilitation (1965/66), S. 70; H. Achinger/W. Bogs/H. Meinhold/L. Neundörfer: u.a.: Sozialenquête (1966), S. 297; Präsident des LAA Südbayern, Schreiben an Präsidenten der BAVAV, 7.4.1966, StAM LAA Südbayern 5122; Paul Hülsmann: »Eingliederung schwerbehinderter Jugendlicher. Fälle und Probleme der Berufsberatung?«, in: Arbeit, Beruf und Arbeitslosenhilfe – Das Arbeitsamt 20 (1969), H. 12, S. 359-361, hier S. 359.

216 | Vgl. z.B. C. Dierkes: Möglichkeiten (1960), S. 779; K. Jung: Weiterentwicklung (1974), S. 226; W. Gemsjäger: Zusammenarbeit (1974), S. 240; Rolf Berger: »Die Auskunfts- und Beratungsstellen für Rehabilitation«, in: Jochheim, Kurt-Alphons/Moleski-Müller, Marlis/Siebrecht, Valentin (Hg.): Wege zur Chancengleich-

einer hessischen orthopädischen Landesklinik die Probleme in der medizinischen Rehabilitation mit den Worten:

»Wenn Sie in einer Klinik arbeiten, so kann es Ihnen passieren, dass ein schwerkörperbehinderter Mensch im Lauf seiner Behandlung – und das gilt besonders für die Patienten mit Querschnittslähmungen – eine Unzahl von Kostenträgern hat. Ich übertreibe nicht, wenn ich sage, es sind oft vier bis fünf, wenn nicht mehr. Mehrere Kostenträger sind immer schlechter als nur einer, manchmal noch schlechter als gar keiner und zwar deswegen, weil diese Kostenträger sich bis aufs Blut streiten, wem sie ›den schwarzen Peter‹ zuspielen wollen. [...] Es kostet ungeheuer viel Arbeit, diesen Wirrwarr auseinander zu bringen. [...] Am Schluss ist gar kein Kostenträger mehr da [...]. Leider sehe ich in der Praxis die schmerzliche Tatsache, dass die Behandlung von vielen Patienten sich verzögert und verzettelt und hin und her geschoben wird.«[217]

In der beruflichen Rehabilitation sah es nicht anders aus. 1963 schlug ein Vertreter der Bundesanstalt, Manfred Hofrichter, deutliche Töne an: Eine Mark könne immer nur einmal ausgegeben werden, und wenn eine Person mithilfe eines finanziellen Aufwands rehabilitiert werde, sei es in der volkswirtschaftlichen Gesamtrechnung doch gleichgültig, wer diese Mark ausgebe.[218] Der Leiter des Berufsbildungswerks Husum forderte die Sozialleistungsträger 1973 auf, sich vor Ort umzusehen: »Es ist jedem, der sich an der Peripherie der Rehabilitation mit Kosten und Zuweisungsfragen zu befassen hat, dringend zu empfehlen, einmal über längere Zeit in einer solchen Einrichtung wie der unseren zu arbeiten, um zu erfahren, was Rehabilitation an der Front bedeutet.«[219]

Dieser Kritik konnten sich auch die Bundesministerien seit den 1960er Jahren nicht mehr verschließen. Mit Sozialträgern und Klientelverbänden debattierten Ministerialbeamte und Behördenvertreter, was zu tun sei. Relativ früh entstand der Konsens, dass eine Angleichung der Leistungen grundsätzlich wünschenswert sei. Dies konnte durch die Modifikation der Einzelgesetze, ein Angleichungsgesetz oder aber mittels eines eigenen Rehabilitationsgesetzes geschehen, das alle bisherigen Einzelregelungen integrierte.

heit der Behinderten. Bericht über den 25. Kongress der DeVg e.V. in Bad Wiessee, 10.-12.10.1973, Heidelberg 1974, S. 246.

217 | VdK e.V., Bericht über die 1. Bundeskonferenz für die Querschnittsgelähmten am 29.9.1959 in Bad Homburg, Referat v. Cornelius Volk, 20.1.1960, BArch B 142 553.

218 | DV e.V., Ständiger Ausschuss für gemeinsame Fragen der Fürsorge und der Arbeitsverwaltung, Protokoll der Sitzung am 30.5.1963 in Heidelberg und am 31.5.1963 in München, BArch B 106 10774.

219 | BAR, Ergebnisniederschrift über die 3. Sitzung des Ausschusses für Aus- und Fortbildung von Fachkräften am 19.6.1973 mit Besichtigung des BBW Husum, Referat v. J. Hofmann: Allgemeine Probleme des Rehabilitationspersonals im Berufsbildungswerk, BArch B 172 1772.

Vor allem nicht staatliche Akteure wie Reichsbund, DGB und Deutscher Verein für öffentliche und private Fürsorge favorisierten die letztgenannte Großlösung. Auch einige Länderministerien für Arbeit zeigten sich offen.[220] Der Bundestag beschloss 1964 auf Antrag des Bundestagsausschusses für Kriegsopfer- und Heimkehrerfragen die Bundesregierung zu ersuchen, ein solches Rehabilitationsgesetz zu entwerfen. Nach dem Ende der Legislaturperiode und dem Wechsel zur Großen Koalition 1965 verfolgten aber weder Regierung noch Parlament dieses Projekt weiter.[221]

Damit fiel die politische Entscheidung gegen ein Rehabilitationsrahmengesetz und für kleine Verbesserungslösungen, obwohl das Bundesarbeitsministerium noch 1970 den Eindruck zu erwecken versuchte, die Entscheidung sei grundsätzlich noch offen.[222] Statt das System umzubauen, setzten sowohl die Große Koalition als auch die sozialliberale Regierung auf Modifizierungen, die seine Funktionsfähigkeit verbessern und es somit erhalten sollten. Im Aktionsprogramm der Bundesregierung zur Förderung der Rehabilitation der Behinderten vom April 1970 verkündete die Bundesregierung ihre Absicht, die Leistungen anzugleichen und das Miteinander der Sozialleistungsträger durch gesetzgeberische Maßnahmen zu koordinieren. Die wesentlichen Impulse gingen von der Referatsebene des Bundesministeriums für Arbeit und Sozialordnung und den außerparlamentarisch organisierten Interessen aus.[223] Angesichts der verkündeten Reform der Rehabilitation war es nicht mehr tragbar, dass institutionelle und rechtliche Verzweigungen zulasten der Menschen mit Behinderungen gingen. Beharrlich geißelte Bundesarbeitsminister Arendt Koordinierung und Leistungsungleichheiten als »Kernproblem der Rehabilitation«.[224]

Einen äußeren Anlass gaben Proteste von Rehabilitanden und Rehabilitandinnen der Berufsförderungswerke. Sie kritisierten, dass das Arbeitsförderungsgesetz 1969 das Unterhaltsgeld für Rehabilitationsmaßnahmen der Bundesanstalt für Arbeit dynamisiert und damit die Leistungsunterschiede

---

220 | Vgl. DV e.V., Bericht über die Sitzung des Ständigen Ausschusses für gemeinsame Fragen der Fürsorge und der Arbeitsverwaltung am 25.5.1961 in Meschede, BArch B 106 10774; DV e.V., Bericht über die Sitzung des Ständigen Ausschusses für gemeinsame Fragen der Fürsorge und der Arbeitsverwaltung am 7.12.1961 in Köln, ebd.; DV e.V., Bericht über die Sitzung des Ständigen Ausschusses für gemeinsame Fragen der Fürsorge und der Arbeitsverwaltung am 11.10.1962, Referat v. Eugen Glombig: Berufliche Rehabilitation – international gesehen, ebd.; »Probleme und Aufgaben der Rehabilitation«, in: NDV 45 (1965), H. 8, S. 254; Bayer. Staatsministerium für Arbeit und soziale Fürsorge, Niederschrift über die 32. Konferenz der Arbeitsminister der Länder am 20./21.2.1961 in Bad Wiessee, BArch B 149 6457.

221 | Vgl. Antrag des Ausschusses für Kriegsopfer und Heimkehrerfragen, BT-Drs IV/1831 v. 16.1.1964; StenBerBT, 4. WP, 107. Sitzung v. 22.1.1964, S. 4980A.

222 | Vgl. BA, Ergebnisprotokoll der 26. Sitzung des Beratenden Ausschusses am 26./27.11.1970, BArch B 119 3270.

223 | Vgl. W. Rudloff: Rehabilitation, Bd. 5 (2006), S. 575.

224 | Beispielsweise in W. Arendt: Unfall (1972), S. 161.

zwischen den einzelnen Kostenträgern noch verstärkt hatte. Das Bundesministerium für Arbeit und Sozialordnung strengte einen intensiven Vorbereitungsprozess an, in den die Sozialleistungsträger und Sozialpartner, die Rehabilitationsträger, Länder und die Interessenvertretungen der Experten und der Klientel eng eingebunden wurden.[225] Im Mai 1974 reiste der federführende parlamentarische Ausschuss für Arbeit und Sozialordnung zudem ins Berufsförderungswerk Heidelberg, um den Regierungsentwurf mit Vertretern der Rehabilitanden zu diskutieren – ein Novum in der Gesetzgebungsgeschichte der Rehabilitation.[226] Ergebnis dieses Gesetzgebungsprozesses war das Rehabilitationsangleichungsgesetz, das am 1. Oktober 1974 in Kraft trat.[227]

Da von Beginn an feststand, dass kein Rehabilitationsrahmengesetz entstehen und die korporative Selbstverwaltung im gegliederten System nicht angetastet würde, ließ sich relativ rasch ein Konsens darüber herstellen, wie die bisherigen negativen Auswirkungen des Systems beseitigt werden sollten. So verabschiedete der Bundestag letztlich ein Gesetz, dass am Finalprinzip orientiert war, ohne die kausale Zuordnung des Personenkreises an die jeweiligen Sozialleistungsträger aufzuheben. Das Rehabilitationsangleichungsgesetz harmonisierte die Leistungen der Träger und klärte Zuständigkeitsprobleme. Es vereinheitlichte Verfahrensweisen und fixierte einen einheitlichen Leistungsrahmen. Der bisher nur in der Rentenversicherung kodifizierte, aber in allen anderen Rehabilitationszweigen längst vorausgesetzte Grundsatz »Rehabilitation vor Rente« wurde Bestandteil des allgemeinen Rehabilitationsrechts.[228]

Im Gegensatz zu den ursprünglichen Harmonisierungszielen gelang es sogar, das staatliche Versorgungswesen und die Krankenversicherung, die nun erstmals einen Rehabilitationsauftrag erhielt, zu integrieren.[229] Lediglich die Leistungen der Sozialhilfe wurden wegen des Widerstands der

---

225 | Vgl. BAR, Protokoll über die Mitgliederversammlung am 19.11.1971, BArch B 172 1771; »Angleichung medizinischer und beruflicher Leistungen der Rehabilitation wird vorbereitet«, in: BArbl. 22 (1971), H. 3, S. 187; K. Jung: Gesetz, S. 443.

226 | Vgl. Karl Jung: »Das Gesetz über die Angleichung der Leistungen zur Rehabilitation,« in: BArbl. 25 (1974), H. 8/9, S. 441-445, hier S. 443.

227 | Gesetz über die Angleichung der Leistungen zur Rehabilitation v. 7.8.1974, BGBl. I 1974, S. 1881; K. Jung: Gesetz (1974), S. 441; »Gesetz über die Angleichung der Leistungen zur Rehabilitation v. 7.8.1974«, in: BArbl. 26 (1975), H. 8/9, S. 493-509.

228 | § 7 RehaAnglG; Felix Welti: Behinderung und Rehabilitation im sozialen Rechtsstaat. Freiheit, Gleichheit und Teilhabe behinderter Menschen, Tübingen 2005, S. 171.

229 | Vgl. § 2 Abs. 1 RehaAnglG; »Gesetzentwurf zur Angleichung der Rehabilitationsleistungen vom Kabinett verabschiedet«, in: BArbl. 23 (1972), H. 6, S. 391-392, hier S. 391; »Bessere Chancen«, in: BArbl. 26 (1975), H. 1, S. 5-6, hier S. 6; Dietrich v. Leszcynski: »Eingliederung der Behinderten wird erleichtert. Rehabilitationsangleichungsgesetz verabschiedet«, in: Sozialer Fortschritt 23 (1974), H. 10, S. 228-231, hier S. 231.

Sozialleistungsträger nicht angeglichen.[230] Dennoch stellte das Rehabilitationsangleichungsgesetz einen namhaften Teil der Menschen mit Behinderungen unterschiedlicher Ursache sozialrechtlich gleich und leitete die stärkere Koordinierung der Leistungs- und Kostenträger untereinander ein.

Das Bundesministerium für Arbeit und Sozialordnung feierte das Gesetz naturgemäß als »Meilenstein auf dem Wege zur Chancengleichheit für die Behinderten«.[231] Doch hatte es auch Schwächen. Es hatte zwar beispielsweise eine einheitliche Bezeichnung für die zuvor so konfliktträchtigen Unterhaltsleistungen während der Rehabilitation eingeführt – das sogenannte Übergangsgeld –, doch durften die Träger weiter divergierende Leistungsbemessungsgrenzen ansetzen und deshalb unterschiedlich hohe Bezüge gewähren.[232] Insofern hatte die an der Behinderungsursache orientierte Zuteilung zu einem Träger noch immer qualitative und quantitative Unterschiede bei den Leistungen zur Folge. Dem Finalprinzip widersprach in systematischer Hinsicht auch, dass die Hilfen der Sozialhilfe weiterhin auf dem Nachrang- und Fürsorgeprinzip, die Leistungen der Sozialversicherung auf dem Versicherungsprinzip und die Versorgungsleistungen auf dem Aufopferungs- bzw. Entschädigungstatbestand basierten.

Das Koordinierungsproblem wurde hingegen überhaupt nicht auf gesetzgeberischem Weg bearbeitet. Auch hier setzten die Lösungsversuche eher an den Symptomen als an der Ursache an. Mit hohem Zeit- und Energieaufwand befassten sich die Akteure mit Fragen der Anpassung und Effizienzsteigerung, um das Problem im Sinne einer Sozialpolitik zweiter Ordnung zu bewältigen.[233] Unter Koordinierung verstanden sie Bemühungen, Vorhaben und Maßnahmen gegenseitig abzustimmen, um Konflikte zu vermeiden und Ressourcen möglichst wirksam einzusetzen. Das System sollte überschaubarer werden.

Initiativen hingegen, die auf den Gesamtumbau des Systems abzielten, waren zum Scheitern verurteilt, so beispielsweise das als Rothenfelser

---

230 | Vgl. BMJFG Abt. S6, Niederschrift über die 2. Sitzung des gemeinsamen Arbeitsausschusses von BMA und BMJFG am 2.2.1971, 23.3.1971, BArch B 189 9453; BA, Protokoll der 29. Sitzung des beratenden Ausschusses am 21./22.6.1971, 30.7.1971, BArch B 119 3270; DV e.V., Bericht über die Sitzung des Fachausschusses VIII Hilfen für Behinderte am 24.10.1973, BArch B 189 29074; K. Jung: Weiterentwicklung (1974), S. 232; DeVg e.V., Arbeitsausschuss Sozialgesetzgebung und Versicherungsschutz: Ergebnisniederschrift der Sitzung des Arbeitsausschusses am 5.2.1974, 20.2.1974, BArch B 172 1773.

231 | Vgl. K. Jung: Weiterentwicklung (1974), S. 226.

232 | §§ 10, 11 RehaAnglG.

233 | Vgl. W. Rudloff: Überlegungen (2003), S. 878; H. G. Hockerts/W. Süß: Gesamtbetrachtung (2006), S. 956. Zum Begriff der Sozialpolitik zweiter Ordnung Franz-Xaver Kaufmann: »Der Sozialstaat als Prozess – für eine Sozialpolitik zweiter Ordnung«, in: Ruland, Franz/Maydell, Bernd Baron v./Papier, Hans-Jürgen (Hg.): Verfassung, Theorie und Praxis des Sozialstaats. Festschrift für Hans F. Zacher zum 70. Geburtstag, Heidelberg 1998, S. 307-322, S. 322.

Denkschrift bekannt gewordene zentrale Dokument der Sozialreform von Hans Achinger, Hans Muthesius, Joseph Höffner und Ludwig Neundörfer. Sie kritisierten bereits 1955 das zergliederte Leistungs- und Organisationsgefüge der Rehabilitation und griffen mit ihrem Vorschlag, die gesamte medizinische Rehabilitation den Krankenkassen zu übertragen, tief in die Kompetenzverteilungen des gegliederten Systems ein.[234] Ebenso scheiterte 1960 der Versuch des Bundestagsausschusses für Kriegsopfer- und Heimkehrerfragen, eine Bundesanstalt für Rehabilitation zu gründen, die als Selbstverwaltungskörperschaft das Zusammenwirken der Träger sicherstellen sollte.[235]

Hans Achinger und Ludwig Neundörfer wagten 1966 in ihrem Bericht zur Sozialenquête »Soziale Sicherung in der Bundesrepublik Deutschland« einen erneuten Vorstoß: Entweder sei ein bereits bestehender Träger mit allen Rehabilitationsaufgaben zu beauftragen, oder ein neuer Gesamtträger, »die konsequenteste aller Lösungen«, werde gegründet.[236] Mit diesen Empfehlungen fachte die Sozialenquêtekommission die schwelende Diskussion um das Gesamtsystem der Behindertenpolitik neu an. CDU-Bundesarbeitsminister Hans Katzer reagierte mit einem Gegenvorschlag. Er plante, eine Rehabilitations-GmbH zu bilden, die als alleinige Kostenträgerin der Rehabilitationsinfrastruktur den Bau und die Ausstattung von Einrichtungen fördern und koordinieren sollte, ohne dabei in die Arbeit der gesetzlichen Träger der Rehabilitation einzugreifen.[237] Die Rehabilitations-GmbH war ein persönliches Projekt Katzers und seines Staatssekretärs Ludwig Kattenstroth, von dem sie sich – angesichts der vehementen Gegenwehr anderer Bundesministerien, Rehabilitationsleistungsträger und Interessenverbände – ungern trennten.[238] Insbesondere die Sozialleistungsträger, allen voran der Verband Deutscher Rentenversicherungsträger und der Hauptverband der gewerblichen Berufsgenossenschaften, wehrten sich über die Jahre hinweg erfolgreich gegen einen gesetzlichen oder institutionellen Umbau des Systems.[239]

234 | Vgl. H. Achinger/J. Höffner/H. Muthesius/L. Neundörfer: Neuordnung (1955), S. 79.

235 | Vgl. StenBerBT, 3. WP, 114. Sitzung v. 18.5.1960, S. 6492C-6505C; W. Rudloff: Überlegungen (2003), S. 866.

236 | Vgl. H. Achinger/W. Bogs/H. Meinhold/L. Neundörfer u.a.: Sozialenquête (1966), S. 298-301; W. Rudloff: Rehabilitation, Bd. 4 (2006), S. 472.

237 | BMA, Bericht über die beabsichtigten Maßnahmen zur verstärkten Förderung der Errichtung und des Ausbaus von Rehabilitationseinrichtungen, erstattet gemäß Beschluss des Ausschusses für Sozialpolitik anlässlich der Beratung des Haushaltsansatzes für das Rechnungsjahr 1967 in der Sitzung v. 25.1.1967, 20.12.1967, BArch B 189 5948; BT, 5. WP, 18. Ausschuss, Stenografisches Protokoll der 83. Sitzung des 18. Ausschusses für Sozialpolitik am 31.10.1968, Bericht v. Ludwig Kattenstroth, ebd.

238 | Vgl. BMI Abt. S6, Niederschrift über die Sitzung im BMA v. 15.11.1967, 24.11.1967, BArch B 189 9458.

239 | Vgl. die Argumente zusammenfassend BMA Abt. IIa8, Niederschrift über

So blieb es bei der Symptombehandlung. Doch auch hier waren Misserfolge zu verzeichnen. In den 1960er Jahren scheiterte ein entsprechendes Projekt, der sogenannte Deutsche Ausschuss für die Eingliederung Behinderter in Arbeit, Beruf und Gesellschaft. Er war Mai 1960 nach sechsjähriger Vorbereitungszeit unter anderem auf Anregung der International Labour Organisation gegründet worden. Die Gründungsgeschichte des Deutschen Ausschusses füllt Archivmeter, die in eklatantem Gegensatz zu seiner Wirkung stehen. Er sollte als ein bei der Bundesregierung angesiedeltes Koordinierungsgremium die Nachteile des Systems beseitigen, ohne dies zu verändern und die Autonomie der Sozialleistungsträger einzuengen.[240] Der Ausschuss sollte die Rehabilitationsmaßnahmen verschiedener Träger koordinieren und sich insbesondere der Einrichtung überregionaler Rehabilitationszentren annehmen, »die Grundsätze eines modernen Rehabilitationsprogramms für die Eingliederung und Wiedereingliederung behinderter Personen in das Arbeits- und Sozialleben entwickeln und im Rahmen der bestehenden Gesetzgebung die Arbeit der verschiedenen Trä-

die 2. Arbeitstagung des Deutschen Ausschusses für die Eingliederung Behinderter in Arbeit, Beruf und Gesellschaft am 13./14.6.1961, 15.9.1961, BArch B 172 1913.

240 | Vgl. BMI Abt. V, Schreiben an BMA, 5.3.1960, BArch B 142 1833; »Rehabilitation und berufliche Wiedereingliederung. Tagung der Westeuropäischen Union und des Europarats – Bildung eines Deutschen Ausschusses«, in: Bulletin des Presse- und Informationsamts der Bundesregierung v. 9.6.1960, S. 1044; »Gründung eines Deutschen Ausschusses für die Eingliederung Behinderter in Arbeit, Beruf und Gesellschaft«, in: BArbl. 11 (1960), H. 22, S. 715. Zur europäischen Koordinierungsinitiative: Conseil de l'Europe, Comité mixte pour la réadaption et le réemploi des invalides. Accord partiel, 4ème Session, 6.11.1961: Coordination des services de réadaption, Note introductive de la délégation française, BArch B 149 6439; BMA Abt. IIa8, Stellungnahme der deutschen Delegation zu der Einführungsnote der französischen Delegation über die Koordinierung der Rehabilitationsdienste im Gemeinsamen Ausschuss des Europarats für die Eingliederung und die Wiedereingliederung der Behinderten, ebd.; ILO, Recommendation 99: Recommendation Concerning Vocational Rehabilitation of the Disabled, adopted by the Conference at its 38th Session, 22.6.1955, BArch B 149 6433; R. Schaudienst: Rehabilitationsgedanke (1964), S. 160; DV e.V., Empfehlungen zur Ausgestaltung des beruflichen Rehabilitationsprogramms für behinderte Personen, 1954, BArch B 172 1913; DV e.V., Niederschrift über die Sachverständigenkonferenz für soziale Hilfsmaßnahmen zur Erhaltung, Entwicklung oder Wiederherstellung der Arbeitsfähigkeit behinderter Personen am 12./13.11.1954, BArch B 106 10774; DV e.V., Niederschrift über die Sitzung des Fünferausschusses am 25.8.1954 in Frankfurt a.M., BArch B 106 10829; BMA Abt. IIb7, Schreiben an DV e.V., 2.9.1954, ebd.; BMA Abt. IIb7, Vermerk über die Sitzung am 22.9.1954 im BMA, ebd.; BMI Abt. Vb3, Vermerk, 11.11.1954, ebd.; BMA Abt. IIb7, Vermerk, 2.2.1956, BArch B 149 1541; BMA Abt. IIa8, Niederschrift über die konstituierende Sitzung des Deutschen Ausschusses für die Eingliederung Behinderter in Arbeit, Beruf und Gesellschaft am 27.5.1960 in Berlin, 18.7.1960, BArch B 142 1833.

ger von Rehabilitationsmaßnahmen und ihrer Einrichtungen bei Wahrung ihrer Selbstständigkeit koordinieren«.[241]

Zudem sollte das Gremium, das mit Vertretern von Sozialleistungsträgern, Sozial- und Arbeitsverwaltung, Bundesregierung und Experten besetzt war, Grundsätze für die Umsetzung der Rehabilitationsparadigmen formulieren, Forschungen auf dem Gebiet der Rehabilitation abstimmen und den internationalen Erfahrungsaustausch fördern.[242] Dem ehrgeizigen Programm und dem Enthusiasmus von Bundesministerien, Sozialpartnern, Experten- und Klientelverbänden stand bereits im Gründungsprozess die vehemente Gegenwehr der Träger der gesetzlichen Sozialversicherung gegenüber.[243] Diese stellten beispielsweise exklusive Forderungen an den Teilnehmerkreis und seine Paritäten. Zudem lehnte es insbesondere der Verband Deutscher Rentenversicherungsträger ab, dass der Ausschuss Empfehlungen erarbeiten sollte, und wollte maximal gutachterliche Äußerungen akzeptieren. Der Hauptverband der gewerblichen Berufsgenossenschaften wiederum befürchtete, eine bevormundende Dachorganisation übergestülpt zu bekommen. Würde der Ausschuss möglicherweise in die Selbstverwaltungsorgane der Sozialversicherung eingreifen? Konnten sich die Bundesministerien seiner bemächtigen?[244] Als »Herrschaft der Verbände« kritisierte hingegen der Ministerialbeamte im Bundesministerium für Arbeit, Theodor Scharmann, dieses Gebaren, das nur einmal mehr ein Grundproblem der Rehabilitation im gegliederten System aufzeige.[245]

In den Jahren seines Bestehens pflegte der Deutsche Ausschuss infolgedessen einen regen Fachaustausch, kam seinem Koordinierungsauftrag jedoch nicht nach. Das Bundesarbeitsministerium ließ ihn ab 1968 sanft »einschlafen«.[246] Die meisten nach seinem Vorbild auf Landesebene gegründeten Ausschüsse ereilte ein ähnliches Schicksal.[247] Während alle institu-

---

241 | BMA Abt. IIb7, Schreiben an BMI, 1.8.1956, BArch B 142 1833.

242 | Vgl. BMI Abt. IIb7, Vermerk über die Besprechung am 3.12.1954 im BMA über die Errichtung eines Ausschuss für Fragen der Rehabilitation behinderter Personen auf Bundesebene, 12.2.1955, BArch B 142 1833; BMI Abt. Ib3, Schreiben an Abt. Vb3, 21.6.1955, ebd.

243 | Vgl. BMI Abt. Va, Schreiben an Abt. IV3, IV 5, VB 3, 24.8.1956, BArch B142 1833; BMI, Vermerk über die Ressortbesprechungen über die Errichtung eines Deutschen Ausschusses für die Rehabilitation Behinderter am 12.9.1956 im BMA, 12.9.1956, BArch B 142 1833; BMI Abt. V, Vermerk, 24.3.1959, BArch B 142 1833.

244 | Vgl. BMA Abt. IIb7, Sprechzettel für die Besprechung mit dem BMI [o.Dat., 1957], BArch B 149 1541; BMA Abt. IIb7, Besprechung mit den Trägern der Sozialversicherung, der BAVAV, den Organisationen der öffentlichen und privaten Fürsorge am 26.6.1956 zur Vorbereitung der Errichtung eines Deutschen Ausschusses für die Rehabilitation behinderter Personen, 18.7.1956, BArch B 149 1541.

245 | BMA, Theodor Scharmann, Schreiben an BMI, 10.8.1957, BArch B 149 6457.

246 | W. Rudloff: Rehabilitation, Bd. 5 (2006), S. 566.

247 | Vgl. zur diesen Gründungen und ihren geringen Effekten z.B. Präsident der BAVAV, Schreiben an BMA, 16.11.1957, BArch B 149 6458; Bayer. Staatsministe-

tionellen und gesetzgeberischen Lösungsansätze, die von Ministerien oder Parlamenten ausgingen, an den Sozialleistungspartnern scheiterten, glückte eine Koordinierungsinitiative der Sozialpartner. BDA und DGB hatten 1968 Vertreter der Spitzenverbände der Sozialversicherungsträger und der Bundesanstalt für Arbeitsvermittlung und Arbeitslosenversicherung in Bonn zusammengerufen, um über eine Arbeitsgemeinschaft auf freiwilliger Basis zu verhandeln. Bereits am 6. Februar 1969 trat die Gründungsversammlung der Bundesarbeitsgemeinschaft für Rehabilitation zusammen.[248]

In diesem neuen Gremium fanden zunächst unter dem Vorsitz von DGB und BDA die Träger der Renten- und Unfallversicherung sowie die Bundesanstalt für Arbeit zusammen. Im Lauf der Jahre folgten Vertreter des öffentlichen Versorgungswesens, der Sozialhilfe und nach 1974 auch der Krankenkassen. Gute Kontakte pflegte die Bundesarbeitsgemeinschaft zu Expertenvereinigungen wie der DeVg, zu Interessenverbänden von Menschen mit Behinderungen wie Reichsbund, VdK und Bundesarbeitsgemeinschaft Hilfe für Behinderte sowie zu den Verbänden der freien Wohlfahrtspflege.[249]

Das Gebilde sollte die Maßnahmen der medizinischen, beruflichen und sozialen Rehabilitation koordinieren und insgesamt das Rehabilitationsgeschehen fördern, ohne dem Staat Zugriffschancen zu bieten. Die Geschäftsführung ging auf Vertreter aus den Reihen der Renten- und Unfallversicherungen und der Bundesanstalt für Arbeit über.[250] Die Mitglieder strebten unter anderem mittels der 1970 verabschiedeten »Grundsätze über die Durchführung der Rehabilitation als gemeinsame Aufgabe der Träger der Bundesarbeitsgemeinschaft für Rehabilitation«[251] deregulierende und dezentralisierende Effekte an. Mit der sogenannten Frankfurter Vereinbarung wollten sie seit 1971 außerdem gemeinsam mit den noch nicht integrierten

rium für Arbeit und Soziale Fürsorge, Schreiben an bayer. Staatsministerium des Innern, 6.8.1957, BHStA MInn 80902; Bayer. Staatsministerium für Arbeit und Soziale Fürsorge, Niederschrift über die konstituierende Sitzung des bayer. Landesausschusses für die Eingliederung Behinderter in Arbeit, Beruf und Gesellschaft am 8.5.1962 in München, BArch B 142 1770; Bayer. Staatsministerium für Arbeit und Sozialordnung, Schreiben an Sozialministerium des Landes Rheinland-Pfalz, 4.3.1970; BHStA MArb 3087; Minister für Arbeit, Gesundheit und Soziales des Landes NRW, Landesausschuss für Rehabilitation, Geschäftsführung, Schreiben an Mitglieder des Landesausschusses, 1.4.1971, NRWHStA BR 1134 639.

248 | Vgl. BMA Abt. IIa3, Schreiben an BMI, 28.2.1969, BArch B 189 28091; DGB-Bundesvorstand/BDA, Niederschrift über die Gründungsversammlung der BAR am 6.2.1969, 13.2.1969, ebd.

249 | Vgl. BAR, Ergebnisniederschrift über die 7. Sitzung des Vorstands am 3.5.1972, 8.6.1972, BArch B 172 1834.

250 | Vgl. BAR, Niederschrift der Sitzung v. 31.3.1969, mit Anlage: Satzung der BAR, beschlossen in der Mitgliederversammlung am 6.2.1969 i.d.F. v. 31.3.1969, BArch B 189 20891.

251 | Vgl. BAR, Grundsätze der Rehabilitation als gemeinsame Aufgabe ihrer Träger, 14.4.1970, BArch B 189 9459.

Spitzenverbänden der gesetzlichen Krankenversicherung, der Bundesärztekammer und der kassenärztlichen Vereinigung auf freiwilliger Basis die Kooperation und die Abläufe für die Rehabilitandinnen und Rehabilitanden einfacher gestalten.[252] Leistungsträger, Ärzte und Krankenkassen wurden angehalten, Betroffene frühzeitig und umfänglich zu beraten, gleichgültig, welcher Träger später einmal für sie verantwortlich sein würde. Die potentiellen Rehabilitanden und Rehabilitandinnen sollten an ihrer ersten Anlaufstelle über ihre Optionen informiert werden und sich nicht mehr im Gewirr der Zuständigkeiten und Institutionen verirren. Ein Netz von einheitlich gekennzeichneten Auskunfts- und Beratungsstellen entstand. »Du sollst Deine Zuständigkeit prüfen, nicht Deine Unzuständigkeit« war, so ein Geschäftsführer der Bundesarbeitsgemeinschaft, der Grundsatz dieser Auskunftsstellen.[253] Damit glaubte die Bundesarbeitsgemeinschaft die Unübersichtlichkeit des Systems überwunden zu haben. Sanktionsbewährt war die Frankfurter Vereinbarung allerdings nicht. Trotzdem setzte sie große Erwartungen frei und fand viel Resonanz in der Fachöffentlichkeit. Rund 11.000 Sonderdrucke verschickte die Bundesarbeitsgemeinschaft auf Anfrage. Ein ähnlicher Bestseller wurden die »Richtlinien über Auskunfts- und Beratungsstellen« vom 1. Juli 1971, von denen bis 1972 13.000 Stück gedruckt wurden.[254]

Ob von der Bundesarbeitsgemeinschaft ein langfristiger Zuwachs an Koordination ausging, müsste eine eigene Untersuchung zeigen. Zumindest vereinfachte sie den Dialog der Leistungsträger untereinander. Das Verhältnis der Bundesarbeitsgemeinschaft zur ministeriellen Ebene war unter Bundesarbeitsminister Katzer noch schlecht, da dieser sich übergangen fühlte. Erst unter seinem Nachfolger Arendt erholten sich die Beziehungen.[255] Von diesem Zeitpunkt an gelang es der Bundesarbeitsgemeinschaft für Rehabilitation, sich erfolgreich im behindertenpolitischen Feld zu positionieren und als Ansprechpartnerin der Ministerialbürokratie zu etablieren.[256] Das Bundesministerium suchte seinerseits den Anschluss, um ein Gegen- oder

252 | Vgl. BAR, Vereinbarung über Zusammenarbeit und Verfahren bei der Arbeits- und Berufsförderung Behinderter (berufliche Rehabilitation) – Frankfurter Vereinbarung, 1.10.1971, BArch B 189 9461; »Vereinbarung über Zusammenarbeit und Verfahren bei der Arbeits- und Berufsförderung Behinderter«, in: BArbl. 23 (1972), H. 1, S. 35-36, hier S. 35.

253 | Zitat in R. Berger: Auskunfts- und Beratungsstellen (1974), S. 245; BAR, Geschäftsbericht der BAR für das Jahr 1971, BArch B 189 9461.

254 | Vgl. BAR, Ergebnisniederschrift über die 7. Sitzung des Vorstands der BAR am 3.5.1972, 8.6.1972, BArch B 172 1834.

255 | Vgl. »Befremden in Bonn«, in: Die Welt v. 12.8.1968; BMI Abt. S6, Vermerk, März 1969, BArch B 189 9458; »Dem BMA ein Schnippchen geschlagen?«, in: Sozialer Fortschritt 18 (1969), H. 10, S. 222-223;. BAR, Protokoll der Mitgliederversammlung am 14.4.1970, Rede v. Walter Arendt, BArch B 189 9458; BMJFG Abt. S6, Besprechung bei BMJFG Käte Strobel am 24.11.1970, 19.11.1970, ebd.

256 | Vgl. BAR, Protokoll über die Mitgliederversammlung am 19.11.1971, BArch B 172 1771; W. Rudloff: Rehabilitation, Bd. 5 (2006), S. 567.

Nebeneinander zu vermeiden. Arendt war bewusst, dass sein behindertenpolitisches Reformprogramm sich nur mithilfe der Sozialleistungsträger umsetzen ließ. Die Bundesanstalt für Rehabilitation bot sich als Ansprechpartnerin an.

Die Zusammenschau der Sozialleistungsgesetzgebung und der sozialrechtlichen Ungleichheiten hat gezeigt, dass die sozialstaatlichen Rahmenbedingungen sowohl eine wesentliche Grundlage der Behindertenpolitik bildeten und deren Richtung mitbestimmten als auch selbst Teil dieser Politik waren. Auch die Akteurskonstellationen und die jeweiligen Eigeninteressen der Beteiligten traten dabei hervor. Im Folgenden soll gezeigt werden, welche Bedeutung Art und Ursache einer Behinderung und die Geschlechtszugehörigkeit von Menschen mit Behinderungen für behindertenpolitische Thematisierungen und Programmatiken erlangten.

2.2 Art und Ursache einer Behinderung und Geschlecht als hierarchische Kriterien

Am Beginn der 1950er Jahre adressierte die Behindertenpolitik einen eng umgrenzten Kreis von Menschen mit bestimmten körperlichen Behinderungen und Sinnesbehinderungen, die primär zur Erwerbsarbeit befähigt und erfolgreich in den Arbeitsmarkt wiedereingegliedert werden sollten. Andere Lebensbereiche und -vollzüge interessierten kaum. Tradierte Annahmen über defizitäre und nicht wiederherstellbare Bildungs- und Arbeitsfähigkeit schlossen Menschen mit den meisten Formen von geistiger und seelischer Behinderung aus dem Adressatenkreis weitgehend aus.[257] So argumentierte beispielsweise noch 1967 der Sozialmediziner Hans Schaefer exklusionistisch, eine Rehabilitation von Menschen mit geistigen Behinderungen sei nutzlos, vom Sozialstaat nicht zu finanzieren und gesellschaftlich auch nicht wünschenswert. Vielmehr sei die »uferlose Ausdehnung einer Hilfe auf Behinderungen jeder Art« eher eine Gefahr für die Allgemeinheit. Man könne nicht jedem eine berufliche »Optimalisierung« angedeihen lassen.[258] Solange Menschen mit geistigen Behinderungen, die zu dieser Zeit weitgehend als homogene Gruppe betrachtet wurden, als naturgemäß arbeits-, vernunft- und bildungsunfähig galten, schien das Rehabilitationsparadigma ›Wiedereingliederung durch Erwerbsarbeit‹ auf sie nicht anwendbar zu sein. Sie gehörten mithin auch nicht zur Rehabilitationsklientel.

Deshalb lautete die sozialpolitische Antwort auf geistige Behinderung in den 1950er Jahren und bis weit in die 1960er Jahre gemeinhin: Bewahrung und Anstaltspflege. Überlassen wurde beides den Verbänden der Freien Wohlfahrtspflege. Dieser Teil des Anstaltssektors war jedoch noch stärker

---

257 | Vgl. Landesfürsorgeverband Schwaben I A 30: Richtlinien für die Durchführung der Krüppelfürsorge im Regierungsbezirk Schwaben, 15.4.1946, StAAu Gesundheitsamt Memmingen 134.

258 | H. Schaefer: Mensch (1967), S. 296.

überlastet als die Heime für Menschen mit Körper- und Sinnesbehinderungen. Im institutionellen Bereich wirkte die nationalsozialistische Verfolgung von Menschen mit geistigen Behinderungen bis um die Wende zu den 1960er Jahren sichtlich nach. Ambulante Hilfen, etwa wohnortnahe Bildungs- und Therapieangebote, gab es kaum.[259] Ebenso fehlten qualifizierte Therapien, Betreuungseinrichtungen, die Anregung boten, sowie Schulen, die Kinder mit geistigen Behinderungen aufnahmen. Die nach 1945 wieder aufgebauten sogenannten Hilfsschulen sollten sich nach dem Willen der im Verband der Hilfsschulen Deutschlands organisierten Hilfsschullehrer als »Leistungsschulen« präsentieren. Von wenigen Einzelfällen abgesehen wurden nur Kinder mit den später als »Lernbehinderungen« klassifizierten kognitiven Andersheiten aufgenommen. Um Kinder mit geistigen Behinderungen fernzuhalten, reproduzierten die Hilfsschullehrer den Begriff der Bildungsunfähigkeit.[260]

Angesichts dieser Lage klagte der Direktor der Psychiatrischen Klinik der Universität Düsseldorf, Friedrich Panse, 1964 vor dem Deutschen Ausschuss für die Eingliederung Behinderter in Arbeit, Beruf und Gesellschaft, einem Experten- und Koordinationsgremium der Behindertenpolitik, dass der Staat weder die Menschenwürde der Kinder mit geistigen Behinderungen achte, noch erkenne, dass flächendeckende Programme zur Früherkennung von Stoffwechselerkrankungen viele Behinderungen verhindern könnten.[261]

Sozialrechtlich waren Menschen mit geistigen Behinderungen mehrheitlich an die begrenzten Leistungen der allgemeinen öffentlichen Fürsorge verwiesen, wenn nicht Angehörige für sie aufkamen. Für Menschen mit Körperbehinderungen existierte hingegen in den 1950er Jahren ein besonderes Leistungsrecht in Form des Krüppelfürsorgegesetzes bzw. des Körperbehindertengesetzes von 1957. Erst durch die sukzessive Fortentwicklung der öffentlichen Fürsorge seit der Verabschiedung des Bundessozialhilfegesetzes 1961 entspannte sich die Situation: Der Gesetzgeber nahm 1961 expli-

259 | Vgl. Landesfürsorgeverband Schwaben an alle Gesundheitsämter im Regierungsbezirk, 12.9.1946, StAAu, Gesundheitsamt Nördlingen 104; Landesfürsorgeverband Schwaben I A 30: Richtlinien für die Durchführung der Krüppelfürsorge im Regierungsbezirk Schwaben, 15.4.1946, StAAu Gesundheitsamt Memmingen 134; Bernhard Rüther: »Werden die Ärmsten vergessen?«, in: Jahrbuch für Caritaswissenschaft und Caritasarbeit (1957), S. 28-34; W. Rudloff: Schatten (2002), S. 405.

260 | Vgl. I. Thümmel: Sozialgeschichte (2003), S. 140; P. Fuchs: Sonderpädagogik (2005), S. 129; D. Mattner: Menschen (2000), S. 27-30, 79; Ch. Bradl: Anfänge (1991), S. 234-235, 583; O. Speck: Sonderschulen (1997), S. 916; S. Ellger-Rüttgardt: Entwicklung (1998), S. 362. Siehe auch Kapitel 2.2.

261 | BMA, Tonbandwiedergabe der 3. Tagung des Deutschen Ausschusses für die Eingliederung Behinderter in Arbeit, Beruf und Gesellschaft am 30.6./1.7.1964, BArch B 149 6459. Gemeint waren Stoffwechselerkrankungen wie die Phenylketonurie, die zu kognitiven Behinderungen führen, wenn sie nicht schon bei Neugeborenen diagnostiziert und behandelt werden.

zit Menschen, »deren geistige Kräfte schwach entwickelt sind«, in den Kreis der Personen auf, die Hilfen zur Eingliederung in Anspruch nehmen konnten.[262] Insbesondere Kindern und Jugendlichen waren fortan mehr und bessere Erziehungs- und Bildungsangebote zugänglich, zumal auch die Zahl und Bandbreite der entsprechenden Einrichtungen wuchs.

Dieser Prozess stand im Kontext einer behindertenpolitischen Neuorientierung, die vor allem von den in der Lebenshilfe für das geistig behinderte Kind e.V. zusammengeschlossenen Eltern, Pädagogen und Medizinern vorangetrieben wurde. Sie gründeten Tagesstätten, Schulen und Therapieeinrichtungen, deren praktische Arbeit die traditionellen negativen Annahmen über die Bildungs- und Arbeitsunfähigkeit von Menschen mit geistigen Behinderungen widerlegte. So zeigte die Lebenshilfe e.V. erfolgreiche Alternativen zur Anstaltsverwahrung auf und vermittelte bestehenden Einrichtungen, wie Kinder zu Selbständigkeit erzogen, praktisch gebildet und gefördert werden konnten.[263] Nicht zuletzt aufgrund der verbesserten gesamtwirtschaftlichen Lage der Republik im »Wirtschaftswunder« gelang es, aus Eigen- und Spendenmitteln eine wachsende Zahl derartiger Angebote zu schaffen. Immer professioneller und aktiver betrieb die Lebenshilfe e.V. in den 1960er Jahren auch ihre politische Lobbyarbeit.

Eltern und Fachleute warben gezielt für die Idee der praktischen Bildbarkeit bei geistiger Behinderung. Dahinter verbarg sich die aus dem skandinavischen und angloamerikanischen Ausland übernommene Ausweitung des Bildungsbegriffs von den klassischen Kulturtechniken auf alltagspraktische Fertigkeiten. Die Idee der praktischen Bildbarkeit half das Stigma der unveränderlichen und therapieresistenten Rehabilitations- und Bildungsunfähigkeit abzubauen.[264] Mit entsprechenden erfolgreichen ausländischen Vorbildern und den eigenen Praxiserfahrungen ließ sich werben. Das öffentliche Sonder- und Hilfsschulwesen blieb den Kindern jedoch noch weitgehend verschlossen.

Ab der Mitte der 1960er Jahre ließen sich die Behindertenpolitiker leichter für die Rehabilitation von Menschen mit geistigen Behinderungen interessieren, weil auch der im Zuge des wirtschaftlichem Booms eingetretene Arbeitskräftemangel dies aus arbeitsmarktpolitischen Kalkülen nahe legte.

---

262 | § 39 BSHG.

263 | W. Rudloff: Überlegungen (2003), S. 871-872; I. Thümmel: Sozialgeschichte (2003), S. 140; J. J. Powell: Behinderung (2007), S. 325.

264 | Vgl. z.B. Heinz Bach: »Grundsätze zur Errichtung von Sonderschulen für praktisch Bildbare«, in: Zeitschrift für Heilpädagogik 17 (1966), H. 4, S. 148-159, hier S. 149; Dorothea Schmidt-Thimme: »Hollands Beispiel in der Sorge für geistig Behinderte«, in Unsere Jugend 11 (1959), H. 9, S. 417-423, v.a. S. 418; Hermann Stutt: »Das geistig behinderte Kind im modernen Wohlfahrtsstaat«, in: Unsere Jugend 12 (1960), H. 10, S. 434-439; Tom Mutters: »Der heutige Stand sozialer und schulischer Betreuung geistig behinderter Kinder in den Niederlanden«, in: NDV 41 (1961), H. 9, S. 304-308; T. Wallner: Ziel (1974), S. 95-104; »Man darf sie nicht nur vegetieren lassen«, in: SZ v. 14.5.1968.

Als folglich im Zuge des von Angehörigen und Experten ausgelösten Thematisierungsprozesses im Lauf des Jahrzehnts der behindertenpolitische Blick des Bundes und der Länder auf Menschen mit geistigen Behinderungen fiel, bildeten sich zwei Hauptarbeitsfelder heraus: Politik und Behörden konzentrierten sich erstens auf den Ausbau und die Methodenentwicklung des Sonderschulwesens und zweitens auf die Werkstätten für Behinderte.[265]

Als 1960 die Kultusministerkonferenz der Länder mit einem »Gutachten zur Ordnung des Sonderschulwesens« für die bundesweite Vereinheitlichung des Sonderschulwesens und dessen Ausbau plädierte, bekannte sie sich zu der Pflicht des Staates, die Menschenwürde auch der Kinder zu achten, deren Bildbarkeit als so gering eingestuft wurde, dass sie nicht in bestehende Schulen oder heilpädagogische Kindergärten gehen durften. Ein »heilpädagogischer Lebenskreis« sollte ihnen erschlossen werden.[266] Allerdings war den örtlichen Trägern der Jugendfürsorge und den Schulbehörden der Länder und Kommunen freigestellt, ob und welche Einrichtungen sie dafür schaffen wollten. Entsprechend unterschiedlich entwickelten sich die Schulgesetze der Länder.[267] Vor Ort setzten Eltern dennoch immer häufiger Sonderklassen bzw. Sonderschulen für Kinder mit geistigen Behinderungen durch. 1962 erweiterte zuerst Hessen die Schulpflicht auf Kinder mit schweren geistigen Behinderungen und führte mit den Schulen für praktisch bildbare Kinder einen neuen Schultypus ein. In anderen Bundesländern wie Bayern oder Schleswig-Holstein waren die Widerstände größer.[268]

1972 erkannte die Kultusministerkonferenz den in der Praxis einiger Länder bereits erprobten neuen Schultyp in ihren »Empfehlungen zur Ordnung des Sonderschulwesens« als Sonderschulform an. Der Auf- und Ausbau von Bildungsangeboten für Kinder mit geistigen Behinderungen war nun in vollem Gange.[269] War noch 1964 die Mehrheit von ihnen ohne jegliche Schulausbildung geblieben, besuchten 1974 71 Prozent eine Sonderschule. Auch Kindern mit Schwerst- und Mehrfachbehinderungen wurde dies zunehmend ermöglicht.

---

265 | Vgl. W. Rudloff: Schatten (2002), S. 406. Siehe auch Kapitel 3.2.

266 | Vgl. Ständige Konferenz der Kultusminister der Länder in der Bundesrepublik Deutschland: Gutachten zur Ordnung des Sonderschulwesens, Bonn 1960, S. 7-11, 399.

267 | Vgl. Ulrich Bleidick: »Die Sonderschule für geistig Behinderte«, in: Zeitschrift für Heilpädagogik 17 (1966), H. 4, S. 145-146, hier S. 145; Theodor Dierlamm: »Rechtliche Grundlagen der Sonderschule für geistig Behinderte«, in: Zeitschrift für Heilpädagogik 17 (1966), H. 4, S. 160-163.

268 | Vgl. W. Rudloff: Rehabilitation, Bd. 4 (2007), S. 492-493.

269 | Vgl. Ständige Konferenz der Kultusminister der Länder: »Empfehlung zur Ordnung des Sonderschulwesens, 16. März 1972«, in: Zeitschrift für Heilpädagogik 23 (1972), Beiheft 9, S. 10, 29-30; Meier, Manfred: »25 Jahre Schule in der Anderloherstraße«, in: Festschrift 25 Jahre Anderloherstraße, 35 Jahre Unterricht für Kinder und Jugendliche mit geistiger Behinderung. Hg. v. der Lebenshilfe Erlangen e.V., Erlangen 1996, S. 14-15; W. Rudloff: Schatten (2002), S. 408-409.

Die Durchsetzung der alltagspraktischen Bildung führte allerdings dazu, dass klassische Lerninhalte wie Lesen, Schreiben oder Rechnen oft ganz aus dem Curriculum der Sonderschulen ausgeschlossen wurden. Ob und wie Kinder mit geistigen Behinderungen darin unterrichtet werden konnten, stand überhaupt nicht mehr zur Debatte. Zwar boten die Sonderschulen nun einen Zugewinn an Entfaltungs- und Bildungsmöglichkeiten, doch geschah dies um den Preis der kollektiven Abschiebung in einen neuen Sonderbereich. Unterricht und Erziehung in einer Regelgrund- oder Gesamtschule galt bei Lernbehinderungen und geistigen Behinderungen lange als ausgeschlossen.[270] Allerdings zeigten Modellversuche mit integrativen Kindergärten den Experten und Behörden im Lauf der 1970er Jahre, dass der Gedanke der gemeinsamen Erziehung und Bildung nicht auf Kinder mit Körper- und Sinnesbehinderungen beschränkt bleiben musste.

In der Wissenschaft nahm das Forschungsfeld Erziehung bei geistiger Behinderung ebenfalls im Lauf der 1960er Jahre Format an. In Mainz wurde 1966 der Sonderpädagoge Heinz Bach auf den ersten deutschen Lehrstuhl für Geistigbehindertenpädagogik berufen. Im Zuge dieser Verwissenschaftlichung wurden internationale Modelle nicht nur von Eltern, sondern auch von Pädagoginnen und Pädagogen immer stärker rezipiert. Skandinavische Erfahrungen zitierend, erklärte zum Beispiel der Psychiater Friedrich Panse bereits 1966 im Bundesarbeitsblatt, je früher Kinder entsprechend gefördert würden, desto größer seien ihre Bildungschancen: »Man darf nämlich den Schwachsinn heute nicht mehr als etwas Statisches ansehen, sondern nur als eine erschwerte Ansprechbarkeit der geistigen Funktionen, die aber anregbar ist.«[271] Die Pädagogen Eberhard Schomburg und Wilhelm Bläsig definierten nun ebenfalls in Anlehnung an ausländische Vorbilder alle Kinder als bildungsfähig, »die durch heilpädagogische Maßnahmen zu ausreichender sozialer Anpassung und sinnvoller manueller Tätigkeit gebracht werden können«.[272] Im Zuge dieser von Elternvertretern und einigen Experten in Gang gesetzten Ausweitung des Bildbarkeitsbegriffs wurden Menschen mit geistigen Behinderungen nun zunehmend als grundsätzlich rehabilitationsfähig betrachtet. Das Paradigma der *employability* hielt in einem Bereich Einzug, in dem es bislang gering ausgeprägt gewesen war.

Anders verlief die Problematisierung bei Menschen, die mit psychischen Behinderungen lebten. Hier waren weniger Angehörige als medizinische und psychologische Experten ausschlaggebend. Sie organisierten sich beispielsweise 1959 im »Aktionsausschuss zur Verbesserung der Hilfe für psychische Kranke«. Auch etablierte Fachverbände mit gutem Zugang zur Behindertenpolitik auf Bundesebene wie die DeVg meldeten sich ab Mitte der

---

270 | Vgl. K. Schneider: Kind (1966), S. 173.

271 | Friedrich Panse: »Habilitation und Rehabilitation geistig Behinderter«, in: BArbl. 17 (1966), H. 2, S. 49-52, hier S. 49; dazu W. Rudloff: Überlegungen (2003), S. 871.

272 | Die Sichtweise von Schomburg zusammenfassend: W. Bläsig: Bundessozialhilfegesetz (1962), S. 178.

1960er Jahre vermehrt zu Wort und machten psychische Behinderungen und chronische Krankheiten zum Thema ihrer Kongresse.[273]

Lange Zeit schienen psychische Behinderungen, die unter anderem mit Unberechenbarkeit, Unzuverlässigkeit, Selbst- und Fremdgefährdung assoziiert wurden, dem Wiedereingliederungsziel zu widersprechen.[274] Krankheiten und Behinderungen, bei denen von vornherein auf eine geringe Arbeits- und Leistungsfähigkeit und ein auffälliges Sozialverhalten geschlossen wurde, rangierten auch in der Bewertungshierarchie der Öffentlichkeit ganz unten.[275] Dies betraf vor allem Schizophrenie, Major Depression oder Psychosen. Ebenso wie Alkoholismus und Süchte galten diese Krankheiten zudem als selbstverschuldet.

In den 1950er Jahren beschränkten sich Gesundheitswesen und Sozialstaat bei chronischen Krankheitsbildern im Wesentlichen auf die Versorgung in den psychiatrischen Großkrankenhäusern. In den Jahren des Nationalsozialismus waren die Verbindungen zur internationalen Expertise gekappt worden. Die Einrichtungen waren folglich nicht mehr auf dem methodischen Stand der internationalen Entwicklung und zudem baulich veraltet. Patienten lebten häufig in großer Enge. Es fehlte an Personal und Ausstattung, nicht zuletzt, weil die Pflegesätze der öffentlichen Fürsorge in der Regel unter den allgemeinen Krankenhaussätzen lagen. Ambulante Einrichtungen arbeiteten nur in wenigen Großstädten. Psychotherapieplätze existierten kaum.[276]

Die Infrastruktur entsprach bis in die 1960er Jahre auch nicht den neuen

---

273 | Vgl. z.B. DeVg, Niederschrift über die Gesamtsvorstandssitzung am 26.3.1969 in Köln, BArch B 189 9567; »Aktionsausschuss zur Verbesserung der Hilfe für psychisch Kranke«, in NDV 39 (1959), H. 4, S. 105-106; »Zehn Jahre Aktionsausschuss zur Verbesserung der Hilfe für psychisch Kranke«, in: NDV 49 (1969), H. 12, S. 371-372; W. Rudloff: Rehabilitation, Bd. 4 (2007), S. 495-497; Cornelia Brink: »›Keine Angst vor Psychiatern‹. Psychiatrie, Psychiatriekritik und Öffentlichkeit in der Bundesrepublik (1960-1980)«, in: v. Fangerau, Heiner/Nolte, Karin (Hg.): »Moderne« Anstaltspsychiatrie im 19. und 20. Jahrhundert. Legitimation und Kritik, Stuttgart 2006, S. 341-360, hier S. 345-346.

274 | Vgl. Zweigstelle der bayer. Hauptfürsorgestelle Würzburg, Schreiben an bayer. Staatsministerium des Innern, bayer. Hauptfürsorgestelle, 8.8.1950, StAWü Regierung v. Unterfranken 24011; BMA Abt. Ic, Denkschrift: Rehabilitation als soziale Leistung. Stand und Aufgaben der Rehabilitation in der BRD, 1953, BArch B 149 1294; Arbeits- und Sozialministerium des Landes NRW, Schreiben an BMI, 22.1.1962, BArch B 142 549; A. Haaser: Entwicklungslinien (1975), S. 105.

275 | Vgl. dazu Ch. Morawe: Bericht (1955), S. 629; »›Nicht laufen, nicht sprechen, nicht hören‹. Spiegel-Report über sozial benachteiligte Gruppen in der Bundesrepublik (V): Behinderte«, in: Der Spiegel v. 22.3.1971; M. Jaeckel/S. Wieser: Bild (1970), S. 1, 72-77; F. Vogt: Behinderte (1967), S. 139; W. Jantzen: Sozialisation (1974), S. 153-155; C. Brink: Angst (2006), S. 347-348.

276 | Vgl. die Zusammenfassung der Situation bei W. Rudloff: Rehabilitation, Bd. 3 (2005), S. 552-553 sowie als Quelle z.B. Hans Erich Schulz: »Die psychisch

therapeutischen Möglichkeiten, die der Neurologie und Psychiatrie seit der Entdeckung der Psychopharmaka zur Verfügung standen.[277] 1952 war das Neuroleptikum Chlorpromazin entdeckt worden. In den Folgejahren kamen zahlreiche neue Antidepressiva, Neuroleptika zur Behandlung von Psychosen, Phasenprophylaktika bei bipolaren Störungen und Tranquillantien auf den deutschen Markt. Diese Medikamente machten es theoretisch möglich, dass sich eine wachsende Gruppe von Menschen nicht mehr dauerhaft in stationäre Behandlung und Betreuung begeben musste. Auch eine berufliche Rehabilitation und Eingliederung in den allgemeinen Arbeitsmarkt erschien als neue Option im Umgang mit psychischen Behinderungen. Allerdings wären dazu sowohl verschiedenste ambulante Therapieangebote als auch häufig neue, halbbetreute Wohnformen außerhalb der Anstalten nötig gewesen. Die Medikation allein genügte nicht, es bedurfte »weiter in die Gesellschaft hineinreichender Hilfs- und Versorgungsstrukturen«, wie Wilfried Rudloff schreibt.[278]

Den Bundesministerien und der Arbeitsverwaltung war die therapeutische Fortentwicklung der Psychiatrie aus wirtschaftlicher und arbeitsmarktpolitischer Sicht seit der Wende zu den 1960er Jahren höchst willkommen, ließen sich doch so neue Arbeitskräfte für den regulären Arbeitsmarkt gewinnen. Deutlich wuchs nun das Interesse an der Rehabilitation des medikamentös behandelbaren Personenkreises. Dies führte aber nicht unmittelbar zu einer wesentlichen infrastrukturellen Verbesserung. Noch in den 1970er Jahren fehlten in Deutschland beispielsweise halboffene Angebote wie Nachtkliniken, Übergangswohnheime oder Patientenklubs für Menschen mit Psychopharmakamedikation, die im europäischen Ausland

---

Kranken. Denkschrift über ihre Lage und die notwendigen Maßnahmen zu deren Verbesserung«, in: NDV 39 (1959), H. 2, S. 44-47.

277 | Vgl. Hans-Werner Müller: »Neue Formen der Wiedereingliederung psychischer Kranker in Beruf und Gesellschaft«, in: Die Rehabilitation 6 (1967), H. 3, S. 112-119, hier S. 112; Hans Strotzka: »Die Größe des Problems«, in: Bellebaum, Alfred/Braun, Hans (Hg.): Reader Soziale Probleme. Bd. 1: Empirische Befunde, Frankfurt a.M./New York 1974, S. 131-139, hier S. 132; Sabine Hanrath: Zwischen ›Euthanasie‹ und Psychiatriereform. Anstaltspsychiatrie in Westfalen und Brandenburg. Ein deutsch-deutscher Vergleich 1945-1964, Paderborn/München/Wien/Zürich 2002, S. 111-118, S. 302-305; W. Rudloff: Rehabilitation, Bd. 3 (2005), S. 553; Ders.: Rehabilitation, Bd. 4 (2006), S. 494.

278 | Das Zitat in W. Rudloff: Rehabilitation, Bd. 4 (2007), S. 494; zudem vgl. W. Fandrey: Krüppel (1990), S. 216; Klaus Obert: »Lebenslage und Lebenswelt psychisch kranker Menschen – der beschwerliche Weg von totaler Ausgrenzung zur Teilhabe am gesellschaftlichen Leben«, in: Caritas Behindertenhilfe und Psychiatrie e.V. (Hg.): Am Leben teilhaben. Dokumentation 100 Jahre Gründungsjubiläum VKELG-CBP, Bundesfachverband der katholischen Behindertenhilfe und Psychiatrie 1905 bis 2005. Bd. 2: Die Fachverbände und Bundesarbeitsgemeinschaften in der Behindertenhilfe und Psychiatrie der Caritas von 1945 bis 2005, Freiburg i.Br. 2005, S. 29-38, hier S. 30.

bereits verbreitet waren.[279] Methodisch befand sich zudem die Gesprächs- und Verhaltenstherapie, die eine Medikation begleiten sollte, in Deutschland noch in den Anfängen. Die Zahl der Rehospitalisierungen war entsprechend hoch, und die Wirkungen der pharmakologischen Entwicklung begrenzt. Die Rehabilitation bei psychischen Behinderungen und chronischen Krankheiten lief daher trotz des politischen Interesses und der neuen therapeutischen Optionen schleppend an. Die erhofften messbaren Erfolge ließen auf sich warten.

Nicht zuletzt aus diesem Grund geriet die Anstaltspsychiatrie in den 1970er Jahren in die öffentliche Kritik der Anti-Psychiatrie-Bewegung. Patientenvertretungen und kritische Personalinitiativen argwöhnten, dass psychiatrische Anstalten noch immer psychische Probleme eher hervorriefen als lösten. Geschlossenen Institutionen warfen sie vor, Abhängigkeitsverhältnisse zu begründen, Patienten und Patientinnen zu entmündigen und dem Personal zu große Sanktionsmacht zuzuspielen. Die Anstaltspsychiatrie leiste der Isolation Vorschub, dränge eine Identität auf, die nur innerhalb der Anstalten funktioniere, anstatt Menschen für ein Leben außerhalb der Institutionen zu rüsten.[280] Mit dem nun auf das Leben in der Gemeinschaft gerichteten Rehabilitationsgedanken der 1970er Jahre war das unvereinbar.

In Patientenkollektiven und anderen Interessengruppen traten zudem immer häufiger die Betroffenen selbst an die Öffentlichkeit und verlangten Demokratisierungs- und Enthospitalisierungsschritte. Wie dies geschehen könnte, formulierte eine 1971 vom Bundestag eingesetzte Expertenkommission in der sogenannten Psychiatrieenquête aus. Die Kommission hatte in psychiatrischen Großkrankenhäusern katastrophale Verhältnisse vorgefunden. Mehr als 60 Prozent der Patienten hielten sich länger als zwei Jahre in den Einrichtungen auf. Fast 40 Prozent waren in Schlafsälen mit mehr als elf Betten untergebracht. Je größer eine Einrichtung, desto geringer waren

---

279 | Vgl. zur arbeitsmarktpolitischen Kalkulation K. Obert: Lebenslage (2005), S. 30-31; W. Rudloff: Rehabilitation, Bd. 4 (2007), S. 494. Zur mangelnden Infrastruktur Bayer. Staatsministerium des Innern, Schreiben an BMI, 18.8.1961, BArch B 142 549; H. Achinger/W. Bogs/H. Meinhold/L. Neundörfer u.a.: Sozialenquête (1966), S. 275; K. Lindemann: Schwerstbehinderten (1966), S. 49; F. Vogt: Behinderte (1967), S. 139; H.-W. Müller: Formen (1967), S. 114-115; G. Bosch: »Zur beruflichen Rehabilitation schizophrener Patienten«, in: Die Rehabilitation 14 (1975), H. 1, S. 9-17.

280 | Vgl. R. Degkwitz/P. W. Schulte: »Einige Zahlen zur Versorgung psychisch Kranker in der Bundesrepublik. Bisherige Entwicklung – Status Quo – Vorschläge zur Verbesserung«, in: Bellebaum, Alfred/Braun, Hans (Hg.): Reader Soziale Probleme. Bd. 1: Empirische Befunde, Frankfurt a.M./New York 1974, S. 140-163; Caspar Kulenkampff: »Wie schlecht ist die Krankenhauspsychiatrie in diesem Land? Bemerkungen zu dem Buch von Frank Fischer ›Irrenhäuser: Kranke klagen an‹«, in: Der Nervenarzt 41 (1970), H. 3, S. 150-152; Ernst Klee: Psychiatrie-Report, Frankfurt a.M. 1978, v.a. S. 53-61; D. Mattner: Menschen (2000), S. 82-83, 85-87; W. Rudloff: Überlegungen (2003), S. 879, 881; Ders.: Sozialstaat (2003), S. 212; C. Brink: Angst (2006), S. 343, 350.

die Chancen auf Psycho- und Beschäftigungstherapie, desto schlechter die Unterbringung und das quantitative Verhältnis von Patienten, Ärzten und Pflegepersonal. Der Lebensrhythmus war fremdbestimmt. Es gab kaum Kontakte nach außen bzw. zwischen den Geschlechtern. Die Patienten trugen Einheitskleidung, ihre Post wurde kontrolliert, der Umgang war gemeinhin autoritär.[281]

Wie ließ sich das System reformieren? Der Enquêtebericht plädierte für den Grundsatz »gemeindenah vor stationär« sowie für den Auf- und Ausbau ambulanter Dienste und psychiatrischer Abteilungen an Allgemeinkrankenhäusern. Langzeitpatienten sollten enthospitalisiert werden und psychisch Kranke mit den somatisch Erkrankten sozialrechtlich gleichgestellt werden.[282] Entsprechende Vorbilder für den empfohlenen Systemumbau gab es reichlich, beispielsweise das italienische Konzept der Demokratischen Psychiatrie nach Franco Basaglia.[283] Die Wirkungsgeschichte dieses laut Wilfried Rudloff wichtigsten Referenzdokuments der Psychiatriereform führt über die 1970er Jahre hinaus.[284]

Dem Enquêtebericht schloss sich zunächst ein mehrjähriger Meinungsbildungsprozess der Bundesregierung an. Es folgten Modellprojekte wie das »Modellprogramm Psychiatrie« der Bundesregierung oder die Besetzung einer weiteren Expertenkommission, die 1988 die Forderungen der Enquête erweiterte. Auch in den einzelnen Ländern entstanden psychiatrische Versorgungspläne und Programme.[285] Im Lauf der 1970er und 1980er Jahre besserten sich tendenziell die infrastrukturellen Bedingungen der Rehabilitation. Ambulante Alternativen durchbrachen mancherorts die Dominanz der stationären Versorgung. 1975 sank beispielsweise die Zahl der Großein-

281 | Vgl. Unterrichtung durch die Bundesregierung: Bericht über die Lage der Psychiatrie in der BRD – Zur psychiatrischen und psychotherapeutisch/psychosomatischen Versorgung der Bevölkerung, BTDrs VII/4200 v. 25.11.1975; Vgl. auch R. Degkwitz/P. W. Schulte: Zahlen (1974), S. 140-145, 154-158; W. Rudloff: Rehabilitation, Bd. 5 (2006), S. 585-586.

282 | Unterrichtung durch die Bundesregierung: Bericht über die Lage der Psychiatrie in der BRD – Zur psychiatrischen und psychotherapeutisch/psychosomatischen Versorgung der Bevölkerung, BTDrs VII/4200 v. 25.11.1975; K. Obert: Lebenslage (2005), S. 32.

283 | Vgl. D. Mattner: Menschen (2000), S. 85; W. Fandrey: Krüppel (1990), S. 221; Dr. Franco Basaglia (1924-1980), Arzt und Vertreter der Psychiatriereform in Italien.

284 | W. Rudloff: Überlegungen (2003), S. 879.

285 | Vgl. z.B. zur bayerischen Planung sowie zum Meinungsbildungsprozess auf Bundesebene W. Rudloff: Rehabilitation, Bd. 5 (2006), S. 588-589; Wilfried Rudloff/Ferdinand Schliehe: »Rehabilitation und Hilfen für Behinderte«, in: Bundesministerium für Arbeit und Sozialordnung/Bundesarchiv (Hg.): Geschichte der Sozialpolitik in Deutschland seit 1945. Bd. 6: 1974-1982 Bundesrepublik Deutschland. Neue Herausforderungen, wachsende Unsicherheiten. Bandhg. Geyer, Martin H., Baden-Baden 2008, S. 583-604, hier S. 598-599.

richtungen mit über 1.000 Betten ebenso wie die Verweildauer von Patienten in den psychiatrischen Krankenhäusern. Nachtkliniken, Übergangswohnheime oder Wohngruppen wurden eingerichtet. Neben Personalengpässen machten sich in der Folge jedoch auch neue Binnenkonkurrenzen bemerkbar. In den psychiatrischen Krankenhäusern wurden zunehmend Menschen mit psychischen Störungen therapiert, deren Rehabilitation Aussicht auf Erfolg versprach. Hingegen wurden Menschen mit schweren chronischen psychischen Krankheiten, die keine erfolgreiche Eingliederung in den Arbeitsmarkt erwarten ließen, in den erneut wachsenden Heimsektor abgeschoben.[286] Die Reformbilanz fällt daher zwiespältig aus.

Menschen mit kognitiven oder psychischen Behinderungen rangierten, wie gezeigt wurde, traditionell am unteren Ende der behindertenpolitischen Aufmerksamkeitsskala. Zu Adressaten der Rehabilitationspolitik ließen sie ab der Wende zu den 1960er Jahren einerseits die advokatorischen Aktivitäten von Eltern- bzw. Expertenverbänden aufsteigen, andererseits die sich im politischen Raum durchsetzende Überlegung, dass die Lage des Arbeitsmarktes in der Bundesrepublik danach verlangte, auch diese Menschen als Arbeitskräfte verfügbar zu machen. Neue technische und pädagogische Optionen wie die Psychopharmakamedikation oder die praktische Bildung steigerten in den Augen der Experten und der Politik ihre Rehabilitations- und Eingliederungsfähigkeit.

Ein Vergleichsbeispiel soll zeigen, dass es aber auch stark auf inner- und intraministerielle Eigenlogiken ankam. Was die Rehabilitation von Menschen mit Querschnittslähmungen infolge von Rückenmarkstraumata anging, waren alle Voraussetzungen erfüllt, die eine intensive behindertenpolitische Problematisierung und ein konkretes Rehabilitationsprogramm erwarten lassen: Der Einfluss der Expertenschaft auf die Politik war groß, die therapeutischen Optionen reiften aus, und es handelte sich zudem um eine sozial vergleichsweise akzeptierte Form von körperlicher Behinderung. Im Behinderungsdiskurs der 1950er und 1960er Jahre machten Querschnittslähmungen sogar beinahe eine eigene Erzählung aus. Sie galten als symptomatisch für Folgeeffekte der an sich als Modernisierungsleistung hochbewerteten Automobilisierung. Diese ließen sich quantifizieren: Jährlich trugen infolge von Unfällen im Straßenverkehr, aber auch im Berg- und Straßenbau und beim Sport etwa 1.000 Jugendliche und Erwachsene Querschnittslähmungen davon. Hinzu kamen pro Jahr etwa 700 bis 1.000 Kinder mit angeborenen Rückenmarksschädigungen. Bereits rund 1.300 Kriegsbeschädigte des Zweiten Weltkriegs hatten schwere und schwerste Rückenmarksverletzungen mit Querschnittslähmungen überlebt. Mindestens 13.500 Menschen mit Querschnittslähmungen lebten demnach 1959 bereits in der Bundesrepublik.[287]

---

286 | Vgl. W. Rudloff/F. Schliehe: Rehabilitation, Bd. 6 (2008), S. 599; W. Fandrey: Krüppel (1990), S. 223.

287 | Die zur Quantifizierung nötigen Zahlen lassen sich aus Einzelquellen zusammentragen, vgl. BMA Abt. Vb4, Textvorlagen für die Ausstellung der ISWC 1957

Medizinische Innovationen der 1940er und 1950er Jahre ließen die Mortalität bei schweren Rückenmarkstraumata von 80 auf 20 Prozent sinken.[288] Sulfonamide dämmten die Gefahr tödlicher Harnwegsinfekte ein, neue Lagerungstechniken halfen, Dekubitalgeschwüre zu vermeiden, und auch Kreislaufprobleme wurden besser medikamentös beherrschbar.[289] Die Neurologie stieg zu einem Kernfach der medizinischen Rehabilitation auf. Beschleunigt wurde dies durch den inter- bzw. supranationalen Methodentransfer, der bereits in der unmittelbaren Nachkriegszeit einsetzte. Deutsche Ärzte adaptierten beispielsweise großflächig Behandlungsmethoden, die der emigrierte deutsche Neurochirurg Ludwig Guttmann, der international gefeierte »Vater [...] der Gelähmten«, im englischen National Spinal Injuries Centre in Stoke-Mandeville in Buckinghamshire im Zweiten Weltkrieg entwickelt hatte, für die bundesrepublikanische Praxis.[290] Die deut-

an Abt. Vb1, 7.1.1957, BArch B 149 2325; BMI Abt. V7, Schreiben an BMA, 12.11.1962, BArch B 149 6177; D. Bruns: Erfahrungen (1961), S. 29-30; VdK e.V., Bericht über die 1. Bundeskonferenz für die Querschnittsgelähmten am 29.9.1959 in Bad Homburg, Referat v. Clemens Dierkes, BMA, 20.10.1960, BArch B 142 553; Bayer. Staatsministerium für Arbeit und Sozialordnung, Auswertung der Erhebung über die im Jahr 1970 in bayer. Krankenhäuser aufgenommenen Patienten mit frisch entstandenen Querschnittslähmungen, November 1971, BHStA MArb 3313; BMJFG, Vermerk, 18.7.1973, BArch B 189 20891; E. Gögler: Unfall (1971), S. 943. Der Orthopäde Volkmar Paeslak nannte 1.000-1.500 Kinder mit angeborenen Rückenmarksschädigungen jährlich: Volkmar Paeslak: »Rehabilitation von Patienten mit Paraplegien«, in: Die Rehabilitation 12 (1973), H. 3, S. 141-146, hier S. 145; Hans Wahle/Ilse Pampus: »Ergebnisse einer Nachuntersuchung aus dem Jahr 1961 bei 50 Rückenmarkgeschädigten mit kompletten irreversiblen Querschnittslähmungen«, in: Die Rehabilitation 4 (1965), H. 3, S. 121-131, hier S. 122; E. Steininger: Arbeitsamtsärzte (1973), S. 291; Niederschrift über die Gesamtvorstandssitzung der DeVg e.V. am 14.10.1964 in Münster, mit Anlage: Niederschrift über die 2. Sitzung des Arbeitsausschusses Querschnittsgelähmte am 14.10.1964, BArch B 189 9465.

288 | Vgl. Rudloff, Rehabilitation, Bd. 3 (2005), S. 521; Krankenhaus Evangelisches Stift St. Martin, Koblenz, Berufsgenossenschaftliche Sonderstation für Schwerunfallverletzte, Gerhard Leimbach, Schreiben an BMA, mit Anlage: Gedanken über die Rehabilitation Querschnittsgelähmter und ihre Wiedereingliederung in Deutschland, 13.5.1957, BArch B 142 553.

289 | Vgl. Ludwig Guttmann: »Grundsätzliches zur Rehabilitation von Querschnittsgelähmten«, in: Deutsche Zeitschrift für Nervenheilkunde 175 (1956), H. 2, S. 173-190.

290 | Das Zitat in Ernst Burkhardt: »Neues Leben für Rückgratverletzte: Hilfe durch den ›Vater der Gelähmten‹ Dr. Guttmann«, in: Frankfurter Rundschau, 8.10.1955. Vgl. zum Wissenstransfer z.B. »Die Eingliederung der Kindergelähmten und Querschnittsgelähmten«, in: NDV 37 (1957), H. 11/12, S. 345; BMI Abt. Vb2, Vermerk, 23.11.1955, BArch B 106 10676; BMA, Bericht über einen Studienaufenthalt im National Spinal Injuries Centre Stoke-Mandeville, 4.6.-31.8.1956, auf Einladung der Fédération Mondiale des Anciens Combattants, ebd.; M. Zuchold/L. Lemberg:

sche Presse der 1950er Jahre verehrte den Arzt. Während sich das Interesse der Medien vor allem auf seine Erfolge im Behindertensport konzentrierte – Guttmann hatte 1948 Sportwettkämpfe ins Leben gerufen, aus denen später die Paralympics entstanden[291] –, blickte die Ärzteschaft vor allem auf seine Behandlungsfortschritte. Guttmann wurde kopiert und imitiert, seine Methoden für den Einsatz in Deutschland modifiziert. Sein National Spinal Injuries Centre war das Ziel wahrer Pilgerreisen von deutschen Ärzten, Rehabilitationsexperten, Ministerialbeamten und Bundestagsabgeordneten.[292]

»Grundsätze für die Behandlung und Eingliederung Querschnittsgelähmter«, in: Archiv für orthopädische und Unfallchirurgie 49 (1957), H. 2, S. 193-195, hier S. 194; Kurt Lindemann: »Über Maßnahmen zur Berufsvorbereitung Querschnittsgelähmter im Rahmen der medizinischen Rehabilitation«, in: Archiv für orthopädische und Unfallchirurgie 53 (1961), H. 2, S. 152-154; D. Bruns: Erfahrungen (1961), S. 29-30; BT, 3. WP, Kurzprotokoll der gemeinsamen Sitzung des Ausschusses für Kriegsopfer- und Heimkehrerfragen, des Ausschusses für Sozialpolitik und des Ausschusses für Gesundheitswesen, Stenografischer Bericht über die Entgegennahme der Erfahrungsberichte über die Reisen zum Studium der Rehabilitation in den USA, Kanada, Endland und Süddeutschland, 26.1.1961, BArch N 1219 519; Walter Weiß: »Sport mit Querschnittsgelähmten«, in: Die Rehabilitation 10 (1971), H. 2, S. 84-92, hier S. 84. Sir Dr. Ludwig Guttmann (1899-1980), Neurochirurg, 1944-1966 Direktor des National Spinal Injuries Centre in Stoke-Mandeville.

291 | Vgl. zu den Anfängen der Paralympics L. Guttmann: Grundsätzliches (1956), S. 189-190; W. Weiß: Sport (1971), S. 84-85; Julie Anderson: »Turned into Taxpayers«: Paraplegia, Rehabilitation, and Sport at Stoke Mandeville, 1944-56, in: Journal of Contemporary History 38 (2003). H. 3, S. 461-475, hier S. 473. Zur Presse vgl. Ernst Burckhardt: »Neues Leben für Rückgratsverletzte. Hilfe durch den ›Vater der Gelähmten‹ Dr. Guttmann«, in: Frankfurter Rundschau v. 8.10.1955.

292 | Vgl. z.B. BMA, Bericht über einen Studienaufenthalt im National Spinal Injuries Centre Stoke-Mandeville, 4.6.-31.8.1956 auf Einladung der Fédération Mondiale des Anciens Combattants, BArch B 106 10676. Besuchsberichte verschiedener Ärzte in VdK e.V., Bericht über die 1. Bundeskonferenz für die Querschnittsgelähmten am 29.9.1959 in Bad Homburg, Referate, 20.1.1960, BArch B 142 553; Beirat für Orthopädie-Technik und Prüfungsanstalt für Neukonstruktionen von Kunstgliedern und orth. Hilfsmitteln beim BMA, Konstruktionsausschuss, W. Thomsen, Bericht an BMA, Ärztliche Abt., 3.8.1957, BArch B 149 2325; BT, 3. WP, Kurzprotokoll der gemeinsamen Sitzung des Ausschusses für Kriegsopfer- und Heimkehrerfragen, des Ausschusses für Sozialpolitik und des Ausschusses für Gesundheitswesen, Stenografischer Bericht über die Entgegennahme der Erfahrungsberichte über die Reisen zum Studium der Rehabilitation in den USA, Kanada, England und Süddeutschland, 26.1.1961, BArch N 1219 519; »Hilfsmaßnahmen für Körperbehinderte am und auf dem Weg zum Arbeitsplatz. 1. Teil«, in: Die Rehabilitation 6 (1967), H. 2, S. 49-69; »Hilfsmaßnahmen für Körperbehinderte am und auf dem Weg zum Arbeitsplatz. 2. Teil«, in: Die Rehabilitation 6 (1967), H. 3, S. 89-104; BMI Abt. Vb2, Vermerk, 23.11.1955, BArch B 106 10676; BMA, Bericht über einen Studienaufenthalt im National Spinal Injuries Centre Stoke-Mandeville, 4.6.-31.8.1956 auf Einladung der

Guttmann war zudem viel geladener Gast auf deutschen und internationalen Kongressen.

Nicht zuletzt dieser intensive internationale Wissenstransfer führte dazu, dass, wie es der Orthopäde Kurt Lindemann 1966 zynisch ausdrückte, Menschen mit Querschnittslähmungen begannen, die medizinischen Rehabilitationszentren zu »verstopfen«.[293] Indessen mussten, wie der VdK bereits 1959 auf einer Sitzung mit Kostenträgern und Abgeordneten warnte, »bedauernswerte Einzelfälle in völlig unzureichenden Krankenhäusern monatelang ›vergammeln‹, bis sie mit riesigen Decubiti in die richtigen Hände« gelangten.[294]

Es fehlte allerorts an Infrastruktur, Technik und geschultem Personal, um ihnen eine auf ihre Situation angepasste Rehabilitation anzubieten, die über die medizinische Akutbehandlung hinausging. 1968 standen, bei einem errechneten Bedarf von 1.400 Betten, etwa 420 Betten zur Verfügung. Im Januar 1970 errechnete der Ausschuss für Gesundheitsvorsorge und -fürsorge des Bundesgesundheitsrats einen Ausbaubedarf von mindestens 1.000 bis 1.600 Betten. Die Bundesregierung räumte schließlich 1973 öffentlich ein, dass die medizinische und berufliche Rehabilitation der Menschen mit Querschnittslähmungen und anderen irreversiblen Rückenmarksschädigungen unzureichend war.[295]

Fédération Mondiale des Anciens Combattants, ebd. Der Kult um seine Person zeigt außerdem, wie Presse und Politik versuchten, den erfolgreichen Arzt für die Bundesrepublik zu vereinnahmen und seine Leistungen in Großbritannien als etwas genuin Deutsches darzustellen.

293 | K. Lindemann: Schwerstbehinderten (1966), S. 47; Werner Boll: »Vocational Rehabilitation of Severely Disabled Persons«, in: Dicke, Werner/Jochheim, Kurt-Alphons/Müller, Marlis/Thom, Harald (Hg. im Auftrag der ISRD): Industrial Society and Rehabilitation – Problems and Solutions. ISRD-Proceedings of the Tenth World Congress Wiesbaden 11.-17.9.1966, Heidelberg 1967, S. 135-136, hier S. 136.

294 | Das Zitat in VdK e.V., Bericht über die Sitzung am 1.12.1959 in Bonn, 8.12.1959, BArch B 142 553; außerdem Bodo Stahr: »Die Wiedereingliederung Querschnittsgelähmter«, in: Sozialer Fortschritt 7 (1958), H. 8/9, S. 200; Deutsche Gesellschaft für Neurochirurgie, Resolution, 1968, BArch B 189 20891; V. Paeslak: Rehabilitation (1973), S. 145; K. Lindemann: Schwerstbehinderten (1966), S. 47; W. Boll: Rehabilitation (1967), S. 136.

295 | Die Quantifizierungen aus D. Bruns: Erfahrungen (1961), S. 30-31; H. Wahle/I. Pampus: Ergebnisse (1965), S. 130; Kurt-Alphons Jochheim/Hans Wahle: »Dauerergebnisse der beruflichen Wiedereingliederung bei Querschnittsgelähmten im Verlauf von vier Nachbeobachtungsjahren«, in: Die Rehabilitation 6 (1967), H. 1, S. 8-12, hier S. 12; H. Bette: »Statistische Untersuchungen an 100 Querschnittsgelähmten in den Häusern der Josefsgesellschaft«, in: Die Rehabilitation 8 (1969), H. 1, S. 29-31, hier S. S. 31; »Intensivierung der Rehabilitation«, in: Sozialpolitische Informationen v. 14.6.1968, S. 9; E. Gögler: Unfall (1971), S. 943; Deutsche Gesellschaft für Neurochirurgie, Resolution, 1968, BArch B 189 20891; BMJFG, Vermerk, 18.7.1973, BArch B 189 20891.

Bundesministerien und Behörden erkannten spät, dass medizinisch-technische Entwicklungen eine neue Gruppe von Menschen mit Behinderungen entstehen ließen, deren Vorhandensein nicht nur diskutiert und problematisiert, sondern mit praktischer Politik beantwortet werden musste, wenn das soziale Problem Behinderung hier rehabilitativ gelöst werden sollte. An wissenschaftlichen Problematisierungen fehlte es nicht, und diese erreichten auch den politischen Raum. Über zwanzig Jahre hinweg bearbeiteten verschiedenste Gremien an der Schnittstelle zwischen Expertenschaft und Politik diese Fragen, so etwa der ärztliche Sachverständigenbeirat des Bundesministeriums für Arbeit und Sozialordnung, die Deutsche Fachgesellschaft für Neurologie, die Deutsche Gesellschaft für Neurochirurgie, die DeVg und die Arbeitsgemeinschaft der Leitenden Medizinalbeamten der Länder.[296] Auch an Thematisierungsarbeit durch die Kriegsbeschädigtenverbände und ihre parlamentarischen Bezugspersonen wie Helmut Bazille (SPD), Maria Probst (CDU) oder Kurt Pohle (SPD) und später auch durch Selbsthilfeverbände mangelte es nicht.[297]

Spätestens nachdem der VdK im Oktober 1955 die Bundesregierung in einer umfangreichen Sachdokumentation aufgefordert hatte, Grundsätze für die Rehabilitation bei Querschnittslähmungen aufzustellen, war im Bundesarbeits- und Bundesinnenministerium bekannt, dass Experten- und Interessenvertretungen die medizinische und berufliche Rehabilitation einer wachsende Zahl von Menschen mit Querschnittslähmungen für möglich hielten und einforderten.[298] Die Ministerien stellten diese Option nicht einmal grundsätzlich in Frage. Sie veranlassten Bedarfsberechnungen, hörten Expertenmeinungen und schickten Vertreter auf Informationsreisen.[299]

---

296 | Vgl. Walter Weiß: »Rehabilitation Querschnittsgelähmter«, in: BArbl. 17 (1966), H. 2, S. 52-55, hier S. 52; Niederschrift über die Gesamtvorstandssitzung der DeVg e.V. am 14.10.1964 in Münster, mit Anlage: Niederschrift über die 2. Sitzung des Arbeitsausschusses Querschnittsgelähmte am 14.10.1964, BArch B 189 9465; Deutsche Gesellschaft für Neurochirurgie, Resolution, 1968, BArch B 189 20891.

297 | Vgl. als Beispiel VdK e.V., Bericht über die Sitzung am 1.12.1959 in Bonn, 8.12.1959, BArch B 142 553.

298 | Vgl. VdK e.V., Schreiben an BMA, 1.10.1955, BArch B 142 553.

299 | Vgl. BMI Abt. Vb3, Schreiben an BMA, 21.3.1958, BArch B 142 553; BMA Abt. Vb, Schreiben an BMI, 22.12.1958, ebd.; BMA Abt. IIb2, Schreiben an Abt. Vb3, 25.8.1959, ebd.; BMA Abt. Vb3, Schreiben an Bundesgesundheitsamt, 17.10.1959, ebd.; BMI Abt. V7, Schreiben an Innen- und Arbeitsminister der Länder, 17.12.1959, ebd.; BMI Abt. Vb3, Vermerk, 13.3.1956, BArch B 106 10676; BMI Abt. V7, Schreiben an Innen-, Arbeits- und Sozialminister der Länder, 30.12.1959, BArch B 142 553; VdK e.V., Bericht über die 1. Bundeskonferenz für die Querschnittsgelähmten am 29.9.1959 in Bad Homburg, Referat v. Bodo Stahr: Initiative und Verantwortung für Querschnittsgelähmte, 20.1.1960, BArch B 142 553; C. Clemens: Möglichkeiten, S. 779; Niederschrift über die Sitzung des Ausschusses Gesundheitsvor- und Fürsorge des Bundesgesundheitsrats am 9.1.1970 in Heidelberg, Referat v. Volkmar Paeslak, BArch B 189 20891; BMJFG, Vermerk, 18.7.1973, ebd.; E. Nechwatal/M. Stöger: »Was wird aus Querschnittsgelähmten?«, in: Die Rehabilitation 14 (1975), H. 3, S. 181-

Doch kam es kaum zu konkreten Umsetzungsversuchen. So lagen zum Beispiel den Dienststellen der Arbeitsvermittlung bereits 1955 ausformulierte, am englischen Vorbild orientierte Konzepte für die Arbeitsvermittlung und Ausrüstung mit technischen Hilfsmitteln am Arbeitsplatz vor. Es fehlte jedoch über Jahre hinweg an Einrichtungen, Personal und Geld, um diese umzusetzen.[300]

1959/60 begannen auf der Ebene der Bundesministerien Diskussionen über eine mögliche Arbeitsgemeinschaft der für die Rehabilitation bei Querschnittslähmungen in Frage kommenden Leistungsträger von Sozialhilfe, Rentenversicherung und Unfallversicherung, der Bundesministerien, des VdK und der Bundesanstalt für Arbeitsvermittlung und Arbeitslosenversicherung. Diese Arbeitsgemeinschaft hätte Zentren für die medizinische und berufliche Rehabilitation konzipieren sollen, die von allen Leistungsträgern genutzt werden konnten. Doch auch diese Überlegungen führten ins Leere.[301]

Im Lauf der Jahre verloren sich die Bundesressorts für Inneres, Arbeit und Gesundheit in Kompetenzstreitigkeiten, die das gegliederte System mit sich brachte. Als der VdK 1959 eine Initiative startete, um die Ministerien und Sozialleistungsträger untereinander abzustimmen, rief dies bei den Ministerien naturgemäß Widerstand hervor. Einem Interessenverband konnte nicht gestattet werden, Bundesdienststellen und -ministerien zu koordinieren.[302] Auch aus diesem institutionspolitischen Grund kam es nie zu dem sogenannten Sonderprogramm für Menschen mit Querschnittslähmungen,

---

186, hier S. 186; VdK e.V., Schreiben an BMA, 1.10.1955, BArch B 142 553; BMA Abt. Vb1, Vermerk für Besprechung im BMI am 20.11.1955, 17.11.1955, ebd.; BMI Abt. Vb2, Vermerk, 23.11.1955, BArch B 106 10676.

300 | Vgl. z.B. AA Dortmund, Schreiben an Präsidenten des LAA NRW, 20.7.1955, NRWHStA BR 1134 594; AA Gummersbach, Schreiben an Präsidenten des LAA NRW, 20.7.1955, ebd.; AA Schwelm, Schreiben an Präsidenten des LAA NRW, 14.7.1955, ebd.; AA Soest, Schreiben an Präsidenten des LAA, 14.7.1955, ebd.; »Die Eingliederung der Kindergelähmten und Querschnittsgelähmten«, in: NDV 37 (1957), H. 11/12, S. 345; Bundesausschuss der Kriegsbeschädigten und Kriegshinterbliebenenfürsorge beim BMI, Ergebnisprotokoll über die Sitzung am 2.2.1962 im Johannes- Straubinger-Haus in Wildbad/Schwarzwald, 24.4.1962, BArch B 149 6432. Hinzu kam, dass viele Praktiker noch nicht an Erfolge der Rehabilitation bei so schweren Verletzungen glauben konnten. Vgl. E. Steininger: Arbeitsamtsärzte (1973), S. 292; H. Achinger/W. Bogs/H. Meinhold/L. Neundörfer: u.a.: Sozialenquête (1966), S. 274.

301 | Vgl. z.B. VdK e.V., Bericht über die Sitzung am 1.12.1959 in Bonn, 8.12.1959, BArch B 142 553.

302 | Vgl. BMI, Vermerk, 18.12.1959, BArch B 142 553; BMA Abt. Vb1, Vermerk, Januar 1960, ebd.; BMA Abt. Vb1, Schreiben an BMI, Januar 1960, ebd.; BMA Abt. Vb1, Vermerk, 7.9.1960, ebd.; BMA Abt. Vb1, Vermerk, 22.2.1961, ebd.; BMJFG Abt. Ib6, Niederschrift über die Besprechung am 30.1.1970 im BMJFG, 6.2.1970, BArch B 189 20891.

wie es unter anderem der VdK forderte.[303] Ein Referenzbeispiel existierte bereits: Für die Rehabilitation der ca. 900 kriegsbeschädigten »Ohnhänder«, also Menschen, die ohne Hände lebten, war ab 1952 auf Anregung des VdK ein solches Programm entwickelt worden. Dessen Kern hatte eine ehrgeizige und großangelegte Umschulungskampagne gebildet, obwohl Bedarfsprüfungen der örtlichen Sozialverwaltungen nahe gelegt hatten, dass die Mehrheit der in Frage kommenden Personen sich dafür entweder nicht interessierte oder nicht eignete. Das »Ohnhänderprogramm« war ein Prestigeobjekt, an dem sich die Behindertenpolitik hatte beweisen sollen. Der erwünschte Erfolg war jedoch in vielen Fällen ausgeblieben.[304] Das Programm scheiterte nicht zuletzt daran, dass aus überzogenem Machbarkeitsglauben heraus Erfolgsprognosen gestellt worden waren, die mit den persönlichen Voraussetzungen der Rehabilitanden nicht übereinstimmten.[305] Diese Er-

303 | Vgl. BMA Abt. Vb1, Schreiben an VdK, 17.10.1959, BArch B 142 553; BMA Abt. Vb1, Vermerk, 1.10.1959, ebd.; VdK e.V., Bericht über die 1. Bundeskonferenz für die Querschnittsgelähmten am 29.9.1959 in Bad Homburg, Referat v. Ludwig Guttmann: Probleme der Paraplegie-Behandlung und Wiedereingliederung Querschnittsgelähmter, 20.1.1960, ebd.

304 | Vgl. VdK e.V., Schreiben an BMI, 28.5.1952, BArch B 106 10674; BMI, Schreiben an VdK e.V., 1.7.1952, ebd.; VdK e.V., Schreiben an BMI, 14.7.1952, ebd.; VdK e.V., Schreiben an BMI, 30.7.1953, ebd.; BMA Abt. IIb2, Vermerk, 18.5.1954, BArch B 149 6177; BMI Abt. V7, Schreiben an Innen- und Arbeitsminister der Länder, 17.12.1959, BArch B 142 553; BMI Abt. V3, Schreiben an Innen- und Sozialminister der Länder und oberste Arbeitsbehörden der Länder, 15.8.1958, BArch B 142 554; Das berufliche und soziale Schicksal der Ohnhänder. Auswertung der im Frühjahr 1957 von den Hauptfürsorgestellen durchgeführten Erhebung, ebd.; Ernst Goetz: »Das berufliche und soziale Schicksal der Ohnhänder«, in: BArbl. 9 (1958), H. 23, S. 659-663, hier S. 659; BMA, Schreiben an Präsidenten der BAVAV, Januar 1955, BArch B 106 10674. Kritische Stimmen z.B. in Orth. Versorgungsstelle Koblenz, Schreiben an Landesversorgungsamt Rheinland-Pfalz, 11.12.1956, BArch B 142 544; Orth. Versorgungsstelle Kassel, Schreiben an Landesversorgungsamt Hessen, 17.12.1956, ebd.; Sozialministerium des Landes Rheinland-Pfalz, Schreiben an BMA, 10.1.1957, ebd.; Präsident der BAVAV, Schreiben an BMA, 22.9.1955, BArch B 106 10674; Sozialministerium des Landes Rheinland-Pfalz, Schreiben an BMA, 24.5.1956, BArch B 142 554; Landesversorgungsamt Baden-Württemberg, Schreiben an Arbeitsministerium Baden-Württemberg, 22.5.1956, ebd.; Orth. Versorgungsstelle Landau/Pfalz, Schreiben an Landesversorgungsamt Rheinland-Pfalz, 5.5.1956, ebd.; Orth. Versorgungsstelle Hamburg, Schreiben an Landesversorgungsamt Hamburg, 9.5.1956, ebd.; Landesversorgungsamt Bayern, Schreiben an bayer. Staatsministerium für Arbeit und Soziale Fürsorge, 15.5.1956, ebd.; Senator für Arbeit Bremen, Schreiben an BMA, 30.5.1956, ebd.; Präsident der BAVAV, Schreiben an BMA, 20.10.1954, BArch B 149 6177.

305 | Vgl. Präsident der BAVAV, Schreiben an Präsidenten der Landesarbeitsämter (LAÄ), 31.8.1954, NRWHStA BR 1134 539; LAA NRW, Schreiben an AÄ im LAA-Bezirk, Oktober 1952, ebd.; AA Geldern, Schreiben an Präsidenten des LAA NRW, 13.10.1952, ebd.; LAA NRW, Schreiben an BAVAV, 24.9.1954, ebd.; Orth. Ver-

fahrungen mit dem »Ohnhänderprogramm« scheinen die Zurückhaltung der Bundesministerien vergrößert zu haben, was jedoch nicht expliziert wurde. Die Rehabilitation bei Querschnittslähmungen kam indessen sehr langsam in Gang und ließ bis weit in die 1970er Jahre zu wünschen übrig.

Unter einem ganz neuen Gesichtspunkt gerieten Menschen mit Querschnittslähmungen ab der zweiten Hälfte der 1960er Jahre wieder ins behindertenpolitische Visier: Erstmals wurden nun bauliche und technische Hindernisse der Umwelt als Rehabilitationshindernis problematisiert. Dabei dachten die am Diskurs beteiligten Akteure vor allem an Barrieren, die Rollstuhlnutzer und -nutzerinnen in ihrer Mobilität und ihrer Erwerbsfähigkeit einschränkten. Menschen mit Querschnittslähmungen machten nicht nur einen Großteil dieser Nutzergruppe aus, sie avancierten sogar zum Idealtyp, an dem sich der Barriereabbau orientierte. Kapitel 4.2 geht auf diese Entwicklung näher ein.

Zunächst sei jedoch darauf verwiesen, dass auch das Geschlecht einer Person in den behindertenpolitischen Thematisierungsprozessen funktionalisiert wurde. Dies betraf sowohl den individuellen Zugang zu Rehabilitationsmaßnahmen oder Hilfen als auch die Gesamtkonzeption der Behindertenpolitik. Insofern ist die im Kontext der Behindertenbewegung etablierte These, Menschen mit Behinderungen würden als geschlechtslose Wesen oder als drittes Geschlecht angesehen,[306] zu differenzieren, wenn es um den sozialrechtlichen Umgang mit Behinderungen und die Praxis der beruflichen Rehabilitation ging. Allerdings ist dem diese Bereiche überwölbenden Behinderungsdiskurs bis in die 1970er Jahre sehr wohl zu attestieren, dass Menschen mit Behinderungen als entsexualisierte oder kindlich asexuelle Wesen gedacht wurden bzw. nur also solche erträglich schienen. Selbstbestimmte Sexualität, Partnerschaft sowie die Gründung einer eigenen Familie wurden ihnen häufig kategorisch abgesprochen, insbesondere, wenn es sich um geistige oder seelische Andersheiten ging.[307] Diese hierarchische

---

sorgungsstelle Essen, Schreiben an Landesversorgungsamt Nordrhein, 30.12.1956, BArch B 142 554; Landeswohlfahrtsamt Rheinland-Pfalz, Hauptfürsorgestelle Koblenz, Schreiben an Sozialministerium Rheinland-Pfalz, Niederschrift über die 5. gemeinsame Besuchsfahrt zur Rehabilitation von Ohnhändern am 12.8.1957, 16.1.1958, ebd. Bundesweit vgl. E. Goetz: Schicksal (1958), S. 663; BMA, Schreiben an Thys Wyller, Sophies Minde Ortopedisk Hospital Oslo, 4.8.1965, BArch B 149 12170.

306 | Vgl. S. Boll/Th. Degener/C. Ewinkel/G. Hermes u.a.: Geschlecht (1985), S. 8.

307 | Vgl. u.a. H.-G. Sergl/F. Schmid: Lage (1972), S. 140; DeVg e.V., Niederschrift über die Gesamtvorstandssitzung am 25.10.1967 in Frankfurt a.M., BArch B 149 12172; Heinz Bach: Sexuelle Erziehung bei Geistigbehinderten, Berlin 1971, S. 21-23; Isolde Emich: »Das behinderte Mädchen. Gespräche in der Entwicklungszeit«, in: Das behinderte Kind 9 (1972), H. 2, S. 78-82, hier S. 80; Wolfgang Vater: »Geschlechtserziehung bei Schwerbehinderten«, in: Das behinderte Kind 12 (1975), H. 4, S. 190-196, hier S. 196; Karl-Josef Kluge/Ruppert Heidenreich: »Befreiende Sexualität – sexuelle Partnerschaft für Behinderte«, in: Kluge, Karl-Josef/Sparty, Leo (Hg.): Sollen, können, dürfen Behinderte heiraten? Bonn-Bad Godesberg 1977, S. 276-287,

Form der Ausgrenzung verweist auf eine beschränkte soziale Qualifikation, wenn auch der Diskurs mit der Lebenswirklichkeit vieler Menschen mit Behinderungen wenig gemeinsam hatte.[308]

Am Beispiel von Sozialrecht und Rehabilitation hingegen wird deutlich, dass Behinderung und Geschlecht als soziostrukturelle Kategorien, die unter anderem die sozialen Zugangschancen von Individuen und Kollektiven bestimmen, auf komplexe Weise miteinander verbunden sind. Allerdings ist die Analyse der Verwobenheit verschiedener Differenzkategorien sowie unterschiedlicher Dimensionen sozialer Ungleichheit methodisch schwierig, weil heterogene Daten zusammengeführt werden müssten. Im gegliederten System sozialer Sicherung bestimmten Erwerbsbiografie und Geschlecht die sozialrechtliche Position einer Person. Lediglich im staatlichen Versorgungswesen waren diese Kriterien zumindest formal nicht von Bedeutung.[309] In den 1950er bis 1970er Jahren unterschieden sich die Er-

---

hier S. 287; S. Boll/Th. Degener/C. Ewinkel/G. Hermes u.a.: Geschlecht (1985), S. 121, 126. Aus biografischer Perspektive Walburga Freitag: Contergan. Eine genealogische Studie des Zusammenhangs wissenschaftlicher Diskurse und biographischer Erfahrungen, Münster/New York/München/Berlin 2005, S. 270-277; Ursula Pixa-Kettner: »Behinderte Frauen und Reproduktionsarbeit: Behinderte Mütter«, in: Forkmann, Susanne/Sehrbrock, Peter/Al Asiri, Mahasen (Hg.): Frauen und Behinderung in Einer Welt/in der Dritten Welt. Symposium an der Carl von Ossietzky Universität Oldenburg, 8.-10.10.1999, Oldenburg 2000, S. 200-206, hier S. 201; Christine Meier Rey: Identität – Frau – Behinderung. Identitätsbildung und Identitätsentwicklung von Frauen mit Behinderungen, Univ. Diss. Zürich 1994, S. 89; Gisela Hermes: Behinderung und Elternschaft leben – kein Widerspruch. Eine Studie zum Unterstützungsbedarf körper- und sinnesbehinderter Eltern in Deutschland, Neu-Ulm 2004, S. 32-35.

308 | Die wenigen sozialgeschichtlichen Quellen zeigen, dass Menschen mit körperlichen Behinderungen unterschiedlicher Art und Ursache in der Tat heirateten, Partnerschaften pflegten und ein sexuell aktives Leben führten, wenngleich sie eine umfassende Quantifizierung nicht erlauben. Vgl. z.B. Isolde Emich: »Tagesablauf einer ›Ohnhänderin‹«, in: Die Rehabilitation 6 (1967), H. 1, S. 26-29; U. Bach: Behinderten (1974), S. 15-17; F. Saal: Leben (1994); Siegfried Liebscher: Der Behinderte ist normal. (Wenn man ihn normal behandelt.) Ein Lebensbericht, München 1971; C. F. Bruner: KörperSpuren (2005), S. 111-116; W. Freitag: Contergan (2005), S. 257, 297; Agnes Knape: Sollen, können, dürfen Gliedmaßengeschädigte, Dysmelie, Peromelie, Amelie, auch Amputierte heiraten?, in: Kluge, Karl-Josef/Sparty, Leo (Hg.): Sollen, können, dürfen Behinderte heiraten? Bonn-Bad Godesberg 1977, S. 103-106, hier S. 105; Georg Weimann: »Zur gegenwärtigen familiären Situation einiger Behindertengruppen. Einfluss von Behinderungsart und Erkrankungsalter auf eine Ehegründung«, in: Kluge, Karl-Josef/Sparty, Leo (Hg.): Sollen, können, dürfen Behinderte heiraten? Bonn-Bad Godesberg 1977, S. 261-275, hier S. 267.

309 | Vgl. H. Achinger: Gesellschaft (1967), S. 288; U. Schildmann: Lebensbedingungen (1983), S. 96; Gudrun-Axeli Knapp: »Dezentriert und viel riskiert: Anmerkungen zur These vom Bedeutungsverlust der Kategorie Geschlecht«, in: Knapp,

werbsbiografien von Frauen und Männern wesentlich voneinander. Frauen waren seltener abhängig auf dem regulären Arbeitsmarkt beschäftigt und somit auch seltener selbst sozialversichert. Nach dem Zweiten Weltkrieg erlebte das Leitbild des männlichen, lebenslang voll erwerbstätigen Familienernährers sogar einen merklichen Aufschwung. Der verheirateten Frau wurde höchstens die Rolle der Zuverdienerin in Notzeiten zugestanden. Dies korrespondierte mit einer Restauration des konservativen Sozialstaatsmodells, das auf einer männlichen Idealklientel basierte.

Doch immer mehr Familien entsprachen im Lauf der 1950er und 1960er Jahre den gesellschaftlichen Normerwartungen nicht mehr oder nur noch teilweise. Auch der Arbeitskräftebedarf der boomenden Wirtschaft ließ die längerfristige Erwerbstätigkeit auch von verheirateten Frauen zunehmend wünschenswert erscheinen.[310] Die außerhäusliche, abhängige Erwerbsarbeit insbesondere der verheirateten Frauen und Mütter nahm zu, wenngleich die Frauenerwerbsquote insgesamt und damit der Anteil der Frauen, die selbst Anwartschaften auf die Sozialversicherung erwarben, zwischen 1950 und 1980 relativ konstant bei 30 bis 33 Prozent rangierte.[311]

Nicht erwerbstätige Frauen waren in der Regel lediglich in der Krankenversicherung familienversichert. Bis 1974 hatte die gesetzliche Kran-

---

Gudrun-Axeli/Weterer, Angelika (Hg.): Soziale Verortung der Geschlechter. Gesellschaftstheorie und feministische Kritik, 2. Aufl. Münster 2000, S. 15-62, hier S. 45.

310 | Vgl. Anhangtabelle Erwerbsarbeit 2, Bericht der Bundesregierung über die Situation der Frauen in Beruf, Familie und Gesellschaft, BTDrs V/909 v. 14.9.1966, S. 357-358; Christine v. Oertzen: »Teilzeitarbeit für die ›moderne‹ Ehefrau: Gesellschaftlicher Wandel und geschlechtsspezifische Arbeitsteilung in den 1960er Jahren«, in: Frese, Matthias/Paulus, Julia/Teppe, Karl (Hg.): Demokratisierung und gesellschaftlicher Aufbruch. Die sechziger Jahre als Wendezeit der Bundesrepublik, Paderborn/München/Wien/Zürich 2002, S. 63-81, hier S. 63-65; Karin Hausen: »Frauenerwerbstätigkeit und erwerbstätige Frauen. Anmerkungen zur historischen Forschung«, in: Budde, Gunilla-Friederike (Hg.): Frauen arbeiten. Weibliche Erwerbstätigkeit in Ost- und Westdeutschland nach 1945, Göttingen 1997, S. 19-45, hier S. 27-28, 31; Ute Frevert: »Frauen auf dem Weg zur Gleichberechtigung – Hindernisse, Umleitungen, Einbahnstraßen«, in: Broszat, Martin (Hg.): Zäsuren nach 1945. Essays zur Periodisierung der deutschen Nachkriegsgeschichte, München 1990, S. 113-130, hier S. 124; Merith Niehuss: »Kontinuität und Wandel der Familie in den 50er Jahren«, in: Schildt, Axel/Sywottek, Arnold (Hg.): Modernisierung im Wiederaufbau. Die westdeutsche Gesellschaft der 50er Jahre, akt. Ausgabe Bonn 1998, S. 316-334, hier S. 327-329; Julia Paulus: »Familienrollen und Geschlechterverhältnisse im Wandel«, in: Frese, Matthias/Paulus, Julia/Teppe, Karl (Hg.): Demokratisierung und gesellschaftlicher Aufbruch. Die sechziger Jahre als Wendezeit der Bundesrepublik, Paderborn/München/Wien/Zürich 2002, S. 107-119, hier S. 109-110, 115-116.

311 | Niehuss, Merith: »Einführung«, in: Frese, Matthias/Paulus, Julia/Teppe, Karl (Hg.): Demokratisierung und gesellschaftlicher Aufbruch. Die sechziger Jahre als Wendezeit der Bundesrepublik, Paderborn/München/Wien/Zürich 2002, S. 27-37, hier S. 31.

kenversicherung aber keinen Rehabilitationsauftrag und führte demnach keine Rehabilitationsleistungen über die medizinischen Akutmaßnahmen hinaus durch. Erst seit der Rentenreform von 1972 konnten sich auch nicht erwerbstätige Frauen in der gesetzlichen Rentenversicherung versichern.[312] Bis zu diesem Zeitpunkt verfügten folglich viele Frauen nicht über einen Rechtsanspruch auf Rehabilitation, wenn sie nicht die Bedürfnisbedingungen der Sozialhilfe erfüllten. Dies drückte sich quantitativ beispielsweise an den Quoten der amtlich-gutachterlichen Anerkennung von Behinderungen aus, die der erste Schritt zu einer Zuerkennung sozialstaatlicher Hilfen war. 1962, so eine Schätzung des Statistischen Bundesamts, verfügten 80 Prozent der Männer, die mit Behinderungen lebten, aber nur 50 Prozent der Frauen über eine amtliche Anerkennung.[313]

Rehabilitation war Männersache. Der absolute und relative Anteil von Frauen an den beruflichen Rehabilitationsmaßnahmen in der Bundesrepublik Deutschland beispielsweise lag bis 1960 bei etwa 15 Prozent – bei einer Frauenerwerbsquote von etwa 30 bis 33 Prozent.[314] Dies lässt sich nicht hinreichend damit erklären, das manche Behinderungen, die eine Rehabilitation nach sich zogen, wie etwa bestimmte chronische Erkrankungen von Herz- und Kreislauf, bei Männern häufiger diagnostiziert wurden als bei Frauen.

Seit 1960 begann der Frauenanteil in der beruflichen Rehabilitation durch die Unfall- und Rentenversicherung jedoch zu steigen. Ein Aufholprozess war im Gang. Innerhalb des allgemeinen Wachstumstrends der beruflichen Rehabilitation nahm im Jahr 1964 sogar die Zahl der weiblichen Rehabilitanden stärker zu als die der männlichen und die Gesamtzahl. Allerdings erreichte der Frauenanteil noch immer nicht mehr als 17 Prozent.[315] Eine 1967 veröffentlichte Studie verglich dies mit dem aus den USA

312 | Vgl. Hildegard Schürer: »Möglichkeiten der Rehabilitation der nicht erwerbstätigen behinderten Frau. 6. Arbeitstagung des Deutschen Ausschusses für die Eingliederung Behinderter in Arbeit, Beruf und Gesellschaft«, in: BArbl. 19 (1968), H. 9/10, S. 277-282, hier S. 278.

313 | Vgl. E. Glombig: Rehabilitation (1964), S. 14; Konrad Fischinger: »Die Körperbehinderten in Bayern 1950«, in: Zeitschrift des bayerischen statistischen Landesamts 86 (1954), H. 1/2, S. 43; »Tabelle Körperbehinderte nach der Ursache und Anerkennung der Behinderung«, in: Bericht der Bundesregierung über die Situation der Frauen in Beruf, Familie und Gesellschaft, BTDrs V/909, 14.9.1966, S. 601.

314 | Vgl. A. Seifriz: Rehabilitation (1962), S. 242; M. Niehuss: Einführung (2002), S. 31.

315 | Präsident der BAVAV, Auswertung der zahlenmäßigen Ergebnisse des Jahres 1964, 28.5.1965, BArch B 119 3268; Berufsförderungswerk Bad Pyrmont: Chronik des Berufsförderungswerks Bad Pyrmont, ehemals Landesversehrtenberufsfachschule, 1945-1995, Bad Pyrmont 1995, S. 39. Vgl. zum Anstieg der Arbeitsunfälle und Berufskrankheiten bei Frauen Klaus-Jörg Ruhl: Verordnete Unterordnung. Berufstätige Frauen zwischen Wirtschaftswachstum und konservativer Ideologie in der Nachkriegszeit (1945-1963), München 1994, S. 312-317.

gemeldeten Frauenanteil von 40 Prozent. Noch 1972 nahmen an den beruflichen Rehabilitationsmaßnahmen in Deutschland noch immer weniger als ein Drittel Frauen teil.[316]

Zu einem Teil erklärt sich diese Diskrepanz auch daraus, dass die Rehabilitationsträger ihren Rehabilitationsauftrag bei Männern und Frauen noch in den 1960er Jahren unterschiedlich auslegten. Frauen wurden tendenziell seltener Angebote gemacht, wie der Leiter eines Berufsförderungswerks 1966 festhielt.[317] Auch die behördliche Verwaltungsorganisation unterschied zwischen Männern und Frauen. Dies zeigt beispielsweise das Organisationsschema der bayerischen und nordrhein-westfälischen Arbeitsämter bis ins Jahr 1970. Gruppenleiterinnen der regulären Frauenvermittlung bearbeiteten in den Arbeitsämtern die beruflichen Anliegen der Rehabilitandinnen. Männer mit Behinderungen wurden hingegen von spezialisierten Vermittlungsstellen für Schwerbeschädigte betreut. Auch die Landesarbeitsämter integrierten das Sachgebiet Rehabilitation von Frauen erst 1970 in das Referat für Rehabilitation und Schwerbeschädigtenvermittlung.[318] Ein Indiz für eine daraus resultierende geschlechtsspezifische Benachteiligung von Frauen ist darin zu erkennen, dass die Beschäftigten der Spezialstellen seit den 1950er Jahren umfangreiche Aus- und Fortbildungslehrgänge[319] durchliefen,

---

316 | Zum amerikanischen Vergleichsmaterial W. E. Simmat: Psychologie (1967), S. 163; zum steigenden Frauenanteil bis 1972 vgl. Presse- und Informationsamt der Bundesregierung (Hg.): Jahresbericht der Bundesregierung 1970, Bonn 1971, S. 386. Die Gesamtstatistik von 1972 wies ohne Einbezug der KOV und der Sozialhilfe einen Anteil von 67,5 Prozent Männern und 32,5 Prozent Frauen an der beruflichen Rehabilitation aus. Vgl. Georg Ilgenfritz: »Daten zur medizinischen Rehabilitation in der Rentenversicherung und Heilstättenplanung«, in: BArbl. 23 (1972), H. 1, S. 16-20, hier S. 16.

317 | Vgl. Werner Boll: »Gibt es genügend Plätze für die Eingliederung Behinderter in Arbeit, Beruf und Gesellschaft?«, in: Die Rehabilitation 5 (1966), H. 1, S. 25-30, hier S. 29.

318 | Vgl. Präsident des LAA Südbayern, Rundverfügung 4/58 an Direktoren der AÄ, 6.2.1958, StAM AÄ 696; Präsident des LAA Südbayern, Schreiben an Direktoren der AÄ, 6.8.1953, StAM AÄ 698; AA Freising, Schreiben an Präsidenten des LAA Südbayern, 28.8.1953, ebd.; LAA NRW, Vermerk über die Arbeitstagung der ersten Fachkräfte für Rehabilitation und Schwerbeschädigtenvermittlung sowie der technischen Berater v. 4.5.-6.5.1970 im Berufsförderungswerk (BFW) Köln-Michaelshoven, 2.7.1970, NRWHStA BR 1134 1374.

319 | Zur Qualifizierung in der Arbeitsverwaltung: Präsident des LAA NRW, Rundverfügung 113/49 an Direktoren der AÄ, NRWHStA BR 1134 337; Präsident des LAA NRW, Rundverfügung 258/53 an Direktoren der AÄ, 3.7.1953, NRWHStA BR 1134 624; LAA NRW, Niederschrift über die Arbeitstagung der hauptamtlichen Ärzte, 1. Schwerbeschädigtenvermittler und technischen Berater der rheinischen AÄ am 24.7.1963 in Köln, NRWHStA BR 1134 612; Präsident des LAA Südbayern, Niederschrift über den Fachlehrgang für die Schwerbeschädigtenvermittler v. 2.-6.11.1954 in Tutzing, 26.7.1955, StAM AÄ 968; LAA Südbayern, Ergebnisniederschrift der

an denen Sachbearbeiter und Sachbearbeiterinnen der übrigen Abteilungen der Arbeitsämter nicht teilnahmen. Bemerkenswert an der organisatorischen Doppellösung ist auch, dass bei den Frauen offenbar das Geschlecht, bei den Männern jedoch die Behinderung ausschlaggebend war.

Aus arbeitsmarktpolitischen Überlegungen war das skizzierte Ungleichgewicht in der beruflichen Rehabilitation um die Mitte der 1960er Jahre aus der Sicht der Bundesanstalt für Arbeitsvermittlung und Arbeitslosenversicherung und des Bundesarbeitsministeriums nicht mehr akzeptabel. Infolge dieses Umdenkens wurden die Qualität und Attraktivität der Rehabilitationsangebote für Frauen kritischen Prüfungen unterzogen.[320] Für Frauen sei die berufliche Rehabilitation nicht attraktiv, urteilte 1965 der Beratende Ausschuss bei der Bundesanstalt für Arbeitsvermittlung und Arbeitslosenversicherung:

»Die Entwicklung der beruflichen Rehabilitation für Frauen ist bis heute noch überwiegend bei den Berufen Weben, Nähen, Stricken und Häkeln (sogenannte Fadenberufe) stehen geblieben. Es sollte möglich sein, bereitwillige Träger zu finden und Mustereinrichtungen zu schaffen, die auch für Frauen den Anreiz bieten, sich den gehobenen Tätigkeiten in aussichtsreichen Berufen durch Maßnahmen der Arbeits- und Berufsförderung zuzuwenden.«[321]

Es zeigte sich auch, dass Infrastrukturen und Methoden vorrangig auf Männer ausgerichtet waren. Die meisten Einrichtungen, selbst die Rehabilitationskrankenhäuser, nahmen Mädchen und Frauen gar nicht auf. Zudem waren Politik, Arbeitsverwaltung und Einrichtungsträger von sogenannten klassischen Frauenberufen ausgegangen, als sie Rehabilitationsangebote für Frauen konzipierten. Sie hatten dabei die Berufsentwicklung verpasst. Zwar wurde seit der Mitte der 1960er Jahre auch das Angebot für Männer und männliche Jugendliche als überholt kritisiert, in der Frauenrehabilitation galt das aber in besonderem Maße.[322] Angesichts dessen herrschte eine gewisse Ratlosigkeit in der Arbeitsverwaltung und unter den Trägern der

---

Dienstbesprechung mit den Leitern der Schwerbeschädigtenvermittlungsstellen am 2.12.1955 im LAA, 16.4.1956, ebd.; LAA NRW, Niederschrift über die Tagung der 1. Schwerbeschädigtenvermittler und der technischen Berater v. 25.-29.1.1965 in Marienheide, NRWHStA BR 1134 639; A. Seifriz: Rehabilitation (1962), S. 24; J. Kais: Kernproblem (1951), S. 8.

320 | Vgl. Präsident der BAVAV, Auswertung der zahlenmäßigen Ergebnisse des Jahres 1964 der Arbeits- und Berufsförderung behinderter Personen gemäß § 39 Abs. 3 AVAVG, 28.5.1965, BArch B 119 3268.

321 | BAVAV, Ergebnisprotokoll über die 17. Sitzung des Beratenden Ausschusses der BAVAV am 15./16.6.1965, 26.7.1965, BArch B 119 3268.

322 | Vgl. BMA Abt., Niederschrift über die 4. Arbeitstagung des Deutschen Ausschusses für die Eingliederung Behinderter in Arbeit, Beruf und Gesellschaft am 3./4.6.1965, Referat v. Josef Berning: Fortschritt der Technik und berufliche Anpassung, 24.8.1965, BArch B 172 1913; DGB-Arbeitskreis Sonderausbildung für Be-

Rehabilitationseinrichtungen. Neue attraktive Berufsangebote sollten ›frauenspezifisch‹ sein und reelle Chancen auf dem allgemeinen, vor allem industriellen – männlich konnotierten – Arbeitsmarkt bieten. Ließ sich das vereinbaren?

Zudem war vielen behindertenpolitischen Akteuren weitgehend unklar, wie Frauen mit Behinderungen bisher lebten. Heirateten sie oder lebten sie bei ihren Eltern? Inwieweit bedurften sie einer beruflichen Tätigkeit zur Existenzsicherung? Bei Männern und männlichen Jugendlichen gab der Behinderungsdiskurs bereits vor, dass sie erwerbstätig sein oder werden sollten. Mädchen und Frauen mit Behinderungen wurden hingegen in den 1960er Jahren geradezu ›entdeckt‹. In der Folge erhoben verschiedene Gremien und Forschungsteams Daten über ihre Lebenssituationen. Auch der bundesdeutschen Frauenenquête von 1968 war zu entnehmen, dass Frauen mit Behinderungen, die beruftätig sein mussten oder wollten, auf besondere Probleme stießen.[323] Der Deutsche Ausschuss für die Eingliederung Behinderter in Arbeit, Beruf und Gesellschaft ließ sich 1968 in Fachreferaten unter dem Rahmenthema »Die Rehabilitation der behinderten Frau« darüber informieren, verlor sich aber in Vermutungen. Die Sitzungsteilnehmer überlegten, dass Frauen, die seit Kindheit oder Jugend mit Behinderungen lebten, vielleicht keine Chancen auf eine Eheschließung hätten und daher beruflich rehabilitiert werden müssten, um für sich selbst sorgen zu können. Möglicherweise habe eine befriedigende Erwerbstätigkeit auch eine besondere emotionale Bedeutung für sie?[324]

Hier wird zweierlei deutlich. Die Definition von Behinderung als Unfähigkeit zur Erwerbsfähigkeit war männlich gedacht, ebenso die Normalisierungs- und Rehabilitationsstrategie der Wiederherstellung oder Eingliederung durch Erwerbsarbeit. War vom besonderen individuellen und sozialen Nutzen der Erwerbsarbeit die Rede, galt dies nur für Männer. Zweitens musste Erwerbsbefähigung als Antwort auf Behinderung bei Frauen erst einmal erdacht und akzeptiert werden. Umgekehrt war hier die Konstruktion der erwerbstätigen Frau mit Behinderung im Gange.

Welchen Beruf fände wohl eine Frau, die mit einer Körperbehinderung lebte, attraktiv?, überlegte 1964 der Prälat Theodor Luig von der Josefsgesellschaft, ein Kenner der Rehabilitationspraxis, auf einer Sitzung des Deutschen

---

hinderte, Siegfried Oliver Lübke: Zur beruflichen Bildung Behinderter [o.Dat., 1975], AdsD DGB-Archiv DGB-Bundesvorstand Abt. Berufliche Bildung 24/8902.

323 | Vgl. Bericht der Bundesregierung über die Situation der Frauen in Beruf, Familie und Gesellschaft, BTDrs V/909 v. 14.9.1966, Übersicht S. 391.

324 | Zur Ausschussdebatte BMA Abt. IIa2, Niederschrift über die 6. Arbeitstagung des Deutschen Ausschusses für die Eingliederung Behinderter in Arbeit, Beruf und Gesellschaft am 29.2./1.3.1968 in Bonn, 10.4.1968, BArch B 172 2832. Vgl. auch die Fachreferate Charlotte Brauer: »Probleme der Rehabilitation der erwerbstätigen Frau. 6. Arbeitstagung des Deutschen Ausschusses für die Eingliederung Behinderter in Arbeit, Beruf und Gesellschaft«, in: BArbl. 19 (1968), H. 9/10, S. 272-276; H. Schürer: Möglichkeiten (1968), S. 277-282.

Ausschusses für die Eingliederung Behinderter in Arbeit, Beruf und Gesellschaft: »Vielleicht fühlen sie sich nicht hingezogen zu den üblichen weiblichen Berufen der Damenschneiderin oder der Wäscheschneiderin oder der Kleiderfabrikation usw.?« Er berichtete, dass in Nordrhein-Westfalen die Josefsgesellschaft, die Innere Mission und das Landesarbeitsamt gemeinsam nach neuen Berufsausbildungsmöglichkeiten für Mädchen und Frauen mit Behinderungen gesucht hätten. Man wolle nun die Arbeitsverwaltung und die Industrie darum bitten, neue Ausbildungsplätze zu schaffen, wisse aber nicht, wie diese beschaffen sein müssten: »Ich glaube, wir, ich hatte soeben im Gespräch den Eindruck, denken, unbewusst natürlich, vordergründig immer nur an unsere Männer und unsere Jungen. Unsere Frauen sind in der Rehabilitation weitgehend noch vergessen. Das meine ich wenigstens, das soll kein Vorwurf sein, sondern ist nur eine Feststellung.«[325]

Dieses Problem reichte, wie 1966 ein technischer Berater bei der Bundesanstalt feststellte, bis in die Phase der Schulbildung zurück. Mädchen und Frauen mit Behinderungen fehlte bereits das »Bildungsfundament«.[326] Zwar machte die Schulpflicht, die zu diesem Zeitpunkt bereits einen Großteil der Menschen mit Behinderungen erfasste, keine geschlechtsspezifischen Unterschiede. Da aber längst nicht alle Sonder- und Heimschulen Mädchen aufnahmen und die Regelschulen vielen verschlossen blieben, ergaben sich sehr unterschiedliche Bildungschancen. Zudem verließen Mädchen mit Behinderungen die Regel- und Sonderschulen mit durchschnittlich niedrigeren Bildungsabschlüssen als Jungen. Dies galt insbesondere für die höheren Schulen und die Universitäten. 1965 waren unter den Studierenden mit Behinderungen an deutschen Universitäten und Hochschulen nur 13 Prozent Frauen, obwohl der allgemeine Frauenanteil unter den Studierenden bereits 23 Prozent betrug.[327] Von der Expansion der Bildungs- und Ausbildungssysteme unter der Großen Koalition profitierten Mädchen mit Behinderungen im Vergleich weniger als Mädchen ohne Behinderungen und Jungen mit oder ohne Behinderungen.[328]

Arbeitsverwaltung und Einrichtungsträger begaben sich in den 1960er Jahren explizit auf die Suche nach geeigneten Berufen. Diese sollten »frauengerecht« sein, wie etwa die Berufe der Arzthelferin, der medizinisch-technischen Assistentin oder der Laborassistentin. Die Bundesanstalt für Arbeitsvermittlung und Arbeitslosenversicherung hielt 1968 zudem den

325 | BMA, Tonbandwiedergabe der 3. Tagung des Deutschen Ausschusses für die Eingliederung Behinderter in Arbeit, Beruf und Gesellschaft am 30.6./1.7.1964, BArch B 149 6459.

326 | Josef Berning: »Wie wirkt sich die berufliche Anpassung an den technischen Fortschritt auf die Rehabilitation Behinderter aus?«, in: BArbl. 17 (1966), H. 2, S. 59-64, hier S. 63.

327 | Vgl. Fandrey, Krüppel (1990), S. 205.

328 | Vgl. Ch. Brinkmann/L. Gierse: Bedarf (1974), S. 76; U. Frevert: Frauen (1990), S. 124. Zur Bildungsexpansion A. Schildt: Sozialgeschichte (2007), S. 64-65; O. Anweiler, Bildungspolitik, Bd. 5 (2006), S. 751.

Schalterdienst bei Post, Bundesbahn oder Behörden für besonders geeignet, wollte den Mädchen jedoch erst Sicherheit in den »weiblichen Fähigkeiten« anerziehen.[329] Diese Suche nach Frauenberufen entsprach ganz dem Berufsdiskurs des Jahrzehnts, der die Ausbildung und Vermittlung in biologistisch definierte Frauenberufe zu einer besonderen Förderung der Frau deklarierte, nicht etwa den gleichberechtigten Zugang zu allen Berufen.[330] Die Zahl spezifischer Frauenberufe galt als begrenzt. Wenn zu dem gemeinhin auf dem Arbeitsmarkt disqualifizierenden Merkmal des weiblichen Geschlechts noch das Kriterium Behinderung traf, reduzierten sich die beruflichen Wahlmöglichkeiten enorm.

Prekär war auch die Lage der Hausfrauen, sowohl was das Sozialrecht als auch was die Rehabilitation anging. Die Hausfrau Hildegard B. wandte sich 1955 an den Beirat für Versorgungsrecht beim Bundesarbeitsministerium, weil sie sich benachteiligt fühlte. Als Schwerkriegsbeschädigte war sie zwar besser positioniert als die meisten Hausfrauen, um aber ihren Haushalt führen zu können, bedurfte sie einer Haushaltshilfe. Für deren Gehalt reichte ihre Grundrente nicht aus.[331] Frau B. musste das Geld anderweitig aufbringen. Das fand sie ungerecht. Ein männlicher verheirateter Schwerbeschädigter müsse seine Grundrente nicht für eine Haushaltshilfe aufwenden und habe zudem oft ein Einkommen aus seiner Erwerbstätigkeit. Von den kriegsbeschädigten Hausfrauen werde aber erwartet, dass sie ihren Haushalt führten, auch wenn sie das nicht ohne fremde Hilfe könnten. Frau B. forderte deshalb, kriegsbeschädigten Frauen eine Aufwandsentschädigung zuzugestehen, wenn sie eine Haushaltshilfe benötigten. Aus dem Bundesarbeitsministerium erging eine lakonische Antwort: »Ähnliche Schwierigkeiten wie eine armamputierte Ehefrau wird ein armamputierter, allein stehender männlicher Schwerbeschädigter haben. In derartigen Fällen wird, soweit der Ehepartner nicht Hilfe leisten kann, für Verrichtungen, die der Amputierte auch bei längerer Übung nicht selbst vornehmen kann,

329 | Vgl. Präsident der BAVAV, Bericht: Arbeits- und Berufsförderung behinderter Personen – Berufliche Rehabilitation – Zusammenstellung der Ergebnisse für das Jahr 1967, mit Anlage: Erfahrungen bei der beruflichen Eingliederung besonderer Personenkreise, 5.7.1968, BArch B 119 3269; J. Berning: Wie wirkt (1966), S. 63; BRD, Bericht an die Organisation für wirtschaftliche Zusammenarbeit und Entwicklung über die Lage des Arbeitsmarkts in der Bundesrepublik Deutschland im Jahre 1963, OECD-Dokument MO (64), 10.6.1964, BArch B 149 4778.

330 | Vgl. Michaela Kuhnhenne: Frauenleitbilder und Bildung in der westdeutschen Nachkriegszeit. Analyse am Beispiel der Region Bremen, Wiesbaden 2005, S. 303, 306, 311; Otto Uhlig: Arbeit – amtlich angeboten. Der Mensch auf seinem Markt, Stuttgart/Berlin/Köln/Mainz 1970, S. 305; S. Boll/Th. Degener/C. Ewinkel/G. Hermes u.a.: Geschlecht (1985), S. 135, 140.

331 | Eine Verwaltungsvorschrift zum § 39 BVG stellte sicher, dass die Tätigkeit als Hausfrau einem Beruf im Sinne des § 30 Abs. 2 BVG gleichstand und damit eine MdE gutachterlich festgesetzt werden konnte, auf deren Grundlage eine Grundrente gezahlt wurde.

die Hilfe sonstiger Familienangehöriger oder von Nachbarn in Anspruch genommen werden müssen.«[332] Das Sozialleistungsrecht begründete also auch innerhalb einer sozialrechtlich privilegierten Gruppe geschlechtsspezifische Ungleichheiten.

1955 befasste sich auch der Ausschuss für gemeinsame Fragen der Fürsorge und der Arbeitsverwaltung beim Deutschen Verein für öffentliche und private Fürsorge erstmals mit der Lage der Hausfrauen mit Behinderungen. Er empfand die fehlende Unfall- und Rentenversicherung der Hausfrauen als gravierende Lücke im Sozialrecht. Der Ausschuss riet jedoch davon ab, dies zu ändern und an die »Lokomotive Rehabilitation« zu viel anzuhängen.[333] Aus dieser Perspektive schienen finanzielle Hilfen für Hausfrauen gerade noch gerechtfertigt, nicht aber eine Rehabilitationsmaßnahme.[334] Solange Behinderung mit der Unfähigkeit zur außerhäuslichen Erwerbsarbeit identifiziert wurde, fielen Hausfrauen nicht einmal zwingend in diese Kategorie.

Jedoch begannen Rehabilitationsfachkräfte in den 1960er Jahren zu problematisieren, dass sich Hausfrauen, die plötzlich durch Krankheit oder Unfall mit einer Behinderung zurechtkommen mussten, nicht adäquat auf die Rückkehr in ihren Alltag vorbereiten konnten. So verfügte die Beschäftigungstherapie meist weder über Konzepte noch über Übungseinrichtungen, mit denen die Frauen ihre täglichen Verrichtungen trainieren konnten. Wie sollten sie lernen, wie der Alltag mit einer Behinderung zu bewältigen war? Wer nahm ihnen während der Rehabilitationsmaßnahmen die Sorge um Haushalt und Familie ab? Im Angebot der Einrichtungen klaffte eine Lücke. Die beruflichen Rehabilitationszentren fühlten sich nicht angesprochen und die medizinischen waren nicht darauf eingestellt.[335] Noch am Ende der 1960er Jahre wurden Hausfrauen deshalb häufig dauerhaft in Pflegeheimen untergebracht. Das erwerbsarbeitszentrierte, von der Sozialversicherung dominierte Rehabilitationssystem scheiterte an ihnen.

Die Träger der Sozialhilfe mit ihrem breiteren Behinderungs- und Rehabilitationsbegriff konnten Behinderungen von Hausfrauen zwar immerhin systemkonform erklären, griffen aber kaum in die Gestaltung der Einrichtungen, die sie mit Rehabilitandinnen beschickten, ein. So wurden in diesen Häusern im Lauf des Jahrzehnts vor allem die Beschäftigungsthe-

---

332 | BMA Abt. II2b, Vermerk, 27.9.1955, BArch B 149 6175; BMA Abt. IIb, Schreiben an Abt. V, ebd.; BMA, Niederschrift über die Sitzung der Referenten der KOV der obersten Arbeitsbehörden der Länder am 16.2.1954 im BMA, BArch B 149 1806.

333 | DV e.V., Niederschrift über die Sitzung des Fünferausschusses im Ständigen Ausschuss für gemeinsame Fragen der Fürsorge und der Arbeitsverwaltung am 28.11.1955, S. 11, BArch B 106/10774.

334 | Vgl. für die 1960er Jahre BMA Abt. IIa2, Niederschrift über die 6. Arbeitstagung des Deutschen Ausschusses für die Eingliederung Behinderter in Arbeit, Beruf und Gesellschaft am 29.2./1.3.1968 in Bonn, 10.4.1968, BArch B 172 2832.

335 | Vgl. H. Achinger/W. Bogs/H. Meinhold/L. Neundörfer u.a.: Sozialenquête (1966), S. 270; H. Schürer: Möglichkeiten (1968), S. 277-282. U. Schildmann: Lebensbedingungen (1983), S. 69.

rapeutinnen selbst aktiv. Sie entwickelten und publizierten Übungspläne, sammelten Ideen für technische Hilfsmittel, die den Alltag erleichterten und forderten den Einbau entsprechender Übungsräume. Dabei rezipierten sie intensiv Konzepte aus dem skandinavischen und angelsächsischen Ausland.[336] In Zusammenarbeit mit dem Deutschen Roten Kreuz entstanden beispielsweise die Empfehlungen »Die Arbeit erleichtern – auch für die behinderte Hausfrau«, eine Sammlung von Hinweisen für den Abbau von Hindernissen in Privathaushalten.[337]

Doch die Verbreitungsgeschwindigkeit solcher Vorstöße von der Basis aus war gering. Dies lag nicht zuletzt an den Finanzierungsmöglichkeiten und damit am Bundessozialhilfegesetz. Die Eingliederungshilfeverordnung zum Bundessozialhilfegesetz stellte in § 16 die Tätigkeit der Hausfrau einer beruflichen Tätigkeit gleich. Dies ermöglichte es den Sozialhilfeträgern im Sinne der nachgehenden Hilfe zur Sicherung der Eingliederung in das Arbeitsleben nach § 40 Abs. 1 BSHG unter anderem, entlastende Wirtschaftsgeräte wie Waschmaschinen, Geschirrspülmaschinen und Spezialküchengeräte teilzufinanzieren. Dabei wurden jedoch die regulären Einkommensgrenzen der Sozialhilfe, nicht etwa die großzügigeren Einkommensgrenzen nach § 81 BSHG für orthopädische und sonstige größere Hilfsmittel angesetzt. Die besagten Geräte waren in den 1960er und 1970er Jahren aber noch sehr teuer. Viele Familien, die zur Eigenbeteiligung herangezogen wurden, konnten oder wollten sich daher nicht für diese Anschaffung entscheiden. Zudem waren die notorisch überlasteten örtlichen Sozialhilfeträger für die Finanzierung zuständig. Eine Kommentatorin veranlasste dies 1968 zu der Prognose, es bedürfe wohl »keiner großen Fantasie, um sich vorzustellen, wie es einer behinderten Hausfrau ergehen wird, die z.B. eine Geschirrspülmaschine in einem kleineren Ort beantragt, in dem ein solches Gerät noch als Luxus angesehen wird, den nicht einmal die Ehefrauen der angesehensten Bürger des Orts zur Verfügung haben. Ihr Antrag würde sicher als Ausdruck des Größenwahns abgelehnt.«[338]

Bis ans Ende der 1970er Jahre hatten Mädchen und Frauen mit Behin-

336 | Vgl. Eva-Maria Rundel: »Die Aufgabe der Beschäftigungstherapie bei der Wiedereingliederung körperbehinderter Hausfrauen«, in: Die Rehabilitation 1 (1962), H.1, S. 36-42, hier S. 36; »Hilfsmaßnahmen für Körperbehinderte am und auf dem Weg zum Arbeitsplatz. 1. Teil«, in: Die Rehabilitation 6 (1967), H. 2, S. 49-69; »Hilfsmaßnahmen für Körperbehinderte am und auf dem Weg zum Arbeitsplatz. 2. Teil«, in: Die Rehabilitation 6 (1967), H. 3, S. 89-104; »Hilfsmaßnahmen für Körperbehinderte am und auf dem Weg zum Arbeitsplatz. 3. Teil«, in: Die Rehabilitation 6 (1967), H. 4, S. 149-164; Roswitha Plümer: »Die Fürsorgerin und ihre Stellung in einer Rehabilitationseinrichtung«, in: Die Rehabilitation 3 (1964), H. 2, S. 81-89, hier S. 84-85; M. Marquardt: Geschichte (2004), S. 80, 82.

337 | Vgl. DRK, Gesundheitsdienst: »Die Arbeit erleichtern – auch für die behinderte Hausfrau«, in: Jahrbuch der DeVg (1964), Beilage; »Erleichterungen für Körperbehinderte«, in: NDV 44 (1964), H. 9, S. 445-446.

338 | H. Schürer: Möglichkeiten (1968), S. 279.

derungen, gleichgültig, ob sie erwerbstätig waren oder nicht, selbst noch kaum eine Lobby. Über sie sprachen meist die »Fachfrauen« – namentlich Beschäftigungstherapeutinnen, Pädagoginnen und Sozialarbeiterinnen. Typisch für deren Beiträge zum Diskurs sind kritische Berichte über die Rehabilitationspraxis in Verbindung mit der Heldenerzählung von besonderen Frauen, die trotz ihrer Behinderungen besondere Leistungen vollbrachten oder vollbringen wollten.[339] Diese Sprachlosigkeit von Frauen mit Behinderungen abzubauen, war ein Erfolg der Frauengruppen in der Emanzipationsbewegung der späten 1970er und 1980er Jahre. Frauen, die mit Behinderungen lebten, begannen über ihre Situation und ihre Erfahrungen zu schreiben – sowohl in Organen der Bewegung als auch vereinzelt in Publikationen der Zweiten Frauenbewegung. Sie erzählten als Expertinnen ihrer selbst, was geschah, wenn sich die Kategorien Behinderung und Geschlecht mischten.[340] Viele beschrieben dies als »doppelte Benachteiligung«. Wer von der weiblichen Normalität abweiche, so etwa die Pädagogin Ulrike Schildmann, die allerdings nicht selbst mit einer Behinderung lebte, erlebe eine »Potenzierung der Behinderung«.[341] Weibliches Geschlecht und Behinderung seien gesellschaftlich als Abweichungen vom Normalen gefasst, weshalb Frauen mit Behinderung eine doppelte soziale Abwertung erführen. Mit dieser Thesenbildung verorteten sich Frauen einerseits im wissenschaftlichen Diskurs der Frauen- und Geschlechterforschung, der zu diesem Zeitpunkt vom Modell einer ubiquitären Benachteiligung von Frauen in einem von Männern dominierten Herrschaftssystem dominiert war.[342] Andererseits nahmen sie Anleihen aus der Double bzw. Triple Oppression Theory der US-amerikanischen Race & Etnicity Studies. Im Lauf der 1990er Jahre gingen diese jedoch dazu über, Kategorien wie Geschlecht, Ethnizität oder Klasse als diskursiv hergestellte Konstrukte der Moderne zu deuten, die auf komplexe Weise von jeweils anderen Strukturkategorien durchschnitten werden. Das veränderte auch die Sicht auf Behinderung und Weiblichkeit. Reine Additionen von Ungleichheit konstituierenden Faktoren gelten mitt-

---

339 | Vgl. als Beispiel I. Emich: Tagesablauf (1967), S. 26-29.

340 | Vgl. z.B. den Beitrag von Theresia Degener: »Die Emanzipation ist leichter für mich«, in: EMMA 5 (1981), H. 5, S. 16-18; S. v. Daniels/Th. Degener/A. Jürgens/F. Krick u.a. (Hg.): Krüppel-Tribunal (1983), S. 98-115; S. Boll/Th. Degener/C. Ewinkel/G. Hermes u.a.: Geschlecht (1985), S. 8; C. Poore: Disability (2007), S. 293-286.

341 | U. Schildmann: Lebensbedingungen (1983); vgl. auch noch V. Moser: Geschlecht (1997), v.a. S. 138, 143.

342 | Vgl. V. Moser: Geschlecht (1997), S. 138, 142-145; Swantje Köbsell: »Eine Frau ist eine Frau ist eine Frau … Zur Lebenssituation von Frauen mit Behinderung«, in: Barwig, Gerlinde/Busch, Christiane: Unbeschreiblich weiblich!?‹ Frauen unterwegs zu einem selbstbewussten Leben mit Behinderung, München 1993, S. 33-40, hier S. 35; Julia Zinsmeister: »Der lange Weg zur Gleichstellung: behinderte Frauen und das neue SGB IX«, in: Streit. Feministische Rechtszeitschrift 20 (2002), H. 1, S. 3-10; Reiss, Body, S. 193-195.

lerweile als vereinfachend.[343] Auch wurde zu bedenken gegeben, dass, wenn der menschliche Körper normative Ideale von Männlichkeit oder Weiblichkeit transportiert, Behinderung als verkörperte Andersheit auch Männlichkeiten zersetzen und unabhängig vom Geschlecht der Person Geschlechterverhältnisse irritieren kann.[344] Wenngleich sich also die theoretischen Zugänge seit den 1970er Jahren stark gewandelt haben, fällt insgesamt doch auf, dass die Kategorien Geschlecht und Art der Behinderung in der Behindertenpolitik und Rehabilitation teils als übergreifende Faktoren Chancenungleichheit konstituierten, teils selbst von Erwerbsarbeitszentrierung und Kausalitätsprinzip überlagert wurden. Ungleichheit begegnete folglich nicht einfach entlang der Geschlechter- oder Schichtengrenzen, sondern auch innerhalb der Geschlechter und sozialen Strata. Geschlechtszugehörigkeit traf, wie gezeigt wurde, als Ungleichheitskategorie auf zahlreiche andere Faktoren, die die Dynamiken und Effekte von behindertenpolitischen Problematisierungen und die konkrete Ausgestaltung der Rehabilitation bestimmten. Im Folgenden wird dieses komplexe Zusammenspiel noch einmal an einem herausragendem Fallbeispiel – dem Contergankomplex – verdeutlicht.

2.3 Der Contergankomplex

Der Begriff des Contergankomplexes umschreibt ein Netz von Diskurs, Thematisierung und Handlung. Seit der Entdeckung der teratogenen Wirkung von Thalidomid ist Contergan zu einer kulturellen Chiffre und zu einem Schlüsselbegriff der Geschichte der Bundesrepublik geworden. Das Arzneimittel Contergan eroberte seit seiner Markteinführung im Oktober 1957 rasant den rezeptfreien Schlafmittelmarkt in der Bundesrepublik Deutschland. Es galt als ungefährlich, da sein Wirkstoff, Thalidomid, weder abhängig machte noch mit Selbsttötungsabsicht missbraucht werden konnte. Mit die-

343 | Zur Kritik am additiven Modell C. F. Bruner: KörperSpuren (2005), S. 74. Der auf diese Verwobenheit abzielende Begriff der Intersektionalität tauchte 1989 in der englischsprachigen Diskussion auf. Vgl. Kimberlé Crenshaw: »Demarginalizing the Intersection of Race and Sex: A Black Feminist Critique of Antidiscrimination Doctrine«, in: The University of Chicago Legal Forum 4 (1989), S. 139-167; Heike Raab: »Intersektionalität in den Disability Studies. Zur Interdependenz von Behinderung, Heteronormativität und Geschlecht«, in: Waldschmidt, Anne/Schneider, Werner (Hg.): Disability Studies, Kultursoziologie und Soziologie der Behinderung. Erkundungen in einem neuen Forschungsfeld, Bielefeld 2007, S. 127-148, hier S. 128; Jenny Morris: »Gender and Disability«, in: Swain, John/Finkelstein, Vic/French, Sally/Oliver, Michael (Hg.): Disabling Barriers – Enabling Environments, London 1993, S. 85-92, hier S. 89-90, 92; A. Tervooren: Phantasmen (2003), S. 39.

344 | Vgl. Irmela Marei Krüger-Fürhoff: Der versehrte Körper. Revisionen des klassizistischen Schönheitsideals, Göttingen 2001, S. 15; Robert W. Connell: Der gemachte Mann. Konstruktion und Krise von Männlichkeiten. Aus dem Englischen übertragen v. Stahl, Christian, 3. Aufl. Opladen 2006, S. 75.

ser vermeintlichen Ungiftigkeit warb der Hersteller, die Grünenthal GmbH in Stolberg bei Aachen, für seine Thalidomidpräparate so erfolgreich, dass diese sogar Säuglingen zur Beruhigung verabreicht wurden. Als »Kinosaft« ging Contergan in die Umgangssprache ein.[345] Fünf Millionen Frauen und Männer sollen zwischen 1957 und November 1961 rund 1,2 Milliarden Dosen Contergan eingenommen haben. Grünenthal produzierte und vertrieb in Deutschland sieben thalidomidhaltige Arzneimittel, im Ausland 15 weitere. Diese brachten innerhalb weniger Jahre nahezu 50 Prozent des Gesamtumsatzes ein.[346]

Vor der Markteinführung war Contergan im Rahmen gängiger Testverfahren geprüft worden. Eine Untersuchung auf teratogene Wirkungen war in den 1950er Jahren zwar bereits technisch möglich, aber nicht üblich. Ebenso wie die fruchtschädigenden Nebenwirkungen von Insulin, Sulfonamiden oder Barbituraten waren in Fachkreisen generelle Risiken einer Medikamenteneinnahme während der Schwangerschaft problematisiert worden. Doch drangen derlei Befunde selten aus den Expertenkreisen in die Massenpresse vor, die sich zudem in den 1950er Jahren eher für die potentiellen teratogenen Folgen von Nuklearwaffenversuchen interessierte.[347] Anders als der Unvermeidbarkeitstopos in den 1960er Jahren vermittelte, gab es jedoch bereits in den 1950er Jahren sowohl eine fachliche als auch eine politische Diskussion über fruchtschädigende Medikamente. Dies zeigte beispielsweise der 1959 vom Bundesinnenministerium vorgelegte »Bericht über die Häufigkeit und die Ursachen von Missgeburten in der Bundesrepublik Deutschland seit 1950«.[348] Auf das Arzneimittelrecht hatten

345 | Vgl. die Werbeanzeige in »Gefahr im Verzuge«, in: Der Spiegel v. 5.12.1962. Weitere Werbeanzeigen auch in B. Kirk: Contergan-Fall (1999), S. 266-267, zur Verabreichung an Säuglinge S. 61. Zum »Kinosaft« vgl. »Chiffre K 17«, in: Der Spiegel v. 3.6.1968; W. Cyran: Contergan-Tragödie (1962); B. Kober-Nagel: Conterganskinder (1979), S. 2.

346 | Vgl. W. Freitag: Contergan (2005), S. 35; Christoph Friedrich: »Contergan – Zur Geschichte einer Arzneimittelkatastrophe«, in: Zichner, Ludwig/Rauschmann, Michael A./Thomann, Klaus-Dieter (Hg.): Die Conterganskatastrophe – Eine Bilanz nach 40 Jahren, Darmstadt 2005, S. 4-12, hier S. 4-5; »Kalte Füße«, in: Der Spiegel v. 6.12.1961; B. Kirk: Contergan-Fall (1999), S. 49-52.

347 | Vgl. B. Kirk: Contergan-Fall (1999), S. 129-135; Klaus-Dieter Thomann: »Die Contergan-Epidemie. Ein Beispiel für das Versagen von Staat, Ärzteschaft und Wissenschaft?«, in: Zichner, Ludwig/Rauschmann, Michael A./Thomann, Klaus-Dieter (Hg.): Die Conterganskatastrophe – Eine Bilanz nach 40 Jahren, Darmstadt 2005, S. 13-31, hier S. 15-17; Staatliches Gesundheitsamt Lindau, Schreiben an Hebammen des Stadt- und Landkreises Lindau, 10.12.1958, StAAu Gesundheitsamt Lindau 37; W. Kraushaar: Protest-Chronik (1996), v.a. S. 2510-2512, 2514-2516; K. Hickethier: Protestkultur (2003), S. 13.

348 | Antrag der Fraktion der FDP betr. Zunahme von Missgeburten, BTDrs III/386 v. 14.5.1958. Vgl. zum Bericht des BMI B. Kirk: Contergan-Fall (1999), S. 140-141; zu Forschungen über den Zusammenhang von Kernwaffenversuchen und vorge-

diese Thematisierungen jedoch noch keine Auswirkungen. Entsprechende Initiativen für ein bundesweites Arzneimittelgesetz scheiterten schon seit den 1930er Jahren immer wieder am Einfluss der Pharmaindustrie.[349] Entwicklung, Erprobung und Vermarktung von Thalidomid lagen ganz in der Verantwortung der Herstellerfirma. Auf dem Arzneimittelmarkt herrschte eine wirtschaftsliberale Grundstimmung.[350] Der Staat hatte keine Interventionsbefugnis. Die Öffentlichkeit erwartete dies auch nicht.

Wie und von wem die teratogene Wirkung von Thalidomid schließlich entdeckt wurde, ist Stoff einer vielfach reproduzierten Entdeckungserzählung und selbst Bestandteil des Contergandiskurses.[351] Einzelne Kinderärzte beobachteten offenbar seit 1959/1960, dass mehr Kinder mit spezifischen »Gliedmaßenfehlbildungen« in einer bisher unbekannten Kombination mit Veränderungen der inneren Organe und der Ohren zur Welt kamen. Sie fassten diese »Gliedmaßenfehlbildungen« begrifflich als Dysmelien.[352] Zuvor waren Dysmelien äußerst selten und stets isoliert beobachtet worden. In der Klinik der Hüfferstiftung in Münster beispielsweise wurden zwischen 1948 und 1958 37 Kinder mit Dysmelien behandelt. Allein aus den Geburtsjahrgängen 1959 bis 1961 kamen jedoch 113 Kinder zur Behandlung.[353] Mit statistischen oder klinikinternen Gründe ließ sich dieser Anstieg nicht erklären.

Auf einer Tagung der Deutschen Gesellschaft für Kinderheilkunde stellten im September 1960 die in Münster und Krefeld tätigen Kinderärzte

---

burtlichen Schädigungen in den 1950er Jahren vgl. Luhmann, Contergan-Katastrophe, S. 298.

349 | Vgl. B. Kirk: Contergan-Fall (1999), S. 20-33; K.-D. Thomann: Contergan-Epidemie (2005), S. 17-22.

350 | Vgl. Willibald Steinmetz: »Ungewollte Politisierung durch die Medien? Die Contergan-Affäre«, in: Weisbrod, Bernd (Hg.): Die Politik der Öffentlichkeit – Die Öffentlichkeit der Politik. Politische Medialisierung in der Geschichte der Bundesrepublik, Göttingen 2003, S. 195-228, S. 205.

351 | Vgl. zur Reproduktion dieser Erzählung in den Medien z.B. »Kalte Füße«, in: Der Spiegel v. 6.12.1961; »3.000 Babys warten auf unsere Hilfe«, in: Bild v. 18.4.1962; Dietrich Beyersdorf: »Was soll ich Jan sagen?«, in: Bild v. 9.7.1962; D. Schröder: Contergan (1962); W. Cyran: Contergan-Tragödie (1962).

352 | Dysmelie bezeichnete nach dem Wissensstand der Zeit eine Störung der Extremitätenentwicklung aufgrund von Noxen während der für die Gliedmaßenausbildung kritischen Phase der Schwangerschaft. Als Peromelien wurden morphologische Zustände bezeichnet, bei denen die körperfernen Gliedmaßenabschnitte fehlten. Phokomelien und Ektromelien waren »Fehlbildungen« der Arme und Beine, bei denen der körpernahe Abschnitt der Gliedmaßen stärker betroffen war als die Ausbildung der Hände oder Füße.

353 | Vgl. August Rütt: »Die Therapie der Dysmelie (Wiedemann-Syndrom)«, in: Archiv für orthopädische und Unfallchirurgie 55 (1963), H. 3, S. 329-341, hier S. 329. Da sieben der Kinder dem Geburtsjahrgang 1958 angehörten, könnte bei ihnen bereits eine Thalidomidembryopathie vorlegen haben. Die anderen 30 Kinder verteilten sich auf die übrigen zehn Jahrgänge. Vgl. auch O. Hepp: Häufung (1962), S. 420.

Wilhelm Kosenow und Rudolf Artur Pfeiffer zwei Säuglinge mit auffälligen Daumen-, Radius- und Tibiaformen vor. Ein Jahr später berichtete der Krefelder Pädiater Hans-Rudolf Wiedemann von der Häufigkeit eben dieser »Extremitätenfehlbildungen« in Kombination mit Schädigungen der inneren Organe und der Sinnesorgane. Wiedemann vermutete eine noch unbekannte toxische Ursache.[354] Auch Kosenow und Pfeiffer sprachen im November 1961 auf der Herbsttagung der Rheinisch-Westfälischen Kinderärztevereinigung von einer Schädigung in der kritischen Phase der Gliedmaßenanlage, also in der dritten bis sechsten Schwangerschaftswoche.[355]

Widukind Lenz, ein in der Genetik der Kinderheilkunde tätiger Mediziner, ergänzte, dass er die Mütter befragt habe. Ein Großteil von ihnen habe in der Frühschwangerschaft ein weit verbreitetes Medikament eingenommen, dessen Namen Lenz aber noch nicht nannte. Er war hellhörig geworden, nachdem ein Vater ihn gefragt hatte, wie es dazu kommen konnte, dass sowohl sein Sohn als auch seine Nichte mit Dysmelien zur Welt gekommen waren.[356] Widukind Lenz schloss auf Contergan und informierte am 15. November 1961 die Herstellerfirma und wenig später die Hamburger Gesundheitsbehörde.[357] Als das Unternehmen sich weigerte, das Medikament zurückzunehmen, wandte Lenz sich an die Öffentlichkeit. Anders als Wiedemann, Kosenow und Pfeiffer, die ihre Warnungen an Fachforen richteten, erreichte Lenz mittels des in der *Welt am Sonntag* vom 26. November 1961 erschienenen Artikels »Missgeburten durch Tabletten – Alarmierender Verdacht eines Arztes gegen ein weit verbreitetes Medikament« die Bevölkerung. Weitere Veröffentlichungen in Tagespresse und Nachrichtenmagazinen folgten.[358] Die Firma Grünenthal GmbH nahm die Thalidomidpräparate daraufhin vom deutschen Markt.

---

354 | Vgl. Hans Rudolf Wiedemann: »Hinweis auf eine derzeitige Häufung hypo- und aplastischer Fehlbildungen der Gliedmaßen«, in: Medizinische Welt v. 16.9.1961, S. 1863-1866, v.a. S. 1866; B. Kirk: Contergan-Fall (1999), S. 146; Prof. Dr. Wilhelm Kosenow (1920-2006), Internist, 1961-1986 Leiter der Städt. Kinderklinik Krefeld; Prof. Dr. Rudolf Artur Pfeiffer (1931), Pädiater; Prof. Dr. Hans-Rudolf Wiedemann (1915), Pädiater, seit 1952 Direktor der Städt. Kinderklinik Krefeld.

355 | Vgl. Ernst Marquardt: »Die Conterganktastrophe 1961 – Schock und erste Reaktionen«, in: Niethard, Fritz Uwe/Marquardt, Ernst/Eltze, Jürgen (Hg.): Contergan – 30 Jahre danach, Stuttgart 1994, S. 9-15, hier S. 9.

356 | Vgl. B. Kirk: Contergan-Fall (1999), S. 151; Ch. Friedrich: Contergan (2005), S. 7-8. Es handelte sich um den später maßgeblich an der Selbstorganisation der Eltern der betroffenen Kinder beteiligten Rechtsanwalt Karl-Hermann Schulte-Hillen. Prof. Dr. Widukind Lenz (1919-1995), Humangenetiker und Pädiater, 1952-1961 Oberarzt der Kinderklinik Eppendorf.

357 | Vgl. »Alarm in Nordrhein-Westfalen«, in: Abendpost v. 27.1.1961.

358 | Vgl. »Missgeburten durch Tabletten«, in: Welt am Sonntag v. 26.11.1961; Christoph Wolff: »Missbildungen durch Schlaftabletten?,« in: Die Welt v. 27.11.1961; »Kalte Füße«, in: Der Spiegel v. 6.12.1961; B. Kirk: Contergan-Fall (1999), S. 83-86, 148, 155.

Bis September 1962 wurden insgesamt etwa 4.000 bis 5.000 Kinder mit vorgeburtlichen Thalidomidschädigungen geboren, von denen weniger als 3.000 die ersten Lebensmonate überlebten.[359] Tragischer Weise hatten Neurologen bereits 1959 dem Unternehmen neurologische Störungen infolge längerer Medikation gemeldet. Auch *Der Spiegel* hatte im August 1961 davon berichtet und damit den Conterganabsatz einbrechen lassen.[360] Die Grünenthal GmbH bagatellisierte diese Meldungen jedoch. Contergan blieb auf dem Markt, und schwangere Frauen nahmen es weiter ein.[361] Auf dem Höhepunkt des Medienskandals des Jahres 1962 geriet dies zum Hauptvorwurf gegen die Herstellerfirma. »Die Zahl der Conterganmissbildungen wäre gering geblieben, hätte die Firma das Präparat zurückgezogen, als die nervenschädigende Wirkung des Schlafmittels bekannt wurde«, befand *Der Spiegel*.[362]

Nach der Zurücknahme der thalidomidhaltigen Medikamente verstummten die Medien für mehrere Monate. Auch die für Gesundheit und Soziales zuständigen Bundes- und Länderressorts sowie die Gesundheitsbehörden der Länder zeigten sich zurückhaltend. Es gab keine Aufklärungskampagnen.[363] Die politischen Stellungnahmen des Jahres 1961, insbesondere die im soeben errichteten Bundesgesundheitsministerium sorgfältig vorbereiteten Reden der Bundesministerin Elisabeth Schwarzhaupt, vermieden zudem alle Aussagen über einen möglichen Kausalzusammenhang zwischen den Schädigungen und dem Medikament.[364] Willibald Steinmetz bezeichnete dies als »Beschwichtigungskonsens unter Ministerien, Medizinern und der Mehrzahl der Journalisten«.[365] Im April 1962 wuchs das Interesse der Medien wieder, wie sich an den zahlreichen Presseauskünften ablesen lässt, die deutsche und ausländische Rundfunkanstalten und Printmedien beim Presse- und Informationsamt der Bundesregierung anforderten.[366] Insbesondere die *Bild*-Zeitung stieg intensiv in das Thema ein. Nun ging es nicht mehr um die Ursachenfrage, sondern um die Kinder. Die

---

359 | Vgl. BMI, Niederschrift über die Besprechung mit den Vertreten der obersten Landessozialbehörden und der obersten Landesgesundheitsbehörden am 2.10.1962 im BMI, 2.10.1962, BArch B 106 10791; G. Möllhoff: Probleme (1994), S. 35; W. Steinmetz: Politisierung (2003), S. 200; B. Kirk: Contergan-Fall (1999), S. 45, 46.

360 | Vgl. W. Freitag: Contergan (2005), S. 42-44; »Zuckerplätzchen forte«, in: Der Spiegel v. 16.8.1961. Zum Absatzrückgang vgl. »Chiffre K 17«, in: Der Spiegel v. 3.6.1968.

361 | Vgl. »Zuckerplätzchen forte«, in: Der Spiegel v. 16.8.1961, W. Freitag: Contergan (2005), S. 34-35, 68-75, 77-79.

362 | »Gefahr im Verzuge«, in: Der Spiegel v. 5.12.1962. Bereits im April mit derselben Aussage: D. Beyersdorf: 3.000 Babys (1962).

363 | Vgl. B. Kirk: Contergan-Fall (1999), S. 62-63.

364 | Vgl. Antwort v. BMGes Elisabeth Schwarzhaupt auf die Frage des Abg. Huys, StenBerBT, 4. WP, 7. Sitzung v. 7.12.1961, S. 139A; W. Steinmetz: Politisierung (2003), S. 214.

365 | Vgl. W. Steinmetz: Politisierung (2003), S. 214-216, Zitat S. 215.

366 | Vgl. BMI Abt. V7, Vermerk, 19.7.1962, B 106 10805.

Presse bemächtigte sich ihrer mittels emotional aufgeladener Schlagzeilen wie »3.000 Babys für immer krank! 3.000 Kinder sind Krüppel!«, »Ärzte sprechen von einer Katastrophe. Sofort helfen!« und »Kümmert Euch um die bedauernswerten Opfer!«.[367]

Dabei konzentrierte sich die Berichterstattung auf finanzielle und medizinische Hilfen bzw. deren Fehlen. So fragte ein Leitartikel der *Frankfurter Allgemeinen Zeitung* im September 1962 beschwörend: »Wer soll diesen Kindern helfen?«[368] Insbesondere *Bild* traktierte dieses Thema mit Leidenschaft und fand schnell eine Antwort: Der Staat, insbesondere das Bundesgesundheitsministerium, trage die Verantwortung für die Kinder, versage aber auf ganzer Linie.[369] Einerseits wurde nun ein politisches Versäumnis hinsichtlich der Arzneimittelkontrolle konstruiert, andererseits warfen die Presseberichte dem Staat vor, die betroffenen Familien finanziell und emotional allein zu lassen.[370] Contergan wurde zur Bundesangelegenheit. Das Bundesgesundheitsministerium wurde zum Hauptverantwortlichen und zentralen Ansprechpartner erklärt. Elisabeth Schwarzhaupt, die sich als erste Bundesministerin ohnehin in exponierter Position befand, war das Ziel personalisierter Kritik. Insbesondere *Bild*-Artikel wie »Nicht Hüte, sondern Hilfe« griffen sie als Frau mit dem Vorwurf an, sich mehr um ihre Garderobe als um die Kinder zu kümmern.[371]

Die Bundesministerin versäumte, ihre Sympathie mit den Kindern und ihren Eltern in dem Maße zu bekunden, wie es die Medien – von einer Frau? – erwarteten. Sie verwies vielmehr darauf, dass ihr Ministerium aus Sicht des Arzneimittelsrechts nicht zuständig sei; verantwortlich sei es auch nicht für die Hilfen nach dem Bundessozialhilfegesetz. Der rechtlich prekären Ursachenfrage und damit auch dem Vorwurf eines staatlichen Versäum-

367 | D. Beyersdorf: 3.000 Babys (1962); W. Cyran: Contergan-Tragödie (1962); »Kümmert Euch um die bedauernswerten Opfer!«, in: Bild v. 11.4.1962.

368 | Johann Georg Reissmüller: »Wer soll diesen Kindern helfen?«, in: FAZ v. 18.8.1962.

369 | Vgl. D. Beyersdorf: 3.000 Babys (1962); »Sie müssen helfen – Frau Ministerin«, in: Bild v. 22.5.1962; »Der Staat zahlt keine Rente für Contergan-Kinder«, in: Bild v. 18.7.1962; »Nicht Hüte, sondern Hilfe«, in: Bild v. 22.8.1962; D. Beyersdorf: Contergan (1962); »Völlig falsch«, in: Bild v. 2.9.1962; »Bonn: Alles getan. Contergan-Opfer wissen es anders«, in: Bild v. 6.9.1962.

370 | Vgl. »Contergan«, in: Bild v. 27.4.1962; »Nur Bettelgeld für die Opfer«, in: Bild v. 19.6.1962; »Der Staat zahlt keine Rente für Contergan-Kinder«, in: Bild v. 18.7.1962; W. Cyran: Contergan-Tragödie (1962); Jürgen Serke: »Contergan-Eltern sind enttäuscht«, in: Die Welt v. 7.9.1965; »Viele Arzneien sind krank«, in: Bild v. 1.12. 1961; D. Beyersdorf: Tod (1962); »Welt-Wirbel um Pillen! Angst-Welle nach dem Contergan-Schock«, in: Bild v. 10.8.1962; F. Deich: Arzneimittel-Dämmerung (1962); »Contergan-Babys in der ganzen Welt«, in: Bild v. 12.9.1962; »Welt-Appell der Ärzte: Prüft die Arzneien«, in: Bild v. 19.9.1962; »Es gibt keine Wunderpillen!«, in Bild v. 26.9.1962.

371 | Vgl. W. Steinmetz: Politisierung (2003), S. 223.

nisses im Arzneimittelwesen wich sie konsequent aus. Besonders negativ wurde ihr ausgelegt, dass sie in der ersten Aussprache des Bundeskabinetts über mögliche Hilfen für die Kinder fehlte. Insbesondere die *Bild*-Autoren kritisierten außerdem von Beginn an, dass die Ministerin für eine sozialrechtliche Gleichbehandlung aller Kinder mit Behinderungen gleich welcher Ursache plädierte. Ihre Weigerung, die »Contergankinder« in irgendeiner Weise vorziehen, war unpopulär.[372]

In der Zeitung *Die Welt* kommentierte der Journalist Gerhard Mauz dieses Verhalten unter der Überschrift »Schuldig ist der Staat nicht – aber er macht es sich doch leicht«: Das Ministerium entlaste sich mit Hinweisen auf die Rechtslage und die Verpflichtungen der Bundesländer, statt Empathie zu zeigen:

»Das junge Bundesgesundheitsministerium erwies sich in der ersten Situation, in der es seine Notwendigkeit und Wirksamkeit hätte demonstrieren müssen, als ein – Ministerium. [...] Sache des Bundesgesundheitsministeriums wäre es gewesen, nun, nachdem die Zusammenhänge zwischen Contergan und den Missbildungen unwiderleglich geworden sind, aus der juristischen Bannmeile herauszutreten, Worte zu finden, die den tragischen menschlichen Problemen gerecht werden und einen Weg öffnen, der jedermann die Sicherheit gibt, dass alles geschehen wird, was lindern und helfen kann.«[373]

Elisabeth Schwarzhaupts öffentliches Image litt auch, weil sie es zunächst ablehnte, die Arzneimittelkontrollen gesetzlich zu verschärfen.[374] Die Medien hingegen verlangten nach einem strengeren Arzneimittelrecht und intensiveren Forschungen über fruchtschädigende Stoffe. Auch der Arzneimittelkonsum der Bevölkerung wurde plötzlich Teil des Contergan- und mithin des Behinderungsdiskurses in den Medien.[375] *Der Spiegel* sprach bei-

372 | Vgl. zu Schwarzhaupts Position Antwort v. BMGes Elisabeth Schwarzhaupt auf die Frage des Abg. Huys, StenBerBT, 4. WP, 7. Sitzung v. 7.12.1961, S. 139A; Antwort v. BMGes Elisabeth Schwarzhaupt auf die Frage v. Abg. Mommer, StenBerBT, 4. WP, 16. Sitzung v. 22.2.1962, S. 477B; Antwort v. BMGes Elisabeth Schwarzhaupt auf die Frage v. Abg. Mommer, StenBerBT, 4. WP, 26. Sitzung v. 12.4.1962, S. 1070C-D, 1071A-C; Redebeiträge v. BMGes Schwarzhaupt, StenBerBT, 4. WP, 44. Sitzung v. 26.10.1962, S. 1930D, 1931A-D, 1932A-C, 1936A-D, 1937A-D; BMGes Elisabeth Schwarzhaupt, vertrauliches Schreiben an Mitglieder der CDU/CSU-Fraktion, 13.9.1962, BArch N 1219 383; zur medialen Reaktion vgl. G. Mauz: Schuldig (1962); »Durch Contergan geschädigt«, in: Der Spiegel v. 26.9.1962; W. Steinmetz: Politisierung (2003), S. 218, 226; W. Rudloff: Rehabilitation, Bd. 4 (2007), S. 484.

373 | G. Mauz: Schuldig (1962); Gerhard Mauz (1925-2003), Journalist, 1964-1990 Redaktionsmitglied von Der Spiegel.

374 | Vgl. »Durch Contergan geschädigt«, in: Der Spiegel v. 26.9.1962; G. Mauz: Schuldig (1962).

375 | Vgl. »Viele Arzneien sind krank«, in: Bild v. 1.12. 1961; »Welt-Wirbel um Pillen! Angst-Welle nach dem Contergan-Schock«, in: 10.8.1962; H. Renke: Conter-

spielsweise von »Contergan-Essern«. Risiken des Medikamentenkonsums waren dem Magazin im Dezember 1962 sogar einen 16-seitigen Artikel und ein Titelbild wert. Unter Berufung auf Mediziner und Pharmakologen erklärte der Autor den pharmazeutischen Fortschritt zu einer Gefahrenquelle der modernen Gesellschaft.[376] Auch *Bild* behauptete, Arzneimittel seien zu allgemeinen Gebrauchsgegenständen verkommen.[377] Der Autor Dietrich Beyersdorf malte schwülstige Bilder einer Gesellschaft, die an ihrem Technikoptimismus litt: »Wir erleben das Jahrhundert, in dem der Mensch nach den Sternen greift. Aber auf dem Weg dorthin werden wie immer wieder auf die Knie gezwungen, als ob uns eine große Hand zeigen wollte, so klein bist Du Mensch.«[378]

Den deutschen Versäumnissen bei der Arzneimittelkontrolle stellte *Der Spiegel* die Situation in den USA gegenüber. Ein Fall eignete sich besonders für die mediale Argumentation: Frances Oldham Kelsey, eine Sachbearbeiterin der US-amerikanischen Food and Drug Administration, hatte sich 1959 geweigert, thalidomidhaltige Medikamente für den amerikanischen Markt freizugeben, weil sie auf frühe Berichte über mögliche neurologische Schädigungen aufmerksam geworden war.[379] Aus der Sicht der amerikanischen und deutschen Medien hatte sie damit eine Katastrophe verhindert.[380] In der Berichterstattung wurde jedoch weitgehend verschwiegen, dass auch Frances Oldham Kelsey weniger einer formalen Kompetenz gefolgt war als ihrem persönlichem Misstrauen. Erst infolge des Contergankomplexes erhielt ihre Behörde entsprechend erweiterte Vollmachten.

Auf widersprüchliche Weise gingen diese Vorwürfe an Staat und Gesellschaft sowie die Konsum- und Modernisierungskritik mit Naturalisierungen einher. In großer Zahl tauchten in medialen, aber auch in den wissenschaftlichen Veröffentlichungen Katastrophenmetaphern auf, die den

---

gan-Werk (1962); Joachim Neander: »Ein Mann nahm 1.000 Contergan-Tabletten«, in: Bild v. 18.9.1962; »Welt-Appell der Ärzte: Prüft die Arzneien«, in: Bild v. 19.9.1962; »Es gibt keine Wunderpillen!«, in: Bild v. 26.9.1962; D. Schröder: Contergan (1962); F. Deich: Arzneimittel-Dämmerung (1962); W. Cyran: Contergan-Tragödie (1962); »Gefahr im Verzuge«, in: Der Spiegel v. 5.12.1962.

376 | Das Zitat in »Kalte Füße«, in: Der Spiegel v. 6.12.1961. Der Artikel »Gefahr im Verzuge«, in: Der Spiegel v. 5.12.1962.

377 | Ebd.; »Welt-Wirbel um Pillen! Angst-Welle nach dem Contergan-Schock«, in: Bild v. 10.8.1962; »Es gibt keine Wunderpillen!«, in: Bild v. 26.9.1962. Später ähnlich bei: G. Mauz: Dr. Schreib (1968).

378 | D. Beyersdorf: Tod (1962).

379 | Zum Vorgehen von Frances Oldham Kelsey vgl. B. Kirk: Contergan-Fall (1999), S. 195-198; Dr. Frances Kathleen Oldham Kelsey (1914), Ärztin und Pharmakologin, 1960-1963 Medical Officer im Bureau of Medicine, Food and Drug Administration Washington, 1963-1966 Leiterin der Abteilung Investigations Drug Branch.

380 | Vgl. »The Thalidomide Disaster«, in: Time v. 10.8.1962; »That Uneasy Feeling«, in: Time v. 4.9.1964; »Gefahr im Verzuge«, in: Der Spiegel v. 5.12.1962; Leserbrief v. H. U. zum Artikel »Mit Unglück hausiert man nicht«, in: Quick v. 2.9.1962.

Conterganskomplex zum Naturereignis stilisierten. Protagonisten des medizinischen Fachdiskurses sprachen von einem »katastrophalen Schaden«, der einen »Katastrophendienst« erfordere, von einer »Lawine« der »Defektmissbildungen« oder davon, dass die »Natur« die Kinder stiefmütterlich behandelt habe.[381] In den Medien fanden sich naturalisierende Begriffe wie Missbildungsepidemie, Flut, Welle und Unglück.[382] Auch Metaphern des Übernatürlichen waren anzutreffen. So bezeichnete *Der Spiegel* im Dezember 1961 die Kinder als »unheimliches Phänomen«. Ein Jahr später wurde aus ihnen eine »beklemmende Erscheinung«, das Medikament Contergan zum »Schreckgespinst des Jahrhunderts«.[383]

Mitunter verbanden sich Naturalisierungen und Modernisierungskritik im selben Text: Ein *Spiegel*-Artikel von 1968 bezeichnete die Kinder als »Opfer eines katastrophalen Missgeschicks, das in den gläsernen Retorten eines wissenschaftsgläubigen Jahrhunderts zusammengebraut wurde. [...] Die Welle der Conterganmissbildungen kam wie eine Naturkatastrophe über dieses Land.«[384] Deutungen wie diese zeigen, dass das Selbst- und Fremdbild von Pharmazie und Medizin empfindlich getroffen worden waren: Immerhin musste akzeptiert werden, dass ausgerechnet die Pharmazie, die noch als Zeichen der Modernität und der Überwindung der Natur empfunden wurde, dramatische Risiken barg. Die Rede von der Naturkatastrophe naturalisierte diese Risiken.

Neben dem medialen Contergandiskurs, und teilweise in Verbindung mit ihm, entwickelte sich ab Frühjahr 1962 der orthopädische Fachdiskurs.

---

381 | O. Hepp: Häufung (1962), S. 419, 420. Zitiert in D. Beyersdorf: 3.000 Babys (1962). Der Katastrophenbegriff auch bei B. Kober-Nagel: Conterganeinder (1979), S. 2; Niederschrift über die Sitzung des Ausschusses Gesundheitsvor- und -fürsorge des Bundesgesundheitsrats am 9.1.1970 in Heidelberg, BArch B 189 20891; Hepp, Oskar: »Begrüßung«, in: Bundesministerium für Gesundheit (Hg.): Monografie über die Rehabilitation der Dysmeliekinder. Dysmeliearbeitstagung am 17./18.10.1964 in der Orthopädischen Universitätsklinik und Poliklinik Münster, Bad Godesberg 1965, S. 5; E. Güntz: »Begrüßung«, in: Bundesministerium für Gesundheit (Hg.): 3. Monografie über die Rehabilitation der Dysmeliekinder. Dysmeliearbeitstagung am 24./25.7.1966 in Hannover, Bad Godesberg 1967, S. 9-10, hier S. 10; Th. Regau: Übereifer (1966).

382 | Vgl. z.B. »Kalte Füße«, in: Der Spiegel v. 6.12.1961; F. Deich: Arzneimittel-Dämmerung (1962); »Es gibt keine Wunderpillen!«, in: Bild v. 26.9.1962; Joachim Neander: »Ein Mann nahm 1.000 Contergan-Tabletten«, in: Bild v. 18.9.1962; »Gefahr im Verzuge«, in: Der Spiegel v. 5.12.1962; G. Mauz: Dr. Schreib (1968); W. Cyran: Contergan-Tragödie (1962); »So lernen sie leben«, in: Quick v. 25.11.1962, S. 8; Wagner, Dorothee: dpa-Brief/Inland: Der Hemdzipfel als Symbol ungezählter Probleme, 5.9.1967, BArch B 189 20890. Der Begriff des nationalen Unglücks bei E. Glombig: Rehabilitation (1964), S. 15; A. Jährling-Marienfeld: Behinderte (2003), S. 47.

383 | »Kalte Füße«, in: Der Spiegel v. 6.12.1961; »Gefahr im Verzuge«, in: Der Spiegel v. 5.12.1962.

384 | »Chiffre K 17«, in: Der Spiegel v. 3.6.1968.

Orthopäden dominierten ihn. Im Mittelpunkt standen die Beschreibung, Abgrenzung und Klassifizierung des Beobachteten. Zu den Protagonisten zählten der Direktor der orthopädischen Universitätsklinik Münster Oskar Hepp, mit seinem Oberarzt Götz Gerd Kuhn, der Direktor der Orthopädischen Anstalt der Universitätsklinik Heidelberg-Schlierbach Kurt Lindemann, der zu diesem Zeitpunkt auch an der Spitze der DeVg stand, sowie seine Mitarbeiter Ernst Marquardt und Günter Jentschura.[385] Diese und einige weitere Ärzte zogen die Fachdebatten, die Begriffsbildungen und die Entwicklung des Behandlungsdispositivs an sich. Sie sammelten, organisierten und vernetzten Wissen aus dem In- und Ausland, aus Wissenschaft und Praxis.

Dabei konstituierten sie ein neues Syndrom, indem sie eine Kombination von bestimmten Gliedmaßenformen und Schädigungen der inneren Organe und der Ohren als ein im Vergleich zu früher »fast völlig herausfallendes Krankheitsbild« beschrieben.[386] Während Ursachenforscher wie Widukind Lenz ätiologische Bezeichnungen wie »Thalidomidembryopathie« und »Contergankind« bevorzugt hatten, plädierten die meisten Orthopäden für morphologische Bezeichnungen. Einerseits, weil sie bei ungesicherter Rechtslage nicht das Risiko einer Ursachenbezeichnung eingehen wollten,[387] andererseits, um das Syndrom als etwas spezifisch Orthopädisches zu konstruieren. Von den Schädigungen der inneren und der Sinnesorgane war bald auch nicht mehr die Rede.

Den Sprachgebrauch bestimmten fortan die teilweise ganz unspezifischen Begriffe Dysmelien, Dysmeliekinder, Extremitätenmissbildungen, Gliedmaßenfehl- oder missbildungen und Kinder mit schweren Missbildungen.[388] Als »ganz bizarre Fehlformen« bezeichnete etwa Oskar Hepp die

---

385 | Prof. Dr. Oskar Hepp (1910-1967), Orthopäde, 1955-1967 orth. Universitätsklinik Münster; Dr. Götz Gerd Kuhn (gest. 2001), Orthopäde und Orthopädiemechaniker.

386 | O. Hepp: Häufung (1962), S. 420.

387 | Vgl. Kurt Lindemann: »Begrüßung«, in: Bundesministerium für Gesundheit (Hg.): 2. Monografie über die Rehabilitation der Dysmeliekinder. Dysmeliearbeitstagung am 5./6.11.1965 in der Orthopädischen Anstalt der Universität Heidelberg, Frechen/Köln 1967, S. 7-9, hier 7-8. Auch DeVg e.V., Kurt Lindemann, Schreiben an BPrA, 3.12.1962, BArch B 122 5251; BMGes Abt. Ia5, Bericht über die Dysmeliearbeitstagung am 5./6.11.1965 in Heidelberg, 16.11.1965, BArch B 189/20890; W. Freitag: Contergan (2005), S. 45.

388 | Vgl. z.B. 13. Wissenschaftlicher Kongress des Bundes der deutschen Medizinalbeamten am 7.6.1963 in Goslar, Referat v. Reimar Schaudienst: Hilfsmöglichkeiten nach dem Bundessozialhilfegesetz für Personen mit schweren Missbildungen unter besonderer Berücksichtigung der Eingliederungshilfe für Behinderte, BArch B 106 10805; W. Buschhaus: Elternberatung (1963), S. 141; Bayer. Staatsministerium für Unterricht und Kultus, Schreiben an BMGes, 17.9.1965, BArch B 189 20890; Oskar Hepp: »Zur medizinischen Betreuung und über die soziale Hilfe für Kinder mit Gliedmaßenfehlbildungen«, in: Bundesausschuss für gesundheitliche Volksbelehrung e.V. (Hg.): Hilfe für das behinderte Kind. Kongressbericht über Fragen der be-

Gliedmaßen der Kinder, auch von »Robbenhänden« oder »Robbenfüßen« war die Rede.[389] Aus dem medizinischen Diskurs gingen vor allem die Begriffe »Kinder mit angeborenen Missbildungen« und »Dysmeliekinder« in die ministeriellen Sprachregelungen über.[390]

Eine Konsequenz der Reduktion des Syndroms auf die Dysmelien war, dass die Kinder orthopädischen Kliniken zugewiesen und Schädigungen der Sinnesorgane und der inneren Organe oft zu spät diagnostiziert und behandelt wurden. Eine engere Zusammenarbeit zwischen Pädiatrie, HNO und Orthopädie kam nur in den größeren allgemeinen Kinderkliniken wie etwa der Münchener Universitätskinderklinik zustande.[391] Als sich um die Mitte der 1960er Jahre zeigte, dass unbehandelte Sinnes- und Organschädigungen auch die orthopädische Rehabilitation und die Einschulung behinderten, forderten auch Orthopäden entsprechende Reihenuntersuchungen.[392] Diese Entwicklung lässt sich unter anderem an den sogenannten Dysmeliearbeitstagungen, dem wichtigsten und vom Bundesgesundheitsministerium initiierten und finanzierten Fachforum des Contergankomplexes ablesen. Hatte ein HNO-Spezialist auf der ersten Tagung 1964 nur wenige Minuten Redezeit erhalten, machte die vierte Arbeitstagung 1967 Hör- und Sehbehinderungen bereits zu einem Hauptthema.[393] Obwohl der Kreis der am Dysme-

---

hinderten Kinder, 8.-12.6.1964 in Köln, Stuttgart 1966, S. 27-34; Bundesministerium für Gesundheit (Hg.): Monografie über die Rehabilitation der Dysmeliekinder. Dysmeliearbeitstagung am 17./18.10.1964 in der Orthopädischen Universitätsklinik und Poliklinik Münster, Bad Godesberg 1965; Bundesministerium für Gesundheit (Hg.): 2. Monografie über die Rehabilitation der Dysmeliekinder. Dysmeliearbeitstagung am 5./6.11.1965 in der Orthopädischen Anstalt der Universität Heidelberg, Frechen/Köln 1967; Bundesministerium für Gesundheit (Hg.): 3. Monografie über die Rehabilitation der Dysmeliekinder. Dysmeliearbeitstagung am 24./25.7.1966 in Hannover, Bad Godesberg 1967; Bundesministerium für Gesundheit (Hg.): 4. Monografie über die Rehabilitation der Dysmeliekinder. Dysmeliearbeitstagung am 20./21.10.1967 in der Orthopädischen Universitätsklinik Frankfurt a.M., Bad Godesberg 1968; B. Kober-Nagel: Contergankinder (1979), S. 20.

389 | Zitat in O. Hepp: Betreuung (1966), S. 28; Ders.: Häufung (1962), S. 419-426; A. Rütt: Therapie (1963), S. 340.

390 | Vgl. z.B. den Titel der interministeriellen Besprechung »Hilfsmöglichkeiten für Kinder mit angeborenen Missbildungen«, BMI, Niederschrift über die Besprechung mit den Vertreten der obersten Landessozialbehörden und der obersten Landesgesundheitsbehörden am 2.10.1962 im BMI, 2.10.1962, BArch B 106 10791; BMGes Abt. Ia5, Vermerk, 10.8.1967, BArch B 189/20890; BMGes, Zusammenstellung von Mitteilungen der Länder über Erfahrungen der Schulreifmachung, der Einschulung und der Erhaltung der Schulfähigkeit von Kindern mit angeborenen Missbildungen, 1968, ebd.

391 | Vgl. G. Möllhoff: Probleme (1994), S. 36; W. Freitag: Contergan (2005), S. 41-44, 56.

392 | Vgl. W. Freitag: Contergan (2005), S. 59.

393 | Vgl. BMGes Abt. Ia5, Bericht über die Dysmeliearbeitstagung am

liediskurs beteiligten medizinischen Disziplinen wuchs, beanspruchten die Orthopäden noch über Jahre hinaus die Deutungshoheit und den Zugang zu den Kindern für sich. Ihre verengte Sicht auf die Thalidomidschädigung und deren Behandlung gelangte in die mediale Öffentlichkeit und führte dort zu einem ganz bestimmten, engen Verständnis des Syndroms und der betroffenen Kinder.

Im politischen Raum ging es seit 1962 nicht mehr so sehr darum, was das Contergansyndrom ausmachte, sondern um die Frage, wie der Staat damit zu verfahren habe. Alle ministeriellen Überlegungen, wie den Kindern geholfen werden konnte, drehten sich letztlich um die Frage, inwieweit die Kausalität der Behinderung berücksichtigt werden sollte. Medien und Elternvertretungen leiteten besondere Rechte aus der Vorstellung ab, dass der Staat seine Schutzpflicht gegenüber den ungeborenen Kindern nicht erfüllt habe.[394]

Grundsätzlich waren die Familien wie alle anderen Familien mit Kindern mit angeborenen oder durch Unfall oder Krankheit entstandenen Behinderungen auch in Rehabilitationsfragen an die 1961 reformierte Sozialhilfe verwiesen. Die finanzielle Hauptverantwortung lag demnach bei den Ländern und Kommunen. Der Contergankomplex löste eine Debatte darüber aus, ob die Hilfen nach dem Bundessozialhilfegesetz genügten und ob ausreichend Einrichtungen zur Verfügung standen, um sie umzusetzen.[395] Diese Frage wurde von Experten und Elternvertretungen primär im

5./6.11.1965 in Heidelberg, 16.11.1965, BArch B 189/20890; »Hörschäden«, in: Bundesministerium für Gesundheit (Hg.): Monografie über die Rehabilitation der Dysmeliekinder. Dysmeliearbeitstagung am 17./18.10.1964 in der Orthopädischen Universitätsklinik und Poliklinik Münster, Bad Godesberg 1965, S. 138-142; »Hörschäden bei Dysmeliekindern«, Bundesministerium für Gesundheit (Hg.): 2. Monografie über die Rehabilitation der Dysmeliekinder. Dysmeliearbeitstagung am 5./6.11.1965 in der Orthopädischen Anstalt der Universität Heidelberg, Frechen/Köln 1967, S. 110-121; »Hörschäden bei Dysmeliekindern«, in: Bundesministerium für Gesundheit (Hg.): 3. Monografie über die Rehabilitation der Dysmeliekinder. Dysmeliearbeitstagung am 24./25.7.1966 in Hannover, Bad Godesberg 1967, S. 97-125; »Erfahrungen bei der Diagnose und der Behandlung von Hörstörungen bei Dysmeliekindern«, in: Bundesministerium für Gesundheit (Hg.): 4. Monografie über die Rehabilitation der Dysmeliekinder. Dysmeliearbeitstagung am 20./21.10.1967 in der Orthopädischen Universitätsklinik Frankfurt a.M., Bad Godesberg 1968, S. 29-35; »Erfahrungen bei der Diagnose und der Behandlung von Sehstörungen bei Dysmeliekindern«, in: Bundesministerium für Gesundheit (Hg.): 4. Monografie über die Rehabilitation der Dysmeliekinder. Dysmeliearbeitstagung am 20./21.10.1967 in der Orthopädischen Universitätsklinik Frankfurt a.M., Bad Godesberg 1968, S. 36-40.

394 | Vgl. z.B. »Chiffre K 17«, in: Der Spiegel v. 3.6.1968; »Konten gesperrt«, in: Der Spiegel v. 21.4.1969; W. Buschhaus: »Elternberatung von Kindern mit schweren Gliedmaßenfehlbildungen im Bereich des Gesundheitsamts Solingen«, in: Die Rehabilitation 2 (1963), H. 3, S. 141-143, hier S. 141.

395 | BMI, Niederschrift über die Besprechung mit den Vertreten der obersten Landessozialbehörden und der obersten Landesgesundheitsbehörden am 2.10.1962

Hinblick auf die »Contergankinder« thematisiert. Die Bundesministerien hingegen hatten die Gesamtgruppe im Blick. Die Haltung der Ministerien war in dieser Frage eindeutig: Es gelte der Grundsatz der Gleichbehandlung. So komme beispielsweise nicht in Frage, bei den Eltern von »Contergankindern« großzügigere Einkommensgrenzen anzusetzen.[396] Dabei war sich das Bundesgesundheitsministerium intern durchaus darüber im Klaren, dass die Hilfen zur Eingliederung generell nicht genügten, wenn Eltern beispielsweise Kinderprothesen anschaffen mussten. Aufgrund der regelmäßig nötigen Neuanfertigungen entstanden schnell Kosten von über 10.000 DM pro Kind. Lag ihr Einkommen über den Bemessungsgrenzen, konnten Eltern das Bundessozialhilfegesetz nicht in Anspruch nehmen, obwohl die Ausgaben ihre Möglichkeiten oft überstiegen.[397] Die Bundesministerien empfahlen den Sozialhilfeträgern dennoch, am Bundessozialhilfegesetz festzuhalten und solchen Familien im Wege der Härtefallklauseln entgegenzukommen.[398] Allerdings folgten einige Länder wie Hessen und Niedersachsen dem Gleichbehandlungsgrundsatz nicht und schufen unter medialem Beifall großzügigere Sonderregelungen.[399]

Die SPD-Bundestagsfraktion, die 1962 ihrerseits dafür plädierte, die Einkommensprüfung bei Familien mit Kindern mit »Missbildungen durch Arzneimittel« gesetzlich auszuschließen und dem Bundestag einen entsprechenden – erfolglosen – Antrag vorlegte,[400] versuchte die Haltung des Bundesgesundheitsministeriums als inkonsequent zu enttarnen. Wenn das

im BMI, 2.10.1962, BArch B 106 10791; BMGes Abt. Ia8, Schreiben an Abteilungsleiter, 7.9.1962, BArch B 142 1825.

396 | BMI, Niederschrift über die Besprechung mit den Vertreten der obersten Landessozialbehörden und der obersten Landesgesundheitsbehörden am 2.10.1962 im BMI, 2.10.1962, BArch B 106 10791; 13. Wissenschaftlicher Kongress des Bundes der deutschen Medizinalbeamten am 7.6.1963 in Goslar, Referat v. Reimar Schaudienst: Hilfsmöglichkeiten nach dem Bundessozialhilfegesetz für Personen mit schweren Missbildungen unter besonderer Berücksichtigung der Eingliederungshilfe für Behinderte, BArch B 106 10805.

397 | Vgl. BMGes Abt. Ia8, Schreiben an Abteilungsleiter, 7.9.1962, BArch B 142 1825; B. Kober-Nagel: Contergankinder (1979), S. 39; 13. Wissenschaftlicher Kongress des Bundes der deutschen Medizinalbeamten am 7.6.1963 in Goslar, Referat v. Reimar Schaudienst: Hilfsmöglichkeiten nach dem Bundessozialhilfegesetz für Personen mit schweren Missbildungen unter besonderer Berücksichtigung der Eingliederungshilfe für Behinderte, BArch B 106 10805.

398 | § 84 Abs. 1 Satz 2 BSHG.

399 | BMI, Niederschrift über die Besprechung mit den Vertreten der obersten Landessozialbehörden und der obersten Landesgesundheitsbehörden am 2.10.1962 im BMI, 2.10.1962, BArch B 106 10791.

400 | StenBerBT, 4. WP, 44. Sitzung v. 26.10.1962, S. 1928-1940; Antrag der Fraktion der SPD betr. Bundeshilfe bei Missbildungen durch Arzneimittel, BTDrs IV/630 v. 7.9.1962; StenBerBT, 4. WP, 59. Sitzung v. 8.2.1963, S. 2673D; Schriftlicher Bericht des Ausschusses für Gesundheitswesen über den Antrag der Fraktion der

Ministerium wirklich Menschen mit Behinderungen gleich behandeln wollte, bedürfe es einer grundsätzlichen Neuregelung des Systems: »Es geht aber nicht an, die Sorge vor Benachteiligung der einen gegenüber der anderen Gruppe nur vorzuschützen, um den Contergangeschädigten eine Bundeshilfe vorzuenthalten, auf die sie einen unabweisbaren moralischen Anspruch haben.«[401] Impliziert war hier, dass es einen Widerspruch zur Haltung der Bundesregierung in der Kausalitätsfrage hinsichtlich des Schwerbeschädigtengesetzes gab, dessen Reform zeitgleich anstand. Die Ministerien und die CDU/CSU-Fraktion im Bundestag argumentierten nämlich, dass Kriegs- und Unfallbeschädigten aufgrund des Aufopferungstatbestands als besonderem moralischen Kapital eine bevorzugte Behandlung zustehe.[402] Die SPD-Bundestagsfraktion pochte auf Gleichbehandlung. Indem sie nun den Wegfall der Einkommensprüfung im Fall der »Conterganskinder« forderte, wich sie demnach selbst von ihren Idealen ab und widersprach dem Prinzip der Gleichbehandlung unabhängig von der Ursache einer Behinderung, das sie seit 1955 prinzipiell vertrat.[403]

Während es zwar zu unterschiedlichen Auslegungen des Bundessozialhilfegesetzes in den Ländern, nicht aber zu einer gesetzlichen Sonderregelung kam, waren die Bundesministerien bereit, bei der institutionellen Förderung von ihrem Gleichbehandlungsgrundsatz abzuweichen. Auch Bundesmittel flossen deshalb neben Geldern der Länder und der Verbände der Freien Wohlfahrtspflege in den Aufbau von Sonderstationen für die medizinische Behandlung und Frühförderung an den großen orthopädischen Fachkliniken.[404] Die erste sogenannte Dysmeliestation wurde im Januar 1963 dem Annastift in Hannover angegliedert. Weitere Stationen folgten beispielsweise in Volmarstein, Heidelberg, Altdorf bei Nürnberg und Tübingen.[405]

SPD, BTDrs IV/630 betr. Bundeshilfe bei Missbildungen durch Arzneimittel, BTDrs IV/905 v. 16.1.1963.

401 | Konrad Scheyer: »Contergan-Opfern doch helfen«, in: SPD-Pressedienst v. 21.9.1962, S. 7a; zur BT-Debatte Redebeitrag v. Elinor Hubert (SPD), StenBerBT, 4. WP, 44. Sitzung v. 26.10.1962, S. 1928C-D, 1919A-D, 1930A-C; Redebeitrag v. Abg. Könen (SPD) StenBerBT, 4. WP, 44. Sitzung v. 26.10.1962, S. 932D, 1933A-D, 1934A-D.

402 | Vgl. BMA Abt. IIb2, Vermerk, 25.2.1956, BArch B 149 16571; BMA Abt. IIb2, Vermerk, 31.3.1958, ebd.

403 | Vgl. Antrag der Fraktion der SPD: Entwurf eines Gesetzes zur Änderung des SBG, BTDrs II/1267 v. 16.3.1955; Zur Haltung der Hauptfürsorgestellen vgl. A. Cremers: Berufsfürsorge (1955), S. 93.

404 | Vgl. Orth. Universitätsklinik Friedrichsheim Frankfurt a.M., Bericht an BMGes, 4.2.1966, BArch B 189 20888; Fritz Uwe Niethard/Ernst Marquardt: »Contergan – Rückblick und Ausblick«, in: Niethard, Fritz Uwe/Marquardt, Ernst/Eltze, Jürgen (Hg.): Contergan – 30 Jahre danach, Stuttgart 1994, S. 1-3, hier S. S. 2; zur Reaktion der Medien vgl. »Contergan-Babys wird jetzt geholfen«, in: Bild v. 28.8.1962; »Völlig falsch«, in: Bild v. 2.9.1962; »Gutes Beispiel: Hilfsplan für die Contergan-Babys«, in: Bild v. 29.9.1962.

405 | Vgl. Annastift, Orth. Heil und Lehranstalt, Hannover-Kleefeld, Ergebnis-

Auch in der Frage der Arzneimittelgesetzgebung zeigte sich die Bundesgesundheitsministerin zu einem Kurswechsel bereit. Seit Ende 1962 trat sie für eine Änderung des Arzneimittelgesetzes ein.[406] Die als Gesetz zur Änderung des Arzneimittelgesetzes am 23. Juni 1964 in Kraft getretene Neuregelung sah schließlich eine Verschreibungspflicht für neue Substanzen und eine Aufklärungspflicht der Hersteller über die pharmakologische Prüfung und klinische Erprobung vor.[407] Um ein genuines Zulassungsverfahren handelte es sich aber nicht, da das Bundesgesundheitsamt die Zulassung nur verzögern, aber nicht verhindern konnte. Erst Schwarzhaupts Nachfolgerin Käthe Strobel (SPD) stärkte die Kompetenzen des Bundesgesundheitsamts.[408] Explizit überholt wurde das Arzneimittelrecht – unter Bezugnahme auf den Conterganskomplex – erst 1976.[409]

Ein weiterer Effekt des Contergankomplexes lässt sich an der Entwicklung ablesen, die das Interesse der Experten an Kindern mit Behinderungen nahm. Alle wesentlichen Experten- und Professionsorganisationen gründeten im Lauf der 1960er Jahre Spezialausschüsse. So entstanden in rascher Folge beispielsweise der Ausschuss »Das Behinderte Kind« des Deutschen Vereins für öffentliche und private Fürsorge, der Ausschuss »Behindertes Kind« in der Gewerkschaft Erziehung und Wissenschaft und der Ausschuss »Das Behinderte Kind« der Bundesarbeitsgemeinschaft der Freien Wohlfahrtsverbände. Das Bundesfamilienministerium schuf den Forschungsrat »Das behinderte Kind«, während die Bundesanstalt für Arbeit den Ausschuss »Hilfe für verkehrsverletzte Kinder« ins Leben rief. Auch Reichsbund und VdK bildeten

se der Forschungsarbeiten von 1963 bis 1965. Arbeitsbericht über drei Jahre Dysmeliesonderstation am Annastift an BMGes, 26.1.1966, B 189 20888.; Orth. Klinik der Heil-, Lehr- und Pflegeanstalten für Körperbehinderte, Volmarstein, Alfred Katthagen, Bericht an BMGes, 1966, B 189 20888; Direktor der orthopädischen Anstalt der Universität Heidelberg, Kurt Lindemann, Bericht an BMGes, 26.1.1966, ebd.; Orth. Klinik des Wichernhauses, Altdorf b. Nürnberg, F. Becker, Bericht an BMGes, 5.12.1968, ebd.; Orth. Universitätsklinik und Poliklinik Tübingen, Hans Mau, Bericht an BMGes, 27.11.1968, ebd.

406 | Redebeitrag v. BMGes Elisabeth Schwarzhaupt, StenBerBT, 4. WP, 44. Sitzung v. 26.10.1962, S. 1931C.

407 | Zur Entstehung des Gesetzes vgl. B. Kirk: Contergan-Fall (1999), S. 179-182. Gesetz zur Änderung des Arzneimittelgesetzes v. 23.6.1964, BGBl. I 1964, S. 365; Regierungsentwurf eines 2. Gesetzes zur Änderung des Arzneimittelgesetzes, BT-Drs IV/1370 v. 20.6.1963; Schriftlicher Bericht des Ausschusses für Gesundheitswesen über den von der BR eingebrachten Entwurf eines 2. Gesetzes zur Änderung des Arzneimittelgesetzes, BTDrs IV/1370, und über den von der Fraktion der SPD eingebrachten Entwurf eines Gesetzes zur Änderung des Gesetzes über den Verkehr mit Arzneimitteln, BTDrs IV/563, BTDrs IV/2162 v. 17.4.1964.

408 | Vgl. B. Kirk: Contergan-Fall (1999), S. 182, 184; Käthe Strobel (1907-1996), SPD, kaufmännische Lehre, 1949-1972 MdB, 1966-1969 BMGes, 1969-1972 BMJFG.

409 | Vgl. Gesetz über den Verkehr mit Arzneimitteln v. 14.8.1976, BGBl. I 1976, S. 2245; B. Kirk: Contergan-Fall (1999), S. 187.

Fachreferate, die sich mit Kindern mit Behinderungen befassten.[410] Ebenso nahmen Zahl und Vielfalt jener Foren zu, auf denen sich Vertreter der Medizin, der Pädagogik, der Therapieberufe, der Einrichtungs- und Sozialleistungsträger und der Eltern zum Fachaustausch begegneten. Der Contergankomplex verweist zudem auf die ausschlaggebende Funktion der Medien innerhalb der behindertenpolitischen Thematisierungsprozesse.

410 | Eine Zusammenschau der neuen Ausschüsse in »Wachsende Aktivität der Verbände für behinderte Kinder«, in: Hörgeschädigte Kinder 4 (1967), H. 4, S. 200; W. Rudloff: Rehabilitation, Bd. 4 (2007), S. 468.

3. Rehabilitation durch Erwerbsarbeit als behindertenpolitische Kernstrategie

Die bundesdeutsche Behindertenpolitik stand unter dem Primat der funktionalen Normalisierung. Menschen sollten erstens mittels erwerbsarbeitsbezogener Maßnahmen in die (unveränderten) Lebens- und Arbeitsbezüge der Mehrheitsgesellschaft eingegliedert und damit deren Funktionserwartungen angepasst werden. Diesem Ziel dienten auch medizinisch-technische Normalisierungen, die wie beispielsweise die Prothesentechnik körperliche Funktionsfähigkeit herstellen sollten. Um die Wende zu den 1970er Jahren entstand eine weitere Form der Normalisierung durch Technik. Der Abbau von baulichen und technischen Hindernissen setzte erstmals auch an Umwelt und Gesellschaft an und zielte auf die Teilhabe an Lebensbereichen ab, die über das Erwerbsleben hinausgingen. Nun vervielfältigten sich die Rehabilitationsziele grundsätzlich. Doch verloren Erwerbsbefähigung und Eingliederung in den Arbeitsmarkt dadurch keineswegs an Bedeutung.

Der Begriff der Rehabilitation beschreibt ein Instrument, dessen Methoden und Infrastrukturen im Folgenden vorgestellt werden. Der nicht zeitgenössische Begriff der Normalisierung markiert hingegen sowohl Paradigma und Ziel, im Hinblick auf die Prothesentechnik aber auch ein Mittel, das Rehabilitation und Erwerbsbefähigung ermöglichen sollte.

3.1 Rehabilitation: Methoden, Infrastrukturen, Umsetzungen

Rehabilitation wurde als integrierte Einheit von drei Phasen oder Komponenten gefasst: medizinische, berufliche und soziale Rehabilitation. Phasen, Maßnahmen und Träger sollten dem Konzept nach fugenlos ineinander greifen.[1] Einzelne Akteure nahmen diese Idee so ernst, dass sie eine ter-

1 | Vgl. G. Jentschura: Rehabilitation (1962), S. 209; A. Seifriz: Rehabilitation (1962), S. 242; E. Glombig: Rehabilitation (1964), S. 20; Stiftung Deutsches Hilfswerk, Sitzung des Vorstands und des Kuratoriums am 6.10.1970, Referat v. Karl Jung:

minologische Trennung dieser Komponenten ablehnten.[2] Das Bundesministerium für Arbeit beschrieb 1953 hingegen ein sequenzielles Dreikomponentenmodell in einer Weise, die als typisch für die Behindertenpolitik der 1950er und 1960er Jahre gelten darf. Die medizinische Rehabilitation galt als Wiederherstellung der körperlichen und geistigen Leistungsfähigkeit und Hebung des »Leistungswillens« durch ärztliche Maßnahmen, Versorgung mit Prothesen und orthopädischen Hilfsmitteln und die Bereitstellung von Arbeitshilfen. All dies mündete in die berufliche Rehabilitation, sobald »eine Wiederherstellung mit einer gewissen funktionellen Beeinträchtigung unter Inkaufnahme nicht vermeidbarer Behinderung (reparatio) erreicht« wurde. Zur beruflichen Rehabilitation zählten die »Übung und Schulung der verbliebenen Kräfte mittels sinnvoller Arbeit sowie durch berufliche, Beratung, Umschulung und Ausbildung in Fachschulen«. Die sich daran anschließende sogenannte soziale Rehabilitation umfasste die Vermittlung auf den Arbeitsmarkt und die Schutzmaßnahmen auf der Grundlage des Schwerbeschädigtenrechts.[3]

Der medizinischen Rehabilitation standen im stationären Bereich die Versorgungskrankenhäuser der Versorgungsverwaltung sowie Sonderstationen der Unfallversicherung und weitere Rehabilitationskrankenhäuser mit und ohne Sonderabteilungen zur Verfügung. Hinzu kamen die allgemeinen Krankenhäuser, die alle Rehabilitationsleistungsträger nutzten. Im weiten Feld der Kureinrichtungen trat insbesondere die gesetzliche Rentenversicherung mit eigenen Häusern auf. Neben Einrichtungen, die nur der medizinischen Rehabilitation dienten, gab es solche, die auch berufliche Rehabilitationen durchführten und über Übungs- oder reguläre Umschulungswerkstätten verfügten. Andere medizinische Einrichtungen waren mit allgemeinbildenden Schulen verbunden. In den 1960er und 1970er Jahren ging der Trend zu einer Spezialisierung auf einzelne Behinderungen. Seit etwa 1970 kamen immer mehr ambulante Rehabilitationsformen hinzu, etwa durch die ersten niedergelassenen Physiotherapeuten und -therapeutinnen.

Zum Rehabilitationsverständnis der 1950er und 1960er gehörte, dass die

---

Die Förderung der Eingliederung der Behinderten in Arbeit, Beruf und Gesellschaft, BArch B 172 2936; Th. Scharmann: Eingliederung (1957), S. 628; B. Herter: »Psychologische Erfahrungen bei der Rehabilitation von Schwerbeschädigten«, in: BArbl. 10 (1959), H. 2, S. 57-60, hier S. 60; E. Jahn: Rehabilitation (1963), S. 84; Philipp Leve: »Aktuelles zur beruflichen Rehabilitation Behinderter«, in: Arbeit, Beruf und Arbeitslosenhilfe 18 (1967), H. 7, S. 159-162, hier S. 159; D. Zöllner: Art (1969), S. 260; H. Stern: Rehabilitation (1971), S. 311.

2 | Vgl. DV e.V., Bericht über die Sitzung des Ständigen Ausschusses für gemeinsame Fragen der Fürsorge und der Arbeitsverwaltung am 10.1.1964 in Frankfurt a.M., BArch B 106 10774.

3 | BMA Abt. Ic, Denkschrift: Rehabilitation als soziale Leistung. Stand und Aufgaben der Rehabilitation in der BRD, 1953, BArch B 149 1294; Th. Scharmann: Probleme (1956), S. 179.

medizinische Rehabilitation nicht nur chronologisch, sondern auch ideell an erster Stelle stehen sollte. So formulierte das Bundesministerium 1957 auf einer Schautafel, die das deutsche Rehabilitationssystem auf einem Weltkongress der Internationalen Vereinigung für Krüppelfürsorge anpries:

»Die Heilbehandlung und alle mit ihr zusammenhängenden Maßnahmen für die gesundheitliche Wiederherstellung und berufliche Wiedereingliederung sind der Ausgangspunkt der Versorgung. [...] Heilbehandlung wird gewährt, um die Gesundheitsstörung oder die dadurch bewirkte Beeinträchtigung der Erwerbsfähigkeit zu beseitigen, oder wesentlich zu bessern, um eine Verschlimmerung zu verhüten oder körperliche Beschwerden zu beheben. Im Rahmen der Heilbehandlung wird die medizinische Rehabilitation im vollen Umfange mit dem Ziel angestrebt, den Beschädigten in die Lage zu versetzen, nach Möglichkeit wieder berufstätig zu sein.«[4]

Medizinische Therapien und das gesamte ärztliche Handeln sollten demnach an den Zielen der beruflichen Rehabilitation ausgerichtet werden.[5] Im Einzelfall brachen die Unfall- und Rentenversicherungsträger und das staatliche Versorgungswesen die medizinische Rehabilitation auch ab, wenn die in den 1950er Jahren eingeführten vielfältigen Test- und Prüfungsverfahren in Frage stellten, ob eine berufliche Wiedereingliederung gelingen würde.[6] Leiteten die Dienststellen der Arbeitsverwaltung hingegen Rehabilitationsmaßnahmen ein, ließen sie sich weniger von der ärztlich begutachteten Minderung der Erwerbsfähigkeit und der Art der Behinderung leiten als vielmehr von Prognosen über die individuelle Eingliederungsfähigkeit.[7] Das Berufsförderungswerk Heidelberg beispielsweise, ein Modellzentrum der beruflichen Rehabilitation in der gemeinsamen Trägerschaft des Landesarbeitsamts Baden-Württemberg und des Adolf-Stoecker-Werks der Inneren Mission in Baden, wählte in den 1960er und 1970er Jahren seinen Rehabilitandenkreis akribisch aus. Das Haus war einem hohen Erfolgsdruck ausgesetzt, weil es sich als methodisch besonders fortgeschritten präsentieren und vielfältige Modernisierungserwartungen erfüllen wollte. Durch seine

---

4 | BMA Abt. Vb4, Textvorlagen für die Ausstellung der ISWC 1957 an Abt. Vb1, 7.1.1957, BArch B 149 2325.

5 | Vgl. z.B. BMA Abt. Ic, Denkschrift: Rehabilitation als soziale Leistung. Stand und Aufgaben der Rehabilitation in der BRD, 1953, BArch B 149 1294; E. Wiesemann: »Moderne institutionelle Rehabilitation aus ärztlicher Sicht«, in: Die Rehabilitation 12 (1973), H. 2, S. 106-110, hier S. 106; Bayer. Staatsministerium für Arbeit und Sozialordnung, Schreiben an Präsidenten des bayer. Landtags, 25.10.1973, BHStA MArb 3530; H. Achinger/W. Bogs/H. Meinhold/L. Neundörfer: u.a.: Sozialenquête (1966), S. 279.

6 | Vgl. zur Kritik der Ärzte an der Einstellung medizinischer Hilfen G. Jentschura: Rehabilitation (1962), S. 210. Zu den Tests vgl. Th. Scharmann: Eingliederung (1957), S. 630.

7 | Vgl. Präsident des LAA Südbayern, Rundverfügung 4/58 an Direktoren der AÄ, 6.2.1958, StAM AÄ 696.

Auswahlverfahren erreichte das Berufsförderungswerk künstlich hohe Erfolgsquoten. Fast 90 Prozent der Männer, die zwischen 1959 und 1973 eine Rehabilitationsmaßnahme abschlossen, arbeiteten dauerhaft in einem dieser Maßnahme entsprechenden Beruf.[8]

Die Kataloge beruflicher Rehabilitationsmaßnahmen, die die Sozialleistungsträger finanzierten, waren differenziert und umfangreich. Vier Bereiche wurden unterschieden: An erster Stelle stand die Vorbereitung auf eine Arbeitsaufnahme. Dazu gehörten an der Schnittstelle zwischen medizinischer und beruflicher Rehabilitation die Beschäftigungstherapie, bei der es darum ging, Alltagsfertigkeiten einzuüben und die körperliche Leistungsfähigkeit zu steigern.[9] Mithilfe der sogenannten Berufsfindung und Arbeitserprobung sollten dann Belastbarkeit, Begabungen und Kenntnisse festgestellt werden. In den Arbeitsämtern erfolgten Berufsberatung und psychologische Eignungstests. Sofern dies nötig war, schlossen sich betriebliche oder überbetriebliche Ausbildungs- und Umschulungsmaßnahmen mit oder ohne Abschluss oder Fortbildungen in einem Lehr- oder Anlernberuf oder einer Teilqualifikation an. Auch sogenannte Grund- und Fortbildungslehrgänge und Anlernmaßnahmen gehörten zum Instrumentarium. Diese Maßnahmen ergänzten die meisten Sozialleistungsträger durch wirtschaftliche Unterhaltsbeihilfen und Übergangsgelder in unterschiedlicher Höhe.

Der zweite Maßnahmenbereich umfasste die Ermittlung, Förderung und Gestaltung von Arbeits- und Ausbildungsverhältnissen. Dazu gehörte beispielsweise die Berufs- und Arbeitsberatung durch die Arbeitsämter.[10] Mithilfe von Betriebsbegehungen ermittelten die Arbeitsämter geeignete Arbeitsplätze. Zudem bestanden verschiedene gesetzliche Möglichkeiten, Arbeitsplätze von den Sozialleistungsträgern oder einstellenden Unternehmen bedarfsgerecht ausstatten zu lassen. Die Arbeitsverwaltung förderte die Arbeitsaufnahme beispielsweise auch, indem sie Anlernzuschüsse gewährte.[11]

Die nachgehende Betreuung der Rehabilitierten im Sinne einer Qualitätssicherung der Rehabilitation und der dauerhaften Erhaltung des Arbeitsplatzes markierte den dritten Maßnahmenabschnitt. Der Katalog reichte hier von Arbeitsplatzbesuchen durch die Arbeitsämter und Hauptfürsorgestellen bis hin zu Erfolgskontrollen mittels verschiedenster Dokumenta-

8 | Vgl. Walter Löchner: »Das Berufsförderungswerk Heidelberg. Vortrag und Besichtigung«, in: BArbl. 13 (1962), H. 7, S. 254-260, hier S. 255; BMA Abt. IIa8, Vermerk, 16.2.1962, BArch B 149 12168; Präsident der BAVAV, Schreiben an Deutscher Industrie- und Handelstag (DIHT), 14.9.1960, BArch B 119 3279; E. Steininger: Arbeitsamtsärzte (1973), S. 291.

9 | Vgl. DeVg e.V., Arbeitsausschuss Arbeits- und Berufsförderung, Begriffsbestimmung für die berufliche Rehabilitation, 1964, BArch B 149 6432.

10 | Vgl. Ph. Leve: Erfahrungen (1963), S. 61.

11 | Vgl. §§ 68-98 AReha zu §§ 53-54 AFG. Hinzu kamen z.B. infolge der Rezession die Bund-Länder-Programme zur Schaffung von Ausbildungs- und Arbeitsplätzen für Schwerbehinderte von 1976/77.

tionssysteme. Jedoch blieb die nachgehende Betreuung in der Praxis deutlich hinter den Erwartungen und gesetzlichen Möglichkeiten zurück. Fand eine nachgehende Betreuung statt, bedeutete das vor allem die Kontrolle der Beschäftigten.[12]

Der vierte Teilbereich erstreckte sich auf den Schutz der erwerbstätigen Menschen auf dem Arbeitsmarkt. Das Schwerbeschädigtengesetz von 1953 und das Schwerbehindertengesetz von 1974 verbrieften besonderen Kündigungsschutz, Zusatzurlaub sowie die innerbetriebliche Interessenvertretung durch Vertrauensleute. Auch Arbeitsschutzbestimmungen, die freilich alle Arbeitnehmerinnen und Arbeitnehmer betrafen, lassen sich diesem Bereich zuordnen.[13]

Beginnen sollten die beruflichen Rehabilitationsmaßnahmen möglichst »ab Krankenbett«, damit sich, so die Theorie vor allem der 1950er Jahre, niemand an »Müßiggang« gewöhnte.[14] Seit dem Ende der 1950er Jahre kam insbesondere im Kontext der Rentenreform eine Präventionslogik hinzu: »Frühinvalide« mit »Abnutzungserscheinungen« und »Zivilisationskrankheiten«, also erwerbsunfähige Menschen unterhalb der Altersgrenze der gesetzlichen Rentenversicherung, wurden als wirtschafts- und sozialpolitisches Problem empfunden. Sie belasteten die Kassen und fehlten dem Arbeitsmarkt, auf dem sich aufgrund der wirtschaftlichen Erholung seit der Mitte der 1950er Jahre ein Mangel an qualifizierten Arbeitskräften bemerkbar zu machen begann.[15] Den Trägern der gesetzlichen Rentenversicherung wurden deshalb 1957 rehabilitative Präventivmaßnahmen zur

12 | Vgl. M. Hofrichter: Placement (1967), S. 86; Präsident des LAA NRW, Rundverfügung 23/72 an Direktoren der AÄ im Bezirk, 17.1.1972, NRWHStA BR 1134 179.

13 | Vgl. Gesetz über technische Arbeitsmittel v. 24.6.1968, BGBl. I 1968, S. 717; Gesetz über Betriebsärzte, Sicherheitsingenieure und andere Fachkräfte für Arbeitssicherheit v. 12.12.1973, BGBl. I 1973, S. 1885; Verordnung über Arbeitsstätten v. 20.3.1975, BGBl. I 1975, S. 729; Gesetz zum Schutz der arbeitenden Jugend v. 12.4.1976, BGBl. I 1976, S. 965; S. Remecke: Gewerkschaften (2005), S. 79-90, 92-95; Dietrich Bethge: »Arbeitsschutz«, in: Bundesministerium für Arbeit und Sozialordnung/Bundesarchiv (Hg.): Geschichte der Sozialpolitik in Deutschland seit 1945. Bd. 5: 1966-1974 Bundesrepublik Deutschland. Eine Zeit vielfältigen Aufbruchs. Bandhg.: Hockerts, Hans Günter, Baden-Baden 2006, S. 277-330, hier S. 329.

14 | Zur »Rehabilitation ab Krankenbett« Wilhelm Wokurka: »Arbeitsmöglichkeiten für Schwerverletzte«, in: Jahrbuch der Fürsorge für Körperbehinderte (1962), S. 220-226, hier S. 224; E. Jahn: Rehabilitation (1963), S. 87. Zur Vermeidung von »Müßiggang« [o.V.] Welzel: Was verstehen wir (1958), S. 328.

15 | Vgl. G. Schmitt: Rehabilitation (1956), S. 203-204; W. Rudloff: Überlegungen (2003), S. 869; Jürgen Wasem/Aurelio Vincenti/Angelika Behringer: »Gesundheitswesen«, in: Bundesministerium für Arbeit und Sozialordnung/Bundesarchiv (Hg.): Geschichte der Sozialpolitik in Deutschland seit 1945. Bd. 3: 1949-1957 Bundesrepublik Deutschland. Bewältigung der Kriegsfolgen, Rückkehr zur sozialpolitischen Normalität. Bandverantwortlicher: Schulz, Günther, Baden-Baden 2005, S. 439-473, hier S. 464-465.

Pflicht gemacht, um drohende Behinderungen abzuwenden.[16] Je früher die beruflichen Rehabilitationsmaßnahmen einsetzten, desto geringer falle die »Erwerbsbehinderung« letztlich aus.[17] In der Folge der Rentenreform von 1957 erteilte der Gesetzgeber auch den übrigen Sozialleistungsträgern den Auftrag, präventiv einzugreifen: 1961 durch das Bundessozialhilfegesetz, 1969 durch das Arbeitsförderungsgesetz, endgültig im Rehabilitationsangleichungsgesetz von 1974.

Präventivmaßnahmen gewannen in dem Maße an Bedeutung, wie Sozialpolitik und mithin Behindertenpolitik nicht allein als Reaktion auf Problemlagen, sondern als aktiv gestaltende Gesellschaftspolitik verstanden wurde.[18] Als im Lauf der 1960er Jahre auch Kinder immer stärker in das behindertenpolitische Blick- und Handlungsfeld rückten, wurde der Präventionsbegriff differenziert: Früherkennung, Frühbehandlung und Frühförderung forderten nun Expertenschaft und Eltern von der Politik.[19] Der Contergankomplex löste hier geradezu eine Konjunktur aus: Die Geburt mehrerer Tausend vorgeburtlich von Thalidomid geschädigter Kinder ließ einen Ruf nach Frühwarnsystemen, zumindest aber nach frühest möglicher Diagnose und Therapiebeginn im Kleinkindalter laut werden.[20] Dieser Früherkennungs- und Förderungsdiskurs war ein Verhinderungsdiskurs:

16 | Vgl. H. Achinger/J. Höffner/H. Muthesius/L. Neundörfer: Neuordnung (1955), S. 75-76; Angestelltenversicherungsneuregelungsgesetz v. 23.2.1957, BGBl. I 1957, S. 88; BMA Abt. IV, Schreiben an Staatssekretär im BKA, 7.4.1955, BArch B 144 554; »Berufliche Rehabilitation – ein Schwerpunkt der Rentenversicherung«, in: Sozialer Fortschritt 16 (1967), 12, S. 284; E. Jahn: Rehabilitation (1963), S. 84; Knappschaftsversicherungsneuregelungsgesetz v. 23.2.1957, BGBl. I 1957, S. 533; Gesetz zur Neuregelung des Rechts der Rentenversicherung der Arbeiter v. 23.2.1957, BGBl. I 1957, S. 133.

17 | Vgl. z.B. L. Herbig: Rehabilitation (1965/66), S. 67; O. Benesch: Maßnahmen (1965), S. 257; H. Muthesius: Prävention (1960), S. 719; H. Achinger/W. Bogs/H. Meinhold/L. Neundörfer: u.a.: Sozialenquête (1966), S. 279.

18 | Vgl. M. H. Geyer: Gegenwart (2007), S. 52-53.

19 | Vgl. z.B. »Deutscher Fürsorgetag 1967. Ergebnisse der Arbeitsgruppen«, in: NDV 47 (1967), H. 11, S. 348; R. Knappeck: »Advances in Educating the Cerebral Palsied Resulting from New Research Findings«, in: Dicke, Werner/Jochheim, Kurt-Alphons/Müller, Marlis/Thom, Harald (Hg. im Auftrag der ISRD): Industrial Society and Rehabilitation – Problems and Solutions. ISRD-Proceedings of the Tenth World Congress Wiesbaden 11.-17.9.1966, Heidelberg 1967, S. 32; »Thesen zur Frühförderung«, in: Bayer. Staatsministerium für Arbeit und Sozialordnung (Hg.): Bayerische Sozialpolitik 1974, München 1974, S. 166-167; Gerhard Greza: »Haus der Behinderten«, in: BArbl. 26 (1975), H. 10, S. 506-510, hier S. 507; Erster bayerischer Landesplan für Behinderte, München 1974, BHStA MArb 3530.

20 | Vgl. dazu den Jugendbericht des BMFJ von 1965, der für einen Ausbau der Frühdiagnostik und Frühförderung sowie der frühest möglichen Beratung der Eltern von Kindern mit Behinderungen plädierte, BMFJ, Jugendbericht 1965, Kurzfassung, BArch B 153 1475; O. Hepp: Häufung (1962), S. 425.

Behinderungen sollten gar nicht erst entstehen. Zudem stand auch diese Version des Präventionsarguments unter dem Paradigma der (späteren) Erwerbsarbeit. Verwandt waren die Präventionsdiskussionen in der Behindertenpolitik in den 1960er Jahren mit der Debatte um die Verkehrserziehung angesichts der drastisch steigenden Zahl kindlicher Unfälle im Straßenverkehr. Im Folgejahrzehnt grenzten sie zudem an die Konjunktur der Gesundheitserziehung inklusive der Aufklärung über die Gefahren des Alkohol- und des Betäubungsmittelmissbrauchs.[21]

Bereits um die Mitte der 1960er Jahre bestand unter Ministerien, Eltern und Expertenvertretungen ein Konsens, dass Prävention im Kindesalter grundsätzlich notwendig sei. Lediglich die Finanzierung, die sozialrechtlichen Zuständigkeiten und die Methoden lösten noch Kontroversen aus. Anders als Präventionsmaßnahmen in der Erwachsenenrehabilitation blieb die Umsetzung deshalb weit hinter den hoch gesteckten Zielen zurück. Vorsorgeuntersuchungen für Babys und Kinder wurden beispielsweise erst 1971 als Pflichtleistung der Krankenkassen eingeführt und überdies von den Eltern zunächst zögerlich angenommen.[22] Was die Einrichtungen für Früherkennung und Frühbehandlung anging, existierten um die Mitte der 1970er Jahre zwar bereits gut frequentierte und viel beachtete Modellversuche wie etwa das Münchener Kinderzentrum der Aktion Sonnenschein – Hilfe für das mehrfach behinderte Kind e.V., aber keine flächendeckende Versorgung.[23] Noch kleiner war das Angebot an den ebenfalls präventiv tätigen Frühfördereinrichtungen. Entsprechende Kindergärten und -tagesstätten gab es nur

21 | Vgl. K.-S. Saternus: Unfälle (1973), S. 279; Bayer. Staatsministerium des Innern an BMI, 18.8.1961, BArch B 142 549; »Bundesanstalt für Unfallforschung und Arbeitsschutz soll in Dortmund errichtet werden«, in: BArbl. 21 (1970), H. 3, S. 202-203, hier S. 202; Erster bayerischer Landesplan für Behinderte, München 1974, BHStA MArb 3530.

22 | Vgl. 2. Krankenversicherungs-Änderungsgesetz v. 21.12.1970, BGBl. I 1970, S. 170; W. Thimm: Behinderten (1977), S. 38; A. Vincenti/A. Behringer: Gesundheitswesen (2006), S. 509.

23 | Aktion Sonnenschein – Hilfe für das mehrfach behinderte Kind e.V., Jahresrückblick 1971, 10.12.1971, BArch B 189 9448; Aktion Sonnenschein – Hilfe für das mehrfach behinderte Kind e.V., Jahresrückblick 1973, 15.12.1973, BArch B 189 9448; Johannes Pechstein: »Voraussetzungen einer verbesserten Frühförderung behinderter Kinder«, in: Jochheim, Kurt-Alphons/Moleski-Müller, Marlis/Siebrecht, Valentin (Hg.): Wege zur Chancengleichheit der Behinderten. Bericht über den 25. Kongress der DeVg e.V. in Bad Wiessee, 10.-12.10.1973, Heidelberg 1974, S. 57-70, hier S. 66. Vgl. zur Würdigung in der Presse Karin Friedrich: »Ein Zentrum für behinderte Kinder«, in: SZ v. 31.7.1972; Dies.: »Hier finden Behinderte Heim und Heilung«, in: SZ v. 17.7.1973; Dies.: »Wirksame Hilfe für Sorgenkinder«, in: SZ v. 28.1.1971; Dies.: »Das große Hilfswerk für behinderte Kinder«, in: SZ v. 16.2.1978; Heidrun Graupner: »Pioniertat zum Wohl behinderter Kinder«, in: SZ v. 3.7.1978; E. Waltz: Engagierte Ärzte; Christel Buscher: »Behinderte Kinder erfolgreich behandelt«, in: SZ v. 23.4.1970.

dort, wo Elterninitiativen sie geschaffen hatten.[24] So standen in Bayern im Oktober 1971 gerade 2.100 Frühförderplätze für alle Kinder mit Behinderungen zur Verfügung.[25] Methodisch ging der Trend dabei überwiegend zu Sondereinrichtungen. Frühe integrative Modellversuche machten hingegen beispielsweise das Kinderhaus Friedenau in Berlin oder der erste Montessorikindergarten in München.[26]

Untrennbar mit dem Präventionsparadigma war die Debatte um eine Meldepflicht von bestimmten Behinderungen verbunden. Wie sollten Diagnostik, Therapie und Rehabilitation rechtzeitig einsetzen, wenn Eltern ihre Kinder nicht den spezialisierten Ärzten vorstellten oder Sozialleistungsträger nie von potentiellen Rehabilitandinnen und Rehabilitanden erfuhren? Wie sollten Staat und Sozialleistungsträger an jenes gesicherte Zahlenmaterial gelangen, das insbesondere im Kontext der Planungseuphorie der 1960er und 1970er Jahre für die Sozialplanung so dringend nötig schien?[27] Dies waren die beiden wesentlichen Diskussionspunkte.

Debatten um Erfassungsvorgänge hatten die Krüppelfürsorge schon in ihren Anfängen geprägt. Konrad Biesalski, ihr Nestor, begründete die von ihm initiierte preußische Krüppelzählung von 1906/1908 unter anderem damit, drohende Behinderungen noch vor ihrer Entstehung abwenden oder ihre Konsequenzen begrenzen zu können.[28] Es gehört zur Ursprungslegen-

---

24 | Vgl. R. Krais: Jahre (1969), S. 230; Lena Ohnesorge: »Chancengleichheit für behinderte Kinder in Stadt und Land«, in: Das behinderte Kind 7 (1970), H. 1/2, S. 4-6; W. Jantzen: Sozialgeschichte (1982), S. 167.

25 | Vgl. Kaplan, Entwicklung, S. 2, 32; Erster bayerischer Landesplan für Behinderte, München 1974, BHStA MArb 3530. 1984 waren es infolge des ersten bayerischen Landesplans dann 4.300.

26 | Vgl. I. Schnell: Geschichte (2003), S. 14; I. Thümmel: Sozialgeschichte (2003), S. 207.

27 | Vgl. DeVg e.V., Schreiben an BMI, Abdruck der Referate der Arbeitstagung der DeVg am 24.5.1956 in Bad Kreuznach, Referat v. Josef Strahlau: Der Beitrag der Gemeinden in der Körperbehindertenfürsorge, BArch B 106 10810; DeVg e.V., Empfehlung der DeVg e.V. zur Einführung einer Meldepflicht für Schwerstbehinderte, 6.12.1963, BArch B 142 3986; »Probleme und Aufgaben der Rehabilitation«, in: NDV 45 (1965), H. 8, S. 254-255; R. Mittermaier/B. Heinen: »Einige Fragen zur Meldepflicht für körperlich und geistig Behinderte«, in: NDV 46 (1966), H. 7, S. 202-204; O. Benesch: Maßnahmen (1965), S. 258; K. Lindemann: Schwerstbehinderten (1966), S. 48-49; D: Petersen: »Regional Case Finding Methods for Persons in Need of Rehabilitation«, in: Dicke, Werner/Jochheim, Kurt-Alphons/Müller, Marlis/Thom, Harald (Hg. im Auftrag der ISRD): Industrial Society and Rehabilitation – Problems and Solutions. ISRD-Proceedings of the Tenth World Congress Wiesbaden 11.-17.9.1966, Heidelberg 1967, S. 234-235, hier S. 234; Ph. Leve: Aktuelles (1967), S. 161; Stiftung Rehabilitation (Hg.): Rehabilitation, S. 22; »Meldepflicht eigentlich eine Selbstverständlichkeit«, in: Sozialer Fortschritt 22 (1973), H. 5, S. 102; W. Rudloff: Rehabilitation, Bd. 4 (2007), S. 473.

28 | Vgl. Konrad Biesalski: Umfang und Art des jugendlichen Krüppeltums und

de der orthopädischen Rehabilitation, dass deren Erfolgsgeschichte mit dieser Krüppelzählung begann.[29] Bereits im Lauf der 1920er Jahre häuften sich dann Initiativen zur Datenerfassung im Sinne »erbbiologischer« Bestandsaufnahmen. 1925 wurde beispielsweise im Zuge der Volkszählung eine reichsweite »Gebrechlichenzählung« durchgeführt.[30] Dass die Verbrechen des Nationalsozialismus insbesondere auf solchen Meldevorgängen gründeten, diskreditierte diese in den Augen ihrer Befürworter nach 1945 keineswegs. Im Gegenteil, sie wiesen Bedenken mit der Begründung zurück, die Bundesrepublik als ein auf dem Grundgesetz gründender Rechtsstaat biete den Erfassten genügend Sicherheiten:

»Wir kennen die Zurückhaltung, die in manchen Bevölkerungskreisen gegenüber einer solchen umfassenden Meldepflicht besteht. Es sind die Erfahrungen namentlich des Dritten Reichs gegenüber den gebrechlichen und geisteskranken Personen, die hier hemmend wirken; aber ich glaube auch, man sollte den Mut haben, zu erklären, in einem geordneten Staatswesen ist es nicht nötig, das Misstrauen in den Vordergrund zu schieben, wenn es sich darum dreht, nun den armen Menschen, um die es hier geht, zu helfen«,

so ein Ministerialdirektor des Bundesministerium für Arbeit 1964.[31] Internationale Beispiele sollten das Rechtsstaatsargument stärken. So zog der Vorsteher des Annastifts in Hannover, Werner Dicke, wie viele Einrichtungsleiter ein Befürworter der Meldepflicht, die amerikanische Erfassungspraxis heran:

»Wer diese Einblicke in den USA nehmen konnte, für den ist es beinahe unbegreiflich, dass man sich in unserem Lande so ängstlich und leidenschaftlich gegen

der Krüppelfürsorge in Deutschland, Hamburg/Leipzig 1909. Biesalski fälschte die Ergebnisse der Zählung, um die Lage zu dramatisieren und damit mehr öffentliche Aufmerksamkeit zu erwirken. Vgl. R. Mentner: Almosenempfänger (2004), S. 42-43; K.-D. Thomann: Kind (1995), S. 121-140; Ders.: »Von der Entstehung der Orthopädie bis zur Gründung großer orthopädischer Heilanstalten«, in: Thomann, Klaus-Dieter (Hg.): Tradition und Fortschritt in der Orthopädie. Historische Ausstellung der Deutschen Gesellschaft für Orthopädie und Traumatologie 1985 in Frankfurt a.M., Stuttgart 1985, S. 9-53, hier S. 48-49.

29 | Vgl. K.-D. Thomann: Entstehung (1985), S. 50.

30 | Vgl. Fischinger, Konrad: Die Körperbehinderten in Bayern 1950, in: Zeitschrift des bayerischen statistischen Landesamts 86 (1954), H. 1/2, 43; Johannes Vossen: »Erfassen, Ermitteln, Untersuchen, Beurteilen. Die Rolle der Gesundheitsämter und ihrer Amtsärzte bei der Durchführung von Zwangsterilisationen im Nationalsozialismus«, in: Hamm, Margret (Hg.): Lebensunwert zerstörte Leben. Zwangssterilisation und ›Euthanasie‹, Frankfurt a.M. 2005, S. 85-97, hier S. 87-92.

31 | BMA, Tonbandwiedergabe der 3. Tagung des Deutschen Ausschusses für die Eingliederung Behinderter in Arbeit, Beruf und Gesellschaft am 30.6./1.7.1964, BArch B 149 6459.

eine Meldepflicht zur Früherfassung behinderter Kinder wehrt. In dem amerikanischen Land der Freiheit ist erkannt worden, dass dem behinderten Kinde, wenn es frühzeitig den Gesundheitsbehörden bekannt wird, nur genutzt und seine Lebensertüchtigung mächtig gefördert wird, ohne dass es auch nur im Entferntesten zur Einschränkung der Freiheit oder Gefährdung der Intimität kommt.«[32]

Als Wortführerin der Befürworter platzierte sich die DeVg und veröffentlichte beispielsweise 1963 die »Empfehlung der Deutschen Vereinigung für die Rehabilitation Behinderter e.V. zur Einführung einer Meldepflicht für Schwerstbehinderte«.[33] Im gegnerischen Lager versammelten sich vor allem Ärzte und ihre Standesorganisationen. Sie argumentierten zwar mit den Verbrechen des Nationalsozialismus, im Grunde ging es ihnen aber darum, Zugriffe des öffentlichen Gesundheitswesens auf die niedergelassenen Ärzte zu verhindern.[34]

Wenngleich der Contergankomplex die Debatte anheizte, konnten sich Ministerien und parlamentarische Gremien nicht dazu entschließen, eine genuine Meldepflicht gesetzlich zu verankern. Zu groß waren die Bedenken wegen der Reaktionen der Öffentlichkeit und der Angehörigen sowie die Zweifel, ob Erfassungsvorgänge prinzipiell präventiv wirken würden.[35]

---

32 | Werner Dicke, Annastift Hannover: Die Rehabilitation ziviler Körperbehinderter. Bericht einer Studienreise durch die USA v. 15.7.-15.10.1956, BArch B 142 554.

33 | Vgl. DeVg e.V., Empfehlung der DeVg e.V. zur Einführung einer Meldepflicht für Schwerstbehinderte, 6.12.1963, BArch B 142 3986. Zu den Befürwortern auch O. Benesch: Maßnahmen (1965), S. 258; Else Opp: »Zur Frage der Meldepflicht für Behinderte«, in: NDV 47 (1967), H. 10, S. 312-314, hier S. 312; »Zum Problem der Meldepflicht für körperlich und geistig Behinderte«, in: NDV 46 (1966), H. 5, S. 130-136, hier S. 134.

34 | Vgl. Bundesärztekammer, Hauptgeschäftsführung, Schreiben an BMI, Staatssekretär Werner Ernst, 18.1.1966, BArch B 142 3986; Bundesärztekammer, Entschließung des 70. Deutschen Ärztetags 1967 in Garmisch-Partenkirchen gegen eine Meldepflicht für Behinderte, BArch B 142 3986; »Zwang oder Einsicht – eine Stilfrage der Demokratie. Ärztliche Meldepflicht bei missgebildeten Kindern?«, in: Deutsches Ärzteblatt v. 15.1.1966, S. 117-118, 126; Th. Regau: Übereifer (1966); F. Föking: Fürsorge (2007), S. 322; W. Rudloff: Rehabilitation, Bd. 4 (2007), S. 474.

35 | BMI Abt. V7, Niederschrift über die Besprechung mit den Vertretern der obersten Landessozialbehörden und der obersten Landesgesundheitsbehörden am 2.10.1962 im BMI, 2.10.1962, BArch B 106 10791; BMA Abt. V5, Schreiben an BMGes, 26.2.1964, BArch B 142 3986; BMGes Abt. I, Schreiben an BMGes Elisabeth Schwarzhaupt, 16.10.1963, ebd.; BMGes Abt. Ia4, Schreiben an BMI, 22.10.1963, ebd.; BMGes Abt. Ia, Vermerk, 28.10.1963, ebd.; BMI, Schreiben an BMGes, 11.12.1963, ebd.; BMGes Abt. I, Vermerk, 17.11.1964, BArch B 142 3986; BMI Abt. V4, Schreiben an BMGes, 23.12.1964, ebd.; BMI Abt. V4, Schreiben an BMGes, 23.12.1964, BArch B 142 3986; BMGes, Staatssekretär Walter Bargatzky, Schreiben an BMGes Elisabeth Schwarzhaupt, 27.1.1965, ebd. BMGes Abt. Ia4, Vermerk, 23.3.1965, BArch B 142 3986; BMGes, Staatssekretär Walter Bargatzky, Schreiben an Ab. Ia4 über BMGes

Lediglich das Bundessozialhilfegesetz trug Hebammen und anderen medizinischen Kräften, Lehrpersonal, Sozialarbeitern und Sozialarbeiterinnen, Kindergärtnerinnen und Hortnerinnen auf, den Gesundheitsämtern Meldung zu machen, wenn Personensorgeberechtigte es explizit ablehnten, die in Frage kommenden Personen einem Arzt vorzustellen. Die Ärzte waren wiederum verpflichtet, über Therapiemöglichkeiten aufzuklären und entsprechende amtliche Merkblätter auszuhändigen.[36] Dies galt im Wesentlichen für die medizinische Rehabilitation. Die berufliche Rehabilitation in Gang zu setzen, lag in der Verantwortung der Sozialleistungsträger, der Betroffenen oder ihrer Angehörigen.

Ziel und Anspruch dieser beruflichen Rehabilitation war die Vermittlung in einen sogenannten Dauerarbeitsplatz.[37] Diese Maxime lässt sich bis in die Anfänge der gesetzlichen Unfallversicherung verfolgen. Dort war sie wie auch in der Kriegsbeschädigtenrehabilitation seit dem Ersten Weltkrieg mit der Idee verbunden, dass möglichst die Vermittlung in den bisherigen oder einen verwandten Beruf anzustreben war. Vorhandene Qualifikationen schienen sich so am besten nutzen zu lassen.[38] An diesem Leitgedanken hielten die Konzeptoren der beruflichen Rehabilitation in allen Sozialleistungsbereichen in den 1950er Jahren fest. Ihre Absicht war es, den wirtschaftlichen Status der betroffenen Person und ihrer Familie zu erhalten. Dies schien eine dauerhafte Beschäftigung auf dem früheren Qualifikations- und Verdienstniveau zu gewährleisten.[39]

Elisabeth Schwarzhaupt, 12.5.1965, ebd.; BMGes, Staatssekretär Walter Bargatzky, Schreiben an BMGes Abt. I, 11.7.1966, BArch B 142 3986; BMGes Abt. Ia5, Schreiben an Staatssekretär Walter Bargatzky und Abt. I, 12.8.1966 mit handschriftlichem Vermerk: Vorlage an Ministerin, BArch B 142 3986; BMGes Abt. Ia5, Vermerk, 19.8.1966, ebd.; BMGes Abt. I, Schreiben an Abt. Ia5, 23.8.1966, ebd.

36 | §§ 123-126 BSHG; W. Rudloff: Rehabilitation, Bd. 4 (2007), S. 475.

37 | Vgl. Bayer. Arbeitsministerium, Schreiben an Präsidenten der LAA in Bayern und Leiter der AÄ, 1.8.1946, StAM AÄ 697; [o.V.] Welzel: Was verstehen wir (1958), S. 328; M. Hofrichter: Placement (1967), S. 86; H.-W. Loose: Arbeitsvermittlung (1951), S. 45; Ders.: Schwerbeschädigtengesetz (1953), S. 676; BMA, Ministerialrat Clemens Dierkes, Schreiben an Landesozialgericht Bremen, Harry Rohwer-Kahlmann, mit Manuskript: Rehabilitation in medizinischer Sicht, 16.4.1956, BArch B 142 553; BMA Abt. IIa8, Protokoll der 2. Arbeitstagung des Deutschen Ausschusses für die Eingliederung Behinderter in Arbeit, Beruf und Gesellschaft am 13./14.6.1961, Referat v. Adalbert Seifriz: Die Rehabilitation als Schlüssel zum Dauerarbeitsplatz, 15.9.1961, BArch B 149 6457; A. Seifriz: Rehabilitation (1962), S. 242.

38 | Vgl. z.B. K. Biesalski: Grundriss (1926), S. 115; BMA Abt. Ic, Denkschrift: Rehabilitation als soziale Leistung. Stand und Aufgaben der Rehabilitation in der BRD, 1953, BArch B 149 1294.

39 | Vgl. zum Übergang der Leitlinie aus der Unfallversicherung bayer. Kultusministerium, Pensions- und Versorgungsabt., Schreiben an stellvertretende Generalkommandos 1.-3. bayer. Armeekorps, 3.10.1915, BHStA Stellvertretendes Generalkommando 1. bayer. Armeekorps Sanitätsamt 18; Niederschrift über die erste Sitzung

Berufsgenossenschaften und die Rentenversicherungsträger, die zusammen etwa 80 Prozent der beruflichen Rehabilitationsmaßnahmen durchführten, hielten ihrem gesetzlichen Auftrag entsprechend in den 1960er Jahren an diesem Prinzip fest. Sie lehnten Höherqualifizierungen relativ häufig ab oder ließen es bei Kurzlehrgängen oder Teilqualifikationen bewenden.[40] Die Arbeitsverwaltung und die Bundesministerien entwickelten jedoch ab der Mitte der 1960er Jahre angesichts der sich wandelnden Arbeitsmarkts- und Wirtschaftslage sowie im Kontext der neu orientierten Sozialpolitik eine neue Maxime. Berufliche Rehabilitationsmaßnahmen sollten nicht mehr dem Statuserhalt und der Absicherung in existenziellen Notlagen, sondern dem beruflichen und sozialen Aufstieg dienen. Insbesondere die Arbeitsverwaltung strebte deshalb ein höheres Qualifikationsniveau an.[41]

Um die Wende zu den 1960er Jahren erlebte die bundesdeutsche Wirtschaft eine technologische Aufholphase, in deren Folge sich die Wirtschaftssektoren, Produktionsverhältnisse und Berufsbilder merklich wandelten.[42] Als neue Schlüsseltechnologien galten hydraulische Arbeitsmaschinen, Lasertechnik, numerisch gesteuerte Werkzeugmaschinen und elektronische Großrechenanlagen. Ab 1970 kamen verstärkt Biotechnologie, Robotik, computergestützte Fertigung und Mikroelektronik hinzu. Viele Produktionsprozesse wurden rationalisiert und automatisiert. Automatisierung bedeutete vor allem den Ersatz menschlicher Kontrollfunktionen durch eine sich selbst regulierende und überwachende Maschine. Derartige Anlagen wurden von wenigen, aber hoch qualifizierten Kräften überwacht und programmiert.

Die behindertenpolitischen Akteure, insbesondere die Arbeitsverwaltung, sahen durch diese Umwälzungen neue Beschäftigungsoptionen für

---

des bayer. Landesbeirats für Kriegsinvalidenfürsorge am 28. 4.1915, S. 4, BHStA MH 16141; »Einrichtung und Grundsätze der Kriegsinvalidenfürsorge in Bayern«, in: Bayerisches Staatsministerium des Innern (Hg.): Bayerische Kriegsinvalidenfürsorge, München 1915, S. 5; Landesverband Bayern der gewerblichen Berufsgenossenschaften e.V.: Berufsgenossenschaftliche Berufsfürsorge, München [1950], StAM AÄ 697; G. Jentschura: Grenzen (1962), S. 20; E. Jahn: Rehabilitation (1963), S. 84-85.

40 | Vgl. G. Jentschura: Rehabilitation (1962), S. 213; Präsident des LAA Südbayern, Schreiben an Präsidenten der BAVAV, 7.4.1966, StAM LAA Südbayern 5122.

41 | Vgl. W. Boll: Rehabilitation (1967), S. 135; Adolf-Stoecker-Werk e.V., Schreiben an BMA, 14.1.1961, BArch B 149 12168; A. Seifriz: Rehabilitation (1962), S. 243; Hans-Karl Winckelmann: »Konzentration in der Rehabilitation«, in: NDV 46 (1966), H. 4, S. 100-102, hier S. 101; H. G. Hockerts: Problemlöser (2007), S. 4.

42 | Vgl. Gerold Ambrosius: »Wirtschaftlicher Strukturwandel und Technikentwicklung«, in: Schildt, Axel/Sywottek, Arnold (Hg.): Modernisierung im Wiederaufbau. Die westdeutsche Gesellschaft der 50er Jahre, akt. Ausgabe Bonn 1998, S. 107-127, hier S. 119; Werner Bührer: »Technologischer Wandel, Industrie- und Beschäftigungsstruktur in der Bundesrepublik Deutschland«, in: Archiv für Sozialgeschichte 35 (1995), S. 91-113, hier S. 98; H. G. Hockerts: Rahmenbedingungen (2006), S. 57.

Menschen mit Behinderungen entstehen. Unruhe sowohl im positiven als auch im negativen Sinn machte sich bemerkbar. Sie stand im Kontext der auf vielerlei politischen Ebenen feststellbaren Modernisierungsdiskussionen und Auseinandersetzungen mit den Innovationen in der Produktionstechnik der 1960er Jahre.[43] Ein Teil der behindertenpolitischen Akteure befürchtete, dass Automatisierung und Technisierung negative Auswirkungen auf die Erwerbschancen von Menschen mit Behinderungen haben könnten. Die sogenannten innerbetrieblichen Helfergruppen nach dem Schwerbeschädigtengesetz, also die Vertrauensmänner der Schwerbeschädigten und Beauftragten der Arbeitgeber sowie die Betriebsräte eines Unternehmens, beschäftigte beispielsweise 1967 die Sorge, dass Menschen mit Behinderungen »unter die Räder« der automatisierten Produktion gelangen könnten.[44]

Die Mehrheit jedoch wagte positive Prognosen und erwartete von einer stärker arbeitsteilig organisierten, automatisierten Wirtschaft neue Beschäftigungspotentiale, insbesondere für gut qualifizierte und leistungsfähige Menschen mit Körper- und Sinnesbehinderungen. Diese sollten in Arbeitsfelder wechseln, die nun als besonders modern empfunden wurden.[45] Von

43 | Vgl. DGB, Hauptabt. Wirtschaftspolitik (Hg.): Automation – Gewinn oder Gefahr? Arbeitstagung des DGB am 23./24.1.1958 in Essen, Düsseldorf 1958; DGB (Hg.): Automation und Angestellte. Bundeskonferenz des DGB über den technischen und organisatorischen Wandel im Bereich der Angestelltentätigkeiten, 6./7.12.1966, Düsseldorf 1966; Presse- und Informationsamt der Bundesregierung (Hg.): Jahresbericht der Bundesregierung 1968, Bonn 1969, S. 282; G. Metzler: Geborgenheit (2002), S. 780-781; O. Anweiler: Bildungspolitik, Bd. 4 (2007), S. 618; D. Bethge: Arbeitsschutz (2006), S. 288-289, 304.

44 | Das Zitat in »Aus einem Rundgespräch über Schwerbeschädigtenfürsorge«, in: Der gute Wille, Ausgabe NRW 3 (1967), H. 4, S. 2-4, hier S. 3-4; vgl. auch »Schwerbeschädigte und berufliche Rehabilitation in einem Großbetrieb«, in: Der gute Wille, Ausgabe NRW 4 (1968), H. 1, S. 4 sowie Der gute Wille 3 (1967) bis 8 (1972).

45 | Vgl. z.B. BMA Abt. IIa, Niederschrift über die konstituierende Sitzung des Deutschen Ausschusses für die Eingliederung Behinderter in Arbeit, Beruf und Gesellschaft am 27.5.1960 in Berlin, Referat v. H. Henschel: Die Praxis der beruflichen Rehabilitation, 18.7.1960, BArch B 142 1833; W. Löchner: Erschließung (1960), S. 174; DV e.V., Bericht des Ständigen Ausschusses für gemeinsame Fragen der Arbeitsverwaltung und Fürsorge über die Sitzung am 30./31.5.1963, Referat: Berufliche Rehabilitation unter dem Gesichtspunkt der Arbeitsmarkt- und Wirtschaftspolitik, BArch B 106 10774; Präsident der BAVAV, Vorlage für die Sitzung des Verwaltungsrats am 18.12.1964, betr. Förderung der Rehabilitationseinrichtungen durch Darlehen und Zuschüsse aus Mitteln der BAVAV, 11.12.1964, BArch B 119 3268; M. Hofrichter: Placement (1967), S. 89; Th. Scharmann: Probleme (1956), S. 175; DV e.V., Bericht des Ständigen Ausschusses für gemeinsame Fragen der Arbeitsverwaltung und Fürsorge über die Sitzung am 30./31.5.1963, Referat: Berufliche Rehabilitation unter dem Gesichtspunkt der Arbeitsmarkt- und Wirtschaftspolitik, BArch B 106 10774; BMA Abt. IIa, Niederschrift über die konstituierende Sitzung des Deutschen Ausschusses für die Eingliederung Behinderter in Arbeit, Beruf und Gesellschaft am 27.5.1960 in

nie geahnten Chancen sprach zum Beispiel ein Vertreter der Arbeitsverwaltung bereits 1960 auf dem Internationalen Seminar des Weltfrontkämpferverbands Fédération Mondiale des Anciens Combattants über die Beschäftigung von Menschen mit Körperbehinderungen: Da angesichts des industriellen Strukturwandels körperliche Kraft an Bedeutung verliere, entstünden neue Qualifikationsanforderungen, die von gut ausgebildeten Menschen mit Behinderungen leicht erfüllt werden könnten.[46] 1966 verwies der technische Berater bei der Bundesanstalt für Arbeitsvermittlung und Arbeitslosenversicherung, Josef Berning, dementsprechend auf eine »humane Tendenz« der Automatisierung. Immer mehr Arbeitsplätze seien gefahrenfrei, und die Arbeitsverrichtungen würden nun leichter und angenehmer. Der an Aufstieg interessierte »fortschrittliche Mensch« könne sich immer höher qualifizierte Tätigkeitsfelder erschließen: »Die Auswirkung der technischen Veränderung der Arbeitsplätze kommt den Menschen mit ihren unterschiedlichen Begabungen, Ansprüchen und mit einem differenzierten Leistungsvermögen zugute.« Es komme nur noch darauf an, den Menschen mit Behinderungen diese neuen Optionen optimal zu erschließen.[47]

Auf dem ebenfalls wachsenden Dienstleistungssektor wurden vor allem der elektronischen Datenverarbeitung neue Beschäftigungspotentiale attestiert.[48] Menschen mit Behinderungen könnten, befand wiederum Josef Berning, deshalb in zahlreichen neuen Berufsfeldern tätig werden.[49] Große Erwartungen waren mit dem Berufsbild des Programmierers verknüpft.

Berlin, Referat v. H. Henschel: Die Praxis der beruflichen Rehabilitation, 18.7.1960, BArch B 142 1833; Präsident der BAVAV, Auswertung der zahlenmäßigen Ergebnisse des Jahres 1964 der Arbeits- und Berufsförderung behinderter Personen gemäß § 39 Abs. 3 AVAVG, 28.5.1965, ebd.; »Und trotzdem eine berufliche Chance«, in: Siemens-Mitteilungen, Dezember 1969, Siemens-Archiv 14 LM 330; »Datenverarbeitung als Rehabilitationshelfer«, in: Data Report. Informationen über Datentechnik 10 (1975) [o.Pag.].

46 | Vgl. Fédération Mondiale des Anciens Combattants, Internationales Seminar über die Beschäftigung der Körperbehinderten v. 16.-24.5.1960, Referat v. Reinhold Halbe: Der Einfluss der Automatisierung auf die Beschäftigung der Körperbehinderten, BArch B 149 16526.

47 | J. Berning: Wie wirkt (1966), S. 61; ähnlich Richard Janda: »Technologie und moderne Rehabilitation«, in: Soziale Sicherheit 27 (1974), H. 4, S. 195-202, hier S. 199.

48 | Vgl. Präsident der BAVAV, Arbeits- und Berufsförderung behinderter Personen, Zusammenstellung der Ergebnisse für das Jahr 1967, mit Anlage: Erfahrungen bei der beruflichen Eingliederung besonderer Personenkreise, 5.7.1968, BArch B 119 3269.

49 | J. Berning: Wie wirkt (1966), S. 64; BMA, Niederschrift über die 4. Arbeitstagung des Deutschen Ausschusses für die Eingliederung Behinderter in Arbeit, Beruf und Gesellschaft am 3./4.6.1965, Referat v. Josef Berning: Fortschritt der Technik und berufliche Anpassung, 24.8.1965, BArch B 172 1913; R. Janda: Technologie (1974), S. 201.

Manche Veröffentlichungen über neue Berufschancen für Menschen mit Körper- und Sinnesbehinderungen präsentierten das Programmieren geradezu als Optimallösung. Typisch für die Fachforen in der zweiten Hälfte der 1960er Jahre waren Erfolgsberichte von Menschen mit Behinderungen, die in diesem Bereich auf dem Arbeitsmarkt Fuß gefasst hatten.[50] Zu den ersten Rehabilitationszentren, die ihre Ausbildungsangebote an diesen optimistischen Prognosen ausrichteten, gehörte das Berufsförderungswerk Heidelberg. Das seit Anfang der 1960er Jahre gemeinsam vom Landesarbeitsamt Baden-Württemberg und vom Adolf-Stoecker-Werk e.V. getragene und vor allem von den Rentenversicherungsträgern belegte Haus hatte sich als Modellzentrum der beruflichen Rehabilitation zu beweisen. Entsprechend groß war dort das Interesse an neuen Ausbildungsinhalten und Methoden.[51] Der Leiter Werner Boll erwartete von Elektronik, Datenverarbeitung und Automation schier unbegrenzte Beschäftigungsimpulse »für Behinderte nahezu aller Behinderungsarten und Schweregrade der Behinderung, für einfach strukturierte Behinderte, für durchschnittlich Begabte und für Hochbegabte«. Sogar Mädchen und Frauen sowie Menschen mit geistigen Behinderungen fänden nun zukunftsreiche Arbeitsplätze. Der ihnen bisher verwehrte berufliche und soziale Aufstieg stehe offen.[52]

Der Vergangenheit schienen endgültig die sogenannten Verlegenheitsberufe, Krüppelberufe und Invalidenposten anzugehören.[53] Eine Beschäftigung als Bote, Pförtner und Hilfskraft für Einfachstarbeiten hatte schon in den 1950er Jahren dem Anspruch der Rehabilitationskonzepte nicht entsprochen, war aber angesichts der hohen Arbeitslosenzahlen und der geringen finanziellen Möglichkeiten der Rehabilitationsträger gängige Praxis gewesen.[54] Noch 1964 räumte die MAN AG dem Landesarbeitsamt Südbay-

---

50 | Vgl. F. Fischbach: Experience (1967), S. 348-350; Stiftung Pfennigparade e.V., Fotobroschüre [o.Dat., Mitte der 1970er Jahre], StadtAM ZS 427/1; W. Blättel: »Einsatzmöglichkeiten für Behinderte in der Datenverarbeitung«, in: Jahrbuch der DeVg (1967/68), S. 73-75, hier S. 73-74.

51 | Vgl. A. Seifriz: Rehabilitation (1962), S. 242; W. Löchner: Berufsförderungswerk (1962), S. 254-260; E. Steininger: Arbeitsamtsärzte (1973), S. 290-292; Werner Boll: »Elektronik – Zukunft für Behinderte«, in: Soziale Sicherung 27 (1974), H. 11, S. 638-642, hier S. 638.

52 | Zitat in W. Boll: Rehabilitation (1967), S. 135; vgl. auch Ders.: Elektronik (1974), S. 638; Arbeitsgemeinschaft Deutscher Berufsförderungswerke: 25 Jahre Arbeitsgemeinschaft Deutscher Berufsförderungswerke. Aufgaben, Ergebnisse, Perspektiven, Hamburg 1993, S. 153; E. Steininger: Arbeitsamtsärzte (1973), S. 291.

53 | Vgl. zu den traditionellen Berufen die Liste bei K. Biesalski: Grundriss (1926), S. 117-118; Manfred Hofrichter: »Koordinierung und berufliche Rehabilitation. Teil 1«, in: Die Rehabilitation 4 (1965), H. 1, S. 3-11, hier S. 7.

54 | Vgl. LAA Württemberg-Baden, Bericht zur Arbeitsmarktlage in der amerikanischen Zone von Württemberg und Baden im Monat Juni 1946, 17.7.1946, BArch Z 1 919; Bericht über die Arbeitsmarktlage in der US-Zone nach der Währungsreform, 21.7.1948, BArch Z 1 972; Fragen der Beschäftigung, Arbeitslenkung und Ar-

ern gegenüber unumwunden ein, dass mehr als 40 Prozent der zu diesem Zeitpunkt beschäftigten Schwerbeschädigten als Lagergehilfen, Büroboten, Kontrolleure, Kranfahrer und Bürohelfer arbeiteten, obwohl diese »Versehrtenberufe« disqualifiziert waren.[55]

Angesichts der sich verändernden Wirtschaftslage und der sich verbessernden Finanzsituation der Rehabilitationsträger in den 1960er Jahren begannen Vertreter der Arbeitsverwaltung die bestehenden Ausbildungs- und Umschulungsangebote zu prüfen.[56] Aus der Sicht der Bundesanstalt für Arbeit fügte, wer Menschen mit Behinderungen in veralteten Berufen, »nach alten Methoden an alten Maschinen oder mit veraltetem Werkzeug« ausbildete, »dem in der Behinderung gegebenen Minus ein zweites hinzu«.[57] Obwohl sie längst nicht mehr im Einklang mit den Anforderungen von Wirtschaft und Arbeitsmarkt stünden, müssten veraltete Ausbildungsprogramme in Anspruch genommen werden, weil »moderne« Ausbildungsplätze fehlten, klagte das Landesarbeitsamt Südbayern 1966.[58]

Bürstenbinden, Korbmachen und Stuhlflechten wurden zu Chiffren einer veralteten Rehabilitation: »Wenn ich hier in dem Bericht lese, dass da noch in einigen Rehabilitationseinrichtungen Bürstenmacher und Mattenflechter ausgebildet werden, ja dann frage ich mich, leben wir im 18. Jahrhundert oder im 20.? Und ich kenne diese Werkstätten. Die arbeiten tatsächlich auch noch mit den Praktiken des 18. Jahrhunderts. Das ist also meines Erachtens eine Kulturschande für eine moderne Industriegesellschaft, dass man Rehabilitanden noch als Mattenflechter und Bürstenbinder ausbildet,

---

beitsbeschaffung nach der Währungsreform. Stellungnahme der Arbeitsbehörden des Vereinigten Wirtschaftsgebiets, 5.5.1948, ebd.; H.-W. Schmuhl: Arbeitsmarktpolitik (2003), S. 353, 408; Axel Schildt: »Modernisierung im Wiederaufbau. Die westdeutsche Gesellschaft der fünfziger Jahre«, in: Faulstich, Werner (Hg.): Die Kultur der fünfziger Jahre, München 2002, S. 11-20, hier S. 12.

55 | Vgl. MAN AG, Kurzreferat auf der Sitzung des beratenden Ausschusses für Schwerbeschädigtenfragen beim LAA Südbayern am 11.11.1964, Historisches Archiv MAN AG Augsburg.

56 | Vgl. BAVAV, Ausstellung der Ausbildungsprogramme, 1964, BArch B 119 3268; Präsident der BAVAV, Vorlage für die Sitzung des Verwaltungsrats am 18.12.1964 betr. Förderung der Rehabilitationseinrichtungen durch Darlehen und Zuschüsse aus Mitteln der BAVAV, 11.12.1964, ebd.

57 | BMA Abt. IIa, Niederschrift über die konstituierende Sitzung des Deutschen Ausschusses für die Eingliederung Behinderter in Arbeit, Beruf und Gesellschaft am 27.5.1960 in Berlin, Referat v. H. Henschel: Die Praxis der beruflichen Rehabilitation, BArch B 142 1833.

58 | Vgl. Präsident des LAA Südbayern, Schreiben an Präsidenten der BAVAV, StAM LAA Südbayern 5122; ähnlich auch aus der Sicht der Berufsgenossenschaften: Landesverband Rheinland-Westfalen der gewerblichen Berufsgenossenschaften, Niederschrift über die 21. Tagung der Arbeitsgemeinschaft zur Durchführung von Maßnahmen der Berufsförderung im Lande NRW am 31.5.1967 in den Berufsgenossenschaftlichen Krankenanstalten Bergmannsheil Bochum, NRWHStA BR 1134 640.

wo diese Dinge heute in einem modernen Industriebetrieb viel rationeller und viel billiger hergestellt werden«, kritisierte ein Arbeitgebervertreter 1964 vor dem Deutschen Ausschuss für die Eingliederung Behinderter in Arbeit, Beruf und Gesellschaft.[59]

Attraktiv waren derlei Angebote nicht. Ein 1965 veröffentlichtes Verzeichnis von 133 bundesdeutschen Einrichtungen der beruflichen Rehabilitation bestätigte, dass bundesweit im Jahr 1962 31 Prozent der Ausbildungsplätze für Buchbinder sowie 66 Prozent der Korbmacherplätze unbesetzt blieben. Bei den Schmieden waren es sogar 92 Prozent.[60] Beobachtungen dieser Art veranlassten die Experten der Arbeitsverwaltung dazu, von Politik und Einrichtungsträgern Ausbildungs- und Umschulungsprogramme für die industrielle Fertigung sowie für die Verwaltung zu fordern.[61] Dies betraf insbesondere die berufliche Erstausbildung von Jugendlichen. Wie die berufliche Bildung Jugendlicher im Allgemeinen geriet sie zum politischen Thema sowohl unter der Großen als auch der sozialliberalen Koalition.[62] Um 1970 nahmen infrastrukturelle und methodische Lösungsversuche Gestalt an.

Im Zuge dieser Thematisierung zeigte sich, dass Jugendliche mit Behinderungen nur schwer Ausbildungsplätze in der freien Wirtschaft fanden. Überwiegend ungelernte oder angelernte Tätigkeiten und »Jobs« boten die Unternehmen ihnen an.[63] In der Phase der Vollbeschäftigung mit guten Verdienstaussichten galt dies zwar als nicht sinnvoll, die Risikowahrnehmung verstärkte sich jedoch erst unter dem Eindruck der Konjunkturkrise von 1966/67 und der Rezession von 1973. Auf der politischen Ebene verbreitete sich nun die Ansicht, dass ein »Job« nicht genüge. Nur eine qualifizierte Ausbildung biete dauerhafte Sicherheit.[64] In dieser Situation fiel auf, dass die berufliche Bildung auch infrastrukturell zu wünschen übrig ließ. Wer

59 | BMA, Tonbandwiedergabe der 3. Tagung des Deutschen Ausschusses für die Eingliederung Behinderter in Arbeit, Beruf und Gesellschaft am 30.6./1.7.1964, BArch B 149 6459; ähnlich H.-K. Winckelmann: Konzentration (1966), S. 101.

60 | Vgl. Werner Grieshammer: »Die Einrichtungen der beruflichen Rehabilitation in der Bundesrepublik«, in: BArbl. 16 (1965), H. 7, S. 259-264, hier S. 264.

61 | Vgl. Präsident des LAA Südbayern, Schreiben an Präsidenten der BAVAV, 7.4.1966, StAM LAA Südbayern 5122; H.-K. Winckelmann: Konzentration (1966), S. 101; »Probleme und Aufgaben der Rehabilitation«, in: NDV 45 (1965), H. 8, S. 255.

62 | Vgl. Presse- und Informationsamt der Bundesregierung (Hg.): Jahresbericht der Bundesregierung 1967, Bonn 1968, S. 234; Presse- und Informationsamt der Bundesregierung (Hg.): Jahresbericht der Bundesregierung 1968, Bonn 1969, S. 283; K. Fauteck: Jugendliche (1972), S. 358; W. Arendt: Unfall (1972), S. 157.

63 | Vgl. 2. Bundeskongress für Behinderte des VdK am 7.6.1972, Eröffnungsrede v. Herbert Ehrenberg, BArch B 172 1834.

64 | Die politischen Überlegungen der vergangenen Jahre und die neuen Ziele referierte Wilhelm Kost: »Berufsorientierung und Berufsberatung behinderter Jugendlicher und ihrer Eltern. Berufsbildungsförderung. Grundsätzliche Fragen,« in: Jochheim, Kurt-Alphons/Moleski-Müller, Marlis/Siebrecht, Valentin (Hg.): Wege zur

keine betriebliche Ausbildung im dualen System erhielt, war auf Rehabilitationszentren angewiesen. Doch die von der Versorgungsverwaltung, der Unfall- und der Rentenversicherung für die Erwachsenenrehabilitation genutzten Häuser standen Jugendlichen meist nicht offen bzw. konnten ihnen keine vollwertigen Erstausbildungen anbieten.[65]

Die meisten Jugendlichen waren daher auf die quantitativ begrenzten Plätze in den wenigen Heimen angewiesen, die über die Schulbildung hinaus auch Berufsausbildungen durchführten.[66] Damit ging jedoch nicht zuletzt eine lange Trennung von der Familie einher. Eltern und Jugendliche verbanden zudem mit den Heimen soziale Stigmatisierung, Bevormundung und Freiheitsentzug.[67] Eine statistische Erhebung ergab außerdem 1969, dass sie von Schul- und Sozialhilfeträgern völlig unzureichend über die beruflichen Optionen informiert wurden. Nur wenn sie von sich aus beim Arbeitsamt um Unterstützung nachsuchten, kam der Prozess in Gang.[68]

Je wünschenswerter die Rehabilitation von Jugendlichen mit Behinderungen aus arbeitsmarkpolitischen Gründen erschien, desto lauter riefen Vertreter der Arbeitsverwaltung, der Sonderpädagogik und andere Experten nach mehr Berufsberatung und speziellen Informationsmedien.[69] Den

---

Chancengleichheit der Behinderten. Bericht über den 25. Kongress der DeVg e.V. in Bad Wiessee, 10.-12.10.1973, Heidelberg 1974, S. 102-110, hier S. 106.

65 | Vgl. LAA NRW, Lehrgang für Berufsberatung körperbehinderter Jugendlicher v. 8.-12.7.1957 in Volmarstein und Bigge, Referat v. Johannes Giet: Die Berufsausbildung der Körperbehinderten, Josefsheim Bigge, BArch B 119 1965; AA Rosenheim und LAA Südbayern, Schreiben an alle AÄ im Bezirk, 2.1.1952, StAM AÄ 1356.

66 | Vgl. Alfred Wiebauer: Lernen (1960), S. 26; LAA NRW, Lehrgang für Berufsberatung körperbehinderter Jugendlicher v. 8.-12.7.1957 in Volmarstein und Bigge, Referat v. Johannes Giet: Die Berufsausbildung der Körperbehinderten, Josefsheim Bigge, BArch B 119 1965.

67 | Vgl. LAA NRW, Lehrgang für Berufsberatung körperbehinderter Jugendlicher v. 8.-12.7.1957 in Volmarstein und Bigge, Referat v. Johannes Giet: Die Berufsausbildung der Körperbehinderten, Josefsheim Bigge BArch B 119 1965; BAR, Ergebnisniederschrift über die 7. Sitzung des Vorstands am 3.5.1972, 8.6.1972, BArch B 172 1834.

68 | Vgl. P. Hülsmann: Eingliederung (1969), S. 361.

69 | Vgl. Präsident der BAVAV, Auswertung der zahlenmäßigen Ergebnisse des Jahres 1964 der Arbeits- und Berufsförderung behinderter Personen gemäß § 39 Abs. 3 AVAVG, 28.5.1965, BArch B 119 3268; DeVg e.V., Arbeitsausschuss für Arbeits- und Berufsförderung, Unterausschuss Erstausbildung: Empfehlung für die Berufsausbildung von behinderten Jugendlichen. Ergebnis der Tagung des Ausschusses v. 16.7.1970, mit Anlage: Ausbau von schulischen berufsvorbereitenden Maßnahmen, BArch B 172 1773; Lotte Staude: »Belange der Mädchen im neunten Schuljahr der Sonder(hilfs)schule«, in: Zeitschrift für Heilpädagogik 13 (1962), H. 11, S. 507-509, hier S. 509; Werner Artmann: »Probleme behinderter Kinder und Jugendlicher im Vorfeld der Berufsbildung«, in: Jochheim, Kurt-Alphons/Moleski-Müller, Marlis/Siebrecht, Valentin (Hg.): Wege zur Chancengleichheit der Behinderten. Bericht über

gesetzlichen Rahmen bot seit 1969 das Arbeitsförderungsgesetz, das der Arbeitsverwaltung verstärkte Bemühungen um Jugendliche – durch Berufsberatung, Berufsfindung, Berufsvorbereitung und berufliche Eingliederung – aufgetragen hatte. Die Bundesanstalt für Arbeit leitete auf dieser Grundlage beispielsweise Fortbildungslehrgänge in die Wege, die zu einer qualifizierten Beratung der Jugendlichen mit Behinderungen in den Arbeitsämtern beitragen sollten. Hinzu kamen Elternabende, Vortragsreihen und berufskundliche Ausstellungen sowie Schriftenreihen wie etwa die für Lehrer bestimmte Dokumentation »Berufe für behinderte Jugendliche« oder die 13-teilige Reihe »Mehr wissen über die Berufswahl – Informationen für Eltern behinderter Kinder«.[70] Berufsfindung und Vorbereitung auf die Ausbildung wurden institutionell erweitert, beispielsweise durch die Modelle des Berufsgrundbildungs- bzw. Berufsvorbereitungsjahres, deren Wirkung Praktiker der beruflichen Bildung in der ersten Hälfte der 1970er Jahre allerdings noch als gering einschätzten.[71]

Außerdem forderte die Bundesanstalt ihre Dienststellen auf, an einer eigenständigen Berufskunde für Menschen mit Behinderungen zu arbeiten. Bisher hatten diese in einem »Minusverfahren« bestimmte »Behindertenspezifika« schlicht von der Berufskunde für Menschen ohne Behinderungen abgezogen. Bei den Berufssuchenden führe diese Praxis zu dem Eindruck, so ein Redner aus dem Landesarbeitsamt Südbayern 1973, dass ihnen nur noch ein kläglicher Rest an wenig attraktiven Berufen übrig gelassen werde. Das Ergebnis seien »resignativ gefärbte, durch Frustrationen geprägte berufliche Anfangsentscheidungen«.[72] Die Auswahl war in der Tat gering. Typisch waren noch handwerkliche Ausbildungen, die in der Erwachsenenrehabilitation schon am Beginn der 1960er Jahre als rückwärtsgewandt verstanden wurden.[73] Anders als in der Erwachsenenrehabilitation hielt sich auch die Vorstellung, dass die Jugendlichen in bestimmten »Behinderten-

---

den 25. Kongress der DeVg e.V. in Bad Wiessee, 10.-12.10.1973, Heidelberg 1974, S. 97-101, hier S. 97-98; G. Waidner: Berufsorientierung (1974), S. 111.

70 | Vgl. W. Kost: Berufsorientierung (1974), S. 104; »Informationen für Eltern behinderter Jugendlicher«, in: BArbl. 22 (1971), H. 3, S. 187.

71 | Vgl. W. Kost: Berufsorientierung (1974), S. 109; DGB-Bundesvorstand, Schreiben an Mitglieder des Arbeitskreises Sonderausbildung für Behinderte, 25.11.1975, AdsD/DGB-Archiv DGB-Bundesvorstand Abt. Berufliche Bildung, 24/7627; DGB Abt. Berufliche Bildung, Landesbezirk NRW, Siegfried Oliver Lübke: Zur beruflichen Bildung Behinderter [um 1976], AdsD/DGB-Archiv DGB-Bundesvorstand Abt. Berufliche Bildung 24/8902; F. Gärtner: Rehabilitationspolitik (1979), S. 72.

72 | G. Waidner: Berufsorientierung (1974), S. 113.

73 | Vgl. DeVg e.V., Arbeitsausschuss für Arbeits- und Berufsförderung, Unterausschuss Erstausbildung: Empfehlung für die Berufsausbildung von behinderten Jugendlichen. Ergebnis der Tagung des Ausschusses v. 16.7.1970, mit Anlage: Ausbau von schulischen berufsvorbereitenden Maßnahmen, BArch B 172 1773; LAA NRW, Lehrgang für Berufsberatung körperbehinderter Jugendlicher v. 8.-12.7.1957 in Volmarstein und Bigge, Referat v. Alfred Katthagen: Ärztliche Gesichtspunkte für

berufen« ausgebildet werden müssten.[74] Am Ende der 1960er Jahre begannen Vertreter und Vertreterinnen der Politik, Arbeitsverwaltung und der Ausbildungseinrichtungen jedoch, diese Annahme in Frage zu stellen.[75] Ein DGB-Redner fasste den Denkwandel 1974 in Worte: »Auch ein Beinamputierter kann ein guter Funkelektroniker sein, wenn er auch nicht in der Lage ist, Antennen auf Miethausdächern zu richten. Das ist eine Frage von flexiblen Ausbildungsordnungen und Rahmenlehrplänen und keine Grundsatzfrage.«[76] Nun meldete das 1970 von der Bundesregierung mit dem Auftrag einer »fortschrittlichen Gestaltung des beruflichen Bildungswesens« im Allgemeinen gegründete Bundesinstitut für Berufsbildungsforschung, Jugendliche mit Behinderungen sollten die Berufe erlernen, die ihren Neigungen und Fähigkeiten entsprachen und ihre »Defizite« bestmöglich ausglichen. Pauschal angelegte »Behindertenberufe« widersprächen dem in der Rehabilitation unter finaler Perspektive zu praktizierenden Grundsatz, dass der nach medizinischen Kriterien festgestellte Schweregrad und die Art der Behinderung für die berufliche und soziale Eingliederung von geringerer Bedeutung sei als die individuellen Auswirkungen dieser Behinderung.[77]

Im Zuge dieser Thematisierung fiel der Blick auf ein weiteres Problem der beruflichen Bildung von Jugendlichen mit Behinderungen: die Ausbildungs- und Prüfungsordnungen. Da die Handwerks-, Industrie- und Handelskammern bis in die Mitte der 1960er Jahre hier völlig freie Hand hatten, regelten sie ganz unterschiedlich, ob sie Menschen mit Behinderungen zu ihren Prüfungen zuließen und nach welchen Ordnungen sie sich dann richteten. Wenngleich es seit 1964 Koordinierungsversuche des Deutschen Industrie- und Handelstags gegeben hatte, führten die unterschiedlichen Verfahrensweisen der Kammern nicht nur zu Konflikten mit den Trägern von Umschulungs- und Ausbildungseinrichtungen und den Auszubildenden,[78] sondern auch zu regionalen Unterschieden, die später die berufliche Mobilität stark einschränkten.

die Berufsberatung und Berufsausbildung körperbehinderter Jugendlicher. Mittel und Wege zur Berufsbefähigung, BArch B 119 1965.

74 | Universitätskliniken im Landeskrankenhaus, Saarländisches Körperbehindertenheim, Schreiben an saarländischen Minister für Kultus, Unterricht und Volksbildung, 17.7.1961, BArch B 142 550.

75 | Beide Positionen werden deutlich in BMBW, Ergebnisniederschrift der 14. Sitzung des Unterausschusses 2 berufliche Fortbildung und Umschulung des Bundesausschusses für Berufsbildung am 20.11.1973, 20.12.1973, BArch B 138 8838.

76 | Vgl. DGB Abt. Berufliche Bildung, Landesbezirk NRW, Siegfried Oliver Lübke: Behinderte – von unserer Gesellschaft vergessen?, Manuskript, November 1974, AdsD/DGB-Archiv DGB-Bundesvorstand Abt. Berufliche Bildung 24/7694.

77 | Bundesinstitut für Berufsbildungsforschung Berlin, Papier v. Saskia Hülsmann: Tätigkeitsorientierte Beurteilung von Behinderungsauswirkungen, 24.11.1975, AdsD/DGB-Archiv DGB-Bundesvorstand Abt. Berufliche Bildung 24/8902.

78 | Vgl. zum Koordinierungsversuch DIHT, Richtlinien für die Zulassung von Teilnehmern an Rehabilitationsmaßnahmen zu den Lehrabschlussprüfungen

Das 1969 verabschiedete Berufsbildungsgesetz enthielt zwar Sondervorschriften für die berufliche Bildung von Menschen mit körperlichen, geistigen oder seelischen Behinderungen, reduzierte diese Probleme jedoch nicht, sondern führte zu neuen Ungleichheiten.[79] Als ambivalent erwies sich, dass nun Menschen aufgrund einer Behinderung in anerkannten Ausbildungsberufen auch außerhalb der Ausbildungsordnung sowie in anderen als den anerkannten Berufen ausgebildet werden durften. Dies vergrößerte den Programmspielraum der Berufsbildungswerke auf positive Weise, führte aber zur Konstruktion von Teilberufsbildern wie der »Hauswirtschaftstechnischen Betriebshelferin« oder dem »Büropraktiker«.[80] Dies sollte es den Kammern ermöglichen, reguläre Abschlussprüfungen durchzuführen, die dem Kenntnis- und Leistungsstand der Auszubildenden entsprachen. Auf dem Arbeitsmarkt führten viele dieser Teilberufsbilder jedoch in die Irre.[81]

---

der Industrie- und Handelskammern, Beschluss des Berufsbildungsausschusses des DIHT v. 17.3.1964, BArch B 119 3279; M. Hofrichter: Koordinierung, Teil 1 (1965), S. 9; W. Grieshammer: Einrichtungen (1965), S. 262; zu einem entsprechenden Konflikt zwischen der IHK Heidelberg und dem AA Heidelberg vgl. Präsident des LAA Baden-Württemberg, Vermerk, 14.7.1959, BArch B 119 3279; DIHT, Schreiben an BAVAV, 30.6.1960, ebd.; AA Heidelberg Abt. Arbeitsvermittlung, Niederschrift über eine Besprechung des LAA Baden-Württemberg und des AA Heidelberg mit der Arbeitsgemeinschaft der IHK Baden-Württemberg am 30.6.1960, 1.7.1960, BArch B 119 3270; AA Heidelberg, Schreiben an BAVAV, 16.7.1960, BArch B 119 3279.

79 | Berufsbildungsgesetz v. 14.8.1969, BGBl. I 1969, S. 931. Vgl. Reinhard Richardi: »Arbeitsverfassung und Arbeitsrecht«, in: Bundesministerium für Arbeit und Sozialordnung/Bundesarchiv (Hg.): Geschichte der Sozialpolitik in Deutschland seit 1945. Bd. 5: 1966-1974 Bundesrepublik Deutschland. Eine Zeit vielfältigen Aufbruchs. Bandhg.: Hockerts, Hans Günter, Baden-Baden 2006, S. 225-276, hier S. 247; Anweiler, Bildungspolitik, Bd. 5 (2006), S. 731-735.

80 | Vgl. Herbert Pürschel: »Fragen der Berufsausbildung jugendlicher Behinderter«, in: Jochheim, Kurt-Alphons/Moleski-Müller, Marlis/Siebrecht, Valentin (Hg.): Wege zur Chancengleichheit der Behinderten. Bericht über den 25. Kongress der DeVg e.V. in Bad Wiessee, 10.-12.10.1973, Heidelberg 1974, S. 117-122, hier S. 118; DGB-Bundesvorstand Abt. Berufliche Bildung, Schreiben an Gewerkschaft Gartenbau, Land- und Forstwirtschaft, Hauptverwaltung, 7.7.1975, AdsD/DGB-Archiv DGB-Bundesvorstand Abt. Berufliche Bildung 24/8680; DeVg e.V., Arbeitsausschuss für Arbeits- und Berufsförderung, Unterausschuss Erstausbildung: Empfehlung für die Berufsausbildung von behinderten Jugendlichen. Ergebnis der Tagung des Ausschusses v. 16.7.1970, mit Anlage: Ausbau von schulischen berufsvorbereitenden Maßnahmen, BArch B 172 1773.

81 | Vgl. DGB Abt. Berufliche Bildung, Landesbezirk NRW, Siegfried Oliver Lübke: Zur beruflichen Bildung Behinderter [um 1976], AdsD/DGB-Archiv DGB-Bundesvorstand Abt. Berufliche Bildung 24/8902; ebenso Gewerkschaft Gartenbau, Land- und Forstwirtschaft, Hauptverwaltung, Schreiben an DGB-Bundesvorstand, Abt. Berufliche Bildung, 20.6.1975, AdsD/DGB-Archiv DGB-Bundesvorstand Abt. Berufliche Bildung, 24/8680; Arbeitsgemeinschaft Deutscher Berufsförderungs-

Zudem reduzierte allein die Bezeichnung Teilberufsbild die Vermittlungschancen der Ausgebildeten und ging mit einer Stigmatisierung einer.[82] Eine Sachverständigenanhörung vor dem zuständigen Unterausschuss des Bundesausschusses für Berufsbildung ergab im Jahr 1973, dass Bewerberinnen und Bewerber, die nach den neuen Sonderregelungen des Berufsbildungsgesetzes ausgebildet worden waren, als Arbeitskräfte von den Unternehmen wenig geschätzt wurden.[83]

Ein stringentes Berufsbildungskonzept für Menschen mit Behinderungen ging mit dem Berufsbildungsgesetz ohnehin nicht einher. Dies führte dazu, dass um die Mitte der 1970er Jahre allein in einer Liste der anerkannten Ausbildungsberufe des Bundesministeriums für Bildung und Wissenschaft rund 80 Sonderregelungen in 37 Ausbildungsberufen verzeichnet waren. Die mit der Ausbildung und Prüfung von Jugendlichen mit Behinderungen weiterhin überforderten Kammern fuhren fort, in eigener Regie Sonderregelungen zu konstruieren.[84] Lediglich für Baden-Württemberg lag eine konkrete Vorlage für Ausbildungsordnungen vor, die eine Expertengruppe des Ministeriums für Wirtschaft, Mittelstand und Verkehr verfasst hatte. Zahlreiche Kammern hatten sie um die Mitte der 1970er Jahre bereits übernommen.[85]

3.2 Infrastrukturen und Arbeitsmärkte

In dem Maße, wie sich die Berufsbilder und die Erwartungen an die berufliche Rehabilitation bei Erwachsenen und Jugendlichen verschoben, änderten

---

werke: 25 Jahre Arbeitsgemeinschaft Deutscher Berufsförderungswerke. Aufgaben, Ergebnisse, Perspektiven, Hamburg 1993, S. 153.

82 | BMBW, Geschäftsstelle des Bundesausschusses für Berufsbildung, Ergebnisniederschrift der 14. Sitzung des Unterausschusses 2 berufliche Fortbildung und Umschulung am 20.11.1973, 20.12.1973, BArch B 138 8838; DGB Abt. Berufliche Bildung, Landesbezirk NRW, Siegfried Oliver Lübke: Zur beruflichen Bildung Behinderter [um 1976], AdsD/DGB-Archiv DGB-Bundesvorstand, Abt. Berufliche Bildung 24/8902; Bundesstelle für hauswirtschaftliche Berufsbildung an Mitglieder, Protokoll der Sitzung v. 29.1.1975, 27.2.1975, mit Anlage: Stellungnahme der Bundesstelle: Mechthild König: Die hauswirtschaftstechnische Betriebshelferin, AdsD/DGB-Archiv DGB-Bundesvorstand Abt. Berufliche Bildung, 24/7793.

83 | BMBW, Geschäftsstelle des Bundesausschusses für Berufsbildung, Ergebnisniederschrift der 14. Sitzung des Unterausschusses 2 berufliche Fortbildung und Umschulung, 20.12.1973, BArch B 138 8838.

84 | Vgl. DGB Abt. Berufliche Bildung, Landesbezirk NRW, Siegfried Oliver Lübke: Zur beruflichen Bildung Behinderter [um 1976], AdsD/DGB-Archiv DGB-Bundesvorstand Abt. Berufliche Bildung 24/8902.

85 | Vgl. Zentralinstitut für Rehabilitationsförderung der Stiftung Rehabilitation Heidelberg, Auswertung von Materialien zur Berufsausbildung von behinderten Jugendlichen, 1975, AdsD/DGB-Archiv DGB-Bundesvorstand Abt. Berufliche Bildung 24/8680.

sich auch die Vorstellungen darüber, wie und wo diese stattzufinden hatte. Anfang der 1950er Jahre galt zumindest in der Arbeitsverwaltung noch die Umschulung im Betrieb als der Umschulung in speziellen Kliniken, Werkstätten und Anstalten vorzuziehen, vor allem, wenn die Betriebe auf Anlernwerkstätten und entsprechende Traditionen verweisen konnten. Dies war nicht zuletzt darauf zurückzuführen, dass spezialisierte Rehabilitationseinrichtungen noch sehr selten und zudem oft unterfinanzierte Provisorien waren.[86] Im Zuge des seit der zweiten Hälfte der 1950er Jahre einsetzenden Leistungsausbaus der beruflichen Rehabilitation Erwachsener setzte sich jedoch das überbetriebliche Modell durch, das fortan mehrheitlich als Berufsförderungswerk bezeichnet wurde.

Die berufliche Bildung von Jugendlichen mit Behinderungen fand zu diesem Zeitpunkt entweder im regulären dualen System, in den ersten Sonderberufsschulen oder in den althergebrachten Einrichtungen mit Heim- oder Internatscharakter statt, die in der Regel medizinische Behandlung, Schule und Ausbildung integrierten.[87] Diese Infrastrukturen wurden dem Bedarf bei Weitem nicht gerecht. Vor allem am Beginn der 1950er Jahre litten beispielsweise die Heime und Schulen in Bayern unter einem so eklatanten Mangel an Räumlichkeiten und Ausstattung, dass das Staatsministerium des Innern feststellte, die therapeutische und erzieherische Arbeit mit den Kindern sei vielerorts fast zum Erliegen gekommen.[88] Zahlreiche Häuser in

86 | Vgl. Bayer. Staatsministerium für Arbeit und soziale Fürsorge, Schreiben an Präsidenten der LAÄ und Leiter der AÄ, 11.12.1947, StAM AÄ 697; Schwerbeschädigtenarbeit bei Siemens, Vortrag mit Filmsequenzen und Dias, Manuskript [1953], Siemens-Archiv 12752; »Denkt an die Kriegsverletzten. Schalten wir sie wieder ein«, in: Das Volk v. 24.11.1945; »Hilfe für Kriegsversehrte«, in: SZ v. 7.12.1945; »Kriegsversehrte in neuen Berufen«, in: SZ v. 7.5.1946; Sozialministerium des Landes NRW, Schreiben an Wirtschaftsministerium NRW, 22.1.1948, NRWHStA NW 42 1350; Wirtschaftsministerium des Landes NRW, Schreiben an Sozialministerium NRW, 17.2.1948, ebd.; Werner P. Schmidt: »Wollen die Schwerbeschädigten nicht mehr umschulen?«, in: Arbeitsamt 2 (1951), H. 3, S. 89-90, hier S. 90; IHK München, Vermerk, 22.8.1945, BWA K1 IHK München/Oberbayern XXIII 266 Akt 2; IHK München, Rundschreiben an Mitglieder, 21.4.1947, ebd.; Bayer. Arbeitsministerium, Schreiben an Präsidenten der LAÄ und AÄ, 2.11.1945, StAM AÄ 697; Bayer. Arbeitsministerium, Schreiben an Präsidenten der LAA in Bayern und Leiter der AÄ, 1.8.1946, ebd. K.-A. Jochheim/F. Schliehe/H. Teichmann: Rehabilitation, S. 568.

87 | Vgl. Georg Zeissner: »Zur Problematik der Berufsvorbereitung körperbehinderter Jugendlicher in der Berufssonderschule«, in: Die Rehabilitation 12 (1973), H. 1, S. 28-34.

88 | Vgl. Bayer. Staatsministerium des Innern, Schreiben an BMI, 18.9.1950, BArch B 153 109; vgl. auch F. Becker: »Aus kleinen Anfängen wuchs ein modernes orthopädisches Zentrum. Der leitende Arzt erinnert sich an 40 Jahre Wichernhaus«, in: Hilfe zum Leben. Aus der Arbeit des Wichernhauses, Altdorf b. Nürnberg 1960, S. 14-18, hier S. 17; C. Poore: Disability (2007), S. 185-186; S. Hanrath: Euthanasie (2002), S. 49-53.

der ganzen Bundesrepublik arbeiteten nur dank Hilfslieferungen aus internationalen Spendenprogrammen, etwa der UNICEF. Deren Hilfen flossen zudem primär in die Rehabilitation derjenigen, von denen am ehesten eine Erwerbs- oder Berufsfähigkeit erwartet wurde – beispielsweise Kindern mit Knochentuberkulose oder Poliofolgezuständen.[89] Im Vergleich zur Rehabilitation Erwachsener befand sich die Kinderrehabilitation in finanzieller und infrastruktureller Hinsicht ohnehin in einer »Aschenbrödel-Stellung«, wie Peter Josef Briefs von der Josefsgesellschaft es ausdrückte.[90] Dies lag nicht zuletzt daran, dass die Infrastrukturen hier vor allem auf den Mitteln der großen Wohlfahrtsverbände beruhten.[91] Erst seit Inkrafttreten des Bundessozialhilfegesetzes 1961 gab es die Möglichkeit der institutionellen Förderung, von der die Sozialhilfeträger allerdings zunächst kaum Gebrauch machten.

Die Situation wurde seit der Mitte der 1960er Jahre zunehmend als unbefriedigend empfunden, zumal die Klage vom »Bildungsnotstand« auch die Behindertenpolitik erreichte. Auch der Conterganskomplex hatte eine institutionelle Wirkung im Bereich von Bildung und Berufsbildung, nicht nur in der medizinischen Infrastruktur, wo er allerdings die größten Ausstrahlungseffekte zeigte. Die meisten Einrichtungen, die primär mit Blick auf Kinder mit Thalidomidschädigungen geschaffen oder erweitert wurden, standen längerfristig auch anderen Kindern mit Behinderungen offen, gleichgültig, ob es sich um öffentliche oder private Träger, staatlicherseits oder mit Spenden finanzierte Häuser handelte.[92]

Die Große, vor allem aber die sozialliberale Koalition strengten den Ausbau von beruflichen Bildungseinrichtungen für Jugendliche an. Diese fir-

89 | Vgl. UNICEF, Harold Balme: Bericht über einen Besuch in Deutschland im Auftrag der UNICEF, 7.-18.5.1951, 23.5.1951, BArch B 153 109; UNICEF-Mission Deutschland, Schreiben an BMI, 20.1.1951, BArch B 153 109; UNICEF Kinderhilfswerk der Vereinten Nationen, Bulletin der UNICEF-Mission für Deutschland, Düsseldorf, 1.6.1951, ebd.; Bericht über das 2. Hilfsprogramm (Rohstoffprogramm) der UNICEF für Westdeutschland und West-Berlin, 6.10.1950, ebd.

90 | Vgl. DeVg e.V., Schreiben an BMI, Abdruck der Referate der Arbeitstagung der DeVg am 24.5.1956 in Bad Kreuznach, Referat v. Peter Josef Briefs: Der Körperbehinderte und die Öffentlichkeit, BArch B 106 10810. Ähnlich auch Tagung des Fachausschusses Jugendgesundheit der Arbeitsgemeinschaft Jugendpflege und Jugendfürsorge am 21./22.2.1952 in Bad Orb, Referat v. Gerd Brinkmann: Hilfe für versehrte Jugendliche, BArch B 153 108.

91 | Vgl. W. Rudloff: Rehabilitation, Bd. 4 (2007), S. 469-470.

92 | Vgl. Presse- und Informationsamt der Bundesregierung (Hg.): Jahresbericht der Bundesregierung 1969, Bonn 1969, S. 604; Orth. Klinik König-Ludwig-Haus, Würzburg, August Rütt, Bericht an BMGes, 8.3.1968, BArch B 189/20890; Orth. Klinik des Wichernhauses, Altdorf b. Nürnberg, F. Becker, Bericht an BMGes, 5.12.1968, BArch B 189/20890; Stiftung Pfennigparade e.V., Broschüre: Pfennigparade e.V. hilft Kindergelähmten und Conterganskindern, will den Schwerstbetroffenen eine Heimat schaffen [o.Dat., späte 1960er Jahre], StadtAM ZS 427.

mierten nun unter der Bezeichnung Berufsbildungswerke und waren weniger eine genuin neue Errungenschaft als vielmehr eine planmäßig gelenkte und mit staatlichen Mitteln intensiv geförderte Version der bisherigen Berufsbildungseinrichtungen.[93] Im Lauf der 1970er Jahre gerieten sie allerdings ebenso wie die Sonderschulen und -kindergärten als »Schonräume« in die Kritik.[94] Auch die Dynamiken glichen sich: Während immer mehr kritische Stimmen laut wurden und nicht zuletzt 1975 auch die Kultusministerkonferenz für die gemeinsame Ausbildung von Jugendlichen mit und ohne Behinderungen in Betrieben, Berufs- und Berufsfachschulen plädierte, expandierten die beruflichen Sondereinrichtungen.[95]

In der Erwachsenenrehabilitation hatte dieser Expansionsprozess bereits in der ersten Hälfte der 1960er Jahre eingesetzt. Zunächst waren in den Einrichtungen der Versorgungsverwaltung zunehmend Kapazitäten frei geworden, da ein Großteil der Rehabilitationsmaßnahmen bei Kriegsbeschädigten abgeschlossen war.[96] Ein Teil der Einrichtungen schloss, ein anderer wie etwa die orthopädische Klinik und das Rehabilitationszentrum der Inneren Mission in Hessisch-Lichtenau öffnete sich anderen Gruppen von Menschen mit Behinderungen und anderen Sozialleistungsträgern.[97] Durch diese Öffnung ließen sich die wachsenden Zahlen von Rehabilitanden und Rehabilitandinnen der Rentenversicherung abfangen, die seit 1957 zwar einen Rehabilitationsauftrag, aber noch keine eigene Infrastruktur hatte.[98]

---

93 | Vgl. H. Pürschel: Fragen (1974), S. 119.

94 | F. Gärtner: Rehabilitationspolitik (1979), S. 72.

95 | Vgl. Ständige Konferenz der Kultusminister der Länder, Schulausschuss: Empfehlung zur beruflichen Bildung Behinderter und zur Errichtung länderübergreifender beruflicher Schulen für Behinderte 1975, AdsD/DGB-Archiv DGB-Bundesvorstand Abt. Berufliche Bildung, 24/7627; E. Giggel: Berufsberatung (1970), S. 346; W. Kost: Berufsorientierung (1974), S. 106; Antwort der Bundesregierung auf die Kleine Anfrage der Fraktion der CDU/CSU betr. Ausbildungschancen für behinderte Jugendliche, BTDrs VII/4095, v. 3.10.1975; Kleine Anfrage der Fraktion der CDU/CSU betr. Ausbildungschancen für behinderte Jugendliche, BTDrs VII/3915 v. 5.8.1975.

96 | Vgl. Bundesausschuss der Kriegsbeschädigten- und Kriegshinterbliebenenfürsorge, Ergebnisprotokoll über die Sitzung am 2.2.1962 im Johannes-Straubinger-Haus Wildbad, 24.4.1962, BArch B 172 1911; Bundesausschuss der Kriegsbeschädigten- und Kriegshinterbliebenenfürsorge, Ergebnisprotokoll über die Sitzung am 28.6.1962 im BMI, 22.8.1962, ebd.

97 | Vgl. Bundesausschuss für Kriegsbeschädigten- und Körperbehindertenfürsorge, Ergebnisprotokoll der Sitzung am 13.1.1956 im BMI, BArch B 106 10674; BT, 2. WP, Kurzprotokoll über die Studienreise einer Unterkommission des 29. Ausschusses für Kriegsopfer- und Heimkehrerfragen v. 29.-30.6.1955 nach Bad Pyrmont und Gelsenkirchen, ebd.; »Die orthopädische Heil- und Lehranstalt der Inneren Mission in Hessisch-Lichtenau«, in: NDV 33 (1953), H. 8, S. 245-247; J. Langhagel: Rehabilitation (1965), S. 265.

98 | Vgl. E. Jahn: Rehabilitation (1963), S. 86.

Dennoch beklagten immer mehr Praktiker der beruflichen Rehabilitation und Vertreter der Bundesanstalt für Arbeitsvermittlung und Arbeitslosenversicherung einen Mangel an Räumlichkeiten, zeitgemäßen Ausbildungsprogrammen und einer adäquaten Maschinen- und Werkzeugausstattung. Auch die Wartezeiten schienen zu lang.[99] Das Grundproblem war rasch identifiziert: Die Träger der Einrichtungen verfügten über geringe Mittel. Die Sozialleistungsträger beschickten die Einrichtungen zwar mit Rehabilitanden und Rehabilitandinnen, erstatteten aber nur die Kosten für die Rehabilitationsmaßnahmen im engeren Sinne. Für Erhalt und Modernisierung der Infrastruktur kamen sie in der Regel nicht auf, da sie mit Ausnahme der gesetzlichen Unfallversicherung dazu auch nicht verpflichtet waren. Die Unfallversicherungen wiederum konzentrierten sich auf die Infrastrukturen der medizinischen Rehabilitation.[100] Da die Einrichtungsträger demzufolge oft nicht mit regelmäßigen Zahlungen rechnen konnten, vermieden viele größere Investitionen.[101] Allerdings begann die Bundesanstalt für Arbeitsvermittlung und Arbeitslosenversicherung, seit 1957 die gesetzliche Basis dafür geschaffen worden war, berufliche Rehabilitationseinrichtungen mit Darlehen und Zuschüssen zu fördern – bis 1960 mit insgesamt 6,6 Millionen DM. Diese Fördersummen stiegen in den Folgejahren erheblich an. Bis 1968 investierte die Bundesanstalt hier rund 30 Millionen DM und erwarb sich damit auch ein erhebliches Mitspracherecht in den Einrichtungen.[102]

Die Bundesministerien sahen sich zunehmend veranlasst, in den infra-

99 | Vgl. Präsident der BAVAV, Vorlage für die Sitzung des Verwaltungsrats am 18.12.1964 betr. Förderung der Rehabilitationseinrichtungen durch Darlehen und Zuschüsse aus Mitteln der BAVAV, 11.12.1964, BArch B 119 3268; Präsident des LAA NRW, Schreiben an Präsidenten der BAVAV, 10.4.1963, BArch B 119 3279.

100 | Vgl. Krankenhaus Evangelisches Stift St. Martin, Koblenz, Berufsgenossenschaftliche Sonderstation für Schwerunfallverletzte, Gerhard Leimbach, Schreiben an BMA, mit Anlage: Gedanken über die Rehabilitation Querschnittsgelähmter und ihre Wiedereingliederung in Deutschland, 13.5.1957, BArch B 142 553; Hauptverband der Gewerblichen Berufsgenossenschaften e.V., Rundschreiben VB 20/60 an gewerbliche Berufsgenossenschaften und Sektionen, Landesverbände, 9.2.1960, ebd. Das Bundessozialhilfegesetz und die Schulgesetze der Länder verfügten über Klauseln der institutionellen Förderung, die aber wenig Beachtung fanden. Vgl. Rudolf Gruppe: »Bilanz der Planungen«, in: BArbl. 26 (1975), H. 6, S. 339-342, hier S. 339.

101 | Vgl. M. Hofrichter: Bedeutung (1961), S. 148; mit einer Erläuterung des im Frühjahr 1964 herausgegebenen »Verzeichnisses über die Einrichtungen für berufliche Rehabilitation in der Bundesrepublik Deutschland« Karl Jung: »Das Programm zur Förderung überregionaler Einrichtungen der beruflichen Rehabilitation«, in: BArbl. 20 (1969), H. 5, S. 251-259, hier S. 253; 2. Bundeskongress für Behinderte des VdK am 7.6.1972, Referat v. Hubertus Stroebel: Probleme der praktischen Rehabilitationsarbeit, BArch B 172 1834; W. Rudloff: Rehabilitation, Bd. 4 (2007), S. 469.

102 | Vgl. M. Hofrichter: Bedeutung (1961), S. 148; Deutsches Hilfswerk, Sitzung des Vorstands und des Kuratoriums am 6.10.1970, Referat v. Karl Jung: Die

strukturellen Ausbau der Rehabilitation zu investieren. Dafür standen am Anfang der 1960er Jahre zum Beispiel Haushaltsmittel des Bundesarbeitsministeriums sowie Mittel aus der Ausgleichsabgabe nach dem Schwerbeschädigtengesetz zur Verfügung, die der Bundesausschuss für Kriegsbeschädigten- und Kriegshinterbliebenenfürsorge beim Bundesinnenministerium verwaltete. Auch beratend engagierte sich das Bundesministerium für Arbeit und Sozialordnung bereits um die Mitte der 1960er Jahre.[103]

Während die Arbeitsverwaltung und der Bundesausschuss ihrer Kompetenz entsprechend den Schwerpunkt ausschließlich auf die berufliche Komponente der Rehabilitation legten, setzte das Bundesministerium für Arbeit und Sozialordnung 1962 zunächst auf den Bau von Großzentren, die alle Phasen der Rehabilitation vereinigen sollten. Den »Besonderen Richtlinien für die Vergabe von Bundesmitteln zur Errichtung überregionaler Rehabilitationseinrichtungen« von 1962 war zu entnehmen, dass damit der Idee des nahtlosen Übergangs zwischen den Rehabilitationsphasen Rechung getragen werden sollte.[104] Derartige überregionale Modelleinrichtungen würden, so die Erwartung, auch nicht mit dem Föderalismus- und Selbstverwaltungsprinzip kollidieren. Dieser Politik war aber wenig Erfolg beschieden, da die Antragsteller in der Regel keine multifunktionalen Großzentren gründen wollten. Hinzu kam, dass viele Vorhaben schon in der Planungsphase stecken blieben, weil die Träger oft bis zu einem Dutzend einzelne Finanzierungszusagen einwerben mussten, die jeweils voneinander abhingen.[105] So kam es, dass das Bundesministerium für Arbeit und Sozialord-

Förderung der Eingliederung der Behinderten in Arbeit, Beruf und Gesellschaft, BArch B 172 2936.

103 | »Besondere Richtlinien für die Vergabe von Bundesmitteln zur Errichtung überregionaler Rehabilitationseinrichtungen. Bekanntmachung des BMA v. 18.1.1962«, in: Bundesanzeiger v. 14.2.1962; Präsident der BAVAV, Vorlage für die Sitzung des Verwaltungsrats am 18.12.1964 betr. Förderung der Rehabilitationseinrichtungen durch Darlehen und Zuschüsse aus Mitteln der BAVAV, 11.12.1964, BArch B 119 3268; BMA Abt. II, Niederschrift über die 3. Arbeitstagung des Deutschen Ausschuss für die Eingliederung Behinderter in Arbeit, Beruf und Gesellschaft am 30.6./1.7.1964, 7.10.1964, BArch B 172 1913; Bundesausschuss für Kriegsbeschädigten- und Kriegshinterbliebenenfürsorge, Ergebnisprotokoll über die Sitzung am 27.2.1969 im BMI, Rede des Vorsitzenden Alstede: Zum 50-jährigen Bestehen der Verordnung über die soziale Kriegsbeschädigten- und Kriegshinterbliebenenfürsorge v. 8.2.1919, 16.6.1969, BArch B 172 1912; BMA, Bericht über die beabsichtigten Maßnahmen zur verstärkten Förderung der Errichtung und des Ausbaus von Rehabilitationseinrichtungen, erstattet gemäß Beschluss des Ausschusses für Sozialpolitik anlässlich der Beratung des Haushaltsansatzes für das Rechnungsjahr 1967 in der Sitzung v. 25.1.1967, BArch B 172 1913.

104 | Vgl. »Besondere Richtlinien für die Vergabe von Bundesmitteln zur Errichtung überregionaler Rehabilitationseinrichtungen v. 18.1.1962«, in: Bundesanzeiger v. 14.2.1962.

105 | Vgl. K. Jung: Programm (1969), S. 255.

nung nur einen Bruchteil des zur Verfügung stehenden Haushaltspostens ausgab. 20 Millionen DM verfielen zwischen 1960 und 1970.[106] Unter dem Arbeitsminister der Großen Koalition Hans Katzer trennte sich das Bundesministerium dann zunehmend von der Idee, alle Rehabilitationsphasen in einer Einrichtung zusammenführen zu müssen. Modellhafte Großzentren mit überregionalem Einzugsbereich kennzeichneten aber noch immer ein Modernisierungsideal, dem das Ministerium und insbesondere Katzer selbst anhingen.[107]

Katzer ließ 1968 zunächst die Vergaberichtlinien vereinfachen und wies sein Haus an, den finanzkräftigen Sozialleistungsträgern beharrlich nahe zu legen, sich verlässlich am Bau und Erhalt der Infrastruktur zu beteiligen.[108] Seit Inkrafttreten des Arbeitsförderungsgesetzes 1969 verfügte das Bundesarbeitsministerium auch über Koordinierungskompetenzen in der beruflichen Rehabilitation, die es möglich machten, gezielt an potentielle Träger von Einrichtungen heranzutreten, um sie zum Bau oder zur Modernisierung zu motivieren.[109]

Am Ende der 1960er Jahre war das Bundesministerium noch immer unzufrieden. Die Zahl der Plätze schien zu gering, die Ausbildungsqualität ließ zu wünschen übrig, und die Wartezeiten in attraktiven Zentren betrugen noch immer ein bis zwei Jahre. Von einer Rehabilitation »ab Krankenbett« konnte keine Rede sein. Zudem fehlten Plätze für Mädchen und Frauen.[110] Sowohl das Bundesarbeitsministerium als auch die seit 1968 in der Arbeitsgemeinschaft deutscher Berufsförderungswerke zusammengeschlossenen Praktiker problematisierten vor dem Bundestagsausschuss für Sozialpolitik, dass die berufliche Rehabilitation sich zudem stärker spezialisieren müsse.

---

106 | Vgl. K. Jung: Programm (1969), S. 255; K. Zimmer: Wer hilft (1971).

107 | Vgl. BMA Abt. II, Niederschrift über die 3. Arbeitstagung des Deutschen Ausschusses für die Eingliederung Behinderter in Arbeit, Beruf und Gesellschaft am 30.6./1.7.1964, Referat v. Ministerialrat Gronau, BMA, 7.10.1964, BArch B 172 1913; BMA, Bericht über die beabsichtigten Maßnahmen zur verstärkten Förderung der Errichtung und des Ausbaus von Rehabilitationseinrichtungen, erstattet gemäß Beschluss des Ausschusses für Sozialpolitik anlässlich der Beratung des Haushaltsansatzes für das Rechnungsjahr 1967 in der Sitzung v. 25.1.1967, ebd.; Presse- und Informationsamt der Bundesregierung (Hg.): Jahresbericht der Bundesregierung 1967, Bonn 1968, S. 235; H. Katzer: Rehabilitation (1969), S. 250.

108 | Vgl. »Richtlinien für die Vergabe von Bundesmitteln zur Förderung überregionaler Einrichtungen der beruflichen Rehabilitation v. 1.12.1968«, in: Bundesanzeiger v. 3.12.1968; K. Jung: Programm (1969), S. 257.

109 | Vgl. für Norddeutschland z.B. BMA Abt. IIa3, Ergebnisprotokoll des am 12.2.1970 in Hamburg in der Facharztzentrale der Landesversicherungsanstalt Hamburg durchgeführten ersten Koordinierungsgesprächs, 18.2.1970, BArch B 172 1912; »Koordinierung der Rehabilitation – Gemeinsame Planung von Einrichtungen«, in: BArbl. 21 (1970), H. 3, S. 203.

110 | Vgl. K. Jung: Programm (1969), S. 253-254; W. Grieshammer: Einrichtungen (1965), S. 261.

Es bedürfe der Umschulungs- und Ausbildungsmöglichkeiten speziell bei Epilepsie, Hörbehinderungen, Herz-Kreislauferkrankungen und Rückenmarkstraumata.[111] Modernisierungs- und Expansionsansprüche gingen mit einem Spezialisierungsideal einher.

Etwa zur selben Zeit setzte sich im Bundesarbeitsministerium die Auffassung durch, die Infrastruktur kranke wie viele andere Rehabilitationsfragen auch an einem Defizit an Planung und wissenschaftlicher Expertise.[112] Unter Katzers sozialdemokratischem Nachfolger Walter Arendt erwuchs aus dieser ministeriellen Thematisierung eine erneute Koordinierungs- und Planungsinitiative. Arendts Anliegen war es, das Aktionsprogramm der Bundesregierung zur Förderung der Rehabilitation der Behinderten insbesondere im infrastrukturellen Bereich umzusetzen, wo er seinem Vorgänger große Versäumnisse bescheinigte. Experten lieferten ihm die Sozialdaten: 1969 standen 6.000 außerbetriebliche Umschulungsplätze für Erwachsene einem jährlichen Bedarf von 20.000 betrieblichen und außerbetrieblichen Umschulungsplätzen gegenüber. Jedes Jahr konnten etwa 3.000 bis 4.000 Jugendliche mit Behinderungen keine qualifizierte Ausbildung beginnen, weil die überbetrieblichen Ausbildungszentren fehlten.[113]

111 | Vgl. BMA, Bericht über die beabsichtigten Maßnahmen zur verstärkten Förderung der Errichtung und des Ausbaus von Rehabilitationseinrichtungen, erstattet gemäß Beschluss des Ausschusses für Sozialpolitik anlässlich der Beratung des Haushaltsansatzes für das Rechnungsjahr 1967 in der Sitzung v. 25.1.1967, BArch B 172 1913; Arbeitsgemeinschaft deutscher Berufsförderungswerke, Schreiben an Bundesausschuss der Kriegsbeschädigten- und Kriegshinterbliebenenfürsorge beim BMI, 20.9.1968, BArch B 172 1912; Werner Boll: »Gibt es genügend Plätze für die Eingliederung Behinderter in Arbeit, Beruf und Gesellschaft?«, in: Die Rehabilitation 5 (1966), H. 1, S. 28-29.

112 | Vgl. »Koordinierung aller Rehabilitationsmaßnahmen notwendig«, in: Sozialpolitische Informationen v. 22.10.1968, S. 3-4; BMA, Bericht über die beabsichtigten Maßnahmen zur verstärkten Förderung der Errichtung und des Ausbaus von Rehabilitationseinrichtungen, erstattet gemäß Beschluss des Ausschusses für Sozialpolitik anlässlich der Beratung des Haushaltsansatzes für das Rechnungsjahr 1967 in der Sitzung v. 25.1.1967, BArch B 172 1913.

113 | Vgl. z.B. Arbeitsgemeinschaft deutscher Berufsförderungswerke, Schreiben an Bundesausschuss der Kriegsbeschädigten- und Kriegshinterbliebenenfürsorge beim BMI, 20.9.1968, BArch B 172 1912. Vgl. zum Vorwurf an die Große Koalition Rede des SPD-Präsidiumsmitglieds und Bundesarbeitsministers Walter Arendt auf der SPD-Bundeskonferenz 1975, 17.2.1975 in Recklinghausen, in: SPD Pressemitteilungen und Informationen, 17.2.1975, S. 4; Hermann Buschfort: »Hilfe für alle Behinderten. Verstärkte Förderung der beruflichen Rehabilitationseinrichtungen«, in: SPD-Pressedienst v. 29.1.1975, S. 7-8, hier S. 7; Richard Wohlleben: »Zusammenarbeit und Koordination auf dem Gebiet der beruflichen Rehabilitation«, in: Jochheim, Kurt-Alphons/Moleski-Müller, Marlis/Siebrecht, Valentin (Hg.): Wege zur Chancengleichheit der Behinderten. Bericht über den 25. Kongress der DeVg e.V. in Bad Wiessee, 10.-12.10.1973, Heidelberg 1974, S. 234-239, hier S. 239; Ch. Brinkmann/L. Gier-

Um diese Plätze zu schaffen, mussten die Sozialleistungsträger gewonnen werden. Arendt lud deshalb 1970 nacheinander die zuständigen Länderressorts, die Kostenträger der Rehabilitation und die Bundesanstalt für Arbeit zu regionalen Koordinierungsgesprächen ein. Zuerst traktierte diese Runde den Ausbau der Berufsförderungswerke.[114] Im Sommer 1970 ging sie zu den Berufsbildungswerken für Jugendliche und Werkstätten für Behinderte über.[115] Lediglich vermittelnd konnte der Bund hier eingreifen. Die Sozialleistungsträger gelangten hingegen zu Vereinbarungen über Mindestanforderungen an Einrichtungen, Bedarfsschätzungen und Zielabsprachen. Zudem kamen die Bundesministerien für Arbeit und Sozialordnung, Jugend, Familie und Gesundheit im Juni 1970 überein, sich künftig über ihre Förderprojekte kurzzuschließen, um Überschneidungen zu vermeiden und den Mitteleinsatz besser zu planen.[116] Bei dieser Gelegenheit wurde deutlich, dass sich die finanziellen Möglichkeiten der Ressorts stark unterschieden. Das seit 1969 für die institutionelle Förderung der Eingliederung nach dem Bundessozialhilfegesetz sowie für die medizinische Rehabilitation zuständige Bundesministerium für Jugend, Familie und Gesundheit konnte 1971 über Mittel für die Institutionenförderung in Höhe von fünf Millionen DM verfügen.[117] Im selben Jahr gab das Bundesministerium für Arbeit und Sozialordnung 40 Millionen DM aus.[118] Hierin äußerte sich deutlich die Priorisierung der beruflichen Rehabilitation. Auch die jeweilige Personalausstattung differierte. Das Bundesarbeitsministerium verfügte über eine Unterabteilung, der allein die Umsetzung des Aktionsprogramms oblag. Ein eigenes Teilreferat beschäftigte sich ausschließlich mit der in-

se: Bedarf (1974), S. 91, 93-94; Präsident des LAA Südbayern, Rundverfügung 228/73 v. 3.8.1973 an AÄ, mit Anlage: Aufgabenstellung, Grundkonzeption, Netzplanung und Förderungsgrundsätze für Rehabilitationseinrichtungen im Aufgabenbereich der BA, 21.8.1973, StAM AÄ 1077; W. Arendt: Behinderte (1972), S. 169.

114 | Vgl. Bundesausschuss für Kriegsbeschädigten- und Kriegshinterbliebenenfürsorge, Ergebnisprotokoll über die Sitzung am 28.1.1970 im BMA, 25.3.1970, BArch B 172 1912; BMA Abt. IIa3, Niederschrift über die erste Sitzung des gemeinsamen Arbeitsausschusses des BMA und des BMJFG am 23.6.1970, 13.7.1970, BArch B 189 9453.

115 | Stiftung Deutsches Hilfswerk, Sitzung des Vorstands und des Kuratoriums am 6.10.1970, Referat v. Karl Jung: Die Förderung der Eingliederung der Behinderten in Arbeit, Beruf und Gesellschaft, BArch B 172 2936; M. Stanko: »Erstes Koordinierungsgespräch über die WfB am 15.7.1970 im BMA in Bonn«, in: Die Rehabilitation 10 (1971), H. 1, S. 53-54.

116 | Vgl. BMA Abt. IIa3, Niederschrift über die erste Sitzung des gemeinsamen Arbeitsausschusses des BMA und des BMJFG am 23.6.1970, 13.7.1970, BArch B 189 9453; W. Arendt: Sozialpolitik (1972), S. 13.

117 | Vgl. BMJFG Abt. S6, Niederschrift über die 3. Sitzung des gemeinsamen Arbeitsausschusses von BMA und BMJFG am 7.9.1971, 7.10.1971, BArch B 189 9453.

118 | Vgl. Presse- und Informationsamt der Bundesregierung (Hg.): Jahresbericht der Bundesregierung 1971, Bonn 1972, S. 542.

frastrukturellen Expansion. Hingegen standen im Bundesministerium für Jugend, Familie und Gesundheit aufgrund der dürftigen Mittel- und Personalausstattung sowohl die Institutionenförderung als auch die Umsetzung des Aktionsprogramms im Allgemeinen auf tönernen Füßen.[119]

Doch auch im Bereich der beruflichen Rehabilitation stieß die Expansion an Grenzen. Ein eklatanter Personalmangel machte den meisten Einrichtungen in den 1970er Jahren zu schaffen. Politik, Behörden und Expertenschaft führten ihn darauf zurück, dass die Ausbildungs- und Qualifizierungsangebote nicht mit der methodischen und infrastruktuellen Modernisierung mitgehalten hätten.[120] In der Praxis zeigte sich immer deutlicher, dass es mit der Erweiterung von Kapazitäten nicht getan war, wenn das nötige Personal fehlte oder nicht entsprechend qualifiziert war.[121] Der in Gang gesetzte Modernisierungsprozess drohte zu stagnieren. Insbesondere die in der 1969 gegründeten Bundesarbeitsgemeinschaft für Rehabilitation zusammentreffenden Sozialleistungsträger machten es sich deshalb zur Aufgabe, die Aus- und Weiterbildung zu verbessern. Dazu war es zunächst nötig, für einheitliche Berufsbezeichnungen und formalisierte Berufsbilder zu werben, denn bisher waren diese teils schwer zu überblicken. So erfüllten beispielsweise die Fachberater für Rehabilitation bei der gesetzlichen Rentenversicherung und die Berufshelfer der Unfallversicherung die gleichen Aufgaben.[122]

119 | Vgl. BMJFG Abt. S6, Niederschrift über die 2. Sitzung des gemeinsamen Arbeitsausschusses von BMA und BMJFG am 2.2.1971, 23.3.1971, BArch B 189 9453.

120 | Vgl. Bundesverband für spastisch Gelähmte und andere Körperbehinderte e.V., Stellungnahme zum Aktionsprogramm der Bundesregierung zur Förderung der Rehabilitation der Behinderten, Oktober 1970, BArch B 189 9453; Bayer. Staatsministerium für Arbeit und Sozialordnung, Schreiben an Präsidenten des bayer. Landtags, 25.10.1973, BHStA MArb 3530; Erster bayerischer Landesplan für Behinderte, München 1974, ebd.; Norbert Müller-Gerhard/Tamara Schilling: »Wie viel Logopäden braucht das Land Rheinland-Pfalz und wie viel bildet es aus?«, in: Die Rehabilitation 13 (1974), H. 4, S. 208-212, hier S. 212.

121 | Vgl. z.B. Vortrag v. Gisela Rolf: Stand der Aus- und Fortbildung von Fachkräften der Rehabilitationsarbeit in der Bundesrepublik. Anlage zur Ergebnisniederschrift über die 2. Sitzung des Ausschusses für Aus- und Fortbildung von Fachkräften der BAR am 15.9.1972, BArch B 172 1772; Vortrag v. Landesrätin Oel-Monat: Die sozialen Berufe in der Rehabilitation. Anlage zur Ergebnisniederschrift der konstituierenden Sitzung des Ausschusses für die Aus- und Fortbildung von Fachkräften der BAR am 15.5.1972, ebd.; Theodor-Schäfer-Berufsbildungswerk (BBW) Husum, Zielsetzung und Durchführung des Seminars für Mitarbeiter am Arbeitsplatz in der Behindertenhilfe, Juli 1972, ebd.; DeVg e.V. Ergebnisniederschrift der Sitzung des Arbeitsausschusses Sozialgesetzgebung und Versicherungsschutz am 5.2.1974, 20.2.1974, BArch B 172 1773; DeVg e.V., Ergebnisniederschrift über die konstituierende Sitzung des Ausschusses für die Aus- und Fortbildung von Fachkräften am 15.5.1972, Referat v. Kurt-Alphons Jochheim: Die medizinischen und paramedizinischen Berufe in der Rehabilitation, BArch B 189 946.

122 | Vgl. Fortbildungsseminare für Rehabilitationspersonal im Berufsbil-

Angesichts solcher Schwierigkeiten fällt die Umsetzungsbilanz ambivalent aus. Zwar verweist der signifikante Anstieg der für die bauliche Förderung der Rehabilitation verausgabten Bundesmittel durchaus auf einen Boom: Während zwischen 1962 und 1968 etwa 30 Millionen DM für den infrastrukturellen Ausbau von Rehabilitationseinrichtungen geflossen waren, wurden zwischen 1969 und 1974 192 Millionen DM ausgegeben. 1974 erreichten die Jahresausgaben mit 60 Millionen DM ihren Höhepunkt, fielen infolge der Wirtschaftskrise in den nächsten Jahren aber wieder deutlich.[123] Da auch die Länder und Sozialleistungsträger ihre Ausgaben erhöhten, nahmen bis 1975 schon 17, bis 1978 alle 21 geplanten Berufsförderungswerke die Arbeit auf. Zum Teil waren bestehende Einrichtungen ausgebaut, zum Teil neue Standorte geschaffen worden.[124] Infolge der behindertenpolitischen Pläne der einzelnen Länder und Kommunen, in denen das Aktionsprogramm unterhalb der Bundesebene umgesetzt wurde, vervierfachten sich beispielsweise zwischen 1970 und 1978 auch die Bettenzahlen der Rehabilitationskrankenhäuser.[125] Bei den Berufsbildungswerken für Jugendliche ging der Ausbau merklich langsamer voran. Von 20 geplanten Einrichtungen arbeiteten 1974 erst fünf.[126] Dabei ging der Trend weiterhin vorwiegend zu stationären Einrichtungen. Allein die Zahl der Wohn- und Pflegeheime stieg zwischen 1970 und 1987 bundesweit von 536 mit 52.000 Plätzen auf 1.525 mit 90.000 Plätzen. Allerdings wurden seit dem Ende der 1970er Jahre, als die Kritik an Großzentren wuchs, eher kleinere Einrichtungen gebaut.[127]

---

dungswerk Husum. Anlage zur Ergebnisniederschrift über die 3. Sitzung des Ausschusses für Aus- und Fortbildung von Fachkräften der BAR am 19.6.1973, BArch B 172 1772; BAR, Ergebnisniederschrift über die 3. Sitzung des Ausschusses für Aus- und Fortbildung von Fachkräften am 19.6.1973 mit Besichtigung des BBW Husum, ebd.

123 | Vgl. u.a. Presse- und Informationsamt der Bundesregierung (Hg.): Jahresbericht der Bundesregierung 1967-1974, Bonn 1968-1975; H. Buschfort: Hilfe (1975), S. 7.

124 | Vgl. »Übersicht über die vorhandenen und bis 1975 geplanten Plätze in Berufsförderungswerken in der Bundesrepublik Deutschland«, in: Jochheim, Kurt-Alphons/Moleski-Müller, Marlis/Siebrecht, Valentin (Hg.): Wege zur Chancengleichheit der Behinderten. Bericht über den 25. Kongress der DeVg e.V. in Bad Wiessee, 10.-12.10.1973, Heidelberg 1974, S. 180, U. Schildmann: Funktion (1977), S. 78-81; W. Seyd: Berufsförderungswerke (1979), S. 187.

125 | Vgl. K. Wennberg: »Landesplanung in der Rehabilitation«, in: Die Rehabilitation 14 (1975), H. 3, S. 129-135; W. Jantzen: Landesbehindertenplanung (1979), S. 125. Vgl. zu Bayern Erster bayerischer Landesplan für Behinderte, München 1974, BHStA MArb 3530; Bayerische Sozialpolitik 1974. Hg. v. bayer. Staatsministerium für Arbeit und Sozialordnung, München 1974, S. 171, 175; Rudloff, Schatten (2002), S. 414; Heidrun Graupner: »Ein Plan für die Behindertenhilfe«, in: SZ v. 1.7.1974.

126 | Vgl. Presse- und Informationsamt der Bundesregierung (Hg.): Jahresbericht der Bundesregierung 1974, Bonn 1975, S. 313; H. Buschfort: Hilfe (1975), S. 8.

127 | Vgl. Fandrey, Krüppel (1990), S. 239, 242.

Bisher war von Infrastrukturen die Rede, in denen Menschen auf die Eingliederung in den allgemeinen Arbeitsmarkt vorbereitet werden sollten. Im Folgenden geht es um Strukturen des Sonder- oder zweiten Arbeitsmarktes. Nüchtern betrachtet handelte es sich beim Arbeitsmarkt um die Sphäre des Austauschs zwischen Angebot und Nachfrage von Arbeitskraft. Doch im bundesdeutschen Behinderungsdiskurs war der Arbeitsmarkt viel mehr: Ziel- und Kulminationspunkt der Rehabilitationspolitik, Schauplatz der (Wieder-)Eingliederung von Menschen mit Behinderungen und nicht zuletzt der abstrakte Ort, an dem sich Menschen als leistungsfähige und deshalb wertvolle Glieder der Gesellschaft beweisen sollten. Idealerweise sollte sich all dies auf dem regulären Arbeitsmarkt abspielen. Dennoch existierte in der Praxis ein Sonderarbeitsmarkt, auf dem Menschen beschäftigt wurden, die nicht, noch nicht oder vorübergehend nicht auf den allgemeinen Arbeitsmarkt vermittelt werden konnten.

In institutioneller Hinsicht äußerte sich dies vor allem im Beschäftigungs- und Wirtschaftstyp der Werkstatt. Unterschiedliche Modelle lassen sich hier bereits seit dem 19. Jahrhundert ausmachen. Die Häuser der sogenannten Krüppelfürsorge und die psychiatrischen Anstalten beispielsweise verfügten meist ebenso über Werkstätten für Ausbildung oder die Deckung von Eigenbedarf wie die Lazarette des Ersten Weltkriegs. In der Regel handelte es sich um handwerkliche Betriebsstätten, nicht zuletzt auch der Orthopädietechnik. In der Zwischenkriegszeit hatten zudem Industrieunternehmen wie die MAN AG eigene Sonderwerkstätten für Schwerbeschädigte errichtet. Unter erheblichem Utilitätsdruck expandierten viele dieser Werkstattmodelle im Nationalsozialismus.[128] Nach dem Zweiten Weltkrieg ließ sich daran anknüpfen.

Im Einzelfall unterschieden sich die Werkstätten nun darin, ob es sich um Orte der sogenannten Beschäftigungs- oder Arbeitstherapie unter ärztlicher Kontrolle und damit um Maßnahmen an der Grenze zwischen medizinischer und beruflicher Rehabilitation oder um Anlern- und Umschulungseinrichtungen handelte, die berufliche Qualifikationen vermittelten. Es gab aber auch rein produktivitätsorientierte Wirtschaftsunternehmen, die keine Rehabilitationsmaßnahmen im engeren Sinn durchführten, sondern ihren Beschäftigten primär Verdienstmöglichkeiten anboten, die sie auf dem allgemeinen Arbeitsmarkt nicht fanden. Der Stellenwert, der Therapie, pädagogischer Arbeit, Bildung und Freizeitgestaltung beigemessen wurde, war

128 | Vgl. MAN AG, Jahresbericht der Übungswerkstätte Nürnberg, 19.6.1917, BHStA MH 16147; Hauptstelle der Kriegsinvalidenfürsorge Schwaben-Neuburg, Augsburg an Lazarette im Korpsbezirk, 7.7.1917, BHStA Kriegsarchiv Stellvertretendes Generalkommando 1. bayer. Armeekorps Sanitätsamt 336; Soziale Chronik aus 100 Jahren MAN, Historisches Archiv der MAN AG Augsburg; MAN AG, Kurzreferat gehalten auf der Sitzung des beratenden Ausschusses für Schwerbeschädigtenfragen beim LAA Südbayern am 11.11.1964, ebd.; Udo Sierck: Arbeit ist die beste Medizin. Zur Geschichte der Rehabilitationspolitik. Hamburg 1992, S. 75-76; P. Fuchs: Körperbehinderte (2001), S. 128.

also ebenso unterschiedlich wie die Trägerschaft und die Zusammensetzung der Beschäftigten. Unterschiedlich war auch die Bedeutung, die ihrer Produktivität beigemessen wurde.[129]

Eine typische Erscheinung der Nachkriegszeit waren die sogenannten Schwerbeschädigtenbetriebe. Diese meist von Vereinen oder Einzelpersonen gegründeten Provisorien sollten arbeitslosen Schwerkriegsbeschädigten ein Einkommen verschaffen.[130] Quantifizieren lässt sich dieser Sonderarbeitsmarkt kaum, denn erstens herrschte eine rege Fluktuation und zweitens existierten in den Zonen und Ländern höchst unterschiedliche Vorstellungen darüber, was unter einem Schwerbeschädigtenbetrieb zu verstehen war, ob er einer offiziellen Anerkennung bedurfte und ob er statistisch relevant war.[131] Im Mai 1949 gab es beispielsweise in Bayern, wo ein komplexes Anerkennungsverfahren praktiziert wurde, 22 Schwerbeschädigtenbetriebe. Im Juli 1952 waren es bundesweit noch 126.[132] Anerkannte Schwerbeschädigtenbetriebe konnten mit öffentlichen Beihilfen und Steuererleichterungen rechnen, wenn sie bestimmte Forderungen an die »soziale« Ausrichtung der Produktion erfüllten.[133] Häufig handelte es sich um genossenschaftlich

129 | Vgl. W. Jantzen, Geschichte (1979), S. 198.

130 | Vgl. »Eine Frau will den Versehrten helfen. Invaliden-Umschulungswerkstätte soll entstehen. Maschinenpark bereits vorhanden«, in: Neue Ruhr-Zeitung, 8.5.1952; Ministerium für Arbeit und Soziales des Landes NRW, Vermerk, 11.9.1951, NRWHStA NW 42 1375; Bayer. Staatsministerium für Wirtschaft, Vermerk, 15.12.1945, BHStA MWi 26856; Bayer. Staatsministerium für Wirtschaft, Zusammenstellung der Versehrtenbetriebe im Bereich der bayer. Regierungswirtschaftsämter, August 1945, BHStA MWi 26857.

131 | Vgl. Arbeitsministerium des Landes NRW, Schreiben an BMA, 3.3.1950, BArch B 149 936; Bayer. Staatsministerium für Arbeit und soziale Fürsorge, Schreiben an BMA, 16.3.1950, ebd.; Arbeitsministerium des Landes Württemberg-Baden, Schreiben an BMA, 15.4.1950, ebd.; Sozialministerium des Landes Rheinland-Pfalz an BMA, 20.4.1950, ebd. In Bremen, Schleswig-Holstein, Hamburg, Württemberg-Hohenzollern gab es keine offizielle Anerkennung.

132 | Vgl. Bayer. Staatsministerium für Arbeit und soziale Fürsorge, Schreiben an bayer. Staatsministerien des Innern und für Wirtschaft, Regierungswirtschaftsamt Oberbayern, IHK München, bayer. Gewerkschaftsbund, Landesverband der Körperbeschädigten, Sozialrentner und Hinterbliebenen e.V., Landesverband der Versehrtenbetriebe München, 4.3.1949, BWA K1 IHK München/Oberbayern XXIII 266, Akt 2; Bayer. Staatsministerium für Arbeit und soziale Fürsorge, Liste: Anerkannte Schwerbeschädigtenbetriebe, 13.5.1949, ebd.; BMA Abt. II b4, Verzeichnis der Schwerbeschädigtenbetriebe nach einer Umfrage bei den Arbeitsministern der Länder, 14.10.1952, BArch B 119 3276.

133 | Vgl. Arbeitsminister des Landes NRW, Schreiben an BMA, 3.3.1950, BArch B 149 936; Bayer. Staatsministerium für Arbeit und Soziale Fürsorge, Schreiben an BMA, 16.3.1950, ebd.; zuvor Bayer. Staatsministerium für Arbeit und soziale Fürsorge, Schreiben an bayer. Staatsministerium des Innern, Hauptfürsorgestelle, Präsidenten der LAÄ, Leiter der AÄ und Zweigstellen der Hauptfürsorgestelle

organisierte Selbsthilfeinitiativen, wenngleich die umfangreiche staatliche Förderung dem Genossenschaftsgedanken widersprach.[134] Produziert wurden vor allem Bürsten, Korbwaren und Besen und kunstgewerbliche Gegenstände. Aber auch Bau-, Möbel- und Kleinmöbelschreinereien, Polstereien und Schuhmachereien gab es.[135]

Bedenken meldeten vor allem die Dienststellen der Arbeitsverwaltung an. Dieser Sonderarbeitsmarkt schien keine sichere Beschäftigung zu bieten. Insbesondere im Zuge der Währungsreform gerieten in der Tat viele Schwerbeschädigtenbetriebe in Bedrängnis und schlossen.[136] Solange die Schwerbeschädigtenbetriebe angesichts hoher Arbeitslosigkeit unter den Schwerbeschädigten aber positive Beschäftigungseffekte zeigten, hielten die Arbeits- und Sozialressorts der Länder an ihnen weitgehend fest.[137] Im Zuge der wirtschaftlichen Erholung nach der Währungsreform verschwand dieser Sonderarbeitsmarkt jedoch. Unter rehabilitationspolitischen Gesichtspunkten lehnten ihn nun auch diejenigen ab, die ihn zuvor als Kriegsfolgenlösung akzeptiert hatten.[138]

2.3.1949, ebd.; Entschließung des Staatsministeriums des Innern, Hauptfürsorgestelle, 11.5.1949, in: Bayer. Staatsanzeiger, 17.6.1949; Zweigstelle der bayer. Hauptfürsorgestelle bei der Regierung v. Unterfranken, Schreiben an bayer. Staatsministerium des Innern, Hauptfürsorgestelle, 13.11.1950, StAWü Regierung v. Unterfranken 24031; Sozialministerium des Landes NRW, Bericht: Stand der Schwerbeschädigtenbetriebe, 31.10.1950, NRWHStA NW 42 1383; Sozialministerium des Landes NRW, Aktennotiz, 29.7.1947, NRWHStA NW 42 1299.

134 | Vgl. z.B. Rheinischer Genossenschaftsverband Schulze-Delitzsch Köln, Schreiben an Arbeitsministerium des Landes NRW, 29.9.1948, NRWHStA NW 42 1345; Arbeitsgemeinschaft gewerbliche Genossenschaften, Schreiben an Amt für Arbeit bei der Verwaltung für Arbeit des Vereinigten Wirtschaftsgebiets, 21.8.1948, BArch B 149 936; BMA, Vermerk über eine Besprechung über einen Gesetzentwurf über Schwerbeschädigtenbetriebe am 14.12.1950, 15.2.1950, ebd.

135 | Vgl. Sozialministerium des Landes NRW, Bescheinigung für den anerkannten Schwerbeschädigtenbetrieb 37, 15.1.1948, NRWHStA NW 41 1216; Sozialministerium des Landes NRW, Schreiben an Firma Webe, Werkstatt für Beleuchtungskörper, Wattenscheid, 3.11.1951, ebd.

136 | Vgl. Bayer. Staatsministerium für Arbeit und Soziale Fürsorge, Schreiben an Sozialministerium des Landes NRW, 23.8.1949, NRWHStA NW 42 1338; Reichsbund e.V., Versehrtenwerk NRW, Schreiben an Sozialministerium NRW, 6.9.1948, NRWHStA NW 42 1332; Präsident des LAA Niedersachsen, Schreiben an Präsidenten der BAVAV, 9.11.1953, BArch B 119 3276; Präsident des LAA Baden-Württemberg, Schreiben an Präsidenten der BAVAV, 9.11.1953, ebd.

137 | Vgl. z.B. Sozialministerium des Landes NRW, Schreiben an Verwaltung für Arbeit, 22.12.1948, BArch B 149 936; Bayer. Staatsministerium für Arbeit und soziale Fürsorge, Schreiben an BMA, 16.3.1950, BArch B 149 936.

138 | Vgl. zum Verschwinden der Schwerbeschädigtenbetriebe mit Ausnahme der Blindenwerkstätten BMA Abt. II, Schreiben an BT-Ausschuss für Kriegsopfer- und Kriegsgefangenenfragen, 20.6.1950, BArch B 149 936; BKA, Staatssekretär des

Am Ende des Jahrzehnts zeigten sich Ansätze eines neuen Sonderarbeitsmarkts. Organisationen wie die Lebenshilfe für das geistig behinderte Kind e.V. brachten die Idee der Beschützenden oder Geschützten Werkstatt aus dem skandinavischen und angelsächsischen Raum nach Deutschland. Erste Befürworter fanden sie in den Leitern der Einrichtungen für Kinder und Jugendliche mit Behinderungen. Selbsthilfeorganisationen und Expertenschaft begannen für Werkstätten zu plädieren, in denen Menschen mit schweren und schwersten Behinderungen ohne Rücksicht auf deren Art oder Ursache und mithin auch Menschen mit geistigen Behinderungen Anregungen, Therapie und Beschäftigung finden sollten. Der Sozialstaat sollte ihr Recht auf Arbeit schützen, auch wenn sie nicht auf dem allgemeinen Arbeitsmarkt tätig sein konnten und ihnen der Schutz des Schwerbeschädigtengesetzes versagt blieb. Warum sollten sie »ein unbefriedigendes Dasein führen«, wenn sie doch durch Werkstätten nach dem britischen Modell der sheltered workshops »endlich zu sinnvoller und produktiver Lebensgestaltung geführt werden« konnten? Der Aufwand mache sich wirtschaftlich und humanitär bezahlt, denn die Beschäftigten würden »vor einem fast unausbleiblichen Müßiggang, vor geistigen und moralischen Gefahren bewahrt«. Zudem würden sie von der Gesellschaft ernst genommen, statt Objekte des Mitleids und der Missachtung zu bleiben, so die Befürworter.[139] In Eigeninitiative begannen vor allem die örtlichen Vereine der Lebenshilfe e.V. Werkstätten ins Leben zu rufen, in denen Beschäftigung, Therapie, Freizeitgestaltung und Bildung kombiniert wurden. Sie sahen die Werkstätten vor allem als Orte der umfassenden Lebensgestaltung.

Als die praktischen Erfahrungen mit diesem Werkstatttyp Beachtung in Bürokratie und Politik fanden, nahm dieser jedoch rasch eine Entwicklung, die den Zielen seiner Wegbereiterinnen und Wegbereiter kaum mehr entsprach. Sobald insbesondere die Experten der beruflichen Rehabilitation und die Arbeitsverwaltung diese Werkstätten als Sonderarbeitsmarkt für Menschen, die nicht auf dem allgemeinen Arbeitsmarkt untergebracht werden konnten, entdeckten, gerieten diese als Produktionsstätten unter ökonomischen Druck.[140] Den neuralgischen Punkt in diesem staatlichen Formierungsprozess markierte das Arbeitsförderungsgesetz. Seit 1969 ermöglichte

---

Innern, Schreiben an VdK-Landesverband NRW, 15.3.1950, ebd.; BMA Abt. IIb2, Niederschrift über eine Besprechung mit den Vertretern der Arbeits- und Innenminister der Länder am 18.7.1955 im BMA, 23.7.1955, BArch B 119 3276.

139 | Zitate in W. Dicke: Werkstätten (1960), S. 71, 73; vgl. auch Tom Mutters: »Beschützende Werkstätten für geistig Behinderte«, in: Unsere Jugend 11 (1959), H. 1, S. 13-20; Heinz Bach: »Pädagogik in der Werkstatt für Behinderte«, in: Die Rehabilitation 9 (1970), H. 1, S. 20-25, hier S. 20-21.

140 | Vgl. exemplarisch die Äußerungen der Vertreter der Arbeitsverwaltung in DV e.V., Bericht über die Sitzung des Ständigen Ausschusses für gemeinsame Fragen der Fürsorge und der Arbeitsverwaltung am 7.12.1961 in Köln, BArch B 106 10774; »Fachausschuss VIII – Hilfen für Behinderte«, in: NDV 48 (1968), H. 8, S. 228-229; W. Jantzen: Geschichte (1979), S. 201; Wilfried Windmöller: Die politische Durch-

es der Bundesanstalt für Arbeit, Darlehen und Zuschüsse für den Aufbau, die Erweiterung und die Ausstattung von Werkstätten zu gewähren. Diese firmierten dann unter dem Begriff der Werkstatt für Behinderte. Aus der Sicht der Bundesanstalt war es selbstverständlich, dass arbeitsmarktpolitische vor fürsorgerischen Überlegungen, Produktivität vor pädagogischen und sozialen Angeboten und die Anleitung zur produktiven Arbeit vor der Therapie rangierten.[141] Die von der Bundesanstalt für Arbeit geförderten Werkstätten für Behinderte hatten mit dem Modell der Beschützenden Werkstatt nur noch wenig gemeinsam. Begleitende Maßnahmen wie musische und sportliche Betätigung und lebenspraktische Anleitungen gingen in der Praxis der Einrichtungen immer mehr zurück. Die Förderung der Persönlichkeit, die einst im Zentrum gestanden hatte, verlor an Bedeutung.[142]

Das Schwerbehindertengesetz von 1974 beschrieb schließlich die Werkstatt für Behinderte eindeutig als »Einrichtung zur Eingliederung Behinderter in das Arbeitsleben«. Konstitutiv war fortan der Terminus »Mindestmaß an wirtschaftlich verwertbarer Arbeitsleistung«. Nur Menschen, die dieses Mindestmaß vorweisen konnten, standen die von der Bundesanstalt für Arbeit geförderten Werkstätten offen. Einrichtungen, die ausschließlich Beschäftigungstherapie anboten oder hauptsächlich der Pflege dienten, konnten lediglich die institutionelle Förderung der Sozialhilfe, nicht aber der Bundesanstalt für Arbeit in Anspruch nehmen. Deren Förderrichtlinien ließen nur zu, dass in einer Werkstatt für Behinderte auch ein kleinerer Kreis von Personen nach den Regeln und auf Kosten der Sozialhilfe gefördert wurde. Theoretisch bestand auch die Möglichkeit, ohne Zuschüsse oder Darlehen der Bundesanstalt für Arbeit eine andere Form von Werkstätte zu betreiben. In der Praxis knüpften aber immer mehr andere Förderer ihre Mittel daran, dass auch die Bundesanstalt für Arbeit die Werkstätte förderte.[143]

Der Zielkonflikt zwischen der umfassenden Lebensgestaltung und dem

---

setzung der Werkstätten zur Arbeits- und Berufsförderung. Ihre Ursprünge, Entstehung, Entwicklung und Aussichten, Osnabrück 2003, S. 41.

141 | Vgl. zur gesetzlichen Grundlage § 61 AFG; zur Auslegung vgl. »Anordnung des Verwaltungsrats der Bundesanstalt für Arbeit über die Arbeits- und Berufsförderung Behinderter (AReha) v. 2.7.1970«, in: Amtliche Nachrichten der Bundesanstalt für Arbeit 18 (1970), H. 10, S. 664-667.

142 | Vgl. LAA Südbayern, Niederschrift über die Dienstbesprechung mit den Rehabilitationsfachkräften der Arbeitsvermittlung, 10.-12.10.1973, Referat v. Albert Haaser: Die Werkstatt für Behinderte – Ergebnis einer wissenschaftlichen Untersuchung, 6.11.1973, BArch B 119 4660; AA München, Protokoll der Besprechung mit der Leitung der Lebenshilfe-Werkstatt GmbH München am 9.1.1974, StAM AÄ 1077; R. Krenzer: Situation (1974), S. 749; Sierck: Arbeit (1992), S. 109-110.

143 | Vgl. Albert Haaser: »Die Werkstatt für Behinderte – Fakten, Probleme und Erwartungen (Forschungsbericht)«, in: Jochheim, Kurt-Alphons/Moleski-Müller, Marlis/Siebrecht, Valentin (Hg.): Wege zur Chancengleichheit der Behinderten. Bericht über den 25. Kongress der DeVg e.V. in Bad Wiessee, 10.-12.10.1973, Heidelberg 1974, S. 201-206, hier S. 204; W. Windmöller: Durchsetzung (2003), S. 41.

Anspruch, wirtschaftlich verwertbare Arbeitsergebnisse zu erzeugen, wurde zugunsten der Produktivität entschieden.[144] In der Praxis führte dies in den 1970er Jahren zum Teil dazu, dass Menschen, die gute Arbeitsleistungen erreichten, weniger produktive Menschen mit schweren und schwersten Behinderungen aus ihren Werkstattplätzen verdrängten. Da die Werkstätten ein bestimmtes Maß an Arbeitszeit und Leistung fordern mussten, um die Förderrichtlinien zu erfüllen, stellten sie manche Menschen gar nicht mehr ein.[145]

Insbesondere Menschen mit geistigen Behinderungen, die vor 1970 etwa 80 Prozent der Beschäftigten ausgemacht hatten, profitierten darum weniger von dem neuen, produktionsbestimmten Werkstatttyp als andere Gruppen von Menschen mit Behinderungen. Ein Teil der Menschen mit Körper- oder Lernbehinderungen hingegen konnte die Werkstatt für Behinderte nun als Tür in den regulären Arbeitsmarkt nutzen. Ihnen waren die durch die öffentliche Förderung ermöglichte bessere personelle und maschinelle Ausstattung, die qualifizierte Anleitung und die Produktionsorientierung eher von Nutzen. Manchen erschlossen sich bessere, wenn auch immer noch ungerechte Verdienstmöglichkeiten. 1973 verdienten nur zehn Prozent der Beschäftigten mehr als 150 DM monatlich, etwa 30 Prozent weniger als 30 DM. Zum Vergleich: Das durchschnittliche Einkommen aller in der gesetzlichen Rentenversicherung versicherten Beschäftigten lag 1975 bei etwa 1.500 DM.[146] Zudem war das arbeits- und sozialrechtliche Verhältnis von Beschäftigten und Werkstatt zunächst unzureichend geregelt. 1974 verabschiedete der Bundestag im Vorgang einer gesetzlichen Regelung immerhin Grundsätze, die zwingend den Abschluss von Werkstattverträgen vorschrieben.[147] Das in Kapitel 2.1 vorgestellte, 1975 verabschiedete Gesetz über die Sozialversicherung Behinderter, das die Beschäftigten sozialrechtlich besser absicherte, verstärkte wiederum die Tendenzen zur Zweiteilung des Werkstattsektors. Nun wurden Arbeitgeberbeiträge zur Rentenversicherung fällig, die nach einem fiktiven Entgelt von 90 Prozent des durchschnittlichen Entgelts der Versicherten der Rentenversicherung bemessen wurden. Bund und Länder erstatteten sie nur dann teilweise zurück, wenn das tatsächliche Arbeitsentgelt der Beschäftigten unter dem fiktiven gesetz-

144 | Vgl. F. Gärtner: Rehabilitationspolitik (1979), S. 77; Heinz Westphal: »Mehr Klarheit im Sozialrecht. Gesetz definiert Begriff der Werkstatt für Behinderte«, in: SPD-Pressedienst v. 18.4.1974, S. 5-6, hier S. 5; als konkretes Beispiel vgl. LAA Südbayern, Gesprächsnotiz betr. Betriebsaufnahme der WfB der Lebenshilfe e.V. in München, 2.6.1973, StAM AÄ 1077.

145 | Vgl. U. Schildmann: Funktion (1977), S. 89-90.

146 | Vgl. A. Meurer: Stichtag (1975), S. 336; E: Klee: Behinderten-Report (1981), S. 135; S. Boll/Th. Degener/C. Ewinkel/G. Hermes u.a.: Geschlecht (1985), S. 150.

147 | Grundsätze zur Konzeption der Werkstatt für Behinderte, Stand 5.12.1974, BTDrs VII/3999 v. 29.8.1975, mit Anlage 1, S. 7. § 138 Abs. 1 des Sozialgesetzbuchs IX stärkte dann die Position der Beschäftigten; sie befinden sich seither in einem »arbeitnehmerähnlichen Rechtsverhältnis«.

lichen Mindestbetrag lag. Bei der Krankenversicherung lagen die Dinge ähnlich. Da die Werkstattträger nun zur Selbstbeteiligung an den Beiträgen verpflichtet waren, versuchten viele, ihre wirtschaftlich besonders leistungsstarken Beschäftigten möglichst lange in den Werkstätten zu halten, auch wenn diese auf den regulären Arbeitsmarkt hätten wechseln können. Im Gegenzug wurden weniger produktive Menschen auch aus diesen sozialversicherungsrechtlichen Logiken aus den Werkstätten abgeschoben.[148] Somit verstärkte das Gesetz die bereits bestehende Ökonomisierungs- und Hierarchisierungstendenz zusätzlich.

Da sich die Praxis der 1970er Jahre so wesentlich von den Vorstellungen der Lebenshilfe e.V. und anderer Organisationen unterschied, die einen Lebens- und Schaffensraum unabhängig von Produktivitätserwartungen hatten erschließen wollen, stieß die Werkstattpolitik der Bundesanstalt für Arbeit, des Bundesministeriums für Arbeit und Sozialordnung und vieler Sozialhilfeträger auf Kritik bei Beschäftigten, Werkstattleitungen und Angehörigen.[149] Sie schätzten die Werkstätten als Orte des sozialen Kontakts, der Kommunikation und der Emanzipation. Selbst ihr geringes Gehalt empfanden viele Beschäftigte als Bestätigung und Chance, wenigstens in begrenztem Umfang eigenen Konsumwünschen entsprechen zu können. Arbeiteten sie in Tageseinrichtungen am Wohnort, lebten sie annähernd so wie Menschen ohne Behinderungen. Berufstätigkeit schuf, wie zeitgenössische Befragungen unter Beschäftigten zeigten, somit eine gewisse soziale Akzeptanz und ermöglichte es, »mitzureden«.[150] Unterstützung erhielten sie von Sozialwissenschaftlerinnen und Sozialwissenschaftlern, die – meist im Rahmen von ministeriellen Forschungsaufträgen – die Werkstätten untersuchten. Sie problematisierten die Verdrängungsprozesse auf dem Werkstattsektor.[151]

---

148 | Vgl. dazu W. Jantzen: Geschichte (1979), S. 205.

149 | Vgl. AA München, Protokoll der Besprechung zwischen der Werkstattleitung der Lebenshilfe GmbH München, dem Bezirk Oberbayern und dem AA am 14.11.1973, StAM AÄ 1077; Arbeitsamt München, Protokoll der Besprechung mit der Leitung der Lebenshilfe-Werkstatt GmbH am 9.1.1974, ebd.; LAA Südbayern, Schreiben an Geschäftsführung der Lebenshilfe-Werkstatt GmbH, 18.2.1974, ebd.; LAA Südbayern, Niederschrift über die Dienstbesprechung mit den Rehabilitationsfachkräften der Arbeitsvermittlung, 10.-12.10.1973, Referat v. Albert Haaser: Die Werkstatt für Behinderte – Ergebnis einer wissenschaftlichen Untersuchung, 6.11.1973, BArch B 119 4660; H. Bach: Pädagogik (1970), S. 22-23; H.-W. Schmuhl: Arbeitsmarktpolitik (2003), S. 487.

150 | Vgl. LAA Südbayern, Niederschrift über die Dienstbesprechung mit den Rehabilitationsfachkräften der Arbeitsvermittlung, 10.-12.10.1973, Referat v. Albert Haaser: Die Werkstatt für Behinderte – Ergebnis einer wissenschaftlichen Untersuchung, 6.11.1973, BArch B 119 4660; K.-H. Junge: Praxis (1974), S. 212.

151 | Vgl. BAR, Niederschrift über die 8. Sitzung des Vorstands am 31.10.1972 in Frankfurt a.M., mit Anlage: Referat v. [o.V.] Wertenbach: Werkstätten für Behinderte, BArch B 189 9459; W. Jantzen: Geschichte (1979), S. 195-207.

Dessen ungeachtet setzten die Bundes- und Länderministerien den Ausbau des spezifischen Beschäftigungstyps der Werkstatt für Behinderte fort. Insbesondere dem Bundesarbeitsminister Walter Arendt erschienen die Infrastrukturen in qualitativer und quantitativer Hinsicht gänzlich ungenügend. 15.000 bis 20.000 Arbeitsplätze in Werkstätten gab es 1973 bundesweit, 200.000 hielt Arendt für nötig. Er glaubte an das produktivitätsorientierte Konzept und ließ die Kritik, die Werkstätten legten zu enge arbeitsmarktpolitische Maßstäbe an und benachteiligten Menschen mit schwersten Behinderungen, nicht gelten. Die Werkstatt für Behinderte sei Teil der beruflichen Rehabilitation und deshalb »keine allgemeine Sammeleinrichtung«. Sie müsse ihren Beschäftigten durch eine produktionsorientierte Betriebsorganisation und rationelles Management eine berufliche Aufwärtsentwicklung ermöglichen. Dies sei die Grundlage, auf der über die Aufnahme von Menschen mit schwersten Behinderungen in die von der Bundesanstalt für Arbeit geförderten Werkstätten verhandelt werden könne.[152] Der Minister setzte dementsprechend auf die Expansion eines bundesweiten Werkstättennetzes, koordiniert durch eine zentrale Beratungsstelle für Werkstätten für Behinderte beim Arbeitsamt Frankfurt a.M. und durch Ausschüsse auf Landesebene auf der Grundlage der Landesbehindertenpläne.[153]

Am Beispiel der Werkstätten für Behinderte zeigt sich einmal mehr, mit welcher inhaltlichen Verengung die Behindertenpolitik auch in den 1970er Jahren trotz anderslautender Bekenntnisse der Regierung noch einher ging. Indem sie sich primär an einem erwerbsarbeitsbezogenen Behinderungsbegriff orientierte und die Hilfen auf die Eingliederung in das Arbeits- und Berufsleben konzentrierte, richtete sie sich an eine exklusive Personengruppe. Und dennoch erfüllten sich nicht alle in die berufliche Rehabilitation gesetzten Erwartungen. Selbst wenn die Vermittlung in Arbeitsplätze auf dem allgemeinen Arbeitsmarkt und damit die intendierte Anpassung an die Gruppe der Erwerbstätigen gelang, folgte daraus nicht automatisch die gewünschte Eingliederung in das Leben in der Gesellschaft im Ganzen. Berufliche Leistung genügte entgegen der Prognose nicht, um das unterstellte soziale Defizit auszugleichen. Dies ließ sich schon an den alltäglichen Interaktionen am Arbeitsplatz ablesen. So fand beispielsweise das Forscherteam der Studie »Die Einstellung der Gesellschaft zu Körperbehinderten« am Ende der 1960er Jahre heraus, dass Menschen mit Körperbehinderungen am Arbeitsplatz keineswegs sofort gleichberechtigt in den Kollegenkreis aufge-

---

152 | Vgl. W. Arendt: Wege (1974), S. 19-20, Zitat S. 20; Redebeitrag v. BMA Walter Arendt, StenBerBT, 7. WP, 51. Sitzung v. 20.9.1973, S. 2870C.

153 | Vgl. »Zentraler Beratungsdienst der Werkstätten für Behinderte«, in: BArbl. 26 (1975), H. 6, S. 326; K. Wennberg: Landesplanung (1975), S. 132-133; Präsident des LAA Südbayern, Rundverfügung 228/73 v. 3.8.1973 an AÄ, mit Anlage: Aufgabenstellung, Grundkonzeption, Netzplanung und Förderungsgrundsätze für Rehabilitationseinrichtungen im Aufgabenbereich der BA, 21.8.1973, ebd.; Bayer. Staatsministerium für Arbeit und Sozialordnung, Schreiben an Präsidenten des bayer. Landtag, 25.10.1973, BHStA MArb 3530; Rudloff, Schatten (2002), S. 409-410.

nommen wurden, sobald sie gute Leistungen zeigten. Im Gegenteil empfanden insbesondere männliche Kollegen sie weiterhin als wie auch immer geartete Belastung. 1973 berichtete der Soziologe Christian Brinkmann aus den Untersuchungen des Instituts für Arbeitsmarkt- und Berufsforschung, dass Menschen mit Behinderungen im Berufsleben regelmäßig mit Unverständnis und Vorurteilen seitens der übrigen Beschäftigten zu kämpfen hatten. Dabei kam es nicht darauf an, wie hoch ihre Qualifikationen oder Leistungen waren.[154]

Quellen aus der unternehmerischen Praxis legen zudem nahe, dass Arbeitgeber, Betriebsräte und Schwerbeschädigtenbeauftragte viel Energie darauf verwandten, positiven Einfluss auf die Belegschaften zu nehmen, um die Akzeptanz von Schwerbeschädigten am Arbeitsplatz zu fördern. Betonte diese innerbetriebliche Aufklärungsarbeit in den 1950er und 1960er Jahren vor allem Leistungsfähigkeit und -willen, lernten die Verantwortlichen später aus dem begrenzten Erfolg dieses Zugangs. Seit den 1970er Jahren versuchten sie eher, generelles Interesse für Menschen mit Behinderungen zu wecken.[155]

Weniger allerdings wegen dieser negativen Praxiserfahrungen als vielmehr aufgrund eines politischen Reformanspruchs verlor die Sphäre des Erwerbslebens im Lauf der 1970er Jahre schrittweise den Charakter des ausschließlichen Rehabilitationszieles. Die sozialliberale Koalition verschrieb sich der Förderung der Teilhabe am Leben in der Gemeinschaft im Ganzen. Wenngleich die berufliche Rehabilitation weiterhin den wichtigsten Teil der Behindertenpolitik bildete, gewann doch die dritte Komponente des Rehabilitationsdreischritts, die soziale Rehabilitation, an Bedeutung. Nun wurde mit Inhalt gefüllt, was bisher konturenlos geblieben war. Wer beruflich rehabilitiert worden war, hatte gemeinhin als sozial rehabilitiert gegolten, wenn-

154 | Vgl. G. W. Jansen: Einstellung (1974), S. 96, 99; Christian Brinkmann: »Die Benachteiligung der Behinderten im Berufsleben (Forschungsbericht)«, in: Jochheim, Kurt-Alphons/Moleski-Müller, Marlis/Siebrecht, Valentin (Hg.). Wege zur Chancengleichheit der Behinderten. Bericht über den 25. Kongress der DeVg e.V. in Bad Wiessee, 10.-12.10.1973, Heidelberg 1974, S. 153-156.

155 | Siemens AG, MAN AG und BMA AG warben zum Beispiel in ihren Werkszeitungen und Mitarbeiterzeitschriften für ein gutes Miteinander. Vgl. z.B. Hans Günther Ihme: »Der Schwerbeschädigte im Betrieb – wirklich ein aktuelles Problem?«, in: Wir bei BMW 1 (1957), H. 6/7, S. 15; »Datenverarbeitung als Rehabilitationshelfer«, in: Data Report. Informationen über Datentechnik 10 (1975) [o.Pag.]; »Das neue Schwerbehindertengesetz«, in: Werkszeitung der MAN (1975), H. 11 [o.Pag.], Historisches Archiv MAN AG Augsburg; Behinderte helfen Behinderten, in: Werkszeitung der MAN (1975), H. 11 [o.Pag.], ebd.; Schwerbeschädigtenarbeit bei Siemens, Vortrag mit Filmsequenzen und Dias, Manuskript [1953], Siemens-Archiv 12752; »Schwerbeschädigte arbeiten bei der MAN«, in: Werkszeitung der MAN AG (1953), Februarausgabe [o.Pag.], Historisches Archiv MAN AG Augsburg; Wege zur Integration Schwerbehinderter ins Arbeitsleben bei MAN.: Werkszeitung der MAN (1980), H. 2 [o.Pag.], ebd.

gleich Konzept und Wirklichkeit weit auseinander klafften. Folglich waren Maßnahmen als soziale Rehabilitation deklariert worden, die im Grunde nur berufliche Rehabilitationsmaßnahmen begleiteten. Dabei handelte es sich vor allem um Unterhaltsleistungen während der Umschulungen und Ausbildungen.[156]

Seit 1970 vertraten Bundes- und Länderministerien und Expertenkreise eine breitere Vorstellung von sozialer Rehabilitation.[157] 1973 definierte beispielsweise das bayerische Sozialministerium: »Die gesellschaftliche Integration ist der ständige Prozess zwischen dem Behinderten und seiner Umwelt im gegenseitigen Verständnis miteinander zu leben. Sie ist das eigentliche Ziel aller Rehabilitationsbemühungen und nur sie allein wird medizinische, pädagogische und berufliche Rehabilitationserfolge dauerhaft sichern.«[158] Nicht nur in Bayern dachten Behindertenpolitiker und -politikerinnen und Fachkräfte dabei an den Abbau baulich-technischer Hindernisse, die Gestaltung des Zusammenlebens von Menschen mit und ohne Behinderungen sowie an Freizeit, Konsum und Kultur. Der DeVg-Kongress »Freizeitaspekte bei der gesellschaftlichen Integration Behinderter« belegt beispielhaft, wie das Rehabilitationsparadigma ausgedehnt und immer mehr Lebensbereiche als rehabilitationsrelevant betrachtet wurden.[159]

Auf dem Weg der Sozialleistungsgesetzgebung war dies allerdings nicht zu realisieren, denn hier handelte es sich um Bereiche, die der Staat kaum lenkte. Jedoch verfügten Bund und Länder über Einflussmöglichkeiten, namentlich indem sie barrierefreie Wohnungsgrundrisse zur Förderungsgrundlage des sozialen Wohnungsbaus machten oder Organisationen finanziell und ideell unterstützten, die Freizeitangebote für Menschen mit und ohne Behinderungen bereithielten. Freizeit, Erholung und Urlaub erhob beispielsweise das Bundesministerium für Jugend, Familie und Gesundheit

156 | [o.V.] Welzel: Was verstehen wir (1958), S. 328; Th. Scharmann: Eingliederung (1957), S. 628.

157 | Vgl. z.B. BAR, 5. Mitgliederversammlung der BAR am 4.12.1973, Referat v. Heinz Westphal: Aktuelle Fragen der Rehabilitation Behinderter, BArch B 189 9461; Stiftung Rehabilitation (Hg.): Rehabilitation, S. 5.

158 | Bayerische Sozialpolitik 1974. Hg. v. bayer. Staatsministerium für Arbeit und Sozialordnung, München 1974, S. 170.

159 | Vgl. Freizeitaspekte bei der gesellschaftlichen Integration Behinderter. Bericht über den 26. Kongress der DeVg e.V. in Wildbad, 22.-24.10.1975. Hg. v. Weiß, Walter/Jochheim, Kurt-Alphons/Moleski-Müller, Marlis, Heidelberg 1976; »Hilfen für behinderte Kinder und Jugendliche. Studientagung des DV«, in: NDV 48 (1968), H. 7, S. 193-194; »Fachausschuss VIII – Hilfen für Behinderte«, in: NDV 48 (1968), H. 8, S. 228-229; Werdandi Wilcke: »1. Seminar der DeVg am 2.10.1968 in Hannover: Die Wohnung des Körperbehinderten«, in: Die Rehabilitation 8 (1969), H. 1, S. 46-48; D. Zöllner: Art (1969), S. 259-264; Erster bayerischer Landesplan für Behinderte, München 1974, BHStA MArb 3530; LHS München, Sozialreferat, 2. Zwischenbericht des Arbeitskreises für Probleme Behinderter, 1.4.1976, StadtAM Ratssitzungsprotokolle 749/28.

zu einem seiner Schwerpunktthemen. Unter anderem gab es einen Reiseführer für Menschen mit Behinderungen heraus.[160] Die Bundesministerin Katharina Focke (SPD) verfolgte dabei ein Konzept, das der Förderung von Freizeitgewohnheiten, die denen der Mehrheitsgesellschaft entsprachen, den Vorzug vor exklusiven Programmen für Menschen mit Behinderungen gab. Zudem setzte sie bereits darauf, dass Menschen mit Behinderungen ihre Freizeit möglichst individuell, eigenverantwortlich und spontan planen können sollten.[161] Sie signalisierte, dass sie verstanden hatte, dass sich Menschen mit Behinderungen mehr Regelmäßigkeit und Auswahl wünschten, als ihnen die für die 1950er und 1960er Jahre typischen, für sie von VdK, Reichsbund oder den Verbänden der freien Wohlfahrtspflege in größeren zeitlichen Abständen organisierten Ausflugs- oder Ferienfahrten, Theaterabende, Konzertbesuche oder Besichtigungen boten. An diesen hatte ohnehin nur eine begrenzte Anzahl von Menschen teilnehmen können. Zudem hatten sie viele Aktivitäten eher als fremd- denn als selbstbestimmt empfunden.[162]

Noch 1973 plädierte ein Redner der DeVg aber für genau diese Art von Veranstaltung: Menschen mit Behinderungen hätten noch nicht gelernt, sich am gesellschaftlichen Leben zu beteiligen. Deshalb müssten Dritte Kontakte und Angebote für sie organisieren. Dabei müsse in Kauf genommen werden, dass dies als bevormundend wahrgenommen werde.[163] Auf lo-

---

160 | Vgl. Presse- und Informationsamt der Bundesregierung (Hg.): Jahresbericht der Bundesregierung 1967, Bonn 1968, S. 440.

161 | Vgl. K. Focke: Freizeit (1976), S. 8-16. Für ein Beispiel der Landesebene vgl. Bayerische Sozialpolitik 1974. Hg. v. bayer. Staatsministerium für Arbeit und Sozialordnung, München 1974, S. 171; Erster bayerischer Landesplan für Behinderte, München 1974, BHStA MArb 3530; Dr. Katharina Focke (1922), SPD, 1969-1980 MdB, 1969-1972 parlamentarische Staatssekretärin im Bundeskanzleramt, 1972-1976 BMJFG.

162 | Vgl. zu den älteren Freizeitprogrammen VdK, Tagebuch 14 Tage Freizeit- und Gestaltungslager in Bad Godesberg, November 1950, 13.11.1950, NRWHStA NW 41 504; VdK Hauptgeschäftsstelle, Schreiben an BMI, 1952, BArch B 153 108; Tagung des Fachausschusses Jugendgesundheit der Arbeitsgemeinschaft Jugendpflege und Jugendfürsorge am 21./22.2.1952 in Bad Orb, Referat v. Gerd Brinkmann: Hilfe für versehrte Jugendliche, ebd.; Gabriele Haas: »Hier finden Behinderte eine gute Stütze«, in: SZ v. 17.8.1970; Landesjugendpfleger im Sozialministerium NRW, Vermerk, 2.11.1950, NRWHStA NW 41 685. Zur Neubewertung dieser Aktivitäten und zu Alternativen der 1970er Jahre vgl. Walter J. Zielniok: »Jugendarbeit mit Behinderten – ein Beitrag zur sozialen Rehabilitation«, in: Die Rehabilitation 14 (1975), H. 1, S. 35-41, hier S. 36-37; E. Buck/M. Klemm: Möglichkeiten, 2. Teil (1973), S. 34-42; Werner Arens: »Vacation and Leisure-Time Planning for Paraplegics«, in: Dicke, Werner/Jochheim, Kurt-Alphons/Müller, Marlis/Thom, Harald (Hg. im Auftrag der ISRD): Industrial Society and Rehabilitation – Problems and Solutions. ISRD-Proceedings of the Tenth World Congress Wiesbaden 11.-17.9.1966, Heidelberg 1967, S. 211-212, hier S. 211.

163 | Vgl. Michael Klemm: »Der Behinderte in der Freizeit«, in: Jochheim,

kaler Ebene entstanden jedoch bereits zahlreiche und vielfältige Initiativen, die mehr Freiraum für eigene Ideen schaffen und Freizeitaktivitäten fest in den Lebensrhythmus integrieren wollten.[164] Besonders die Clubs Behinderter und ihrer Freunde e.V. engagierten sich für ein selbst bestimmtes und kontinuierliches Freizeitangebot.[165] Handreichungen für die individuelle Freizeitgestaltung wie der von der Bundesarbeitsgemeinschaft für Rehabilitation 1973 herausgegebene »Ferienführer für Behinderte durch Gasthöfe, Pensionen und Hotels« gehörten deshalb zu ihren Kernforderungen. Erwünscht war alles, was half, damit Menschen ihre jeweiligen Konsum- und Freizeitwünsche möglichst selbstständig und spontan verwirklichen konnten.[166] Dazu zählte auch der Abbau von baulichen und technischen Hindernissen, dem Kapitel 4.2 gewidmet ist.

Ministerien, Professionen und Wissenschaft erfanden also die soziale Rehabilitation um 1970 neu. Dies lässt sich einerseits als hilfreiche Erweiterung der Behindertenpolitik über das Erwerbsleben hinaus interpretieren. Auch zeichnete sich hier eine wachsende Sensibilität für die Teilhabe von Menschen mit Behinderung an allen Lebensbezügen ab. Andererseits lässt sich dieser Prozess auch als Übertherapeutisierung angesichts unbegrenzter Machbarkeitsfantasien auffassen. Udo Sierck sprach in diesem Zusammenhang von einer »unreflektierte[n] Therapeutisierung aller Handlungen, die selbst vor der Freizeit nicht halt macht«.[167] Für diese Sicht spricht, dass Bürokratie, Wissenschaft und Professionen ihren ohnehin schon großen Einfluss auf das Leben von Menschen mit Behinderungen um weitere Lebensbereiche erweiterten, indem sie Freizeit, Genuss und Erholung zu Rehabilitationsfeldern erhoben. Infolgedessen wuchs der soziale Druck, die neu geschaffenen Freizeit-, Mobilitäts- und Konsumoptionen auch zu nutzen. Wo Menschen sich zuvor nur auf dem Arbeitsmarkt beweisen sollten, wurde nun von ihnen erwartet, dass sie dies auch in Freizeit und Sport, gesellschaftlichem und kulturellem Leben taten. Erweiterte Handlungsoptionen brachten neue Anpassungserwartungen hervor.

Kurt-Alphons/Moleski-Müller, Marlis/Siebrecht, Valentin (Hg.): Wege zur Chancengleichheit der Behinderten. Bericht über den 25. Kongress der DeVg e.V. in Bad Wiessee, 10.-12.10.1973, Heidelberg 1974, S. 164-178, hier S. 166.

164 | Vgl. Kurt Juster: »The Cultural and Social Care of Handicapped Young People (The Hamburg Model)«, in: Dicke, Werner/Jochheim, Kurt-Alphons/Müller, Marlis/Thom, Harald (Hg. im Auftrag der ISRD): Industrial Society and Rehabilitation – Problems and Solutions. ISRD-Proceedings of the Tenth World Congress Wiesbaden 11.-17.9.1966, Heidelberg 1967, S. 208-211, hier S. 208-209; W. Arens: Vacation (1967), S. 211.

165 | Vgl. BAG cbf e.V., Tagungskalender 1972, Erläuterungen zum Tagungs- und Freizeitprogramm 1972, 1.3.1972, BArch B 189 9447; N. Breeger: Selbstorganisationsversuche (1979), S. 246; I. Österwitz: Bürgerinitiativen (1976), S. 17-23.

166 | »Ferienführer für Behinderte«, in: Sozialer Fortschritt 22 (1973), H. 4, S. 78-79.

167 | U. Sierck: Arbeit (1992), S. 120.

Doch gerade darin ist längerfristig der eigentliche Normalisierungsvorgang zu erkennen. Er ging mit einem gesamtgesellschaftlichen Leitbildwandel einher, in dessen Folge Leistung und Pflichterfüllung als Werte relativiert bzw. mit neuen Werten wie Genuss, Konsum oder Expressivität verschmolzen wurden. Zum Normalitätsideal wurden Bürgerinnen und Bürger, die nicht mehr nur erfolgreich im Erwerbsleben standen, sondern auch ein aktives, erfülltes und ebenso erfolgreiches soziales, kulturelles, sportliches und konsumorientiertes Leben führten. Diese neuen Anpassungs- und Performanzerwartungen richteten und richten sich bis heute an Menschen mit und ohne Behinderungen.

4. Normalisierung durch Technik: Prothetik und Barriereabbau

Solange Behindertenpolitik auf einem Modell von Behinderung als medizinisch begründetes funktionales Defizit basierte, entwickelten ihre Akteure primär Konzepte, die darauf abzielten, Menschen so zu verändern, bis sie wieder oder erstmals den funktionalen Erwartungen von Expertenschaft und Politik genügten. Der in der Behinderung vermutete Fehler ohne Eigenwert sollte behoben werden. Die Rehabilitation zielte bis in die 1970er Jahre vorrangig darauf ab, Menschen den gesellschaftlichen Punktnormen von körperlicher Leistungsfähigkeit und Produktivität anzupassen. An einer ästhetischen Angleichung hingegen waren Ministerien, Sozialbürokratien und Expertenkreise vergleichsweise wenig interessiert. Am Beispiel der Prothesentechnik wird dieser normativ geprägte Normalisierungsvorgang im Folgenden untersucht.

Um 1970 setzten erste politische Bemühungen um den Abbau baulich-technischer Alltagsbarrieren ein, die Menschen in ihren Lebensvollzügen behinderten. Diese neuen Politiken des Barriereabbaus sind auf Anzeichen eines sich wandelnden Normalisierungsverständnisses zu prüfen. In dem Maße, so die These, wie um 1970 ein Moment gesellschaftlicher Bedingtheit in das Erklärungsmodell von Behinderung einging, gerieten bauliche und technische Hindernisse der Umwelt in den Blick. Normalisierungsstrategien setzten nun nicht mehr allein am Individuum, sondern auch an den Bedingungen der Gesellschaft an. Nicht nur ein individuelles Defizit war zu bearbeiten, sondern auch Gesellschaft und baulich-technische Umgebung sollten so verändert werden, dass Menschen mit Behinderungen zu einer gleichberechtigten Teilhabe gelangten. Zumindest aber sollte der der Normalisierungspolitik weiterhin inhärente individuelle Anpassungs- und Rehabilitationsvorgang dadurch vereinfacht werden, dass baulich-technische Barrieren fielen.

Bei der Extremitätenprothetik und dem Barriereabbau handelte es sich um zwei Spielarten der technischen Konstruktion und Beantwortung von Behinderungen. Während Prothesentechnik mit Normalisierungserwartungen am Körper des Individuums ansetzte, ging es bei der Gestaltung der gebauten

Umwelt um die Normalisierung von Umweltbedingungen mit technischen Mitteln. Beide Zugänge verband auch, dass nicht der als defizitär kategorisierte Körper als solcher die Lebenswelten der Nutzerinnen und Nutzer von Prothetik oder barrierereduzierter Technik bestimmte, sondern die in der jeweiligen Technik materialisierten kulturellen Programmatiken der Zurichtung von Körperlichkeit. Technik wird in sozialen und kulturellen Prozessen initiiert, geformt und genutzt und beeinflusst umgekehrt die Konstitution von soziokulturellen Kategorien. So wirkten beide hier vorzustellenden technologischen Zugänge an der Konstitution von Behinderungen mit.[1]

4.1 Prothetik

Prothesen stehen für eine Fusion von Technologie, Kultur und Organismus.[2] Möglich war der Einsatz von Technik als Normalisierungsstrategie, seit sich im Lauf des 19. Jahrhunderts in Wissenschaft und Gesellschaft die Vorstellung durchsetzte, dass körperliche Andersheit ein inakzeptabler biologischer Fehler sei, der mit allen Mitteln behoben werden sollte. Körper mit Behinderungen galten nun als interventionsbedürftig. Die noch junge Orthopädie machte es sich zu ihrer Aufgabe, abweichende Körper mit technischen Mitteln umzugestalten, und begründete darauf ihr Disziplinenverständnis. Was als unvollständig galt, sollte vervollständigt, Auffälliges begradigt und Funktionsstörungen behoben werden.[3]

Gesellschaftlich war diese Form der Technisierung des Körpers legitimiert, seit die Aufklärung jene frühere religiöse Befangenheit, in den von Gott so und nicht anders gewollten Körper einzugreifen, durch den Imperativ abgelöst hatte, bei Krankheiten und Behinderungen nach Möglichkeit nicht nur pflegend, sondern heilend oder optimierend zu intervenieren. Die bürgerliche Gesellschaft des 19. Jahrhunderts wies der Medizin eine gesellschaftliche Funktion zu: Sie sollte helfen, soziale Probleme, zu denen auch Behinderung gezählt wurde, zu lösen.[4]

---

1 | Vgl. zu diesem Ansatz Deborah Lupton/Wendy Seymour: »Technology, Selfhood and Physical Disability«, in: Social Science & Medicine 50 (2000), H. 12, S. 1851-1862.

2 | Vgl. z.B. Mary Guyatt: »Better Legs. Artificial Limbs for British Veterans of the First World War«, in: Journal of Design History 14 (2001), H. 4, S. 307-325, hier S. 307; Diane M. Nelson M.: »Phantom Limbs and Invisible Hands: Bodies, Prosthetics, and Late Capitalist Identifications«, in: Cultural Anthropology 16 (2001), H. 3, S. 303-313, hier S. 305.

3 | 1744 prägte der französische Arzt und Geistliche Nicolas Andry den Begriff der Orthopädie durch ein Lehrbuch mit dem Titel *Orthopädie oder die Kunst, bei Kindern, die Ungestaltetheit des Leibes zu verhüten und zu verbessern*. Die Orthopädie verstand sich dezidiert als Kunst des »Geraderichtens« von Kindern. Jean André Venel begründete im 18. Jahrhundert die Orthopädie als Disziplin.

4 | Vgl. Ortrun Riha: Die Technisierung von Körper und Körperfunktionen in

Zudem hatten sich Maschinenanalogien für Abläufe im menschlichen Körper etabliert. Die Idee einer Körpermaschine, die nach fixen, experimentell nachweisbaren Mechanismen arbeitet und von chemischen und physikalisch-mechanischen Vorgängen gesteuert wird, ging bis auf die mechanistisch-rationalistische Naturauffassung von René Descartes im 17. Jahrhundert zurück. Gleichwohl fand das Konzept mangels praktischen Nutzens nur langsam Anhänger. Erst unter den französischen Materialisten der ersten Hälfte des 18. Jahrhunderts, voran Julien Offray de la Mettrie, erlangte die Vorstellung vom Menschen als Reiz-Reaktions-Maschine größere Bedeutung. Bald wurden körperliche Vorgänge auch mit den Mechanismen der Thermodynamik als Leittechnik der Industrialisierung erklärt.[5]

In einem parallel verlaufenden Prozess entwickelten sich streng lokalistische Traditionen in der Medizin. Ärzte gliederten den menschlichen Körper in Einzelfunktionen, die mithilfe neuer Diagnose- und Visualisierungsverfahren einzeln vermessen, kategorisiert und von den nun entstehenden Spezialdisziplinen bearbeitet werden konnten. Im Maschinenbau wiederum avancierte bis zum Ende des 19. Jahrhunderts der Austauschbau genormter, gleichförmiger Bauteile zum charakteristischen Merkmal der Maschinenfabrikation. Diese Parallelentwicklung hatte zur Folge, dass menschliche Körper als Maschinen beschrieben wurden, deren Teile ausgetauscht oder ersetzt werden konnten, wenn sie ihre Funktion verloren.[6] Zuständig erklärten sich dafür die neue Disziplin Orthopädie sowie die Orthopädietechnik,

---

der Medizin des 19. und 20. Jahrhunderts, in: Dresdner Beiträge zur Geschichte der Technikwissenschaften (2004) H. 29, S. 21-42, hier S. 21, 25; Ph. Sarasin/J. Tanner: Physiologie (1998), 33-34; K.-D. Thomann: Entstehung (1985), S. 15.

5 | Vgl. Maria Osietzki: »Körpermaschinen und Dampfmaschinen. Vom Wandel der Physiologie und des Körpers unter dem Einfluss von Industrialisierung und Thermodynamik«, in: Philipp Sarasin/Jakob Tanner (Hg.): Physiologie und industrielle Gesellschaft. Studien zur Verwissenschaftlichung des Körpers im 19. und 20. Jahrhundert, Frankfurt a.M. 1998, S. 313-346, hier S. 313-314, hier S. 334; B. Orland: Körper (2005), S. 14-15; O. Riha: Technisierung (2004), S. 22-23; Christopher E. Forth/Ivan Crozier: »Introduction: Parts, Wholes, and People«, in: Forth, Christopher E./Crozier, Ivan (Hg.): Body Parts. Critical Explorations in Corporeality, Lanham/Boulder/New York/Toronto/Oxford 2005, S. 1-14, hier S. 3; Philipp Sarasin: Reizbare Maschinen. Eine Geschichte des Körpers 1765-1914, Frankfurt a.M. 2001, S. 57; Tim Armstrong: Modernism, Technology, and the Body. A Cultural Study, Cambridge 1998, S. 2, 78; Anson Rabinbach: »Ermüdung, Energie und der menschliche Motor«, in: Sarasin, Philipp/Tanner, Jakob (Hg.): Physiologie und industrielle Gesellschaft. Studien zur Verwissenschaftlichung des Körpers im 19. und 20. Jahrhundert, Frankfurt a.M. 1998, S. 286-312, hier S. 292-295.

6 | Vgl. zur Medizin B. Orland: Körper (2005), S. 24-25, 28; V. Hess: Messen (1999), S. 266-280; O. Riha: Technisierung (2004), S. 24; Ph. Sarasin/J. Tanner: Physiologie (1998), 35-36; U. Zürcher: Monster (2004), S. 80-88. Zum Maschinenbau vgl. Peter Berz/Matthew Price: »Ersatzglieder«, in: Lutz, Petra/Macho, Thomas/Staupe, Gisela/Zirden, Heike (Hg. für die Aktion Mensch und die Stiftung Deutsches

die aus dem chirurgischen Instrumentenbau und Bandagistenhandwerk hervorgegangen war.

Zur gesellschaftlichen Akzeptanz technischer Eingriffe in den Körper trug seit der zweiten Hälfte des 19. Jahrhunderts bei, dass sie durch Innovationen wie etwa Narkotika oder die Entdeckung der antiseptischen Eigenschaften der Karbolsäure zunehmend erfolgreicher wurden. Röntgentechnik machte Körper durchschaubar. Zu den bisherigen langwierigen Verfahren der konservativen, unblutigen Orthopädie traten neue operative Verfahren. Nun konnten auch häufiger Erwachsene behandelt werden, bei denen die konservativen Methoden geringe Erfolge gezeigt hatten. Technische Umformungen und Eingriffe in den Körper erschienen deshalb immer aussichtsreicher. Eine Welle des orthopädischen Apparatebaus setzte um 1880 ein – dafür stehen zum Beispiel die Apparate und Korsette des Orgelbauers Friedrich von Hessing in Augsburg. In den Jahrzehnten vor dem Ersten Weltkrieg wurde außerdem die Medicomechanik, die Vorgängerin der Physiotherapie und Krankengymnastik, methodisch ausdifferenziert und als Therapieform verfestigt.[7] Operative und konservative Orthopädie und Orthopädietechnik bildeten drei verknüpfte Komponenten desselben therapeutischen Zugangs zum Körper.

Breitenwirkung entfaltete dieser, seit die gesetzliche Sozialversicherung – zunächst die Unfallversicherung – auch Menschen mit geringerem Einkommen orthopädische Behandlungen zugänglich machte. Am Ende des 19. Jahrhunderts erweiterten außerdem die konfessionellen Anstalten der sogenannten Krüppelfürsorge ihren Aufgabenbereich über Dauerpflege, religiöse Unterweisung und Schulbildung hinaus um die medizinisch-therapeutische Intervention. Zwar gelang es den Orthopäden trotz entsprechender, aus professionspolitischen Erwägungen unternommener Versuche nicht, die Leitung dieser Anstalten an sich zu ziehen, jedoch beanspruchten sie erfolgreich eine Führungsrolle in Diskurs und Praxis der Krüppelfürsorge.[8]

Sie präsentierten die neuen technischen Möglichkeiten ihres Fachs als Schlüssel zur Lösung des »Krüppelproblems«, das sich vor allem im Kontext städtischer einkommensschwacher Schichten in den Jahren vor dem Ersten Weltkrieg immer dringender stellte. Zum Protagonisten dieses Diskurses stieg rasch der Orthopäde Konrad Biesalski auf. Er sorgte mithilfe intensiver Öffentlichkeitsarbeit dafür, dass Orthopädie und Orthopädietechnik mit der Krüppelfürsorge schlechthin identifiziert wurden. Biesalski und seine Kollegen zementierten die Vorstellung, dass orthopädische Intervention und technische Überformung als Voraussetzung von Bildung und Berufsausbil-

Hygiene-Museum): Der [im-]perfekte Mensch. Metamorphosen von Normalität und Abweichung, Köln 2003, S. 142-161, hier S. 144.

7 | Vgl. T. Armstrong: Modernism (1998), S. 2; K.-D. Thomann: Entstehung (1985), S. 23, 28, 31-33; Rauschmann/Thomann/Zichner, Orthopädie, S. 63-65; R. Mentner: Almosenempfänger (2004), S. 46.

8 | Vgl. K.-D. Thomann: Kind (1995), S. 116-119, 149-151.

dung zu Erwerbsfähigkeit, wirtschaftlicher Selbstständigkeit und damit zu sozialer Eingliederung verhalfen.[9] Der Erste Weltkrieg schließlich machte die Prothetik zur Massentechnologie und bewirkte einen ungeheuren Innovationsschub. Staat und Gesellschaft standen vor einem enormen Organisations-, Finanzierungs- und Legitimationsproblem, das sie zu lösen glaubten, indem sie versuchten, Kriegsbeschädigte mittels medizinischer und berufsfördernder Maßnahmen wieder in den Arbeitsmarkt einzugliedern. Erster Schritt dieser Maßnahmen – der Begriff der Rehabilitation war noch ungebräuchlich –, war die medizinische Behandlung und die Ausstattung mit Prothesen, Orthesen und technischen Hilfsmitteln.[10] Unter dem Schlagwort der »Entkrüppelung« ging es darum, Körper funktional zu normalisieren.

Biesalski und andere maßgebliche Orthopäden erkannten in der Kriegsbeschädigtenfürsorge einen Vektor, mit dem sich die Interessen der Krüppelfürsorge in finanzieller und ideeller Hinsicht über den Krieg retten ließen. Sie stürzten sich deshalb geradezu auf die technisch-orthopädische Behandlung von Kriegsbeschädigten. Deren Arbeitsfähigkeit sollte durch Prothesentechnik wieder hergestellt werden, damit die Menschen wieder »im höchsten Maße für die Allgemeinheit, für das ganze Volk, für den Staat« von Nutzen sein konnten.[11] Der Mensch, seine Prothesen und die Werkzeug-

---

9 | Vgl. Konrad Biesalski: »Grundsätzliches über die Anwendung von Kunstgliedern«, in: Zeitschrift für Krüppelfürsorge 9 (1916), H. 3, S. 128; Ders.: Kriegskrüppelfürsorge (1915), S. 34; K.-D. Thomann: Entstehung (1995), S. 44; Heather R. Perry: »Brave Old World: Recycling der Kriegskrüppel während des Ersten Weltkrieges«, in: Orland, Barbara (Hg.): Artifizielle Körper – lebendige Technik. Technische Modellierungen des Körpers in historischer Perspektive, Zürich 2005, S. 147-158, hier S. 149.

10 | Vgl. z.B. Ph. Scholl: Aufgaben (1916), S. 1; Adolf Alsberg: »Soziale Gesichtspunkte bei der Behandlung Kriegsverwundeter«, in: Zeitschrift für Krüppelfürsorge 11 (1918), H. 4, S. 81-78, hier S. 82; ebenso [o.V.] Baeyer: »Die orthopädische Nachbehandlung von Kriegsverletzten«, in: Zeitschrift für Krüppelfürsorge 8 (1915), H. 1, S. 59-62; [o.V.] Ritschl: »12 Gebote zur Verhütung des Krüppeltums bei unseren Kriegsverwundeten«, in: Zeitschrift für Krüppelfürsorge 8 (1915), H. 1, S. 105-106; W. Rudloff: Wohlfahrtsstadt (1998), S. 293; Ch. R. Jackson: Action (1993), S. 417; Heather R. Perry: »Re-Arming the Disabled Veteran. Artificially Rebuilding State and Society in World War One Germany«, in: Katherine Ott/David Serlin/Stephen Mihm (Hg.) Artificial Parts, Practical Lives. Modern Histories of Prosthetics, New York/London 2002, S. 75-101, hier S. 79.

11 | Zitat in Hermann Gocht: »Bericht der außerordentlichen Tagung der Deutschen Orthopädischen Gesellschaft«, in: Zeitschrift für orthopädische Chirurgie 23 (1916/1917), S. 209-671, hier S. 215; P. Berz/M. Price: Ersatzglieder (2003), S. 154; Konrad Biesalski: »Wie helfen wir unsern Kriegskrüppeln?«, in: Zeitschrift für Krüppelfürsorge 7 (1914), H. 4, S. 277-288; »Aus der deutschen Vereinigung«, in: Zeitschrift für Krüppelfürsorge 7 (1914), H. 4, S. 267-270; H. Würtz: Wille (1916), S. 45-46; K. Biesalski: Kriegskrüppelfürsorge (1915), S. 9-12; K.-D. Thomann: Kind (1995), S. 241, 335.

aufsätze, die er nutzte, schienen zu einer einzigen großen Maschine im Produktionsprozess aufzusteigen.

Mit dem aus der Tradition der gesetzlichen Unfallversicherung übernommenen Leitsatz, dass jeder nach Möglichkeit in seinen bisherigen Beruf zurückkehren sollte, ging im Prothesen- und Ansatzbau ein Prozess der Diversifizierung und Spezialisierung einher. Für eine Vielzahl von gewerblichen und landwirtschaftlichen Tätigkeiten wurden Hunderte unterschiedlicher Ansatzstücke, Werkzeugansätze und Hilfsmittel entwickelt und zum Teil serienmäßig produziert.[12] Angesichts des großen Bedarfs und des Kostenvolumens öffnete sich die Orthopädietechnik noch stärker als zuvor dem Austauschbau. Prothesen bestanden folglich bereits in den 1920er Jahren zu einem großen Teil aus standardisierten, industriell massenproduzierten Konstruktionselementen. Standardansätze machten sie vielfach untereinander kompatibel. So ließ sich beispielsweise der sogenannte Siemens-Schuckert-Arm mit diversen Ansatzstücken und Werkzeugen unterschiedlicher Hersteller bestücken.[13]

Orthopäden, Orthopädiemechaniker, Bandagisten, Betriebs- und Arbeitswissenschaftler und Psychotechniker arbeiteten daran, den Prothesenbau zu rationalisieren und die Produktivität der Nutzer zu steigern. Ingenieure trieben die Normierung des Körpers und seiner Funktionen voran, um den Ersatz menschlicher Körperfunktionen zu beschleunigen. Auch das private Erfinder- und Bastlertum boomte.[14] Infolge dieses Booms flos-

---

12 | Vgl. Karl Hartmann: »Ansatzstücke für gewerbliche Arbeiter«, in: Ständige Ausstellung für Arbeiterwohlfahrt und Prüfstelle für Ersatzglieder in Berlin-Charlottenburg (Hg.): Ersatzglieder und Arbeitshilfen für Kriegsbeschädigte und Unfallverletzte, Berlin 1919, S. 897-937; L. v. Karlovitz: »Arbeitsansätze für die landwirtschaftlichen Arbeiten«, in: Ständige Ausstellung für Arbeiterwohlfahrt und Prüfstelle für Ersatzglieder in Berlin-Charlottenburg (Hg.): »Ersatzglieder und Arbeitshilfen für Kriegsbeschädigte und Unfallverletzte«, Berlin 1919, S. 938-956; Konrad Hartmann: »Vorkehrungen an Maschinen, Werkzeugen und Arbeitsgeräten, um Kriegsbeschädigten und Unfallverletzten die Handhabung und Bedienung ohne Benutzung von Ersatzgliedern zu ermöglichen«, in: Ständige Ausstellung für Arbeiterwohlfahrt und Prüfstelle für Ersatzglieder in Berlin-Charlottenburg (Hg.): Ersatzglieder und Arbeitshilfen für Kriegsbeschädigte und Unfallverletzte, Berlin 1919, S. 957-994; H. R. Perry: Re-Arming (2002), S. 85.

13 | Vgl. H. R. Perry: Re-Arming (2002), S. 87; P. Berz/M. Price: Ersatzglieder (2003), S. 153; Robert Weldon Whalen: Bitter Wounds. German Victims of the Great War. 1914-1939, Ithaca/London 1984, S. 61. Die Suche nach Standardisierungslösungen war nicht auf Deutschland beschränkt, vgl. zur Entwicklung in Großbritannien M. Guyatt: Legs (2001), S. 307-325.

14 | Vgl. Georg Schlesinger: »Das wirtschaftliche Ergebnis beruflich tätiger Schwerbeschädigter«, in: Ständige Ausstellung für Arbeiterwohlfahrt und Prüfstelle für Ersatzglieder in Berlin-Charlottenburg (Hg.): Ersatzglieder und Arbeitshilfen für Kriegsbeschädigte und Unfallverletzte, Berlin 1919, S. 1038-1095; Ders.: »Der mechanische Aufbau der künstlichen Glieder«, in: Ständige Ausstellung für Arbeiterwohl-

sen die Publikationsorgane der Orthopädie und Orthopädietechnik über vor Beiträgen, die sich mit der Konstruktion und Nutzung von Prothesen und Hilfsmitteln befassten.

Um die Mitte der 1920er Jahre machte sich außerhalb der Expertenkreise eine noch optimistischere Version der Normalisierungsstrategie bemerkbar. Sozialen Utopien zuneigende Kulturschaffende der Weimarer Republik hielten es nicht nur für möglich, kriegsbeschädigte Körper mithilfe der Prothetik zu vervollständigen und funktional zu normalisieren, sondern sie auch zu optimieren. Es schien möglich, Menschen Fähigkeiten zu verleihen, die über die Möglichkeiten des menschlichen Körpers hinausgingen. Körperliche Funktionen sollten nicht nur ersetzt, sondern besser, variabler und leistungsfähiger gestaltet werden. Bestätigt sahen sich diese Protheseneuphoriker beispielsweise darin, dass einige gebräuchliche Unterarmprothesen mit Ansatzstücken Bewegungen erlaubten, die menschliche Arme und Hände nicht ausführen können, und Kräfteeinwirkungen standhielten, die menschliche Gliedmaßen schädigen würden. Zudem wurden Kriegsbeschädigte, die in der industriellen Produktion arbeiteten, teilweise direkt mit den Maschinen, die sie bedienten, verbunden. Ihre Körper waren über die Prothesen nicht nur mit einem einzelnen Werkzeug, etwa einer Feile, verknüpft, sondern direkt mit mechanisch oder elektrisch angetriebenen, komplexen Maschinen.[15] Auch einzelne Orthopäden und Ingenieure vermittelten der Öffentlichkeit, dass Prothesen die Fähigkeiten des Subjekts erweitern konnten. Sie präsen-

fahrt und Prüfstelle für Ersatzglieder in Berlin-Charlottenburg (Hg.): Ersatzglieder und Arbeitshilfen für Kriegsbeschädigte und Unfallverletzte, Berlin 1919, S. 321-661; Eberhard v. Künßberg: »Hilfsmittel des täglichen Lebens«, in: Ständige Ausstellung für Arbeiterwohlfahrt und Prüfstelle für Ersatzglieder in Berlin-Charlottenburg (Hg.): Ersatzglieder und Arbeitshilfen für Kriegsbeschädigte und Unfallverletzte, Berlin 1919, S. 881-896; Johannes Horion: »Über den Gebrauch der Prothesen«, in: Zeitschrift für Krüppelfürsorge 9 (1916), H. 11, S. 536-541; Eva Horn: »Der Krüppel. Maßnahme und Medien zur Wiederherstellung des versehrten Leibes in der Weimarer Republik«, in: Schmidt, Dietmar (Hg.): KörperTopoi. Sagbarkeit – Sichtbarkeit – Wissen, Weimar 2002, S. 109-136, hier S. 117-118; Joan Campbell: Joy in Work, German Work. The National Debate 1800-1945, Princeton 1989, S. 134-136; Mia Fineman: »Ecce Homo Prostheticus«, in: New German Critique 26 (1999), H. 76, S. 85-114, hier S. 92; Oliver Gutfleisch: »Peg Legs and Bionic Limbs: The Development of Lower Extremity Prosthetics«, in: Interdisciplinary Science Reviews 28 (2003), H. 2, S. 139-148, hier S. 141; H. R. Perry: Re-Arming (2002), S. 86, 96-97; Hellmut Habermann: »Zur Geschichte der Technischen Orthopädie«, in: Thomann, Klaus-Dieter (Hg.): Tradition und Fortschritt in der Orthopädie. Historische Ausstellung der Deutschen Gesellschaft für Orthopädie und Traumatologie 1985 in Frankfurt a.M., Stuttgart 1985, S. 92-109, hier S. 100.

15 | Vgl. Gerd Krumeich: »Verstümmelungen und Kunstglieder. Formen körperlicher Verheerungen im 1. Weltkrieg«, in: Zeitschrift für sozialwissenschaftliche Informationen 19 (1990), H. 2, S. 97-102, hier S. 99; H. R. Perry: Re-Arming (2002), S. 89. Beispiele bei G. Schlesinger: Ergebnis, S. 1068-1070.

tierten »Körperersatzstücke« und »Kunstglieder« nicht nur als Korrektur, sondern auch als Chance, Körperlichkeit zu perfektionieren.[16] Insbesondere die populäre Literatur und die Kunst spielten mit der Vorstellung des prothetisch optimierten Maschinenmenschen und rückten Prothesennutzer in die Nähe des utopischen »Neuen Menschen«.[17]

Derlei Utopien und Optimierungsdiskurse fehlten in der Prothetik der Bundesrepublik der 1950er bis 1970er Jahre hingegen weitgehend. Die Erfahrung des Nationalsozialismus und seiner Zerstörungsgewalt mag Überlegungen dieser Art generell diskreditiert haben.[18] Hauptziel der Behindertenpolitik und Rehabilitation der späten 1940er und 1950er Jahre war die Kriegsfolgenbewältigung einschließlich der technischen Wiederherstellung von Körpern, die die kriegerische Gewalt beschädigt hatte. Beim Einsatz von Prothetik ging es mehr denn je darum, körperliche »Schäden« zu reparieren.[19] In Politik und Verwaltung, Medizin und Sozialbürokratie herrschte die Auffassung vor, dass die als erwerbsbehindert klassifizierten Körper der medizinisch-technischen Überformung bedurften, um überhaupt für berufliche Rehabilitationsmaßnahmen in Frage zu kommen.[20]

---

16 | Vgl. Eva Horn: »Prothesen. Der Mensch im Lichte des Maschinenbaus«, in: Keck, Annette/Pethes, Nicolas (Hg.): Mediale Anatomien. Menschenbilder als Medienprojektionen, Bielefeld 2001, S. 193-209, 441-446, hier S. 203. Vgl. für die zweite deutsche Nachkriegszeit A. Hopf/E. Reinhardt: »Erfahrungsbericht über die Versorgung mit der Heidelberger pneumatischen Armprothese 1949-1954«, in: Archiv für orthopädische und Unfallchirurgie 48 (1965), H. 1, S. 103-114.

17 | Vgl. E. Horn: Krüppel (2002), S. 120; M. Fineman: Homo (1999), S. 88; Matt Price: »Lives and Limbs«, in: Stanford Electronic Humanities Review, Bd. 5/ Supplement: Cultural and Technological Incubations of Fascism, www.stanford.edu/ group/SHR/5-supp/text/price.html v. 19.4.2005 [o.Pag.]; Hannu Eerikäinen: »Liebe deine Prothese wie dich selbst«, in: Das Argument 47 (2005), H. 260, S. 212-223, hier S. 213, 216; Michael Hau/Mitchell G. Ash: »Der normale Körper, seelisch erblickt«, in: Schmölders, Claudia/Gilman, Sander L. (Hg.): Gesichter der Weimarer Republik. Eine physiognomische Kulturgeschichte, Köln 2000, S. 12-31, hier S. 12, 15-17. Der von der historischen Forschung hier konstatierte »homo protheticus« ähnelte dem »Cyborg« Donna Haraways. Vgl. Donna J. Haraway: »A Manifesto for Cyborgs. Science, Technology, and Socialist Feminism in the 1980s«, in: Socialist Review 15 (1985), H. 2, S. 65-107, hier 68-71; Dies.: Simians, Cyborgs, and Women. The Reinvention of Nature, New York 1991, S. 181; dazu kritisch B. Orland: Körper (2005), S. 10-11; 16-18, 20; Judy Wajcman: TechnoFeminism, Cambridge/Malden 2005, S. 4.

18 | Vgl. C. Poore: Disability (2007), S. 153.

19 | Vgl. u.a. K. Lindemann: Schwerstbehinderten (1966), S. 46. Sehr ähnlich auch bei Werner Dicke: »Social Consequences for the Disabled Due to Urbanization«, in: Dicke, Werner/Jochheim, Kurt-Alphons/Müller, Marlis/Thom, Harald (Hg. im Auftrag der ISRD): Industrial Society and Rehabilitation – Problems and Solutions. ISRD-Proceedings of the Tenth World Congress Wiesbaden 11.-17.9.1966, Heidelberg 1967, S. 307-309, hier S. 309.

20 | Vgl. F. Blohmke: Orthopädie (1969), S. 299; BMA, Ministerialrat Clemens

Die mechanistischen Körpervorstellungen des 19. Jahrhunderts lebten im technisch-orthopädischen Fachdiskurs noch weiter und gingen neue Verbindungen ein. Körper als Ansammlung verschiedener Funktionen sollten »Kunstglieder«, »Körperersatzstücke«, »Körperersatzteile« und Prothesen annehmen, um standardisierte »Funktionsfähigkeit« wiederherzustellen.[21] Entwickelt wurden wiederum Prothesen, die auf den jeweiligen beruflichen Einsatz hin ausgerichtet waren.[22] Die Konstrukteure konzentrierten sich auf Prothesentechnik für Erwachsene, die bereits erwerbstätig gewesen waren und wieder ins Erwerbsleben integriert werden sollten. Der idealtypische Nutzer der 1950er Jahre war ein kriegs- oder unfallbeschädigter Mann mit Gliedmaßenamputation. Verwoben war diese Nutzerkonstruktion mit der Wiederherstellung ziviler Männlichkeit. Der Familienernährer im Alleinverdienerhaushalt der entstehenden Konsumgesellschaft symbolisierte das neue entmilitarisierte Männlichkeitsmodell der ersten beiden Nachkriegsjahrzehnte. Prothesen sollten kriegsbeschädigten Männern helfen, dieses Ideal zu erfüllen.[23]

Gleichzeitig war die technische Restitution von Erwerbsfähigkeit auch ein Ausdruck des politischen Neuanfangs. So erklärte die Innere Mission in Bayern 1948 in einer Broschüre, die für die Rehabilitation Kriegsbeschädigter warb, zwar werde »das äußere Erscheinungsbild des Schwerversehrten [...] immer Zeugnis der Zerstörung und menschlichen Leides sein«, doch stehe der Schwerbeschädigte inmitten des Ringens seines Volkes »um Neu-

---

Dierkes, Schreiben an Landesozialgericht Bremen, Harry Rohwer-Kahlmann, mit Manuskript: Rehabilitation in medizinischer Sicht, 16.4.1956, BArch B 142 553; D. Zöllner: Art (1969), S. 260; Hans Joachim Reichel: »Medizinische Voraussetzungen zur Rehabilitation«, in: BArbl. 20 (1969), H. 5, S. 289-292, hier S. 28.

21 | Vgl. z.B. Bayer. Staatsministerium des Innern, Schreiben an Regierungspräsidenten und Regierungsmedizinalräte, Landräte und Leiter der staatlichen Gesundheitsämter, 15.2.1946, StAAu Gesundheitsamt Nördlingen 104; Landesverband Bayern der gewerblichen Berufsgenossenschaften e.V.: Berufsgenossenschaftliche Berufsfürsorge, München [1950], StAM AÄ 697; VDI, 7. Zwischenbericht über die Tätigkeit auf dem Gebiete der Versehrtentechnik (Versehrten-Tagung in Lippstadt und Erwitte, 26./27.1.1950), 1.2.1950, NRWHStA NW 42 1313; BMA Abt. IIa2, Niederschrift über die 5. Arbeitstagung des Deutschen Ausschusses für die Eingliederung Behinderter in Arbeit, Beruf und Gesellschaft am 23.9. 1966 in Frankfurt a.M.: Beschluss einer Empfehlung für eine Gesetzesinitiative zur Früherfassung Behinderter, 24.11.1966, BArch B 172 1913.

22 | Vgl. z.B. Vgl. A. Hopf/E. Reinhardt: Erfahrungsbericht (1965), S. 104; Ernst Marquardt/O. Häfner: »Technische Bewährung und praktische Anwendung der Heidelberger pneumatischen Prothese«, in: Archiv für orthopädische und Unfallchirurgie 48 (1956), H. 1, S. 115-135, hier S. 131, 133-134.

23 | Zum Männlichkeits- und Ernährermodell vgl. Wolfgang Schmale: Geschichte der Männlichkeit in Europa (1450-2000), Wien/Köln/Weimar 2003, S. 243; F. Biess: Männer (2002), S. 254-356, 358-359; K. Hausen: Frauenerwerbstätigkeit (1997), S. 28.

werdung«.[24] Überdies sollte die Ausstattung mit hochwertigen Prothesen und Hilfsmitteln die soziale Befriedungsfunktion unterstützen, die den behindertenpolitischen Anstrengungen im Allgemeinen nachgesagt wurde.[25] Prothesentechnik geriet dabei auch zum Symbol der Leistungsfähigkeit des Sozialstaats unter demokratischen Vorzeichen. Insbesondere die Printmedien forderten bereits in der Besatzungszeit vom neu entstehenden Staatswesen eine qualitativ befriedigende und universale Prothesenversorgung von Kriegsbeschädigten.[26] Wenig später verwies die Bundespolitik selbst auf Prothesen als sichtbare technische Zeichen der staatlichen Verantwortung und Leistungsbereitschaft, um sich von dem medial verlautenden Vorwurf zu befreien, zu wenig für die Kriegsopfer zu tun.

Diesem Zweck dienten sowohl ministeriell geförderte Schwerbeschädigten- und Orthopädietechnikausstellungen als auch Lehrfilme wie »Menschen wie Du und ich« aus dem Jahr 1959.[27] Die Rezeption solcher Werbemaßnahmen ist aufgrund der Quellenlage nicht einzuschätzen. Mit statistischen Einzelnachweisen lässt sich zeigen, dass Prothetik in den 1950er Jahren zum Alltag der Bundesdeutschen gehörte.[28] 1957 nutzten im Bundesgebiet allein rund 550.000 Menschen mit Kriegsbeschädigungen Prothesen oder größere orthopädische Hilfsmittel. Die weitaus meisten von ihnen trugen eine Beinprothese oder orthopädisches Maßschuhwerk.[29] Am Ende der 1960er Jahre lebten laut der Jansen-Umfrage *Die Einstellung der Gesell-*

24 | Arbeit statt Almosen. Versehrtenfürsorge des evangelischen Hilfswerks, Hauptbüro Bayern, und des Landesvereins für Innere Mission Nürnberg, 1948, BWA K1 IHK München/Oberbayern XXIII 266 Akt 2. Für die Interpretation des mit Prothesentechnik versehenen Mannes als Zeichen nationaler Leistungsfähigkeit lassen sich internationale Parallelen finden. Vgl. Lisa Herschbach: »Prosthetic Reconstructions: Making the Industry, Re-Making the Body, Modelling the Nation«, in: History Workshop Journal 22 (1997), H. 44, S. 23-57, hier S. 24, 46-48; E. Horn: Prothesen (2001), S. 193.

25 | Die Befriedungsfunktion referierte aus der Retrospektive 2. Bundeskongress für Behinderte des VdK am 7.6.1972, Eröffnungsrede v. Herbert Ehrenberg, BArch B 172 1834.

26 | Vgl. z.B. »Gibt es Wunderbeine?«, in: SZ v. 4.10.1946; »Dringende Lösung erforderlich. Warum keine Renten für Kriegsopfer?«, in: SZ v. 1.2.1946; »200.000 tragen Prothesen«, in: SZ v. 15.1.1951; »12.000 Kriegsopfer protestieren in der Winterbahn«, in: Münchner Merkur v. 10.11.1952.

27 | Vgl. BMA, Aufstellung über die auf Kosten des BMA hergestellten sowie in dessen Besitz befindlichen wissenschaftlichen Filme, Februar 1957, BArch B 142 553; BMA Abt. Vb1, Vermerk, 12.3.1959, ebd.

28 | Vgl. R. G. Moeller: Heimkehr (2001), S. 403.

29 | Doppelnennungen sind möglich. BMA Abt. Vb4, Textvorlagen für die Ausstellung der ISWC 1957 an Abt. Vb1, 7.1.1957, BArch B 149 2325. Diese Verteilung setzte sich fort. Vgl. Bayer. Staatsministerium für Arbeit und Sozialordnung, Haushaltsrede 1963, Statistischer Teil: Ergebnisse der Jahresstatistik über die KOV, S. 8-9, StadtAM ZS 11/6.

schaft zu Körperbehinderten rund sechs Prozent der Befragten in Familien, in denen eine Person mit einer Amputation lebte.[30]

Die aus der Zeit nach dem Ersten Weltkrieg bekannte euphorische Aufbruchsstimmung war nach 1945 nicht anzutreffen. Dennoch waren die Innovationsenergien in der Prothetik nicht gering. Seit ab 1950 die Material- und Finanzknappheit zurückging, wurden Erfindungen der vergangenen Jahrzehnte erfolgreich verbreitert und in ihrer Wirksamkeit verbessert, wenngleich der Prothesenbau zunächst keine Basisinnovationen erlebte. Insofern durchlief die Prothetik eine für die Technologieentwicklung der 1950er Jahre typische Phase.[31]

Förderlich war dem in erster Linie die wachsende finanzielle Unterstützung durch den Staat. Das für die Prothetik in der Rehabilitation zuständige Bundesarbeitsministerium vergab vor allem im Rahmen der Kriegsopferversorgung laufend Forschungsaufträge. Institutionell profitierte die Prothetik zudem von der (Wieder-)Errichtung von Expertengremien wie dem Beirat für Orthopädietechnik beim Bundesarbeitsministerium und der Prüfstelle für künstliche Glieder an der Technischen Universität Berlin. Kaum weniger bedeutsam war, dass das Bundesversorgungsgesetz von 1950 die individuelle Finanzierung von Prothesen und Hilfsmitteln zumindest für den Kreis der Kriegsbeschädigten sicherstellte.[32] Zudem ermöglichten Fördergelder der Bundes- und Landesministerien den medizinischen und technischen Experten seit 1950 wieder Studienreisen in die angelsächsischen Länder. Materialien und Verfahrensweisen, die im dortigen Prothesenbau erprobt worden waren, gelangten so nach Deutschland. Darunter waren unter anderem Plexiglas, Polyester, Silikon, rostfreier Stahl, neue Kunststoffe wie Acryl. Später kamen Materialien wie Fiberglas und Karbonfasern hinzu, mit denen Plastikrümpfe verstärkt wurden. Diese erlaubten die Konstruktion leichterer und widerstandsfähigerer Prothesen.[33] Mit US-amerikanischer

30 | Vgl. G. W. Jansen: Einstellung (1974), S. 53, 96. Allerdings ist hier der Anteil derer nicht zu beziffern, die auch eine Prothese nutzten.

31 | Vgl. VDI, 7. Zwischenbericht über die Tätigkeit auf dem Gebiete der Versehrtentechnik (Versehrten-Tagung in Lippstadt und Erwitte, 26./27.1.1950), 1.2.1950, NRWHStA NW 42 1313; Joachim Radkau: »›Wirtschaftswunder‹ ohne technologische Innovation? Technische Modernität in den 50er Jahren«, in: Schildt, Axel/Sywottek, Arnold (Hg.): Modernisierung im Wiederaufbau. Die westdeutsche Gesellschaft der 50er Jahre, akt. Ausgabe Bonn 1998, S. 129-154, hier S. 139.

32 | Vgl. F. Blohmke: Orthopädie (1969), S. 300; K. Ott: Sum (2002), S. 18, zu Abbildung 1.8; Die These vom Weltkrieg als Motor der Innovation verfolgen M. Guyatt: Legs (2001), S. 307-325; H. R. Perry: Re-Arming (2002), S. 75; O. Gutfleisch: Legs (2003), S. 141.

33 | Vgl. A. Hopf/E. Reinhardt: Erfahrungsbericht (1965), S. 103-114; E. Marquardt/O. Häfner: Bewährung (1956), S. 115-135; F. Blohmke: Orthopädie (1969), S. 300; R. Janda: Technologie (1974), S. 197; D. Serlin: Engineering (2002), S. 55. Zahlreiche dieser Materialien stammten aus der US-amerikanischen Waffen- und Luftfahrtforschung des 2. Weltkriegs und des Kalten Kriegs.

Unterstützung gelang es beispielsweise dem Orthopäden Oskar Hepp, die amerikanische Hooktechnologie in einen eigenen Kombinationshook zu verarbeiten.[34] Auf einer Studienreise in die USA 1951 machte Hepp sich auch mit der Gießharztechnik vertraut. Das Bundesministerium für Arbeit erteilte nach Hepps Rückkehr gezielt Forschungsaufträge, um diese Technologie im deutschen Prothesenbau einzuführen und weiter zu entwickeln.[35] Eine weitere Forschungsreise in die USA im Jahr 1959 führte zur Etablierung einer neuen Unterschenkelkurzprothese in Deutschland, die in der Folgezeit vielfach modifiziert wurde.[36] Zunächst verlief der internationale Technologietransfer aus der angelsächsischen Welt in Richtung Bundesrepublik. Seit dem Ende des Jahrzehnts jedoch exportierte eine wachsende Zahl deutscher Forschungseinrichtungen Wissen auch wieder ins Ausland.[37]

Etwa um 1960 erfasste jener immense Fortschrittsoptimismus die Prothesentechnik, der Politik und Gesellschaft in dieser Phase generell antrieb. Besonders deutlich wurde dies im Bereich der Kinderprothetik, einem neuen technischen Zweig. Zwar hatte es zuvor schon Prothesen für Kinder gegeben, doch war die Entwicklungsgeschwindigkeit gering geblieben. Es gab einerseits kaum Forschungsgelder. Andererseits galten Kinderprothesen als nicht finanzierbar, weil sie regelmäßig dem Wachstum angepasst oder ausgetauscht werden mussten. Dies überstieg die finanziellen Möglichkeiten der meisten Familien. Im Zuge des Ausbaus individueller Hilfen nach dem Körperbehindertengesetz von 1957 und dem Bundessozialhilfegesetz von 1961 verlor dieses Argument an Überzeugungskraft.[38] Im Kontext des wirtschaftlichen Aufschwungs und steigender öffentlicher Forschungsförderung konnten auch immer mehr Ärzte und Techniker Studienreisen ins Ausland unternehmen. Insbesondere in den USA bildete die Kinderprothetik zu diesem Zeitpunkt bereits ein eigenständiges Forschungsfeld. Die dort entwickelten und serienmäßig produzierten Artikel, namentlich Patschhände und Kinderhooks, waren nach Ansicht der Experten allen in Deutsch-

34 | Vgl. BMA Abt. Ic3, Vermerk über die Teilnahme an der 1. Bundeskonferenz für Ohnhänder des VdK Deutschlands am 10.4.1953 in Bückeburg, 13.4.1953, BArch B 149 1807; H. Habermann: Geschichte (1985), S. 105. Ein Hook ist eine einfach zu handhabende Handprothese in Form einer sich öffnenden und schließenden Greifklaue mit zwei oder drei Fingern.

35 | Vgl. F. Blohmke: Orthopädie (1969), S. 300.

36 | Vgl. H. Habermann: Geschichte (1985), S. 107-108.

37 | Vgl. Orth. Universitätsklinik und Poliklinik Hüfferstiftung, Götz Gerd Kuhn, Schreiben an BMA, 13.10.1958, BArch B 149 12204; Orthopädie-Bandagen-Kunstgliederbau Streifeneder, München, Bericht über Praktika jugoslawischer Forscher an BMA, 1.2.1962, ebd.

38 | Vgl. z.B. Ernst Marquardt: »Pneumatische Armprothesen bei Kindern«, in: Jahrbuch der Fürsorge für Körperbehinderte (1962), S. 82-89, hier S. 84; »Prothesen mit Gas«, in: Der Spiegel v. 22.5.1963.

land verfügbaren Kinderprothesen in Konstruktion, Materialqualität und Anwendungsmöglichkeiten überlegen.[39]

Der wesentliche Innovationsschub ging jedoch vom Contergankomplex aus.[40] Orthopäden wie Oskar Hepp, der ärztliche Direktor der orthopädischen Klinik in Münster, vermittelten Ministerien und Behörden, dass die Mehrheit der Kinder mit Conterganschädigungen einer prothetischen Versorgung bedürfe.[41] Sie präsentierten »falsche« Körper, die mit technischen Mitteln – operativen Eingriffen, Prothesen, Hilfsmitteln – normalisiert werden mussten. Technische Zurüstung schien die Vorbedingung für die spätere gesellschaftliche Eingliederung und selbstständige Lebensführung zu sein – eine Logik, die aus der Erwachsenenrehabilitation übernommen wurde. »Wenn die Kinder richtig operativ und technisch versorgt werden«, so Hepp auf einer Besprechung mit der Bundesgesundheitsministerin Elisabeth Schwarzhaupt 1963, »werden sie zu normalen Bürgern wie Du und ich«.[42]

Unter dem Druck medialer Untätigkeitsvorwürfe bzw. um diesen zuvorzukommen, investierte das Bundesgesundheitsministerium substantielle Summen in Forschungsaufträge zur Entwicklung und Erprobung technischer Hilfsmittel und Prothesen für Kinder. Das Ministerium ging damit sogar einen Kompetenzkonflikt mit dem Bundesarbeitsministerium als dem für die Orthopädietechnik zuständigen Ressort ein.[43] Wieder ließen sich die

39 | Vgl. UNICEF, Harold Balme: Bericht über einen Besuch in Deutschland im Auftrag der UNICEF, 7.-18.5.1951, 23.5.1951, BArch B 144 109; Werner Dicke, Annastift Hannover: Die Rehabilitation ziviler Körperbehinderter. Bericht einer Studienreise durch die USA v. 15.7.-15.10.1956, BArch B 142 554; Hanns-Walter Loose: »5. Weltkongress für Krüppelwohlfahrt in Stockholm«, in: Arbeitsamt 2 (1951), H. 11, S. 315.

40 | Vgl. D. Muthmann: »Zehn Jahre Entwicklung und Erprobung von Hilfen für behinderte Kinder. Tagung der Arbeitsgemeinschaft für technische Orthopädie und Rehabilitation e.V. Bonn«, in: Die Rehabilitation 12 (1973), H. 3, S. 187-189, hier S. 187-188.

41 | Vgl. BMGes Abt. Ia5, Sachverständigenbericht über die Rehabilitation von Kindern mit schweren Missbildungen, 19.2.1964, BArch B 142 1829.

42 | BMGes Abt. Ia5, Protokoll der Besprechung am 4.10.1963, 4.10.1963, BArch B142 1825. Zur Normalisierungsstrategie bei den sogenannten Dysmeliekindern vgl. auch W. Freitag: Contergan (2005), S. 63; Dieter Gisbertz/Hans-Henning Wetz/Ulrich Hafkemeyer: »Möglichkeiten und Grenzen der Versorgbarkeit thalidomidinduzierter Gliedmaßenfehlbildungen am Beispiel der Technischen Orthopädie Münster«, in: Zichner, Ludwig/Rauschmann, Michael A./Thomann, Klaus-Dieter (Hg.): Die Contergankatastrophe – Eine Bilanz nach 40 Jahren, Darmstadt 2005, S. 97-103, hier S. 97.

43 | Vgl. BMA Abt. V, Schreiben an Abt. I, 16.3.1967, BArch B 149 12204; Presse- und Informationsamt der Bundesregierung (Hg.): Jahresbericht der Bundesregierung 1970, Bonn 1971, S. 501; Presse- und Informationsamt der Bundesregierung (Hg.): Jahresbericht der Bundesregierung 1971, Bonn 1972, S. 666; BMJFG Abt. S6, Niederschrift über die 2. Sitzung des gemeinsamen Arbeitsausschusses v. BMA und

technische Normalisierung als Gebot der politischen Verantwortung und der Contergankomplex als Belastungsprobe des Sozialstaats deuten. Wer mit Prothesen versorgt und normalisiert wurde, durfte als sozialstaatlicher und politischer Erfolg angesehen werden.

Ernst Marquardt, ein weiterer Protagonist des orthopädischen Contergandiskurses, räumte bereits 1964 unumwunden ein, rasch erkannt zu haben, dass sich der Forschung hier neue Finanzierungsquellen erschlossen. Bisher seien kaum Geld und innerhalb seiner Disziplin auch wenig Interesse für Kinderprothesen vorhanden gewesen. Wie ein »Handlungsreisender« sei er auf orthopädischen Fachkongressen »zusammengeknüppelt« worden. Niemand habe sich damals für seine Vorschläge interessiert.[44] Nun jedoch gab es für die Kinderprothetik gute Förderungsmöglichkeiten. In der medialen Öffentlichkeit wurden Forscher wie Marquardt sogar heroisiert.[45] Vor allem die orthopädischen Spitzen des Dysmeliediskurses wie Kurt Lindemann in Heidelberg, die Vertreter des Annastifts in Hannover sowie Hepp und Götz Gerd Kuhn in Münster profitierten vom Ausbau der ministeriellen Forschungsförderung und vom wachsenden öffentlichen und politischen Interesse.[46] In späteren Jahren stieg auch die Deutsche Forschungsgemeinschaft in die Förderung ein. So arbeitete in den Jahren 1973 bis 1983 an der Universität Münster der Sonderforschungsbereich »Teratologische Forschung und die Rehabilitation Mehrfachbehinderter«, zu dessen Teilprojekten die Fortentwicklung von Prothesen und Orthesen gehörte.[47]

Bei der Mitteleinwerbung verfolgten die Orthopäden eine komplexe Argumentationsstrategie, die gelegentlich drohenden Charakter annahm. Bewusst schürten sie optimistische Erwartungen über die normalisierenden Effekte der Prothetik. Außerdem klagten sie ausführlich über bereits eingetretene Kapazitätsprobleme.[48] Insgesamt stilisierten die Orthopäden die prothetische Versorgung der Kinder zum Mittelpunkt der Conterganproblematik. Alternative Bedürfnisse der Kinder wurden aus den Förderungsanträgen ausge-

---

BMJFG am 2.2.1971, 23.3.1971, BArch B 189 9453; E. Marquardt: Contergankatastrophe (1994), S. 11.

44 | Wortmeldung von Ernst Marquardt, in: Bundesministerium für Gesundheit (Hg.): Monografie über die Rehabilitation der Dysmeliekinder. Dysmeliearbeitstagung am 17./18.10.1964 in der Orthopädischen Universitätsklinik und Poliklinik Münster, Bad Godesberg 1965, S. 127.

45 | Vgl. z.B. »3.000 Babys warten auf unsere Hilfe«, in: Bild v. 18.4.1962; »So lernen sie leben«, in: Quick v. 25.11.1962, S. 42.

46 | Vgl. BMGes Abt. Ia5, Sachverständigenbericht über die Rehabilitation von Kindern mit schweren Missbildungen, 19.2.1964, BArch B 142 1829.

47 | Vgl. W. Freitag: Contergan (2005), S. 85.

48 | Vgl. z.B. O. Hepp: Häufung (1962), S. 423, 426; Direktor der orth. Anstalt der Universität Heidelberg, Kurt Lindemann, Bericht an BMGes, 26.1.1966, BArch B 189 20888; BMGes Abt. Ia5, Vermerk: Bericht über die Dysmeliearbeitstagung am 5./6.11.1965 in Heidelberg, 16.11.1965, BArch B 189/20890; W. Freitag: Contergan (2005), S. 83.

klammert. So gelangte beispielsweise die Notwendigkeit von Mobilitäts- oder Kommunikationshilfen und technischen Hilfsmitteln für den Alltag nur langsam ins Bewusstsein der politischen und ministeriellen Akteure.

Publikationen der 1960er Jahre zeugen von der Energie, mit der wissenschaftliche Institute, Berufsfachschulen für Orthopädietechnik und Industrie an Prothesen für Kinder forschten.[49] Die infolge des Contergankomplexes zur Verfügung stehenden Mittel wurden dabei auch eingesetzt, um bereits seit Längerem betriebene Projekte der Erwachsenenprothetik unter neuen Vorzeichen voranzutreiben. Dies war etwa bei den pneumatischen Armprothesen der Fall, an denen Lindemann und seine Mitarbeiter seit den 1950er Jahren arbeiteten. In Münster hingegen, wo unter Hepp seit der Mitte der 1950er Jahre die Gießharztechnik erprobt wurde, machten es sich die Forscher mithilfe der neuen Fördergelder zur Aufgabe, diese für die Kinderprothetik nutzbar zu machen und dadurch auch die Erwachsenenprothetik voranzubringen.[50]

Zum Ideal der Kinderprothetik erhoben die Orthopäden zunächst die sogenannte Frühprothetisierung unter Ausnutzung aller technologischen Möglichkeiten.[51] Hatten sie bisher den Abschluss des Wachstums im Jugendalter abgewartet, empfahlen sie im Kontext des Contergankomplexes zu Beginn Prothesen bereits ab dem achten Lebensmonat, zum Beispiel Patschhändchen oder Stubbies. Im zweiten Lebensjahr sollten dann nach amerikanischem Vorbild aktive Prothesen zum Einsatz kommen. Schon im Säuglingsalter sollten Prothesen den Kindern eine »altersgerechte« Entwicklung ihrer geistigen und motorischen Fähigkeiten ermöglichen. Viel zitiertes Etappenziel war dabei die gelungene Integration der Technik in das »Körperschema« des Kindes.[52] Das Konzept, möglichst früh Prothesen an-

49 | Vgl. E. Marquardt: Contergankatastrophe (1994), S. 12.

50 | Ernst Marquardt: »Bericht über den Stand der technischen Hilfen für Dysmeliekinder«, in: Jahrbuch der DeVg (1965/66), S. 174-187, hier S. 175; A. Hopf/E. Reinhardt: Erfahrungsbericht (1965), S. 103-114; E. Marquardt/O. Häfner: Bewährung (1956), S. 115-135; Kurt Lindemann: »Die Anwendung der pneumatischen Prothese in Verbindung mit Pectoriskanälen bei beiderseits Oberarmamputierten und Schulterexartikulierten«, in: Archiv für orthopädische und Unfallchirurgie 53 (1961), H. 1, S. 4-10; D. Muthmann: Jahre (1973), S. 187.

51 | Vgl. z.B. Oskar Hepp: »Möglichkeiten der orthopädischen Versorgung im Kindesalter«, in: Deutsche Vereinigung für die Rehabilitation Behinderter e.V. (Hg.): Hinweise auf Maßnahmen für die Eingliederung von Kindern mit Gliedmaßenfehlbildungen, Heidelberg 1962, S. 9-30, hier v.a. S. 9; Ders.: Häufung (1962), S. 425.

52 | Patschhändchen waren sehr einfache, nicht aktiv bewegbare Prothesen für die oberen Gliedmaßen. Stubbies waren einfache starre Beinprothesen ohne Gelenke, die eine begrenzte Fortbewegung ermöglichten. Vgl. zu Theorie und Praxis der Frühprothetisierung Orth. Klinik des Wichernhauses, F. Becker, Bericht an BMGes, 5.12.1968, BArch B 189/20890; Werner Dicke, Annastift Hannover: Die Rehabilitation ziviler Körperbehinderter. Bericht einer Studienreise durch die USA v. 15.7.-15.10.1956, BArch B 142 554; A. Rütt: Therapie (1963), S. 331; O. Hepp: Mög-

zupassen, war keineswegs neu, nur stammte es aus der Erwachsenenrehabilitation und orientierte sich an Menschen, die Gliedmaßen verloren hatten, nicht an Menschen, die ohne diese geboren wurden. Gerade weil sie nun aber ein Paradigma der Erwachsenenrehabilitation auf Kinder übertrugen, empfanden und propagierten die Orthopäden diese Frühprothetisierung als längst fälligen Modernisierungsschub in der Kinderrehabilitation.

Hinzu kam, dass Politik und Ärzte der Öffentlichkeit schnelle und vor allem sichtbare Lösungen präsentieren mussten.[53] Der Öffentlichkeit sollte vermittelt werden, dass Wissenschaft und Politik kompetent und mit erfinderischem Einsatz um die Kinder bemüht waren. Die Medien präsentierten die ihnen übergebenen Erfolgsberichte und Falldokumentationen in der Tat als Zeichen der Hoffnung.[54] Eine spezifische, gezielt inszenierte Darstellungsweise setzte sich durch: Zahlreiche Fotos und Filme zeigten Kleinkinder in übermächtig wirkenden Prothesen. Das technische Produkt stand im Vordergrund.[55]

Im Kontext des Contergankomplexes wurde eine Frage wieder virulent, die im Prothesendiskurs der 1920er bis 1950er Jahre eigentlich schon entschieden schien: Sollten funktionale oder ästhetische Gesichtspunkte Vorrang haben? Seit den 1920er Jahren war der Funktionsersatz zur Hauptstrategie dieser Körpertechnologie erklärt worden. Technik, die ästhetischen und kosmetischen Bedürfnissen diente, für die Erwerbsbefähigung jedoch wertlos und begrifflich etwa als Schmuckhand, Schmuckarm oder Sonntagsarm gefasst war, hatte im wissenschaftlichen und politischen Diskurs

lichkeiten (1962), S. 9-30; E. Marquardt: Bericht (1965/66), S. 17; Wortmeldungen von Oskar Hepp und Lothar Herbig, in: Bundesministerium für Gesundheit (Hg.): Monografie über die Rehabilitation der Dysmeliekinder. Dysmeliearbeitstagung am 17./18.10.1964 in der Orthopädischen Universitätsklinik und Poliklinik Münster, Bad Godesberg 1965, S. 135; W. Bläsig: Ausbildung (1973), S. 119-121; B. Kober-Nagel: Contergankinder (1979), S. 46; Freitag: Contergan (2005), S. 65-66.

53 | Zu dieser Einschätzung gelangte auch W. Freitag: Contergan (2005), S. 87.

54 | Vgl. z.B. »Sie müssen helfen – Frau Ministerin«, in: Bild v. 22.5.1962; Weber, Alfred: »Wir sorgen für ihre Zukunft«, in: Bild v. 1.9.1962; »So lernen sie leben«, in: Quick v. 25.11.1962, S. 10; »Prothesen mit Gas«, in: Der Spiegel v. 22.5.1963. Teils dieselben, teils ähnliche Abbildungen erschienen in den Fachjournalen. Vgl. Gustav Hauberg: »Behandlung von Dysmelien«, in: BArbl. 17 (1966), H. 2, S. 52-57, hier S. 56; A. Rütt: Therapie (1963), S. 329-341.

55 | Vgl. als Beispiele den Film Ohne Arme, Dokumentation, BRD 1965. Ausgewertet wurden zudem die in *Bild, Quick, Der Spiegel, Frankfurter Allgemeine Zeitung* und *Süddeutsche Zeitung* zwischen 1962 und 1968 erschienenen Abbildungen. Zur Produktion dieser Bilder und ihrer Weitergabe an die Medien vgl. z.B. Forschungswerkstatt an der orth. Universitätsklinik Münster, Kurzbericht über die erzielten Ergebnisse sowie über die geplanten Forschungsarbeiten an BMGes, 1.2.1966, BArch B 189 20888; »Verzeichnis von Kurzfilmen über die Rehabilitation von Dysmeliekindern. Zusammengestellt und veröffentlicht vom BMGes«, in: Die Rehabilitation 7 (1968) H. 4, S. 206-210.

und in der Rehabilitationspolitik keinen Platz mehr gehabt, obwohl es sie weiterhin gab.[56] Lediglich für einige Berufe mit Publikumsverkehr war Ästhetik als Spezialfunktion von Prothesen noch diskutiert worden. Die Mehrheit der funktionssubstituierenden Prothesen ähnelte hingegen menschlichen Gliedmaßen kaum. Ein Beispiel der Dominanz der Funktion über die Ästhetik war die operativ gelegte, sogenannte Krukenberg-Zange: Der Orthopäde Hermann Krukenberg hatte im Ersten Weltkrieg eine Operation entwickelt, bei der bei Hand- oder Unterarmamputationen aus den Resten der Unterarmknochen eine Art Zange gebildet wurde, deren zwei Finger gegeneinander wie eine Schere beweglich waren. Optisch war die Krukenbergplastik sehr auffällig. Speziell erdachte Prothesen verbesserten zwar die Ästhetik, machten aber den Vorteil der Hautsensibilität der Zangen wieder zunichte. Dies war ein Grund, warum sehr viele kriegsbeschädigte »Ohnhänder«, denen operativ eine Krukenbergzange gelegt worden war, nach 1945 die zugehörigen Prothesen nicht nutzten.[57]

Im Kontext der Prothesenversorgung der Kinder mit sogenannten Dysmelien forderten vor allem die Angehörigen eine Abkehr vom reinen Funktionalitätsparadigma zugunsten einer Kombination aus Funktion und Ästhetik. Wo Politik und Techniker unter Normalisierung die funktionelle Anpassung an die Mehrheitsgesellschaft verstanden, standen für die Eltern oft die optische Unauffälligkeit und kosmetische Wirkung im Vordergrund. Sie waren die erste Generation von Eltern, deren Kindern in größerem Umfang Prothesen angepasst wurden, und als solche besonders sensibel.[58] Dies

---

56 | Vgl. zum frühen Ausschluss der ästhetischen Funktion aus dem Prothesendiskurs Nicolai, August: »Der Schmuckarm«, in: Ständige Ausstellung für Arbeiterwohlfahrt und Prüfstelle für Ersatzglieder in Berlin-Charlottenburg (Hg.): Ersatzglieder und Arbeitshilfen für Kriegsbeschädigte und Unfallverletzte, Berlin 1919, S. 683-708; Hermann Leymann: »Die Normalisierung einzelner Teile der Ersatzglieder«, in: Ständige Ausstellung für Arbeiterwohlfahrt und Prüfstelle für Ersatzglieder in Berlin-Charlottenburg (Hg.): Ersatzglieder und Arbeitshilfen für Kriegsbeschädigte und Unfallverletzte, Berlin 1919, S. 737-763; VDI, 7. Zwischenbericht über die Tätigkeit auf dem Gebiete der Versehrtentechnik (Versehrten-Tagung in Lippstadt und Erwitte, 26./27.1.1950), 1.2.1950, NRWHStA NW 42 1313; Stefan Rieger: »Arbeitshand und Ausdruckshand. Zur Prothetik des Menschen«, in: Lutz, Petra/Macho, Thomas/Staupe, Gisela/Zirden, Heike (Hg. für die Aktion Mensch und die Stiftung Deutsches Hygiene-Museum): Der [im-]perfekte Mensch. Metamorphosen von Normalität und Abweichung, Köln 2003, S. 163-185, hier S. 183.

57 | Vgl. Hermann Krukenberg: »Knochenplastik«, in: Ständige Ausstellung für Arbeiterwohlfahrt und Prüfstelle für Ersatzglieder in Berlin-Charlottenburg (Hg.): Ersatzglieder und Arbeitshilfen für Kriegsbeschädigte und Unfallverletzte, Berlin 1919, S. 253-256; Rückmeldungen der AÄ zum Schreiben LAA NRW, Schreiben an AÄ, 2.10.1952, NRWHStA BR 1134 539; K. Lindemann: Anwendung (1961), S. 4-10. Dr. Hermann Krukenberg (1863-1935), Chirurg und Orthopäde.

58 | Vgl. z.B. H. Strasser: Aspekte (1965/66), S. 219; vgl. auch die Diskussion in Bundesministerium für Gesundheit (Hg.): 2. Monografie über die Rehabilitation

führte zu erheblichen Konflikten mit den Orthopäden und Technikern, die ihrerseits den Eltern vorwarfen, nicht zu begreifen, dass Funktionalität in der Rehabilitation Priorität haben müsse. Vor allem Ärzte verbanden dies mit dem Vorwurf, dass manche Eltern die Gliedmaßen ihrer Kinder gezielt unter langen Ärmeln und Hosenbeinen versteckten oder die Kinder ganz vor der Öffentlichkeit verborgen hielten. Die fast identische Sprache der Meldungen und die Platzierung dieses Arguments lassen allerdings annehmen, dass es sich mehr um einen Topos als um eine häufig geübte Praxis handelte.[59]

Doch begannen im Kontext des Contergankomplexes auch einige Orthopäden zu fordern, dass Kinderprothesen auch kosmetischen Wünschen entsprachen, weil sie sonst auf Akzeptanzprobleme stießen.[60] In dieser Debatte deutete sich an, dass die Kinderprothetik, die Politik und Medien angesichts des Contergankomplexes als optimale Rehabilitationslösung propagiert hatten, nur bis zu einem gewissen Grad sozial akzeptiert war und tendenziell eher eine Abwertung nach sich zog. In einer Gesellschaft, die Kindern mit Behinderungen generell erhebliche Vorurteile entgegenbrachte, stieß das Konzept der Normalisierung durch Technik an seine Grenzen.

Eine die Nutzerinnen und Nutzer zufriedenstellende Kombination von funktionssubstituierenden und dennoch natürlich wirkenden Prothesen war bis in die 1990er Jahre nur in begrenztem Umfang technisch möglich.[61] In dem Maße, wie Funktion und Ästhetik auf befriedigende Wiese integriert

---

der Dysmeliekinder. Dysmeliearbeitstagung am 5./6.11.1965 in der Orthopädischen Anstalt der Universität Heidelberg, Frechen/Köln 1967, S. 21.

59 | Vom »Verstecken« berichteten nicht nur Experten, sondern vor allem auch die Medien. Vgl. z.B. »Eltern verstecken körperbehinderte Kinder«, in: Westdeutsche Allgemeine v. 15.10.1964; Gerhard Mauz: »Vielleicht haben sie Glück«, in: Der Spiegel v. 12.6.1967; »Chiffre K 17«, in: Der Spiegel v. 3.6.1968; BMA, Tonbandwiedergabe der 3. Tagung des Deutschen Ausschusses für die Eingliederung Behinderter in Arbeit, Beruf und Gesellschaft am 30.6./1.7.1964, BArch B 149 6459; 2. Bundeskongress für Behinderte des VdK am 7.6.1972, Referat v. Ludwig Hönle, BArch B 172 1834; S. Boll/Th. Degener/C. Ewinkel/G. Hermes u.a.: Geschlecht (1985), S. 41, 47; B. Kober-Nagel: Contergankinder (1979). Berichte über das Verstecken von Kindern sind auch aus der Zeit vor dem Contergankomplex überliefert. Vgl. P. J. Briefs: Bedeutung (1951), S. 154; DeVg e.V., Schreiben an BMI, Abdruck der Referate der Arbeitstagung der DeVg am 24.5.1956 in Bad Kreuznach, Referat v. Peter Josef Briefs: Der Körperbehinderte und die Öffentlichkeit, BArch B 106 10810; Ulrich Bach: »Das Leben mit der Behinderung. Ein behindertes Kind als Gottes Gabe und Aufgabe«, in: Das behinderte Kind 11 (1974), H. 1, S. 1-6, hier S. 5; Ernst Klee: »Sind Eltern Behinderter – behinderte Eltern?«, in: Das behinderte Kind 12 (1975), H. 1, S. 43. Vgl. auch die Einzelfallberichte einer Mitarbeiterin des Düsseldorf-Mettmanner Gesundheitsamts: E. Parow-Souchon: Umwelt (1963), S. 80-84.

60 | Vgl. BMGes Abt. Ia5, Vermerk: Bericht über die Dysmeliearbeitstagung am 5./6.11.1965 in Heidelberg, 16.11.1965, BArch B 189/20890.

61 | Vgl. »Kosmetische Verkleidung der Modular-Beinprothese«, in: Näder,

wurden, gewannen sie schrittweise an Wahlfreiheit. Gegenwärtig wendet sich das Design von Spezialprothesen, etwa der den hinteren Gliedmaßen von Geparden nachempfundenen Karbonprothesen für Leistungssportler, der Nutzeravantgarde, bewusst sowohl von der Ästhetik als auch von der Funktionsweise menschlicher Gliedmaßen ab.[62] In den 1970er Jahren war daran noch nicht zu denken. So berichtete 1974 eine Fachreportage, dass der inzwischen durch natürlich wirkende Kunsthaut erzielte kosmetische Erfolg der hochentwickelten pneumatischen Armprothesen von deren zischenden Geräuschen zunichte gemacht werde. Bei den myoelektrischen Prothesen wiederum störte das brummende Geräusch der Motoren die kosmetische Wirkung. Unter dem Titel »Gretchenfrage im Prothesenbau: Gutes Aussehen? Gute Funktion?« fragte der Autor:

»Was ist wichtiger? Dass der Gliedmaßenersatz möglichst viele Funktionen der ›echten‹ Hand, des ›echten‹ Beines übernimmt? Oder dass man in der Öffentlichkeit den Verlust nicht wahrnimmt? [...] Die sogenannte ›Patschhand‹ – eine durch Conterganschäden ›inspirierte‹ Entwicklung – ist für Kleinkinder sicher eine funktionelle und vertretbare Form der Versorgung. Mit zunehmendem Alter tritt jedoch das Aussehen in den Vordergrund. Die Kinder müssen sich schließlich im Kindergarten und in der Schule mit ihren Gefährten auseinander setzen.«[63]

Das Ideal der Frühversorgung mit Kinderprothesen verlor im Lauf der späteren 1960er Jahre bereits an Zustimmung, da es nicht die erwarteten Erfolge brachte. Der ursprüngliche Prothesenoptimismus erlitt Einbrüche. Dies hing unter anderem damit zusammen, dass ein Teil der Eltern die Frühprothetisierung ihrer Kinder von vornherein ablehnte. In die Kritik der Elternvertretungen, aber auch der Orthopäden gerieten insbesondere die operativen Maßnahmen, die unternommen worden waren, um die Körper der Kinder für die Anpassung von Prothesen vorzubereiten. Einem Erfahrungsbericht der Tübinger Dysmeliestation von 1968 ist beispielsweise zu entnehmen, dass jedes der 74 dort operativ behandelten Kinder durchschnittlich vier Mal operiert wurde, manche sogar zwölf Mal. So sei etwa bei den »funktionsverbessernden Operationen an den Händen (Daumenbildung etc.) versucht [worden], auch um den Preis vielfacher Operation ein

Max/Näder, Hans Georg (Hg.): Otto Bock Prothesen-Kompendium. Prothesen für die untere Extremität, 3. überarbeitete und erweiterte Aufl. Duderstadt 2000, S. 90-91.

62 | Vgl. O. Gutfleisch: Legs (2003), S. 143, 146; Mürner: Mediengeschichte (2003), S. 153.

63 | Die Reportage erschien in der in Österreich aufgelegten, aber auch in der Bundesrepublik rezipierten Fachzeitschrift der Sozialversicherung »Soziale Sicherheit«: Peter Kudlicza: »Gretchenfrage im Prothesenbau: Gutes Aussehen? Gute Funktion?«, in: Soziale Sicherheit 27 (1974), H. 1, S. 79-83, hier S. 79-80. Vgl. auch 2. Bundeskongress des VdK für Behinderte am 7.6.1972, Referat v. Ludwig Hönle, BArch B 172 1834.

optimales Ergebnis zu erzielen«.[64] Solche Nachamputationen waren auch deswegen nötig erschienen, weil sich angesichts der bei Kindern mit Thalidomidschädigungen sehr unterschiedlichen körperlichen Voraussetzungen kaum mit industriell vorgefertigten Passteilen arbeiten ließ und daher sehr häufig auf die kosten- und zeitintensiven individuellen Anfertigungen ausgewichen werden musste. Anders als die Orthopäden erwartet hatten, ließen sich die Erfahrungen aus der Erwachsenenprothetik, wo die von den Operateuren ähnlich gestalteten Amputationsstümpfe eher den Einsatz von vorgefertigten Normstücken erlaubten, die nur noch in geringem Umfang individuell adaptiert werden mussten, eben nicht einfach auf die Kinder übertragen.[65] Mit der Zeit bewerteten viele Orthopäden den Versuch kritisch, Konzepte der Erwachsenenprothetik auf Kinder zu übertragen, die mit Behinderungen geboren worden waren.[66] Zumindest mit den der besseren Anpassbarkeit von Prothesen wegen vorgenommenen Amputationen von »Stummelgliedern« müsse abgewartet werden, bis das Wachstum abgeschlossen sei, weil nicht ausgeschlossen werden könne, dass das Kind sie doch noch brauche.[67]

Ein weiterer Übertragbarkeitskonflikt entstand, weil die von Thalidomid geschädigten Kinder mit sogenannten Dysmelien anders als die Kriegsbeschädigten, die idealtypischen Prothesennutzer der 1950er Jahre, sehr viel häufiger Arm- als Beinprothesen bekommen sollten, da die Arme ungleich häufiger betroffen waren als die Beine.[68] Prothesen, die die komplexe

64 | Orth. Universitätsklinik und Poliklinik Tübingen, Direktor Hans Mau, Bericht an BMGes, 27.11.1968, BArch B 189/20890.

65 | Vgl. z.B. O. Hepp: Häufung (1962), S. 425; E. Marquardt: Armprothesen (1962), S. 82-89.

66 | Vgl. Ernst Marquardt: »Steigerung der Effektivität von Oberarmprothesen durch Winkelosteotomie«, in: Die Rehabilitation 11 (1972), H. 4, S. 244-248; O. Hepp: Betreuung (1966), S. 28.

67 | Vgl. BMGes Abt. Ia5, Vermerk: Bericht über die Dysmeliearbeitstagung am 5./6.11.1965 in Heidelberg, 16.11.1965, BArch B 189/20890. Gegen verfrühte Amputationen 1963 auch schon A. Rütt: Therapie (1963), S. 331; Zitate aus: »Aussprache über notwendige chirurgische Maßnahmen«, in: Bundesministerium für Gesundheit (Hg.): 2. Monografie über die Rehabilitation der Dysmeliekinder. Dysmeliearbeitstagung am 5./6.11.1965 in der Orthopädischen Anstalt der Universität Heidelberg, Frechen/Köln 1967, Wortmeldung v. Kurt Lindemann, S. 208, v. August Rütt, S. 209; Wortmeldung v. August Rütt in: Bundesministerium für Gesundheit (Hg.): Monografie über die Rehabilitation der Dysmeliekinder. Dysmeliearbeitstagung am 17./18.10.1964 in der Orthopädischen Universitätsklinik und Poliklinik Münster, Bad Godesberg 1965, S. 80; dagegen Wortmeldung v. Walter Blauth, in: Bundesministerium für Gesundheit (Hg.): Monografie über die Rehabilitation der Dysmeliekinder. Dysmeliearbeitstagung am 17./18.10.1964 in der Orthopädischen Universitätsklinik und Poliklinik Münster, Bad Godesberg, S. 160.

68 | Vgl. B. Kober-Nagel: Contergankinder (1979), S. 44. Etwa fünf Mal mehr Armprothesen als Beinprothesen wurden den Kindern angepasst. Von den etwa

Funktion der oberen Gliedmaßen ersetzen, waren und sind jedoch ungleich schwieriger zu entwickeln als Beinprothesen. Zudem war, weil die Mehrheit der Kriegsbeschädigten Unter- oder Oberschenkelprothesen benötigte, mehr Forschungsenergie in diesen Bereich geflossen.

Bei der prothetischen Versorgung von Kleinkindern müssten ganz andere Wege gegangen werden, räumte ein Sachverständigenbericht des Bundesgesundheitsministeriums bereits 1964 ein.[69] Zunächst flossen umfangreiche Mittel in die Erforschung potentieller neuer Wege wie etwa der hydraulischen und elektronischen Komponenten. Die Erwartungen und der Fortschrittsglaube waren anfangs auch hier groß, doch machten sich angesichts von Rückschlägen bald Ernüchterung und schließlich ein Umdenken bemerkbar. Versuche mit fremdkraftbetriebenen Armprothesen beispielsweise scheiterten daran, dass Gas- und Kraftstoffbehälter mitgeführt werden mussten, die viel zu schwer für Kinder waren. Elektromotoren, deren Gewicht die Kinder bewältigen konnten, bauten nicht die für Greif- und Gelenkbewegungen einer elektrohydraulischen Prothese nötigen Druckverhältnisse auf. Aus München meldete die Hauner'sche Kinderklinik, dass sie mit den Patschhändchen für Babys noch Erfolge erzielte, ältere Kinder aber nicht in der Lage oder nicht daran interessiert seien, ihre komplexere aktive Prothese zu steuern. In Münster wiederum musste die Arbeit an einer myoelektrischen Prothese, die durch Muskelströme gesteuert wurde, aufgegeben werden.[70]

Ein Bericht der Dysmeliestation Süchteln sprach 1969 das Kernproblem offen an: Viele Kinder nutzten ihre Prothesen gar nicht, weil sie so umständ-

---

550.000 bis 1957 prothetisch versorgten Kriegsbeschädigten hatten hingegen etwa 140.800 Prothesen für die unteren Gliedmaßen, 43.700 eine oder zwei Armprothesen erhalten. Vgl. BMA Abt. Vb4, Textvorlagen für die Ausstellung der ISWC 1957 an Abt. Vb1, 7.1.1957, BArch B 149 2325.

69 | Vgl. BMGes Abt. Ia5, Sachverständigenbericht über die Rehabilitation von Kindern mit schweren Missbildungen, 19.2.1964, BArch B 142 1829.

70 | Vgl. zu den anfänglichen Erfolgen und der späteren Ernüchterung Annastift, Orth. Heil- und Lehranstalt, Ergebnisse der Forschungsarbeiten von 1963-1966, 26.1.1966, BArch B 189 20888; Orth. Klinik König-Ludwig-Haus, Würzburg, August Rütt, Bericht an BMGes, 7.1.1966, ebd.; Arbeitsbericht der Forschungswerkstatt für die Entwicklung und Erprobung technischer Hilfen für Kinder mit schweren Gliedermissbildungen bei der orth. Universitätsklinik Tübingen, 1.10.-31.12.1965, ebd.; weitere Berichte von Sonderstationen ebd.; Forschungswerkstatt an der orth. Universitätsklinik Münster, Forschungsbericht an der orth. Universitätsklinik Münster: Kurzbericht über die erzielten Ergebnisse sowie über die geplanten Forschungsarbeiten an BMGes, 1.2.1966, ebd.; Kinderklinik der Universität München im Dr. v. Hauner'schen Kinderspital, Chirurgische Abt., Bericht an BMGes, 10.1.1966, ebd.; E. Marquardt: Bericht (1965/66), S. 177. Myoelektrische Prothesen nutzen Impulse, die bei der Kontraktion von Muskeln entstehen, verstärken sie elektrisch und treiben damit die Prothese an. Da die Technik kompliziert, anfällig und teuer ist, haben sich bislang wenige Einsatzmöglichkeiten ergeben.

lich waren: »Die meist sehr aktiven Kinder wollen den Erfolg ihrer Bemühungen, irgendeinen Gegenstand zu greifen, prompt erledigt sehen, ohne die ›Umwege‹, die ihnen ihre Prothese zur Erreichung dieses Zieles aufzwingt. [...] Geschickt ausgeführte Bewegungsvorgänge der geschulten unteren Extremitäten bringen sie schneller zum Ziel ihrer Bestrebungen.«[71]

Diese praktischen Misserfolge waren der Hauptgrund für den um die Mitte der 1960er Jahre allmählich einsetzenden Denkwandel. Nicht die Einsicht in den Übertragbarkeitskonflikt oder die Wünsche der Kinder wurden jedoch zum Hauptargument, sondern die hinter den Erwartungen zurückbleibende Technik. So erklärte Hepp angesichts gescheiterter Versuche an mit Fremdkraft betriebenen Beinprothesen: »Es ist auch nicht im Atomzeitalter in absehbarer Zeit eine Lösung zu erwarten. Wir sind hier mit unseren heutigen technischen Mitteln an eine absolute Grenze gekommen, die uns zwingt, nach anderen Lösungen zu suchen, um den Lebensraum für diese liebenswerten und intelligenten Menschen soweit als möglich zu erweitern, sie pflegeunabhängig, berufsfähig und lebenstüchtig zu machen.«[72]

Ein Teil der Orthopäden und Techniker wandte sich nun der Konstruktion von Mobilitätshilfen, Fahrzeugen und kindgerechten Alltagshilfen zum Essen, Anziehen, Waschen, Malen oder Schreiben zu. Mobilität beispielsweise schien mit elektrisch gesteuerten Krankenfahrstühlen und später mit zugerüsteten Kraftfahrzeugen besser unterstützt werden zu können als mit komplizierten Gehapparaten. Diese Art von Technik wurde auch deutlich besser angenommen.[73] Oskar Hepp beispielsweise, zunächst ein Befürworter der Kinderprothetik, entwickelte in Münster parallel schon früh elektrisch betriebene und elektronisch gesteuerte Fahrzeuge und Rollstühle. Er wollte »ein Fahrzeug [...] bauen, mit dem sich auch der körperlich schwerstbehinderte Mensch frei in der Wohnung, auf der Straße und im Gelände bewegen« konnte«.[74] Auf diese Form von Mobilitätstechnik übertrug er die

71 | Landschaftsverband Rheinland, Rheinische orth. Landeskinderklinik Süchteln: Abschließender Bericht über Erfahrungen bei der Entwicklung und Erprobung technischer Hilfen bei Kindern mit schweren Missbildungsformen an Direktor des Landschaftsverbands Rheinland, 8.7.1969, BArch B 189 20890.

72 | O. Hepp: Betreuung (1966), S. 30-31.

73 | Vgl. dazu die Plenumsverhandlungen in Bundesministerium für Gesundheit (Hg.): Monografie über die Rehabilitation der Dysmeliekinder. Dysmeliearbeitstagung am 17./18.10.1964 in der Orthopädischen Universitätsklinik und Poliklinik Münster, Bad Godesberg 1965; Bundesministerium für Gesundheit (Hg.): 2. Monografie über die Rehabilitation der Dysmeliekinder. Dysmeliearbeitstagung am 5./6.11.1965 in der Orthopädischen Anstalt der Universität Heidelberg, Frechen/Köln 1967; Bundesministerium für Gesundheit (Hg.): 3. Monografie über die Rehabilitation der Dysmeliekinder. Dysmeliearbeitstagung am 24./25.7.1966 in Hannover, Bad Godesberg 1967; Bundesministerium für Gesundheit (Hg.): 4. Monografie über die Rehabilitation der Dysmeliekinder. Dysmeliearbeitstagung am 20./21.10.1967 in der Orthopädischen Universitätsklinik Frankfurt a.M., Bad Godesberg 1968.

74 | O. Hepp: Betreuung (1966), S. 32, 34.

Zielformulierungen und Erwartungen, mit denen der Contergandiskurs die Prothesentechnik auflud: Die Technologen sollten Kinder eingliederungsfähig, selbstständig und somit »normal« machen. Doch auch hier traf sein technischer Optimismus auf Grenzen. Beispielsweise gelang es Hepps Team entgegen seiner Prognosen nicht, Fahrzeuge zu schaffen, die auch unwegsame Gelände und Treppen überwinden konnten.[75]

Ein anderer Teil der Orthopäden setzte nun auf die »außerordentliche Kompensationsfähigkeit« der Kinder und erarbeitete mit Beschäftigungstherapeutinnen und -therapeuten und Kindergärtnerinnen Methoden für ein entsprechendes Training.[76] Unter ihnen war auch Ernst Marquardt, zuvor einer der vehementesten Verfechter der Frühprothetisierung der oberen Gliedmaßen. Er räumte 1965 ein, dass er oft zu früh Prothesen angepasst habe, die den Kindern wenig Nutzen brachten und daher abgelehnt wurden. Häufig seien die Funktionen selbst kurzer Ärmchen sehr viel besser und vielfältiger als alle Möglichkeiten, die die Technik biete.[77] Mit Nachdruck unterstützten dieses Umdenken auch jene wenigen Menschen mit Behinderungen, die bereits auf Fachveranstaltungen der Rehabilitation als Experten und Expertinnen auftreten durften. Unter ihnen war an prominenter Stelle der ohne Arme geborene amerikanische Pfarrer und Professor Harold Wilke, der mehrfach auf deutsche Kongresse geladen wurde. Unter dem Motto »Using everything you've got« widersprach er dem Zwang, eine mit Prothesen ausgestattete funktionstüchtige Maschine sein zu müssen, und propagierte das Training für eine spätere Selbstständigkeit.[78]

---

75 | Vgl. Forschungswerkstatt an der orth. Universitätsklinik Münster, Forschungsbericht an der orth. Universitätsklinik Münster: Kurzbericht über die erzielten Ergebnisse sowie über die geplanten Forschungsarbeiten an BMGes, 1.2.1966, BArch B 189 20888.

76 | Vgl. H. Strasser: Aspekte (1965/66), S. 215; H. Rettig: Rehabilitationsmaßnahmen (1971), S. 147; Landschaftsverband Rheinland, Rheinische orth. Landeskinderklinik Süchteln: Abschließender Bericht über Erfahrungen bei der Entwicklung und Erprobung technischer Hilfen bei Kindern mit schweren Missbildungsformen an Direktor des Landschaftsverbands Rheinland, 8.7.1969, BArch B 189 20890; Orth. Klinik des Wichernhauses, Altdorf b. Nürnberg, F. Becker, Bericht an BMGes, 5.12.1968, ebd.; O. Hepp: Häufung (1962), S. 425; Ders.: Betreuung (1966), S. 30; A. Rütt: Therapie (1963), S. 331.

77 | Vgl. Ernst Marquardt: »Prothesen, Apparate, technische Hilfen für Fehlbildungen der oberen Extremitäten«, in: Bundesministerium für Gesundheit (Hg.): 2. Monografie über die Rehabilitation der Dysmeliekinder. Dysmeliearbeitstagung am 5./6.11.1965 in der Orthopädischen Anstalt der Universität Heidelberg, Frechen/Köln 1967, S. 11-54, hier S. 11. Aus der Retrospektive zur prothetischen »Überversorgung« der Kinder und zu den Lerneffekten der Orthopädie vgl. D. Gisbertz/H.-H. Wetz/U. Hafkemeyer: Möglichkeiten (2005), S. 97, 102-103.

78 | Vgl. Harold Wilke: »Die Bedeutung der Gesellschaft für die Rehabilitation der Behinderten«, in: Bundesministerium für Gesundheitswesen (Hg.): 4. Monografie über die Rehabilitation der Dysmeliekinder. Dysmeliearbeitstagung

Exponierte Personen wie Wilke brachten auch auf neue Weise Nutzer und Nutzerinnen ins Spiel. Zweifellos hatten die Orthopäden und Konstrukteure diese im Blick, als sie Prothesen erdachten und konstruierten. Doch differierten die Bilder, die die Experten von der Nutzung und dem Umgang mit Prothetik hatten, oft stark von den Vorstellungen dieses Personenkreises. Zwischen dem Fachdiskurs auf der einen Seite und der individuellen Nutzung und Aneignung von Technik bestand mitunter ein deutlicher Unterschied. Die Technikgeschichte verweist seit Längerem darauf, dass Nutzer technische Angebote höchst unterschiedlich annehmen, von der intendierten Nutzungsform abweichen und so die Bedeutung der jeweiligen Technik verändern.[79] Aus der Nutzungsgeschichte der Prothetik sind schon seit den 1920er Jahren markante Umnutzungsstrategien bekannt. So wurden beispielsweise Arm- und Beinprothesen wasserdicht gemacht, um damit schwimmen zu können, obwohl die Konstrukteure die Nutzung in Wasser nicht vorgesehen hatten. Unterarmprothesen, die mit Klettverschlüssen versehen wurden, um Musikinstrumente spielen zu können, verweisen darauf, dass den Nutzern die technischen Optionen häufig nicht genügten, die die Konstrukteure auf den Einsatz der Prothetik in Beruf und Erwerbsleben konzentriert hatten.[80]

In der Prothesengeschichte der Bundesrepublik häuften sich zudem Anzeichen, dass die Prothesen deshalb abgelehnt oder nur sehr begrenzt genutzt wurden, weil Aufwand und Effekt in keinem für die Nutzerinnen und Nutzer sinnvollen Verhältnis zueinander standen. So übermittelte 1966 eine deutsche Beschäftigungstherapeutin dem ISRD-Weltkongress die Stellungnahme einer 54-jährigen Hausfrau, die beide Oberarme und einen Unterschenkel durch Amputation verloren hatte und drei Prothesen nutzte. Die als geschickt beschriebene Frau habe mithilfe der Prothesen einige Selbstständigkeit erreicht, sei von deren Sinn aber nicht überzeugt: »The disabled should consider whether the high input of energy required for even the lightest work is worth doing it. Certainly, using a prosthesis means a burden for

am 20./21.10.1967 in der Orthopädischen Universitätsklinik Frankfurt a.M., Bad Godesberg 1968, S. 11-13; Bundesverband der Eltern körpergeschädigter Kinder e.V. Contergankinder-Hilfswerk, Einladung zum 1. Internationalen Kongress der Eltern körpergeschädigter Kinder, 19.-20.6.1965 in Köln, Programm, BArch B 122 5257; E. Marquardt: Contergankatastrophe (1994), S. 13.

79 | Vgl. Zur Rolle der Nutzer im Konstruktionsprozess von Technik Nelly Oudshoorn: »Clinical Trials as a Cultural Niche in Which to Configure the Gender Identities of Users: The Case of Male Contraceptive Development«, in: Oudshorn, Nelly/Pinch, Trevor (Hg.): How Users Matter. The Co-construction of Users and Technology, Cambridge, Mass. 2003, S. 209-227, hier S. 209-211; Judy Wajcman: »Gender in der Technologieforschung«, in: Pagero, Ursula/Gottburgsen, Anja (Hg.): Wie natürlich ist Geschlecht? Gender und die Konstruktion von Natur und Geschlecht, Wiesbaden 2002, S. 270-289, hier S. 273-274, hier S. 274.

80 | Vgl. zu diesen Umnutzungen K. Ott: Sum (2002), S. 6.

its user, and every action requires great effort.«[81] Von gewerblichen Arbeitern der Firma Siemens mit Arm- oder Handamputationen wurde schon in den frühen 1950er Jahren berichtet, dass es sie störte, wenn Prothesen den direkten Kontakt zwischen Körper und Werkstück verhinderten: »Es hat sich häufig die Erkenntnis gewinnen lassen, dass der besonders vorbereitete Stumpf eines Gliedes dem Verletzten die Möglichkeit gibt, direkt mit seiner Arbeit in Verbindung zu stehen, nicht durch ein dazwischen geschaltetes künstliches Glied den unmittelbaren Kontakt mit dem Werkzeug oder Werkstück zu verlieren.«[82]

Auch viele Kriegsbeschädigte, die die Landesversehrtenberufsfachschule in Bad Pyrmont in den 1950er Jahren besuchten, setzten nach Auskunft der Direktion lieber auf ihre eigenen körperlichen Möglichkeiten.[83] Sogenannte Ohnhänder, denen operativ eine Krukenbergzange gelegt worden war, zeigten sich damit zufrieden, legten aber die zugehörigen Prothesen selten an, weil viele Handgriffe mit den sensiblen Unterarmzangen besser gelangen.[84] Der 28-jährige ehemalige Maurergeselle Heinrich K. berichtete 1952 im Zuge einer Erhebung, seine Spezialprothesen erst zwei Mal getragen zu haben, da sie ihn überhaupt nicht zufrieden stellten. Wenn er im Einzelfall eine technische Hilfe benötige, benutze er eine ganz einfache Drehprothese für den nicht operierten rechten Unterarm.[85]

Als »Ohnhänder« Anfang der 1960er Jahre außerdem mit den Forschungsenergien konfrontiert wurden, die Orthopäden wie Hepp in die Entwicklung von myoelektrischen Armprothesen für die durch Thalidomid geschädigten Kinder investierten, um die Produkte später auf die Erwachsenenprothetik zu übertragen, reagierten sie skeptisch. Natürlich müsse

81 | Eva-Maria Rundel: »The Use of Prostheses in Daily Living Activities«, in: Dicke, Werner/Jochheim, Kurt-Alphons/Müller, Marlis/Thom, Harald (Hg. im Auftrag der ISRD), Industrial Society and Rehabilitation – Problems and Solutions. ISRD-Proceedings of the Tenth World Congress Wiesbaden 11.-17.9.1966, Heidelberg 1967, S. 104-105, hier S. 105.

82 | Schwerbeschädigtenarbeit bei Siemens, Vortrag mit Filmsequenzen und Dias, Manuskript [1953], Siemens-Archiv 12752.

83 | Vgl. BT, 2. WP, 29. Ausschuss, Protokoll 42: Kurzprotokoll über die Studienreise einer Unterkommission des 29. Ausschusses für Kriegsopfer- und Heimkehrerfragen v. 29.-30.6.1955 nach Bad Pyrmont und Gelsenkirchen, BArch B 106 10674.

84 | Vgl. die von den AÄ eingesandten Erhebungsbögen zu: LAA NRW, Schreiben an AÄ, 2.10.1952, NRWHStA BR 1134 539; A. Hopf/E. Reinhardt: Erfahrungsbericht (1965), S. 110; Orth. Versorgungsstelle Koblenz, Schreiben an Landesversorgungsamt Rheinland-Pfalz, 11.12.1956, BArch B 142 554; Landeswohlfahrtsamt Rheinland-Pfalz, Hauptfürsorgestelle, Schreiben an Sozialministerium Rheinland-Pfalz, mit Anlage: Niederschrift über die gemeinsame Besuchsfahrt der orth. Versorgungsstelle, der Hauptfürsorgestelle und des LAA zur Rehabilitation von Ohnhändern am 12.8.1957, 16.1.1958, ebd.

85 | Vgl. AA Geldern, Schreiben an Präsidenten des LAA NRW, 13.10.1952, NRWHStA BR 1134 539.

man Prothesen technisch fortentwickeln, so ein VdK-Redner auf der »Ohnhändertagung« in Düsseldorf 1963, im Alltag sei aber noch immer das Einfachste das Beste, denn man könne sich darauf verlassen, dass es funktioniere. Manche »Ohnhänder« hätten sich an die Krukenbergzange optimal gewöhnt, manche benutzten zusätzlich nach Bedarf ihre Prothesen, andere verzichteten darauf und bevorzugten ein Leben ganz ohne Prothesen.[86]

Den technischen Fortschrittsoptimismus der Techniker und Ärzte teilten offenbar wenige »Ohnhänder«, wie ein Protest aus dem Jahre 1963 zeigt. Anlass war ein Film des Tübinger Orthopäden Lothar Kreuz mit dem Titel »Der Krukenberg-Greifarm: Rehabilitationsmöglichkeiten im täglichen und beruflichen Leben«. Er argumentierte, die zur Krukenbergplastik gehörenden Prothesen ermöglichten »Ohnhändern« in einzigartiger Weise Unabhängigkeit im täglichen Leben. Dem im Film zutage tretenden Normalisierungsoptimismus verwehrte sich der zuständige Referent des VdK, Bodo Stahr. Er protestierte, der Film erwecke den falschen Eindruck, »Ohnhänder« seien mit technischer Zurüstung tatsächlich unabhängig von Hilfe und Pflege. Nur ein kleiner Teil der »Ohnhänder« nutze die Krukenbergprothesen, und die Krukenbergplastik komme zudem noch nicht einmal für jeden in Frage. Falsch, so Stahr, sei außerdem die Annahme, ein geschickter »Ohnhänder« mit Krukenbergzange könne mit einem Menschen mit zwei Armen und Händen konkurrieren:

»Die Hand mit der Vielfalt ihrer Brauchbarkeit und Verwendungsmöglichkeit kann niemals ersetzt werden, auch nicht durch eine noch so gute Prothese, auch nicht durch die Krukenberg-Zange. Der Film erweckte daher [...] nicht nur den Eindruck, als ob alle Ohnhänder nur mit dieser Krukenberg-Zange orthopädisch versorgt sind, sondern kann bei Laien auch die Meinung aufkommen lassen, als ob die Ohnhänder vom Anziehen, Rasieren, Frühstücken, Autofahren und der Ausübung der Berufstätigkeit alles selbstständig verrichten können, das würde auch heißen, dass sie völlig rehabilitiert sind, keine Begleitpersonen benötigen und gar nicht so hilfsbedürftig sind, wie es die ›bösen Verbände‹ immer hinstellen. Die Filmszene mit dem blinden Ohnhänder, der mit dem Mund Wäscheklammern zusammensetzt, ist geradezu eine Beleidigung für diesen Personenkreis der Allerschwerstversehrten. Es wird doch niemand glauben, dass eine solche Arbeit Freude macht und geeignet ist, Lust und Liebe für eine berufliche Tätigkeit zu erwecken. Ich glaube, irgendwo muss der Rehabilitierung eines Schwerstbeschädigten eine Grenze und ein Ende gesetzt werden.«[87]

86 | Vgl. 1. Ohnhändertagung des VdK am 9.2.1963 in Düsseldorf, Rede v. Ludwig Hönle, NRWHStA BR 1134 594.

87 | Bundesausschuss der Kriegsbeschädigten- und Kriegshinterbliebenenfürsorge, Ergebnisprotokoll über die Sitzung des Bundesausschusses der Kriegsbeschädigten- und Kriegshinterbliebenenfürsorge am 12.3.1963 im BMI, 27.5.1963, BArch B 172 1911.

Der VdK befürchtete offenbar nicht ohne Grund, dass sich der im Film vermittelte Prothesen- und Normalisierungsoptimismus zum Schaden der »Ohnhänder« auswirken könnte, denn verschiedene Berufsgenossenschaften hatten nach Bekanntwerden des Films begonnen, diesen die Pflegezulage zu entziehen. Auch der Bundesrechnungshof hatte eine Prüfung der Pflegezulage nach dem Bundesversorgungsgesetz angeordnet.[88] Obwohl die Kritik des VdK verhallte, belegt sein Plädoyer, dass nicht nur die materielle Technik, sondern auch die Machbarkeitsfantasien der Orthopäden und Orthopädietechniker bei den Nutzern auf Widerstand stießen.

Den Fachleuten war dabei sehr wohl bewusst, dass ihre hoch gesteckten technischen Normalisierungspläne sich nur realisieren ließen, wenn die Nutzer mitspielten. Ohne ihre Mitarbeit schien in keiner der Rehabilitationsphasen etwas zu erreichen zu sein.[89] Wie diese Zustimmung und aktive Beteiligung jedoch zu fördern war, darüber herrschten unterschiedliche Ansichten. Auf freie Selbstbestimmung wollte man nicht setzten. Ein Teil der Ärzte plädierte deshalb dafür, dass Pflegepersonal, Psychologen und Seelsorger und Angehörige die Rehabilitandinnen und Rehabilitanden entsprechend lenken sollten.[90] Die Beschäftigungstherapeutinnen konnten nicht zuletzt aufgrund dieser Funktionszuweisung ihre Profession in den Hierarchien der Rehabilitation stärken.[91]

Eltern, insbesondere die Eltern der Kinder mit den sogenannten Dysmelien, wurden im Lauf der 1960er Jahre mit großem Erwartungsdruck zu »Co-Therapeuten« erklärt. Familien wurden für den Erfolg oder Misserfolg

---

88 | Vgl. Bundesausschuss der Kriegsbeschädigten- und Kriegshinterbliebenenfürsorge, Ergebnisprotokoll über die Sitzung des Bundesausschusses der Kriegsbeschädigten- und Kriegshinterbliebenenfürsorge am 12.3.1963 im BMI, 27.5.1963, BArch B 172 1911; 1. Ohnhändertagung des VdK am 9.2.1963 in Düsseldorf, Rede v. Ludwig Hönle, NRWHStA BR 1134 594.

89 | Vgl. BMA, Ministerialrat Clemens Dierkes, Schreiben an Landesozialgericht Bremen, Harry Rohwer-Kahlmann, mit Manuskript: Rehabilitation in medizinischer Sicht, 16.4.1956, BArch B 142 553; VDI, 7. Zwischenbericht über die Tätigkeit auf dem Gebiete der Versehrtentechnik (Versehrten-Tagung in Lippstadt und Erwitte, 26./27.1.1950), 1.2.1950, NRWHStA NW 42 1313.

90 | Vgl. BMA Abt. Ic1, Vermerk, 20.8.1954, BArch B 106 10674; DRK Generalsekretariat, Schreiben an alle DRK-Landesverbände, 30.4.1058, BArch B 106 10814; O. Hepp: Häufung (1962), S. 424; 1. Ohnhändertagung des VdK am 9.2.1963 in Düsseldorf, Rede v. Ludwig Hönle, NRWHStA BR 1134 594; »An die Eltern, die ein Kind mit fehlgebildeten Gliedern haben«, in: Bundesausschuss für gesundheitliche Volksbelehrung e.V. (Hg.): Hilfe für das behinderte Kind. Kongressbericht über Fragen der behinderten Kinder, 8.-12.6.1964 in Köln, Stuttgart 1966, S. 201-203; E. Marquardt: Bericht (1965/66), S. 178; J. Pechstein: Voraussetzungen (1974), S. 66; »Thesen zur Frühförderung«, in: Bayer. Staatsministerium für Arbeit und Sozialordnung (Hg.): Bayerische Sozialpolitik 1974, München 1974, S. 166-167; M. Pieper: Behinderung (1993), S. 119-128; A. Haaser: Entwicklungslinien (1975), S. 229-232.

91 | Vgl. M. Marquardt: Geschichte (2004), S. 16, 21, 36.

der medizinisch-prothetischen Rehabilitation verantwortlich gemacht.[92] Insbesondere wurde erwartet, dass sie die technischen Angebote der Kinderprothetik annahmen und ihre Kinder entsprechend anleiteten. Ärzte nahmen für sich in Anspruch, darüber zu entscheiden, wie Eltern mit ihren Kindern umgehen sollten. Sie forderten vor allem von den Müttern, sich aktiv an der Therapie zu beteiligen.[93] Ein Merkblatt des Bundesgesundheitsministeriums gab beispielsweise detaillierte Anweisungen, wie sich Eltern zu verhalten hatten, damit die Prothesenversorgung gelinge: »Hat zum Beispiel ein Kind anstelle eines Armes nur ein an der Schulter angewachsenes Fingerchen, dann muss dieses winzige Glied frühzeitig geübt und gekräftigt werden, da es schon bald bei der Steuerung eines Kunstgliedes unersetzliche Dienste leisten kann.«[94] In teils mehrwöchigen Schulungsprogrammen wurden Mütter von den sogenannten Dysmeliestationen in den Übungen und im Umgang mit der Prothesen- und Hilfsmitteltechnik ausgebildet.[95]

Die mit der Konstruktion des »Co-Therapeuten« verbundene grundsätzliche Aufwertung der Eltern im Rehabilitationsgeschehen ging jedoch weder automatisch mit einem vergrößerten Entscheidungsspielraum der Eltern einher, noch thematisierten die Experten, ob die Eltern überhaupt genug Unterstützung fanden, um diese Rolle erfüllen zu können.[96] Nur an wenigen Orten bestanden dafür die infrastrukturellen Voraussetzungen.

---

92 | Vgl. z.B. H. Strasser: Aspekte (1965/66), S. 221; Orth. Klinik König-Ludwig-Haus, Würzburg, August Rütt, Bericht an BMGes, 8.3.1968, BArch B 189/20890; G. Hauberg: Behandlung (1966), S. 56.

93 | J. Pechstein: Voraussetzungen (1974), S. 66; Orth. Klinik König-Ludwig-Haus, Würzburg, August Rütt, Bericht an BMGes, 8.3.1968, BArch B 189/20890; »Thesen zur Frühförderung«, in: Bayer. Staatsministerium für Arbeit und Sozialordnung (Hg.): Bayerische Sozialpolitik 1974, München 1974, S. 166-167; E. Marquardt: Bericht (1965/66), S. 178; O. Hepp: Häufung (1962), S. 424; M. Pieper: Behinderung (1993), S. 119-128.

94 | BMGes, Broschüre: Antwort an Eltern, die ein Kind mit fehlgebildeten Gliedern haben [o.Dat.], BArch B 142 1829.

95 | Zitat in BMGes Abt. Ia5, Vermerk: Bericht über die Dysmeliearbeitstagung am 5./6.11.1965 in Heidelberg, 16.11.1965, BArch B 189/20890; Orth. Klinik des Wichernhauses, Altdorf b. Nürnberg, F. Becker, Bericht an BMGes, 5.12.1968, ebd.; Annastift, Orth. Heil und Lehranstalt, Hannover-Kleefeld, Ergebnisse der Forschungsarbeiten von 1963-1965. Arbeitsbericht über drei Jahre Dysmeliesonderstation am Annastift, 26.1.1966, B 189 20888; G. Hauberg: Behandlung (1966), S. 56; Direktor der orth. Anstalt der Universität Heidelberg, Kurt Lindemann, Bericht an BMGes, 26.1.1966, BArch B 189 20888; Orth. Klinik König-Ludwig-Haus, Würzburg, August Rütt, Bericht an BMGes, 8.3.1968, BArch B 189/20890; Orth. Universitätsklinik und Poliklinik Tübingen, Hans Mau, Bericht an BMGes, 27.11.1968, ebd.

96 | 1972 machte es sich nach dem Stand der gesichteten Quellen erstmals eine Forschergruppe zur Aufgabe, die aus der Rolle der Co-Therapeutinnen entstehenden Belastungen der Mütter von Kindern mit Cerebralparesen zu untersuchen. Vgl. Ch. Gressmann: »Ergebnisse einer Elternbefragung zur ambulanten Behandlung ihres

Niedergelassene oder mobile Krankengymnastinnen beispielsweise waren in den 1960er Jahren noch eine Seltenheit.[97] Nicht ohne Grund gehörten die Etablierung von ambulanten Fachdiensten und Hausbesuche von Therapeutinnen zu den Selbsthilfeaktivitäten der neuen Elternverbände.[98]

Zusätzlich setzten viele Ärzte schlicht auch ihre ärztliche Autorität und Machtposition ein, um die medizinisch-technische Rehabilitation zum erwünschten Erfolg zu bringen.[99] Alle relevanten Sozialgesetze kannten außerdem Sanktionsandrohungen.[100] Sensibilität für die Problematik dieser Fremdbestimmung zeigten Fachleute und Politiker erst in den späten 1960er Jahren. 1973 führte beispielsweise ein Vertreter des Landesarbeitsamts Südbayern Misserfolge bei der beruflichen Rehabilitation darauf zurück, dass Menschen mit Behinderungen zeit ihres Lebens »von Fachleuten umstellt« seien, die über sie bestimmten: »Originäres Suchen, originäres Finden bedeutet deshalb eine unvergleichliche Chance, die Eigenaktivität, die eine der wesentlichsten Erfolgsgarantien für die Rehabilitation darstellt, hinüberzuretten in den beruflichen Anfang.«[101] Diese Wortmeldung markiert eine neue behindertenpolitische Debatte der 1970er Jahre, die ein Redner auf dem 2. Bundeskongress des VdK mit der Frage »Jeder Bürger hat ein Recht auf Rehabilitation, hat er auch die Pflicht zur Rehabilitation?« zusammenfasste.[102] Diese Debatte stand einerseits im Kontext des sich unter dem politischen Leitbild der Demokratisierung öffnenden Behinderungsdiskurses, grenzte andererseits aber auch an die von kritischen Professionen und Interessenvertretungen der Menschen mit Behinderungen nun erhobenen Einwände gegen die generelle Fremdbestimmung in der Rehabilitation.

In deren Kontext berichtete beispielsweise auch eine Protagonistin der Emanzipationsbewegung, Theresia Degener, davon, wie wenig hilfreich die ihr als Kind angepassten Armprothesen waren. Sie war ohne Arme geboren worden und gehörte zu den vielen sogenannten Dysmeliekindern, die die ihnen aufgedrängten Prothesen im Kindes- bzw. Jugendalter ablegten:

CP-Kindes im Spastiker-Zentrum des Annastifts in Hannover-Kleefeld«, in: Die Rehabilitation 11 (1972), H. 1, S. 1-8, hier S. 4-5.

97 | Vgl. Vogt: Behinderte (1967), S. 138; K. Schneider: Kind (1966), S. 171-180; R. Krais: Jahre (1969), S. 231; L. Ohnesorge: Chancengleichheit (1970), S. 5.

98 | Vgl. R. Krais: Jahre (1969), S. 230.

99 | Vgl. z.B. A. Hopf/E. Reinhardt: Erfahrungsbericht (1965), S. 111-113; E. Marquardt/O. Häfner: Bewährung (1956), S. 126.

100 | Vgl. § 36 SBG; § 63 BVG, §§ 25, 45, 64, 67 BSHG; §§ 64, 1243, 1287 RVO; § 624 UVNG; Th. Scharmann: Eingliederung (1957), S. 629; R. Schaudienst: Rehabilitationsgedanke (1964), S. 162; Herrmannsdorfer, Adolf: »Abgrenzung einiger versicherungsmedizinischer Grundbegriffe zum praktischen Gebrauch für den ärztlichen Gutachter in der Sozialversicherung«, in: Münchener Medizinische Wochenschrift v. 4.6.1954, S. 659.

101 | G. Waidner: Berufsorientierung (1974), S. 114-115.

102 | Vgl. 2. Bundeskongress für Behinderte des VdK am 7.6.1972, Referat v. Hubertus Stroebel: Probleme der praktischen Rehabilitationsarbeit, BArch B 172 1834.

»Mit drei Jahren wurden mir die ersten ›Schmuckhände‹ verpasst. Prothesen, mit denen ich nicht einmal halb so viel anfangen konnte wie mit meinen Füßen, sie behinderten mich auf allen Ebenen. Mit ihnen konnte ich nicht spielen, weil ich nichts fühlte. Mit ihnen eckte ich überall an, weil ich mich nicht daran gewöhnen konnte, an beiden Seiten meines Oberkörpers noch so komische Arme zu haben. Ich konnte mit diesen Prothesen nicht rennen, weil sie mir zu schwer waren und mir die Schultern wund drückten, schließlich durfte ich mit ihnen auch nicht hinfallen, damit sie nicht kaputtgingen. [...] Beim Essen fühlte ich mich wie ein Roboter, ich drückte den falschen Knopf und das Essen landete auf dem Teller anstatt in meinem Mund.«[103]

Erfahrungen des Scheiterns und der Ablehnung trugen allmählich dazu bei, die Machbarkeitsfantasien der Protheseneuphoriker zu bremsen. Insgesamt erlitt der Fortschritts- und Technikoptimismus im Lauf der 1970er Jahre Einbußen. Zudem wurde Behinderung, seit ihre gesellschaftlichen Ursachen diskutiert wurden, nicht mehr nur am individuellen Körper technisch bearbeitet. Die Prothesenideologie verlor an Ausschließlichkeit, je mehr Energien in den Abbau technischer Barrieren und die Konstruktion technischer Alltagshilfen investiert wurden. Im Kontext einer Sowohl-als-auch-Dynamik wuchsen aber auch neue Machbarkeitsfantasien nach. Sie richten sich gegenwärtig zum Beispiel auf Karbonprothesen, C-Leg, Fluidhand und Neuroprothesen, die nicht nur als Ersatz, sondern auch als Optimierung menschlicher Fähigkeiten präsentiert werden.

Anders als viele Cyborgfantasien jedoch vorgeben, erweiterten die Prothesen das soziale Prestige ihrer Nutzerinnen und Nutzer nicht. Dies zeigen einerseits lebensgeschichtliche Interviews mit Frauen, die Prothesen nutzen. Sichtbare Behinderungen überlagerten andere persönliche Merkmale, Prothesen ließen die Frauen für viele unattraktiv erscheinen.[104] Andererseits verweisen auf diesen Zusammenhang auch die Schönheitsratgeber und Schminkfibeln, die Beschäftigungstherapeutinnen und Pädagoginnen in den 1970er Jahren verfassten. Prothese oder Rollstuhl waren ein Makel. Sie rieten den Mädchen und Frauen deshalb, die abstoßende Wirkung, die von ihnen ausgehe, zu übertünchen:

»Ganz sicher ist es nicht wahr, dass man als Rollstuhlfahrerin seinem Äußeren weniger Beachtung schenken braucht. Ganz im Gegenteil. Wer im Rollstuhl

103 | Th. Degener: Emanzipation (1981), S. 16. Weitere Berichte über Kinder, die ihre Prothesen nicht nutzten, in A. Kolter: Behinderung (1994), S. 7; B. Kober-Nagel: Contergankinder (1979), S. 23, 43-44; W. Freitag: Contergan (2005), S. 222, 230-232, 319-321, 363-364, 386-389; W. Bläsig: Ausbildung (1973), S. 119; D. Muthmann: Jahre (1973), S. 188.

104 | Vgl. S. Boll/Th. Degener/C. Ewinkel/G. Hermes u.a.: Geschlecht (1985), S. 45-54; vgl. auch die Interviews in C. F. Bruner: KörperSpuren (2005) und W. Freitag: Contergan (2005); S. v. Daniels/Th. Degener/A. Jürgens/F. Krick u.a. (Hg.): Krüppel-Tribunal (1983), S. 100-103; Reiss, Body, S. 198.

sitzt oder mit anderen orthopädischen Hilfsmitteln versehen ist, fällt in der Öffentlichkeit auf und wird also auch kritischer angesehen. Da darf es nicht unwichtig sein, sorgfältige Kleidung und Make-up zu wählen. Dick aufgetragene Wimperntusche, grell rotgemalte Lippen und Fingernägel können von der Tatsache, dass man körperbehindert ist, nicht ablenken, aber der Rollstuhl ist unwichtig, wenn man selbst nett und gepflegt aussieht.«[105]

Erst im Kontext der Behindertenbewegung der 1980er Jahre verweigerten sich Frauen dieser Erwartungshaltung. Sie präsentierten sich in ihren Publikationen mit einer gänzlich neuen Bildsprache. Unter der Überschrift »Sonnentop ohne Arme ist wie Minirock mit Schienen« beispielsweise zeigten sie, dass sie nicht bereit waren, unter allen Umständen gängigen Schönheitsidealen zu entsprechen.[106] Die Technikhistorikerin Katherine Ott fasst das Phänomen zusammen: »Cyberpunks and -borgs can draw a crowd to a website or a Hollywood movie. On Madison Avenue or in Wired magazine, a high-tech human is sexy. [...] But when the wearer has less of a choice, or when technology references disability and not glamour, the attraction of engineered beauty fades. Rehabilitation technology is not worshiped in popular culture.«[107]

In der Praxis der Prothesentechnik, wie sie hier skizziert wurde, verfestigten sich die Grenzen zwischen den als normal und den als anders gedachten Körpern. In dem Maße, wie die Prothesentechnik Ideale von menschlicher Funktions- und Erwerbsfähigkeit repräsentierte, beförderte sie die Norm des vollständigen und uneingeschränkt leistungsfähigen Körpers.[108]

105 | Regine Haase: »Kosmetik für körperbehinderte Mädchen«, in: Das behinderte Kind 8 (1971), H. 1, S. 45-46, hier S. 45. Ähnlich zuvor schon L. Staude: Belange (1962), S. 507. Außerdem aus Sicht der Frauen S. v. Daniels/Th. Degener/A. Jürgens/F. Krick u.a. (Hg.): Krüppel-Tribunal (1983), S. 99-103; S. Boll/Th. Degener/C. Ewinkel/G. Hermes u.a.: Geschlecht (1985), S. 48.

106 | Vgl. dazu C. Poore: Disability (2007), S. 284-285. Vgl. die Abbildungen zum Kapitel »Sonnentop ohne Arme ist wie Minirock mit Schienen. Das Schönheitsideal und seine Folgen«, in: S. Boll/Th. Degener/C. Ewinkel/G. Hermes u.a.: Geschlecht (1985), S. 43, 46.

107 | Vgl. K. Ott: Sum (2002), S. 21.

108 | Vgl. zu dieser Nebenfolge der Technisierung des Körpers J. Wajcman: TechnoFeminism (2005), S. 92. Die Cyborgthese widerlegt aus der Sicht eines Anthropologen und Nutzers Steven L. Kurzman: »Presence and Prosthesis: A Response to Nelson and Wright«, in: Cultural Anthropology 16 (2001), H. 3, S. 374-387, hier S. 382; D. Lupton/W, Seymour: Technology (2000), S. 1853, 1861.

4.2 Barriereabbau

Am Ende der 1960er Jahre entwickelte sich allmählich ein politisches Gespür für bauliche und technische Bedingungen der Umwelt, die Menschen in ihren Lebensvollzügen behinderten. Problematisiert wurden zunächst architektonische Barrieren im Zusammenhang mit Erwerbstätigkeit oder bürokratischen Vorgängen.[109] Wohnung und Behinderung beispielsweise wurden primär von einem arbeitsmarktpolitischen Standpunkt her miteinander in Verbindung gebracht. Um die Arbeitsaufnahme von Schwerbeschädigten zu fördern, hatte sich die Bundesanstalt für Arbeitsvermittlung und Arbeitslosenversicherung sogar bereits in den 1950er Jahren am Bau von Wohnungen für Schwerbeschädigte beteiligt.[110] Vorgaben für die technische und bauliche Gestaltung dieser Wohnungen waren damit in der Regel aber nicht verbunden gewesen.

Ein über die unmittelbar arbeitsmarktbezogenen Fragen der beruflichen Rehabilitation hinausgehendes Verständnis für die Bedürfnisse von Menschen mit Behinderungen auf dem Wohnungssektor lässt sich erst in der zweiten Hälfte der 1960er Jahre nachweisen. Noch später gelangten Mobilitätshindernisse und Barrieren, die die Teilhabe am öffentlichen Leben und an Freizeitveranstaltungen sowie den Lebensgenuss einschränkten, in den Blick von Expertenzirkeln, Ministerien und Behörden. Der Fokus lag zudem auf Merkmalen der gebauten Umwelt, die Menschen mit körperlichen Behinderungen, insbesondere den Nutzern von Rollstühlen, den Alltag erschwerten. So listete beispielsweise 1972 ein Vertreter der Bundesarbeitsgemeinschaft für Rehabilitation unter dem Begriff der problematischen »Umweltbedingungen« Folgendes auf: Treppen, fehlende oder zu steile Rampen an Gebäuden, zu wenige Fahrstühle, zu enge Türen, zu kleine Sanitärräume, zu hoch angebrachte Schalter und Fensterhebel, zu hoch installierte Automaten und Briefkästen, ungeeignete Einstiege in Verkehrsmittel.[111] Etwas später gerieten dann die baulichen und technischen Hürden für blinde Menschen und Personen mit schweren Sehbehinderungen in den Blick. Mit weiterer Verzögerung entstand im Lauf der 1970er Jahre ein Verständnis für die mentalen Barrieren der Gesellschaft und für die Schwierigkeiten von gehörlosen Menschen. Noch außerhalb des Denkhorizonts befanden sich

109 | Vgl. F. Vogt: Behinderte (1967), S. 138.

110 | Vgl. z.B. BAVAV, Ergebnisprotokoll über die 7. Sitzung des beratenden Ausschusses am 5.4.1957, BArch B 119 2971; »Förderung des Wohnungsbaus für Schwerbeschädigte«, in: Bulletin des Presse- und Informationsamts der Bundesregierung v. 29.1.1959, S. 171; BMA, Ministerialrat Clemens Dierkes, Schreiben an Landesozialgericht Bremen, Harry Rohwer-Kahlmann, mit Manuskript: Rehabilitation in medizinischer Sicht, 16.4.1956, BArch B 142 553.

111 | Vgl. 2. Bundeskongress des VdK für Behinderte am 7.6.1972, Referat v. Hubertus Stroebel: Probleme der praktischen Rehabilitationsarbeit, BArch B 172 1834. Ähnlich auch BAR, 5. Mitgliederversammlung der BAR am 4.12.1973, Referat v. Heinz Westphal: Aktuelle Fragen der Rehabilitation Behinderter, BArch B 189 9461.

hingegen Hindernisse, mit denen Menschen mit kognitiven Beeinträchtigungen zu kämpfen hatten und die sich etwa durch die sogenannte Einfache Sprache bearbeiten lassen.

Sprachlich setzte sich der neue Zugang zu Behinderung um 1968 im ministeriellen Raum zunächst in der Wendung »bauliche und technische Hindernisse« fest. Diese rückte die behindernden Merkmale der Umwelt in den Mittelpunkt.[112] Um die Mitte der 1970er Jahre tauchten dann häufiger auch die Begriffe »behindertengerecht« und »behindertenfreundlich« auf.[113] Damit wurde die Ursache der alltäglichen Probleme mit der Umwelt wieder stärker im Individuum verortet. »Barrierefreiheit« und »Barriereabbau« sind hingegen Schöpfungen der 1980er Jahre.

Abbau oder Reduktion von baulichen und technischen Hindernissen verorteten Politiker und Ministerien in der ersten Hälfte der 1970er Jahre vor allem im sozialliberalen Ideal der Humanisierung der Lebenswelt und der »Gestaltung lebenswerter Städte«. Auch das Primat der Chancengleichheit und Lebensqualität für alle Menschen spielte eine wichtige Rolle:[114] »Ein humaner Städtebau verlangt, dass alle Bürger das urbane Angebot einer Stadt in Anspruch nehmen können. [...] An der Gestaltung der baulichen Umwelt lässt sich die Einstellung der Gesellschaft zu ihren einzelnen Mitgliedern, auch zu den behinderten Mitgliedern ablesen«, argumentierte das Bundesministerium für Städtebau und Wohnungswesen 1972.[115] In der Präambel der DIN 18024, einer Planungsgrundlage für den öffentlichen Raum, in dem sich der politische Reformwille 1974 konkretisierte, war zu lesen: »Die Vermeidung und Beseitigung baulicher Hindernisse trägt, über die spezielle Aufgabe der Rehabilitation und Integration hinaus, ganz allgemein zur Rehumanisierung des Städtebaus und zur Schaffung einer menschengerech-

---

112 | Vgl. Interministerieller Ausschuss zur Beseitigung baulicher und technischer Hindernisse: Katalog der Schwerpunkte bei der Beseitigung baulicher und technischer Hindernisse, März 1973, BArch B 157 2558; BAG Hilfe für Behinderte an BMst, 17.5.1972, ebd.

113 | Vgl. z.B. Bundesministerium für Raumordnung, Bauwesen und Städtebau (BMBau) Ref. B II5, Vermerk, 17.2.1975, BArch B 157 18324; früh schon 2. Bundeskongress für Behinderte des VdK am 7.6.1972, Referat v. Hubertus Stroebel: Probleme der praktischen Rehabilitationsarbeit, BArch B 172 1834.

114 | K. Ravens: Rücksicht (1974), S. 1 und 2; »Ansprache des Bundespräsidenten Walter Scheel zum 16. Welttag der Behinderten, 23.3.1975«, in: Bulletin des Presse- und Informationsamts der Bundesregierung v. 26.3.1975, S. 393; Landeshauptstadt München, Sozialreferat, Referatsübergreifender Arbeitskreis für Probleme von Behinderten, erster Zwischenbericht, 27.6.1974, StadtAM Ratssitzungsprotokolle 747/31.

115 | BMSt an Präsidenten des Deutschen BT, 15.3.1972, BArch B 157 18324. So auch Albert Prömmel: »Wohnungen für Schwerbehinderte und bauliche Maßnahmen für Behinderte im öffentlichen Bereich«, in: Jochheim, Kurt-Alphons/Moleski-Müller, Marlis/Siebrecht, Valentin (Hg.): Wege zur Chancengleichheit der Behinderten. Bericht über den 25. Kongress der DeVg e.V. in Bad Wiessee, 10.-12.10.1973, Heidelberg 1974, S. 274-276, hier S. 276.

ten Umwelt wesentlich bei.« Dabei wurde ein sehr weitgehender Begriff von Barrierefreiheit angesetzt. Das Ideal war die »weitgehende Unabhängigkeit von fremder Hilfe«.[116] Dieses propagierten vor allem auch die Interessenvertretungen von Menschen mit Behinderungen.[117] In der Praxis der 1970er Jahre, dies sei vorweg genommen, gelangen allerdings häufig nur Lösungen, die bestimmte Alltagshindernisse für Menschen mit Behinderungen überwindbar machten, wenn sie dabei auf die Hilfe Dritter zurückgriffen.

Auffällig ist, wie rasch es zu einer diskursiven Kollektivierung der Nutzer kam. Die Rede war zum Beispiel davon, das Problem der Alltagshindernisse nicht nur von »den Behinderten« her sehen zu wollen, sondern »unter dem Gesichtspunkt der Behinderung in der Fortbewegung schlechthin«. Gerade auch ältere Menschen und Frauen mit Kinderwägen seien betroffen und profitierten vom Hindernisabbau.[118]

Was den Bereich der privaten Wohnung anging, kam im Prozess der Thematisierung von Hindernissen den etablierten Klientelvertretungen wie Reichsbund und VdK große Bedeutung zu. Beide Verbände wurden bereits in der Phase der Großen Koalition beim Bundeswohnungsbauministerium unter Lauritz Lauritzen (SPD) vorstellig. Sie präsentierten dem Ministerium ihre Forderungen unter Verweis auf entsprechende internationale Entwicklungen. Aus deren Vielzahl seien die Konferenz der ISRD »The Physically Disabled and their Environment« 1962, die Empfehlungen des Europarates Nr. XX von 1959 und die gemeinsame Konferenz des Weltfrontkämpferverbandes und der ISRD »Internationale Konferenz über die architektonischen Barrieren« von 1965 genannt.[119]

---

116 | DIN 18024 Bauliche Maßnahmen für Behinderte und alte Menschen im öffentlichen Bereich. Planungsgrundlagen, Blatt 1 Straßen und Plätze, November 1974. Aktuell ist Barrierefreiheit so definiert: »Barrierefrei sind bauliche und sonstige Anlagen, Verkehrsmittel, technische Gebrauchsgegenstände, Systeme der Informationsverarbeitung, akustische und visuelle Informationsquellen und Kommunikationseinrichtungen sowie andere gestaltete Lebensbereiche, wenn sie für behinderte Menschen in der allgemein üblichen Weise, ohne besondere Erschwernis und grundsätzlich ohne fremde Hilfe zugänglich und nutzbar sind.« § 4, Gesetz zur Gleichstellung von Menschen mit Behinderungen v. 27.4.2002, BGBl. I 2002, S. 1467.

117 | Vgl. exemplarisch Club Behinderter und ihrer Freunde e.V. München an das Sozialreferat der Stadt München, Kommission für die Probleme Behinderter: 14.12.1975, Aktion »Anfänge einer behindertengerechten Stadt«, StadtAM Ratssitzungsprotokolle 749/29.

118 | Exemplarisch in BMA Ref. II a 3, Protokoll über die erste Sitzung des interministeriellen Ausschusses zur Beseitigung baulicher und technischer Hindernisse für Behinderte am 12.10.1970, 4.11.1970, BArch B 157 2558.

119 | Vgl. z.B. »Empfehlung der WEU Nr. XX v. April 1959«, in: BArbl. 13 (1962), H. 4, S. 10; ISRD (Hg.): The Physically Disabled and their Environment, Stockholm Conference 12.-18.10.1961, Stockholm 1962; »Lebensgerechte Wohnungen für Invalide«, in: General-Anzeiger v. 19.7.1965; Internationale Konferenz über die architektonischen Barrieren, FIMITIC, Fédération Mondiale des Anciens Combat-

Zunehmende Beachtung fanden in den Ministerien auch experimentelle Wohnmodelle, die Einrichtungsträger aus dem Kreis der Freien Wohlfahrtsverbände und der Stiftungen initiierten. So arbeitete beispielsweise die Münchener Pfennigparade e.V. in den 1960er Jahren eine bauliche Lösung aus, die Wohnungen für Einzelpersonen und Familien, Schul- und Ausbildung, Therapie und Alltagshilfen integrierte. Sie entschied sich für ein »Gemeinschaftshaus« nach dem Vorbild der in Skandinavien bereits seit Längerem erfolgreich umgesetzten Idee des Kollektivhauses oder Fokushauses.[120] Das seit 1967 in mehreren Bauphasen errichtete Münchner Zentrum sollte es Menschen mit Körperbehinderungen ermöglichen, während und nach der Rehabilitation mit ihren Familien in der Nähe des neuen Arbeitsplatzes zu leben, und Kindern, die in den Schul- und Ausbildungseinrichtungen der Pfennigparade unterrichtet wurden, den Heim- oder Internatsaufenthalt ersparen.[121] Breiteres Interesse fanden solche aus dem skandinavischen Raum entlehnten barrierefreien Wohn-, Lebens- und Arbeitsmodelle dank der Vermittlung des Vereins Fokus Deutschland e.V. unter Fachleuten und Ministerien dann in der ersten Hälfte der 1970er Jahre.[122]

Aus ihrer übergeordneten Perspektive als bundesweiter Professionsverband wagte sich die DeVg schon 1961 systematisch an die barrierefreie Wohnung heran.[123] Zur Grundlage ihrer Überlegungen machte sie den Idealtyp des Rollstuhlnutzers. Zu ihren Aktivitäten zählte zunächst die Gründung des Arbeitsausschusses »Wohnungsfragen und Hilfen für das tägliche Leben« unter der Leitung des Arztes und Beamten im Bundesarbeitsminis-

---

tants, ISRD, 16.-19.6.1965: Entschließung, 20.6.1965, BArch B 157 2556; BMWo Abt. IV 5, Vermerk, 20.7.1965, ebd.; Presseinformationen der Bayerischen Wohnungs- und Siedlungsbau GmbH/VdK, Die Behindertenwohnung, 10.10.1970, BArch B 149 16670. Vgl. zur Position des VdK in der Frage des Barriereabbaus zusammenfassend 2. Bundeskongress für Behinderte des VdK am 7.6.1972, Referat v. Hubertus Stroebel: Probleme der praktischen Rehabilitationsarbeit, BArch B 172 1834.

120 | Vgl. H.-W. Loose: Weltkongress (1951), S. 315.

121 | Vgl. Broschüre: Pfennigparade e.V. hilft Kindergelähmten und Contergankindern, will den Schwerstbetroffenen eine Heimat schaffen [o.Dat., Mitte der 1960er Jahre], StadtAM ZS 427/7; J. Hußlein: »Gemeinschaftsanlage für Schwerkörperbehinderte. Ein überregionales Modell entsteht in München«, in: Die Rehabilitation 8 (1969), H. 1, S. 36-39; Stiftung Pfennigparade e.V., Tätigkeitsbericht 1966-1967 der Pfennigparade e.V., S. 3, StadtAM ZS 427/7.

122 | Vgl. 2. Bundeskongress für Behinderte des VdK am 7.6.1972, Referat v. Hubertus Stroebel: Probleme der praktischen Rehabilitationsarbeit, BArch B 172 1834; S.-O. Brattgård/F. Carlsson/A. Sand: »Wohnung und Pflege für schwer Bewegungsbehinderte. Ein Tätigkeitsbericht der Stiftung Fokus über ihre Arbeit mit integriertem Wohnen für schwer Bewegungsbehinderte in Schweden«, in: Die Rehabilitation 11 (1972), H. 4, S. 223-233, hier S. 226-228; Freie und Hansestadt Hamburg, Baubehörde, Landesplanungsamt an BMSt, 1.4.1970, BArch B 157 2373; E. Klee: Behinderten-Report (1981), S. 69-70.

123 | Vgl. DeVg e.V., Schreiben an BMI, 9.6.1961, BArch B 142 550.

terium, Fritz Blohmke. Der Ausschuss gab einen Katalog heraus, der zur Orientierung der Industrie, der Kostenträger, der Professionen, vor allem aber auch der Nutzer beitragen sollte.[124] Er war viel stärker an alltäglichen Lebensverrichtungen in der Privatwohnung orientiert als die existierenden an der beruflichen Rehabilitation ausgerichteten Hilfsmittelkataloge.[125] Als erster Katalog dieser Art enthielt er ein Kapitel über »Hilfen bei Planung und Bau von Wohnungen Körperbehinderter«. Blohmke erwies sich als treibende Kraft hinter diesen Aktivitäten und wusste Verbandsinteressen mit Ministerialpolitik zu verbinden. 1963/64 verwirklichte er unter Beteiligung von Vertretern des Bundesministeriums für Wohnungsbau die technische Richtlinie der DeVg »Die Behinderten-Wohnung«. In einer Sonderschau der Wohnberatungsstelle Frankfurt »Die Behinderten-Wohnung« wurde diese Richtlinie exemplarisch umgesetzt. Unter Mitwirkung des Bundesministeriums für Städtebau und Wohnungswesen entstand später auch die DeVg-Richtlinie zur Sanitätsausstattung der Wohnungen für Rollstuhlnutzer.[126] Wie dringend derlei Handreichungen benötigt wurden, demonstrierte die DeVg 1966 mit der gemeinsam mit der Arbeitsgemeinschaft der Hauptfürsorgestellen durchgeführten Befragung zur aktuellen Wohnsituation von Menschen mit Körperbehinderungen. Diese Erhebung machte auf eine katastrophale Wohnsituation aufmerksam.[127]

1967 machte die DeVg außerdem ihren Mitgliedern die inzwischen umfangreiche internationale Fachliteratur zum Thema zugänglich, indem sie ein umfangreiches Literaturverzeichnis des »ISRD-Committee on Technical Aids, Architecture/Housing and Transportation« in ihrem Verbandsorgan *Die Rehabilitation* abdruckte.[128] Impulse an den politischen und ministeriellen Raum sandte auch das erste DeVg-Seminar zum Thema »Die

---

124 | Vgl. DeVg e.V., Bericht über die 1. Sitzung des Hilfsmittelausschusses am 31.10.1961 in Bad Godesberg, mit Anlage 1: Hilfen zur Rehabilitation Körperbehinderter, BArch B 149 12172.

125 | Dies waren die Sammlungen: Bundesanstalt für Arbeitsvermittlung und Arbeitslosenversicherung (Hg.): Arbeitshilfen für Behinderte. Handbuch des Schwerbeschädigtenvermittlers, Nürnberg 1958; Technische Hilfen für Körperbehinderte. Hg. v. Bundesinstitut für Arbeitsschutz, Koblenz, 1958, BHStA MInn 80709; W. Laurig/K. Wieland/H.-D. Mecheln: Arbeitsplätze für Behinderte 1. Dokumentation technischer Arbeitshilfen, Dortmund 1980, Einführung [o.Pag.] des Instituts für Arbeitsphysiologie der Universität Dortmund in Zusammenarbeit mit der Hauptfürsorgestelle des Landschaftsverbands Westfalen-Lippe.

126 | Vgl. BMSt Abt. IV B 5, Sprechzettel für Ministergespräch mit dem Reichsbund der Kriegs- und Zivilbeschädigten, 1.4.1968, BArch B 157 2556; Verband von Fachhändlervereinigungen des sanitären Installations-, Wasser- und Wasserleitungsbedarfs e.V. in Zusammenarbeit mit der DeVg (Hg.): Die Behindertenwohnung 2. Ratschläge für Sanitär-Ausstattungen, Bonn 1965.

127 | Fritz Blohmke: »Wohnungsprobleme Schwerstbehinderter«, in: BArbl. 17 (1966), H. 2, S. 57-59, hier S. 58; W. Dicke: Consequences (1967), S. 307-309.

128 | Vgl. DeVg e.V., Niederschrift über die Gesamtvorstandssitzung am

Wohnung des Körperbehinderten« im Oktober 1968. Fachleute widmeten sich dort Vorträgen wie »Der Körperbehinderte, ein Stiefkind der modernen Wohnungs- und Städteplanung« und »Bauliche Forderungen an eine Behindertenwohnung«. Die DeVg ließ sich dabei bereits von Menschen, die mit Behinderungen lebten, allerdings meist auch den Rehabilitationsprofessionen angehörten, von ihren Alltagsproblemen berichten.[129]

Bemerkbar machte sich in diesem Kontext eine Diskussion um die optimale Wohnform und die Platzierung von Wohnungen für Menschen mit Behinderungen. Offen segregierende Wohntypen wie etwa reine Behindertensiedlungen waren zu diesem Zeitpunkt diskreditiert. Fachwelt und Ministerialbeamte überlegten jedoch, ob Einpersonenwohnungen, Wohngemeinschaften oder das Gemeinschaftshaus-Konzept zu bevorzugen sein. Noch war die Ansicht verbreitet, dass es eine jeweils optimale Wohnform für Menschen mit bestimmten Behinderungen gebe. Die Autoren eines 1976 vom Bundesministerium für Raumordnung, Bauwesen und Städtebau in Auftrag gegebenen Forschungsberichts »Die Wohnsituation der Körperbehinderten in der Bundesrepublik Deutschland«, Joachim Brohm von der Baubehörde Hamburg und Kurt Juster vom Verein Fokus Deutschland e.V., versuchten dies zu widerlegen. Sie plädierten für Wahloptionen, die zwischen dem im sozialen Wohnungsbau geförderten Einfamilienhaus, der betreuten Wohngemeinschaft und dem Zimmer in einem Wohn- oder Pflegeheim lagen.[130] Zumindest wuchs in der ersten Hälfte der 1970er Jahre die Einsicht, dass zahlreiche Menschen mit Behinderungen nicht in Heimen leben mussten, wenn ihnen barrierefreie Wohnungen und ambulante Therapien und Alltagshilfen zur Verfügung standen.[131] »Wohnen ist mehr als ein Dach über dem Bett«,[132] urteilte der Pastor der Volmarsteiner Anstalten, Karl Heinz Backofen, diesbezüglich 1972. Vor allem Menschen mit Behinderungen, die in Heimen lebten, protestierten nun immer nachdrücklicher und hörbarer gegen die häufig entwürdigenden Zustände in den Einrichtungen, in denen Erwachsene noch immer oft dauerhaft ohne Intimsphäre in Mehrbettzimmern leben mussten. Der erstarkenden Heimkritik, der sich auch

---

25.10.1967 in Frankfurt a.M., mit Anlage: Bericht aus der Arbeit des Arbeitsausschusses Wohnungsfragen und Hilfen für das tägliche Leben, BArch B 149 12172.

129 | Vgl. DeVg e.V., 1. Seminar: Die Wohnung des Körperbehinderten am 2.10.1968, BArch B 189 9466.

130 | Joachim Brohm/Kurt Juster: Die Wohnsituation der Körperbehinderten in der Bundesrepublik Deutschland, Bonn 1976, S. 71, 75; Kurt Juster (1908), Schauspieler und Dramaturg, Mitbegründer der schwedischen Vereinigung für Körperbehinderte, 1956 Gründung des Hamburger Vereins zur Förderung und Betreuung spastisch gelähmter Kinder.

131 | Vgl. Bayer. Staatsministerium für Arbeit und Sozialordnung, Schreiben an Präsidenten des bayer. Landtags, 25.10.1973, BHStA MArb 3530; H. Riesser: Fragen (1971), S. 157.

132 | Vgl. Karl Heinz Backofen: »Wohnen ist mehr als ein Dach über dem Bett«, in: Die Rehabilitation 11 (1972), H. 3, S. 147-150, hier S. S. 147.

kritisches Personal und Zivildienstleistende anschlossen, schien es genauso wenig tragbar, dass Jugendliche in Internaten aufgrund der räumlichen Enge keine Besuche empfangen konnten und über Jahre hinweg aus Koffern leben mussten.[133] Ihre Kritik drang im Lauf der 1970er Jahre immer deutlicher in den politischen Raum.

Auch das in Skandinavien seit den 1950er Jahren entwickelte sogenannte Normalisierungsprinzip machten Selbsthilfeorganisationen im Lauf der 1970er Jahre in Deutschland bekannt. Sie forderten für Menschen mit Behinderungen Wohn- und Lebensformen und Alltagszyklen, die denen der Mehrheit der Gesellschaft entsprachen. Sonderterritorien sollten schwinden, sozialstaatliche Hilfen sich vorrangig an den Wünschen des Einzelnen ausrichten.[134] Ähnlich verhielt es sich mit dem Selbstbestimmt-Leben-Ansatz, der am Ende des Jahrzehnts aus den USA und Großbritannien nach Deutschland gelangte. Hier lag das Hauptaugenmerk auf der autonomen Gestaltung des eigenen Lebens und Wohnens und der in Anspruch genommenen Hilfen.[135] 1978 nahm beispielsweise in München die Vereinigung Integrationsförderung e.V. als einer der ersten ambulanten Hilfsdienste der Bundesrepublik ihre Arbeit auf. Zwar zeigten sich schon in den 1970er Jahren erste Anzeichen des Aufbruchs, der wesentliche Umschwung kam jedoch erst mit dem flächendeckenden Ausbau der ambulanten Dienste und der gesetzlichen Absicherung der Assistenz in den späten 1980er und 1990er Jahren.[136]

---

133 | Vgl. K. H. Backofen: Wohnen (1972), S. 149-150; E. Klee: Behinderten-Report (1981), S. 66-67; W. Fandrey: Krüppel (1990), S. 241; zu kritischen Professionen in der Jugendhilfe vgl. M. Köster: Kinder (2002), S. 676-681; H. Kehrings: Geschichte (2005), S. 20-21; F. Fink: Integration (2005), S. 78-79.

134 | Vgl. A. Haaser: Entwicklungslinien (1975), S. 209; A. Waldschmidt: Normalität (2004), S. 152-154; Elisabeth Wacker: »Wege zur selbständigen Lebensführung als Konsequenz aus einem gewandelten Behinderungsbegriff«, in: Neumann, Johannes (Hg.): Behinderung. Von der Vielfalt eines Begriffes und dem Umgang damit, 2. Aufl. Tübingen 1997, S. 75-88, hier S. 75.

135 | Zur Ambivalenz des Konzepts, das Selbstbestimmung auch zum Zwang werden lassen kann, Annette Lichtenauer: »Selbstbestimmung. Ein ambivalenter Begriff der Moderne«, in: Graf, Erich Otto/Renggli, Cornelia/Weisser, Jan (Hg.): Die Welt als Barriere. Deutschsprachige Beiträge zu den Disability Studies, Bern 2006, S. 157-163, hier S. 159. Vgl. auch E. Wacker: Wege (1997), S. 77; D. Mattner: Menschen (2000), S. 91. 1986 entstand das erste deutsche Zentrum für Selbstbestimmtes Leben in Bremen, vier Jahre später wurde die Interessenvertretung Selbstbestimmt Leben e.V. gegründet, die praxisorientierte Beratungs- und politische Lobbyarbeit betreibt.

136 | Vgl. zu den ersten Versuchen, das Normalisierungsprinzip auf Landesebene umzusetzen, Erster bayerischer Landesplan für Behinderte, München 1974, BHStA MArb 3530. Zur weiteren Entwicklung in den 1980er und 1990er Jahren M. Pieper: Behinderung (1993), S. 327-328; F. Fink: Integration (2005), S. 82-83; Vereinigung Integrationsförderung e.V. (Hg.): Behindert ist, wer Hilfe braucht – Integration – ein praktisches Problem, München 1981, S. 12.

Neben der Wohnform beschäftigte die behindertenpolitischen Akteurinnen und Akteure der 1970er Jahre auch die Frage, wo diese Wohnungen für Menschen mit Behinderungen liegen sollten. War es der Rehabilitation und Eingliederung dienlich, sie in geringer Zahl in Wohnblocks und Siedlungen zu integrieren, in denen mehrheitlich Menschen ohne Behinderungen lebten? Wie verhielt es sich mit speziellen Wohnformen, etwa Studentenwohnheimen?[137] Immer häufiger sprachen Fachleute von der Notwendigkeit, ein »Ghettodasein« zu verhindern. Wie die Interessenverbände der Menschen mit Behinderungen und bald auch die Politik plädierten sie für Wohnlösungen, die verkehrsgünstig liegen und innerhalb von komplexeren Wohn- und Geschäftsarealen in der Nähe von Einkaufs- und Kultureinrichtungen, Erholungsstätten und Dienstleistungsbetrieben angesiedelt sein sollten.[138] Die Wohnangebote, denen hier diskursiv der Weg bereitet wurde, existierten in den 1970er Jahren noch fast ausschließlich in Form weniger Modellprojekte.

Den Abbau von Hindernissen in öffentlichen Räumen im Allgemeinen thematisierten seit der Wende zu den 1970er Jahren vor allem lokale Selbsthilfe- und Emanzipationsgruppen wie die Clubs Behinderter und ihrer Freunde e.V.[139] Unterstützt durch zunehmend geschicktere Medienkonstel-

---

137 | Vgl. Deutsches Studentenwerk e.V., Beratungsstelle für Wohnheimfragen: Niederschrift der Besprechungen anlässlich einer Arbeitstagung über Planung, Bau und Betrieb von Studentenwohnheime für Schwerkörperbehinderte, sowie über diesbezügliche Projekte in Bochum, Heidelberg und Marburg am 26.7.1967 im BFW Heidelberg, 7.8.1967, BArch B 149 99971; G. Exner: »Behinderte im Hochschulstudium«, in: Jochheim, Kurt-Alphons/Moleski-Müller, Marlis/Siebrecht, Valentin (Hg.): Wege zur Chancengleichheit der Behinderten. Bericht über den 25. Kongress der DeVg e.V. in Bad Wiessee, 10.-12.10.1973, Heidelberg 1974, S. 138-144; F.-W. Meinekke: »Einweihung des Konrad-Biesalski-Hauses. Wohn- und Pflegeheim für schwer körperbehinderte Studierende an der Universität Marburg a.d. Lahn«, in: Die Rehabilitation 9 (1970), H. 1, S. 62-63; »Denkschrift der DeVg e.V. über bauliche Maßnahmen für körperbehinderte Studenten an Hochschulen und Wohnheimen«, in: Die Rehabilitation 3 (1964), H. 2, S. 49-52; Herbert Kuldschun: »Wohnungsbau für körperbehinderte und alte Menschen als gesellschaftliche Rehabilitationshilfe«, in: Die Rehabilitation 10 (1971), H. 3, S. 160-171, hier S. 162-163.

138 | Vgl. H. Kuldschun: Wohnungsbau (1971), S. 163; H. Riesser: Fragen (1971), S. 156-157; J. Brohm/K. Juster: Wohnsituation (1976), S. 79; W. Dicke: Consequences (1967), S. 307-309; BAR, 5. Mitgliederversammlung der BAR am 4.12.1973, Referat v. Heinz Westphal: Aktuelle Fragen der Rehabilitation Behinderter, BArch B 189 9461.

139 | Vgl. »Behindertenhilfe in neuer Form«, in: SZ v. 25./26.9.1975; »Offene Türen für behinderte Jugendliche«, in: SZ v. 31.10/1.11.1973; BAG cbf e.V., 3. Arbeitstagung v. 21.-23.4.1972 in Herbstein, BArch B 189 9447; Club Behinderter und ihrer Freunde e.V. München an das Sozialreferat der Stadt München, Kommission für die Probleme Behinderter, 14.12.1975, Aktion »Anfänge einer behindertengerechten Stadt«, StadtAM Ratssitzungsprotokolle 749/29; Martin Eckert: »Aktionsprogramm junger Münchener soll um mehr Verständnis für körperbehinderte Bürger werben. Fahren Sie doch mal Rollstuhl!«, in: Abendzeitung v. 6.8.1974; Juliane Leverkus: »Ju-

lationen suchten diese Gruppen aktiv den Dialog mit den Kommunalverwaltungen und arbeiteten so am Barriereabbau ›von unten‹. Auch einzelne Abgeordnete von Bundes- und Länderparlamenten gewannen sie zunehmend für ihre Anliegen. Auf Bundesebene drängten seit 1970 sowohl die Opposition als auch Angehörige der Regierungsfraktionen auf konkrete Lösungen für die Beseitigung von baulichen Hindernissen in und außerhalb der Privatwohnung.[140]

Mit ihren Aktivitäten weckten Interessenvertretungen und Fachvereinigungen das Interesse der Bundesministerien für den barrierefreien Wohnungsbau, etwas verzögert auch für den Abbau von Alltagshindernissen im öffentlichen Raum.[141] SPD-Bundeswohnungsbauminister Lauritz Lauritzen machte den Wohnungsbau sogar bereits unter den Bedingungen der Großen Koalition zu seinem Anliegen. Im Sommer 1968 ließ er sich von seinem Haus über die diesbezüglichen Einflussmöglichkeiten des Bundes berichten. Doch diese beschränkten sich auf die Aufnahme entsprechender Grundsätze in die Förderrichtlinien des Wohnungsbauministeriums sowie auf die Initiative von und Mitarbeit an Richtlinien und Baunormen. Deshalb trat Lauritzen an den Fachnormenausschuss Bauwesen des Deutschen Normenausschusses mit dem Vorschlag heran, eine Norm »Wohnungen für Behinderte« zu erarbeiten.[142] Im Herbst 1968 begann der »Arbeitsausschuss Wohnungen für Schwerbehinderte« unter Leitung von Albert Prömmel, einem Ingenieur und Mitarbeiter Lauritzens, mit der Arbeit an DIN 18025. Geplant waren Normblätter zunächst für Rollstuhlnutzer, dann für Blinde und schließlich für gehörlose Menschen. Als Grundlage der Arbeit dienten einerseits ausländische Vorlagen wie etwa die Schweizer Norm SNV 521500

gendliche helfen Behinderten«, in: SZ v. 6.8.1974; Karin Friedrich: »Behinderte in die Gemeinschaft aufnehmen«, in: SZ v. 17.7.1975.

140 | Vgl. Große Anfrage der Fraktion der CSU/CDU betr. Wiedereingliederung körperlich, geistig und seelisch Behinderter in Arbeit, Beruf und Gesellschaft, BTDrs VI/655 v. 21.4.1970; Antwort der Bundesregierung auf die Große Anfrage der Fraktion der CDU/CSU betr. Wiedereingliederung körperlich, geistig und seelisch Behinderter in Arbeit, Beruf und Gesellschaft, BTDrs VII/896 v. 2.6.1970. Vgl. dazu StenBerBT, 6. WP, 64. Sitzung v. 16.9.1970, S. 3522D-3544B; Kleine Anfrage der Fraktionen der SPD und FDP betr. Verbesserung der Umweltbedingungen für Behinderte, BTDrs. VI/3206 v. 29.2.1971; Wolfgang Becker: »Beseitigung baulicher und technischer Hindernisse für Behinderte«, in: Sozialer Fortschritt 20 (1971), H. 7, S. 161-163, hier S. 161-162; BMSt an Präsidenten des Deutschen BT, 15.3.1972, BArch B 157 18324

141 | Vgl. z.B. die Veröffentlichung des BMA-Ministerialbeamten F. Blohmke: Wohnungsprobleme (1966), S. 57; BAR, 5. Mitgliederversammlung der BAR am 4.12.1973, Referat v. Heinz Westphal: Aktuelle Fragen der Rehabilitation Behinderter, BArch B 189 9461.

142 | Vgl. BMSt Abt. I c1, 22.8.1968, Vermerk, zurückgehend auf BMst, Referent des Ministers an Staatssekretär, 26.6.1968, BArch B 157 2556; BMSt Abt. II A8, Gesprächsvorlage für BmSt Lauritzen, 12.6.1968.

»Wohnungen für Gehbehinderte« und weitere internationale Beispiele, die sich Prömmel von der Dokumentationsstelle für Bautechnik in der Fraunhofergesellschaft eigens für diesen Zweck zusammenstellen ließ. Andererseits rezipierte der Ausschuss die Vorarbeiten von DeVg, Reichsbund, VdK und anderen Verbänden.[143] Bereits im Oktober 1969 konnte der sogenannte Gelbdruck der DIN 18025 »Wohnungen für Schwerbehinderte, Planungsgrundlagen Blatt 1 Wohnungen für Rollstuhlbenutzer« der Öffentlichkeit vorgelegt werden. Darin wurden unter anderem Bemessungsgrößen für Stell- und Wohnflächen, Abmessungen und Ausstattungen von Küchen und Sanitärräumen sowie von Türen und Zugängen fixiert, die Rollstuhlnutzern optimale Bewegungsfreiheit und Selbstständigkeit ermöglichen sollten. DIN 18025 Blatt 1 wurde im Januar 1972 veröffentlicht. Blatt 2 »Wohnungen für Blinde und wesentlich Sehbehinderte« folgte im Juli 1974.[144]

Währenddessen begannen außerdem die Arbeiten an DIN 18024 »Bauliche Maßnahmen für Schwerbehinderte im öffentlichen Bereich«. Noch gezielter als bisher holte der Arbeitsausschuss nun Material aus dem Ausland ein, darunter beispielsweise Leitfäden zum Barriereabbau aus Schweden und den USA.[145] Die Arbeit an den Gestaltungsgrundlagen für den öffentlichen Raum erwies sich jedoch als weitaus komplizierter und langwieriger als die Normgebung für den Wohnungsbau. Dies lag nicht zuletzt daran, dass hier die Bedürfnisse einer sehr heterogenen Personengruppe berücksichtigt werden sollten, wenngleich der Idealtyp des Rollstuhlnutzers auch hier Priorität hatte. Das Vereinbarkeitsproblem zeigte sich

143 | Vgl. Fachnormenausschuss Bauwesen im Deutschen Normenausschuss, Geschäftsführer, Bericht über die Sitzung des Arbeitsausschusses Wohnungen für Schwerbehinderte am 29.10.1968, 20.12.1968, BArch B 149 99975; Dokumentationsstelle für Bautechnik in der Fraunhofer-Gesellschaft, Literaturzusammenstellung: Wohnungen für Körperbehinderte, 1951-1968, 21.6.1968 mit Randvermerken und Notizen von Albert Prömmel, BArch B 157 2556; BMSt, Ref. II A8 an Ref. I A1, 25.6.1969, BArch B 134 23141.

144 | Vgl. DIN 18025 Wohnungen für Schwerbehinderte. Planungsgrundlagen Blatt 1: Wohnungen für Rollstuhlbenutzer, Januar 1972; Blatt 2 Wohnungen für Blinde und wesentlich Sehbehinderte, Juli 1974. Das geplante Blatt 3 Wohnungen für Hörgeschädigte ist nicht verwirklicht worden. DIN 18024 Bauliche Maßnahmen für Behinderte und alte Menschen im öffentlichen Bereich. Planungsgrundlagen Blatt 1 Straßen, Plätze und Wege, November 1974; Blatt 2 Öffentlich zugängliche Gebäude, April 1976.

145 | Vgl. Staatliche Planungsbehörde/Technisches Büro: Bestimmungen über die Benutzbarkeit von Gebäuden für Personen mit herabgesetztem Bewegungsvermögen (Übersetzung aus dem Schwedischen), 18.12.1967, BArch B 149 99975; Rehabilitation Services Administration/Department of Health, Education, and Welfare (Hg.): Design for All Americans. A Report of the National Commission on Architectural Barriers to Rehabilitation of the Handicapped, Washington 1967; ICTA Information Centre/Nederlandse Verenigung voor Revalidatie: Architectural Facilites for the Disabled, Den Haag/Bromme 1973.

vielleicht am deutlichsten an der Problematik der Bordsteinabsenkung, die besonders klar aus dem Einspruchsverfahren gegen den Normentwurf hervorgeht. Während Interessenvertretungen von Rollstuhlnutzern und -nutzerinnen eine gänzliche Absenkung der Bordsteine an Straßenübergängen wünschten, brachte, wer an blinde Menschen dachte, ein, dass eine bestimmte Höhe nicht unterschritten werden durfte, um Orientierungssicherheit zu geben. Stadtbauämter und Behörden, die letztlich für die Umsetzung der Norm zuständig sein würden, hielten zunächst eine Absenkung unter sechs bis acht cm für unmöglich wegen des Wasserlaufs am Bordstein und der Gefahr, dass dieser von Autos überfahren würde.[146] Als DIN 18024 »Bauliche Maßnahmen für Behinderte und alte Menschen im öffentlichen Bereich, Planungsgrundlagen Blatt 1 Straßen und Plätze« schließlich im November 1974 erschien, enthielt sie einen Kompromiss: Bordsteine sollten auf drei cm abgeflacht werden. Der Entstehungsprozess von Blatt 2 »Öffentlich zugängliche Gebäude«, das im April 1976 erschien, war nicht weniger kontroversenreich.[147] Dies verweist auf ein Grundproblem der Politiken des Barriereabbaus: Hindernisse sind ebenso relativ und individuell wie Behinderungen heterogen sind. Was wie eine Bordsteinkante blinden Menschen bei der Orientierung hilft, stellt für Menschen, die Rollstühle nutzen, eine Hürde dar. Zwar strebten die behindertenpolitischen Akteure in den 1970er Jahren bereits einen Interessenausgleich zwischen diesen beiden Gruppen an, doch standen im Zentrum Menschen, die Rollstühle nutzten – gedacht wurde dabei hauptsächlich an Menschen mit Querschnittslähmungen, die zudem ihre Arme benutzen konnten.[148] Gerade der Normgebungsprozess als Teil der Normalisierungspolitiken des Barriereabbaus trug maßgeblich dazu bei, dass der – zudem männlich gedachte – Rollstuhlnutzer zum Idealtyp des Menschen mit Behinderung der 1970er Jahre avancierte.

Verstärkt wurde dies noch durch die gewählte Symbolik. Bereits auf dem 9. Weltkongress der ISRD in Dublin 1969 war ein Symbol vorgestellt worden, das einen stilisierten weißen Rollstuhlfahrer auf blauem Grund zeigte. Es sollte verwendet werden, um »behindertengerechte« – nicht etwa: »rollstuhlgerechte« – Zugänge, Sanitäranlagen und PKW-Stellplätze zu kennzeichnen. Mit Unterstützung des Gemeinsamen Ausschusses des Europarats für die Rehabilitation von Behinderten wurde es seit 1971 auch in der

146 | Vgl. Fachnormenausschuss Bauwesen im Deutschen Normenausschuss, Geschäftsführer, Zusammenstellung der Einsprüche zum Normentwurf DIN 18024 Blatt 1, Dezember 1972, BArch B 149 99975.

147 | Fachnormenausschuss Bauwesen im Deutschen Normenausschuss, Geschäftsführer, Bericht über die Sitzung des Arbeitsausschusses Wohnungen für Schwerbehinderte, Unterausschuss Bauliche Maßnahmen für Schwerbehinderte im öffentlichen Bereich DIN 18024 Blatt 1 am 15.1.1971, 29.7.1971, BArch B 99975.

148 | Vgl. Baubehörde Hamburg, Hochbauamt an Bezirksämter, 6.7.1970, BArch B 149 99975; W. Weiß: Rehabilitation (1966), S. 55.

Bundesrepublik bekannt gemacht.[149] Beide Blätter der DIN 18024 führten es zur Kennzeichnung ein. Zudem erarbeitete 1972 der Ausschuss Bildzeichen des Deutschen Normenausschusses eine entsprechende DIN 30600 Blatt 496 »Bildzeichen Rollstuhlbenutzer«, die 1975 veröffentlicht wurde.[150]

Parallel zu diesen Normierungsverfahren und um die Umsetzung der Normen vorzubereiten, hatte Bundesminister Lauritzen bereits 1969 die sogenannten Planungsempfehlungen für Wohnungen für Schwerbehinderte aufsetzen und an die Ressorts für Arbeit und Sozialordnung, Verkehr, Post und Fernmeldewesen, Finanzen sowie an die Länder und kommunalen Spitzenverbände verschicken lassen.[151] Er appellierte darin an die Länder und Kommunen, einen festen Teil der neuen Sozialwohnungen barrierefrei zu planen, und stellte eine Bundesbeteiligung an den Mehrkosten in Aussicht. Die Bundesressorts versuchte er in den Prozess des Barriereabbaus im öffentlichen Raum einzubinden. Dabei ging es ihm, wie er an Bundesarbeitsminister Hans Katzer schrieb, darum, »dass die Körperbehinderten in vollem Umfange am kulturellen und gesellschaftlichen Leben teilnehmen können. Das setzt voraus, dass durch bauliche und technische Maßnahmen, insbesondere auch bei öffentlichen Einrichtungen, das Leben unserer behinderten Mitbürger erleichtert wird.« Dem Bundesverkehrsminister Georg Leber gegenüber holte Lauritzen noch weiter aus:

»Ich bin jedoch der Überzeugung, dass unser Augenmerk nicht nur darauf gerichtet sein sollte, diesen Menschen in ihrem engeren Lebensbereich Wohnung zu helfen, sondern dass auch die technischen, vor allem architektonischen Hindernisse vielerorts beseitigt werden müssen, damit diese Behinderten ohne Schwierigkeit die dem öffentlichen Verkehr gewidmeten Einrichtungen benutzen können. Im Besonderen sollen unseren Schwerbehinderten – Rollstuhlfahrern, Beinamputierten, Gelähmten und alten, gebrechlichen Menschen – ohne große Schwierigkeiten Verwaltungsgebäude, Bahnhöfe, öffentliche Verkehrs-

149 | Vgl. Presse- und Informationsamt der Bundesregierung (Hg.): Jahresbericht der Bundesregierung 1971, Bonn 1972, S. 680; DeVg e.V., Schreiben an alle Rehabilitationseinrichtungen mit korporativer Mitgliedschaft in der DeVg und orth. Kliniken, Januar 1972, BArch B 149 99971; Maria Vater: »Ein humanes Gebot. Mehr Hilfe für behinderte Menschen«, in: SPD-Pressedienst, 6.6.1973 v. S. 5; BAR, Geschäftsbericht über das Jahr 1972, BArch B 189 9461; »Entschließung AP (72) 2 über den Gebrauch eines internationalen Symbols, das auf besondere Einrichtungen für die Behinderten hinweist«, in: BArbl. 25 (1974), H. 2, S. 45; »Europarat setzt sich für Behinderte ein«, in: Sozialer Fortschritt 24 (1975), H. 3, S. 58-59, hier S. 58.

150 | Vgl. DIN 30 600 Blatt 496 Bildzeichen Rollstuhlbenutzer, Entwurf, 1973; BMBau, Albert Prömmel an Deutscher Normenausschuss, Ausschuss Bildzeichen, 23.11.1973, BArch B 157 2375; Deutscher Normenausschuss, Ausschuss Bildzeichen an BMBau, 30.11.1973, ebd.

151 | BMSt, Planungsempfehlungen für Wohnungen für Schwerbehinderte, 1969, BArch B 134 23141; Albert Prömmel: »Körperbehinderung und Wohnung«, in: Sanitär- und Heizungstechnik 35 (1970) H. 1, S. 20, 25.

mittel, öffentliche Fernsprechzellen und dergleichen leichter als bisher zugänglich gemacht werden.«[152]

Hatte Lauritzen bei Katzer noch geringes Interesse wecken können, kam ihm dessen Nachfolger Arendt unter der sozialliberalen Koalition sofort entgegen. Auch er wollte den Prozess des Barriereabbaus beschleunigen. Er ließ, um das Aktionsprogramm der Bundesregierung zur Förderung der Rehabilitation der Behinderten von 1970 umzusetzen, in einem interministeriellen Ausschuss auf Referentenebene Vertreter der Bundesministerien für Arbeit und Sozialordnung, für Jugend, Familie und Gesundheit, für Städtebau und Wohnungswesen, sowie für Verkehr und für Post- und Fernmeldewesen zusammenkommen, um Fragen des Wohnungsbaus und des Barriereabbaus im öffentlichen Raum zu behandeln.[153] Die Federführung übernahm im April 1972 das Bundesbauministerium. Der Ausschuss begann unter der Obmannschaft des Oberregierungsbaurates Albert Prömmel einen »Katalog der Schwerpunkte bei der Beseitigung baulicher und technischer Hindernisse« zusammenzustellen.[154] Die Sammlung beruhte auf den Arbeiten zu DIN 18024 und 18025 und stellte umfangreiche und konkrete Forderungen an die Umgestaltung von Nah- und Fernverkehrsmitteln, öffentlichen Straßen und Plätzen, Fußgängerwegen und Brücken sowie allen öffentlich zugänglichen Gebäuden. Ein zweiter Abschnitt beschäftigte sich mit dem Wohnungsbau für Rollstuhlnutzer, blinde Menschen und Personen mit schweren Sehbehinderungen. Zu den Katalogarbeiten wurden neben den Regierungsressorts unter anderem auch der Deutsche Landkreistag, der Deutsche Städte- und Gemeindebund, die Bundesarbeitsgemeinschaft Hilfe für Behinderte und die Bundesarbeitsgemeinschaft für Rehabilitation hinzugezogen. Der VdK beteiligte sich mit den »Empfehlungen zum Hindernisabbau«, ebenso der Reichsbund und der Hauptverband der gewerblichen Berufsgenossenschaften.[155]

---

152 | BMSt Lauritz Lauritzen an BMA Hans Katzer, 19.3.1969, sowie BMSt Lauritz Lauritzen an Bundesminister für Verkehr (BMV) Georg Leber, 19.3.1969, BArch B 157 2556.

153 | Vgl. BMA Abt. IIa, Schreiben an BMSt, 15.7.1970, BArch B 189 9453; BMA Ref. II a3 an BMStW, BMV, BMFJG, 17.9.1970, BArch B 149 16670; BMA Ref. II a 3, Protokoll über die erste Sitzung des interministeriellen Ausschusses zur Beseitigung baulicher und technischer Hindernisse für Behinderte am 12.10.1970, 4.11.1970, BArch B 157 2558; »Bauliche und technische Hindernisse für Behinderte beseitigen«, in: BArbl. 22 (1971), H. 12, S. 744.

154 | Vgl. Interministerieller Ausschuss zur Beseitigung baulicher und technischer Hindernisse: Katalog der Schwerpunkte bei der Beseitigung baulicher und technischer Hindernisse, März 1973, BArch B 157 2558; BMSt, Pressemitteilung: Dr. Hans-Jochen Vogel: Barrieren für Behinderte beseitigen, 3.4.1973; ebd.; »Bauliche und technische Hindernisse für Behinderte beseitigen«, in: Sozialpolitische Informationen v. 21.10.1970.

155 | Vgl. BMJFG Abt. S, Schreiben an BAR, DeVg e.V., BAGH e.V., BAGFW e.V., 1.2.1971, BArch B 189 9453; VdK Hauptgeschäftsstelle an BMA, Empfehlungen

Da der Katalog ebenso wie die Planungsempfehlungen und die DI-Normen den Charakter einer Empfehlung oder eines Kompendiums von Mindestanforderungen, aber zunächst keine rechtliche Bindungskraft hatte, wurde das Bundesministerium für Raumordnung, Bauwesen und Städtebau laufend bei Ländern, Kommunen und Behörden vorstellig, um für die Umsetzung zu werben.[156] Die Resonanz war in der Tat groß. Im Bundesministerium häuften sich die Anfragen von Architekturbüros, Gemeinden, Hochschul- und Forschungsinstituten und Baugenossenschaften, die um Zusendung des Katalogs baten.[157] Die Umsetzungs- und Wirkungsgeschichte dieser Normierungsvorgänge ist jedoch eine eigene Untersuchung wert. Grundsätzlich deutet sich an, dass es dem Bund an Einflussmöglichkeiten fehlte. Entscheidend war die Haltung der öffentlichen und privaten Bauträger und Baufinanzierer, mithin vor allem auch der Kommunen und Landkreise.

Immerhin konnte der Bund auf dem Wege des Modellprojekts tätig werden. Das Bundesministerium für Jugend, Familie und Gesundheit und das Bundesbauministerium beispielsweise förderten seit 1973 gemeinsam den Bau einer 1977 eröffneten Wohn- und Gemeinschaftsanlage in Stuttgart-Fasanenhof in der Trägerschaft des örtlichen Vereins zur Förderung und Betreuung spastisch gelähmter und anderer körperbehinderter Kinder e.V. Die Ministerien erhofften sich ein Demonstrationsobjekt für den Abbau von baulichen und technischen Hindernissen in Wohnungen und Gewerberäumen.[158]

---

zum Hindernisabbau, 18.1.1971, BArch B 157 18324; Hauptverband der gewerblichen Berufsgenossenschaften an BMA, 28.4.1971, ebd.; Reichsbund an BMA, 27.9.1971, ebd.; Beseitigung baulicher und technischer Hindernisse«, in: VDK Informationsdienst v. 28.1.1971; »Behindertenhilfe ist auch Eigenvorsorge«, in: Sozialer Fortschritt 21 (1972), H. 5, S. 98; BMSt, Schreiben mit Katalog der Bedarfsschwerpunkte zur Beseitigung baulicher und technischer Hindernisse an BMA, BMBW, BMJFG, BMV/BMP, BMWi, 4.4.1972, BArch B 149 79774; BMSt, Schreiben an BMA Walter Arendt, 27.3.1973, ebd.

156 | Vgl. dazu die Sammlung von Anschreiben des BMSt an die Länderressorts, Bauträger usw. in BArch B 134 23141; BMBau, Pressereferat, Pressemitteilung: Karl Ravens: Belange der Schwerbehinderten im Wohnungs- und Städtebau müssen verstärkt berücksichtigt werden, BArch B 157 18324.

157 | Vgl. z.B. Staatliche Hochschule für Bildende Künste Hamburg, Architekturabteilung, Dipl. Ing. Manfred Rieck, an BMSt, 10.5.1973; Lehrstuhl Pädagogik für Wirtschaftswissenschaften der TU Braunschweig, an BMSt 23.10.1973; Internationales Informationszentrum für das Hotel- und Gaststättengewerbe Düsseldorf an BMSt, 30.5.1973; Planregie, Genossenschaft freier Architekten und Ingenieure eGmbH, an BMSt, 4.5.1973; Stadt Landshut, Baureferat, an BMSt, 4.6.1973; Stadt Dormagen, Stadtdirektor, an BMSt, 18.6.1973; Atelier Neufert Köln, An BMSt, 13.6.1973; Studentenwerk der Universität Regensburg, an BMSt. 20.9.1973; Von Busse & Partner, München, an BMBau, 26.4.1973; Institut für Industrielle Bauproduktion an der Universität Karlsruhe an BMBau, 30.4.1973, alle BArch B 157 2558.

158 | Vgl. BMSt Ref. B II 5, Vermerk, 17.9.1973, BArch B 1572558; BMSt Ref. B II

Im Bau des Bonner Hauses der Behinderten, einem Lieblingsprojekt von Walter Arendt und prestigeträchtigem Unterfangen, kulminierten wiederum die behindertenpolitischen Ideale des Bundesarbeitsministers. Im Haus der Behinderten wollte er all das umsetzen, wofür das Aktionsprogramm der Bundesregierung zur Förderung der Rehabilitation der Behinderten stand. Mit dem Projekt demonstrierte Arendt am Sitz der Bundesregierung, wie die Teilhabe am Leben in der Gemeinschaft seiner Ansicht nach funktionierte.[159] Da es sich um ein Modellprojekt handelte, konnte der Bundesminister hier ganz nach seinen Vorstellungen agieren, wenngleich er sein Konzept in zahlreichen Besprechungen mit ärztlichen und nicht ärztlichen Fachleuten, Vertretern der Arbeits- und Sozialverwaltung und Selbsthilfeorganisationen beriet.[160] Im zugehörigen Trägerverein holte er Interessen- und Selbsthilfeorganisationen, Verbände der Freien Wohlfahrtspflege sowie Sozialleistungsträger zusammen, um zu zeigen, wie auch die kontinuierlich als mangelhaft beklagte Zusammenarbeit der Beteiligten verbessert werden konnte.[161] Deren Unterstützung musste er sich erst erwerben. So bezweifelte der Deutsche Caritasverband, dass das konzipierte »Konglomerat von Aufgaben in einer Einrichtung« auf Dauer funktionieren werde.[162] Zwischen 1973 bis 1976 entstanden in Bonn ein Zentrum für Früherkennung,

5, Vermerk, 4.10.1973, ebd.; Verein zur Förderung und Betreuung spastisch gelähmter und anderer Körperbehinderter Kinder e.V. Stuttgart, Ziel- und Aufgabenstellung der Gesamtanlage, 1973, ebd.

159 | Vgl. Rede v. Walter Arendt zur Gründung des Vereins Haus der Behinderten Bonn am 29.10.1973, Manuskript, BArch B 189 28091; Mitgliederversammlung des Vereins Haus der Behinderten Bonn e.V. am 25.6.1974, Rede von BMA Walter Arendt, Manuskript, ebd.; W. Arendt: Wege (1974), S. 20; »›Haus der Behinderten‹ geplant«, in: BArbl. 24 (1973), H. 5, S. 248.

160 | Vgl. z.B. Haus der Behinderten e.V., Niederschrift über die Sitzung des Vorstands am 25.3.1976, 7.4.1976, BArch B 189 28091; Haus der Behinderten Bonn e.V., Niederschrift über die Sitzung des Vorstands am 16.4.1975, 7.4.1976, ebd.; Haus der Behinderten Bonn e.V., Protokoll über die erste Mitgliederversammlung am 25.6.1974, ebd.; Haus der Behinderten Bonn e.V., Niederschrift über die Sitzung des Vorstands am 6.4.1976, 2.6.1976, ebd.; Haus der Behinderten e.V., Niederschrift über die Sitzung des Vorstands am 16.7.1976, 21.7.1976, ebd.

161 | Vgl. Broschüre: Haus der Behinderten Bonn. Ein neuer Weg zur konkreten Hilfe für die Behinderten. Hg. v. Verein Haus der Behinderten e.V. Bonn [1976], BArch 172 2832; zur Vorbereitung vgl. BMA Abt. V, Schreiben an BMJFG, 30.10.1973, BArch B 189 28091; BMA Abt. V, Schreiben an Landesministerium für Arbeit, Gesundheit und Soziales des Landes NRW, BMJFG, Landschaftsverband Rheinland, 19.11.1973, ebd.; Liste: Mitglieder des Vereins Haus der Behinderten e.V., Bonn, Stand 25.8.1974, ebd.; BMA Walter Arendt: Rede zur Gründung des Vereins Haus der Behinderten Bonn e.V. am 29.10.1973, Manuskript, ebd.; Mitgliederversammlung des Vereins Haus der Behinderten Bonn e.V. am 25.6.1974, Rede von BMA Walter Arendt, Manuskript, ebd.

162 | Caritasverband Deutschland, Fernschreiben an BMJFG, 13.10.1973,

Frühberatung und Frühbehandlung mit Kindergarten für Kinder mit und ohne Behinderungen sowie eine Einrichtung für Förderkurse mit interner Unterbringung, in denen Jugendliche auf eine Berufsausbildung vorbereitet werden sollten. Ambulante Therapeutinnen machten vom Haus der Behinderten aus Hausbesuche. Dies war Arendts Antwort auf den Mangel an ambulanten Therapieangeboten. Zum Haus gehörten außerdem kulturelle, sportliche und gesellige Angebote. Bildungs-, Beratungs- und Informationsveranstaltungen für Menschen mit und ohne Behinderungen fanden statt. Fachkräfte der Rehabilitation kamen zu Ausbildungs- und Weiterbildungskursen zusammen. Das Haus verfügte über einen Hoteltrakt, in dem Menschen mit schweren Behinderungen barrierefrei übernachten konnten. Integriert war das Haus in ein Neubaugebiet, zu dem eine Sonderschule, eine Gesamtschule sowie ein Studentenwohnheim gehörten, in dem auch 20 Studierende mit Behinderungen wohnen konnten. Im gesamten Viertel, in Außenanlagen, Gebäuden und Verkehrsanbindungen wollte Arendt barrierefreies Bauen demonstriert sehen.[163] Finanziert wurde das 26 Millionen DM teure Großprojekt gemeinsam vom Bundesministerium für Arbeit und Sozialordnung, dem Bundesministerium für Jugend, Familie und Gesundheit, dem Land Nordrhein-Westfalen, dem Landschaftsverband Rheinland, der Stadt Bonn und den umliegenden Kreisen, verschiedenen Stiftungen sowie von der Europäischen Kommission.[164]

Derart ehrgeizige politische Projekte ließen sich nach der Wirtschaftskrise von 1973/74 ungleich schwerer fortsetzen als bisher. So blieb es zunächst bei einigen wenigen Modellförderungen des Bundes. Auch die Phase der Großplanungen ging allmählich zu Ende. Insgesamt fällt, was die Praxis des Barriereabbaus angeht, die Reformbilanz um die Mitte der 1970er Jahre

BArch B 189 28091; Caritasverband Deutschland, Rundschreiben an Spitzenverbände der freien Wohlfahrtspflege und an Geschäftsstelle der BAGFW, 13.10.1973, ebd.

163 | Vgl. Rede v. Walter Arendt zur Gründung des Vereins Haus der Behinderten Bonn am 29.10.1973, Manuskript, BArch B 189 28091; Mitgliederversammlung des Vereins Haus der Behinderten Bonn e.V. am 25.6.1974, Rede v. BMA Walter Arendt, Manuskript, ebd.; BMA Abt. V, Schreiben an Landesministerium für Arbeit, Gesundheit und Soziales NRW, BMJFG, Landschaftsverband Rheinland, 19.11.1973, BArch B 189 28091; W. Arendt: Wege (1974), S. 20; H. Buschfort (1975), Hilfe, S. 8. Über dreißig Jahre nach seiner Einweihung arbeiten unter dem Dach der nun als Gustav-Heinemann-Haus bezeichneten Einrichtung noch immer eine Vielzahl von Einrichtungen: ein kinderneurologisches Zentrum, ein Montessori-Kindergarten, ein Rehabilitations-Assessment-Zentrum, ein Kompetenz- und Referenzzentrum für barrierefreie Kommunikation, eine Veranstaltungsgastronomie sowie eine Freizeit- und Begegnungsstätte.

164 | Vgl. u.a. BMJFG, Vermerk, 12.11.1974, BArch B 189 28091; Haus der Behinderten Bonn e.V., Niederschrift über die Sitzung des Vorstands des Vereins Haus der Behinderten Bonn e.V. am 26.11.1975, 11.12.1975, ebd. Seit 1984 ist der Träger die Stiftung Haus der Behinderten Bonn, an der der Bund und die Stadt Bonn beteiligt sind.

zwiespältig aus. Dennoch zeigt sich, dass in Politik, Wissenschaft, Verwaltung und Praxis die Bereitschaft wuchs, anzuerkennen, dass sich die Rehabilitation, wenn sie der gleichberechtigten Teilhabe am Leben in der Gesellschaft in seiner Fülle dienen sollte, nicht auf eine funktionale Normalisierung mit technischen, medizinischen, pädagogischen oder arbeitsmarktpolitischen Mitteln beschränken konnte. Die Politiken der Normalisierung richteten sich nun auch auf die Umgestaltung der gebauten Umwelt.

5. Politiken der Normalisierung: eine Bilanz

Behinderung galt, als die bundesdeutsche Behindertenpolitik 1949 ihren Anfang nahm, als das ultimativ Andere. Der im 19. Jahrhundert gebildete und nach 1945 aufgegriffene wissenschaftliche und politische Behinderungsdiskurs gab ein individuell-medizinisches Defizitmodell vor. Behinderung war definiert als die medizinisch begründete Unfähigkeit zur produktiven Erwerbsarbeit. Wer mit einer solchen scheinbar unhintergehbaren biologischen Schädigung lebte, galt als dysfunktional und schien unvermeidlich am Rand der Gesellschaft zu stehen. Die im 19. Jahrhundert gebildete bürgerliche Sozialethik gebot dem Sozialstaat und der privaten Wohltätigkeit, vermeintliche Leistungs- und Anpassungsdefizite zum Nutzen der Gesellschaft und des Individuums zu ›heilen‹. Mit dem Bürgertum war seit dem 18. Jahrhundert zudem die produktive Erwerbsarbeit ins Zentrum der gesellschaftlichen Hierarchien vorgedrungen. Nutzbringende Arbeit schien die wesentliche Daseinsform des Menschen zu sein. Nicht-Arbeit galt als gravierender Sozialisationsmangel, Erwerbsarbeit als zentrales Integrationsinstrument der bürgerlich-industriellen Gesellschaft. Behinderung wurde zum sozialen Problem. An der Wiederherstellung der Erwerbs- und Arbeitsfähigkeit setzte bereits vor dem Ersten Weltkrieg die gesetzliche Unfallversicherung als Zweig der Sozialversicherung an. Auch die zumeist konfessionellen Häuser der Krüppelfürsorge begannen um 1900, sich der medizinischen und beruflichen Rehabilitation zu widmen. Im Ersten Weltkrieg schließlich hielt das Rehabilitationsparadigma aufgrund des Massenphänomens der Kriegsbeschädigung im staatlichen Versorgungswesen Einzug.

Von diesem Zeitpunkt an bildeten die Herstellung von Erwerbsfähigkeit und die Eingliederung in den Arbeitsmarkt den Kern der sozialpolitischen Konkretisierung des Behinderungsdiskurses. Damit war das Prinzip Rehabilitation in den drei Säulen des gegliederten Systems deutscher Sozialstaatlichkeit – Fürsorge, Sozialversicherung und Versorgungswesen – verankert oder zumindest vorgezeichnet. Lediglich in der gesetzlichen Renten- und Krankenversicherung wurde dieser Schritt erst in der zweiten Hälfte des 20. Jahrhunderts vollzogen.

Seit dem Ende des Ersten Weltkriegs folgte die deutsche Behindertenpolitik im Wesentlichen denselben ideellen und institutionellen Pfaden.

Sie generierte sich fortan explizit als Sozialleistungspolitik. Die Problemlösungsstrategien des Staats und der privaten Wohltätigkeit setzten primär daran an, das körperliche, kognitive oder seelische Funktionieren einer Person mittels sozialstaatlicher und arbeitsmarktpolitischer Leistungen den funktionalen Normalitätserwartungen anzunähern. Diese Kontinuität wurde von der rassenideologisch motivierten Verbrechensgeschichte des Nationalsozialismus nur teilweise durchbrochen. Nach dem Kriegsende und dem behindertenpolitischen Intermezzo der Besatzungszeit kehrte die Bundesrepublik im Wesentlichen zu den behindertenpolitischen Traditionen zurück. Restauriert wurde dabei auch ein wesentliches Differenzierungskriterium des deutschen behindertenpolitischen Systems: Je nach der Ursache ihrer Behinderung und ihres Sozialrechts- bzw. Erwerbstatus wurden Menschen den Sozialleistungsträgern der Bereiche Fürsorge, Sozialversicherung und Versorgung zugeordnet. Umfang und Qualität der Sozialleistungen hingen dann aufgrund divergierender Gesetzgebungen vom jeweils zuständigen Sozialleistungsträger und seinen rechtlichen, finanziellen und infrastrukturellen Möglichkeiten ab. Dieses Zuordnungsverfahren wird als kausales Prinzip bezeichnet. Die sozialen Ungleichheitslagen, die es schuf, begradigte weitgehend ein 1974 verabschiedetes Reformpaket der sozialliberalen Koalition.

Mit der voranschreitenden wirtschaftlichen Erholung der Bundesrepublik seit dem letzten Drittel der 1950er Jahre wurden die behindertenpolitischen Sozialleistungen, Infrastrukturen und Klientelkreise, die Aktionsradien und Maßnahmenkataloge des Sozialstaats systematisch erweitert. Wo er noch nicht gesetzlich vorgesehen war, wurde der Rehabilitationsgedanke verankert, so etwa 1959 in der gesetzlichen Renten- und 1974 in der gesetzlichen Krankenversicherung. Die schrittweise Ausdehnung ihres Rehabilitationsauftrags ließ die Bundesanstalt für Arbeit zu einem der wichtigsten Rehabilitationsträger werden. Unter der Rehabilitation – nun endgültig die Kernstrategie im wissenschaftlichen und sozialpolitischen Umgang mit Behinderung – wurde zunächst primär die funktionale Wiederherstellung durch medizinische Rehabilitationsmaßnahmen einschließlich der Prothetik sowie die Befähigung zur Erwerbsarbeit durch berufliche Rehabilitationseinrichtungen verstanden. Wenn nur ausreichende Sozialleistungen und Therapieeinrichtungen geschaffen und effektive technische Hilfsmittel sichergestellt wurden, schien das soziale Problem Behinderung durch eine funktionale Normalisierung gelöst.

Das den sozialstaatlichen Hilfen bei Behinderung zugrunde liegende Normalisierungsprinzip lief zudem darauf hinaus, Menschen mit Behinderungen an die materiellen Bedingungen und normativen Erwartungen ihrer Umwelt anzupassen, die ihrerseits nicht gezielt verändert werden sollten. Ablesen lässt sich dies besonders klar am hohen Stellenwert, der in der Kriegsbeschädigtenrehabilitation der 1950er Jahre der Prothetik als Ermöglichungstechnologie beigemessen wurde. Dasselbe gilt für die Entwicklung der Kinderprothetik im Kontext des Conterganskomplexes seit 1962. Die Körper galten als ›falsche‹ Körper, die mit technischen Mitteln normalisiert werden mussten. Technische Zurüstungen und Überformungen wurden als Vorbedingung für Rehabilitation und gesellschaftliche Eingliederung betrachtet. Wie stark dieses Normalisierungsversprechen gerade unter den besonderen medialen Bedingungen des Conterganskomplexes wog, zeigt sich an dem Entwicklungsschub, den die bis dahin unterfinanzierte und kaum beachtete Kinderprothetik in den 1960er Jahren nahm.

All dies – Sozialleistungsgesetzgebung, Rehabilitationsmaßnahmen, Prothetik – ist als Konkretisierung eines Behinderungsdiskurses mit traditionellen Zügen zu verstehen. Behinderung blieb bis in die 1970er Jahre das Besondere, das ganz Andere. Charakteristisch für diesen Diskurs war auch seine defizitorientierte Sprache. Im politischen und wissenschaftlichen Diskurs der 1950er und eines Gutteils der 1960er Jahre standen gesundheitliche »Schädigung« und »Funktionsverlust« im Mittelpunkt. Durch die Rehabilitation schien sich das individuelle und soziale Defizit, das dieser Behinderungsbegriff beinhaltete, bearbeiten zu lassen. Sogar der Begriff der Heilung fand sich in diesem Zusammenhang.

Ebenfalls bis in die 1970er Jahre behielt die Erwerbsarbeit ihre Aufladung als ideales Kompensations- und Integrationsmittel. Auch eine individuelle Ausgleichsfunktion wurde ihr zugesprochen. Allein durch eine berufliche Betätigung schien es dem mit einer Behinderung lebenden Menschen möglich, seinem Leben Sinn zu verleihen und sein Schicksal zu »überwinden«. Typisch war etwa die Diktion vom heldenhaften »Lebenskampf«. Charakteristisch war es aber auch, Behinderung sprachlich als Leiderfahrung zu fassen, die wenig Raum für ein erfülltes Leben ließ.

Menschen, die mit Behinderungen lebten, konnten noch kaum Einfluss auf den Diskurs nehmen. Erschwert wurde ihre diskursive Lage zusätzlich dadurch, dass sie sich der Legitimationskette »behindert – arm – hilfsbedürftig« bedienen mussten, um ihre Ansprüche vor den Sozialleistungsträgern geltend zu machen. In Gutachterverfahren mussten sie zum Beispiel immer wieder selbst Hilfsbedürfnisse und Probleme betonen.

Reproduziert und verbreitet wurden derlei Konstruktionen von Behinderung maßgeblich von Ärzten, die als Experten im Kontext eines fortschreitenden Verwissenschaftlichungsprozesses der Politik großen Einfluss auf die politische und ministerielle Ebene hatten. Sie brachten einen Großteil des diskursiven Materials ein, aus dem sich die bundesdeutsche Behindertenpolitik formierte.

In der ersten Hälfte der 1970er Jahre begann sich jedoch allmählich ein Wandel abzuzeichnen, der sowohl den wissenschaftlichen und politischen Behinderungsdiskurs als auch in der Folge dessen Konkretisierung in der Konzeption und Umsetzung der Behindertenpolitik erfasste. Allmählich und nicht zuletzt durch die Sozialwissenschaften, die in den 1960er Jahren Behinderung als Forschungsgegenstand entdeckt hatten und nun häufiger als zuvor Sprecherpositionen im wissenschaftlichen Behinderungsdiskurs besetzten, gelangte in den 1970er Jahren ein Moment der gesellschaftlichen Bedingtheit in die Modelle von Behinderung. Die Sozialwissenschaften verfolgten je nach weltanschaulicher Orientierung und theoretischer Ausrichtung ihrer Vertreter und unter intensiver Bezugnahme auf Entwicklungen im angelsächsischen Ausland Interaktions- oder Stigmaansätze, kommunikative Modelle oder dialektisch-materialistische Theoriebildungen, um zu erklären, wie Behinderungen in der Gesellschaft entstanden und wie diese folglich mit Behinderungen umzugehen hatte. In dem Maße, wie neue, nicht-medizinische Disziplinen in den Kreis derer eintraten, die über Behinderung forschten und sprachen, entstand ein Gegengewicht zur rein individuell-medizinischen Definition von Behinderung. Über die Tagungen von Fach- und Professionsverbänden und Expertengremien gelangten die neuen Sichtweisen wiederum in den politischen Raum. Befördert wurde der einsetzende kategoriale Wandel nicht zuletzt durch den generellen Bedeutungszuwachs, den die sozialwissenschaftliche Politikberatung in der Boomphase der Planungseuphorie seit der Mitte der 1960er Jahre erlebte.

Auch neue politische Sprachregelungen und Begriffsschöpfungen entstanden, darunter etwa die »behinderten Mitbürger«. Diese Wendung markierte eine sprachliche Zwischenstufe auf dem Weg zur gleichberechtigten Anerkennung. Steigenden Anteil an den Veränderungen im Sprechen über Behinderung hatten in den 1970er Jahren Menschen mit Behinderungen selbst. Mehr als je zuvor eroberten sie über unterschiedlichste Selbsthilfe- und Aktionsbündnisse und schließlich über die Emanzipationsbewegung Sprech- und Handlungspositionen. Zwar hatten die weitaus meisten Gruppen Anfang der 1970er Jahre noch keine lautstarke Lobby, doch begannen immer mehr Menschen, für und über sich selbst zu sprechen. Sie betonten Selbstbestimmtheit und Eigenverantwortung und die Idee, Experten in eigener Sache zu sein. Unter anderem mittels zunehmend geschickterer Medienallianzen brachten sie ihre Vorstellungen von Behinderung in den politischen Diskurs ein.

Auch die entstehende Emanzipationsbewegung hatte demnach Anteil daran, dass im politischen und ministeriellen Raum ein allmähliches Umdenken einsetzte. Menschen mit Behinderungen sollten gleichberechtigt am Leben in der Gemeinschaft teilhaben können. Dazu mussten die Rehabilitationsmaßnahmen über den Bereich der Erwerbsarbeit hinaus auf alle Lebensbereiche und -vollzüge erweitert werden. 1969 trat die sozialliberale Koalition explizit mit dem Ziel an, die 1970er Jahre zu einem Jahrzehnt der Rehabilitation zu machen. Aufbruchssemantiken begleiteten die Reformziele einer Regierung, die sich an der Qualität ihrer Behindertenpolitik beweisen und dort die Schlagworte Demokratisierung der Gesellschaft, Chancengleichheit, Lebensqualität und Humanisierung der Umwelt verwirklichen wollte. Behindertenpolitik blieb zwar im Kern Sozial(leistungs)politik, wurde jedoch mit dem Anspruch betrieben, dem Umbau der Gesellschaft zu dienen. Je größer die Rolle war, die der Gesellschaft bei der Entstehung von Behinderungen zugewiesen wurde, desto mehr gerieten erstens materielle und mentale Barrieren der Umwelt in den Blick der Politik. Bemühungen um den Abbau solcher Hindernisse waren die Folge. Durch die neu etablierten Erklärungsmodelle von Behinderung traten zweitens innerhalb der behindertenpolitischen Programmatik neue, auf Lebensbereiche außerhalb der Erwerbsarbeit zielende Ansätze neben die auf die Herstellung von Arbeits- und Leistungsfähigkeit gerichteten Therapie- und Rehabilitationskonzepte. Die allmähliche gesamtgesellschaftliche Relativierung von Erwerbsarbeit und Produktivität führte dazu, dass nicht mehr nur das Erwerbsleben einer Person als Gegenstand der Behindertenpolitik galt. Gezielt erklärte darum das Aktionsprogramm der Bundesregierung zur Förderung der Rehabilitation der Behinderten von 1970 die Teilhabe am Leben in der Gemeinschaft als Ganzes zum Ziel der sozialliberalen Behindertenpolitik. Es fixierte ein behindertenpolitisches Konzept, das sich durch konzeptionelle Schärfe von früheren Phasen abhob. Die sozialliberale Behindertenpolitik folgte einem erweiterten Rehabilitationsbegriff, der die Teilhabe am Leben der Gemeinschaft in seiner Fülle zum Inhalt hatte, dabei aber weiterhin der beruflichen Rehabilitation den ersten Rang einräumte – zulasten anderer Lebensbereiche und -vollzüge, die gleichwohl erstmals überhaupt in den Blick geraten waren.

Weiterhin stand Behindertenpolitik unter dem Primat der Normalisierung. War es in den 1950er und 1960er Jahren jedoch darum gegangen, den einzelnen Menschen in seiner Funktionalität im Bezug auf das Erwerbs- und Berufsleben zu normalisieren und dem gesetzten Ideal des erwerbstätigen, leistungsfähigen Arbeitnehmers anzupassen, entstand ab etwa 1970 allmählich ein Normalisierungskonzept, das sowohl Individuum als auch Gesellschaft im Blick hatte. Das angestrebte Ideal war nicht mehr nur der arbeitende Bürger, sondern der in allen Lebensbereichen aktive, am gesellschaftlichen Leben und Konsum aktiv teilnehmende Mensch. So setzte die Behindertenpolitik nun zumindest in Ansätzen auch normalisierend an den materiellen und immateriellen Bedingungen von Umwelt und Gesellschaft an. Erste Bemühungen um den Abbau von Alltagsbarrieren waren eine Konkretisierung dieses veränderten Normalisierungsverständnisses.

Mit dem ehrgeizigen behindertenpolitischen Reformprogramm der sozialliberalen Regierung korrespondierte die Vorstellung, dass die Rehabilitation vor 1969 vernachlässigt worden sei. Insbesondere Walter Arendt rief einen Epochenbruch aus: »Die CDU hat sich nicht [um die Behinderten] gekümmert. Rehabilitation wurde klein geschrieben. Wir haben das von Grund auf geändert. Wir haben allen Behinderten neue und bessere Chancen eröffnet.«[1] Die CDU/CSU, jetzt in der Rolle der Opposition, wollte derartige Untätigkeitsvorwürfe ebenso wenig hinnehmen wie das Diktum vom Epochenbruch. Konservative Behindertenpolitiker wie der CDU-Abgeordnete Albert Burger betonten, viele der jetzt als Reformschritte gefeierten Veränderungen seien schon von Arendts Vorgängern initiiert worden. Auch hätten frühere Bundesregierungen mit dem Bundesversorgungsgesetz von 1950, der Rentenreform von 1957, dem Bundessozialhilfegesetz von 1961

1 | Rede des SPD-Präsidiumsmitglieds und Bundesarbeitsministers Walter Arendt auf der SPD-Bundeskonferenz 1975, 17.2.1975 in Recklinghausen, in: SPD Pressemitteilungen und Informationen, 17.2.1975, S. 4. Ähnlich R. Wohlleben: Zusammenarbeit (1974), S. 239.

und dem Unfallversicherungsneuregelungsgesetz von 1963 die gesetzlichen Grundlagen der Rehabilitation geschaffen, auf denen die sozialliberale Regierung aufbaue. Indem diese das gegliederte System der Rehabilitation nicht antaste, demonstriere sie, dass sie die Grundlagen anerkenne, die andere geschaffen hätten.[2]

In der Tat sollte die Aufbruchssemantik der sozialliberalen Regierung nicht darüber hinwegtäuschen, dass die Behindertenpolitik einer inneren Entwicklungsdynamik folgte, die in vielen Punkten bis in die 1960er, teilweise sogar bis in die 1950er Jahre zurückreichte.[3] Hier ist vor allem die schrittweise Etablierung des gesetzlichen Rehabilitationsauftrags in allen relevanten Sozialleistungsgesetzen seit 1950 anzuführen. Zahlreiche behindertenpolitische Binnendiskussionen, die dank des sozialliberalen Reformwillens in konkrete rechtliche Neuregelungen mündeten, wurden bereits seit den 1950er Jahren geführt. Die Konkurrenz des kausalen mit dem finalen Prinzip im gegliederten System ist nur ein Beispiel für eine solche längere Genese. Ebenso hatte der infrastrukturelle Ausbau der Rehabilitation bereits unter Bundesarbeitsminister Katzer in der Zeit der Großen Koalition begonnen, wurde aber von Arendt mit neuer Entschiedenheit fortgesetzt. Was den Aktionsradius der Behindertenpolitik und die Adressatenkreise des Sozialleistungsrechts angeht, hatte schon die Große Koalition mit der Ausweitung der Personenkreise und der Aufhebung der Altersgrenzen im Bereich der Sozialhilfe in der zweiten Novelle zum Bundessozialhilfegesetz von 1969 einen wichtigen Schritt getan. Am deutlichsten geschah dies allerdings erst zwischen 1969 und 1974, als Kinder und Jugendliche in die Unfallversicherung, Hausfrauen in die Rentenversicherung und Menschen ungeachtet ihres Alters und der Art und Ursache ihrer Behinderungen in die Sozialhilfe aufgenommen wurden. 1974 dehnte der Gesetzgeber auch den Schutz des Schwerbeschädigtenrechts auf Beschäftigte mit Behinderungen aller Arten und Ursachen aus. Die sozialliberale Regierung vollendete hier also einen längeren Erweiterungsprozess.

Unter dem Rehabilitationsprimat expandierte der Sozialsektor bereits in den 1950er und 1960er Jahren. Die Behindertenpolitik erlebte jene quantitative Ausweitung und qualitative Differenzierung, die es erlauben, sie in die nach Hans Günter Hockerts »größte Expansionsperiode des Wohlfahrtsstaats in der deutschen Geschichte« einzuordnen.[4] Dafür standen, um

---

2 | Vgl. StenBerBT, 6. WP, 64. Sitzung v. 16.9.1970, S. 3522D-3544B zu: Große Anfrage der Fraktion der CSU/CDU betr. Wiedereingliederung körperlich, geistig und seelisch Behinderter in Arbeit, Beruf und Gesellschaft, BTDrs VI/655 v. 21.4.1970; Antwort der Bundesregierung auf die Große Anfrage der Fraktion der CDU/CSU betr. Wiedereingliederung körperlich, geistig und seelisch Behinderter in Arbeit, Beruf und Gesellschaft, BTDrs VII/896 v. 2.6.1970; zusammengefasst in Albert Burger: »Grundlagen der Rehabilitation wurden von der CDU/CSU geschaffen«, in: Deutschland-Union-Dienst. Pressedienst der CDU und CSU v. 9.2.1972, S. 2.

3 | Vgl. W. Rudloff: Rehabilitation, Bd. 5 (2006), S. 560.

4 | H. G. Hockerts: Metamorphosen (1990), S. 35. Vgl. zu den Indikatoren der

nur einige konzeptionelle Eckpunkte zu nennen, der Ausbau des Versorgungswesens auf den ideellen und sozialrechtlichen Grundlagen des Weimarer Versorgungswesens seit 1950 sowie die Aufnahme des Grundsatzes »Rehabilitation vor Rente« in die gesetzliche Rentenversicherung durch die Rentenreform 1957. Dasselbe gilt für die Neufassung der Fürsorge für Menschen mit Körperbehinderungen durch das Körperbehindertengesetz von 1957 und die Fixierung der Hilfe zur Eingliederung im Rahmen der Hilfe in besonderen Lebenslagen durch das Bundessozialhilfegesetz im Jahr 1961. Rehabilitation wurde seit den 1950er Jahren sukzessive zur Pflichtleistung der Sozialleistungsträger erklärt. Damit ging ein Ausbau individueller Rechtspositionen und Rechtsansprüche einher. Die sozialliberale Koalition vollendete dies, indem sie 1974 mit dem Rehabilitationsangleichungsgesetz auch der gesetzlichen Krankenversicherung einen Rehabilitationsauftrag erteilte.

Auch das Paradigma der Prävention, ein weiteres Charakteristikum der Sozialstaatsexpansion, erlebte in der Behindertenpolitik der 1950er und 1960er Jahre erste Konjunkturen. In der Folge der Rentenreform von 1957 wurden alle Sozialleistungsträger zu rehabilitativen Maßnahmen schon dann verpflichtet, wenn eine Behinderung drohte. Eine zweite Konjunktur trat infolge des Contergankomplexes ein. Prävention zielte in der Folge darauf ab, drohende Behinderungen im Kleinkindalter zu diagnostizieren und zu therapieren und Kinder zum frühsten möglichen Zeitpunkt gezielt zu fördern. Die benötigte Infrastruktur stand trotz des politischen Bekenntnisses zu Früherkennung und Frühförderung jedoch auch in den 1970er Jahren noch nicht flächendeckend zur Verfügung.

Noch deutlicher wird das Gewicht der 1960er Jahre im Bereich der medizinisch-prothetischen Rehabilitation. Der hier einsetzende, von Modernisierungsidealen begleitete Entwicklungsschub war nicht zuletzt deshalb möglich, weil die ministerielle Forschungsförderung erheblich zunahm. Das technische Normalisierungsparadigma, also die hegemoniale Idee, Körper mit Behinderungen durch technische Zurüstung funktional zu normalisieren, wurde schon vor Antritt der Großen Koalition intensiviert. Technische Machbarkeitsfantasien nahmen im Laufe des Jahrzehnts im Allgemeinen noch zu, wenngleich sie zumindest im Bereich der Kinderprothetik die Realität bald einholte.

Trotz solcher Kontinuitäten oder längerfristigen Dynamiken avancierte Behinderung am Ende der 1960er Jahre noch einmal in bis dahin unbekannter Weise zum politischen Thema. Den Sozialwissenschaftler Walter Bärsch veranlasste dies 1975 zu der Bemerkung, Menschen mit Behinderungen seien »offiziell Mode geworden«.[5] Programmatik und Umsetzung der Behindertenpolitik erlebten in der Folge weitere tiefgehende Reformschritte.

Sozialstaatsexpansion Lessenich, Erklärungsansätze, S. 51; H. G. Hockerts: Sozialreform (1985), S. 263

5 | W. Bärsch: Behinderte (1975), S. 12.

Doch veranlasst der Blick auf die Umsetzungspraxis der behindertenpolitischen Ideale zu einer kritischen Reformbilanz. Die Realisierung der im Aktionsprogramm der Bundesregierung zur Förderung der Rehabilitation der Behinderten von 1970 kondensierten behindertenpolitischen Absichten blieb in mancherlei Hinsicht hinter den Plänen und Erwartungen zurück. Dies lag nicht zuletzt daran, dass die Regierung im Aktionsprogramm zwar Ziele formulierte und Methoden empfahl, diese aber nur in jenem kleinen Teilbereich selbst umsetzen konnte, der innerhalb des gegliederten Systems in ihre Zuständigkeit fiel. Das Aktionsprogramm war in erster Linie ein Appell an die Sozialpartner, Sozialleistungsträger und die Träger der Einrichtungen, das heißt die Bundesländer und Kommunen, die Sozialversicherungen, die Verbände der freien Wohlfahrtspflege, nicht zuletzt auch die Fachverbände und die Vertretungen der Rehabilitationsberufe – kurz, das gesamte Netzwerk aus Akteuren, die der deutschen Behindertenpolitik ihre spezifische Prägung verliehen. In einem fragmentierten und dezentralen System, in dem staatliche Kompetenzen der Intervention, Gesetzgebung und Aufsicht nur den ordnungspolitischen Rahmen für die nach eingeübten Spielregeln agierenden, in Tauschbeziehungen aufeinander angewiesenen, aber sonst autonomen Akteure bildeten, war der Spielraum der sozialliberalen Regierung begrenzt. Dieses System selbst tastete die Regierung Brandt ebenso wenig an wie ihre Vorgängerinnen. Die Angleichung der Sozialleistungen 1974, ein genuin sozialliberaler Reformschritt, trug vielmehr besonders zu seinem Erhalt bei. So rührte die sozialliberale Koalition nicht an jene Strukturen, die letztlich die größten Reformbarrieren darstellten: das Selbstverwaltungsprinzip, die beharrliche Vertretung von Eigeninteressen und das vor allem unter den Sozialleistungsträgern auftretende Koordinationsproblem.

Die 1974 verwirklichte, dem Finalprinzip und der Leitformel der Chancengleichheit geschuldete quantitative und qualitative Angleichung der Rehabilitationsleistungen bildete ein Kernelement der sozialliberalen Behindertenpolitik. Mithin lässt sich die versuchte Vereinheitlichung der Leistungen und Finanzierungslösungen durchaus als Integrationstendenz eines zunehmend ausdifferenzierten Sozialstaats verstehen, wenngleich das Rehabilitationsangleichungsgesetz die Leistungsunterschiede zwar begradigte, aber nicht gänzlich abschaffte. Trotz des sozialliberalen Reformpakets gab es je nach Art und Ursache einer Behinderung und Geschlechtszugehörigkeit weiterhin sozialrechtliche Ungleichheitspotentiale, von mannigfachen Ungleichbehandlungen im sozialen Alltag ganz abgesehen. Obwohl sie Behinderungshierarchien und Ungleichheiten reduzieren wollte, zeigten auch Politiken der sozialliberalen Koalition gegensätzliche Effekte. Dies zeigte sich beispielsweise am Ausbau der Werkstätten für Behinderte in Verbindung mit dem Gesetz über die Sozialversicherung Behinderter. Was Elterninitiativen an der Wende zu den 1960er Jahren als Ort der Anregung und umfassenden Lebensgestaltung für Menschen mit geistigen Behinderungen konzipiert hatten, entwickelte sich, sobald der Staat sich dafür zu interessieren begann, zu einem Sonderarbeitsmarkt und einer beruflichen Rehabilitationseinrichtung mit primär produktivitätsorientierten Strukturen. Von der Expansion des nun zunehmend an marktwirtschaftlichen Gesichtspunkten orientierten Werkstattsektors profitierten überwiegend Menschen mit körperlichen oder Lernbehinderungen, die hohe Arbeitsleistungen erbringen konnten. Menschen mit geistigen und Mehrfachbehinderungen, deren Produktivität als gering galt, wurden häufig ganz aus den Werkstätten verdrängt. Sie büßten zum Teil Entfaltungsmöglichkeiten ein, die ihnen die Werkstätten zuvor geboten hatten. So bestand das an normativen Annahmen über ihre Leistung, Anpassungsfähigkeit und gesellschaftliche Brauchbarkeit orientierte Gefälle zwischen Menschen mit Behinderungen unterschiedlicher Art unvermindert fort.

Im Bereich der Rehabilitationsinfrastruktur waren die von der sozialliberalen Koalition initiierten Expansionsschritte sicherlich größer, als die Rhetorik der Opposition glauben machen wollte. Erstmals kam es auch zur Aufstellung von Landes- und kommunalen Behindertenplänen. Doch wies die Infrastrukturerweiterung unterschiedliche Binnengeschwindigkeiten auf und brachte eine Reihe unintendierter Effekte mit sich. So verlief der Ausbau von Berufsförderungswerken, Spezialkliniken und Sonderschulen rasant, Berufsbildungswerke für Jugendliche und Frühfördereinrichtungen fehlten jedoch. Noch dominierte zudem weitgehend der Zentralismus von Großeinrichtungen mit Einheitsangebot. Von einem flächendeckenden Verbundsystem differenzierter offener, ambulanter, teilstationärer und wohnortnaher Hilfen konnte in den 1970er Jahren noch keine Rede sein. Hinzu kam ein eklatanter Personalmangel. Auch fehlten, wie schon zeitgenössische Kritiker bemängelten, gesetzliche Evaluationsverpflichtungen und Qualitätskontrollen.[6] Demnach hielt auch die wachsende Sozialinfrastruktur in den 1970er Jahren mit der bereits seit den 1950er Jahren zunehmenden Expansion des Sozialsektors an sich noch nicht Schritt.

Wenngleich die sozialliberale Behindertenpolitik an einem erweiterten Rehabilitationsbegriff und Eingliederungsziel ausgerichtet war und Politik und Bürokratie sich immer mehr bewusst wurden, dass sie, wenn sie eine umfassende soziale Eingliederung und Teilhabe erreichen wollten, nicht nur am Individuum, sondern auch an der Umwelt ansetzen mussten, blieb doch die berufliche Rehabilitation der Kern der Behindertenpolitik.

Zwar bedeutete technische Normalisierung nicht mehr ausschließlich die technisch-prothetische Anpassung des Individuums an die Bedingungen seiner Umwelt, jedoch schritt der Abbau baulicher und technischer Hindernisse zu langsam voran, um den ehrgeizigen Zielen kurzfristig gerecht zu

6 | Vgl. R. Gruppe: Bilanz (1975), S. 339; K. Jungnickel: »Gesundes Geschäft mit Kranken«, in: Vorwärts v. 5.6.1975; W. Seyd: Berufsförderungswerke (1979), S. 175; vgl. zu konkreten Problemfällen in den Medien Christian Schneider: »Hilfe zu überhöhten Preisen«, in: SZ v. 3.1.1975; Ders.: »Rechnung mit Behinderten geht nicht auf«, in: SZ v. 4.2.1975. Eine der wenigen Qualitätsprüfungen in K.-G. Specht/D. Heier: »Maßnahmen und Erfolge der Rehabilitation Behinderter aus der Sicht empirischer Forschung. Teil 2«, in: Die Rehabilitation 13 (1974), H. 2, S. 88-95.

werden. Zudem verstellte die Priorisierung des Abbaus von Hindernissen für Rollstuhlnutzer den Blick für Barrieren, die Menschen mit anderen Behinderungen den Alltag erschwerten. Die 1970er Jahre markieren hier nur den Beginn eines Thematisierungs- und Umsetzungsprozesses, der auch drei Jahrzehnte später noch andauert.

Die von der sozialliberalen Regierung initiierte behindertenpolitische Reformpolitik stieß in der zweiten Hälfte der 1970er Jahre auch an ihre finanziellen Grenzen. Unter dem Primat der Kostendämpfung erlebte sie tiefe Einschnitte. Die mit der Ölpreis- und Wirtschaftskrise von 1973 einsetzende Rezession brachte das Ende der Hochkonjunktur und der Vollbeschäftigung, steigende Staatsverschuldung und zunehmende strukturelle Arbeitslosigkeit – gerade auch unter Menschen mit Behinderungen. Die einkommensbezogene Unterstützung größerer Bevölkerungsteile, speziell die Hilfen zum Lebensunterhalt der Sozialhilfe, gewannen wieder an sozialpolitischer Bedeutung. Sparzwängen war nach der Mitte der 1970er Jahre auch der behindertenpolitische Leistungsausbau unterworfen. Die Reformpolitik verlor an Geschwindigkeit und litt zunehmend unter Verteilungsproblemen.[7]

In den ersten Jahren der Ära Schmidt überlagerten sich noch der reformpolitische Schwung und die neuen finanzpolitischen Zwänge. Später dominierten fiskalische Überlegungen und die Bemühung, die institutionalisierten, der Aktualisierung bedürfenden Systeme effizient zu halten, die Sozialpolitik insgesamt.[8] Das aus dem Rehabilitationsangleichungsgesetz, dem Schwerbehindertengesetz, dem Gesetz über die Sozialversicherung Behinderter und der dritten Novelle des Bundessozialhilfegesetzes in den Jahren 1974/75 geschnürte Reformpaket markierte zugleich den Höhe- und Endpunkt einer Phase. Hatte die sozialliberale Koalition zunächst die ökonomische Freiheit, im Sinne einer Sozialpolitik erster Ordnung aktuelle Problemlagen zu thematisieren und anhand eines innovativen Leistungs- und Methodenarsenals aufzugreifen, musste sie nun versuchen, das von ihr und den Vorgängerregierungen geschaffene System unter veränderten Rahmenbedingungen aufrecht zu erhalten. Zu prüfen wäre, inwieweit die unter dem Anspruch der Demokratisierung, Chancengleichheit und Lebensqualität unternommenen kostspieligen Reformen von vornherein auf finanzpolitisch bedenklicher Grundlage standen. Überforderte sich der Staat durch seine Reformen auch im Bereich der Behindertenpolitik selbst?

---

7 | Vgl. zu den sozialpolitischen Folgen der Rezession F. Gärtner: Rehabilitationspolitik (1979), S. 80; Lutz Leisering: »Der deutsche Sozialstaat«, in: Ellwein, Thomas/Holtmann, Everhard (Hg.): 50 Jahre Bundesrepublik Deutschland. Rahmenbedingungen – Entwicklungen – Perspektiven, Opladen/Wiesbaden 1999, S. 181-192; hier S. 184; M. Döhler, Strukturpolitik, S. 474; H. G. Hockerts/W. Süß: Gesamtbetrachtung (2006), S. 955; H. G. Hockerts: Problemlöser (2007), S. 16; A. Schildt: Sozialgeschichte (2007), S. 56-57.

8 | Vgl. H. F. Zacher: Sozialstaat (2000), S. 64-65; M. G. Schmidt: Sozialpolitik (1998), S. 98; F. X. Kaufmann: Sozialstaat (1998), S. 322.

So präsentiert sich die Geschichte der Behindertenpolitik seit dem Ende der 1960er Jahre insgesamt als Modernisierungsprojekt mit unintendierten Nebenfolgen, dessen Umsetzungsdynamiken stark differierten. Ein wirklicher Durchbruch ist jedoch darin zu sehen, dass erkannt wurde, dass sich mit dem Rehabilitationsparadigma allein Chancengleichheit und die gleichberechtigte Teilhabe am Leben in der Gemeinschaft nicht verwirklichen ließen und Normalisierung nicht allein beim Individuum zu beginnen hatte. In diesem Umdenken lagen die ersten Ansätze des behindertenpolitischen Wandels, der seit den 1990er Jahren die Gleichstellungspolitik zur Sozialleistungs- und Rehabilitationspolitik treten ließ.

Anhang

Abkürzungen

AA	Arbeitsamt
AÄ	Arbeitsämter
Abg.	Abgeordneter/Abgeordnete
AdsD	Archiv der sozialen Demokratie der Friedrich-Ebert-Stiftung
AFG	Arbeitsförderungsgesetz
AVAVG	Arbeitsvermittlungs- und Arbeitslosenversicherungsgesetz
BA	Bundesanstalt für Arbeit
BAG cbf	Bundesarbeitsgemeinschaft der Clubs Behinderter und ihrer Freunde e.V.
BAGFW	Bundesarbeitsgemeinschaft der (Spitzenverbände der) Freien Wohlfahrtspflege e.V.
BAGH	Bundesarbeitsgemeinschaft Hilfe für Behinderte e.V.
BAR	Bundesarbeitsgemeinschaft für Rehabilitation
BArbl.	Bundesarbeitsblatt
BArch	Bundesarchiv
BAVAV	Bundesanstalt für Arbeitsvermittlung und Arbeitslosenversicherung
BBW	Berufsbildungswerk
BDA	Bundesvereinigung der deutschen Arbeitgeberverbände
BFW	Berufsförderungswerk
BGBl.	Bundesgesetzblatt
BHStA	Bayerisches Hauptstaatsarchiv
BKA	Bundeskanzleramt
BM	Bundesminister/Bundesministerium
BMA	BM für Arbeit (20.9.1949-28.10.1957), BM für Arbeit und Sozialordnung (seit 28.10.1957)
BMBau	BM für Raumordnung, Bauwesen und Städtebau (ab 15.12.1972)

BMBW	BM für Bildung und Wissenschaft
BMF	BM für Finanzen
BMFa	BM für Familienfragen (20.10.1953-28.10.1957)
BMFJ	BM für Familien und Jugendfragen (28.10.1953-17.10.1963), BM für Familie und Jugend (17.10.1963-11.11.1969)
BMGes	BM für Gesundheitswesen (14.11.1961-11.1.1969)
BMI	BM für Inneres (20.9.1949-23.09.1949), BM des Innern (seit 23.09.1949)
BMJFG	BM für Jugend, Familie und Gesundheit (11.11.1969-6.6.1986)
BMSt	BM für Städtebau und Wohnungswesen (26.10.1965-15.12.1972)
BMV und BMP	BM für Verkehr und für das Post- und Fernmeldewesen (ab 16.5.1974)
BMV und BMSt	BM für Verkehr und für das Post- und Fernmeldewesen und BM für Städtebau und Wohnungswesen (7.7.1972-15.12.1972)
BMV	BM für Verkehr (bis 22.10.1969), BM für Verkehr und für das Post- und Fernmeldewesen (22.10.1969-7.7.1972), BM für Verkehr (15.12.1972-16.5.1974)
BMWi	BM für Wirtschaft
BMWo	BM für Wohnungsbau (bis 26.10.1965), (14.11.1961-26.10.1965) BM für Wohnungswesen, Städtebau und Raumordnung
BPrA	Bundespräsidialamt
BSHG	Bundessozialhilfegesetz
BTDrs	Bundestagsdrucksache
BVersbl.	Bundesversorgungsblatt
BVG	Bundesversorgungsgesetz
BWA	Bayerisches Wirtschaftsarchiv
DeVg e.V.	Deutsche Vereinigung für Krüppelfürsorge (1909-1954), Deutsche Vereinigung zur Bekämpfung des Krüppeltums (1954-1957), Deutsche Vereinigung zur Förderung der Körperbehindertenfürsorge (1957 - 1962), Deutsche Vereinigung für die Rehabilitation Behinderter (seit 1962)
DGB	Deutscher Gewerkschaftsbund
DIHT	Deutscher Industrie- und Handelstag
DV e.V.	Deutscher Verein für öffentliche und private Fürsorge e.V.
IHK	Industrie- und Handelskammer
ISRD	International Society for Rehabilitation of the Disabled

KBG	Körperbehindertengesetz
KOV	Kriegsopferversorgung
LAA	Landesarbeitsamt
LAÄ	Landesarbeitsämter
NDV	Nachrichtendienst des Deutschen Vereins für öffentliche und private Fürsorge e.V.
NRWHStA	Hauptstaatsarchiv Nordrhein-Westfalen
RehaAnglG	Rehabilitationsangleichungsgesetz
RGBl.	Reichsgesetzblatt
RVO	Reichsversicherungsordnung
SBG	Schwerbeschädigtengesetz
SchwbG	Schwerbehindertengesetz
StAAu	Staatsarchiv Augsburg
StadtAM	Stadtarchiv München
StAM	Staatsarchiv München
StAWü	Staatsarchiv Würzburg
StenBerBT	Stenografische Berichte des Deutschen Bundestags
UVNG	Unfallversicherungsneuregelungsgesetz
VDI	Verein Deutscher Ingenieure
VdK	Verband der Kriegsbeschädigten, Kriegshinterbliebenen und Sozialrentner Deutschlands e.V.
WP	Wahlperiode

Archive

Archiv der Bundesvereinigung der Deutschen Arbeitgeberverbände
Archiv der Sozialen Demokratie der Friedrich-Ebert-Stiftung
Archiv der Sozialen Demokratie der Friedrich-Ebert-Stiftung/DGB-Archiv
Bayerisches Hauptstaatsarchiv
Bayerisches Wirtschaftsarchiv
Bundesarchiv
Hauptstaatsarchiv des Landes Nordrhein-Westfalen
Historisches Archiv der MAN AG Augsburg
Historisches Archiv der BMW AG München
Siemens-Archiv München
Staatsarchiv Augsburg
Staatsarchiv München
Staatsarchiv Würzburg
Stadtarchiv München
Zentrum Bayern Familie und Soziales, Fotosammlung

Quellen und Literatur

»10.000 Schwerbeschädigte stempeln«, in: SZ v. 3.9.1952.

»12.000 Kriegsopfer protestieren in der Winterbahn«, in: Münchner Merkur v. 10.11.1952.

»200.000 tragen Prothesen«, in: SZ v. 15.1.1951.

»3.000 Babys warten auf unsere Hilfe«, in: Bild v. 18.4.1962.

»4.600 Kriegsopfer erhalten Schadensausgleich«, in: Sozialpolitische Informationen vom 31.5.1968, S. 2.

Abberley, Paul: »Work, Utopia and Impairment«, in: Barton, Len (Hg.): Disability, S. 61-79.

Abelshauser, Werner: »Arbeit, Für- und Vorsorge«, in: Schildt, A./Sywottek, A. (Hg.): Modernisierung, S. 203-206.

Achinger, Hans/Bogs, Walter/Meinhold, Helmut/Neundörfer, Ludwig u.a.: Sozialenquête: Soziale Sicherung in der Bundesrepublik Deutschland. Bericht der Sozialenquête-Kommission, Stuttgart/Berlin/Köln/Mainz 1966.

Achinger, Hans/Höffner, Joseph/Muthesius, Hans/Neundörfer, Ludwig: Neuordnung der sozialen Leistungen, Köln 1955.

Achinger, Hans: »Die Gesellschaft und die Behinderten«, in: NDV 47 (1967), H. 10, S. 288-291.

Adler, Alfred: Studie über die Minderwertigkeit von Organen, München 1927.

»Aktionsausschuss zur Verbesserung der Hilfe für psychisch Kranke«, in: NDV 39 (1959), H. 4, S. 105-106.

»Aktionsprogramm der Bundesregierung zur Förderung der Rehabilitation der Behinderten«, in: Sozialpolitische Informationen v. 13.4.1970, S. 1-4.

»Alarm in Nordrhein-Westfalen«, in: Abendpost v. 27.1.1961.

Alber, Jens: »Soziale Dienstleistungen. Die vernachlässigte Dimension vergleichender Wohlfahrtsstaat-Forschung«, in: Bentele, Karlheinz/Reissert, Bernd/Schettkat, Ronald (Hg.): Die Reformfähigkeit von Industriegesellschaften. Fritz W. Scharf, Festschrift zum 60. Geburtstag, Frankfurt a.M./New York 1995, S. 277-293.

Alber, Jens: Der Sozialstaat in der Bundesrepublik 1950-1983, Frankfurt a.M./New York 1989.

Albrecht, Gary L./Seelman, Katherine D./Bury, Michael (Hg.): Handbook of Disability Studies, Thousand Oaks/London/Neu Delhi 2001.

»Allgemeiner Überblick«, in: Bayerisches Staatsministerium für Arbeit und Sozialordnung (Hg.): Bayerische Sozialpolitik 1974, München 1974, S. 165-175.

Alsberg, Adolf: »Soziale Gesichtspunkte bei der Behandlung Kriegsverwundeter«, in: Zeitschrift für Krüppelfürsorge 11 (1918), H. 4, S. 81-87.

Altman, Barbara M.: »Disability Definitions, Models, Classification Schemes, and Applications«, in: Albrecht, G. L./Seelman, K. D./Bury, M. (Hg.): Handbook, S. 97-122.

Altmann, Georg: Aktive Arbeitsmarktpolitik – Entstehung und Wirkung eines Reformkonzepts in der Bundesrepublik Deutschland, Stuttgart 2004.

Ambrosius, Gerold: »Wirtschaftlicher Strukturwandel und Technikentwicklung«, in: Schildt, A./Sywottek, A. (Hg.): Modernisierung, S. 107-127.

»An die Eltern, die ein Kind mit fehlgebildeten Gliedern haben«, in: Bundesausschuss für gesundheitliche Volksbelehrung e.V.: Hilfe, S. 201-203.

»Anders als zu Kaisers und zu Katzers Zeiten«, in: Der Spiegel v. 10.4.1972.

Anderson, Julie: »Turned into Taxpayers«: Paraplegia, Rehabilitation, and Sport at Stoke Mandeville, 1944-56, in: Journal of Contemporary History 38 (2003). H. 3, S. 461-475.

André, Günter: SozialAmt: historisch-systematische Einführung in seine Entwicklung, Weinheim/Basel 1994.

»Anordnung des Verwaltungsrats der Bundesanstalt für Arbeit über die Arbeits- und Berufsförderung Behinderter (AReha) v. 2.7.1970«, in: Amtliche Nachrichten der Bundesanstalt für Arbeit 18 (1970), H. 10, S. 664-667.

»Ansprache des Bundesarbeitsministers Hans Katzer auf dem Heidelberger Rehabilitationskongress 1968 am 5.6.1968«, in: BArbl. 19 (1968), H. 11/12, S. 333-334.

»Ansprache des Bundespräsidenten Walter Scheel zum 16. Welttag der Behinderten, 23.3.1975«, in: Bulletin des Presse- und Informationsamts der Bundesregierung v. 26.3.1975, S. 393.

Ansprache v. Bundespräsident a.D. Richard von Weizsäcker bei der Eröffnungsveranstaltung der Tagung der Bundesarbeitsgemeinschaft Hilfe für Behinderte e.V., 1.7.1993, Gustav-Heinemann-Haus in Bonn, www.bundespraesident.de/dokumente/-,2.650868/Rede/dokument.htm v. 18.5.2009.

Anweiler, Oskar: »Bildungspolitik«, in: Bundesministerium für Arbeit und Sozialordnung/Bundesarchiv (Hg.): Geschichte der Sozialpolitik, Bd. 5, S. 709-754.

Anweiler, Oskar: »Bildungspolitik«, in: Bundesministerium für Arbeit und Sozialordnung/Bundesarchiv (Hg.): Geschichte der Sozialpolitik, Bd. 4, S. 611-642.

Arbeitsgemeinschaft Deutscher Berufsförderungswerke: 25 Jahre Arbeitsgemeinschaft Deutscher Berufsförderungswerke. Aufgaben, Ergebnisse, Perspektiven, Hamburg 1993.

»Arbeitsplatz für Versehrte reserviert«, in: SZ v. 23.2.1955.

»Arbeitsprogramm der ›Stiftung Rehabilitation‹«, in: Sozialer Fortschritt 23 (1974), H. 6, S. 125.

Arends [o.V.]: »Der Krüppel als Handwerker. Stenografischer Bericht über den III. Deutschen Kongress für Krüppelfürsorge«, in: Zeitschrift für Krüppelfürsorge 7 (1914), H. 3, S. 186-202.

Arendt, Walter: »Behinderte sind gleichwertige Bürger. Rede zum 13. Welttag der Behinderten, veranstaltet vom Reichsbund der Kriegs- und Zivilgeschädigten, Sozialrentner und Hinterbliebenen e.V. am 19.3.1972 in Mannheim«, in: Arendt, W.: Kennzeichen, S. 164-173.

Arendt, Walter: »Ein Platz in der Gesellschaft. Rede zum 6. ordentlichen Bundesverbandstag des Verbandes der Kriegsbeschädigten, Kriegshinterbliebenen und Sozialrentner Deutschlands e.V. am 23.5.1970 in Saarbrücken«, in: Arendt, W.: Kennzeichen, S. 178-181.

Arendt, Walter: »Mehr Rechte für alle Behinderten«, in: BArbl. 26 (1975), H. 1, S. 5.

Arendt, Walter: »Unfall und Rehabilitation. Rede vor dem Berufsgenossenschaftstag 1970 am 26.6.1970 in Düsseldorf«, in: Arendt, W.: Kennzeichen, S. 155-164.

Arendt, Walter: »Was will Sozialpolitik? Rede anlässlich einer wissenschaftlichen Veranstaltung des Instituts für Sozialpolitik und Arbeitsrecht in München am 3.7.1970«, in: Arendt, W.: Kennzeichen, S. 10-18.

Arendt, Walter: »Wege zur Chancengleichheit der Behinderten«, in: Jochheim, K.-A./ Moleski-Müller, M./Siebrecht, V. (Hg.): Wege, S. 11-21.

Arendt, Walter: »Wissenschaft und Sozialpolitik. Rede bei einer Veranstaltung des Volkswirtschaftlichen Seminars der Universität Mannheim am 23.11.1970«, in: Arendt, W.: Kennzeichen, S. 18-25.

Arendt, Walter: Kennzeichen sozial. Wege und Ziele der sozialen Sicherung. Stuttgart/Berlin/Köln/Mainz 1972.

Arens, Werner: »Vacation and Leisure-Time Planning for Paraplegics«, in: Dicke, W./ Jochheim, K.-A./Müller, M./Thom, H. (Hg. im Auftrag der ISRD), Industrial Society, S. 211-212.

Armstrong, Tim: Modernism, Technology, and the Body. A Cultural Study, Cambridge 1998.

Artmann, Werner: »Probleme behinderter Kinder und Jugendlicher im Vorfeld der Berufsbildung«, in: Jochheim, K.-A./Moleski-Müller, M./Siebrecht, V. (Hg.): Wege, S. 97-101.

»Auch behinderte Kinder zur Fachhochschulreife«, in: Westfalen-Blatt v. 22.1.1971.

»Auch Behinderte sind Mitbürger«, in: Münchner Merkur v. 3.12.1985.

»Auch der Staat hat seine Pflichten«, in: Sozialer Fortschritt 19 (1970), H. 7, S. 149.

»Auch diese Kinder haben eine Chance«, in: Main-Post v. 13.4.1970.

»Auf dem Weg zur Freizeitgesellschaft?«, in: Noelle-Neumann, E./Köcher, R. (Hg.): Allensbacher Jahrbuch, Bd. 10, S. 122-123.

»Auf dem Weg zur hedonistischen Gesellschaft?«, in: Noelle-Neumann, E./Köcher, R. (Hg.): Allensbacher Jahrbuch Bd. 10, S. 124-125.

»Aus der deutschen Vereinigung«, in: Zeitschrift für Krüppelfürsorge 7 (1914), H. 4, S. 267-270.

»Aus einem Rundgespräch über Schwerbeschädigtenfürsorge«, in: Der gute Wille, Ausgabe NRW 3 (1967), H. 4, S. 2-4.

»Ausgaben der Kriegsopferversorgung von 1960 bis 1972«, in: BArbl. 24 (1973), H. 6, S. 325.

»Ausgleichsabgabe statt Beschäftigung Schwerbeschädigter«, in: Der Arbeitgeber 1 (1949), H. 11, S. 27-28.

»Aussprache zum Thema III«, in: Jahrbuch der Fürsorge für Körperbehinderte (1956), S. 78-79.

»Aussprache zum Thema IV«, in: Jahrbuch der Fürsorge für Körperbehinderte (1956), S. 98-101.

»Baby-Pfennig rollt schon«, in: Bild v. 1.9.1962.

Bach, Heinz: »Die Wende der Behindertenpädagogik in der Gegenwart«, in: Jochheim, K.-A./Moleski-Müller, M./Siebrecht, V. (Hg.): Wege, S. 85-89.

Bach, Heinz: »Grundsätze zur Errichtung von Sonderschulen für praktisch Bildbare«, in: Zeitschrift für Heilpädagogik 17 (1966), H. 4, S. 148-159.

Bach, Heinz: »Pädagogik in der Werkstatt für Behinderte«, in: Die Rehabilitation 9 (1970), H. 1, S. 20-25.

Bach, Heinz: Sexuelle Erziehung bei Geistigbehinderten, Berlin 1971.

Bach, Ulrich: »Das Leben mit der Behinderung. Ein behindertes Kind als Gottes Gabe und Aufgabe«, in: Das behinderte Kind 11 (1974), H. 1, S. 1-6.

Bach, Ulrich: »Wir Behinderten und die Nicht-Behinderten«, in: Die Rehabilitation 13 (1974), H. 1, S. 15-17.

Backofen, Karl Heinz: »Wohnen ist mehr als ein Dach über dem Bett«, in: Die Rehabilitation 11 (1972), H. 3, S. 147-150.

Bärsch, Walter: »Der Behinderte in der Gesellschaft«, in: Behinderte – inmitten oder am Rande der Gesellschaft. Mit Beiträgen v. Bärsch, Walter/Heese, Gerhard/Kniel, Adrian/Solarová, Svetluse und einer Einführung. v. Muth, Jakob, 2., durchgesehene Aufl. Berlin 1975, S. 7-23.

Baeyer [o.V.]: »Die orthopädische Nachbehandlung von Kriegsverletzten«, in: Zeitschrift für Krüppelfürsorge 8 (1915), H. 1, S. 59-62.

Baier, Herwig: »Die Schule für Lernbehinderte – Stätte der Diskrimination oder Rehabilitation?«, in: Jochheim, K.-A./Moleski-Müller, M./Siebrecht, V. (Hg.): Wege, S. 89-95.

Bangert, Karl: »Spiel und Ernst in der Lazarettbeschäftigung«, in: Zeitschrift für Krüppelfürsorge 9 (1916), H. 1, S. 26-32.

Barnes, Colin/Mercer, Geof/Shakespeare, Tom: Exploring Disability. A Sociological Introduction, Cambridge 1999.

Bartning, Otto: »Arbeitsnachweis für genesende Soldaten in Berlin«, in: Der Arbeitsnachweis in Deutschland 5 (1918), H. 7, S. 151-152.

Barton, Len (Hg.): Disability and Society: Emerging Issues and Insights, London 1996.

Basisdaten. Zahlen zur sozioökonomischen Entwicklung der Bundesrepublik Deutschland. Bearbeitet v. Ermrich, Roland, Bonn-Bad Godesberg 1974.

Bauer, Ernst Wilhelm: Ein Stuhl zwischen den Stühlen. Erzählung über die physische und psychische Situation eines Querschnittsgelähmten, Planegg 1974.

»Bauliche und technische Hindernisse für Behinderte beseitigen«, in: BArbl. 22 (1971), H. 12, S. 744.

»Bauliche und technische Hindernisse für Behinderte beseitigen«, in: Sozialpolitische Informationen v. 21.10.1970.

Baumer, Wilhelm v.: Bürgerliche Kriegsinvalidenfürsorge, München 1916.

Bayerische Staatsregierung (Hg.): Erster bayerischer Landesplan für Behinderte, München 1974.

Bayerisches Staatsministerium für Arbeit und Sozialordnung, Familie, Frauen und Gesundheit (Hg.): 50 Jahre Kriegsopferversorgung in Bayern 1945-1995, München 1995.

Beck, Ulrich/Bonß, Wolfgang/Lau, Christoph: Theorie reflexiver Modernisierung – Fragestellungen, Hypothesen, Forschungsprogramme, in: Beck, Ulrich/Bonß, Wolfgang (Hg.): Die Modernisierung der Moderne, Frankfurt a.M. 2001, S. 11-81.

Becker, F.: »Aus kleinen Anfängen wuchs ein modernes orthopädisches Zentrum. Der leitende Arzt erinnert sich an 40 Jahre Wichernhaus«, in: Hilfe zum Leben. Aus der Arbeit des Wichernhauses, Altdorf b. Nürnberg 1960, S. 14-18.

Becker, Josef: »Die Rechtsvorschriften über die Beschäftigung Schwerbeschädigter im Bundesgebiet«, in: BArbl. 1 (1949/50), H. 2, S. 48-51.

Becker, Wolfgang: »Beseitigung baulicher und technischer Hindernisse für Behinderte«, in: Sozialer Fortschritt 20 (1971), H. 7, S. 161-163.

»Befremden in Bonn«, in: Die Welt v. 12.8.1968.

Behinderte – inmitten oder am Rande der Gesellschaft. Mit Beiträgen von Bärsch, Walter/Heese, Gerhard/Kniel, Adrian/Solarová, Svetluse und einer Einführung v. Muth, Jakob, 2., durchgesehene Aufl. Berlin 1975.

»Behinderte in Österreich – Situation einer Minderheit«, in: Soziale Sicherheit 27 (1974), H. 4, S. 203-207.

»Behinderte protestieren gegen Hilfs-Auktion, in: Münchner Merkur v. 4.3.1981.

»Behindertenhilfe in neuer Form«, in: SZ v. 25./26.9.1975.

»Behindertenhilfe ist auch Eigenvorsorge«, in: Sozialer Fortschritt 21 (1972), H. 5, S. 98.

Bellebaum, Alfred/Braun, Hans (Hg.): Reader Soziale Probleme. Bd. 1: Empirische Befunde, Frankfurt a.M./New York 1974.

Bendel, Klaus: »Behinderung als zugeschriebenes Kompetenzdefizit von Akteuren. Zur sozialen Konstruktion einer Lebenslage«, in: Zeitschrift für Soziologie 28 (1999), H. 4, S. 301-310.

Benesch, Otto: »Maßnahmen zur Früherkennung und Früherfassung Rehabilitationsbedürftiger«, in: BArbl. 16 (1965), H. 7, S. 255-259.

Berger, Rolf: »Die Auskunfts- und Beratungsstellen für Rehabilitation«, in: Jochheim, K.-A./Moleski-Müller, M./Siebrecht, V. (Hg.): Wege, S. 245-251.

»Bericht der Kultusministerkonferenz über Maßnahmen der Länder zur Rehabilitation der Kinder mit angeborenen Missbildungen«, in: BArbl. 17 (1966), H. 11/12, S. 329.

»Bericht über Erfahrungen der Rentenversicherungsträger auf dem Gebiet der Rehabilitation«, in: BArbl. 15 (1964), H. 12, S. 413-415.

Berning, Josef: »Wie wirkt sich die berufliche Anpassung an den technischen Fortschritt auf die Rehabilitation Behinderter aus?«, in: BArbl. 17 (1966), H. 2, S. 59-64.

»Berufliche Rehabilitation – ein Schwerpunkt der Rentenversicherung«, in: Sozialer Fortschritt 16 (1967), H. 12, S. 284.

Berufsförderungswerk Bad Pyrmont: Chronik des Berufsförderungswerks Bad Pyrmont, ehemals Landesversehrtenberufsfachschule, 1945-1995, Bad Pyrmont 1995.

»Berufshilfe für Schwerbeschädigte. Ein Tagungsbericht«, in: Arbeitsamt 1 (1950), H. 11, S. 343-344.

Berz, Peter/Price, Matthew: »Ersatzglieder«, in: Lutz, P./Macho, Th./Staupe, G./Zirden, H. (Hg.): [Im-]perfekte Mensch, S. 142-161.

»Beseitigung baulicher und technischer Hindernisse«, in: VdK Informationsdienst v. 28.1.1971.

Besondere Richtlinien für die Vergabe von Bundesmitteln zur Errichtung überregionaler Rehabilitationseinrichtungen. Bekanntmachung des BMA v. 18.1.1962, in: Bundesanzeiger v. 14.2.1962.

»Bessere Chancen«, in: BArbl. 26 (1975), H. 1, S. 5-6.

Bethge, Dietrich: »Arbeitsschutz«, in: Bundesministerium für Arbeit und Sozialordnung/Bundesarchiv (Hg.): Geschichte der Sozialpolitik, Bd. 5, S. 277-330.

Bette, H.: »Statistische Untersuchungen an 100 Querschnittsgelähmten in den Häusern der Josefsgesellschaft«, in: Die Rehabilitation 8 (1969), H. 1, S. 29-31.

Beyersdorf, Dietrich: »3.000 Babys für immer krank!«, in: Bild v. 11.4.1962.

Beyersdorf, Dietrich: »Contergan: Der Staat hat versagt«, in: Bild v. 25.8.1962.

Beyersdorf, Dietrich: »Mutterliebe siegte«, in: Bild v. 1.9.1962.

Beyersdorf, Dietrich: »Tod auf Rezept«, in: Bild v. 21.6.1962.

Beyersdorf, Dietrich: »Verbrechen oder Mutterliebe«, in: Bild v. 22.8.1962.

Beyersdorf, Dietrich: »Was soll ich Jan sagen?«, in: Bild v. 9.7.1962.

Biesalski, Konrad: »Grundsätzliches über die Anwendung von Kunstgliedern«, in: Zeitschrift für Krüppelfürsorge 9 (1916), H. 3, S. 122-128.

Biesalski, Konrad: »Referat«, in: Zeitschrift für Krüppelfürsorge 8 (1915), H. 1, S. 19-21.

Biesalski, Konrad: »Wer ist der Führer in der gesamten Fürsorge für unsre heimkehrenden Krieger?«, in: Zeitschrift für Krüppelfürsorge 8 (1915), H. 1, S. 14-19.

Biesalski, Konrad: »Wie helfen wir unsern Kriegskrüppeln?«, in: Zeitschrift für Krüppelfürsorge 7 (1914), H. 4, S. 277-288.

Biesalski, Konrad: »Wie ist die kulturelle Tragweite der Kriegsbeschädigtenfürsorge zu bewerten?«, in: Würtz, Hans: Der Wille siegt! Bd. 1. Lebensschicksale neuertüchtigter Kriegsinvaliden, 3. Aufl. Berlin 1916, S. 49.

Biesalski, Konrad: Grundriss der Krüppelfürsorge, 3. Aufl. Leipzig 1926 [1. u. 2. Aufl. erschienen unter dem Titel Leitfaden der Krüppelfürsorge].

Biesalski, Konrad: Kriegskrüppelfürsorge. Ein Aufklärungswort zum Troste und zur Mahnung, Leipzig/Hamburg 1915.

Biesalski, Konrad: Umfang und Art des jugendlichen Krüppeltums und der Krüppelfürsorge in Deutschland, Hamburg/Leipzig 1909.

Biess, Frank: »Männer des Wiederaufbaus – Wiederaufbau der Männer. Kriegsheimkehrer in Ost- und Westdeutschland, 1945-1955«, in: Hagemann, Karen/Schüler-Springorum, Stefanie (Hg.): Heimat-Front. Militär und Geschlechterverhältnisse im Zeitalter der Weltkriege, Frankfurt a.M./New York 2002, S. 345-365.

Bintig, A.: »Die deutschen Behindertenstatistiken von 1906 bis 1979«, in: Die Rehabilitation 20 (1982), H. 3, S. 147-158.

»Bis 1975 Sonderschulen für alle Behinderten«, in: Aachener Volkszeitung v. 7.8.1969.

Blanke, Bernhard/Wollmann, Hellmut (Hg.): Die alte Bundesrepublik. Kontinuität und Wandel, Opladen 1991.

»Blank. Minister Spiegelei«, in: Der Spiegel v. 23.3.1960.

Blank, Theodor: »Soziale Neuordnung der Kriegsopferversorgung«, in: Bulletin des Presse- und Informationsamts der Bundesregierung v. 6.2.1959, S. 229-230.

Bläsig, Wilhelm/Schomburg, Eberhard: Das Dysmeliekind, Stuttgart 1966.

Bläsig, Wilhelm/Schomburg, Eberhard: Das zerebralparetische Kind, Stuttgart 1966.

Bläsig, Wilhelm/Schwieger, I.: »Gegenwärtige Organisationsformen der Sonderschulen und der BRD und Berlin (West) im Zusammenhang mit Änderungsvorschlägen«, in: Die Rehabilitation 10 (1971), H. 1, S. 51-52.

Bläsig, Wilhelm: »Ausbildung dysmeler Jugendlicher«, in: Die Rehabilitation 12 (1973), H. 2, S. 119-121.

Bläsig, Wilhelm: »Bundessozialhilfegesetz. Bericht und Stellungnahme«, in: Zeitschrift für Heilpädagogik 13 (1962), H. 4, S. 177-184.

Bläsig, Wilhelm: »Zur Rehabilitation der Kinder mit Schädel-Hirn-Trauma. Bericht«, in: Die Rehabilitation 14 (1975), H. 2, S. 117-119.

Bläsig, Wilhelm: Die Rehabilitation der Körperbehinderten, München 1967.

Blättel, W.: »Einsatzmöglichkeiten für Behinderte in der Datenverarbeitung«, in: Jahrbuch der DeVg (1967/68), S. 73-75.

Blasius, Dirk: »Tuberkulose: Signalkrankheit deutscher Geschichte«, in: Geschichte in Wissenschaft und Unterricht 47 (1996), H. 5/6, S. 320-332.

Bleidick, Ulrich: »Die Sonderschule für geistig Behinderte«, in: Zeitschrift für Heilpädagogik 17 (1966), H. 4, S. 145-146.

Blohmke, Fritz: »Die technische Orthopädie im Rehabilitationsgeschehen«, in: BArbl. 20 (1969), H. 5, S. 299-302.

Blohmke, Fritz: »Wohnungsprobleme Schwerstbehinderter«, in: BArbl. 17 (1966), H. 2, S. 57-59.

Bohne, O.-S.: »Rehabilitation der Körperbehinderten«, in: Jahrbuch der Fürsorge für Körperbehinderte (1955), S. 93-101.

Boldorf, Marcel: »Gesamtbetrachtung«, in: Bundesministerium für Arbeit und Sozialordnung/Bundesarchiv (Hg.): Geschichte der Sozialpolitik, Bd. 4, S. 841-872.

Boldorf, Marcel: »Rehabilitation und Hilfen für Behinderte«, in: Bundesministerium für Arbeit und Sozialordnung/Bundesarchiv (Hg.): Geschichte der Sozialpolitik, Bd. 8, S. 453-474.

Boll, Silke/Degener, Theresia/Ewinkel, Carola/Hermes, Gisela u.a.: Geschlecht: behindert, besonderes Merkmal: Frau. Ein Buch von behinderten Frauen, München 1985.

Boll, Werner: »Elektronik – Zukunft für Behinderte«, in: Soziale Sicherung 27 (1974), H. 11, S. 638-642.

Boll, Werner: »Gibt es genügend Plätze für die Eingliederung Behinderter in Arbeit, Beruf und Gesellschaft?«, in: Die Rehabilitation 5 (1966), H. 1, S. 25-30.

Boll, Werner: »Vocational Rehabilitation of Severely Disabled Persons«, in: Dicke, W./Jochheim, K.-A./Müller, M./Thom, H. (Hg. im Auftrag der ISRD), Industrial Society, S. 135-136.

»Bonn: Alles getan. Contergan-Opfer wissen es anders«, in: Bild v. 6.9.1962.

Bornemann, Ernst: »The Social Role of the Disabled in the Past, the Present and the Future«, in: Dicke, W./Jochheim, K.-A./Müller, M./Thom, H. (Hg. im Auftrag der ISRD), Industrial Society, S. 355-359.

Bosch, G.: »Zur beruflichen Rehabilitation schizophrener Patienten«, in: Die Rehabilitation 14 (1975), H. 1, S. 9-17.

Bracken, Helmut v.: Vorurteile gegen behinderte Kinder, ihre Familien und Schulen, Berlin 1976.

Bradl, Christian: Anfänge der Anstaltsfürsorge für Menschen mit geistiger Behinderung (»Idiotenanstaltswesen«). Ein Beitrag zur Sozial- und Ideengeschichte des Behindertenbetreuungswesens am Beispiel des Rheinlands im 19. Jahrhundert, Frankfurt a.M. 1991.

Brand, Karl-Werner/Büsser, Detlef/Rucht, Dieter (Hg.): Aufbruch in eine andere Gesellschaft. Neue soziale Bewegungen in der Bundesrepublik, Frankfurt a.M. 1983.

Brattgård S-O./Carlsson, F./Sand, A.: »Wohnung und Pflege für schwer Bewegungsbehinderte. Ein Tätigkeitsbericht der Stiftung Fokus über ihre Arbeit mit integriertem Wohnen für schwer Bewegungsbehinderte in Schweden«, in: Die Rehabilitation 11 (1972), H. 4, S. 223-233.

Brauer, Charlotte: »Probleme der Rehabilitation der erwerbstätigen Frau. Sechste Arbeitstagung des Deutschen Ausschusses für die Eingliederung Behinderter in Arbeit, Beruf und Gesellschaft«, in: BArbl. 19 (1968), H. 9/10, S. 272-276.

Breeger, Norbert: »Selbstorganisationsversuche Behinderter am Beispiel des Club 68 – Verein für Behinderte und ihre Freunde e.V. in Hamburg«, in: Runde, P./Heinze, R. B. (Hg.): Chancengleichheit, S. 237-253.

Breitkopf, Helmut/Hegner, Friedhart: Die subjektive Situation behinderter Menschen als Gegenstand kommunaler Behindertenplanung. Eine Darstellung und vergleichende Diskussion empirischer Ereignisse zum Fremdbild und zum Selbstbild Behinderter, Bielefeld 1979.

Breuer, Rolf: »Selbstorganisierte Behindertenarbeit im Stadtteil«, in: Runde, P./Heinze, R. B. (Hg.): Chancengleichheit, S. 219-236.

Briefs, Peter Josef: »Die Bedeutung der Familie für die Lösung des Gebrechlichenproblems«, in: Caritas 52 (1951), H. 7/8, S. 153-166.

Briefs, Peter Josef: »Die Entwicklung des Gedankens der Ganzheit in der Körperbehindertenfürsorge«, in: Jahrbuch der Fürsorge für Körperbehinderte (1960), S. 19-30.

Briefs, Peter Josef: Körperbehindertenfürsorge im Geiste der Caritas, Paderborn 1955.

Brink, Cornelia: »›Keine Angst vor Psychiatern‹. Psychiatrie, Psychiatriekritik und Öffentlichkeit in der Bundesrepublik (1960-1980)«, in: v. Fangerau, Heiner/ Nolte, Karin (Hg.): »Moderne« Anstaltspsychiatrie im 19. und 20. Jahrhundert. Legitimation und Kritik, Stuttgart 2006, S. 341-360.

Brinkmann, Christian: »Die Benachteiligung der Behinderten im Berufsleben (Forschungsbericht)«, in: Jochheim, K.-A./Moleski-Müller, M./Siebrecht, V. (Hg.): Wege, S. 153-156.

Brinkmann, Christian/Gierse, Ludwig: »Zum Bedarf an Berufsbildungswerken für behinderte Jugendliche«, in: Mitteilungen aus der Arbeitsmarkt- und Berufsforschung 7 (1974), H. 2, S. 73-94.

Brinkmann, Gerd: »Technische Arbeitshilfen für Schwerbeschädigte«, in: BVersbl. 2 (1951), H. 7, S. 305-306.

Brohm, Joachim/Juster, Kurt: Die Wohnsituation der Körperbehinderten in der Bundesrepublik Deutschland, Bonn 1976.

Broszat, Martin (Hg.): Zäsuren nach 1945. Essays zur Periodisierung der deutschen Nachkriegsgeschichte, München 1990.

Bruner, Claudia Franziska: KörperSpuren. Zur Dekonstruktion von Körper und Behinderung in biographischen Erzählungen von Frauen, Bielefeld 2005.

Bruns, Dieter: »Klinische Erfahrungen in der Rehabilitation Querschnittsgelähmter«, in: Archiv für orthopädische und Unfallchirurgie 53 (1961), H. 1, S. 29-44.

Buch, Andrea/Heinecke, Birgit u.a: An den Rand gedrängt. Was Behinderte daran hindert, normal zu leben, Hamburg 1980.

Buck, Ernst/Klemm, Michael: »Möglichkeiten der sozialen Integration Körperbehinderter«, 1. Teil, in: Die Rehabilitation 11 (1972), H. 4, S. 234-241.

Buck, Ernst/Klemm, Michael: »Möglichkeiten der sozialen Integration Körperbehinderter«, 2. Teil, in: Die Rehabilitation 12 (1973), H. 1, S. 34-42.

Bührer, Werner: »Technologischer Wandel, Industrie- und Beschäftigungsstruktur in der Bundesrepublik Deutschland«, in: Archiv für Sozialgeschichte 35 (1995), S. 91-113.

Büttner, Malin: »Nicht minderwertig, sondern mindersinnig ...«. Der Bann G für Gehörgeschädigte in der Hitler-Jugend, Frankfurt a.M. 2005.

Buhr, Petra/Leisering, Lutz/Ludwig, Monika/Zwick, Michael: »Armutspolitik und Sozialhilfe in vier Jahrzehnten«, in: Blank, B./Wollmann, H. (Hg.): Bundesrepublik, S. 502-546.

Bundesanstalt für Arbeit (Hg.): Ihre berufliche Zukunft. Bd. 4: Informationen zur beruflichen Rehabilitation, 3. Aufl. Nürnberg 1974.

Bundesanstalt für Arbeitsvermittlung und Arbeitslosenversicherung (Hg.): Arbeitshilfen für Behinderte. Handbuch des Schwerbeschädigtenvermittlers, Nürnberg 1958.

Bundesanstalt für Straßenwesen: Infokarte Verkehrs- und Unfalldaten. Kurzzusammenstellung der Entwicklung in Deutschland, Stand September 2007, Bergisch-Gladbach 2007.

»Bundesanstalt für Unfallforschung und Arbeitsschutz soll in Dortmund errichtet werden«, in: BArbl. 21 (1970), H. 3, S. 202-203.

»Bundesarbeitsminister erhält Ehrenschild des Reichsbundes«, in: Reichsbund, AusgabeNRW 24 (1970), H. 1, S. 7.

Bundesausschuss für gesundheitliche Volksbelehrung e.V. (Hg.): Hilfe für das behinderte Kind. Kongressbericht über Fragen der behinderten Kinder, 8.-12.6.1964 in Köln, Stuttgart 1966.

Bundesministerium der Justiz (Hg.): Bundesgesetzblatt I, Bonn 1950-2006.

Bundesministerium der Justiz (Hg.): Bundesgesetzblatt II, Bonn 1964.

Bundesministerium für Arbeit und Sozialordnung (Hg.): Sozialbericht 1971, Bonn 1971.

Bundesministerium für Arbeit und Sozialordnung/Bundesarchiv (Hg.): Geschichte der Sozialpolitik in Deutschland seit 1945. Bd. 3: 1949-1957 Bundesrepublik Deutschland. Bewältigung der Kriegsfolgen, Rückkehr zur sozialpolitischen Normalität. Bandverantwortlicher: Schulz, Günther, Baden-Baden 2005.

Bundesministerium für Arbeit und Sozialordnung/Bundesarchiv (Hg.): Geschichte der Sozialpolitik in Deutschland seit 1945. Bd. 4: 1957-1966 Bundesrepublik Deutschland. Sozialpolitik im Zeichen des erreichten Wohlstandes. Bandhg.: Ruck, Michael/Boldorf, Marcel, Baden-Baden 2007.

Bundesministerium für Arbeit und Sozialordnung/Bundesarchiv (Hg.): Geschichte der Sozialpolitik in Deutschland seit 1945. Bd. 5: 1966-1974 Bundesrepublik Deutschland. Eine Zeit vielfältigen Aufbruchs. Bandhg.: Hockerts, Hans Günter, Baden-Baden 2006.

Bundesministerium für Arbeit und Sozialordnung/Bundesarchiv (Hg.): Geschichte der Sozialpolitik in Deutschland seit 1945. Bd. 8: 1949-1961 Deutsche Demokratische Republik. Im Zeichen des Aufbaus des Sozialismus. Bandverantwortliche: Hoffmann, Dierk/Schwartz, Michael, Baden-Baden 2004.

Bundesministerium für Gesundheit (Hg.): 2. Monografie über die Rehabilitation der Dysmeliekinder. Dysmeliearbeitstagung am 5./6.11.1965 in der Orthopädischen Anstalt der Universität Heidelberg, Frechen/Köln 1967.

Bundesministerium für Gesundheit (Hg.): 3. Monografie über die Rehabilitation der Dysmeliekinder. Dysmeliearbeitstagung am 24./25.7.1966 in Hannover, Bad Godesberg 1967.

Bundesministerium für Gesundheit (Hg.): 4. Monografie über die Rehabilitation der Dysmeliekinder. Dysmeliearbeitstagung am 20./21.10.1967 in der Orthopädischen Universitätsklinik Frankfurt a.M., Bad Godesberg 1968.

Bundesministerium für Gesundheitswesen (Hg.): Dysmeliearbeitstagung am 17./18.10.1964 in der Orthopädischen Universitätsklinik und Poliklinik Münster, Bad Godesberg 1965.

Burch, Susan/Sutherland, Ian: »›Who's Not Yet There?‹ American Disability History«, in: Radical History Review 33 (2006), H. 94, S. 127-147.

Burckhardt, Ernst: »Neues Leben für Rückgratverletzte: Hilfe durch den ›Vater der Gelähmten‹ Dr. Guttmann«, in: Frankfurter Rundschau v. 8.10.1955.

Burg, Engelina v.: »Unfälle im Haushalt – ein weltweites Problem«, in: Zeitschrift für Präventivmedizin 13 (1968), H. 1, S. 277-283.

Burger, Albert: »Grundlagen der Rehabilitation wurden von der CDU/CSU geschaffen«, in: Deutschland-Union-Dienst. Pressedienst der CDU und CSU v. 9.2.1972.

Buscher, Christel: »Behinderte Kinder erfolgreich behandelt«, in: SZ v. 23.4.1970.

Buschfort, Hermann: »Hilfe für alle Behinderten. Verstärkte Förderung der beruflichen Rehabilitationseinrichtungen«, in: SPD-Pressedienst v. 29.1.1975, S. 7-8.

Buschhaus, W.: »Elternberatung von Kindern mit schweren Gliedmaßenfehlbildungen im Bereich des Gesundheitsamts Solingen«, in: Die Rehabilitation 2 (1963), H. 3, S. 141-143.

Campbell, Joan: Joy in Work, German Work. The National Debate 1800-1945, Princeton 1989.

Caritas Behindertenhilfe und Psychiatrie e.V. (Hg.): Am Leben teilhaben. Dokumentation 100 Jahre Gründungsjubiläum VKELG-CBP, Bundesfachverband der katholischen Behindertenhilfe und Psychiatrie 1905 bis 2005. Bd. 2: Die Fachverbände und Bundesarbeitsgemeinschaften in der Behindertenhilfe und Psychiatrie der Caritas von 1945 bis 2005, Freiburg i.Br. 2005.

»Chiffre K 17«, in: Der Spiegel v. 3.6.1968.

Chiout, Herbert: »Bildungsrealität und Bildungspolitik der BRD – kritisch von außen gesehen«, in: Zeitschrift für Pädagogik 19 (1973), H. 5, S. 679-699.

Christoph, Franz: »Ökologiebewegung und Tötungsdenken«, in: Georg Herrmann/Klaus v. Lüpke (Hg.): Lebensrecht und Menschenwürde. Behinderung, eugenische Indikation und Gentechnologie, Essen 1991, S. 244-253.

Cloerkes, Günther (Hg.): Wie man behindert wird. Texte zur Konstruktion einer sozialen Rolle und zur Lebenssituation betroffener Menschen, Heidelberg 2003.

Connell, Robert W. [Connell, Raewyn]: Der gemachte Mann. Konstruktion und Krise von Männlichkeiten. Aus dem Englischen übertragen v. Stahl, Christian, 3. Aufl. Opladen 2006.

»Contergan«, in: Bild v. 27.4.1962.

»Contergan: Keine Hilfe!«, in: Bild v. 30.8.1962

»Contergan-Babys in der ganzen Welt«, in: Bild v. 12.9.1962.

»Contergan-Babys wird jetzt geholfen«, in: Bild v. 28.8.1962.

»Contergan-Zwillinge«, in: Bild v. 19.9.1962:

Cremers, Albert: »Zur Berufsfürsorge für Schwerbeschädigte«, in: Das Arbeitsamt 6 (1955), H. 4, S. 93-94.

Crenshaw, Kimberlé: »Demarginalizing the Intersection of Race and Sex: A Black Feminist Critique of Antidiscrimination Doctrine«, in: The University of Chicago Legal Forum 4 (1989), S. 139-167.

Cyran, Wolfgang: »Die Contergan-Tragödie«, in: FAZ v. 12.9.1962.

Cyran, Wolfgang: »Die Wiedereingliederung Versehrter in den Arbeitsprozess«, in: FAZ v. 5.1.1960.

Dahlmann, Christiane: »Kaufladen für behinderte Kinder«, in: Münchner Merkur v. 26.6.1969.

Daniels, Susanne v./Degener, Theresia/Jürgens, Andreas/Krick, Frajo u.a. (Hg.): Krüppel-Tribunal. Menschenrechtsverletzungen im Sozialstaat, Köln 1983.

»Das hat die Mutter nicht verdient«, in: Bild v. 8.9.1962.

»Das Leid kann uns keiner abnehmen«, in: Bild v. 4.9.1962.

»Das neue Schwerbeschädigtengesetz«, in: NDV 36 (1956), H. 8, S. 232-235.

»Das Schwerbeschädigtengesetz darf nicht verschlechtert werden«, in: VdK Presse- und Informationsdienst v. 1.10.1956.

»Das Spiel mit der Zahl«, in: Sozialdemokratischer Pressedienst v. 2.5.1955, S. 1-2.

Davis, Lennard J.: Enforcing Normalcy. Disability, Deafness, and the Body, London/ New York 1995.

Dederich, Markus: »Behinderung, Körper und die kulturelle Produktion von Wissen – Impulse der amerikanischen Disability Studies für die Soziologie der Behinderten«, in: Forster, R. (Hg.): Soziologie, S. 175-196.

Deffner, George: »Schöne Reden bauen keine Hürden ab«, in: SZ v. 25/26.4.1981.

Degener, Theresia: »Behinderung als rechtliche Konstruktion«, in: Lutz, P./Macho, Th./ Staupe, G./Zirden, H. (Hg): [Im-]perfekte Mensch, S. 448-466.

Degener, Theresia: »Die Emanzipation ist leichter für mich«, in: EMMA 5 (1981), H. 5, S. 16-18.

Degkwitz, R./Schulte, P. W.: »Einige Zahlen zur Versorgung psychisch Kranker in der Bundesrepublik. Bisherige Entwicklung – Status Quo – Vorschläge zur Verbesserung«, in: Bellebaum, A./Braun, H.: Reader, S. 140-163.

Deich, Friedrich: »Arzneimittel-Dämmerung«, in: SZ von 6.9.1962.

»Dem BMA ein Schnippchen geschlagen?«, in: Sozialer Fortschritt 18 (1969), H. 10, S. 222-223.

»Demonstration der Not«, in: Rheinische Post v. 20.6.1949.

»Denkschrift der DeVg e.V. über bauliche Maßnahmen für körperbehinderte Studenten an Hochschulen und Wohnheimen«, in: Die Rehabilitation 3 (1964), H. 2, S. 49-52.

»Denkt an die Kriegsverletzten. Schalten wir sie wieder ein«, in: Das Volk v. 24.11.1945.

»Der Arbeitseinsatz körperlich und geistig Abnormer«, in: Arbeitseinsatz und Arbeitslosenhilfe 11 (1944), H. 1, S. 8-10.

»Der Baby-Pfennig: Bild-Aktion: Helft Contergan-Kindern!«, in: Bild v. 31.8.1962.

»Der Bundespräsident wirbt um Verständnis für die Behinderten«, in: BArbl. 22 (1971), H. 2, S. 133.

»Der Körperbeschädigte im Arbeitseinsatz«, in: Reichsbund, Landesausgabe NRW, 1 (1947), H. 4 [o.Pag.].

»Der Schwerbeschädigte im Leben und Beruf«, in: BArbl. 1 (1949/50), H. 8, S. 306-308.

»Der Spatz in der Hand«, in: Rheinische Post v. 4.2.1950.

»Der Staat zahlt keine Rente für Contergan-Kinder«, in: Bild v. 18.7.1962.

Deutscher Bildungsrat: Empfehlungen der Bildungskommission: Zur pädagogischen Förderung behinderter und von Behinderung bedrohter Kinder und Jugendlicher. Verabschiedet auf der 34. Sitzung der Bildungskommission am 12./13.10.1973 in Bonn, Stuttgart 1974.

Deutscher Bundestag (Hg.): Verhandlungen des Deutschen Bundestags. Drucksachen, Bonn 1950-1976.

Deutscher Bundestag (Hg.): Verhandlungen des Deutschen Bundestags. Stenografische Berichte, Bonn 1950-1976, 2004.

»Deutscher Fürsorgetag 1967. Ergebnisse der Arbeitsgruppen«, in: NDV 47 (1967), H. 11, S. 348-354.

Deutscher Gewerkschaftsbund (Hg.): Automation und Angestellte. Bundeskonferenz des Deutschen Gewerkschaftsbundes über den technischen und organisatorischen Wandel im Bereich der Angestelltentätigkeiten, 6./7.12.1966, Düsseldorf 1966.

Deutscher Gewerkschaftsbund/Hauptabt. Wirtschaftspolitik (Hg.): Automation – Gewinn oder Gefahr? Arbeitstagung des Deutschen Gewerkschaftsbundes am 23./24.1.1958 in Essen, Düsseldorf 1958.

Deutscher Gewerkschaftsbund (Hg.): Grundsatzprogramm des DGB, beschlossen auf dem Außerordentlichen Bundeskongress des DGB am 21./22.11.1963 in Düsseldorf, Düsseldorf 1963.

Deutscher Gewerkschaftsbund, Abt. Sozialpolitik (Hg.): Gesundheitspolitisches Programm des DGB, Düsseldorf 1972.

Dicke, Werner/Jochheim, Kurt-Alphons/Müller, Marlis/Thom, Harald (Hg. im Auftrag der ISRD), Industrial Society and Rehabilitation – Problems and Solutions. ISRD-Proceedings of the Tenth World Congress Wiesbaden 11.-17.9.1966, Heidelberg 1967.

Dicke, Werner: »›Geschützte Werkstätten‹ als Aufgabe einer modernen Körperbehindertenfürsorge«, in: Jahrbuch der Fürsorge für Körperbehinderte (1960), S. 70-74.

Dicke, Werner: »Social Consequences for the Disabled Due to Urbanization«, in: Dicke, W./Jochheim, K.-A./Müller, M./Thom, H. (Hg. im Auftrag der ISRD), Industrial Society, S. 307-309.

Dicke, Werner: Den Körperbehinderten steht die Welt offen, Göttingen 1960.

»Die Arbeit erleichtern – auch für die behinderte Hausfrau«, in: Jahrbuch der DeVg (1964), Beilage.

»Die Beratungen über das Körperbehindertengesetz«, in: BArbl. 6 (1955), H. 19, S. 884.

»Die berufliche Rehabilitation durch die Unfallversicherung«, in: NDV 43 (1963), H. 9, S. 419-425.

»Die Bestimmungen über die soziale Fürsorge im neuen Bundesversorgungsgesetz«, in: NDV 31 (1951), H. 2, S. 51-53.

»Die Eingliederung der Kindergelähmten und Querschnittsgelähmten«, in: NDV 37 (1957), H. 11/12, S. 343-345.

Diehl, James M.: »Change and Continuity in the Treatment of German Kriegsopfer«, in: Moeller, Robert G. (Hg.): West Germany under Construction: Politics, Society, and Culture in the Adenauer Era, Ann Arbor 1997, S. 93-108.

»Die Körperbehinderten im Bundesgebiet. Ergebnisse der Volkszählung am 13.9.1950«, in: Statistische Berichte, 13.3.1953, S. 2-15.

Dierkes, Clemens: »Möglichkeiten der Rehabilitation«, in: BArbl. 11 (1960), H. 24, S. 778-779.

Dierlamm, Theodor: »Rechtliche Grundlagen der Sonderschule für geistig Behinderte«, in: Zeitschrift für Heilpädagogik 17 (1966), H. 4, S. 160-163.

»Die orthopädische Heil- und Lehranstalt der Inneren Mission in Hessich-Lichtenau«, in: NDV 33 (1953), H. 8, S. 245-247.

Dietrich, Ursula: »Erfahrungen einer Kindergärtnerin mit Dysmeliekindern«, in: Die Rehabilitation 7 (1968), H. 4, S. 196-198.

»Die Überleitung des Körperbehindertengesetzes in das Bundessozialhilfegesetz«, in: NDV 42 (1962), H. 1, S. 4-7.

»Die Vermittlung der Schwerbeschädigten«, in: Sozialer Fortschritt 1 (1952), H. 4, S. 96.

»Die Vorarbeiten für ein neues Schwerbeschädigtengesetz«, in: NDV 30 (1950), H. 10, S. 228-231.

Döhler, Marian: »Strukturpolitik versus Ordnungspolitik. Ein Vergleich sozialliberaler und christlich-liberaler Reformen im Gesundheitswesen«, in: Blanke, B./ Wollmann, H. (Hg.): Bundesrepublik, S. 463-481.

Drenth, Annemieke van: »Doctors, Philanthropists and Teachers as ›True‹ Ventriloquists? Introduction to a Special Issue on the History of Special Education«, in: History of Education 34 (2005), H. 2, S. 107-117.

»Dringende Lösung erforderlich. Warum keine Renten für Kriegsopfer?«, in: SZ v. 1.2.1946.

Duntze, Johannes: »Der Hilfssuchende als Rechtssubjekt. Ein Wesenszug der Neugestaltung des Fürsorgerechts«, in: Achinger, Hans/Ohl, Ott/Pende, Rudolf/ Prestel, Rudolf/Schmerbeck, Franz X. (Hg.): Neue Wege der Fürsorge. Rechtsgrundlagen, Arbeitsformen und Lebensbilder. Eine Festgabe für Hans Muthesius zum 75. Geburtstag, Köln/Berlin/München/Bonn 1960, S. 67-77.

Düsseldorf, Theo: »Erhebliche Verbesserungen in der Kriegsopferversorgung. Das Erste Anpassungsgesetz und der Kriegs- und Wehrdienstopferbericht 1969«, in: BArbl. 21 (1970), H. 3, S. 153-157.

»Durch Contergan geschädigt«, in: Der Spiegel v. 26.9.1962.

»Durchführung des Bundesversorgungsgesetzes«, in: NDV 31 (1951), H. 9, S. 251-253.

Dyckerhoff, Kerstin: »Die Fürsorge in der Nachkriegszeit«, in: Landwehr, R./Baron, R. (Hg.): Geschichte, S. 219-249.

Eberwein, Hans/Sasse, Ada (Hg.): Behindert sein oder behindert werden? Interdisziplinäre Analysen zum Behinderungsbegriff, Neuwied 1998.

Eberwein, Hans: »Sonder- und Rehabilitationspädagogik – eine Pädagogik für ›Behinderte‹ oder gegen Behinderungen? Sind Sonderschulen verfassungswidrig?«, in: Eberwein, H./Sasse, A.(Hg.): Behindert sein, S. 66-93.

»Editorial«, in: Der gute Wille 8 (1972), H. 5, S. 1.

Eerikäinen, Hannu: »Liebe deine Prothese wie dich selbst«, in: Das Argument 47 (2005), H. 260, S. 212-223.

Ehmer, Josef/Gutschner, Peter: »Befreiung und Verkrümmung durch Arbeit«, in: Dülmen, Richard v. (Hg.): Erfindung des Menschen. Schöpfungsträume und Körperbilder 1500 bis 2000, Wien/Köln/Weimar 1998, S. 282-303.

»Ein Netz von Sonderschulen soll jedem behinderten Kind gleichen Platz ermöglichen«, in: Westfälische Nachrichten v. 2.4.1971.

»Ein neuer Weg zur Wiedereingliederung Schwerbeschädigter in den Arbeitsprozess«, in: Die Berufsgenossenschaft 6 (1954), H. 11, S. 440.
»Einrichtung und Grundsätze der Kriegsinvalidenfürsorge in Bayern«, in: Bayerisches Staatsministerium des Innern (Hg.): Bayerische Kriegsinvalidenfürsorge, München 1915, S. 1-18.
Ellger-Rüttgardt, Sieglind: »Entwicklung des Sonderschulwesens«, in: Führ, Christoph/Furck, Carl-Ludwig (Hg.): Handbuch der deutschen Bildungsgeschichte. Bd. 6/1: 1945 bis zur Gegenwart, Bundesrepublik Deutschland, München 1998, S. 356-377.
Ellger-Rüttgardt, Sieglind: »Historische Aspekte der gemeinsamen Bildung behinderter und nichtbehinderter Kinder und Jugendlicher«, in: Die Sonderschule 40 (1995), H. 6, S. 421-435.
Elling, Marie-Luise: Auch Daniel gehört dazu, Porz 1970.
»Eltern verstecken körperbehinderte Kinder«, in: Westdeutsche Allgemeine v. 15.10.1964.
Emich, Isolde: »Das behinderte Mädchen. Gespräche in der Entwicklungszeit«, in: Das behinderte Kind 9 (1972), H. 2, S. 78-82.
Emich, Isolde: »Tagesablauf einer Ohnhänderin«, in: Die Rehabilitation 6 (1967), H. 1, S. 26-29.
»Empfehlung der Westeuropäischen Union, Nr. 1: Grundsätze und Richtlinien für die Rehabilitation der Behinderten, angenommen im Mai 1950. Empfehlungen der Westeuropäischen Union zur Rehabilitation der Behinderten«, in: BArbl. 9 (1958), H. 23, S. 477.
»Empfehlung der WEU Nr. XX v. April 1959«, in: BArbl. 13 (1962), H. 4, S. 10.
»Empfehlungen des Europarats zur Rehabilitation der Behinderten«, in: NDV 49 (1969), H. 7, S. 190-191.
»Entschließung AP (72) 2 über den Gebrauch eines internationalen Symbols, das auf besondere Einrichtungen für die Behinderten hinweist«, in: BArbl. 25 (1974), H. 2, S. 45.
»Entwicklung des KB-Rechts«, in: NDV 27 (1947), H. 6, S. 94.
»Entwurf eines Fürsorgegesetzes für Körperbehinderte (Kasseler Fassung v. 15.4.1950)«, in: Jahrbuch der Fürsorge für Körperbehinderte (1951), S. 7-9.
Eppler, Erhard: Maßstäbe für eine humane Gesellschaft: Lebensstandard oder Lebensqualität?, Stuttgart/Berlin/Köln/Mainz 1974.
»Er muss allein fertig werden!«, in: Bild v. 6.9.1962.
»Ergebnisse aus den Arbeitsgruppen des Deutschen Fürsorgetages 1955. IV. Arbeitsgruppe«, in: NDV 35 (1955), H. 10, S. 352-353.
»Erleichterungen für Körperbehinderte«, in: NDV 44 (1964), H. 9, S. 445-446.
»Eröffnungsansprache des Innenministers des Landes Nordrhein-Westfalen, Willi Weyer, anlässlich einer Fortbildungstagung für die Helfergruppen im Geschäftsbereich des Innenministeriums (Auszug)«, in: Der gute Wille 8 (1972), H. 5, S. 3.
»Es gibt keine Wunderpillen!«, in: Bild v. 26.9.1962.
»Es ist erstaunlich, dass man das aushält«, in: Der Spiegel v. 22.3.1971.
»Es ist keine Spielerei«, in: Die Welt v. 17.10.1950.

Esser, Franz Otto: Soziale Einstellungen von Schulkindern zu körperbehinderten Mitschülern. Eine empirische Situationsanalyse und Folgerungen für die Strukturierung »integrativer Gruppen«, Neuburgweier 1975.

»Europarat setzt sich für Behinderte ein«, in: Sozialer Fortschritt 24 (1975), H. 3, S. 58-59.

Evangelische Stiftung Volmarstein (Hg.): 100 Jahre Evangelische Stiftung Volmarstein. Entschieden für das Leben, Volmarstein 2004.

Exner, G.: »Behinderte im Hochschulstudium«, in: Jochheim, K.-A./Moleski-Müller, M./Siebrecht, V. (Hg.): Wege, S. 138-144.

Exner, G.: »Rehabilitation durch Hochschulstudium. Erfahrungsbericht an der Philips-Universität in Marburg/Lahn«, in: Die Rehabilitation 9 (1970), H. 1, S. 90-98.

»Fachausschuss VIII – Hilfen für Behinderte«, in: NDV 48 (1968), H. 8, S. 228-229.

»Falsches Muster«, in: Der Spiegel v. 21.11.1972.

Fandrey, Walter: Krüppel, Idioten, Irre. Zur Sozialgeschichte behinderter Menschen in Deutschland, Stuttgart 1990.

Faulenbach, Bernd: »Die Siebzigerjahre – ein sozialdemokratisches Jahrzehnt?«, in: Archiv für Sozialgeschichte 44 (2004), S. 1-37.

Fauteck, Karl: »Behinderte Jugendliche und die Arbeitswelt«, in: Arbeit, Beruf und Arbeitslosenhilfe – Das Arbeitsamt 23 (1972), H. 11, S. 358-360.

Felkendorff, Kai: »Ausweitung der Behinderungszone: Neuere Behinderungsbegriffe und ihre Folgen«, in: Cloerkes, G. (Hg.): Wie man behindert wird, S. 25-52.

»Ferienführer für Behinderte«, in: Sozialer Fortschritt 22 (1973), H. 4, S. 78-79.

Fineman, Mia: »Ecce Homo Prostheticus«, in: New German Critique 26 (1999), H. 76, S. 85-114.

Fink, Franz: »Integration – Normalisierung – Selbstbestimmung – Teilhabe und Chancengleichheit«, in: Caritas Behindertenhilfe und Psychiatrie e.V. (Hg.): Leben, S. 77-84.

Finkelstein, Vic: Attitudes and Disabled People, New York 1980.

Fischbach, F.: »My Experiences as a Paraplegic in Programming for Electronic Computers«, in: Dicke, W./Jochheim, K.-A./Müller, M./Thom, H. (Hg. im Auftrag der ISRD), Industrial Society, S. 348-350.

Focke, Katharina: »Freizeit und Rehabilitation«, in: Weiß, Walter/Jochheim, K.-A./Moleski-Müller, M. (Hg.): Freizeitaspekte, S. 8-16.

Föcking, Friederike: Fürsorge im Wirtschaftsboom. Die Entstehung des Bundessozialhilfegesetzes von 1961, München 2007.

»Förderung des Wohnungsbaus für Schwerbeschädigte«, in: Bulletin des Presse- und Informationsamts der Bundesregierung v. 29.1.1959, S. 171.

Forster, Rudolf (Hg.): Soziologie im Kontext von Behinderung. Theoriebildung, Theorieansätze und singuläre Phänomene, Bad Heilbrunn 2004.

Forth, Christopher E./Crozier, Ivan: »Introduction: Parts, Wholes, and People«, in: Forth, Christopher E./Crozier, Ivan (Hg.): Body Parts. Critical Explorations in Corporeality, Lanham/Boulder/New York/Toronto/Oxford 2005, S. 1-14.

Fox, Renate: »Schulungs- und Erholungsaufenthalt für Mütter mit ihren Dysmeliekindern«, in: Die Rehabilitation 6 (1967), H. 4, S. 181-184.

Freitag, Walburga: Contergan. Eine genealogische Studie des Zusammenhangs wissenschaftlicher Diskurse und biographischer Erfahrungen, Münster/New York/München/Berlin 2005.

Frese, Matthias/Paulus, Julia/Teppe, Karl (Hg.): Demokratisierung und gesellschaftlicher Aufbruch. Die sechziger Jahre als Wendezeit der Bundesrepublik, Paderborn/München/Wien/Zürich 2002.

Frevert, Ute: »Frauen auf dem Weg zur Gleichberechtigung – Hindernisse, Umleitungen, Einbahnstraßen«, in: Broszat. M. (Hg.): Zäsuren, S. 113-130.

Friedrich, Christoph: »Contergan – Zur Geschichte einer Arzneimittelkatastrophe«, in: Zichner, L./Rauschmann, M. A./Thomann, K.-D. (Hg.): Contergankatastrophe, S. 4-12.

Friedrich, Karin: »Behinderte in die Gemeinschaft aufnehmen«, in: SZ v. 17.7.1975.

Friedrich, Karin: »Das große Hilfswerk für behinderte Kinder«, in: SZ v. 16.2.1978.

Friedrich, Karin: »Ein Zentrum für behinderte Kinder«, in: SZ v. 31.7.1972.

Friedrich, Karin: »Eine Schule, die nur dem Kinde dient«, in: SZ v. 15.9.1970.

Friedrich, Karin: »Eine Stütze für körperbehinderte Kinder«, in: SZ v. 17.3.1964.

Friedrich, Karin: »Hier finden Behinderte Heim und Heilung«, in: SZ v. 17.7.1973.

Friedrich, Karin: »Hindernisse für die Behinderten-Schule«, in: SZ v. 15.7.1972.

Friedrich, Karin: »Sie ebnen den Lahmen den Lebensweg«, in: SZ v. 29.7.1960.

Friedrich, Karin: »Wirksame Hilfe für Sorgenkinder«, in: SZ v. 28.1.1971.

Fuchs, Petra: »Sonderpädagogik in der Zeit des Nationalsozialismus. ›Nicht allen das Gleiche, sondern jedem das Seine‹«, in: Hamm, Margret (Hg.): Lebensunwert zerstörte Leben. Zwangssterilisation und »Euthanasie«, Frankfurt a.M. 2005, S. 120-132.

Fuchs, Petra: »Körperbehinderte« zwischen Selbstaufgabe und Emanzipation: Selbsthilfe – Integration – Aussonderung, Neuwied/Berlin 2001.

»Fünf Jahre Schwerbeschädigtengesetz«, in: BArbl. 10 (1959), H. 3, S. 90.

»Für behinderte Kinder fehlen noch 300 Schulen«, in: Ruhr-Nachrichten v. 2.12.1969.

»Für behindertengerechtes Bauen«, in: SZ v. 28.12.1977.

»Fürsorge bei Kinderlähmung und deren Folgeerscheinungen«, in: NDV 33 (1953), H. 5, S. 147-150.

Gärtner, Friedrich: Rehabilitationspolitik in der Bundesrepublik Deutschland – ein Überblick, in: Runde, P./Heinze, R. B. (Hg.): Chancengleichheit, S. 65-81.

Garland Thomson, Rosemarie: »Andere Geschichten«, in: Lutz, P./Macho, Th./Staupe, G./Zirden, H. (Hg): [Im-]perfekte Mensch, S. 418-424.

Garland Thomson, Rosemarie: »Introduction: From Wonder to Error – A Genealogy of Freak Discourse in Modernity«, in: Garland Thomson, Rosemarie (Hg.): Freakery. Cultural Spectacles of the Extraordinary Body, New York/London 1996, S. 1-19.

»Gefahr im Verzuge«, in: Der Spiegel v. 5.12.1962.

»Gegen u.a«, in: Der Spiegel v. 27.5.1968.

»Gehversuche. Interview mit Regina Spier«, in: Buch, Andrea/Heinecke, Birgit u.a: An den Rand gedrängt. Was Behinderte daran hindert, normal zu leben, Reinbek bei Hamburg 1980, S. 14-44.

Gemsjäger, Werner: »Zusammenarbeit und Koordination auf dem Gebiet der beruflichen Rehabilitation«, in: Jochheim, K.-A./Moleski-Müller, M./Siebrecht, V. (Hg.): Wege, S. 239-244.

Gerber, David: »Introduction: Finding Disabled Veterans in History«, in: Gerber, David. (Hg.): Disabled Veterans in History, Ann Arbor 2000, S. 1-51.

»Gesetzentwurf zur Angleichung der Rehabilitationsleistungen vom Kabinett verabschiedet«, in: BArbl. 23 (1972), H. 6, S. 391-392.

Geyer, Martin H.: »Die Gegenwart der Vergangenheit. Die Sozialstaatsdebatten der 1970er-Jahre und die umstrittenen Entwürfe der Moderne«, in: Archiv für Sozialgeschichte 47 (2007), S. 47-93.

Geyer, Michael: »Ein Vorbote des Wohlfahrtsstaates. Die Kriegsopferversorgung in Frankreich, Deutschland und Großbritannien nach dem Ersten Weltkrieg«, in: Geschichte und Gesellschaft 9 (1983), H. 2, S. 230-277.

»Gibt es Wunderbeine? «, in: SZ v. 4.10.1946.

Giggel, Ernst: »Berufsberatung, Berufsfindung/Berufsvorbereitung und berufliche Eingliederung behinderter Jugendlicher«, in: Arbeit, Beruf und Arbeitslosenhilfe – Das Arbeitsamt 21 (1970), H. 11, S. 343-346.

Gisbertz, Dieter/Wetz, Hans-Henning/Hafkemeyer, Ulrich: »Möglichkeiten und Grenzen der Versorgbarkeit thalidomidinduzierter Gliedmaßenfehlbildungen am Beispiel der Technischen Orthopädie Münster«, in: Zichner, L./Rauschmann, M. A./Thomann, K.-D. (Hg.): Contergankatastrophe, S. 97-103.

Gleeson, Brendan J.: »Disability Studies: A Historical Materialist View«, in: Disability and Society 12 (1997), H. 2, S. 179-202.

Eugen Glombig: »Berufliche Rehabilitation – international gesehen. Ein Vortrag gehalten vor dem Ständigen Ausschuss für Rehabilitation des DV am 11.10.1962 in Bad Pyrmont«, in: Die Praxis 16 (1963), Sonderdruck.

Eugen Glombig: »Die berufliche und soziale Rehabilitation in der Bundesrepublik«, in: Die Praxis 17 (1964), Sonderdruck.

Glombig, Eugen: »Die Bundesregierung hält ihr Versprechen. Angleichung der Leistungen zur Rehabilitation steht bevor«, in: SPD-Pressedienst v. 14.4.1972, S. 1-2.

Glombig, Eugen: »Die Rehabilitation – Sorge und Aufgabe in aller Welt«, in: SPD-Pressedienst v. 23.9.1966, S. 3-4.

Glombig, Eugen: »Helft die Türen öffnen! Bauen für Körperbehinderte – ein gesellschaftspolitisches Problem. 3,7 Millionen Menschen in der Bundesrepublik sind betroffen«, in: SPD-Pressedienst v. 7.5.1969, S. 4-6.

Glombig, Eugen: »Humane Umwelt – mehr Menschlichkeit! Zum ›Welttag der Behinderten‹ am 18.3.1973«, in: SPD-Pressedienst v. 16.3.1973, S. 3-4.

Glombig, Eugen: »Summary: The Disabled Meets the Challenge«, in: Dicke, W./Jochheim, K.-A./Müller, M./Thom, H. (Hg. im Auftrag der ISRD), Industrial Society, S. 354.

Glombig, Eugen: »Zur notwendigen bundesgesetzlichen Regelung der Körperbehinderten-Fürsorge«, in: Sozialer Fortschritt 14 (1965), H. 4, S. 83-85.

Glombig, Eugen: »Zwei Schwerpunkte der SPD-Sozialpolitik. Rehabilitation und Vorsorge/Früherkennungs-Untersuchungen«, in: SPD-Pressedienst v. 15.8.1973, S. 3-4.

Gocht, Hermann: »Bericht der außerordentlichen Tagung der Deutschen Orthopädischen Gesellschaft«, in: Zeitschrift für orthopädische Chirurgie 23 (1916/1917), S. 209-671.

Goetz, Ernst: »Das berufliche und soziale Schicksal der Ohnhänder«, in: BArbl. 9 (1958), H. 23, S. 659-663.

Goetz, Ernst: »Über Verwundungen und Krankheiten im Zweiten Weltkrieg«, in: Statistische Berichte des Landesversorgungsamts Bayern 5 (1955), H. 2, S. 3.

Gögler, E.: »Der schwere Unfall in der modernen Industriegesellschaft«, in: Langenbecks Archiv für Chirurgie [keine Jahrgangszählung] (1971), H. 329, S. 922-965.

Görres, Silvia: Leben mit einem behinderten Kind, Zürich/Köln 1974.

Goffman, Erving: Stigma. Über Techniken der Bewältigung beschädigter Identität, Frankfurt a.M. 1967.

Goltermann, Svenja: »Verletzte Körper oder ›Building National Bodies‹. Kriegsheimkehrer, ›Krankheit‹ und Psychiatrie in der westdeutschen Nachkriegsgesellschaft, 1945-1955«, in: Werkstatt Geschichte 8 (1999), H. 23, S. 83-98.

Gotzen, Otfried: »Das Schwerbeschädigtengesetz«, in: Das Arbeitsamt 4 (1953), H. 6, S. 145-148.

Graf, Erich Otto/Renggli, Cornelia/Weisser, Jan (Hg.): Die Welt als Barriere. Deutschsprachige Beiträge zu den Disability Studies, Bern 2006.

Graupner, Heidrun: »Ein Plan für die Behindertenhilfe«, in: SZ v. 1.7.1974.

Graupner, Heidrun: »Pioniertat zum Wohl behinderter Kinder«, in: SZ v. 3.7.1978.

Gressmann, Ch.: »Ergebnisse einer Elternbefragung zur ambulanten Behandlung ihres CP-Kindes im Spastiker-Zentrum des Annastiftes in Hannover-Kleefeld«, in: Die Rehabilitation 11 (1972), H. 1, S. 1-8.

Greza, Gerhard: »Haus der Behinderten«, in: BArbl. 26 (1975), H. 10, S. 506-510.

Grieshammer, Werner: »Die Einrichtungen der beruflichen Rehabilitation in der Bundesrepublik«, in: BArbl. 16 (1965), H. 7, S. 259-264.

Grohnfeldt, Manfred: Hörgeschädigte im sozialen Umfeld. Empirische Untersuchungen zum Persönlichkeitsbild hörgeschädigter Schüler aus der Sicht der Eltern und Lehrer, Neuburgweier 1975.

»Gründung eines Deutschen Ausschusses für die Eingliederung Behinderter in Arbeit, Beruf und Gesellschaft«, in: BArbl. 11 (1960), H. 22, S. 715.

Gruppe, Rudolf: Bilanz der Planungen, in: BArbl. 26 (1975), H. 6, S. 339-442.

Güntz, E.: »Begrüßung«, in: Bundesministerium für Gesundheit (Hg.): 3. Monografie über die Rehabilitation der Dysmeliekinder. Dysmeliearbeitstagung am 24./25.7.1966 in Hannover. Hg. v. BMGes, Bad Godesberg 1967, S. 9-10.

Gugutzer, Robert/Schneider, Werner: »Der ›behinderte‹ Körper in den Disability Studies. Eine körpersoziologische Grundlegung«, in: Waldschmidt, A./Schneider, W. (Hg.): Disability Studies, S. 31-53.

»Gutes Beispiel: Hilfsplan für die Contergan-Babys«, in: Bild v. 29.9.1962.

Gutfleisch, Oliver: »Peg Legs and Bionic Limbs: The Development of Lower Extremity Prosthetics«, in: Interdisciplinary Science Reviews 28 (2003), H. 2, S. 139-148.

Guttmann, Ludwig: »Grundsätzliches zur Rehabilitation von Querschnittsgelähmten«, in: Deutsche Zeitschrift für Nervenheilkunde 175 (1956), H. 2, S. 173-190.

Guyatt, Mary: »Better Legs. Artificial Limbs for British Veterans of the First World War«, in: Journal of Design History 14 (2001), H. 4, S. 307-325.

Haas, Gabriele: »Hier finden Behinderte eine gute Stütze«, in: SZ v. 17.8.1970.

Haase, Regine: Kosmetik für körperbehinderte Mädchen, in: Das behinderte Kind 8 (1971), H. 1, S. 45-46.

Haaser, Albert: »Behindertenproblematik und Randgruppentheorie. Sozialwissenschaftliche Ansätze zur Erklärung der gesellschaftlichen Benachteiligung von Behinderten«, in: Die Rehabilitation 14 (1975), H. 4, S. 215-221.

Haaser, Albert: »Die Werkstatt für Behinderte – Fakten, Probleme und Erwartungen (Forschungsbericht)«, in: Jochheim, K.-A./Moleski-Müller, M./Siebrecht, V. (Hg.): Wege, S. 201-206.

Haaser, Albert: Entwicklungslinien und gesellschaftliche Bedingungen der Behindertenpolitik in Deutschland. Zur Sozialgeschichte und Soziologie der Rehabilitation, Univ. Diss. Konstanz 1975.

Haaser, Albert: »Überlegungen zur Größe des Behindertenpotentials in der Bundesrepublik Deutschland«, in: Die Rehabilitation 11 (1972), H. 1, S. 19-26.

Haaser, Albert: »Zielkonflikte und Interessengegensätze in der Werkstatt für Behinderte. Soziologische Überlegungen zur Funktion der Behindertenbetriebe in der BRD«, in: NDV 53 (1973), H. 5, S. 122-127.

Habel, Luise: Herrgott, schaff die Treppen ab! Mit einem Vorwort v. Zink, Jörg, München 1994.

Habermann, Hellmut: »Zur Geschichte der Technischen Orthopädie«, in: Thomann, K.-D. (Hg.): Tradition, S. 92-109.

Hagner, Michael: »Verwundete Gesichter, verletzte Gehirne. Zur Deformation des Kopfes im Ersten Weltkrieg«, in: Schmölders, C./Gilman, S. L. (Hg.): Gesichter, S. 78-95.

Hamilton, Elizabeth C.: »From Social Welfare to Civil Rights. The Representation of Disability in Twentieth-Century German Literature«, in: Mitchell, D. T./Snyder, S. L. (Hg.): Body, S. 223-239.

Hammacher, Beatrix/Vollradt, Gerda/Roth, Christel: »Das gliedmaßengeschädigte Kind. Krankengymnastische Behandlung und Prothesenversorgung unter Berücksichtigung pädagogischer Gesichtspunkte«, in: Die Rehabilitation 10 (1971), H.1, S. 40-51.

Hanrath, Sabine: Zwischen »Euthanasie« und Psychiatriereform. Anstaltspsychiatrie in Westfalen und Brandenburg. Ein deutsch-deutscher Vergleich 1945-1964, Paderborn/München/Wien/Zürich 2002.

Haraway, Donna J.: Simians, Cyborgs, and Women. The Reinvention of Nature, New York 1991.

Haraway, Donna: »A Manifesto for Cyborgs. Science, Technology, and Socialist Feminism in the 1980s«, in: Socialist Review 15 (1985), H. 2, S. 65-107.

Harbauer, H.: »Social Prejudice against the mentally Disabled«, in: Dicke, W./Jochheim, K.-A./Müller, M./Thom, H. (Hg. im Auftrag der ISRD), Industrial Society, S. 34-35.

Hargasser, Franz: Bildung als soziale Integration. Geschichte und Begriff eines pädagogischen Problems, in: Pädagogische Rundschau 27 (1973), H. 9, S. 668-679.

Hartmann, Karl: »Ansatzstücke für gewerbliche Arbeiter«, in: Ständige Ausstellung für Arbeiterwohlfahrt und Prüfstelle für Ersatzglieder in Berlin-Charlottenburg (Hg.): Ersatzglieder, S. 897-937.

Hartmann, Konrad: »Vorkehrungen an Maschinen, Werkzeugen und Arbeitsgeräten, um Kriegsbeschädigten und Unfallverletzten die Handhabung und Bedienung ohne Benutzung von Ersatzgliedern zu ermöglichen«, in: Ständige Ausstellung für Arbeiterwohlfahrt und Prüfstelle für Ersatzglieder in Berlin-Charlottenburg (Hg.): Ersatzglieder, S. 957-994.

Hau, Michael/Ash, Mitchell G.: »Der normale Körper, seelisch erblickt«, in: Schmölders, C./Gilman, S. L. (Hg.): Gesichter, S. 12-31.

Hauberg, Gustav: »Behandlung von Dysmelien«, in: BArbl. 17 (1966), H. 2, S. 52-57.

Haupt, Ursula: Dysmeliekinder am Ende der Grundschulzeit. Eine exemplarische Untersuchung an körperbehinderten Kindern in Normalschulen, Neuburgweier 1974.

»›Haus der Behinderten‹ geplant«, in: BArbl. 24 (1973), H. 5, S. 248.

Hausen, Karin: »Frauenerwerbstätigkeit und erwerbstätige Frauen. Anmerkungen zur historischen Forschung«, in: Budde, Gunilla-Friederike (Hg.): Frauen arbeiten. Weibliche Erwerbstätigkeit in Ost- und Westdeutschland nach 1945, Göttingen 1997, S. 19-45.

Heckel, Hermann, »Behinderte auf dem Gymnasium«, in: Jochheim, K.-A./Moleski-Müller, M./Siebrecht, V. (Hg.): Wege, S. 129-137.

Heese, Gerhard: »Entstellung – eine Behinderung?«, in: Hoyningen-Süess. U./Amrein, Ch. (Hg.): Entstellung, S. 109-134.

Heinze, Rolf G./Runde, Peter: Arbeitsmarkt- und sozialpolitische Maßnahmen zur beruflichen Integration Behinderter und betriebliche Strategien, in: Runde, P./Heinze, R. B. (Hg.): Chancengleichheit, S. 83-98.

Heipertz, Wolfgang/Thomann, Klaus-Dieter: »Die Rehabilitation Körperbehinderter – Rehabilitation des berufstätigen orthopädisch Kranken«, in: Die Rehabilitation 24 (1985), H. 2, S. 136-138.

»Help for Thalidomide Victims«, in: Time v. 26.4.1963.

Hengstenberg, Hans-Eduard: Zur Anthropologie des geistig und körperlich behinderten Kindes und Jugendlichen, in: Bundesausschuss für gesundheitliche Volksbelehrung: Hilfe, S. 11-24.

Hepp, Oskar: »Begrüßung«, in: Bundesministerium für Gesundheit (Hg.): Monografie über die Rehabilitation der Dysmeliekinder. Dysmeliearbeitstagung am 17./18.10.1964 in der Orthopädischen Universitätsklinik und Poliklinik Münster, Bad Godesberg 1965, S. 5.

Hepp, Oskar: »Die Häufung der angeborenen Defektmissbildungen der oberen Extremitäten in der Bundesrepublik Deutschland«, in: Medizinische Klinik 57 (1962), H. 11, S. 419-426.

Hepp, Oskar: »Möglichkeiten der orthopädischen Versorgung im Kindesalter«, in: Deutsche Vereinigung für die Rehabilitation Behinderter e.V. (Hg.): Hinweise auf Maßnahmen für die Eingliederung von Kindern mit Gliedmaßenfehlbildungen, Heidelberg 1962, S. 9-30.

Hepp, Oskar: Zur medizinischen Betreuung und über die soziale Hilfe für Kinder mit Gliedmaßenfehlbildungen, in: Bundesausschuss für gesundheitliche Volksbelehrung: Hilfe, S. 27-34.

Herbert, Ulrich: Liberalisierung als Lernprozess. Die Bundesrepublik in der deutschen Geschichte – eine Skizze, in: Herbert, Ulrich (Hg.): Wandlungsprozesse in Westdeutschland. Belastung, Integration, Liberalisierung 1945-1980, Göttingen 2002, S. 7-49.

Herbig, Lothar: »Rehabilitation als Auftrag an die Öffentlichkeit aus der täglichen Erfahrung eines Landesarztes für körperlich Behinderte«, in: Jahrbuch der DeVg (1965/66), S. 66-71.

Hermann, Kai: »Was nützt uns ein soziales Gewissen?«, in: Der Spiegel v. 27.10.1969.

Hermes, Gisela: Behinderung und Elternschaft leben – kein Widerspruch. Eine Studie zum Unterstützungsbedarf körper- und sinnesbehinderter Eltern in Deutschland, Neu-Ulm 2004.

Herschbach, Lisa: »Prosthetic Reconstructions: Making the Industry, Re-Making the Body, Modelling the Nation«, in: History Workshop Journal 22 (1997), H. 44, S. 23-57.

Herter, B.: »Psychologische Erfahrungen bei der Rehabilitation von Schwerbeschädigten«, in: BArbl. 10 (1959), H. 2, S. 57-60.

Hess, Volker: »Messen und Zählen. Die Herstellung des Menschen als Maß der Gesundheit«, in: Berichte zur Wissenschaftsgeschichte 22 (1999), H. 4, S. 266-280.

Hickethier, Knut: Protestkultur und alternative Lebensformen, in: Faulstich, Werner (Hg.): Die Kultur der sechziger Jahre, München 2003, S. 12-30.

»Hilfe für Kriegsversehrte«, in: SZ v. 7.12.1945.

»Hilfen für behinderte Kinder und Jugendliche. Studientagung des DV«, in: NDV 48 (1968), H. 7, S. 193-194.

»Hilfsmaßnahmen für Körperbehinderte am und auf dem Weg zum Arbeitsplatz«, 1. Teil, in: Die Rehabilitation 6 (1967), H. 2, S. 49-69.

»Hilfsmaßnahmen für Körperbehinderte am und auf dem Weg zum Arbeitsplatz«, 2. Teil, in: Die Rehabilitation 6 (1967), H. 3, S. 89-104.

»Hilfsmaßnahmen für Körperbehinderte am und auf dem Weg zum Arbeitsplatz«, 3. Teil, in: Die Rehabilitation 6 (1967), H. 4, S. 149-164.

»Hinter den Kulissen«, in: Der Spiegel v. 21.4.1969.

Hirdina, Karin: »Ausgrenzung oder Integration durch ästhetische Normen«, in: Eberwein, H./Sasse, A. (Hg.): Behindert sein, S. 13-26.

Hirschberg, Marianne: »Normalität und Behinderung in den Klassifikationen der Weltgesundheitsorganisation«, in: Waldschmidt, A. (Hg.): Perspektiven, S. 117-128.

Hockerts, Hans Günter/Süß, Winfried: »Gesamtbetrachtung: Die sozialpolitische Bilanz der Reformära«, in: Bundesministerium für Arbeit und Sozialordnung/Bundesarchiv (Hg.): Geschichte der Sozialpolitik, Bd. 5, S. 943-962.

Hockerts, Hans Günter: »Bürgerliche Sozialreform nach 1945«, in: Bruch, Rüdiger v. (Hg.): Weder Kommunismus noch Kapitalismus. Bürgerliche Sozialreform in Deutschland vom Vormärz bis zur Ära Adenauer, München 1985, S. 245-269.

Hockerts, Hans Günter: »Einführung«, in: Frese, M./Paulus, J./Teppe, K. (Hg.): Demokratisierung, S. 249-257.

Hockerts, Hans Günter: »Metamorphosen des Wohlfahrtsstaates«, in: Broszat, M. (Hg.): Zäsuren, S. 35-45.

Hockerts, Hans Günter: »Rahmenbedingungen: Das Profil der Reformära«, in: Bundesministerium für Arbeit/Bundesarchiv (Hg.): Geschichte der Sozialpolitik, Bd. 5, S. 1-155.

Hockerts, Hans Günter: »Sozialpolitik in der Bundesrepublik Deutschland«, in: Pohl, H. (Hg.): Sozialpolitik, S. 359-379.

Hockerts, Hans Günter: »Vom Nutzen und Nachteil parlamentarischer Parteienkonkurrenz. Die Rentenreform 1972 – ein Lehrstück«, in: Bracher, Karl Dietrich/Mikat, Paul/Repgen, Konrad/Schumacher, Martin u.a. (Hg.): Staat und Parteien. Festschrift für Rudolf Morsey zum 65. Geburtstag, Berlin 1992, S. 903-934.

Hockerts, Hans Günter: »Vom Problemlöser zum Problemerzeuger? Der Sozialstaat im 20. Jahrhundert«, in: Archiv für Sozialgeschichte 47 (2007), S. 3-29.

Hofrichter, Manfred: »Die Bedeutung der öffentlichen Arbeitsvermittlung«, in: Arbeit, Beruf und Arbeitslosenhilfe – Das Arbeitsamt 12 (1961), H. 7, S. 145-149.

Hofrichter, Manfred: »Koordinierung und berufliche Rehabilitation«, Teil 1, in: Die Rehabilitation 4 (1965), H. 1, S. 3-11.

Hofrichter, Manfred: »Maßnahmen zur beruflichen Eingliederung Behinderter«, in: BArbl. 20 (1969), H. 5, S. 273-279.

Hofrichter, Manfred: »Placement Policy for the Disabled in Modern Industrial Society«, in: Dicke, W./Jochheim, K.-A./Müller, M./Thom, H. (Hg. im Auftrag der ISRD), Industrial Society, S. 85-89.

Hohmann, Georg: Zum 100. Geburtstag von Konrad Biesalski, in: Die Rehabilitation 7 (1968), H. 3, S. 97-100.

Hollenweger, Judith: »Behindert, arm und ausgeschlossen. Bilder und Denkfiguren im internationalen Diskurs zur Lage behinderter Menschen«, in: Cloerkes, G. (Hg.): Wie man behindert wird, S. 141-164.

Hopf, A./Reinhardt, E.: »Erfahrungsbericht über die Versorgung mit der Heidelberger pneumatischen Armprothese 1949-1954«, in: Archiv für orthopädische und Unfallchirurgie 48 (1965), H. 1, S. 103-114.

Hopf, Gudrun: »Berührungsängste mit Behinderung? Konstruktionen des Andersseins als Forschungsthema«, in: Historische Anthropologie 10 (2002), H. 1, S. 107-114.

Hoppe, Werner: »Berufliche Rehabilitation nach dem Arbeitsförderungsgesetz«, in: NDV 41 (1971), H. 2, S. 31-32.

Horion, Johannes: »Über den Gebrauch der Prothesen«, in: Zeitschrift für Krüppelfürsorge 9 (1916), H. 11, S. 536-541.

Horn, Eva: »Der Krüppel. Maßnahme und Medien zur Wiederherstellung des versehrten Leibes in der Weimarer Republik«, in: Schmidt, Dietmar (Hg.): Körper-Topoi. Sagbarkeit – Sichtbarkeit – Wissen, Weimar 2002, S. 109-136.

Horn, Eva: »Prothesen. Der Mensch im Lichte des Maschinenbaus«, in: Keck, Annette/Pethes, Nicolas (Hg.): Mediale Anatomien. Menschenbilder als Medienprojektionen, Bielefeld 2001, S. 193-209, 441-446.

Hoss, Richard: »Die Novelle zum Schwerbeschädigtengesetz«, in: Arbeit, Beruf und Arbeitslosenhilfe – Das Arbeitsamt 12 (1961), H. 11, S. 241-243.

Hoyningen-Süess, Ursula/Amrein, Christine (Hg.): Entstellung und Hässlichkeit. Beiträge aus philosophischer, medizinischer, literatur- und kunsthistorischer sowie aus sonderpädagogischer Perspektive, Bern/Stuttgart/Wien 1995.

Huchthausen, Gerda: »Der Beschäftigungs- und Arbeitstherapeut«, in: Die Rehabilitation 8 (1969), H. 4, S. 216-220.

Hudemann, Rainer: »Kriegsopferpolitik nach den beiden Weltkriegen«, in: Pohl, H. (Hg.): Sozialpolitik, S. 269-293.

Hülsmann, Paul: »Eingliederung schwerbehinderter Jugendlicher. Fälle und Probleme der Berufsberatung?«, in: Arbeit, Beruf und Arbeitslosenhilfe – Das Arbeitsamt 20 (1969), H. 12, S. 359-361.

Hünerhoff, Hans: »Die Fluktuation der Schwerbeschädigten«, in: Arbeit, Beruf und Arbeitslosenhilfe – Das Arbeitsamt 7 (1957), H. 5, S. 124-125.

Hughes, Bill/Paterson, Kevin: »The Social Model of Disability and the Disappearing Body: Towards a Sociology of Impairment«, in: Disability & Society 12 (1997), H. 3, S. 325-340.

Hughes, Michael L.: »›Trough No Fault of Our Own‹: West Germans Remember Their War Losses«, in: German History 18 (2000), H. 2, S. 193-213.

Hußlein, J.: »Gemeinschaftsanlage für Schwerkörperbehinderte. Ein überregionales Modell entsteht in München«, in: Die Rehabilitation 8 (1969), H. 1, S. 36-39.

ICTA Information Centre/Nederlandse Verenigung voor Revalidatie: Architectural Facilites for the Disabled, Den Haag/Bromme 1973.

Igl, Gerhard: »Sicherung im Pflegefall«, in: Bundesministerium für Arbeit und Sozialordnung/Bundesarchiv (Hg.): Geschichte der Sozialpolitik, Bd. 4, S. 426-432.

Igl, Gerhard: »Sicherung im Pflegefall, in: Bundesministerium für Arbeit und Sozialordnung/Bundesarchiv (Hg.): Geschichte der Sozialpolitik, Bd. 5, S. 524-530.

Ihme, Hans Günther: »Der Schwerbeschädigte im Betrieb – wirklich ein aktuelles Problem?«, in: Wir bei BMW 1 (1957), H. 6/7, S. 15.

Ilgenfritz, Georg: »Daten zur medizinischen Rehabilitation in der Rentenversicherung und Heilstättenplanung«, in: BArbl. 23 (1972), H. 1, S. 16-20.

»Informationen für Eltern behinderter Jugendlicher«, in: BArbl. 22 (1971), H. 3, S. 187.

»Initiative für behinderte Mitbürger«, in: Münchner Merkur v. 25.10.1985.

Innenmoser, J.: »Organisatorische Voraussetzungen zur Verbesserung der sozialen Integration des behinderten Kindes durch Sport«, in: Die Rehabilitation 14 (1975), H. 4, S. 237-242.

»Intensivierung der Rehabilitation«, in: Sozialpolitische Informationen v. 14.6.1968, S. 9.

International Society for the Rehabilitation of the Disabled (Hg.): The Physically Disabled and their Environment, Stockholm Conference 12.-18.10.1961, Stockholm 1962.

»Ist meine Frau wirklich eine Mörderin«, in: Quick v. 21.10.1962.

Jackson, Christopher R.: »Infirmative Action: the Law of the Severely Disabled in Germany«, in: Central European History 26 (1993), H. 4, S. 417-455.

Jaeckel, Martin/Wieser, Stefan: Das Bild des Geisteskranken in der Öffentlichkeit, Stuttgart 1970.

Jährling-Marienfeld, Astrid: »Behinderte«, in: Stötzel, Georg/Eitz, Thorsten (Hg.): Zeitgeschichtliches Wörterbuch der deutschen Gegenwartssprache, 2., erweiterte und aktualisierte Ausgabe Hildesheim/Zürich/New York 2003, S. 45-50.

Jahn, Erwin: »Rehabilitation – sozialmedizinisch gesehen«, in: Sozialer Fortschritt 12 (1963), H. 4, S. 83-88.

Janda, Richard: »Technologie und moderne Rehabilitation«, in: Soziale Sicherheit 27 (1974), H. 4, S. 195-202.

Jansen, Gerd W.: Die Einstellung der Gesellschaft zu Körperbehinderten. Eine psychologische Analyse zwischenmenschlicher Beziehungen aufgrund empirischer Untersuchungen, 1. Aufl. Neuburgweier 1972, 2. Aufl. Neuburgweier 1974.

Jantzen, Wolfgang: »Landesbehindertenplanung in der BRD. Entwicklung eines soziologischen Instrumentariums der Analyse und Kritik am Beispiel Bremen«, in: Runde, P./Heinze, R. B. (Hg.): Chancengleichheit, S. 123-136.

Jantzen, Wolfgang: »Zur Geschichte und politischen Ökonomie der Werkstatt für Behinderte (WfB)«, in: Runde, P./Heinze, R. B. (Hg.): Chancengleichheit, S. 195-207.

Jantzen, Wolfgang: Sozialgeschichte des Behindertenbetreuungswesens, München 1982.

Jantzen, Wolfgang: Sozialisation und Behinderung. Studien zu sozialwissenschaftlichen Grundfragen der Behindertenpädagogik, Gießen 1974.

Janz, D.: »Social Prejudice against Epileptics«, in: Dicke, W./Jochheim, K.-A./Müller, M./Thom, H. (Hg. im Auftrag der ISRD), Industrial Society, S. 35-36.

Jentschura, Günter: »Die berufliche Rehabilitation aus der Sicht des Arztes«, in: NDV 42 (1962), H. 6, S. 209-213.

Jentschura, Günter: »Gedanken zum Problem der Beschäftigungstherapie und Arbeitstherapie«, in: Die Rehabilitation 8 (1969), H. 4, S. 220-224.

Jentschura, Günter: »Grenzen der Rehabilitation«, in: Jahrbuch der Fürsorge für Körperbehinderte 1962, S. 20-21.

Jochheim, Kurt-Alphons/Koch, Margret: »Zum Problem des Ausbaus von Rehabilitationseinrichtungen im gegliederten System der gesundheitlichen und sozialen Sicherung«, in: Die Rehabilitation 13 (1974), H. 1, S. 1-8.

Jochheim, Kurt-Alphons/Wahle, Hans: »Dauerergebnisse der beruflichen Wiedereingliederung bei Querschnittsgelähmten im Verlauf von vier Nachbeobachtungsjahren«, in: Die Rehabilitation 6 (1967), H. 1, S. 8-12.

Jochheim, Kurt-Alphons: »Ist Chancengleichheit machbar? Perspektiven des 25. Kongresses. Einführung«, in: Jochheim, K.A./Moleski-Müller, M./Siebrecht, V. (Hg.): Wege, S. 2-3.

Jochheim, Kurt-Alphons/Moleski-Müller, Marlis/Siebrecht, Siebrecht (Hg.): Wege zur Chancengleichheit der Behinderten. Bericht über den 25. Kongress der DeVg e.V. in Bad Wiessee, 10.-12.10.1973, Heidelberg 1974.

Jochheim, Kurt-Alphons/Schliehe, Ferdinand/Teichmann, Helfried: »Rehabilitation und Hilfen für Behinderte«, in: Bundesministerium für Arbeit und Sozialordnung/Bundesarchiv (Hg.): Geschichte der Sozialpolitik in Deutschland seit 1945. Bd. 2/1: 1945-1949. Die Zeit der Besatzungszonen. Sozialpolitik zwischen Kriegsende und der Gründung zweier deutscher Staaten. Bandverantwortlicher: Wengst, Udo, Baden-Baden 2001, S. 561-585.

Jung, Karl: »Berufliche Rehabilitation nach dem Arbeitsförderungsgesetz«, in: BArbl. 20 (1969), H. 6, S. 341-345.

Jung, Karl: »Das Gesetz über die Angleichung der Leistungen zur Rehabilitation«, in: BArbl. 25 (1974), H. 8/9, S. 441-445.

Jung, Karl: »Das Programm zur Förderung überregionaler Einrichtungen der beruflichen Rehabilitation«, in: BArbl. 20 (1969), H. 5, S. 251-259.

Jung, Karl: »Weiterentwicklung des Rechts zugunsten der Behinderten«, in: Jochheim, K.-A./Moleski-Müller, M./Siebrecht, V. (Hg.): Wege, S. 224-234.

Junge, Karl-Heinz: »Aus der Praxis der Werkstätten für Behinderte«, in: Jochheim, K.-A./Moleski-Müller, M./Siebrecht, V. (Hg.): Wege, S. 211-216.

Jungnickel, K.: »Gesundes Geschäft mit Kranken«, in: Vorwärts v. 5.6.1975.

Juster, Kurt: »The Cultural and Social Care of Handicapped Young People (The Hamburg Model)«, in: Dicke, W./Jochheim, K.-A./Müller, M./Thom, H. (Hg. im Auftrag der ISRD), Industrial Society, S. 208-211.

Kais, Josef: »Das Kernproblem der Schwerbeschädigtenfürsorge«, in: Arbeitsamt 2 (1951), H. 1, S. 8-9.

Kalle, E.: »The Advantage of the Planning of Rehabilitation Services by Voluntary Non-Profit Agencies«, in: Dicke, W./Jochheim, K.-A./Müller, M./Thom, H. (Hg. im Auftrag der ISRD), Industrial Society, S. 239-240.

»Kalte Füße«, in: Der Spiegel v. 6.12.1961.

Karlovitz, L. v.: »Arbeitsansätze für die landwirtschaftlichen Arbeiten«, in: Ständige Ausstellung für Arbeiterwohlfahrt und Prüfstelle für Ersatzglieder in Berlin-Charlottenburg (Hg.): Ersatzglieder, S. 938-956.

Katzer, Hans: »Rehabilitation – eine sozialpolitische Aufgabe ersten Ranges«, in: BArbl. 20 (1969), H. 5, S. 249-250.

Kaufmann, Franz-Xaver: »Der Sozialstaat als Prozess – für eine Sozialpolitik zweiter Ordnung«, in: Ruland, Franz/Maydell, Bernd Baron v./Papier, Hans-Jürgen (Hg.): Verfassung, Theorie und Praxis des Sozialstaats. Festschrift für Hans F. Zacher zum 70. Geburtstag, Heidelberg 1998, S. 307-322.

Kaufmann, Inge: »Ergebnisse zum Selbstbild und Fremdbild in der Einschätzung von Lernbehinderten«, in: Zeitschrift für Heilpädagogik 21 (1970), H. 10, S. 563-574.

Kehrings, Hermann: »Die Geschichte des Verbandes katholischer Einrichtungen und Dienste für körperbehinderte Menschen«, in: Caritas Behindertenhilfe und Psychiatrie e.V. (Hg.): Leben, S. 16-28.

Keller, Reiner: Wissenssoziologische Diskursanalyse. Grundlegung eines Forschungsprogramms, 2. Aufl. Wiesbaden 2008.

Kersting, Franz-Werner: »Abschied von der ›totalen‹ Institution? Die westdeutsche Anstaltspsychiatrie zwischen Nationalsozialismus und den Siebzigerjahren«, in: Archiv für Sozialgeschichte 44 (2004), S. 267-292.

Kersting, Franz-Werner: »Juvenile Left-Wing Radicalism, Fringe Groups, and Anti-Psychiatry in West Germany«, in: Schildt, Axel/Siegfried, Detlef (Hg.): Between Marx and Coca-Cola. Youth Cultures in Changing European Societies, 1960-1980, New York/Oxford 2006, S. 353-375.

Kienitz, Sabine: »Der Krieg der Invaliden. Helden-Bilder und Männlichkeitskonstruktionen nach dem Ersten Weltkrieg«, in: Militärgeschichtliche Zeitschrift 60 (2001), H. 2, S. 367-402.

Killilea, Marie: Karen. Ein cerebral gelähmtes Mädchen auf dem Weg ins Leben, München 1973.

»Kinderlähmung – Impfen oder nicht?«, in: Der Spiegel v. 24.4.1957.

»Kinderlähmung: Später Sieg«, in: Der Spiegel v. 10.2.1964.

»Kinderlähmung und andere übertragbare Krankheiten«, in: Rheinisches Ärzteblatt 19 (1965), H. 13, S. 653.

Kirk, Beate: Der Contergan-Fall: eine unvermeidbare Arzneimittelkatastrophe? Zur Geschichte des Arzneistoffes Thalidomid, Stuttgart 1999.

Klauer, Karl Josef: »Die Zukunft der Sonderschule«, in: Zeitschrift für Heilpädagogik 24 (1973), H. 11, S. 927-940.

Klee, Ernst: »Eine Stadt – aus dem Rollstuhl betrachtet. Erfahrungen eines ›freiwilligen Krüppels‹«, in: Publik 4 (1971), H. 47, S. 25-26.

Klee, Ernst: »Hoffnung für Behinderte«, in: Die Zeit v. 17.8.1973.

Klee, Ernst: »Recht im Rollstuhl«, in: Die Zeit v. 28.2.1975.

Klee, Ernst: »Rent-a-Spasti«, in: Die Zeit v. 19.12.1975.

Klee, Ernst: »Sind Eltern Behinderter – behinderte Eltern?«, in: Das behinderte Kind 12 (1975), H. 1, S. 43.

Klee, Ernst: »Wenn es mich träfe«, in: Die Zeit v. 21.3.1975.

Klee, Ernst: Behindert. Über die Enteignung von Körper und Bewusstsein. Ein kritisches Handbuch, 2., überarbeitete Aufl. Frankfurt a.M. 1987.

Klee, Ernst: Behinderte im Urlaub? Das Frankfurter Urteil. Eine Dokumentation, Frankfurt a.M. 1980.

Klee, Ernst: Behinderten-Report, 10., überarbeitete Aufl. Frankfurt a.M. 1981.

Klee, Ernst: Psychiatrie-Report, Frankfurt a.M. 1978.

Klein, W.: »Eine Arbeitgebermeinung zur Beschäftigung Schwerbeschädigter«, in: Arbeitsamt 2 (1951), H. 3, S. 82.

Klemm, Michael: »Der Behinderte in der Freizeit«, in: Jochheim, K.-A./Moleski-Müller, M./Siebrecht, V. (Hg.): Wege, S. 164-178.

Kluge, Karl-Josef/Heidenreich, Ruppert: »Befreiende Sexualität – sexuelle Partnerschaft für Behinderte«, in: Kluge, K.-J./Sparty, L. (Hg.): Sollen, können, S. 276-287.

Kluge, Karl-Josef/Sparty, Leo (Hg.): Sollen, können, dürfen Behinderte heiraten?, Bonn-Bad Godesberg 1977.

Knape, Agnes: »Sollen, können, dürfen Gliedmaßengeschädigte, Dysmelie, Peromelie, Amelie, auch Amputierte heiraten?«, in Kluge, K.-J./Sparty, L. (Hg.): Sollen, können, S. 103-106.

Knapp, Gudrun-Axeli: »Dezentriert und viel riskiert: Anmerkungen zur These vom Bedeutungsverlust der Kategorie Geschlecht«, in: Knapp, Gudrun-Axeli/Wetterer, Angelika (Hg.): Soziale Verortung der Geschlechter. Gesellschaftstheorie und feministische Kritik, 2. Aufl. Münster 2000, S. 15-62.

Knappeck, R.: »Advances in Educating the Cerebral Palsied Resulting from New Research Findings«, in: Dicke, W./Jochheim, K.-A./Müller, M./Thom, H. (Hg. im Auftrag der ISRD), Industrial Society, S. 32.

Kniel, Adrian: »Schulische Integration als eine Voraussetzung für den Abbau von Vorurteilen gegenüber Behinderten«, in: Behinderte – inmitten oder am Rande der Gesellschaft. Mit Beiträgen v. Bärsch, Walter/Heese, Gerhard/Kniel, Adrian/Solarová, Svetluse und einer Einführung v. Muth, Jakob, 2., durchgesehene Aufl. Berlin 1975, S. 61-75.

Kober-Nagel, Brigitte: Contergankinder, ihre Aussichten in Schule und Beruf, Med. Dent. Univ. Diss. München 1979.

Kobi, Emil E.: »Stabilität und Wandel in der Geschichte des Behindertenwesens«, in: Heilpädagogische Forschung 16 (1990), H. 3, S. 112-117.

Kocka, Jürgen: Mehr Last als Lust. Arbeit und Arbeitsgesellschaft in der europäischen Geschichte, Köln 2006.

Köbsell, Swantje: »Eine Frau ist eine Frau ist eine Frau ... Zur Lebenssituation von Frauen mit Behinderung«, in: Barwig, Gerlinde/Busch, Christiane: Unbeschreiblich weiblich!? Frauen unterwegs zu einem selbstbewussten Leben mit Behinderung, München 1993, S. 33-40.

König, Helmut/v. Greiff, Bodo/Schauer, Helmut (Hg.): Sozialphilosophie der industriellen Arbeit, Opladen 1990.

König, Helmut: »Die Krise der Arbeitsgesellschaft und die Zukunft der Arbeit: Zur Kritik einer aktuellen Debatte«, in: König, H./v. Greiff, B./Schauer, H. (Hg.): Sozialphilosophie, S. 322-344.

Köster, Markus: »Holt die Kinder aus den Heimen! – Veränderungen im öffentlichen Umgang mit Jugendlichen in den 1960er Jahren am Beispiel der Heimerziehung«, in: Frese, M./Paulus, J./Teppe, K. (Hg.): Demokratisierung, S. 667-681.

Kolter, Astrid: »Die Behinderung selbst erlebt«, in: Niethard F. U./Marquardt, E./Eltze, J. (Hg.): Contergan, S. 5-8.

»Konten gesperrt«, in: Der Spiegel v. 21.4.1969.

»Koordinierung aller Rehabilitationsmaßnahmen notwendig«, in: Sozialpolitische Informationen v. 22.10.1968, S. 3-4.

»Koordinierung der Rehabilitation – Gemeinsame Planung von Einrichtungen«, in: BArbl. 21 (1970), H. 3, S. 203.

»Kosmetische Verkleidung der Modular-Beinprothese«, in: Näder, Max/Näder, Hans Georg (Hg.): Otto Bock Prothesen-Kompendium. Prothesen für die untere Extremität, 3., überarbeitete und erweiterte Aufl. Duderstadt 2000, S. 90-91.

Kost, Wilhelm: »Berufsorientierung und Berufsberatung behinderter Jugendlicher und ihrer Eltern. Berufsbildungsförderung. Grundsätzliche Fragen«, in: Jochheim, K.-A./Moleski-Müller, M./Siebrecht, V. (Hg.): Wege, S. 102-110.

Koven, Seth: »Remembering and Dismemberment: Crippled Children, Wounded Soldiers, and the Great War in Great Britain«, in: American Historical Review 99 (1994), H. 5, S. 1167-1202.

Kraft, Heinrich: Versorgungselemente in der Sozialversicherung, in: Sozialer Fortschritt 1 (1952), H. 4, S. 87-98.

Krais, R.: »Zehn Jahre Elternarbeit in der Rehabilitation spastisch gelähmter Kinder in der Bundesrepublik«, in: Das behinderte Kind 6 (1969), H. 6, S. 224-231.

»Krankenhaus- bzw. Bettschulunterricht für behinderte Kinder«, in: NDV 45 (1965), H. 11, S. 388.

Krasney, Otto Ernst: »Unfallversicherung«, in: Bundesministerium für Arbeit und Sozialordnung/Bundesarchiv (Hg.): Geschichte der Sozialpolitik, Bd. 5, S. 531-556.

Krasney, Otto Ernst: »Unfallversicherung«, in: Bundesministerium für Arbeit und Sozialordnung/Bundesarchiv (Hg.): Geschichte der Sozialpolitik, Bd. 4, S. 433-462.

Krause, Winfried: »Zur ›Arbeits- und Berufsförderung Behinderter‹ – aus der Sicht des Praktikers«, in: Arbeit, Beruf und Arbeitslosenhilfe – Das Arbeitsamt 25 (1974), H. 1, S. 8-9.

Kraushaar, Wolfgang: Die Protest-Chronik. Eine illustrierte Geschichte von Bewegung, Widerstand und Utopie, Hamburg 1996.

Krenzer, Rolf: »Zur Situation der Schule für praktisch Bildbare zwischen Sonderkindergarten und Werkstatt für Behinderte«, in: Zeitschrift für Heilpädagogik 25 (1974), H. 12, S. 745-751.

Kretschmer, Heinrich: »Wer soll die Schwerbeschädigten betreuen?«, in: Arbeitsamt 2 (1951), H. 7, S. 207-208.

Kreusel, Bettina: »Das Fernsehen als Spendengenerator. Eine Bestandsaufnahme der Sendungsangebote«, in: Wilke, Jürgen (Hg.): Massenmedien und Spendenkampagnen. Vom 17. Jahrhundert bis in die Gegenwart, Köln/Weimar/Berlin 2008, S. 234-335.

»Kriegsopfer, Kurve genommen«, in: Der Spiegel v. 20.3.1963.

»Kriegsopfer-Renten. Dankessold der Nation«, in: Der Spiegel v. 3.6.1959.

»Kriegsopfer-Renten. Mit Zaubergeld«, in: Der Spiegel v. 21.10.1959.

»Kriegsopferversorgung«, in: BArbl. 26 (1975), H. 1, S. 25-26.

»Kriegsversehrte in neuen Berufen«, in: SZ v. 7.5.1946.

Krüger-Fürhoff, Irmela Marei: Der versehrte Körper. Revisionen des klassizistischen Schönheitsideals, Göttingen 2001.

Krüppelgruppe Bremen: »Krüppelunterdrückung und Krüppelgegenwehr«, in: Psychologie und Gesellschaftskritik, 4 (1980), H. 3, S. 4-8.

Krukenberg, Hermann: »Knochenplastik«, in: Ständige Ausstellung für Arbeiterwohlfahrt und Prüfstelle für Ersatzglieder in Berlin-Charlottenburg (Hg.): Ersatzglieder, S. 253-256.

Krumeich, Gerd: »Verstümmelungen und Kunstglieder. Formen körperlicher Verheerungen im 1. Weltkrieg«, in: Zeitschrift für sozialwissenschaftliche Informationen 19 (1990), H. 2, S. 97-102.

Kudlick, Catherine: »Disability History: Why We Need Another ›Other‹«, in: American Historical Review 108 (2003), H. 3, S. 763-793.

Kudlicza, Peter: »Gretchenfrage im Prothesenbau: Gutes Aussehen? Gute Funktion?«, in: Soziale Sicherheit 27 (1974), H. 1, S. 79-83.

Kühn, E.: »Wird genug für behinderte Kinder getan?«, in: Das Behinderte Kind 5 (1968), H. 1, S. 3.

Kuldschun, Herbert: »Wohnungsbau für körperbehinderte und alte Menschen als gesellschaftliche Rehabilitationshilfe«, in: Die Rehabilitation 10 (1971), H. 3, S. 160-171.

»Kümmert Euch um die bedauernswerten Opfer!«, in: Bild v. 11.4.1962.

Künßberg, Eberhard v.: »Hilfsmittel des täglichen Lebens«, in: Ständige Ausstellung für Arbeiterwohlfahrt und Prüfstelle für Ersatzglieder in Berlin-Charlottenburg (Hg.): Ersatzglieder, S. 881-896.

Kuhnhenne, Michaela: Frauenleitbilder und Bildung in der westdeutschen Nachkriegszeit. Analyse am Beispiel der Region Bremen, Wiesbaden 2005.

Kulenkampff, Caspar: »Wie schlecht ist die Krankenhauspsychiatrie in diesem Land? Bemerkungen zu dem Buch von Frank Fischer ›Irrenhäuser: Kranke klagen an‹«, in: Der Nervenarzt 41 (1970), H. 3, S. 150-152.

»Kultusminister für einen Ausbau des Sonderschulwesens«, in: Die Welt v. 16.1.1970.

Kurzman, Steven L.: »Presence and Prosthesis: A Response to Nelson and Wright«, in: Cultural Anthropology 16 (2001), H. 3, S. 374-387.

Landwehr, Rolf/Baron, Rüdeger (Hg.): Geschichte der Sozialen Arbeit. Hauptlinien ihrer Entwicklung im 19. und 20. Jahrhundert, 3., korr. Aufl. Weinheim/Basel 1995.

Lang, Freddy: »Bundespräsident mit Krücke geschlagen«, in: Bild v. 19.6.1981.

Langhagel, Joachim: »Die Rehabilitation in Lichtenau«, in: BArbl. 16 (1965), H. 7, S. 265-267.

Laurig, W./Wieland, K./Mecheln, H.-D.: Arbeitsplätze für Behinderte 1. Dokumentation technischer Arbeitshilfen, Dortmund 1980.

»Lebensgerechte Wohnungen für Invalide«, in: General-Anzeiger v. 19.7.1965.

»Lehrgänge der Bundesvereinigung Lebenshilfe im Jahr 1972«, in: Das Behinderte Kind 9 (1972), H. 2, S. XII.

Leibfried, Stephan/Wagschal, Uwe (Hg.): Der deutsche Sozialstaat. Bilanz – Reformen – Perspektiven, Frankfurt a.M./New York 2000.

Leimgruber, Walter: »Bilder vom Körper – Bilder vom Menschen. Kultur und Ausgrenzung um 1900 und heute«, in: Zeitschrift für Volkskunde 101 (2005), H. 1, S. 69-91.

Leisering, Lutz: »Der deutsche Sozialstaat«, in: Ellwein, Thomas/Holtmann, Everhard (Hg.): 50 Jahre Bundesrepublik Deutschland. Rahmenbedingungen – Entwicklungen – Perspektiven, Opladen/Wiesbaden 1999, S. 181-192.

Leisering, Lutz: »Kontinuitätssemantiken: Die evolutionäre Transformation des Sozialstaates im Nachkriegsdeutschland«, in: Leibfried, S./Wagschal, U. (Hg.): Sozialstaat, S. 91-114.

Leszcynski, Dietrich v.: »Eingliederung der Behinderten wird erleichtert. Rehabilitationsangleichungsgesetz verabschiedet«, in: Sozialer Fortschritt 23 (1974), H. 10, S. 228-231.

Leve, Philipp: »Aktuelles zur beruflichen Rehabilitation Behinderter«, in: Arbeit, Beruf und Arbeitslosenhilfe 18 (1967), H. 7, S. 159-162.

Leve, Philipp: »Praktische Erfahrungen bei der Arbeitsvermittlung Schwerbehinderter«, in: Jahrbuch der DeVg 1963, S. 61-66.

Leverkus, Juliane: »Jugendliche helfen Behinderten«, in: SZ v. 6.8.1974.

Leyen, Ulrich-Echter v. d.: »Über die Häufigkeit kindlicher Unfälle«, in: Zeitschrift für Kinderheilkunde 83 (1960) [ohne Heftzählung], S. 319-331.

Leymann, Hermann: »Die Normalisierung einzelner Teile der Ersatzglieder«, in: Ständige Ausstellung für Arbeiterwohlfahrt und Prüfstelle für Ersatzglieder in Berlin-Charlottenburg (Hg.): Ersatzglieder, S. 737-763.

Lichtenauer, Annette: »Selbstbestimmung. Ein ambivalenter Begriff der Moderne«, in: Graf, E. O./Renggli, C./Weisser, J. (Hg.): Welt, S. 157-163.

Liebig, H. E.: »Rehabilitation in a Country with a Decentralized Multiple-Agency Approach to Providing Rehabilitation«, in: Dicke, W./Jochheim, K.-A./Müller, M./Thom, H. (Hg. im Auftrag der ISRD), Industrial Society, S. 19-20.

Liebscher, Siegfried: Der Behinderte ist normal. (Wenn man ihn normal behandelt.) Ein Lebensbericht, München 1971.

Lindemann, Kurt: »Begrüßung«, in: Bundesministerium für Gesundheit (Hg.): 2. Monografie über die Rehabilitation der Dysmeliekinder. Dysmeliearbeitstagung am 5./6.11.1965 in der Orthopädischen Anstalt der Universität Heidelberg, Frechen/Köln 1967, S. 7-9.

Lindemann, Kurt: »Bericht über den Entwurf eines neuen Fürsorgegesetzes für Körperbehinderte«, in: Jahrbuch der Fürsorge für Körperbehinderte (1951), S. 9-15.

Lindemann, Kurt: »Die Anwendung der pneumatischen Prothese in Verbindung mit Pectoriskanälen bei beiderseits Oberarmamputierten und Schulterexartikulierten«, in: Archiv für orthopädische und Unfallchirurgie 53 (1961), H. 1, S. 4-10.

Lindemann, Kurt: »Die Aufgaben der Rehabilitation in einer Orthopädischen Anstalt. Arbeitstagung des Deutschen Ausschusses für die Eingliederung Behinderter in Arbeit, Beruf und Gesellschaft«, in: BArbl. 13 (1962), H. 7, S. 251-252.

Lindemann, Kurt: »Die Schwerstbehinderten und ihre Unterbringung in der heutigen Situation«, in: BArbl. 17 (1966), H. 2, S. 46-49.

Lindemann, Kurt: »Eröffnung des 18. Kongresses«, in: Jahrbuch der Fürsorge für Körperbehinderte (1956), S. 2-3.

Lindemann, Kurt: »Über Maßnahmen zur Berufsvorbereitung Querschnittsgelähmter im Rahmen der medizinischen Rehabilitation«, in: Archiv für orthopädische und Unfallchirurgie 53 (1961), H. 2, S. 152-154.

Lingelbach, Gabriele: »Die Entwicklung des Spendenmarktes in der Bundesrepublik Deutschland. Von der staatlichen Regulierung zur medialen Lenkung«, in: Geschichte und Gesellschaft 33 (2007), H. 1, S. 127-157.

Lingelbach, Gabriele: Das Bild des Bedürftigen und die Darstellung von Wohltätigkeit in den Werbemaßnahmen bundesrepublikanischer Wohltätigkeitsorganisationen, in: Archiv für Kulturgeschichte 88 (2007), H. 2, S. 345-365.

Lipka, Diebert/Jendsch, Karin/Kalusche, Klaus/Mader, Werner u.a.: »Empirische Untersuchung über Einstellungen, Vorurteile und Meinungen gegenüber Behinderten in der Nähe eines Rehabilitationszentrums für Körperbehinderte und ein semantischer Vergleich der Begriffe ›Anstalt‹ und ›Rehabilitationszentrum‹«, in: Die Rehabilitation 12 (1973), H. 4, S. 212-218.

Löchner, Walter: »Das Berufsförderungswerk Heidelberg. Vortrag und Besichtigung«, in: BArbl. 13 (1962), H. 7, S. 254-260.

Löchner, Walter: »Erschließung von Leistungsreserven durch das Berufsförderungswerk Heidelberg«, in: Arbeit, Beruf und Arbeitslosenhilfe – Das Arbeitsamt 11 (1960), H. 8, S. 174-175.

Longmore, Paul K./Umansky, Lauri: »Disability History: From the Margins to the Mainstream«, in: Longmore, Paul K./Umansky, Lauri (Hg.): The New Disability History: American Perspectives, New York/London 2001, S. 1-29.

Loose, Hanns-Walter: »5. Weltkongress für Krüppelwohlfahrt in Stockholm«, in: Arbeitsamt 2 (1951), H. 11, S. 315.

Loose, Hanns-Walter: »Das neue Schwerbeschädigtengesetz in der Vermittlungspraxis«, in: BArbl. 4 (1953), H. 21, S. 676-678.

Loose, Hanns-Walter: »Die Arbeitsvermittlung Schwerbeschädigter – Aufgabe der Arbeitsverwaltung«, in: Arbeitsamt 2 (1951), H. 2, S. 44-45.

Lorenzen, Hans: »Der Leistungswille Körperbeschädigter«, in: BVersbl. 5 (1954), H. 7, S. 98-99.

Lotze, Rudolf: Von der »Krüppelfürsorge« zur Rehabilitation von Menschen mit Behinderungen. 90 Jahre Deutsche Vereinigung für die Rehabilitation Behinderter e.V., Heidelberg 1999.

Luff, K./Lutz, Fritz-Ulrich/Brömme, Helmut: »Ergebnisse einer Untersuchung tödlicher Unfälle von Kraftfahrzeuginsassen unter Berücksichtigung medizinischer und technischer Aspekte«, in: Zeitschrift für Rechtsmedizin 75 (1974), H. 2, S. 121-126.

Lupton, Deborah/Seymour, Wendy: »Technology, Selfhood and Physical Disability«, in: Social Science & Medicine 50 (2000), H. 12, S. 1851-1862.

Lutz, Petra/Macho, Thomas/Staupe, Gisela/Zirden, Heike (Hg. für die Aktion Mensch und die Stiftung Deutsches Hygiene-Museum): Der [im-]perfekte Mensch. Metamorphosen von Normalität und Abweichung, Köln 2003.

»Man darf sie nicht nur vegetieren lassen«, in: SZ v. 14.5.1968.

»Man spricht über sie statt mit ihnen«, in: SZ v. 14./15.3.1981.

Marquardt, Ernst/Häfner, O.: »Technische Bewährung und praktische Anwendung der Heidelberger pneumatischen Prothese«, in: Archiv für orthopädische und Unfallchirurgie 48 (1956), H. 1, S. 115-135.

Marquardt, Ernst: »Bericht über den Stand der technischen Hilfen für Dysmeliekinder«, in: Jahrbuch der DeVg (1965/66), S. 174-187.

Marquardt, Ernst: »Die Contergankatastrophe 1961 – Schock und erste Reaktionen«, in: Niethard F. U./Marquardt, E./Eltze, J. (Hg.): Contergan, S. 9-15.

Marquardt, Ernst: »Pneumatische Armprothesen bei Kindern«, in: Jahrbuch der Fürsorge für Körperbehinderte (1962), S. 82-89.

Marquardt, Ernst: »Prothesen, Apparate, technische Hilfen für Fehlbildungen der oberen Extremitäten«, in: Bundesministerium für Gesundheit (Hg.): 2. Monografie über die Rehabilitation der Dysmeliekinder. Dysmeliearbeitstagung am 5./6.11.1965 in der Orthopädischen Anstalt der Universität Heidelberg, Frechen/Köln 1967, S. 11-54.

Marquardt, Ernst: »Steigerung der Effektivität von Oberarmprothesen durch Winkelosteotomie«, in: Die Rehabilitation 11 (1972), H. 4, S. 244-248.

Marquardt, Manfred: Die Geschichte der Ergotherapie 1954-2004, Idstein 2004.

Marx, Theodor: »Aufgabenabgrenzung und Zusammenarbeit zwischen der Arbeitsverwaltung und Fürsorge im Lebensalter der Arbeitsfähigkeit – in der Fürsorge für Schwerbeschädigte. A. Aus dem Blickfeld der Fürsorge«, in: NDV 32 (1952), H. 12, S. 387-388.

Maschke, Michael: »Behinderung als Ungleichheitsphänomen – Herausforderung an Forschung und politische Praxis«, in: Waldschmidt, A./Schneider, W. (Hg.): Disability Studies, S. 299-320.

Mattner, Dieter: Behinderte Menschen in der Gesellschaft. Zwischen Ausgrenzung und Integration, Stuttgart/Berlin/Köln 2000.

Mauz, Gerhard: »Annas Bühne«, in: Der Spiegel v. 11.3.1968.

Mauz, Gerhard: »Bis zum nächsten Schicksalsschlag«, in: Der Spiegel v. 26.12.1966.

Mauz, Gerhard: »Das Problem des erlaubten Risikos«, in: Der Spiegel v. 20.3.1967.

Mauz, Gerhard: »Dr. Schreib oder kein Triumph der Medizin«, in: Der Spiegel v. 17.5.1968.

Mauz, Gerhard: »Ein rechtlich vertretbarer Weg«, in: Der Spiegel v. 26.1.1970.

Mauz, Gerhard: »Eine Wanderung auf der Rasierklinge«, in: Der Spiegel v. 27.5.1968.

Mauz, Gerhard: »Kein einmaliger Fall«, in: Der Spiegel v. 14.12.1970.

Mauz, Gerhard: »Rechnung ohne Wirtz«, in: Der Spiegel v. 20.2.1963.

Mauz, Gerhard: »Schuldig ist der Staat nicht – aber er macht es sich doch leicht«, in: Die Welt v. 31.8.1962.

Mauz, Gerhard: »Selbstverständlich ohne uns zu erregen«, in: Der Spiegel v. 19.8.1968.

Mauz, Gerhard: »Vielleicht haben sie Glück«, in: Der Spiegel v. 12.6.1967.

Mauz, Gerhard: »Was Geld alles kann«, in: Der Spiegel v. 3.6.1968.

Mauz, Gerhard: »Weder Sieger noch Besiegte«, in: Der Spiegel v. 7.12.1970.

Mauz, Gerhard: »Wir haben hier keinen Parteienprozess«, in: Der Spiegel v. 2.2.1970.

»MdB Eugen Glombig zum 3. Welttag der Invaliden«, in: Die Praxis 15 (1962), H. 4, S. 146-155.

»Mehr Platz für behinderte Kinder«, in: Düsseldorfer Nachrichten v. 2.4.1971.

»Mehr soziale Sicherheit für Behinderte«, in: BArbl. 25 (1974), H. 2, S. 98.

»Mehr soziale Sicherheit für Behinderte«, in: Sozialer Fortschritt 23 (1974), H. 5, S. 119-120.

»Mein Kind soll weiterleben. Gnadentod für Contergan-Babys?«, in: Bild v. 23.7.1962.

»Meldepflicht eigentlich eine Selbstverständlichkeit«, in: Sozialer Fortschritt 22 (1973), H. 5, S. 102.

»Mehr Geld für Kriegsopfer«, in: BArbl. 27 (1975), H. 1, S. 58-59.

Meier Rey, Christine: Identität – Frau – Behinderung. Identitätsbildung und Identitätsentwicklung von Frauen mit Behinderungen, Univ. Diss. Zürich 1994.

Meinecke, F.-W.: »Einweihung des Konrad-Biesalski-Hauses. Wohn- und Pflegeheim für schwer körperbehinderte Studierende an der Universität Marburg/Lahn«, in: Die Rehabilitation 9 (1970), H. 1, S. 62-63.

Meinel, A./Gögler, E./Kühnl, P./Jungbluth, K. H. u.a.: »Der schwere Unfall im Kindesalter«, in: Langenbecks Archiv für Chirurgie [keine Jahrgangszählung] (1972), H. 332, S. 894-895.

Meisel, Harry: Die Bedeutung von Beruf und Berufstätigkeit für den Behinderten, in: Jochheim, K.-A./Moleski-Müller, M./Siebrecht, V. (Hg.): Wege, S. 146-151.

Mentner, Regina: »›Vom Almosenempfänger zum Steuerzahler‹. Von der Krüppelanstalt zur Rehabilitationseinrichtung. Aus der Geschichte der ersten 50 Jahre der Evangelischen Stiftung Volmarstein«, in: Evangelische Stiftung Volmarstein (Hg.): 100 Jahre Evangelische Stiftung Volmarstein. Entschieden für das Leben, Volmarstein 2004, S. 37-252.

Mertin, Gertrud: Die Berufsberatung in der Krüppelfürsorge und ihre volkswirtschaftliche Bedeutung, Univ. Diss. Freiburg i.Br. 1928.

Metzler, Gabriele: »›Geborgenheit im gesicherten Fortschritt‹. Das Jahrzehnt von Planbarkeit und Machbarkeit«, in: Frese, M./Paulus, J./Teppe, K. (Hg.): Demokratisierung, S. 777-797.

Meurer, Anne: »Die soziale Sicherung von Behinderten in Anstalten«, in: BArbl. 24 (1973), H. 2, S. 76-80.

Meurer, Anne: »Neuordnung notwendig«, in: BArbl. 26 (1975), H. 3, S. 165-167.

Meurer, Anne: »Stichtag 1. Juli«, in: BArbl. 26 (1975), H. 6, S. 335-339.

»Missgeburten durch Tabletten«, in: Welt am Sonntag v. 26.11.1961.

Mitchell, David T./Snyder, Sharon L.: »Introduction. Disability Studies and the Double Bind of Representation«, in: Mitchell, D. T./Snyder, S. L. (Hg.): Body, S. 1-31.

Mitchell, David T./Snyder, Sharon L.: Narrative Prosthesis. Disability and the Dependencies of Discourse, Ann Arbor, 2000.

Mittermaier, R./Heinen, B.: »Einige Fragen zur Meldepflicht für körperlich und geistig Behinderte«, in: NDV 46 (1966), H. 7, S. 202-204.

»Mit Unglück hausiert man nicht«, in: Quick v. 19.8.1962.

»Mittelalterliche Zustände in Oberbayern«, in: Bild v. 11.9.1962.

Moeller, Robert G.: »Heimkehr ins Vaterland: Die Remaskulinisierung Westdeutschlands in den fünfziger Jahren«, in: Militärgeschichtliche Zeitschrift 60 (2001), H. 2, S. 403-436.

Möllhoff, Gerhard: »Psychische Probleme«, in: Niethard, F. U./Marquardt, E./Eltze, J. (Hg.): Contergan, S. 35-42.

Möhring, Maren: »Kriegsversehrte Körper. Zur Bedeutung der Sichtbarkeit von Behinderung«, in: Waldschmidt, A./Schneider, W. (Hg.): Disability Studies, S. 175-197.

Mohr, H. G.: »Das Problem ›Arbeitseinsatz von Behinderten‹«, in: Die Rehabilitation 5 (1966), H. 2, S. 60-63.

Monografie über die Rehabilitation der Dysmeliekinder. Dysmeliearbeitstagung am 17./18.10.1964 in der Orthopädischen Universitätsklinik und Poliklinik Münster. Hg. v. BMGes, Bad Godesberg 1965.

Morawe, Ch.: »Bericht über das Internationale Seminar für Arbeitsvermittlung minderleistungsfähiger Personen vom 2. bis 14.5.1955 in Stockholm-Saltsjöbaden«, in: BArbl. 6 (1955), H. 15, S. 628-631.

Morris, Jenny: »Gender and Disability«, in: Swain, John/Finkelstein, Vic/French, Sally/Oliver, Michael (Hg.): Disabling Barriers – Enabling Environments, London 1993, S. 85-92.

Moser, Gabriele: »Der Arzt im Kampf gegen ›Begehrlichkeit und Rentensucht‹ im deutschen Kaiserreich und in der Weimarer Republik«, in: Jahrbuch für Kritische Medizin (1991), S. 161-183.

Moser, Vera: »Geschlecht: behindert? Geschlechterdifferenz aus sonderpädagogischer Perspektive«, in: Behindertenpädagogik 36 (1997), H. 2, S. 138-149.

Motzheim, Gottfried: »Grundeinstellung zur Wertung des Behinderten in Familie und Öffentlichkeit«, in: Die Rehabilitation 10 (1971), H. 2, S. 65-73.

Müller, Hans-Werner: »Neue Formen der Wiedereingliederung psychischer Kranker in Beruf und Gesellschaft«, in: Die Rehabilitation 6 (1967), H. 3, S. 112-119.

Müller, Marlis: »›Behinderte – draußen vor der Tür?‹ Deutscher Ausstellungsstand zum 11. Weltkongress der ISRD in Dublin 1969«, in: Die Rehabilitation 8 (1969), H. 4, S. 234-236.

Müller, Marlis: »Deutscher Fürsorgetag 1955 in Frankfurt a.M.«, in: Jahrbuch der Fürsorge für Körperbehinderte (1956), S. 191-195.

Müller-Garnn, Ruth: Und halte Dich an meiner Hand. Die Geschichte eines Sorgenkindes, Würzburg 1977.

Müller-Gerhard, Norbert/Schilling, Tamara: »Wie viel Logopäden braucht das Land Rheinland-Pfalz und wie viel bildet es aus?«, in: Die Rehabilitation 13 (1974), H. 4, S. 208-212.

Mürner, Christian: Medien- und Kulturgeschichte behinderter Menschen. Sensationslust und Selbstbestimmung, Weinheim/Basel/Berlin 2003.

Muth, Jakob: »Möglichkeiten und Grenzen schulischer Integration behinderter Kinder«, in: Zeitschrift für Heilpädagogik 24 (1973), H. 4, S. 262-272.

Muthesius, Hans (Hg.): Beiträge zur Entwicklung der Deutschen Fürsorge. 75 Jahre Deutscher Verein, Köln/Berlin 1955.

Muthesius, Hans: »Prävention und Rehabilitation«, in: BArbl. 11 (1960), H. 22, S. 718-720.

Muthmann, D.: »Zehn Jahre Entwicklung und Erprobung von Hilfen für behinderte Kinder. Tagung der Arbeitsgemeinschaft für technische Orthopädie und Rehabilitation e.V. Bonn«, in: Die Rehabilitation 12 (1973), H. 3, S. 187-189.

Mutters, Tom: »Beschützende Werkstätten für geistig Behinderte«, in: Unsere Jugend 11 (1959), H. 1, S. 13-20.

Mutters, Tom: »Der heutige Stand sozialer und schulischer Betreuung geistig behinderter Kinder in den Niederlanden«, in: NDV 41 (1961), H. 9, S. 304-308.

Naumann, Ilse: »Beschäftigungstherapie als medizinisch-psychosoziale Aufgabe. Jahresfortbildung des Verbandes der Beschäftigungstherapeuten (Ergotherapeuten) der BRD e.V., 10.-12.3.1975 in Berlin«, in: Die Rehabilitation 14 (1975), H. 3, S. 196-197.

Neander, Joachim: »Als der Mann starb, nahm sie Contergan«, in: Bild v. 3.9.1962.

Neander, Joachim: »Ein Mann nahm 1.000 Contergan-Tabletten«, in: Bild v. 18.9.1962.

Nechwatal, E./Stöger, M.: »Was wird aus Querschnittsgelähmten?«, in: Die Rehabilitation 14 (1975), H. 3, S. 181-186.

Nelson, Diane M.: »Phantom Limbs and Invisible Hands: Bodies, Prosthetics, and Late Capitalist Identifications«, in: Cultural Anthropology 16 (2001), H. 3, S. 303-313.

Neubert, Dieter/Cloerkes, Günther: Behinderung und Behinderte in verschiedenen Kulturen. Eine vergleichende Analyse ethnologischer Studien, 2. Aufl. Heidelberg 1994.

»Neue Rechtsgrundlage für die Versorgung der Kriegsbeschädigten und Kriegshinterbliebenen in der britischen Zone«, in: NDV 27 (1947), H. 5, S. 78.

»Neue Wege der Sonderschulpädagogik«, in: Die Zeit v. 8.10.1971.

»Neuer Erfolg in Polio-Bekämpfung«, in: Münchner Merkur v. 26.7.1967.

Neumann, Johannes (Hg.): Behinderung. Von der Vielfalt eines Begriffes und dem Umgang damit, 2. Aufl. Tübingen 1997.

Neumann, Johannes: »Die gesellschaftliche Konstituierung von Begriff und Realität der Behinderung«, in: Neumann, J. (Hg.): Behinderung, S. 21-43.

Neumann, Vera: »Kampf um Anerkennung«, in: Naumann, Klaus (Hg.): Nachkrieg in Deutschland, Hamburg 2001, S. 364-383.

»Nicht Hüte, sondern Hilfe«, in: Bild v. 22.8.1962.

»Nicht laufen, nicht sprechen, nicht hören. Spiegel-Report über sozial benachteiligte Gruppen in der Bundesrepublik (V): Behinderte«, in: Der Spiegel v. 22.3.1971.

Nicolai, August: »Der Schmuckarm«, in: Ständige Ausstellung für Arbeiterwohlfahrt und der Prüfstelle Ersatzglieder in Berlin-Charlottenburg (Hg.): Ersatzglieder, S. 683-708.

Niehuss, Merith: »Einführung«, in: Frese, M./Paulus, J./Teppe, K. (Hg.): Demokratisierung, S. 27-37.

Niehuss, Merith: »Kontinuität und Wandel der Familie in den 50er Jahren«, in: Schildt, A./Sywottek, A. (Hg.): Modernisierung, S. 316-334.

Niethard, Fritz Uwe/Marquardt, Ernst/Eltze, Jürgen (Hg.): Contergan – 30 Jahre danach, Stuttgart 1994.

Niethard, Fritz Uwe/Marquardt, Ernst: »Contergan – Rückblick und Ausblick«, in: Niethard F. U./Marquardt, E./Eltze, J. (Hg.): Contergan, S. 1-3.

Noelle-Neumann, Elisabeth/Köcher, Renate (Hg.): Allensbacher Jahrbuch der Demoskopie 1993-1997, Bd. 10, München 1997.

Nootbaar, Hans: »Sozialarbeit und Sozialpädagogik in der Bundesrepublik 1949-1962«, in: Landwehr, R./Baron, R. (Hg.): Geschichte, S. 251-299.

»Novelle zum Schwerbeschädigtengesetz für Betriebe unbefriedigend«, in: Der Arbeitgeber 13 (1961), H. 12, S. 386.

Nullmeier, Frank/Rüb, Friedbert W.: Die Transformation der Sozialpolitik. Vom Sozialstaat zum Sicherungsstaat, Frankfurt a.M./New York 1993.

»Null-Tarif für Schwerbehinderte«, in: BArbl. 26 (1975), H. 1, S. 6.

»Nur Bettelgeld für die Opfer«, in: Bild v. 19.6.1962.

Obert, Klaus: »Lebenslage und Lebenswelt psychisch kranker Menschen – der beschwerliche Weg von totaler Ausgrenzung zur Teilhabe am gesellschaftlichen Leben«, in: Caritas Behindertenhilfe und Psychiatrie e.V. (Hg.): Leben, S. 29-38.

Oechsle, Richard: »Die Unterbringung der Schwerbeschädigten in Bayern«, in: BArbl. 1 (1949/50), H. 7, S. 247-249.

Oertzen, Christine v.: »Teilzeitarbeit für die ›moderne‹ Ehefrau: Gesellschaftlicher Wandel und geschlechtsspezifische Arbeitsteilung in den 1960er Jahren«, in: Frese, M./Paulus, J./Teppe, K. (Hg.), S. 63-81.

Österwitz, Ingolf: »Kommunale Bürgerinitiativen von Behinderten und Nichtbehinderten als Möglichkeiten emanzipatorischer Freizeitgestaltung«, in: Weiß, Walter/Jochheim, K.-A./Moleski-Müller, M. (Hg.): Freizeitaspekte, S. 17-23.

»Offene Türen für behinderte Jugendliche«, in: SZ v. 31.10/1.11.1973.

Ohnesorge, Lena: »Chancengleichheit für behinderte Kinder in Stadt und Land«, in: Das behinderte Kind 7 (1970), H. 1/2, S. 4-6.

Opp, Else: »Zur Frage der Meldepflicht für Behinderte«, in: NDV 47 (1967), H. 10, S. 312-314.

Oliver, Michael: »A Sociology of Disability or a Disabilist Sociology?«, in: Barton, Len (Hg.): Disability, S. 18-42.

Oliver, Michael: The Politics of Disablement. A Sociological Approach, New York 1990.

Oliver, Michael: Understanding Disability. From Theory to Practice, London 1996.

Orland, Barbara (Hg.): Artifizielle Körper – lebendige Technik. Technische Modellierungen des Körpers in historischer Perspektive, Zürich 2005.

Orland, Barbara: »Wo hören Körper auf und fängt Technik an? Historische Anmerkungen zu posthumanistischen Problemen«, in: Orland, B. (Hg.): Artifizielle Körper, S. 9-42.

Oshinsky, David M.: Polio. An American Story, Oxford/New York 2005.

Osietzki, Maria: »Körpermaschinen und Dampfmaschinen. Vom Wandel der Physiologie und des Körpers unter dem Einfluss von Industrialisierung und Thermodynamik«, in: Sarasin, Ph./Tanner, J. (Hg.): Physiologie, S. 313-346.

Osten, Philipp: Die Modellanstalt. Über den Aufbau einer »modernen Krüppelfürsorge« 1905 bis 1933, Frankfurt a.M. 2004.

Ott, Katherine: »The Sum of its Parts. An Introduction to Modern History of Prosthetics«, in: Ott, K./Serlin. D./Mihm, S. (Hg.): Artificial Parts, S. 1-42.

Ott, Katherine/Serlin, David/Mihm, Stephen (Hg.): Artificial Parts, Practical Lives. Modern Histories of Prosthetics, New York/London 2002.

Oudshoorn, Nelly: »Clinical Trials as a Cultural Niche in Which to Configure the Gender Identities of Users: The Case of Male Contraceptive Development«, in: Oudshorn, Nelly/Pinch, Trevor (Hg.): How Users Matter. The Co-construction of Users and Technology, Cambridge, Mass. 2003, S. 209-227.

Paeslak, Volkmar: »Rehabilitation von Patienten mit Paraplegien«, in: Die Rehabilitation 12 (1973), H. 3, S. 141-146.Paeslak, Volkmar: »Stellung und Position des Arztes in der Rehabilitation«, in: BArbl. 20 (1969), H. 5, S. 293-297.

Pankoke, Eckart: Die Arbeitsfrage. Arbeitsmoral, Beschäftigungskrisen und Wohlfahrtspolitik im Industriezeitalter, Frankfurt a.M. 1990.

Panse, Friedrich: »Habilitation und Rehabilitation geistig Behinderter«, in: BArbl. 17 (1966), H. 2, S. 49-52.

Parow-Souchon, Eva: »Die Umwelt der Kleinkinder mit Dysmelien«, in: Die Rehabilitation 2 (1963), H. 2, S. 80-81.

Paul, Helmut A.: »Chancengleichheit als öffentliche Aufgabe. Einführung«, in: Jochheim, K.-A./Moleski-Müller, M./Siebrecht, V. (Hg.): Wege, S. 268.

Paulus, Julia: »Familienrollen und Geschlechterverhältnisse im Wandel«, in: Frese, M./Paulus, J./Teppe, K. (Hg.): Demokratisierung, S. 107-119.

Pechstein, J.: »Voraussetzungen einer verbesserten Frühförderung behinderter Kinder«, in: Jochheim, K.-A./Moleski-Müller, M./Siebrecht, V. (Hg.): Wege, S. 57-70.

Perry, Heather R.: »Brave Old World: Recycling der Kriegskrüppel während des Ersten Weltkrieges«, in: Orland, B. (Hg.): Artifizielle Körper, S. 147-158.

Perry, Heather R.: »Re-Arming the Disabled Veteran. Artificially Rebuilding State and Society in World War One Germany«, in: Ott, K./Serlin, D./Mihm, Stephen (Hg.): Artificial Parts, S. 75-101.

Petersen, D.: »Regional Case Finding Methods for Persons in Need of Rehabilitation«, in: Dicke, W./Jochheim, K.-A./Müller, M./Thom, H. (Hg. im Auftrag der ISRD), Industrial Society, S. 234-235.

Pieper, Marianne: »Seit Geburt körperbehindert...«. Behinderung als kontinuierliche lebensgeschichtliche Erfahrung aus der Sicht Betroffener und ihrer Familien, Weinheim 1993.

Pixa-Kettner, Ursula: »Behinderte Frauen und Reproduktionsarbeit: Behinderte Mütter«, in: Forkmann, Susanne/Sehrbrock, Peter/Al Asiri, Mahasen (Hg.): Frauen und Behinderung in Einer Welt/in der Dritten Welt. Symposium an der Carl von Ossietzky Universität Oldenburg, 8.-10.10.1999, Oldenburg 2000, S. 200-206.

Pohl, Hans (Hg.): Staatliche, städtische, betriebliche und kirchliche Sozialpolitik vom Mittelalter bis zur Gegenwart. Referate der 13. Arbeitstagung der Gesellschaft für Sozial- und Wirtschaftsgeschichte vom 28.03.-01.04.1989 in Heidelberg, Stuttgart 1991.

»Polio-Impfung ein voller Erfolg«, in: Bild v. 30.8.1962.

Poore, Carol: Disability in Twentieth-Century German Culture, Ann Arbor 2007.

Powell, Justin J.: »Behinderung in der Schule, behindert durch Schule? Die Institutionalisierung der ›schulischen Behinderung‹«, in: Waldschmidt, A./Schneider, W. (Hg.): Disability Studies, S. 321-343.

Plümer, Roswitha: »Die Fürsorgerin und ihre Stellung in einer Rehabilitationseinrichtung«, in: Die Rehabilitation 3 (1964), H. 2, S. 81-89.

»Preise für Verbesserungsvorschläge in der Behindertenhilfe«, in: BArbl. 21 (1970), H. 7, S. 461.

Presse- und Informationsamt der Bundesregierung (Hg.): Deutscher Bundestag. Chronik. Debatten, Gesetze, Kommentare 1961-1965, 4. Legislaturperiode. Eine Dokumentation, Bonn 1976.

Presse- und Informationsamt der Bundesregierung: Jahresbericht der Bundesregierung, Jahrgänge 1967-1974, Bonn 1968-1975.

Price, Janet/Shildrick, Margrit: »Uncertain Thoughts on the Dis/abled Body«, in: Shildrick, Margrit/Price, Janet (Hg.): Vital Signs: Feminist Reconfigurations of the Bio/logical Body, Edinburgh 1998, S. 224-249.

Price, Matthew: »Lives and Limbs«, in: Stanford Electronic Humanities Review, Bd. 5/Supplement: Cultural and Technological Incubations of Fascism, www.stanford.edu/group/SHR/5-supp/text/price.html vom 19.4.2005 [o.Pag.]

Priestley, Mark: »Worum geht es bei den Disability Studies? Eine britische Sichtweise«, in: Waldschmidt, A. (Hg.): Perspektiven, S. 23-35.

Priestley, Mark: »Constructions and Creations: Idealism, Materialism and Disability Theory«, in: Disability and Society 13 (1998), H. 1, S. 75-95, hier S. 86-87.

»Probleme und Aufgaben der Rehabilitation«, in: NDV 45 (1965), H. 8, S. 254-256.

»Probleme von jugendlichen Schwerbeschädigten«, in: Münchner Medizinische Wochenschrift v. 10.12.1954, S. 1497.

Prömmel, Albert: »Körperbehinderung und Wohnung«, in: Sanitär- und Heizungstechnik 35 (1970), H. 1, S. 20, 25.

Prömmel, Albert: »Wohnungen für Schwerbehinderte und bauliche Maßnahmen für Behinderte im öffentlichen Bereich«, in: Jochheim, K.-A./Moleski-Müller, M./Siebrecht, V. (Hg.): Wege, S. 274-277.

»Prothesen mit Gas«, in: Der Spiegel v. 22.5.1963.

Pruwer, Hans Joachim: »Arbeitsvermittlung Schwerbeschädigter im Wandel der Gesetzgebung«, in: Arbeit, Beruf und Arbeitslosenhilfe – Das Arbeitsamt 24 (1973), H. 1, S. 4-8.

Pürschel, Herbert: »Aktuelle Fragen der Berufsausbildung jugendlicher Behinderter«, in: Jochheim, K.-A./Moleski-Müller, M./Siebrecht, V. (Hg.): Wege, S. 117-122.

Raab, Heike: »Intersektionalität in den Disability Studies. Zur Interdependenz von Behinderung, Heteronormativität und Geschlecht«, in: Waldschmidt, A./Schneider, W. (Hg.): Disability Studies, S. 127-148.

Rabinbach, Anson: »Ermüdung, Energie und der menschliche Motor«, in: Sarasin, Ph./Tanner, J. (Hg.): Physiologie, S. 286-312.

Radkau, Joachim: »›Wirtschaftswunder‹ ohne technologische Innovation? Technische Modernität in den 50er Jahren«, in: Schildt, A./Sywottek, A. (Hg.): Modernisierung, S. 129-154.

Raphael, Lutz: »Die Verwissenschaftlichung des Sozialen als methodische und konzeptionelle Herausforderung für eine Sozialgeschichte des 20. Jahrhunderts«, in: Geschichte und Gesellschaft 22 (1996), H. 2, S. 165-193.

Raschke, Günter: »Meine Rehabilitation als Zivilversehrter«, in: Die Rehabilitation 7 (1968), H. 1, S. 29-32.

Ravens, Karl: »Mehr Rücksicht auf Behinderte. Umfangreicher Maßnahmenkatalog für über vier Millionen Mitbürger«, in: SPD-Pressedienst v. 16.6.1974, S. 1-2.

»Rede des Bundestagsabgeordneten Eugen Glombig zum 6. Welttag der Invaliden am 21.3.1965 in der Sendereihe des NDR ›Welt der Arbeit‹«, in: SPD Pressemitteilungen und Informationen v. 25.3.1965, S. 1-3.

Regau, Thomas: »Handeln – nicht heucheln«, in: Die Zeit v. 1.2.1963.

Regau, Thomas: »Wider den Übereifer der Medizinal-Bürokraten«, in: Die Zeit v. 1.4.1966.

»Rehabilitation aus der Sicht eines Rentenversicherungsträgers«, in: Sozialer Fortschritt 12 (1963), H. 10, S. 225-227.

Rehabilitation Services Administration/Department of Health, Education, and Welfare (Hg.): Design for All Americans. A Report of the National Commission on Architectural Barriers to Rehabilitation of the Handicapped, Washington 1967.

»Rehabilitation und berufliche Wiedereingliederung. Tagung der Westeuropäischen Union und des Europarats – Bildung eines Deutschen Ausschusses«, in: Bulletin des Presse- und Informationsamts der Bundesregierung v. 9.6.1960, S. 1044.

»Rehabilitation: Dokumentarfilm ›Es lohnt sich‹«, in: Sozialpolitische Informationen v. 27.8.1970, S. 4.

Reichel, Hans Joachim: »Medizinische Voraussetzungen zur Rehabilitation«, in: BArbl. 20 (1969), H. 5, S. 289-292.

»Reichsbund gegen Verschlechterung des Schwerbeschädigtenrechts«, in: Sozialpolitischer Presse- und Informationsdienst des Reichsbund Bundesvorstandes v. 12.4.1961.

Reichsministerium des Innern (Hg.): Reichsgesetzblatt I, Berlin 1884, 1920, 1924, 1925, 1939, 1939.
Reissmüller, Johann Georg: »Wer soll diesen Kindern helfen?«, in: FAZ v. 18.8.1962.
Remecke, Stefan: Gewerkschaften und Sozialgesetzgebung. DGB und Arbeitnehmerschutz in der Reformphase der sozialliberalen Koalition, Essen 2005.
Renelt, Dieter: »Bericht«, in: Bayerisches Staatsministerium für Arbeit und Sozialordnung, Familie, Frauen und Gesundheit (Hg.): 50 Jahre Kriegsopferversorgung in Bayern 1945-1995, München 1995, S. 48-51.
Renggli, Cornelia: »Disability Studies – ein historischer Überblick«, in: Weisser, J./Renggli, C. (Hg.): Disability Studies, S. 15-26.
Renke, Helmut: »Contergan-Werk mitschuldig?«, in: Bild v. 21.8.1962.
Reschke, Hans (Hg.): Die Fürsorge im sozialen Rechtsstaat. Standort, Forderungen und Möglichkeiten. Gesamtbericht über den 66. Deutschen Fürsorgetag 1969 in Essen, Köln/Berlin 1970.
Rettig, Hans: »Rehabilitationsmaßnahmen nach kindlichen Unfällen«, in: Die Rehabilitation 10 (1971), H. 3, S. 146-150.
Richardi, Reinhard: »Arbeitsverfassung und Arbeitsrecht«, in: Bundesministerium für Arbeit und Sozialordnung/Bundesarchiv (Hg.): Geschichte der Sozialpolitik, Bd. 5, S. 225-276.
Richtlinien für die Vergabe von Bundesmitteln zur Förderung überregionaler Einrichtungen der beruflichen Rehabilitation vom 1.12.1968, in: Bundesanzeiger v. 3.12.1968.
Rieger, Stefan: »Arbeitshand und Ausdruckshand. Zur Prothetik des Menschen«, in: Lutz, P./Macho, Th./Staupe, G./Zirden, H. (Hg): [Im-]perfekte Mensch, S. 163-185.
Riesser, Hajo/Zimmermann, W.: »Erfahrungen mit körperbehinderten Schülern höherer Lehranstalten in Hessisch-Lichtenau«, in: Die Rehabilitation 9 (1970), H. 4, S. 191-201.
Riesser, Hajo: »Fragen des Wohnungsbaus für Körperbehinderte unter Berücksichtigung sozialmedizinischer und ethologischer Fragen«, in: Die Rehabilitation 10 (1971), H. 3, S. 151-159.
Riha, Ortrun: Die Technisierung von Körper und Körperfunktionen in der Medizin des 19. und 20. Jahrhunderts, in: Dresdner Beiträge zur Geschichte der Technikwissenschaften (2004), H. 29, S. 21-42.
Ritschl [o.V.]: »12 Gebote zur Verhütung des Krüppeltums bei unseren Kriegsverwundeten«, in: Zeitschrift für Krüppelfürsorge 8 (1915), H. 1, S. 105-106.
Rittmeyer, Christel: Gemeinsamer Unterricht in Italien am Beispiel von geistig behinderten Kindern, Heidelberg 1999.
Ritz, Hans-Günther: »Die Hauptfürsorgestellen in der Rehabilitationspolitik«, in: Runde, P./Heinze, R. B. (Hg.): Chancengleichheit, S. 141-167.
Riviere, Maya: Rehabilitation Codes. Five-Year-Progress Report 1957-1962. Rehabilitation Codes, New York [o.J.].
Rödder, Andreas: Die Bundesrepublik Deutschland 1969-1990, München 2004.
Rottenecker, Heribert/Schneider, Jürgen: Geschichte der Arbeitsverwaltung in Deutschland, Stuttgart/Berlin/Köln 1996.

Rudloff, Wilfried: »Im Schatten des Wirtschaftswunders. Soziale Probleme, Randgruppen und Subkulturen 1949 bis 1973«, in: Schlemmer, Thomas/Woller, Hans (Hg.): Bayern im Bund. Bd. 2: Gesellschaft im Wandel 1949 bis 1973, München 2002, S. 347-467.

Rudloff, Wilfried: »Im Souterrain des Sozialstaates: Neuere Forschungen zur Geschichte von Fürsorge und Wohlfahrtspflege im 20. Jahrhundert«, in: Archiv für Sozialgeschichte 42 (2002), S. 474-520.

Rudloff, Wilfried: »Rehabilitation und Hilfen für Behinderte«, in: Bundesministerium für Arbeit und Sozialordnung/Bundesarchiv (Hg.): Geschichte der Sozialpolitik, Bd. 3, S. 515-557.

Rudloff, Wilfried: »Rehabilitation und Hilfen für Behinderte«, in: Bundesministerium für Arbeit und Sozialordnung/Bundesarchiv (Hg.): Geschichte der Sozialpolitik, Bd. 4, S. 463-502.

Rudloff, Wilfried: »Rehabilitation und Hilfen für Behinderte«, in: Bundesministerium für Arbeit und Sozialordnung/Bundesarchiv (Hg.): Geschichte der Sozialpolitik, Bd. 5, S. 557-591.

Rudloff, Wilfried: »Sozialstaat, Randgruppen und bundesrepublikanische Gesellschaft. Umbrüche und Entwicklungen in den sechziger und frühen siebziger Jahren«, in: Kersting, Franz-Werner (Hg.): Psychiatriereform als Gesellschaftsreform. Die Hypothek des Nationalsozialismus und der Aufbruch der sechziger Jahre, Paderborn 2003, S. 181-219.

Rudloff, Wilfried: »Überlegungen zur Geschichte der bundesdeutschen Behindertenpolitik«, in: Zeitschrift für Sozialreform 49 (2003), H. 6, S. 863-886.

Rudloff, Wilfried: Die Wohlfahrtsstadt. Kommunale Ernährungs-, Fürsorge- und Wohnungspolitik am Beispiel Münchens 1910-1933, Göttingen 1998.

Rudloff, Wilfried: Does Science Matter? Zur Bedeutung wissenschaftlichen Wissens im politischen Prozess. Am Beispiel der bundesdeutschen Bildungspolitik in den Jahren des »Bildungsbooms«, Speyer 2005.

Rudloff, Wilfried/Schliehe, Ferdinand: »Rehabilitation und Hilfen für Behinderte«, in: Bundesministerium für Arbeit und Sozialordnung/Bundesarchiv (Hg.): Geschichte der Sozialpolitik in Deutschland seit 1945. Bd. 6: 1974-1982 Bundesrepublik Deutschland. Neue Herausforderungen, wachsende Unsicherheiten. Bandhg. Geyer, Martin H., Baden-Baden 2008, S. 583-604.

Ruhl, Klaus-Jörg: Verordnete Unterordnung. Berufstätige Frauen zwischen Wirtschaftswachstum und konservativer Ideologie in der Nachkriegszeit (1945-1963), München 1994.

Runde, Peter/Heinze, Rolf. B. (Hg.): Chancengleichheit für Behinderte. Sozialwissenschaftliche Analysen für die Praxis, Neuwied/Darmstadt 1979.

Rundel, Eva-Maria: »Die Aufgabe der Beschäftigungstherapie bei der Wiedereingliederung körperbehinderter Hausfrauen«, in: Die Rehabilitation 1 (1962), H. 1, S. 36-42.

Rundel, Eva-Maria: »The Use of Prostheses in Daily Living Activities«, in: Dicke, W./Jochheim, K.-A./Müller, M./Thom, H. (Hg. im Auftrag der ISRD), Industrial Society, S. 104-105.

Ruppert, Johanna: Mehr als ich erwarten durfte. Auch Behinderte werden erwachsen, Trier 1979.

Rüther, Bernhard: »Werden die Ärmsten vergessen?«, in: Jahrbuch für Caritaswissenschaft und Caritasarbeit (1957), S. 28-34.

Rütt, August: »Die Therapie der Dysmelie (Wiedemann-Syndrom)«, in: Archiv für orthopädische und Unfallchirurgie 55 (1963), H. 3, S. 329-341.

Rüttimann, Beat: »Medizinhistorische und medizinische Anmerkungen zur Entstellung«, in: Hoyningen-Süess, U./Amrein, Ch. (Hg.): Entstellung, S. 39-58.

Saal, Fredi: »Einsam, aber nicht allein«, in: Das behinderte Kind 9 (1972), H. 4, S. 230-233.

Saal, Fredi: Leben kann man sich nur selber. Texte 1960-1994. Hg. v. Tarneden, Rudi, Düsseldorf 1994.

Sarasin, Philipp/Tanner, Jakob (Hg.): Physiologie und industrielle Gesellschaft. Studien zur Verwissenschaftlichung des Körpers im 19. und 20. Jahrhundert, Frankfurt a.M. 1998.

Sarasin, Philipp/Tanner, Jakob: »Physiologie und industrielle Gesellschaft. Bemerkungen zum Konzept und zu den Beiträgen dieses Sammelbandes«, in: Sarasin, Ph./Tanner, J. (Hg.): Physiologie, S. 12-43.

Sarasin, Philipp: Reizbare Maschinen. Eine Geschichte des Körpers 1765-1914, Frankfurt a.M. 2001.

Saternus, K.-S.: »Tödliche Unfälle von Fußgängern im Straßenverkehr«, in: Zeitschrift für Rechtsmedizin 73 (1973), H. 4, S. 279-289.

»Satzung der Stiftung Hilfswerk für das behinderte Kind v. 12.12.1972«, in: Bundesanzeiger v. 19.12.1972.

Schaefer, Hans: »Der behinderte Mensch und die Medizin«, in: NDV 47 (1967), H. 10, S. 294-296.

Scharmann, Theodor: »Die Eingliederung und Wiedereingliederung der Behinderten. Eine vergleichende Betrachtung«, in: BArbl. 8 (1957), H. 19, S. 627-638.

Scharmann, Theodor: »Die Probleme der Rehabilitation Behinderter in internationaler Sicht«, in: BArbl. 7 (1956), H. 6, S. 175-180.

Schaudienst, Reimar: »Der Rehabilitationsgedanke im Recht der Sozialhilfe und in der Kriegsopferfürsorge«, in: NDV 44 (1964), H. 4, S. 159-163.

Schell, Adolf: »Die Entwicklung zum Rehabilitations-Team«, in: NDV 38 (1958), H. 12, S. 324-327.

Schell, Adolf: »Die Rehabilitation im Wirkungskreis des Deutschen Vereins«, in: NDV 40 (1960), H. 11, S. 338-340.

Schelsky, Helmut: »Die neuen Formen der Herrschaft: Belehrung, Betreuung, Beplanung«, in: Glaser, Hermann (Hg.): Fluchtpunkt Jahrhundertwende. Ursprünge und Aspekte einer zukünftigen Gesellschaft, Bonn 1979, S. 135-143.

Schewe, Dieter: »Unterschiede in der Rehabilitation behinderter Personen«, in: BArbl. 10 (1959), H. 13, S. 416-418.

Scheyer, Konrad: »Contergan-Opfern doch helfen«, in: SPD-Pressedienst v. 21.9.1962, S. 7a.

Schildmann, Ulrike: Lebensbedingungen behinderter Frauen. Aspekte ihrer gesellschaftlichen Unterdrückung, Giessen 1983.

Schildmann, Ulrike: Zur politischen und ökonomischen Funktion der beruflichen Rehabilitation Behinderter in der BRD und West-Berlin, Rheinstetten-Neu 1977.

Schildt, Axel/Sywottek, Arnold (Hg.): Modernisierung im Wiederaufbau. Die westdeutsche Gesellschaft der 50er Jahre, akt. Ausgabe Bonn 1998.

Schildt, Axel: »Modernisierung im Wiederaufbau. Die westdeutsche Gesellschaft der fünfziger Jahre«, in: Faulstich, Werner (Hg.): Die Kultur der fünfziger Jahre, München 2002, S. 11-20.

Schildt, Axel: Die Sozialgeschichte der Bundesrepublik Deutschland bis 1989/90, München 2007.

Schlesinger, Georg: »Das wirtschaftliche Ergebnis beruflich tätiger Schwerbeschädigter«, in: Ständige Ausstellung für Arbeiterwohlfahrt und Prüfstelle für Ersatzglieder in Berlin-Charlottenburg (Hg.): Ersatzglieder, S. 1038-1095.

Schlesinger, Georg: »Der mechanische Aufbau der künstlichen Glieder«, in: Ständige Ausstellung für Arbeiterwohlfahrt und Prüfstelle für Ersatzglieder in Berlin-Charlottenburg (Hg.): Ersatzglieder, S. 321-661.

Schmähl, Winfried: »Sicherung bei Alter, Invalidität und für Hinterbliebene«, in: Bundesministerium für Arbeit und Sozialordnung/Bundesarchiv (Hg.): Geschichte der Sozialpolitik, Bd. 5, S. 407-482.

Schmale, Wolfgang: Geschichte der Männlichkeit in Europa (1450-2000), Wien/Köln/Weimar 2003.

Schmid, Günther/Oschmiansky, Frank: »Arbeitsmarktpolitik und Arbeitslosenversicherung«, in: Bundesministerium für Arbeit und Sozialordnung/Bundesarchiv (Hg.): Geschichte der Sozialpolitik, Bd. 4, S. 235-184.

Schmidt, Günther/Oschmiansky, Frank: »Arbeitsmarktpolitik und Arbeitslosenversicherung«, in: Bundesministerium für Arbeit und Sozialordnung/Bundesarchiv (Hg.): Geschichte der Sozialpolitik, Bd. 5, S. 331-379.

Schmidt, Manfred G.: Sozialpolitik in Deutschland. Historische Entwicklung und internationaler Vergleich. 2., überarbeitete und erweiterte Aufl. Opladen 1998.

Schmidt, Werner P.: »Wollen die Schwerbeschädigten nicht mehr umschulen?«, in: Arbeitsamt 2 (1951), H. 3, S. 89-90.

Schmidt-Thimme, Dorothea: »Hollands Beispiel in der Sorge für geistig Behinderte«, in: Unsere Jugend 11 (1959), H. 9, S. 417-423.

Schmitt, Georg: »Rehabilitation nach der Neuerrichtung der Rentenversicherung der Arbeiter«, in: Das Arbeitsamt 7 (1956), H. 8, S. 203-204.

Schmölders, Claudia/Gilman, Sander L. (Hg.): Gesichter der Weimarer Republik. Eine physiognomische Kulturgeschichte, Köln 2000.

Schmuhl, Hans-Walter: »Rassismus unter den Bedingungen charismatischer Herrschaft. Zum Übergang von der Verfolgung zur Vernichtung gesellschaftlicher Minderheiten im Dritten Reich«, in: Bracher, Karl/Funke, Manfred/Jacobson, Hans-Adolf (Hg.): Deutschland 1933-1945. Neue Studien zur nationalsozialistischen Herrschaft, 2., erweiterte Aufl. Bonn 1993, S. 182-197.

Schmuhl, Hans-Walter: Arbeitsmarktpolitik und Arbeitsverwaltung in Deutschland 1871-2002. Zwischen Fürsorge, Hoheit und Markt, Nürnberg 2003.

Schneider, Christian: »Hilfe zu überhöhten Preisen«, in: SZ v. 3.1.1975.

Schneider, Christian: »Rechnung mit Behinderten geht nicht auf«, in: SZ v. 4.2.1975.

Schneider, Karl: Das behinderte Kind in der Normalschule, in: Bundesausschuss für gesundheitliche Volksbelehrung: Hilfe, S. 171-180.

Schnell, Irmgard: Geschichte schulischer Integration. Gemeinsames Lernen von SchülerInnen mit und ohne Behinderung in der BRD seit 1970, Weinheim/München 2003.

Schober, Theodor: »Ethische Aspekte der Hilfe für behinderte Menschen«, in: NDV 47 (1967), H. 10, S. 296-299.

Scholl, Philipp: Die sozialen Aufgaben der Kriegsinvalidenfürsorge, München 1916.

Scholz, Josef Franz/Stoephasius, Eckhart: »Teamarbeit in der Praxis«, in: Jochheim, K.-A./Moleski-Müller, M./Siebrecht, V. (Hg.): Wege, Heidelberg 1974, S. 251-256.

Schönleiter, W.: »Die Kriegsopferversorgung im deutschen Bundesgebiet«, in: BArbl. 1 (1949/50), H. 10, S. 389-391.

Schoppe, Rudolf: »Die Arbeitsplatzbewertung und ihre betriebssoziologischen und sozialpolitischen Möglichkeiten insbesondere der Einsatz der Unfall- und Kriegsbeschädigten«, in: BArbl. 5 (1954), H. 1, S. 17-18.

Schorb, Alfons Otto: »Außenkritik als Antrieb der Bildungsreform«, in: Zeitschrift für Pädagogik 19 (1973), H. 5, S. 701-707.

Schrey, Maria: »Die deutsche Industrie und die Kriegsbeschädigtenfürsorge«, in: Zeitschrift für Krüppelfürsorge 9 (1916), H. 6, S. 241-251.

Schreyögg, Jonas: »Pfadabhängigkeit der Entscheidungsprozesse am Beispiel des deutschen Gesundheitswesens«, in: Wirtschaftswissenschaftliches Studium 33 (2004), H. 6, S. 359-363.

Schröder, Dieter: »Contergan vor dem Staatsanwalt«, in: SZ v. 1./2.9.1962.

Schultheis, J. R.: »Integration – erziehungswissenschaftliche und heilpädagogische Aspekte«, in: Zeitschrift für Heilpädagogik 25 (1974), H. 9, S. 563-575.

Schürer, Hildegard: »Möglichkeiten der Rehabilitation der nicht erwerbstätigen behinderten Frau. Sechste Arbeitstagung des Deutschen Ausschusses für die Eingliederung Behinderter in Arbeit, Beruf und Gesellschaft«, in: BArbl. 19 (1968), H. 9/10, S. 277-282.

»Schulnot bei behinderten Kindern«, in: Nordwestspiegel v. 30.11.1971.

Schulz, Hans Erich: »Die psychisch Kranken. Denkschrift über ihre Lage und die notwendigen Maßnahmen zu deren Verbesserung«, in: NDV 39 (1959), H. 2, S. 44-47.

Schwegler, Egbert: »Ist die berufliche Unterbringung der Schwerbeschädigten gesichert?«, in: Das Arbeitsamt 7 (1956), H. 3, S. 61-62.

Schwarzmann-Schafhauser, Doris: Orthopädie im Wandel. Die Herausbildung von Disziplin und Berufsstand in Bund und Kaiserreich (1815-1914), Stuttgart 2004.

»Schwerbeschädigte und berufliche Rehabilitation in einem Großbetrieb«, in: Der gute Wille, Ausgabe NRW 4 (1968), H. 1, S. 4.

Scott, Joan W.: »Gender: A Useful Category of Historical Analysis«, in: Scott, Joan W. (Hg.): Gender and the Politics of History, New York 1988, S. 28-50.

Seifert, Karl Heinz: »Probleme der sozialen Integration bzw. Reintegration«, in: Bellebaum, A./Braun, H.: Reader, S. 122-130.

Seifriz, Adalbert: »Die umfassende Rehabilitation als Schlüssel zum Dauerarbeitsplatz. Festansprache bei der Einweihung des Berufsförderungswerks Heidelberg am 2.6.1962«, in: Arbeit, Beruf und Arbeitslosenhilfe – Das Arbeitsamt 13 (1962), H. 11, S. 242-244.

Sergl, H.-G./Schmid, Friedrich: »Die soziale Lage der Patienten mit Lippen-Kiefer-Gaumenspalten in Fremd- und Selbsteinschätzung«, in: Die Rehabilitation 11 (1972), H. 3, S. 138-141.

Serke, Jürgen: »Contergan-Eltern sind enttäuscht«, in: Die Welt v. 7.9.1965.

Serlin, David: »Engineering Masculinity. Veterans and Prosthetics after World War Two«, in: Ott, K./Serlin, D./Mihm, S. (Hg.): Artificial Parts, S. 45-74.

Seyd, Wolfgang: »Berufsförderungswerke als Einrichtungen zur beruflichen Rehabilitation erwachsener Behinderter. Sozialrechtliche Grundlagen und institutionelle Innovationen«, in: Runde, P./Heinze, R. B. (Hg.): Chancengleichheit, S. 169-193.

Seywald, Aiga: Körperliche Behinderung. Grundfragen einer Soziologie der Benachteiligungen, Frankfurt a.M./New York 1977.

Shakespeare, Tom: »Betrachtungen zu den britischen Disability Studies«, in: Lutz, P./Macho, Th./Staupe, G./Zirden, H. (Hg): [Im-]perfekte Mensch, S. 427-433.

Siebrecht, Valentin/Wohlleben, Reinhard: »Wege der Chancengleichheit der Behinderten. Bericht über den Rehabilitationskongress 1973 in Bad Wiessee«, Teil 1, in: Arbeit, Beruf und Arbeitslosenhilfe – Das Arbeitsamt 25 (1974), H. 2, S. 41-44.

Siebrecht, Valentin/Wohlleben, Reinhard: »Wege der Chancengleichheit der Behinderten. Bericht über den Rehabilitationskongress 1973 in Bad Wiessee«, Teil 2, in: Arbeit, Beruf und Arbeitslosenhilfe – Das Arbeitsamt 25 (1974), H. 3, S. 79-82.

Siebrecht, Valentin: »Erste Plenarsitzung. Eröffnung«, in: Jochheim, K.A./Moleski-Müller, M./Siebrecht, V. (Hg.): Wege, S. 3-6.

Siegfried, Detlef: Time Is on My Side. Konsum und Politik in der westdeutschen Jugendkultur der 60er Jahre, Göttingen 2006.

»Sie kämpfen für die Kriegsopfer«, in: SZ v. 26.10.1956.

»Sie müssen helfen – Frau Ministerin«, in: Bild v. 22.5.1962.

Sierck, Udo: Arbeit ist die beste Medizin. Zur Geschichte der Rehabilitationspolitik. Hamburg 1992.

Sierck, Udo: »Behinderte und Grüne – Alles Lüge!?«, in: Die Randschau 2 (1988), H. 2, S. 20-21.

»Sie wollen nicht betteln«, in: Bild v. 1.10.1962.

Simmat, William E.: »Psychologie der Berufseignung und Rehabilitation Behinderter«, in: Arbeit, Beruf und Arbeitslosenhilfe – Das Arbeitsamt 18 (1967), H. 7, S. 162-165.

»Sleeping Pill Nightmare«, in: Time v. 23.2.1962.

»So lernen sie leben«, in: Quick v. 25.11.1962.

»Sonderschulen für körperbehinderte Kinder«, in: Sozialer Fortschritt 14 (1965), H. 8, S. 175.

»Sozialversicherung Behinderter«, in: BArbl. 26 (1975), H. 7/8, S. 411.

»Sozialversicherung für Behinderte«, in: Sozialer Fortschritt 24 (1975), H. 8, S. 188-189.

Specht, K.-G./Heier, D.: »Maßnahmen und Erfolge der Rehabilitation Behinderter aus der Sicht empirischer Forschung«, Teil 2, in: Die Rehabilitation 13 (1974), H. 2, S. 88-95.

Speck, Otto: »Sonderschulen«, in: Liedtke, Max (Hg.): Handbuch der Geschichte des bayerischen Bildungswesens. Bd. 3: Geschichte der Schule in Bayern von 1918 bis 1990, Bad Heilbrunn 1997, S. 914-924.

Spöttel, Carl B.: »Contergan-Dorf ist beleidigt«, in: Bild v. 13.9.1962.

»Staatliche Stütze für Versehrte«, in: SZ v. 18.2.1954.

Stadler, Hans: »Von der ›Krüppelfürsorge‹ zur Rehabilitation bei Körperbehinderung. Zur Entwicklung unter medizinischem, pädagogischem und berufsethischem Aspekt«, in: Zeitschrift für Heilpädagogik 52 (2001), H. 3, S. 99-106.

Stahr, Bodo: »Die Wiedereingliederung Querschnittsgelähmter«, in: Sozialer Fortschritt 7 (1958), H. 8/9, S. 200.

Ständige Ausstellung für Arbeiterwohlfahrt und Prüfstelle für Ersatzglieder in Berlin-Charlottenburg (Hg.): Ersatzglieder und Arbeitshilfen für Kriegsbeschädigte und Unfallverletzte, Berlin 1919.

Ständige Konferenz der Kultusminister der Länder in der Bundesrepublik Deutschland: Gutachten zur Ordnung des Sonderschulwesens, Bonn 1960.

Ständige Konferenz der Kultusminister der Länder: »Empfehlung zur Ordnung des Sonderschulwesens, 16. März 1972«, in: Zeitschrift für Heilpädagogik 23 (1972), Beiheft 9.

Stanko, M.: »Erstes Koordinierungsgespräch über die WfB am 15.7.1970 im BMA in Bonn«, in: Die Rehabilitation 10 (1971), H. 1, S. 53-54.

Staude, Lotte: »Belange der Mädchen im neunten Schuljahr der Sonder(hilfs)schule«, in: Zeitschrift für Heilpädagogik 13 (1962), H. 11, S. 507-509.

Staudinger, Gabriele: »Sind Rollstuhlfahrer in der U-Bahn eine drohende Gefahr für ihre Mitbürger?«, in: Münchner Merkur v. 25.6.1981.

Stegmüller, Norbert: »Die zahlenmäßige Entwicklung der Kriegsopferversorgung nach dem 2. Weltkrieg«, Teil 1, in: BVersbl. 6 (1955), H. 5, S. 76-83.

Steininger, Erhard: »Arbeitsamtsärzte besuchen die Stiftung Rehabilitation in Heidelberg. Ein Bericht«, in: Arbeit, Beruf und Arbeitslosenhilfe – Das Arbeitsamt 24 (1973), H. 9, S. 290-292.

Steinmetz, Willibald: »Ungewollte Politisierung durch die Medien? Die Contergan-Affäre«, in: Weisbrod, Bernd (Hg.): Die Politik der Öffentlichkeit – Die Öffentlichkeit der Politik. Politische Medialisierung in der Geschichte der Bundesrepublik, Göttingen 2003, S. 195-228.

Stern, Hartmut: »Berufliche Rehabilitation nach dem Arbeitsförderungsgesetz«, in: Arbeit, Beruf und Arbeitslosenhilfe – Das Arbeitsamt 22 (1971), H. 10, S. 311-312.

Stiftung Rehabilitation (Hg.): Rehabilitation der Siebziger Jahre. Neue Wege zur Eingliederung von Behinderten. Ein Beitrag der Stiftung Rehabilitation Heidelberg, Heidelberg 1972.

Stingl, Josef: »Erste Plenarsitzung. Grußwort«, in: Jochheim, K.A./Moleski-Müller, M./Siebrecht, V. (Hg.): Wege, S. 6-7.

»Stockholm ist meine letzte Rettung. Bild -Interview mit der Contergan-Mutter«, in: Bild v. 6.8.1962.

Strasser, Hellmut: »Psychosoziale Aspekte der Dysmelie unter besonderer Berücksichtigung der Elternführung«, in: Jahrbuch der DeVg (1965/66), S. 215-221.

Strobel, Ricarda: »Die neue Frauenbewegung«, in: Faulstich, Werner (Hg.): Die Kultur der siebziger Jahre, München 2004, S. 259-272.

Stroebel, Hubertus/Gries, Georg: »Die Werkstatt für Behinderte (beschützende Werkstatt)«, in: BArbl. 20 (1969), H. 5, S. 302-307.

Strotzka, Hans. »Die Größe des Problems«, in: Bellebaum, A./Braun, H.: Reader, S. 131-139.

Stutt, Hermann: »Das geistig behinderte Kind im modernen Wohlfahrtsstaat«, in: Unsere Jugend 12 (1960), H. 10, S. 434-439.

Süskind, W. E.: »Krüppel oder Körperbehinderter«, in: SZ v. 7.5.1954.

»Tauziehen um die Arbeitsplätze für Schwerbeschädigte«, in: SZ v. 19./20.1955.

Tenorth, Heinz-Elmar: Bildsamkeit und Behinderung – Anspruch, Wirksamkeit und Selbstdestruktion einer Idee, in: Raphael, Lutz/Tenorth, Heinz-Elmar (Hg.): Ideen als gesellschaftliche Gestaltungskraft im Europa der Neuzeit. Beiträge für eine erneuerte Geistesgeschichte, München 2006, S. 496-520.

Tervooren, Anja: »Phantasmen der (Un-)Verletzlichkeit. Körper und Behinderung«, in: Lutz, P./Macho, Th./Staupe, G./Zirden, H. (Hg): [Im-]perfekte Mensch, S. 280-292.

»Thalidomide on Trial«, in: Time v. 6.9.1968.

»Thalidomide Sequel«, in: Time v. 9.2.1970.

»That uneasy Feeling«, in: Time v. 4.9.1964.

»The Thalidomide Disaster«, in: Time v. 10.8.1962.

»Thesen zur Frühförderung«, in: Bayer. Staatsministerium für Arbeit und Sozialordnung (Hg.): Bayerische Sozialpolitik 1974, München 1974, S. 166-167.

Thimm, Walter: Mit Behinderten leben. Hilfe durch Kommunikation und Partnerschaft, Freiburg i.Br./Basel/Wien 1977.

Thimm, Walter: Soziologie der Behinderten, 3. Aufl. Neuburgweier 1972.

Thomann, Klaus-Dieter: »Das behinderte Kind. ›Krüppelfürsorge‹ und Orthopädie in Deutschland 1886-1920«, Stuttgart/Jena/New York 1995.

Thomann, Klaus-Dieter: »Der ›Krüppel‹. Entstehen und Verschwinden eines Kampfbegriffes«, in: Medizinhistorisches Journal 27 (1991), H. 3/4, S. 221-270.

Thomann, Klaus-Dieter: »Die Contergan-Epidemie. Ein Beispiel für das Versagen von Staat, Ärzteschaft und Wissenschaft?«, in: Zichner, L./Rauschmann, M. A./ Thomann, K.-D. (Hg.): Contergankatastrophe, S. 13-31.

Thomann, Klaus-Dieter (Hg.): Tradition und Fortschritt in der Orthopädie. Historische Ausstellung der Deutschen Gesellschaft für Orthopädie und Traumatologie 1985 in Frankfurt a.M., Stuttgart 1985.

Thomann, Klaus-Dieter: »Von der Entstehung der Orthopädie bis zur Gründung großer orthopädischer Heilanstalten«, in: Thomann, K.-D. (Hg.): Tradition, S. 9-53.

Thomann, Klaus-Dieter/Jochheim, Kurt-Alphons: »Rehabilitation und Selbstbestimmung von Menschen mit Behinderungen in Deutschland – gestern und heute«, in: Deutsche Vereinigung für die Rehabilitation Behinderter e.V. (Hg.): Selbstbestimmung in der Rehabilitation. Chancen und Grenzen. 33. Kongress der Deutschen Vereinigung für die Rehabilitation Behinderter e. V., 13.-15.10.1999 in Berlin, Ulm 2000, S. 27-42.

Thomas, Carol: »Theorien der Behinderung. Schlüsselkonzepte, Themen und Personen«, in: Weisser, J./Renggli, C. (Hg.): Disability Studies, S. 31-55.

Thümmel, Ingeborg: Sozial- und Ideengeschichte der Schule für Geistigbehinderte im 20. Jahrhundert. Zentrale Entwicklungslinien zwischen Ausgrenzung und Partizipation, Weinheim/Basel/Berlin 2003.

Török, Maria/Paul, Helmut A.: »Bewertungsmuster verschiedener Erkrankungs- und Behinderungsarten«, in: Die Rehabilitation 13 (1974), H. 4, S. 197-206.

Trenk-Hinterberger, Peter: »Sozialhilfe«, in: Bundesministerium für Arbeit und Sozialordnung/Bundesarchiv (Hg.): Geschichte der Sozialpolitik, Bd. 5, S. 593-632.

Trometer, Leonhard: »Fortschritt nicht gefährdet«, in: BArbl. 26 (1975), H. 11/12, S. 550-551.

»Trostlose Zukunft für die Geschädigten. Gnadentod für britische Contergan-Kinder?«, in: Bonner Generalanzeiger v. 20.7.1962.

Troue, W.: »Rehabilitation und wertschaffende Arbeitslosenfürsorge«, in: Das Arbeitsamt 7 (1956), H. 4, S. 92-94.

Trube-Becker, Elisabeth: Zur Haftung des Arztes bei der Verordnung von Medikamenten, unter besonderer Berücksichtigung von Contergan, in: International Journal of Legal Medicine 57 (1966), H. 1/2, S. 45-55.

»Über den Behinderten-Kurs in Frankfurt«, in: Der gute Wille 10 (1974), H. 5, S. 3-4.

»Übersicht über die vorhandenen und bis 1975 geplanten Plätze in Berufsförderungswerken in der Bundesrepublik Deutschland«, in: Jochheim, K.A./Moleski-Müller, M./Siebrecht, V. (Hg.): Wege, S. 180.

»Übersicht: Kriegsopferversorgung. Empfänger von KOV-Renten in Bayern«, in: Bayer. Sozialministerium für Arbeit und Sozialordnung (Hg.): Bayerische Sozialpolitik 1974, München 1974, S. 58.

Uhlig, Otto: Arbeit – amtlich angeboten. Der Mensch auf seinem Markt, Stuttgart/Berlin/Köln/Mainz 1970.

Ultsch, Margarete: »Kritische Einwände zum Entwurf des Schwerbeschädigtengesetzes«, in: Arbeitsamt 3 (1952), H. 5, S. 118.

»Um die Einstellung eines psychisch Behinderten im öffentlichen Dienst«, in: Der gute Wille 9 (1973), H. 6, S. 6-7.

»Um die Integration behinderter Schüler«, in: Sozialer Fortschritt 21 (1972), H. 7/8, S. 151.

»Um die Schwerbeschädigtenquote und den Kündigungsschutz der Schwerbeschädigten«, in: Der Arbeitgeber 1 (1949), H. 3, S. 8-9.

»Unfallschutz für Kinder, Schüler und Studenten«, in: BArbl. 22 (1971), H. 3, S. 186.

Uther, Hans-Jörg: Behinderte in populären Erzählungen. Studien zur historischen und vergleichenden Erzählforschung, Berlin/New York 1981.

Vater, Maria: »Ein humanes Gebot. Mehr Hilfe für behinderte Menschen«, in: SPD-Pressedienst v. 6.6.1973, S. 5.

Vater, Wolfgang: »Geschlechtserziehung bei Schwerbehinderten«, in: Das behinderte Kind 12 (1975), H. 4, S. 190-196.

»VdK zählt 367.574 Mitglieder«, in: Münchener Merkur v. 11.2.1952.

Verband von Fachhändlervereinigungen des sanitären Installations-, Wasser- und Wasserleitungsbedarfs e.V. in Zusammenarbeit mit der DeVg (Hg.): Die Behindertenwohnung 2. Ratschläge für Sanitär-Ausstattungen, Bonn 1965.

»Vereinbarung über Zusammenarbeit und Verfahren bei der Arbeits- und Berufsförderung Behinderter«, in: BArbl. 23 (1972), H. 1, S. 35-36.

Vereinigung Integrationsförderung e.V. (Hg.): Behindert ist, wer Hilfe braucht – Integration – ein praktisches Problem, München 1981.

»Vergessene Kriegsopfer?«, in: Sozialer Fortschritt 13 (1963), H. 2, S. 42.

»Verzeichnis von Kurzfilmen über die Rehabilitation von Dysmeliekindern. Zusammengestellt und veröffentlicht vom Bundesminister für Gesundheitswesen«, in: Die Rehabilitation 7 (1968), H. 4, S. 206-210.

»Viele Arzneien sind krank«, in: Bild v. 1.12. 1961.

Vincenti, Aurelio/Behringer, Angelika: »Gesundheitswesen«, in: Bundesministerium für Arbeit und Sozialordnung/Bundesarchiv (Hg.): Geschichte der Sozialpolitik, Bd. 5, S. 483-523.

Viscardi, Henry: »Können behinderte Werktätige den Anforderungen der Automation genügen?«, in: Jahrbuch der Fürsorge für Körperbehinderte (1959), S. 225-229.

»Völlig falsch«, in: Bild v. 2.9.1962.

Vogel, Jakob: »Der Undank der Nation: Die Veteranen der Einigungskriege und die Debatte um ihren ›Ehrensold‹ im Kaiserreich«, in: Militärgeschichtliche Zeitschrift 60 (2001), H. 2, S. 343-366.

Vogt, Franz: »Behinderte, psychisch Kranke und alte Menschen als Glieder unserer Gemeinschaft«, in: NDV 47 (1967), H. 5, S. 137-139.

Vollmer-Jensen, Regina: Wohin mit Katja, Göttingen 1972.

Volmer, Hans: »Aufgabenabgrenzung und Zusammenarbeit zwischen der Arbeitsverwaltung und Fürsorge im Lebensalter der Arbeitsfähigkeit – in der Fürsorge für Schwerbeschädigte. B. Aus dem Blickfeld der Arbeitsverwaltung«, in: NDV 32 (1952), H. 12, S. 388-389.

»Vorschriften zur Durchführung von Maßnahmen der Arbeits- und Berufsförderung behinderter Personen«, in: Dienstblatt der BAVAV, Ausgabe A 4 v. 25.10.1958.

Vossen, Johannes: »Erfassen, Ermitteln, Untersuchen, Beurteilen. Die Rolle der Gesundheitsämter und ihrer Amtsärzte bei der Durchführung von Zwangssterilisationen im Nationalsozialismus«, in: Hamm, Margret (Hg.): Lebensunwert zerstörte Leben. Zwangssterilisation und »Euthanasie«, Frankfurt a.M. 2005, S. 85-97.

»Wachsende Aktivität der Verbände für behinderte Kinder«, in: Hörgeschädigte Kinder 4 (1967), H. 4, S. 200.

Wacker, Elisabeth: »Wege zur selbständigen Lebensführung als Konsequenz aus einem gewandelten Behinderungsbegriff«, in: Neumann, J. (Hg.): Behinderung, S. 75-88.

Wahle, Hans/Pampus, Ilse: »Ergebnisse einer Nachuntersuchung aus dem Jahr 1961 bei 50 Rückenmarkgeschädigten mit kompletten irreversiblen Querschnittslähmungen«, in: Die Rehabilitation 4 (1965), H. 3, S. 121-131.

Waidner, Günther: »Berufsorientierung und Berufsberatung behinderter Jugendlicher und ihrer Eltern. Berufsbildungsförderung. Methoden der Berufsfindung bei behinderten Jugendlichen«, in: Jochheim, K.-A./Moleski-Müller, M./Siebrecht, V. (Hg.): Wege, S. 110-117.

Wajcman, Judy: »Gender in der Technologieforschung«, in: Pagero, Ursula/Gottburgsen, Anja (Hg.): Wie natürlich ist Geschlecht? Gender und die Konstruktion von Natur und Geschlecht, Wiesbaden 2002, S. 270-289.

Wajcman, Judy: TechnoFeminism, Cambridge/Malden 2005.

Waldschmidt, Anne: »Behinderte Menschen zwischen Normierung und Normalisierung«, in: Waldschmidt, A. (Hg.): Perspektiven, S. 129-137.

Waldschmidt, Anne: »›Behinderung‹ neu denken: Kulturwissenschaftliche Perspektiven der Disability Studies«, in: Waldschmidt, A. (Hg.): Perspektiven, S. 11-22.

Waldschmidt, Anne (Hg.): Kulturwissenschaftliche Perspektiven der Disability Studies. Tagungsdokumentation, Kassel 2003.

Waldschmidt, Anne: »Normalität – ein Grundbegriff in der Soziologie der Behinderung«, in: Forster, R. (Hg.): Soziologie, S. 142-157.

Waldschmidt, Anne: »Soziales Problem oder kulturelle Differenz? Zur Geschichte von ›Behinderung‹ aus der Sicht der ›Disability Studies‹«, in: Traverse 13 (2006), H. 3, S. 31-46.

Waldschmidt, Anne/Schneider, Werner (Hg.): Disability Studies, Kultursoziologie und Soziologie der Behinderung. Erkundungen in einem neuen Forschungsfeld, Bielefeld 2007.

Walker, Johann F.: »Ein Krüppel sieht rot«, in: Stern v. 22.10.1981.

Wallerath, Max: »Soziale Sicherheit der in Werkstätten für Behinderte Beschäftigten«, in: Die Rehabilitation 12 (1973), H. 2, S. 83-89.

Wallner, Teut: »Ziel und Methoden in der Förderung geistig behinderter Erwachsener. Vortrag gehalten auf der Jahrestagung des Verbandes katholischer Einrichtungen für Lern- und Geistigbehinderte in München im Mai 1973«, in: Die Rehabilitation 13 (1974), H. 2, S. 95-104.

Walther, Rudolf: »Arbeit – ein begriffsgeschichtlicher Überblick von Aristoteles bis Ricardo«, in: König, H./v. Greiff, B./Schauer, H. (Hg.): Sozialphilosophie, S. 3-25.

Waltz, Elly: »Engagierte Ärzte im Kinderzentrum Lebenshilfe«, in: Münchner Merkur v. 21.6.1968.

Wasem, Jürgen/Vincenti, Aurelio/Behringer/Angelika: »Gesundheitswesen«, in: Bundesministerium für Arbeit und Sozialordnung/Bundesarchiv (Hg.): Geschichte der Sozialpolitik, Bd. 3, S. 439-473.

»Was kostet, was bringt die Rehabilitation?«, in: Die Zeit v. 6.1.1978.

Weber, Alfred: »Wir sorgen für ihre Zukunft«, in: Bild v. 1.9.1962.

»Weihnachtsansprache des Bundespräsidenten. Appell an Solidarität und Bürgermut«, in: Bulletin des Presse- und Informationsamts der Bundesregierung v. 28.12.1971, S. 2089-2090.

Weimann, Georg: »Zur gegenwärtigen familiären Situation einiger Behindertengruppen. Einfluss von der Behinderungsart und Erkrankungsalter auf eine Ehegründung«, in: Kluge, K.-J./Sparty, L. (Hg.): Sollen, können, S. 261-275.

Weiß, Walter/Jochheim, Kurt-Alphons/Moleski-Müller, Marlis (Hg.): Freizeitaspekte bei der gesellschaftlichen Integration Behinderter. Bericht über den 26. Kongress der DeVg e.V. in Wildbad, 22.-24.10.1975, Heidelberg 1976.

Weiß, Walter: »Rehabilitation Querschnittsgelähmter«, in: BArbl. 17 (1966), H. 2, S. 52-55.

Weiß, Walter: »Sport mit Querschnittsgelähmten«, in: Die Rehabilitation 10 (1971), H. 2, S. 84-92.

Weisser, Jan/Renggli, Cornelia (Hg.): Disability Studies. Ein Lesebuch, Luzern 2004.

Wellhöfer, Peter R.: »Der behinderte Mensch: psychologische Erklärungsmodelle als Grundlage rehabilitativer Maßnahmen«, in: Die Rehabilitation 13 (1974), H. 3, S. 163-171.

»Welt-Appell der Ärzte: Prüft die Arzneien«, in: Bild v. 19.9.1962.

»Welt-Wirbel um Pillen! Angst-Welle nach dem Contergan-Schock«, in: Bild v. 10.8.1962.

Welti, Felix: Behinderung und Rehabilitation im sozialen Rechtsstaat. Freiheit, Gleichheit und Teilhabe behinderter Menschen, Tübingen 2005.

Welzel [o.V.]: »Was verstehen wir unter Rehabilitation?«, in: NDV 38 (1958), H. 12, S. 327-328.

Wennberg, K.: »Landesplanung in der Rehabilitation«, in: Die Rehabilitation 14 (1975), H. 3, S. 129-135.

»Wertvolle Anregungen für bessere Behindertenhilfen«, in: Sozialpolitische Informationen v. 13.10.1971, S. 1-2.

Westphal, Heinz: »Mehr Klarheit im Sozialrecht. Gesetz definiert Begriff der Werkstatt für Behinderte«, in: SPD-Pressedienst v. 18.4.1974, S. 5-6.

Whalen, Robert Weldon: Bitter Wounds. German Victims of the Great War. 1914-1939, Ithaca/London 1984.

Wiebauer, Alfred: »Fröhliches Lernen trotz Behinderung. Ein Überblick über die Schule im Wichernhaus«, in: Hilfe zum Leben. Aus der Arbeit des Wichernhauses, Altdorf b. Nürnberg 1960, S. 24-26.

Wiechmann, Joachim: »Behinderte auf weiterführenden Schulen«, in: Jochheim, K.-A./Moleski-Müller, M./Siebrecht, V. (Hg.): Wege, S. 122-129.

Wiedemann, Hans Rudolf: »Hinweis auf eine derzeitige Häufung hypo- und aplastischer Fehlbildungen der Gliedmaßen«, in: Medizinische Welt v. 16.9.1961, S. 1863-1866.

Wiegand, Lutz: »Kriegsfolgenbewältigung in der Bundesrepublik Deutschland«, in: Archiv für Sozialgeschichte 35 (1995), S. 71-90.

Wiese, Leopold v.: »Der Mensch in der Arbeit«, in: NDV 32 (1952), H. 12, S. 367-369.

Wiesemann, E.: »Moderne institutionelle Rehabilitation aus ärztlicher Sicht«, in: Die Rehabilitation 12 (1973), H. 2, S. 106-110.

Wilcke, Werdandi: »1. Seminar der DeVg am 2.10.1968 in Hannover: Die Wohnung des Körperbehinderten«, in: Die Rehabilitation 8 (1969), H. 1, S. 46-48.

Wilke, Harold: »Die Bedeutung der Gesellschaft für die Rehabilitation der Behinderten«, in: Bundesministerium für Gesundheitswesen (Hg.): 4. Monografie über die Rehabilitation der Dysmeliekinder. Dysmeliearbeitstagung am 20./21.10.1967 in der Orthopädischen Universitätsklinik Frankfurt a.M., Bad Godesberg 1968, S. 11-13.

Wilken, Udo: »Zur Geschichte von Einstellungsdeterminanten gegenüber Körperbehinderten«, in: Die Rehabilitation 23 (1984), H. 2, S. 81-83.

Wilken, Udo: »Zur geschichtlichen Entwicklung der Körperbehinderten-Selbsthilfe-Vereinigungen«, in: Die Rehabilitation 22 (1983), H. 1, S. 65-68.

Winckelmann, Hans-Karl: »Konzentration in der Rehabilitation«, in: NDV 46 (1966), H. 4, S. 100-102.

Windmöller, Wilfried: Die politische Durchsetzung der Werkstätten zur Arbeits- und Berufsförderung. Ihre Ursprünge, Entstehung, Entwicklung und Aussichten, Osnabrück 2003.

Wittmann, Bernhard: »Zur Förderung von Behinderten in Schule und Beruf«, in: Zeitschrift für Heilpädagogik 25 (1974), H. 1, S. 51-54.

Wohlleben, Richard: »Zusammenarbeit und Koordination auf dem Gebiet der beruflichen Rehabilitation«, in: Jochheim, K.A./Moleski-Müller, M./Siebrecht, V. (Hg.): Wege, S. 234-239.

Wokurka, Wilhelm: »Arbeitsmöglichkeiten für Schwerverletzte«, in: Jahrbuch der Fürsorge für Körperbehinderte (1962), S. 220-226.

Wolff, Christoph: »Missbildungen durch Schlaftabletten?«, in: Die Welt v. 27.11.1961.

World Health Organization: Classification of Impairment, Disabilities, and Handicaps, Genf 1980.

World Health Organization: International Classification of Functioning, Disability and Health, Genf 2001.

World Health Organization: International Classification of Impairments, Activities and Participation: A Manual of Dimensions and Functioning, Genf 1999.

Würtz, Hans: »Ein Beitrag zur Begründung der Krüppelpsychologie«, in: Zeitschrift für Krüppelfürsorge 7 (1914), H. 1, S. 16-42.

Würtz, Hans: »Götz von Berlichingen und Wir! Ein Wort an die Wetterfesten im Waffenrock«, in: Wegweiser für das werktätige Volk 3 (1916), H. 4, S. 53-67.

Würtz, Hans: Der Wille siegt! Bd. 1: Lebensschicksale neuertüchtigter Kriegsinvaliden, 3. Aufl. Berlin 1916.

Würz, Hans: Das Seelenleben des Krüppels, Leipzig 1921.

Zacher, Hans F.: »Der deutsche Sozialstaat am Ende des Jahrhunderts«, in: Leibfried, S./Wagschal, U. (Hg.): Sozialstaat, S. 53-90.

»Zahl der Sonderschüler ist im Regierungsbezirk sprunghaft angestiegen«, in: Westfälische Nachrichten v. 4.12.1971.

»Zehn Jahre Aktionsausschuss zur Verbesserung der Hilfe für psychisch Kranke«, in: NDV 49 (1969), H. 12, S. 371-372.

»Zehn Millionen Pfennige für die Opfer«, in: Bild v. 1.10.1962.

Zeissner, Georg: »Zur Problematik der Berufsvorbereitung körperbehinderter Jugendlicher in der Berufssonderschule«, in: Die Rehabilitation 12 (1973), H. 1, S. 28-34.

»Zentraler Beratungsdienst der Werkstätten für Behinderte«, in: BArbl. 26 (1975), H. 6, S. 326.

Zichner, Ludwig/Rauschmann, Michael A./Thomann, Klaus-Dieter (Hg.): Die Contergankatastrophe – Eine Bilanz nach 40 Jahren, Darmstadt 2005.

Zichner, Ludwig/Rauschmann, Michael A./Thomann, Klaus-Dieter (Hg.): Geschichte operativer Verfahren an den Bewegungsorganen, Darmstadt 2000.

Zielniok, Walter J.: »Jugendarbeit mit Behinderten – ein Beitrag zur sozialen Rehabilitation«, in: Die Rehabilitation 14 (1975), H. 1, S. 35-41.

Zimmer, Katharina: »Wer hilft dem behinderten Kind? Ein Gespräch mit dem zuständigen Referenten im Bonner Sozialministerium«, in: Die Zeit v. 22.10.1971.

Zinsmeister, Julia: »Der lange Weg zur Gleichstellung: behinderte Frauen und das neue SGB IX«, in: Streit. Feministische Rechtszeitschrift 20 (2002), H. 1, S. 3-10.

Zischka, Johannes: Die NS-Rassenideologie. Machttaktisches Instrument oder handlungsbestimmendes Ideal?, Frankfurt a.M. 1986.

Zöllner, Detlev: »Art und Umfang der Rehabilitationsmaßnahmen in der Bundesrepublik«, in: BArbl. 20 (1969), H. 5, S. 259-264.

Zola, Irving Kenneth: »Selbst, Identität und die Frage der Benennung. Überlegungen zu Sprache und Behinderung«, in: Weisser, J./Renggli, C. (Hg.): Disability Studies, S. 57-66.

Zuchold, M./Lemberg, L.: »Grundsätze für die Behandlung und Eingliederung Querschnittsgelähmter«, in: Archiv für orthopädische und Unfallchirurgie 49 (1957), H. 2, S. 193-195.

»Zuckerplätzchen forte«, in: Der Spiegel v. 16.8.1961.

Zürcher, Urs: Monster oder Laune der Natur. Medizin und die Lehre von den Missbildungen 1780-1914, Frankfurt a.M./New York 2004.

»Zum Problem der Meldepflicht für körperlich und geistig Behinderte«, in: NDV 46 (1966), H. 5, S. 130-136.

»Zur Frage der bundesgesetzlichen Neuordnung der Krüppelfürsorge«, in: NDV 34 (1954), H. 10, S. 339-342.

»Zur Frage der unentgeltlichen Beförderung Behinderter im Nahverkehr«, in: BArbl. 22 (1971), H. 12, S. 744.

»Zur Geschichte der Emanzipationsbewegung Behinderter Menschen. Interview mit Andreas Jürgens, Kassel«, in: Stiftung Deutsches Hygiene-Museum/Deutsche Behindertenhilfe – Aktion Mensch e.V. (Hg.): Der [im]perfekte Mensch. Vom Recht auf Unvollkommenheit. Begleitbuch zur Ausstellung im Deutschen Hygiene-Museum vom 20.12.2001-12.8.2002, Ostfildern-Ruit 2001, S. 35-41.

»Zwang oder Einsicht – eine Stilfrage der Demokratie. Ärztliche Meldepflicht bei missgebildeten Kindern?«, in: Deutsches Ärzteblatt, 15.1.1966, S. 117-118, 126.